CONCEPTIONS CONTEMPORAINES DU DROIT
CONTEMPORARY CONCEPTIONS OF LAW
ZEITGENÖSSISCHE RECHTSKONZEPTIONEN

PART 4

ARSP

ARCHIV FÜR RECHTS- UND SOZIALPHILOSOPHIE

ARCHIVES DE PHILOSOPHIE DU DROIT ET DE
PHILOSOPHIE SOCIALE

ARCHIVES FOR PHILOSOPHY OF LAW AND
SOCIAL PHILOSOPHY

SUPPLEMENTA
VOL. I, PART 4

FRANZ STEINER VERLAG GMBH · WIESBADEN

1983

CONCEPTIONS CONTEMPORAINES DU DROIT
CONTEMPORARY CONCEPTIONS OF LAW
ZEITGENÖSSISCHE RECHTSKONZEPTIONEN

IVR
9e CONGRÈS MONDIAL – 9th WORLD CONGRESS – 9. WELTKONGRESS
(BASEL 27/8/1979 – 1/9/1979)

ACTES – PROCEEDINGS – VERHANDLUNGEN

PART 4

PAUL TRAPPE
EDITOR

PAR AUTORISATION DE LA SECTION SUISSE DE L'IVR
BY AUTHORIZATION BY THE SWISS SECTION OF THE IVR
IM AUFTRAG DER SCHWEIZER SEKTION DER IVR

FRANZ STEINER VERLAG GMBH · WIESBADEN

1983

Hergestellt mit Unterstützung des Fonds zur Förderung von Forschung und Lehre an der Universität Basel

Redaktionssekretariat: Heidi Dürst, Elsbeth Hunziker,
                        Sigrid Kübler, Hans-Ueli Wüthrich

CIP–Kurztitelaufnahme der Deutschen Bibliothek

Conceptions contemporaines du droit: (Basel, 27/8/1979 – 1/9/1979); actes = Contemporary conceptions of law = Zeitgenössische Rechtskonzeptionen / Paul Trappe, ed. Par autoris. de la Sect. Suisse de l'IVR. – Wiesbaden: Steiner
    (... Congrès mondial / IVR; 9) (Archives de philosophie du droit et de philosophie sociale: Suppl.; Vol. 1)
NE: Trappe, Paul [Hrsg.]; Archiv für Rechts- und Sozialphilosophie / Supplementa; International Association for Philosophy of Law and Social Philosophy: ... Congrès mondial; 1. PT; 2. PT
Pt. 4 (1983)
    ISBN 3-515-03850-7

I V R

Congrès Mondial   –   World Congress   –   Weltkongress

1979

Comité du Programme   –   Program Committee   –   Programmkomitee

Arthur F. Utz, Fribourg (Praesidium)
Peter Paul Müller-Schmid, Fribourg
André de Muralt, Genève
Jean-François Perrin, Genève
Gerhard Schmid, Basel
Hans Ryffel, Speyer und Muri b. Bern
Günter Stratenwerth, Basel
Paul Trappe, Basel
Alois Troller, Luzern

Comité d'Organisation   –   Organizing Committee   –   Organisationskomitee

Paul Trappe (Director)
Heidi Dürst (Sekretariat)
Peter Abplanalp (Assistenten)
Fritz Blöchlinger
André Dubois
Christian Giordano
Elsbeth Hunziker
Brigit Obrist
Dieter Pfaff

Table des matières - Contents - Inhaltsverzeichnis

Groupe 1 - Group 1 - Gruppe 1

Structure de la norme juridique; argumentation juridique

Structure of the Legal Norm and the Legal Order;
Juridical Argumentation

Struktur der Rechtsnorm und der Rechtsordnung;
Juristische Argumentation

Praesidium: GERHARD HANEY

Thème IV - Sub-theme IV - Unterthema IV

Conceptions du droit naturel
Natural Law
Naturrechtliche Konzeptionen

Séance plénière - Plenary Session - Plenarveranstaltung

Praesidium: LUIS LEGAZ Y LACAMBRA

ARTHUR F. UTZ

Naturrecht als Sammelbegriff nicht-positivistischer
Rechtstheorien

Die Fragwürdigkeit der Unterscheidung zwischen Naturrecht und Rechtspositivismus

Man war und ist heute noch der Ueberzeugung, dass Naturrecht und Positivismus kontradiktorische Auffassungen vom Recht seien, die sich wie Ja und Nein
voneinander unterscheiden. Jedoch ist der Unterschied nur konträr. In der Tat
gibt es ausser diesen beiden noch eine weitere Rechtsauffassung, die weder Positivismus noch Naturrecht ist, nämlich die des dialektischen Materialismus.
Tatsächlich lässt sich die Definition dessen, was man als Naturrecht bezeichnen
kann, nur finden in einer klaren Abgrenzung sowohl gegen den Positivismus als
auch gegen den dialektischen Materialismus. Ich will mich aber auf die Gegenüberstellung des Naturrechts gegen den Positivismus beschränken, weil der dialektische Materialismus in der Rechtstheorie Gegenstand eines eigenen Konfe-
renztages gewesen ist.

Die gemeinsame Definition des Rechts

Ausgangspunkt der Unterscheidung von Positivismus und Naturrecht muss eine
Definition des Rechts sein, die auf beide Rechtskonzeptionen anwendbar ist.
Man kann das Recht im Unterschied zur sittlichen Norm als eine mit Zwang
durchsetzbare gesellschaftliche Norm definieren. Es sei ausdrücklich betont,
dass der Begriff "Zwang" hier nur in der Form gelten soll, wie er sowohl in
einer positivistischen als auch in einer naturrechtlichen Rechtstheorie benutzt
werden kann. In der Diskussion mit der dialektisch-materialistischen Rechtsauffassung müsste man hier bereits mit enormen Divergenzen rechnen. Zwang
braucht nicht unbedingt autoritären Eingriff zu bedeuten, er kann auch in der
gesellschaftlichen Konvention, in der Rollenbestimmung durch die Gesellschaft
bestehen. Und der Begriff der Norm soll in der genannten Definition durchaus
nicht notwendigerweise imperativisch verstanden sein. Er kann auch einfach
im Sinn der reinen Rechtslehre als hypothetisches Urteil begriffen werden,

"das die spezifische Verknüpfung eines bedingten Tatbestandes mit einer bedingten Folge ausdrückt", wie Hans KELSEN erklärt (1).

In diesem allgemeinen Sinn verstanden, ist in der Definition des Rechts als einer zwangsmässig durchsetzbaren gesellschaftlichen Norm jegliche Rechtsnorm
beschlossen, handle es sich nun um das staatlich kodifizierte Recht, um das
Gewohnheitsrecht, um imperativische Rechtssätze, d.h. Gebote oder Verbote,
oder um Gewährungen wie bei den subjektiven Rechten.

Der Positivismus

Was ist nun als Positivismus zu bezeichnen? Zunächst muss betont werden,
dass der Positivismus keine einheitliche Rechtsauffassung ist. Es gibt, grob gesagt, zwei verschiedene Arten von Positivismus, den der Reinen Rechtslehre
und den empirischen Positivismus. Die Reine Rechtslehre ist wohl die ausge-
prägteste Form des Positivismus. Ihr gelingt es, das Recht von allen Seinskom-
ponenten, mit denen es in der Wirklichkeit zusammen existiert, zu trennen und
nur die rechtliche Normativität zu betrachten. Den Vertreter dieses Positivismus als ein unmenschliches Wesen zu beurteilen, dem es nur auf das summum
jus ankäme, einerlei, ob daraus die summa injuria folgt, wäre ein grobes Missverständnis seiner Theorie. Auch der Positivist der Reinen Rechtslehre untersucht als Mensch ein geltendes Recht danach, inwieweit es seiner Ansicht nach
ein menschenwürdiges Zusammenleben sich entwickeln lässt. Er kann darum
rechtspolitisch von einem ebenso hochstehenden Ethos inspiriert sein wie der
Naturrechtler. Auch der Positivist wünscht ein gerechtes Recht. Doch schliesst
er in die eigentlich rechtliche Betrachtung nicht die Komponente von seinsbe-
gründeten Normen ein. In diesem Sinn sagt KELSEN von der Reinen Rechtslehre: "Die Möglichkeit der Geltung einer über dem positiven Recht stehenden Ordnung bleibt für sie /die Reine Rechtslehre/ ausser Diskussion." (2) Die Kategorie des Rechts hat also rein formalen Charakter: "Sie bleibt", wie KELSEN
erklärt, "anwendbar, welchen Inhalt immer die so verknüpften Tatbestände haben, welcher Art immer die als Recht zu begreifenden Akte sein mögen. Keiner gesellschaftlichen Wirklichkeit kann wegen ihrer inhaltlichen Gestaltung
die Vereinbarkeit mit dieser Rechtskategorie bestritten werden. Sie ist im Sinne der Kantischen Philosophie erkenntnis-theoretisch-transzendental, nicht
metaphysisch-transzendent. Gerade dadurch bewährt sie ihre radikal anti-ideo-
logische Tendenz; weshalb gerade in diesem Punkt der heftigste Widerstand von
seiten der traditionellen Rechtstheorie einsetzt, die es schwer ertragen kann,
dass die Ordnung der Sowjetrepublik ganz ebenso als Rechtsordnung begriffen
werden soll wie die des faschistischen Italien und die des demokratisch-kapita-
listischen Frankreich." (3) Auch der energischste Verfechter des Naturrechts
wird die Logik dieser Gedanken nicht leugnen können. Was ihn grundsätzlich
stört, ist die idealistische Formalisierung, die jegliche finalistische Betrachtung ausschliesst.

Weniger kritisch steht der Naturrechtler dem empirischen Positivismus gegenüber, weil dieser von einem finalistischen Realfaktor ausgeht. Für den empiri-

schen Positivismus ist die zwangsmässige Durchsetzung der Norm, also die
Rechtssicherheit, ein existentielles Anliegen der Gesellschaft. Die Uebertragung des idealistischen Formalismus der Reinen Rechtslehre auf die existente
Wirklichkeit im Sinn der Berücksichtigung eines Grundanliegens der Gesellschaft bedeutet bereits einen ersten Schritt in das naturrechtliche Denken. Damit komme ich zu einer ersten, allgemeinen Betrachtung dessen, was man als
Naturrecht bezeichnen kann.

Grundlegendes Charakteristikum der Naturrechtslehre

Der Naturrechtler kann das Recht nicht aus dem psychologischen, soziologischen
und vor allem anthropologischen Kontext lösen und als reine Formalität betrachten. Wie sehr wir heute zu ganzheitlicher Denkweise zurückkehren, beweist die
Entwicklung, die die Wirtschaftswissenschaft in letzter Zeit durchgemacht hat.
Die rein formale Konzeption der wirtschaftlichen Rationalität, die im Modell
der Marktwirtschaft ihren Ausdruck gefunden hat, ist einer neuen Sicht gewi-
chen, die die Wirtschaft eingebettet sieht in die soziale, kulturelle, politische
und ethische Befindlichkeit, vor allem in die Lebensauffassung der Gesellschaft.
Der heute in der wirtschaftspolitischen Diskussion als Schlagwort gebrauchte
Ausdruck der "Lebensqualität" gibt davon einigermassen Zeugnis. Man folgt
hiermit, allerdings reichlich spät, dem Grundanliegen der Politischen Oekonomie von Karl MARX. Hätte man sich früher vom formalisierten Begriff der Rationalität getrennt, dann hätte man den Weg zu einer Politischen Oekonomie gefunden, ohne bei MARX eine Anleihe zu machen. Die soziale Marktwirtschaft
wäre früher entdeckt und systematischer konzipiert worden.

Noch Walter EUCKEN hat im Sinn der pointierenden Abstraktion die Rationalität
als reine Zweck-Mittel-Relation verstanden, so dass es einerlei ist, zu welchem
Ziel das Mittel bestimmt wird. Das geeignetste Mittel zur Zielverwirklichung,
um welchen Inhalt immer es sich handeln mag, ist hierbei immer rational.
Uebertrüge man diesen formalen Begriff der Rationalität auf das Strafrecht,
dann müsste man den Mörder, der sein Opfer mit raffiniertest ausgedachter
Methode zu töten versteht, loben, wenigstens unter dem formalen Gesichtspunkt
seines rational ausgedachten Verbrechens. Offenbar kann sich der Praktiker
mit dieser formalen Betrachtung nicht zufrieden geben, er sieht vielmehr in dieser Rationalität eine Umkehrung des vernunftgemässen Handelns in der Ueberzeugung, dass "rational" von Natur aus als "humane Rationalität" verstanden
werden muss.

Die Formalisierung von Begriffen ist theoretisch sicher interessant. Auch der
Naturrechtler weiss, dass man gewisse Begriffe zum intellektuellen Training
rein formal supponieren kann und unter Umständen auch muss. Auch er ist damit einverstanden, dass es, um die Worte KELSENs zu gebrauchen, in der So-
wjetunion, im faschistischen Italien und im kapitalistischen Frankreich eine
Rechtsordnung gibt. Nur würde er sogleich hinzufügen: "je eine eigene Rechtsordnung", jede von der anderen entsprechend der Lebensqualität verschieden.
Das Grundanliegen des Naturrechtlers ist realistisch, nicht formalistisch. Er

bezieht alle Dimensionen menschlichen Zusammenlebens in den Rechtsinhalt
ein und macht sie zum Gegenstand juristischer Betrachtung. Es bedarf hierzu
nur einer finalen oder eudaimonistischen Denkweise etwa im Sinn der integralen Wohlfahrt der Gesellschaft. Die Scheidung von Moral und Recht bleibt un-
angesprochen. Man braucht auch durchaus nicht in die philosophischen Höhen
oder Tiefen zu steigen, indem man nach dem weltanschaulichen Soll sucht, das
im Recht verwirklicht werden soll. Man kann ruhig auf dem Boden der Empirie
verbleiben. Nur muss die Reichweite dieser Empirie langfristig genug sein, um
mehr zu liefern als nur die Beschreibung eines momentanen Zustandes.

In einem ähnlichen Sinn, allerdings nicht final, sondern rein kausal, sieht Paul
AMSELEK (4) noch eine - und zwar die einzige - Möglichkeit, von einem Naturrecht zu sprechen. Er stützt sich auf die ethnologische Theorie des kulturellen
Strukturalismus. Er ist der Meinung, dass Natur und Kultur nicht so eindeutig
unterschieden sind, wie man dies im allgemeinen annimmt. Hinter den Kultu-
ren verbirgt sich, so AMSELEK, eine Struktur, die nicht gemacht, nicht in ra-
tionaler Reflexion konstruiert wurde, sondern mit naturhafter Gesetzmässigkeit
zustande kam. In den verschiedenen Rechtsordnungen möchte AMSELEK ebenfalls Strukturen finden, die tiefer liegen als momentane Kulturbedingungen, die
vielmehr eine naturhafte Qualität besitzen. AMSELEK will ausdrücklich im
kausal empirischen Bereich verbleiben. Es darf also in keiner Weise davon die
Rede sein, wie ein positives Recht gestaltet sein müsse, um gerecht zu sein.
Es handelt sich lediglich um die erfahrungsmässige Feststellung, dass überall
dort, wo Recht auftritt, etwas naturhaft Menschliches verborgen liegt, das alle
Gesellschaften betrifft.

Ohne auf den Strukturalismus Bezug zu nehmen, hat einer der eminentesten
Vertreter des Naturrechts in der Gegenwart, Johannes MESSNER, versucht,
empirisch dem Naturhaften nachzugehen, das in jeder Schaffung von Recht wirksam ist. Er untersucht allerdings nicht nur das einzelne positive Recht, um es
in synchronischem oder diachronischem Vergleich mit anderen Rechtsordnungen zu betrachten, wie dies AMSELEK vorschlug, sondern fragt wie ähnlich bereits ARISTOTELES und THOMAS von AQUIN nach den allgemeinen Zweckset-
zungen, die die Menschen, wenn sie Recht schaffen wollen, im Auge haben.
Auch hier ist es zunächst nicht die Idee der Gerechtigkeit, die den gedanklichen
Prozess leitet. Vielmehr stehen die existentiellen Zwecke im Zentrum der Betrachtung, und zwar nicht die oberflächlichen Motive, die bei einer einzelnen
rechtspolitischen Entscheidung wirksam sind, wie etwa bei der (Schweizeri-
schen) Volksabstimmung über die Steuerreform, sondern die tiefer liegenden
Anliegen und Ansprüche, die der Mensch formuliert, um im Zusammensein mit
anderen in Frieden leben und sich entfalten zu können. Dazu gehört z.B. auch
die von KANT unterstrichene Forderung, dass durch das Recht Willkür ausgeschlossen werden soll. MESSNER versteht diese Forderung zunächst gar nicht
als ideellen Imperativ an die Empirie. Für MESSNER ist diese Forderung eine
natürliche Erwartung jedes Menschen an seine Mitmenschen, so dass das Recht
nichts anderes ist als die Erfüllung dieser Erwartung.

Die Erwartung, von Willkür frei zu sein, wird übrigens auch vom empirischen
Rechtspositivismus, der, wie gesagt, nicht mit der Reinen Rechtslehre zu ver-

wechseln ist, dem Rechtsdenken zugrundegelegt. Mit der Hereinnahme dieses soziologisch begründeten Elementes in das Rechtsdenken hat sich etwas Naturhaftes in das Recht eingeschlichen, das gemäss der Reinen Rechtslehre nur metajuristischen Charakter haben kann. In der Freiheit von Willkür liegt zugleich das Anliegen der Rechtssicherheit, auf das es dem empirischen Positivismus so sehr ankommt. Der empirische Rechtspositivismus scheidet allerdings alle anderen Zwecke als metajuristisch aus, um die Kontrollierbarkeit der juristischen Entscheidungen, die Rechtssicherheit, zu garantieren.

Immerhin ist das Anliegen der Rechtssicherheit bereits ein typisch naturrechtlicher Anspruch. Es kann sogar als der erste und oberste Anspruch an jegliche Rechtsordnung bezeichnet werden. Unter diesem Betracht gibt es eigentlich überhaupt keinen reinen Rechtspositivismus abgesehen von dem idealistischen der Reinen Rechtslehre. Wie grundlegend für jegliches Naturrechtsdenken der Anspruch auf faktische Rechtssicherheit ist, wie immer das Recht inhaltlich aussehen mag, beweist selbst THOMAS von AQUIN, den man im allgemeinen als den Kronzeugen des Naturrechts ansieht; er erklärt, man dürfe eine noch so ungerechte Rechtsordnung nicht revolutionär umstürzen, wenn nicht sichere Aussicht besteht, dass die erstrebte bessere Rechtsordnung das Postulat der Rechtssicherheit erfüllt.

Der Vertreter des empirischen Positivismus könnte sich gegen seine Einordnung in die Reihen der Naturrechtler mit dem Einwand wehren, er verbleibe trotz allem bei der Formalität des Rechts, da er genau wie KELSEN nicht naturrechtlich, sondern nur logisch denke, indem er im Recht definitionsgemäss die Norm gesicherter Ordnung sehe. Mit diesem Argument könnte er sich auf die idealistische Linie der Reinen Rechtslehre zurückziehen. Doch ist diese Strategie nur eine Ausflucht. Denn woher weiss er, dass Recht die Norm gesicherter gesellschaftlicher Ordnung ist, wenn nicht aus dem Leben der Menschen, die, weil sie nicht im Chaos leben wollen, noch können, Ordnung suchen und dieser Ordnung den Namen Recht gegeben haben? Wenn er also in seiner Rechtspraxis die Rechtssicherheit und sonst nichts anstrebt, dann tut er es doch wohl, um das Grundanliegen der Rechtsgemeinschaft zu erfüllen. In der idealistischen Version der Rechtssicherheit, wie sie der Reinen Rechtslehre entspricht, darf man überhaupt nicht von Erwartungen und Ansprüchen der Gesellschaftsglieder sprechen.

Der Anspruch auf Rechtssicherheit und Freiheit von Willkür, kann nur, sofern man ihn real als Anspruch der Gemeinschaftsglieder auffasst, wie immer man sonst alle anderen Lebenswerte ausschalten mag, auf dem Boden naturrechtlichen Denkens als rechtliche Kategorie gelten. Das ist eine grundlegende Erkenntnis. Hier ist das Einfallstor für alle anderen naturrechtlichen Theorien.

Ich müsste jetzt eigentlich davon sprechen, wie man dazu kommt, Erwartungen und Ansprüche, die der Mensch aufgrund seiner sozialen Natur an die Gesellschaft stellt, wie z.B. den Anspruch, in kontrollierbarer Ordnung frei von Willkür zu leben, mit normativer Qualität ausgerüstet zu sehen. Ich muss dieses Problem zunächst zurückstellen, indem ich mich der Frage zuwende, wie man zur Erkenntnis von natürlichen Rechtsnormen kommt, die mehr enthalten als die bereits in der Definition des Rechts enthaltene Norm der Rechtssicherheit und des Ausschlusses von Willkür. Ich komme damit zu den sogenannten natürlichen Rechten des Menschen, die man unter dem Namen "Naturrecht" zusammenfasst.

Die sogenannten natürlichen Rechte des Menschen

Es ist eigenartig, dass man in einer Zeit, in der man so viel von Grundrechten, von Menschenrechten im Sinn von Freiheitsrechten und sozialen Rechten spricht, den Ausdruck "Naturrecht" nicht mehr in den Mund nehmen darf, ohne ins Mittelalter verwiesen zu werden. Man kann sich dies nur erklären im Hinblick auf die mannigfaltigen Verzerrungen, die der Begriff des Naturrechts im Laufe der Geschichte erfahren hat. Mit schuld ist ohne Zweifel die Spätscholastik, aber nicht nur sie, sondern auch die deduktive Methode, wie wir sie bei Christian THOMASIUS, der sich in seiner Geschichte des Naturrechts nicht genug tun konnte, die Scholastiker mit beissender Kritik zu behandeln, und vor allem bei Christian WOLFF finden. Allerdings darf nicht verschwiegen werden, dass wir der durch sie vorgenommenen Subjektivierung des Naturrechts die moderne Entwicklung des Naturrechts in subjektive Rechte, die sogenannten Menschenrechte, verdanken.

Gemeinhin von einem scholastischen Naturrecht zu sprechen, ist ein Grundirrtum, dem beinahe alle Kritiker des Naturrechts verfallen sind. Wenn man die modernen Darstellungen der Rechtslehre eines THOMAS von AQUIN liest, dann fragt man sich, ob diese Autoren nur die Ueberschriften seiner Artikel gelesen haben, die übrigens gar nicht von ihm stammen, oder ob einer vom anderen abgeschrieben hat, genauso wie die Spätscholastiker. Ueber THOMAS von AQUIN sollte nur der schreiben, der die 32 Bände der Vives-Ausgabe (wobei die zwei letzten, die Registerbände 33 und 34, nicht mitgezählt sind) gründlich gelesen hat. Man liest in modernen Darstellungen z.B., THOMAS von AQUIN habe in seiner Lehre von der Lex divina und der Lex naturalis erklärt, zunächst seien alle Wesenheiten im Gesetz Gottes enthalten und dann vom Schöpfer in den Menschen hineingelegt worden, so dass wir nur die Natur des Menschen zu untersuchen hätten, um zu wissen, was rechtlich normativ ist und was nicht. Damit seien die Normen des Zusammenlebens ein für alle Male festgelegt. Wir brauchten sie nur zu erkennen, um sie in positive Normen umzugestalten. Das positive Gesetz wäre demnach nichts anderes als ein Abklatsch des vorgängigen Naturrechts und dies seinerseits des Ewigen Gesetzes. Es wird aber gänzlich überlesen, dass die Lex divina bei THOMAS von AQUIN nur dazu dient, die normative Kraft der menschlichen Vernunft zu begründen, zugleich auch zu dem Zweck, ihre Begrenzung anzudeuten, die es ihr nicht erlaubt, sich als autonome schöpferische Kraft zu betrachten. Die menschliche Vernunft wird auf die existentiellen Zwecke des Menschen verwiesen. Sie ist aber nicht nur befugt, sondern auch beauftragt, im Hinblick auf die Erfüllung der existentiellen Zwecke aller die konkrete Formulierung des Rechts zu finden.

Nehmen wir ein Beispiel aus den Werken des THOMAS von AQUIN, die Frage nach dem Recht auf privates Eigentum. Dem existentiellen Zweck des Menschen haben die materiellen Güter zu dienen. THOMAS sieht in diesem Zweck eine absolute Norm (5). Er erklärt aber daraufhin ausdrücklich, dass der natürliche Anspruch aller Menschen, die Güter dieser Welt mitbenutzen zu dürfen, keinesfalls direkt die private Eigentumsordnung impliziere, noch auch den Kommunismus begründe. Der Mensch müsse vielmehr mit Hilfe seiner praktischen, d.h. wertenden Vernunft überlegen, welches die dem existentiellen Zweck günstigste und sachgerechte Organisation der Güterwelt sei. Hierzu wendet er sich, man beachte dies wohl, der Empirie zu. Erfahrung wird hierbei in einem doppelten Sinn verstanden, einmal als äussere Erfahrung, wie sie heute etwa der Soziologe seinen Untersuchungen zugrunde legt, dann als innere, d.h. vom wertenden Menschen in seinem Wertempfinden erlebte Erfahrung. Gemäss der äusseren Erfahrung konstatieren wir, so THOMAS von AQUIN, dass der Mensch die Güter wirtschaftlicher, d.h. produktiver verwaltet, wenn er sie sein eigen nennen kann, dass er auch mehr arbeitet, d.h. die Produktivität seiner Arbeit erhöht, wenn die Güter privat aufgeteilt sind. Diese äussere Erfahrung, die zeitlich durchaus sehr begrenzt sein mag, wird ergänzt durch die innere Erfahrung, nämlich durch das eigene Wertempfinden, dass diese genannten Verhaltensweisen der Menschen im Grunde mehr oder weniger unabänderlich sind, weil der Mensch wohl kaum je dazu bewogen werden könne, das an sich wertvollere Gemeinwohl dem Eigenwohl in den Einzelhandlungen vorzuziehen. THOMAS nennt diesen Denkprozess, der wahrhaftig alles andere als eine Deduktion ist, eine "inventio humana". Die private Eigentumsordnung ist also in seiner Sicht eine inventio humana, eine sachgerechte Findung durch die menschliche Vernunft. Und insofern sie dies ist, kann sie als Naturrecht bezeichnet werden. Die private Eigentumsordnung wird also zunächst nicht als naturrechtliche Institution bezeichnet, im Gegenteil wird ihr auf der obersten Ebene dieser Titel abgestritten. Betrachtet man sie aber als eine sachgerechte Konkretisierung des noch abstrakten Imperativs, die materiellen Güter allen in produktivster Weise zugänglich zu machen, dann ist es vernünftig (heute würde man mit einer Reihe von Autoren sagen: raisonnable), die private Eigentumsordnung zu vertreten. Unter diesem Gesichtspunkt kann man ihr den Ehrentitel eines Naturrechtes zuerkennen. So kommt es, dass einmal das Privateigentum ausdrücklich nicht als Naturrecht bezeichnet wird, ein anderes Mal aber ihm dieser Titel zuerkannt wird. Beachtenswert ist noch, dass THOMAS von AQUIN vom Recht der Person auf privates Eigentum nur spricht, insofern das private Eigentum einen Ordnungsfaktor der Gesellschaft darstellt, also nicht mit einem sogenannten originären privaten Eigentumsrecht operiert, wie dies in der individualistischen Naturrechtslehre der Fall ist. Das subjektive Recht auf Eigentum ist bei ihm erst eine Folge der gesamten Wirtschaftsordnung, die vernünftigerweise eine auf dem Privateigentum aufgebaute Ordnung sein muss. Der Denkprozess zum subjektiven Recht erfolgt hier in analoger Weise zur Kelsenschen Auffassung, natürlich ohne die idealistische Note.

Das gleiche Raisonnement finden wir in der Darstellung der Staatsform. Die Aussage, dass zum Staat Autorität gehört, ist für THOMAS von AQUIN ein unabänderliches Naturrecht. Das heisst, die Autorität gehört seiner Ansicht nach zum Wesen der staatlich organisierten Gesellschaft. Das Argument sieht er darin, dass eine gemeinsame Norm nicht einfach die Addition individueller Nor-

men sein kann, so sehr die Individuen unter sich zu einem Konsens kommen
mögen. Aber dieser Konsens wäre noch keine Rechtsnorm, da zu dieser die
Möglichkeit der zwangsmässigen Durchführung wesentlich gehört. Die reine
Gegenwehr bei Vertragsbruch unter Ausschluss der Autorität wäre - und hier
wiederum analog wie bei KELSEN - keine rechtliche Handlung. Mit der Annahme der Autorität als eines Konstitutivums der staatlichen Gemeinschaft ist aber
die Frage der Staatsform, ob Monarchie oder Demokratie, noch nicht entschieden. Die Entscheidung für die eine oder andere hängt wiederum von der Empirie ab (in ihrem doppelten Sinn verstanden: als äussere Erfahrung und als Wert-
oder Rechtsbewusstsein in innerem Wertempfinden). Immer hat, wie THOMAS
ausdrücklich erklärt, die Autorität die Interessen der Gesellschaftsglieder zu
vertreten. Wer aber Träger der Autorität ist, ob das souveräne Volk oder der
souveräne König, das ist eine Entscheidung, die von der Reife der Gesellschaftsglieder abhängt. THOMAS hat nun entsprechend seiner Zeit gemeint, dass das
Volk zur Erstellung des Gemeinwohls die Reife für die Demokratie nicht aufwei-
se. Darum trat er in seinem Opusculum "De regimine principum" für die Monarchie ein. Wenn er heute leben würde, dann würde er mit uns allen das Miss-
trauen gegenüber dem Alleinträger der staatlichen Autorität teilen. Es erschiene ihm also nicht mehr vernünftig, die Monarchie des Mittelalters zu verteidi-
gen. Kann man deutlicher zeigen, dass naturrechtliches Denken nichts damit zu
tun hat, einen Katalog von ewig gültigen Rechtssätzen zusammenzustellen? Naturrechtliches Denken kann sich selbstverständlich auch irren. Dafür ist viel
zu viel Empirie darin enthalten, als dass es sich anmassen könnte, absolut gültige Rechtssätze, die für alle verbindlich sein sollen, zu formulieren. Es ist
aber geeignet, den Dialog mit allen Gesellschaftsgliedern zu führen, um zu
einer sachgerechten, d.h. raisonnablen Lösung zu gelangen. Wie empirisch
die Naturrechtskonzeption des THOMAS von AQUIN geartet ist, beweist der
Passus, wo THOMAS die Gesetzeskompetenz des Gesetzgebers einschränkt auf
die voraussichtliche Wirksamkeit eines Gesetzes. MESSNER hat diese Auffassung von Naturrecht korrekt definiert, indem er erklärt, das Naturrecht sei
"ein mit der Entwicklung des sittlich-rechtlichen Bewusstseins wirksam wer-
dendes Wissen um grundlegende Rechtssätze und natürliche Rechte" (6).

Auf weitere Beispiele aus dem Naturrecht bei THOMAS von AQUIN soll hier
verzichtet werden. Halten wir fest, dass nach THOMAS von AQUIN das Naturrecht in nichts anderem besteht als in der durch die praktische Vernunft vorgenommenen, durch die Erfahrung gestützten Anwendung des allgemeinen Imperativs, das gesellschaftliche Leben im Hinblick auf die allgemeinen existentiellen Zwecke des Menschen zu ordnen.

Die existentiellen Zwecke im Naturrecht

Lassen sich nun die obersten Prämissen, nämlich die existentiellen Zwecke,
näher definieren? Diese Frage muss mit ja und mit nein beantwortet werden.
Sie sind jedenfalls nicht frei von der geschichtlichen Umwelt, der Kultur und
Verfassung der je existierenden Menschen, von ihrem sittlichen und rechtlichen Bewusstsein. Dass der Mensch frei ist und darum niemals einen Zwang

auf sein Gewissen dulden kann, ist zwar eine allgemeine anthropologische Erkenntnis. Wie aber diese Freiheit im Sinne von Handlungsfreiheit, d.h. von Freiheit "zu" im Unterschied von Freiheit "von" definiert werden soll, lässt sich nicht in Form einer überzeitlichen Norm definieren. In Zeiten der Not ziehen es die meisten vor, in stark begrenzter Freiheit zu leben, als zu hungern. Sie würden die Rationierung von Lebensmitteln der freien Konsumwahl vorziehen, wenn sie anders keinen Weg sähen, das Existenzminimum aller zu garantieren. Die existentiellen Zwecke und die sich daraus ergebenden Ansprüche lassen sich konkret nur im Kontext der Umwelt, der wirtschaftlichen wie der kulturellen, bestimmen. Dennoch entbehren sie nicht der naturhaften Wurzel. Das Bewusstsein von solchen rechtmässigen Ansprüchen wird wach durch die Befindlichkeit der jeweiligen Gesellschaft. Dies heisst aber beileibe nicht, dass das Rechtsbewusstsein das Produkt der gesellschaftlichen Verhältnisse allein wäre. Der Anspruch, frei zu leben, sein Lebensziel frei zu bestimmen und sich frei entfalten zu können, der Anspruch auf eine dem Ziel des Menschen entsprechende Tätigkeit, also auf Arbeit, auf freie Berufswahl, auf Sicherung im Alter und in der Not usw. ist im Bewusstsein des Menschen grundgelegt und wird artikuliert entsprechend den gesellschaftlichen Bedingungen und der Entwicklung des Rechtsbewusstseins. Die menschliche Vernunft ist durchaus in der Lage, die gegenwärtige Gesellschaft zu transzendieren und ihre augenblickliche Ordnung kritisch zu betrachten. Dass man eine solche Naturanlage des menschlichen Bewusstseins allgemein annimmt, beweist schon die Tatsache, dass wir nicht jedwede Kultur als mit der anderen gleichwertig betrachten. So natürlich der Kannibalismus gewissen primitiven (man beachte das Wort "primitiv") Stämmen erscheinen mag, die Vereinten Nationen hoffen zuversichtlich, dass auch diese Völker einmal zur Erkenntnis kommen, dass es humaner ist, Nicht-Kannibale zu sein. Nur dann können sie als gleichwertige Glieder in die Völkergemeinschaft aufgenommen werden. Nun könnte man allerdings im Sinn des völligen Wertrelativismus sagen, die Vereinten Nationen verriegelten ihre Türen den Kannibalen, weil sie ihnen unangenehm werden könnten. Das hätte mit einer Vorstellung von humanen Werten nichts mehr zu tun. Vom naturrechtlichen Standpunkt aus ist dieser Wertrelativismus nicht möglich. Im übrigen ist der Wertrelativismus ein schlechtes Instrument für die Rechtspolitik, denn das Wertdenken wird aus dem Bewusstsein der Gesellschaftsglieder nicht auszutilgen sein. Ueber kurz oder lang bezahlt die Gesellschaft die Rechnung. Man braucht nur die Entscheidungen der obersten Gerichtshöfe zu lesen, um festzustellen, wieviel Wertdenken sich spontan und überlegt in die letzten Entscheidungen hineindrängt. Dies gilt besonders bezüglich der Interpretation von Generalklauseln. Die Furcht vor dem Wertdenken, dem das naturrechtliche Denken verpflichtet ist, erklärt sich einerseits aus dem Verhalten der Naturrechtler selber, die zu leicht vergessen, dass sie in ihren Urteilen über konkrete Situationen sehr oft unbeachtet lassen, dass ihr Raisonnement im Sinn der genannten "inventio humana" mit viel Empirie durchwirkt ist, und andererseits aus dem Missverständnis jener, die nicht naturrechtlich denken, dass jegliches Wertdenken zur Diktatur der Ideologen führen müsse. Gegenüber dem hier dargestellten Naturrechtsdenken ist diese Furcht unbegründet, eben deswegen, weil dieses Naturrechtsdenken ein gerütteltes Mass von Empirie enthält. Dazu gehört auch die Kenntnis des Rechtsbewusstseins der Gesellschaft, die man nur erwirbt durch den von Toleranz getragenen Dialog mit den anderen Gliedern der Gesellschaft.

Die konkrete Formulierung von naturrechtlichen Ansprüchen des Individuums im Sinn von Aprioris stammt aus dem individualistischen Naturrecht, das nicht mehr wie bei THOMAS von AQUIN vom Gesamtordnungsdenken ausging, sondern direkt vom einzelnen Menschen als einer in sich geschlossenen Substanz. Dadurch war man in der Lage, alle Menschen als in jeder Weise univok gleich zu betrachten, d.h. den Gesichtspunkt der verschiedenen Funktionen der Individuen im Gesamt der Gesellschaft hintanzustellen. Ich habe dargestellt, dass es im Naturrechtsdenken des THOMAS von AQUIN diesen Begriff von subjektiven Rechten nicht gibt, weil er das Naturrecht nicht mit der Ontologie identifiziert, sondern es als eine Lehre der Finalität der praktischen Vernunft auffasst. Bei aller Ueberzeugung, dass der Mensch ontisch eine Substantia naturae rationalis ist, wie er ja auch bei allen anderen scholastischen oder nicht-scholastischen Naturrechtlern definiert wird, ist THOMAS von AQUIN der Ansicht, dass die praktische Vernunft diesen ontischen Befund erst noch zu verarbeiten habe im Hinblick auf die Erfüllung der existentiellen Zwecke. Und diese finden ihre Erfüllung oder Verwirklichung nur in der proportional verschiedenen Integration der Individuen in die Gesamtheit. Sie sind aber deswegen nicht als Gewährungen von seiten des Gesetzgebers zu verstehen. Unsere modernen Menschenrechte dagegen sind individualisierte Ansprüche des einzelnen gegen die Gesellschaft. Sie lassen sich nicht funktionalisieren, sondern sind alle gleich. Als Freiheitsrechte im Sinn von "Freiheit von" sind sie ein besserer Schutz gegen gesellschaftlichen Zwang, als wenn erst von einer gesellschaftlichen Gesamtschau aus ihre konkrete Formulierung gesucht werden müsste. Es sei nochmals auf das Recht auf Eigentum hingewiesen. Verstanden als mit der Person unmittelbar verbundener Anspruch und nur unter diesem Gesichtspunkt formuliert, ist das Recht auf Eigentum ein unerschütterlicher Garant gesellschaftlich unantastbaren Rechts und damit zugleich auch die unbewegliche Grundlage für eine marktwirtschaftliche Ordnung. Wenn man es aber als "raisonnable" Anwendung eines Ordnungsprinzips der materiellen Güterwelt auffasst, dann könnte es leicht geschehen, dass die Eigentumsordnung im Namen eines imaginären Gemeinwohls unterhöhlt wird, was zu einer langsamen Auflösung der marktwirtschaftlichen Ordnung führen würde. In der positiv-rechtlichen Formulierung müssten dann schon einwandfrei interpretierbare Grundnormen der Wirtschaftspolitik artikuliert werden. Die Gefahr der Umfunktionierung von Grundrechten ist durch die individualisierte Formulierung mehr oder weniger vermieden. Andererseits besteht aber hier ein gewisses Hemmnis für eine rationale Wirtschafts- und Gesellschaftspolitik. Man denke an das heute sehr betonte Recht auf Arbeit und das damit verbundene Recht auf freie Berufswahl. Die in der augenblicklichen Arbeitslosigkeit angebotenen offenen Stellen in der BRD werden wohl nie besetzt werden, solange es im Befinden des Arbeitslosen liegt, ob ihm ein Wohnungswechsel zumutbar ist oder nicht.

Ich persönlich plädiere für jene Naturrechtsauffassung, die die subjektiven Rechte aus dem am personalen Menschenbild orientierten Ordnungsdenken begründet. Um der Gefahr zu entgehen, dass die subjektiven Rechte dem Gutdünken des Gesetzgebers anheimgestellt werden, müssen Ordnungsnormen in Form von unverrückbaren Orientierungsimperativen an die Wirtschafts- und Gesellschaftspolitik formuliert werden, so dass in allen wirtschafts- und gesellschaftspolitischen Ueberlegungen und Massnahmen die Priorität den subjektiven Grundrechten zusteht. Ich glaube, dass damit mehr erreicht würde als mit der Formulierung der UNO-Menschenrechtserklärung, die mit der Aufzählung der verschiedensten subjektiven Rechte beginnt und dann am Schluss in Artikel 29 erklärt, dass mit den Rechten auch Pflichten verbunden sind und dass die subjektiven Rechte nur im Rahmen der staatlichen Ordnung bestehen. Mit der letztgenannten Klausel sind die subjektiven Rechte eigentlich wieder aufgehoben, da jeder Staat sie nach seiner Gesellschaftsauffassung definieren wird, wie dies de facto bezüglich der Helsinki-Vereinbarung festzustellen ist. Einzig die Freiheitsrechte, die "Freiheit von" zum Ausdruck bringen, wie Gewissensfreiheit, Freiheit von Folterung, Freiheit von Willkürbehandlung, sind mehr oder weniger eindeutig als typisch subjektive Rechte formulierbar.

Zusammenfassung

Zusammenfassend lässt sich sagen: Das Naturrecht ist kein Katalog von ein für alle Mal durchformulierten Rechtsnormen, sondern besteht in der praktischen Vernunft, die dazu angelegt ist, Prinzipien zu erkennen, zur Verwirklichung der existentiellen Zwecke innerhalb der je und je gegebenen Gesellschaft mit allen ihren wirtschaftlichen und gesellschaftlichen Bedingungen. Das Naturrecht wächst mit der Kultur und den konkreten gesellschaftlichen Verhältnissen, besonders mit dem Rechtsbewusstsein der Gesellschaftsglieder, ist aber mit diesen gesellschaftlichen Faktoren nicht identisch, es bietet zugleich auch die Möglichkeit, sich kritisch mit bestehenden Verhältnissen wirtschaftlicher wie allgemeingesellschaftlicher Art auseinanderzusetzen. Das heisst: gemäss dem Naturrechtsdenken ist die praktische Vernunft auf Inhalte ausgerichtet, die final auf die Sicherung der existentiellen Zwecke des Menschen bezogen sind. Der überzeitliche Charakter des Naturrechts liegt nicht in den Formulierungen von grundsätzlichen Rechtsprinzipien, sondern vielmehr in der dynamischen Kraft der praktischen Vernunft, mit Hilfe der äusseren Erfahrung sowohl wie der inneren, d.h. der Werterfahrung die jeweils neu zu formulierenden Rechtssätze zu finden, die die Verwirklichung der existentiellen Zwecke ermöglichen.

Zwei fundamentale Probleme ständen eigentlich noch zur Debatte: erstens, wie steht es mit dem Denkprozess, den die praktische Vernunft durchläuft, um zu dem zu kommen, was man in dem geschilderten Sinn als Naturrecht (im Gegensatz zum Positivismus) bezeichnen kann. Ich habe von der doppelten Erfahrung gesprochen, der äusseren Erfahrung und der inneren, d.h. der Werterfahrung. Ist es auf diese Weise möglich, einen Inhalt zu ermitteln, der Allgemeingültigkeit beanspruchen kann? Zweitens, wie ist der normative Charakter der auf "raisonnable" Weise gefundenen Inhalte zu erklären?

Fussnoten

1) H. KELSEN: Reine Rechtslehre, 1934, p. 22.

2) H. KELSEN: a.a.O., p. 38.

3) H. KELSEN: a.a.O., p. 24.

4) Paul AMSELEK: Avons-nous besoin de l'idée de droit naturel?, in: Archives de Philosophie du droit, Tome 23 (1978), 343-353.

5) Summa theologica II-II 66.1. Vgl. hierzu meinen Kommentar in Bd. 18 der Deutschen Thomasausgabe: Recht und Gerechtigkeit, Heidelberg-Graz 1953.

6) Johannes MESSNER: Moderne Soziologie und scholastisches Naturrecht, Wien 1961, p. 30. Vielleicht würde man zur Vermeidung von Missverständnissen den Ausdruck "Rechtssätze und natürliche Rechte" durch "natürliche rechtliche Ansprüche" ersetzen. Der Ausdruck "Rechtssatz" klingt zu sehr nach bereits positiv formulierter Rechtsnorm.

SERGIO COTTA

Six thèses sur les rapports entre droit naturel et droit positif

I. La "naturalistic fallacy" n'invalide pas la fonction du droit dit naturel

La critique de la notion (ou du concept) de droit naturel - développée surtout à partir du XIX.e siècle par de nombreux courants de la philosophie contemporaine - semble avoir été définitivement parachevée de nos jours par la philosophie analytique. L'argumentation antijusnaturaliste proposée par celle-ci est grosso modo la suivante. L'expression "droit naturel" désigne un droit (un ought, un Sollen) qui est présenté comme impliqué par, ou déduit d'une situation d'être. Par conséquent, à la différence du droit positif - un "devoir-être" qui, derivant de la volonté humaine, ne sort jamais du domaine du discours normatif ou prescriptif - la validité du droit naturel dépend d'un discours théorétique ou aléthique. Mais, en vertu de la "grande division" entre is et ought et du principe de la naturalistic fallacy, il est logiquement incorrect de passer de l'être au devoir-être, de deduire celui-ci de celui-là.

Deux consequences s'ensuivent. Primo: "droit naturel" est une expression contradictoire et mystifiante, car si ce qu'elle designe est "droit" (devoir-être), il n'est pas "naturel" (être); s'il est "naturel", il n'est pas "droit". Secundo: le droit naturel n'ayant pas, en tant qu'être, la capacité d'impliquer ou de fonder le droit positif qui est un devoir-être, est inutile, puisqu'il n'est pas en condition d'accomplir la fonction qui lui est traditionnellement attribuée.

Je laisse de côté la question de ce que le jusnaturalisme entend par "nature", d'autant plus que les différentes écoles du droit naturel ont donné à ce terme des significations très variées. Et pourtant - soit dit en passant - il est bien rare, voire exceptionnel, que ce terme ait été pris dans le sens d'un déterminisme absolu, ce qui justifierait pleinement l'argumentation de la philosophie analytique.

Je me borne ici à considérer la question du droit dit "naturel" (quelle que soit sa signification) sous l'aspect de la fonction qu'on lui attribue traditionnellement par rapport au droit positif. Sous cet aspect, il me semble que l'argumentation de la philosophie analytique se base sur une equivoque·

En effet, il faut reconnaître que du point de vue historique et philosophique, c'est le droit dit naturel qui est (ou a été conçu et présenté comme) le devoir-être de l'être du droit positif. Celui-ci est sans doute <u>norme</u> (un ensemble ou système de normes) et donc, par son statut <u>logique</u>, un devoir-être; mais sa péculiarité propre est d'être, en tant que <u>positif</u>, l'<u>être d'un devoir-être</u>: une donnée historique, réelle, empiriquement constatable. Et c'est précisément à cette norme positive - ou, pour mieux dire, posée - que le droit dit naturel est opposé ou proposé comme ce qu'elle <u>devrait</u> être.

Historiquement, il paraît suffisamment prouvé que l'idée de droit naturel s'est formée lorsque les coutumes traditionnelles d'une culture (et donc l'<u>être</u> d'un droit positif), s'étant affrontées à d'autres systèmes culturels et juridiques, ont cessé d'être perçues comme le seul droit existant ou possible. C'est alors qu'on a élaboré l'idée d'un droit naturel, comme le <u>devoir-être</u> (juridique ou moral, peu importe ici) ayant la tâche d'orienter, de modifier, etc. la réalité factuelle des ordonnancements juridiques particuliers.

C'est ce qui est arrivé dans l'ancienne Grèce lorsque ses cités ont élargi stablement leurs rapports au delà de leur aire culturelle. C'est ce qui n'a pas manqué de se reproduire à d'autres étapes significatives de l'histoire. Un renouveau jusnaturaliste bien connu a suivi la decouverte du Nouveau Monde, dont l'hétérogénéité culturelle et juridique mettait en question les paisibles certitudes de la culture juridique européenne. De nos jours aussi, le droit naturel est explicitement ou implicitement évoqué afin d'éliminer les discriminations raciales persistantes dans le droit positif.

Philosophiquement, il faut reconnaître que le droit naturel a été et est présenté ou comme le caché par rapport au visible (l'essence cachée par l'existence - je pense à PLATON), ou comme ce qui a été et n'est plus (le droit de l'état de nature) par rapport à ce qui est (le droit de l'état civil), ou finalement comme l'idéal par rapport au réel. Bien que sous d'aspects fort différents, il s'adresse toujours au droit positif comme ce qui <u>doit être</u> (découvert, rétabli, actualisé etc.) par rapport à ce qui <u>est</u> (apparent, établi, pratiqué etc.).

L'argumentation formelle de la philosophie analytique n'invalide donc pas la <u>fonction</u> du droit dit "naturel". Puisque c'est le droit positif qui a une existence factuelle, qui est un être, la <u>naturalistic fallacy</u> n'empêche nullement de penser et de proposer le droit naturel comme le devoir-être du droit positif, c'est-à-dire comme son critère normatif. Sans doute, deux questions restent ouvertes: celle de savoir si ce devoir-être puisse être correctement appelé "droit" et si, étant éventuellement reconnu comme "droit", il puisse être appelé "naturel". Mais une chose à la fois: qu'il suffise pour l'instant de souligner que la <u>fonction</u> de ce qu'on appelle "droit naturel" est non seulement tout à fait légitime mais aussi indispensable. Autrement, du simple fait d'<u>être</u>, le droit positif serait immédiatement ce qu'il <u>devrait être</u>. Mais alors on tomberait vraiment dans la <u>naturalistic fallacy</u>!

II. Les notions de droit naturel et de droit positif sont compatibles

A toute première vue une incompatibilité radicale semble se dessiner entre droit naturel et droit positif. En effet, c'est en les opposant l'un à l'autre que jusnaturalistes et juspositivistes parviennent d'habitude à les definir. En termes très schématiques, nous pouvons dire que le droit positif, se presentant réellement comme variable, particulier, volontaire, artificiel (dans le sens de créé par l'oeuvre de l'homme), est opposé radicalement au droit naturel, considéré comme invariable, universel, oeuvre de la raison ou de la nature. Il s'agit, en peu de mots, de l'opposition entre culture (ou histoire) et nature.

Se basant sur cette opposition, les juspositivistes arrivent souvent à la conclusion qu'un droit naturel est inconcevable. Mais c'est une conclusion hasardeuse et très peu solide. En effet, la dite opposition, se situant sur le plan de la logique, autorise seulement à affirmer que ce qui est prédicable du droit positif n'est pas prédicable du droit naturel et vice versa. Mais elle n'autorise nullement à nier l'existence de deux systèmes ou niveaux juridiques, ayant chacun des prédicats différents. Il y aurait contradiction irréductible si, et seulement si, il n'y avait qu'un seul système ou niveau de droit. Alors, évidemment, si le droit était variable, particulier etc., il ne pourrait être invariable, universel etc.: la première notion étant vraie, la seconde serait nécessairement fausse.

Or, en général, les jusnaturalistes, tout en affirmant que droit naturel et droit positif ont des caractères ou prédicats logiquement opposés, n'en déduisent ni l'inconcevabilité ni, encore moins, l'inexistence du droit positif. En général ils soutiennent, au contraire, qu'il y a deux systèmes de droit, chacun se rapportant à de différents niveaux de l'expérience juridique humaine: par exemple, au niveaux des droits (rights) fondamentaux, le droit naturel; à celui des droits (rights) civiques, le droit positif. Dans cette perspective, l'opposition logique des prédicats des deux systèmes juridiques n'implique pas l'inexistence réelle ou de l'un ou de l'autre. Ils restent compossibles et compatibles.

Une deuxième observation me semble pertinente. Les attributs ou prédicats, dont on se sert habituellement pour définir le droit naturel et le droit positif, ne sont pensables que par couple. Peut-on penser ou définir le variable sans faire recours, implicitement ou explicitement, à l'invariable, le particulier sans l'universel, l'artificiel sans le naturel etc.? Le couple est la condition de leur pensabilité réciproque, tout comme l'entier n'est pas pensable sans la partie, ni celle-ci sans l'entier. Il n'est pas indispensable d'être hégélien pour l'admettre, ni de recourir à une dialectique qui changerait l'un dans l'autre par Aufhebung.

Par conséquent, j'ose avancer que nous pensons le droit positif parce que nous pensons le droit naturel comme théoriquement possible. Pour nier leur compossibilité théorique il faudrait arriver à nier ou la pensabilité de l'invariable, de l'universel etc., ou bien celle du variable, du particulier etc. C'est une erreur dans laquelle le jusnaturaliste ne tombe pas.

III. Droit naturel et droit positif sont les espèces d'un même genre

La compossibilité théorique du droit naturel et du droit positif exige, d'un point de vue strictement logique, qu'il soit possible de les penser comme espèces du même genre "droit". Telle est l'opinion des jusnaturalistes. Qu'il suffise de rappeler pour tous un exemple fameux: celui de saint THOMAS d'AQUIN. Dans sa Somme théologique, il définit d'abord le genre lex et ensuite ses différentes spécifications: lex aeterna, lex naturalis, lex humana. L'usage par les juspositivistes aussi de l'expression droit positif semble impliquer la même opinion. En effet, si ce droit a besoin, pour être défini, d'être spécifié par l'attribut "positif", ceci indique qu'il est une espèce du genre "droit", du droit simpliciter dictum. Cette espèce, j'ajoute, ne saurait être la seule, car autrement l'espèce coïnciderait avec le genre.

Toutefois les juspositivistes affirment précisément que le genre "droit" n'inclut pas le droit naturel mais coïncide entièrement avec le droit positif. L'attribut "positif" est considéré purement pléonastique, n'étant que le résidu de la vieille polémique, désormais révolue, avec le droit naturel, dont l'inexistence aurait été définitivement démontrée. Telle était déjà l'opinion de BERGBOHM au siècle passé, telle est, de nos jours, l'opinion de KELSEN, de ROSS et de beaucoup d'autres. Pour le juspositiviste aussi le genre "droit" se divise, bien sûr, en espèces (par exemple: le droit coutumier et celui législatif), en sous-espèces (le droit international et celui national) et ainsi de suite. Mais ce sont toujours des spécifications du seul droit existant: le droit positif.

Cette solution paraît toutefois par trop simpliste pour être acceptable. En effet, la réduction totale du droit au seul droit positif est le résultat d'une opération intellectuelle fort discutable, qu'on pourrait taxer de cercle vicieux. On commence par définir le genre "droit" d'après les aspects caractéristiques du droit positif: par exemple, le droit est la volonté du législateur ou du peuple, ou bien ce que les juges établissent, ou encore un impératif effectivement coercible et ainsi de suite. Successivement on constate que le droit naturel ne possède pas ces caractères et on conclut, plus ou moins triomphalement, qu'il n'y a d'autre droit que celui positif.

D'autre part, Hermann KANTOROWICZ notait déjà, il y a quelques décennies, dans son ouvrage The Definition of Law, que cette position porterait à exclure de l'histoire de la pensée juridique tous les auteurs et les théories jusnaturalistes, ce qui serait absurde. J'ajoute, pour ma part, que pendant une longue suite de siècles un droit appelé naturel - c'est-à-dire non-législatif, non-coutumier, non-national - a été suivi de quelque manière par les hommes et a été même appliqué par des tribunaux, ainsi qu'il continue à l'être par les tribunaux de l'Eglise catholique. C'est la preuve qu'il n'était pas considéré comme une simple abstraction ni comme un devoir-être purement moral. Par conséquent, la limitation du droit au droit positif impliquerait la négation du caractère juridique de quelque chose qui a été considéré comme droit non seulement dans le domaine de la théorie juridique, mais dans celui de la pratique aussi.

Ces considérations nous permettent d'affirmer qu'une définition acceptable du genre "droit" doit, d'une côté, briser le cercle vicieux sousjacent au raisonnement juspositiviste et, de l'autre côté, rendre raison de ce qu'on a théorisé et appliqué, au cours de l'histoire, comme droit naturel. Il ne faut pas oublier qu'une définition est d'autant plus satisfaisante et valable qu'elle est capable d'interpréter et d'expliquer le plus vaste nombre de phénomènes empiriques. Par conséquent la définition du genre "droit" doit tenir compte des éléments communs aux deux espèces juridiques que nous sommes en train d'examiner.

Or, malgré l'opposition de leurs attributs, droit naturel et droit positif ont un premier élément fondamental en commun. C'est la structure logique de la norme, son statut déontique, qui exprime la prescription (positive ou négative) d'un comportement. Indépendamment de leur origine (et contenu) les normes naturelles et celles positives s'expriment par (ou peuvent être reformulées en) une proposition prescriptive (ought-statement, Soll-Satz). Le genre "droit" commence ainsi à se dessiner, à prendre forme.

Mais, évidemment, la simple structure propositionnelle ne suffit pas à produire réellement ou véritablement du droit. Si, par exemple, j'énonce la proposition suivante: "donnez-moi votre argent, autrement vous serez tués par mes acolytes", il n'y a pas de doute que cette proposition ait le statut logique de la prescription et, plus précisément de la prescription juridique. D'après le schéma kelsenien (si A est, B devra être), nous pouvons en effet reformuler ainsi la dite proposition: "si vous ne me donnez pas votre argent, mes acolytes devront vous tuer". Toutefois personne ne considérerait cette proposition prescriptive, cet ought-statement, comme une prescription juridique pour ses destinataires, car elle ne constitue pas une obligation pour eux. Elle n'établit qu'une contrainte, à laquelle, si seulement il est possible, chacun cherchera à se soustraire sans aucun scrupule et, d'après un jugement unanime, "à bon droit".

Pour entrer à plein titre dans le domaine du juridique, il faut alors que la proposition prescriptive ait la capacité d'établir une obligation, c'est-à-dire, pour utiliser la très claire terminologie allemande, que le Soll-Satz devienne une Soll-Norm. Or, si le juspositiviste n'a pas de doute sur l'obligatoriété des prescriptions du droit positif, le jusnaturaliste le pense de même à propos des prescriptions du droit naturel. C'est pourquoi, d'ailleurs, celui-ci a pu être suivi ou appliqué, bien qu'irrégulièrement, au cours de l'histoire. Le jusnaturaliste en arrive même à soutenir que les normes du droit naturel possèdent une capacité obligatoire plus pure, plus intrinsèque, que celle des normes positives. L'obligatoriété de leurs normes est donc le deuxième élément commun aux deux espèces juridiques.

Le genre "droit" se trouve ainsi suffisamment défini par le fait qu'il s'exprime en des propositions prescriptives obligatoires, en des Soll-Normen. Ce qui à l'interne du même genre distingue les deux espèces du droit naturel et du droit positif, c'est, dit-on, la différente source de leur obligatoriété. C'est un point sur lequel concordent, tout au moins au niveau de la discussion théorique et académique, le jusnaturaliste et le juspositiviste.

Mais quelles peuvent être ces différentes sources? Disons très provisoirement que pour le juspositiviste l'obligatoriété du droit positif dérive du fait
qu'il est in civitate positum. Pour le droit naturel, les jusnaturalistes font souvent appel à l'évidence de ses prescriptions; c'est pourquoi ils le rapportent à
la nature: est évident ce qui correspond à notre nature. Mais c'est illusoire:
une norme est obligatoire par l'évidence immédiate de son Sollen seulement
quand elle est purement formelle, vide de contenu: "fais le bien et évite le mal".
Mais ce devoir est un principe régulateur général plutôt qu'une véritable norme.
Si le droit naturel ne contenait que de pareils principes, il s'arrêterait à des
généralités bien peu juridiques. Disons alors, toujours provisoirement, que la
source de l'obligatoriété du droit naturel est la rationalité de ses prescriptions.
C'est tout à fait classique.

Du point de vue strictement théorique, la thèse que je viens de présenter me
semble parfaitement soutenable. Mais de quelle utilité peut-elle bien être sur
le plan d'une interprétation de l'expérience juridique réelle?

IV. La notion de droit naturel est utile pour rendre raison de certains aspects
    de l'expérience juridique réelle

Je me limiterai à attirer l'attention sur deux cas exemplaires, dont la notion
d'un droit obligatoire à cause de sa rationalité offre une explication beaucoup
plus satisfaisante que la notion positiviste du droit. Considérons, en premier
lieu, le cas des droits (rights) fondamentaux. Le juspositivisme ne peut les
présenter que comme relativement fondamentaux, c'est-à-dire fondamentaux
non pas simpliciter ou überhaupt, mais secundum quid. En effet, dans l'optique
du positivisme juridique, ils ne peuvent avoir d'autre fondement que ou la constitution ou bien une convention internationale. Ceci comporte, en bonne logique, qu'ils peuvent être modifiés, substitués ou abrogés au gré du pouvoir constituant ou d'un nouvel accord international. En d'autres termes, la norme positive n'est pas en condition de rendre obligatoire pour le constituant ou la
volonté des gouvernements l'intangibilité de ces droits. Mais c'est précisément
cette intangibilité que la conscience commune attribue ou réclame pour ces
droits.

Pour surmonter cette difficulté, le juspositiviste fait souvent appel à l'histoire:
c'est le mouvement de l'histoire (de la culture) qui fait émerger les droits fondamentaux et en rend obligatoire l'intangibilité par le législateur. Mais l'argument est bien faible. En faisant appel à l'histoire, on risque en effet de tomber
dans la naturalistic fallacy, car ce serait le fait historique (et donc une situation d'être, un is, un sein) qui déterminerait le devoir-être du respect de ces
droits. D'autre part si, pour éviter ce risque, on attribue à la raison historique
(la raison qui interprète l'histoire) la capacité de rendre obligatoire l'intangibilité des droits fondamentaux, alors on sort du cadre du positivisme juridique
puisqu'on fonde le devoir-être sur sa rationalité. Et finalement il faut avouer
que l'histoire n'est pas raison suffisante de la permanence de cette obligation
parce que l'histoire change et donc n'établit rien de définitif.

La notion de droit naturel, au contraire, offre à la conscience commune une interprétation bien plus acceptable des droits fondamentaux. D'après le jusnaturalisme, en effet, c'est la raison qui, mettant en lumière les exigences de la structure ontologique (ou, si l'on veut, onto-existentielle) de l'homme, légitime le caractère <u>simpliciter</u> fondamental de ces droits, c'est-à-dire en rend obligatoire le respect par le législateur constituant ou international.

Evidemment, on peut nier que de droits fondamentaux existent en tant que droits intangibles par le droit positif. Mais si on les admet, alors la fondation jusnaturaliste est plus convaincante que celle juspositiviste.

Le deuxième cas que j'examinerai est celui de la durée de l'obligatoriété des normes. Comment peut-on expliquer cette donnée indiscutable de l'expérience? Suffit-il de l'attribuer, comme le fait le juspositivisme, à la force, c'est-à-dire à la dimension, ou à l'appareil, sanctionnatoire et coercitif de l'ordonnancement juridique positif? Il me paraît que non. La force, tout d'abord, n'a pas une influence univoque en faveur de l'obligatoriété des normes: il y a bien sûr la force qui la soutient ou l'impose, mais il y a aussi la force (ou la contre-force) qui la contraste ou l'abolit. Quoi qu'il en soit, la force ne saurait assurer aux normes qu'une durée assez limitée et uniquement dans la mesure où elle est effectivement appliquée ou applicable. Or il y a des normes juridiques, telles les normes sur le contrat ou sur les procès, qui, dans leur noyau essentiel, conservent leur capacité obligatoire depuis des millénaires et sont acceptées "naturellement", spontanément, sans que la force y entre pour rien. Il semble donc bien plus correspondant à la leçon de l'expérience d'admettre que durent les normes qui ont une signification transhistorique, non contingente. Mais telles ne peuvent être que les normes dont la raison établit le caractère obligatoire, le confirmant au cours de l'histoire. Nous retrouvons là l'essentiel de la notion de droit naturel.

Interlude

Le juspositiviste pourra admettre les thèses que je viens d'exposer. Il pourra concéder que ce qu'on appelle traditionnellement "droit naturel" ait une <u>fonction</u> légitime dans l'expérience juridique; que la notion de droit naturel soit légitimement <u>pensable</u> en termes théoriques; que le droit naturel appartienne au genre "droit" comme l'une de ses espèces <u>théoriques</u>. Il pourra même concéder que quelque fois il soit <u>utile</u> de recourir à des argumentations de type jusnaturaliste pour justifier certains phénomènes juridiques. Mais, finalement, le juspositiviste restera ferme dans sa négation du caractère <u>réellement</u>, <u>effectivement</u> juridique du droit naturel, celui-ci ne lui paraissant "droit" que sur le plan lessical ou bien sur celui de la pensabilité abstraite, purement théorique.

C'est pourquoi il soutient que, pour exercer une fonction critique ou directrice du droit positif et pour en justifier ou fonder certains phénomènes, il faut recourir à quelque chose de plus solide que le droit naturel. Ce qui n'est qu'abstraitement pensable, et donc est purement imaginaire, ne saurait en effet orienter la théorie et la pratique que par une mystification. Or celle-ci peut, bien sûr, être utile (Machiavel est là pour l'enseigner) mais, de toute manière, étant la contrefaçon de la vérité, est en dehors du domaine scientifique.

Telle, dans ses grandes lignes, reste la position du juspositiviste. Et pourtant il y a le fait indiscutable que pas mal de gens, aujourd'hui même, non seulement croient qu'un Soll-Satz devient une Soll-Norm lorsque le raisonnement en montre l'obligatoriété, mais, ce qui plus est, respectent cette norme exclusivement à cause de son fondement en raison. Il ne suffirait pas de dire que ces gens agissent ainsi d'après une conviction morale et non pas juridique, car la distinction entre morale et droit n'est pas toujours simple à établir: M. HART l'a souligné. Dire qu'une norme morale devient juridique lorsqu'elle est formalisée et sanctionnée dans un ordonnancement juridique, c'est éviter la question, car le problème de la juridicité de l'ordonnancement serait encore à résoudre. Mais, à part cela, le fait reste de la conviction avec laquelle pas mal de gens plaident par devant juges afin que ces normes fondées en raison soient reconnues et déclarées valables pour tous. Ceci témoigne suffisamment du caractère juridique (et non purement moral) qu'on leur attribue.

Le juspositiviste ripostera, encore une fois, que cette conviction est naïve et non pas scientifique. Mais elle n'est pas moins réelle pour cela; par conséquent, une science sans préjugés ne saurait éviter d'en rendre compte. Ne serait-il pas que le juspositiviste, critique si sévère du droit naturel, est trop peu problématique quand il s'agit du droit positif? C'est la question que je vais examiner maintenant.

V. Ni l'autorité du législateur ni le contenu spécifique du droit positif (la réglementation de la force) suffisent à en établir l'obligatoriété

J'avais dit provisoirement que, dans le cadre du genre "droit", le droit positif se distingue du droit naturel parce qu'il est positum (ius in civitate positum). Il nous faut maintenant aprofondir la question, l'examinant sous l'aspect de l'obligatoriété, qui transforme, nous l'avons vu, le Soll-Satz en Soll-Norm: la proposition prescriptive en prescription normative. Grâce à quoi la positio d'une norme la rend obligatoire? Il faut souligner, à ce propos, qu'une norme choisit, parmi plusieurs comportements, tous matériellement possibles, celui qui doit être suivi. Un faux témoignage est tout autant matériellement possible qu'un témoignage véridique; l'acquittement d'un coupable reconnu est tout autant matériellement possible que sa condamnation. Mais le droit positif interdit le faux témoignage et n'autorise pas le juge à acquitter un coupable. Pourquoi le choix opéré par le législateur est normatif, c'est-à-dire est source d'obligatoriété et, par conséquent, doit être accepté?

La réponse des juspositivistes à cette question varie selon la définition qu'ils donnent du droit (positif). Le juspositivisme du XIX.e siècle le définissait par la sanction, c'est-à-dire par la possibilité de recourir à la force au cas de violation des normes. Mais évidemment on n'était pas si naïf de croire que la force suffirait à expliquer l'obligatoriété des normes positives: la force produit une imposition ou une contrainte, pas une obligation. D'ailleurs la force est inconstante, étant soumise à la ... "loi du plus fort"; or ce "plus fort" n'est déterminable que dans le jeu toujours changeant des contingences: il n'y aurait donc jamais rien de sûrement obligatoire. C'est pourquoi le juspositiviste du XIX.e siècle considérait droit (positif) celui que l'autorité reconnue pose, le garantissant par la force de la sanction. Fondement ultime de la juridicité (et donc de l'obligatoriété des normes) est alors l'autorité politique: que ce soit le "souverain" de John AUSTIN, ou la "volonté générale" (plutôt hégélienne que rousseauiste) de THON, ou les "juges" de HOLMES, ou l'"institution" de Maurice HAURIOU ou de Santi ROMANO; mais aussi les "pères de la constitution" du KELSEN de sa période américaine, qui souffre à mon avis d'un certain éclectisme. Mais cette thèse n'a aucune solidité philosophique.

Notons tout d'abord que, dans cette perspective, la juridicité du droit positif lui dérive de quelque chose qui lui est externe (c'est un inconvénient dont le juspositivisme plus récent se rendra compte). En d'autres termes, la norme juridique n'est pas obligatoire en soi mais en raison de la décision de l'autorité. Certes, au cours de l'histoire une quantité de propositions normatives ont acquis et perdu leur statut de normes obligatoires par la décision de l'autorité. Mais le fond du problème est de savoir si cela dépend exclusivement de l'arbitraire de l'autorité. C'est ce que je nie.

A mon avis il faut reconnaître que l'autorité du législateur n'offre qu'une présomption de l'obligatoriété des normes qu'il dicte. C'est, bien sûr, une présomption très forte et largement acceptée, car le législateur jouit normalement non pas d'un simple pouvoir mais d'une véritable autorité, qui lui dérive du fait d'avoir offert la preuve consolidée de sa capacité directive et d'avoir obtenu la stable confiance des citoyens. L'autorité est en termes très généraux le pouvoir reconnu et accepté. Mais finalement, puisque la capacité peut faiblir et la confiance tomber, l'autorité garantit une simple présomption d'obligatoriété, ne s'avérant que si les propositions normatives apparaissent cohérentes et fonctionnelles à leur finalité. Autrement, la présomption venant à tomber, les normes ne s'appuyeront que sur le pouvoir sanctionnatoire et, par conséquent, seront perçues comme imposées et non pas comme obligatoires.

Normalement le législateur n'ignore pas cette alternative; il est bien conscient que sa tâche n'est pas de formuler des Soll-Sätze intellectuellement élégants et impeccables en leur formulation logique, mais des Soll-Sätze qui soient surtout susceptibles d'être reçus comme obligatoires et donc comme Soll-Normen. C'est pourquoi il ne se limite pas à poser les normes mais se préoccupe de les justifier afin de leur assurer caractère obligatoire. Je reviendrai sur ce sujet, mais dès maintenant un exemple pourra être utile. Prenons le cas, qui n'est pas imaginaire, de la norme "les enfants doivent dénoncer leurs parents, qui ont des opinions contraires à celles du gouvernement". Le législateur sait que, malgré son autorité et l'efficacité de l'appareil répressif, la conscience commune, jugeant cette norme arbitraire et aberrante, lui refusera caractère obligatoire, se limitant, éventuellement, à la subir comme une imposition. C'est pourquoi le législateur s'efforcera de trouver et de propager une justification capable de convaincre les gens que la dénonciation des parents est exigée par la sauvegarde de l'état, de l'orthodoxie idéologique etc., lui assurant ainsi le statut de norme (obligatoire).

Concluons sur ce premier point. Nous avons déjà vu que le statut déontique des Soll-Sätze n'est pas suffisant à leur attribuer obligatoriété. Nous constatons maintenant que celle-ci ne leur saurait dériver de l'autorité du législateur.

La position du juspositivisme actuel paraît plus solide et rigoureuse, car il évite de définir la norme juridique par des éléments externes à elle. D'après cette définition, le droit est un ensemble de normes "providing for a sanction" (KELSEN) ou "rules about force" (OLIVECRONA), ou "rules concerning the exercise of force" (ROSS). Telle est, pour l'essentiel, la thèse partagée par des normativistes, comme KELSEN ou N. BOBBIO, et par des réalistes comme OLIVECRONA ou ROSS.

Grâce à cette définition, la distinction théorique entre droit naturel et droit positif pourrait être définitivement établie sur la base de la différence de leurs destinataires et de leur contenu propre. Les normes du premier s'adressent aux individus et réglementent leurs comportements; celles du second s'adressent aux agents de l'appareil publique (juges, fonctionnaires, policiers) et réglementent les conditions et les limites d'exercice de l'usage de la force, qui relève de leur compétence. Mais cette définition n'a pas le but de marquer la différence entre droit naturel et droit positif; elle vise finalement à réfuter le caractère juridique du premier. En effet, puisque la réglementation de l'usage de la force n'est pas (pour les auteurs cités) quelque chose qui s'ajoute à la norme juridique pour en garantir l'efficacité, mais est le contenu spécifique du droit, ce pour quoi une norme est juridique, alors le droit naturel n'est évidemment pas "droit". Il est probablement possible de repérer des sanctions, implicites ou explicites, dans les normes du droit naturel, mais certainement le contenu essentiel de celui-ci est la prescription d'un comportement, à laquelle la sanction est subordonnée en tant qu'instrumentale. Il est inconcevable de réduire le droit naturel à la réglementation de l'usage de la force; mais alors, d'après la définition donnée, il n'est pas droit.

Dans cette optique la question de la transformation du Soll-Satz en Soll-Norm aurait une solution d'une évidente simplicité. Un Soll-Satz n'a pas à prouver d'être obligatoire pour devenir une Soll-Norm: il est une Soll-Norm si, et seulement si, son contenu est la réglementation de la force. On pourra donc concéder au jusnaturaliste obstiné que ce qu'il appelle "droit" naturel formule des Soll-Sätze, mais cette concession n'aura de valeur que sur le plan du discours abstraitement théorique.

Toutefois la question de l'obligatoriété n'est pas si simple à éliminer. Si elle se pose au citoyen en général, on ne voit pas comment pourraient l'éviter les agents de l'appareil public. Pourquoi doivent-ils reconnaître comme obligatoires les règles sur l'usage de la force, qui s'adressent à eux? Si c'est pour éviter que d'autres règles sur la force leur soient appliquées, alors, à part la question de la régression à l'infini, le raisonnement tombe sous la critique

déjà exposée: ils agissent à cause d'une (menace de) contrainte et non pas d'une
obligation. Si c'est parce qu'ils ont prêté serment d'obéir aux prescriptions de
l'autorité alors ce qu'ils reconnaissent comme obligatoire ce ne sont pas les
normes (dont l'obligatoriété reste purement présupposée) mais le serment,
c'est-à-dire un engagement personnel. Et finalement on ne voit pas pourquoi
les citoyens devraient considérer obligatoires les comportements qui sont le
présupposé factuel des règles sur l'usage de la force. Ces règles aussi ne
sauraient éviter d'être taxées d'arbitraires que par la justification de leur obligatoriété.

Bref, la définition du droit comme norme sur l'usage de la force, loin d'éliminer la question de son obligatoriété, en montre encore une fois l'importance
décisive.

Les règles sur la force ont encore plus besoin, si possible, d'être justifiées
que les règles sur les comportements. Car il ne suffit pas de régler la force
pour la transformer de source de contrainte en source d'obligation: en ce cas
aussi il est indispensable de justifier la règle. C'est pourquoi l'école réaliste
scandinave en revient à soutenir que les règles sur l'usage de la force sont
finalement _droit_ parce qu'elles sont perçues comme socialement obligatoires
à cause de l'autorité reconnue qui les a posées. Nous retombons ainsi dans la
position déjà critiquée: l'autorité n'offre qu'une présomption de l'obligatoriété
des normes.

VI. Entre droit naturel et droit positif il n'y a pas opposition de principe
    mais continuité de contextes différents et toutefois compatibles

Si le raisonnement que je viens de développer est correct, si en particulier il
est indispensable, pour définir le droit, de distinguer la prescription de l'imposition et l'obligation de la contrainte, alors il faut conclure que le droit n'est
pas suffisamment identifié, dans sa réalité, par la _positio_ et ce qu'elle implique d'externe et d'interne: l'autorité du législateur et la réglementation de la
force. Pour devenir _droit_, et être reçue comme tel, la proposition prescriptive
exige, outre la _positio_, sa justification: sans celle-ci, la _positio_ n'est qu'une
impositio. A moins qu'on ne veuille considérer les prescriptions positives obligatoires par évidence ... erreur qui n'a pas besoin d'être soulignée.

Précisons toutefois, pour éviter une équivoque possible, que ce qu'il faut justifier n'est pas l'_obéissance_ à la norme, mais la norme elle-même. De multi-
ples motifs, personnels ou sociaux, peuvent justifier l'obéissance sans que pour
cela la norme soit démontrée obligatoire en soi. L'utilité ou la crainte, l'ambition ou la fidélité, peuvent par exemple rendre raison de l'obéissance à une
norme qui néanmoins est considérée arbitraire, inutile, nuisible et donc non-obli-
gatoire en soi par celui qui l'observe. La justification requise par le droit est
celle qui concerne le contenu prescriptif de la norme, dont elle doit montrer
le bienfondé en raison.

Le résultat de cette justification n'est nécessairement pas l'observance unanime et indéfectible de la norme, mais la non-récusabilité, en ligne de principe, de sa prescription qui, par conséquent, sera reconnue comme obligatoire.
La possibilité matérielle de la transgression ne sera donc pas éliminée, mais
l'obligatoriété reconnue de la norme fera percevoir la transgression, par celui-
là même qui l'effectue, comme un acte non pas licite ou indifférent mais illicite. Ceci comporte une conséquence importante: la détermination du statut
d'illicéité de la transgression par la justification de la norme implique la justification, en ligne de principe, de l'établissement d'une sanction frappant l'acte
illicite.

Mais si la justification de la norme positive est indispensable pour en établir
le caractère obligatoire, alors elle est la source première de celui-ci. Par conséquent, puisque la justification est un discours de raison, droit positif et droit
naturel finissent par avoir la même source formelle d'obligatoriété: la raison
ou, pour mieux dire, le caractère raisonnable de leurs prescriptions. J'avais
précédemment affirmé que droit naturel et droit positif ont deux éléments en
commun: le statut déontique de leurs propositions et le caractère obligatoire
de leurs prescriptions. Mais j'avais accepté, à titre provisoire, l'idée selon laquelle les deux droits se distingueraient par leurs différentes sources d'obligatoriété: la rationalité des prescriptions et la positio. Il apparaît maintenant que
la positio n'élimine nullement la nécessité de la justification, mais l'exige pour
être création de droit et non pas acte d'imposition. Un troisième élément commun s'ajoute alors aux précédents: la même source d'obligatoriété. Les deux
frères ennemis se trouvent ainsi réconciliés.

J'ai dit réconciliés et non pas unifiés, car leur distinction reste, ayant son
fondement sur les différents degrés ou types de justification qui leur sont
propres. Examinons la question.

La manière la plus satisfaisante (ce qui ne veut pas dire simple) pour justifier
une norme, la rendant ainsi obligatoire, est de montrer la relation fonctionnelle
du comportement prescrit avec une finalité admise. L'impératif hypothétique
de KANT - qui prescrit une action, non pas en tant que bonne en soi, mais en
tant que moyen à une fin - est obligatoire sur la base de la justification fonctionnelle. Considérons l'impératif hypothétique suivant: "si les travailleurs
veulent protéger leurs intérêts, ils doivent adhérer à un syndicat de catégorie".
Eh bien, au cas où l'on aura prouvé par de solides raisons que les intérêts des
travailleurs n'ont d'autre garantie que leur organisation en syndicats, alors
sera justifiée la norme "tous les travailleurs doivent adhérer à un syndicat de
catégorie". Et cette norme résultera obligatoire.

Mais cette justification ne vaut, évidemment, que pour les intéressés: dans
notre cas les travailleurs. Au delà de ce contexte socio-existentiel, la norme
en question n'est ni justifiée ni obligatoire. Toutefois le processus de justification n'est pas pour cela définitivement bloqué, car il a la capacité de dépasser le premier contexte pour s'appliquer à un contexte plus ample englobant
le premier. Pour s'en tenir à l'exemple donné, il suffira de prouver que la protection des intérêts des travailleurs est fonctionnelle au bien commun de la

société politique pour justifier, par un enchaînement cohérent de raisons, la norme en question, qui résultera obligatoire pour la généralité des citoyens. La justification d'un système global de normes se fait précisément par cet enchaînement de justifications.

Tout cela apparaîtra abstrait, mais c'est ainsi que les choses se passent réellement, surtout en démocratie où les débats parlementaires tout d'abord, et l'interprétation de juges indépendants ensuite, vérifient la justification des normes offerte par le législateur. D'ailleurs la justification du contenu prescriptif de la norme n'est pas le seul facteur d'obligatoriété. Elle est, peut-on dire, au centre d'un réseau de justifications cohérentes. Elle se rattache (comme à son présupposé nécessaire) à la justification du pouvoir légiférant, qui fait de celui-ci une autorité reconnue, capable (nous l'avons vu) d'offrir une présomption légitime de l'obligatoriété de ses produits normatifs. A son tour, la justification de la norme offre la base pour justifier la sanction en tant que réponse adéquate à la violation de la norme. Par conséquent, la réglementation de la force n'est plus ni raison à soi-même, ni raison suffisante de l'obligatoriété (ce qui ferait d'un être un devoir-être), mais est légitimée par sa relation fonctionnelle au respect du comportement prescrit par la norme justifiée.

Toutefois, du fait de vérifier, d'un côté, la présomption offerte par l'autorité et de fonder, de l'autre côté, la légitimité de la sanction, la justification de la norme est l'élément logiquement et réellement décisif de l'obligatoriété du droit. C'est grâce à elle que les autres justifications acquièrent leur pleine validité, de sorte que dans leur ensemble elles définissent la situation d'obligatoriété qui caractérise l'expérience juridique concrète.

Le droit positif est interprétable d'après le schéma hypothétique "si ... alors" (c'est la thèse bien connue de KELSEN). Il peut donc se suffire de la justification fonctionnelle, dont je viens de parler, qui rend raison de son obligatoriété, ainsi que M. SEARLE l'a montré par sa thèse sur le promising game, qui met en lumière les implications normative du fait de la promesse. Mais, évidemment, l'impératif hypothétique et sa justification fonctionnelle ne valent que pour ceux qui acceptent le contexte auquel se rapportent soit l'impératif que sa justification. Pour en revenir à l'exemple déjà fait, il peut y avoir des travailleurs qui ne considèrent pas leur intérêt comme suprême, ou des citoyens qui subordonnent le bien commun à des valeurs supérieures. M. HARE a donc eu raison d'objecter à M. SEARLE que le promising game oblige uniquement ceux qui acceptent de jouer ce jeu, qu'on est toujours libres de refuser.

Or l'idée constitutive du jusnaturalisme est précisément de trouver (et de justifier) des normes se rapportant à un contexte qu'on n'est pas libres de refuser. C'est pourquoi les jusnaturalistes parlent d'un droit naturel, c'est-à-dire d'un droit se rapportant à un contexte universel, puisqu'il concerne l'homme en tant qu'homme, indépendamment de ses conditions particulières (sexuelles, raciales, politiques, culturelles etc.). Ceci ne signifie pas ignorer ou effacer ces conditions particulières mais les ramener à leur qualité de spécifications internes d'un contexte universel. A notre époque planétaire, où il est évident que nous appartenons tous au même genre et nous partageons tous le même destin, il me paraît tout à fait absurde et anachronique de nier ce contexte commun et de refuser le droit qui s'y rapporte.

Le véritable problème, à mon avis, n'est pas là, mais réside dans la conviction diffuse qu'il soit impossible de justifier (et donc de caractériser comme obligatoires) des normes se rapportant au contexte global constitué par l'humanité. Si la difficulté est d'ordre empirique et pratique, on a raison de la soulever: nous ne disposons pas encore d'un mécanisme efficient et équitable pour garantir et faire respecter ce type de normes. Mais sur le plan théorétique, la difficulté ne me semble pas insurmontable: à mon avis il est possible de justifier l'obligatoriété de normes qui s'adressent à la généralité des hommes, à l'auditoire universel dont parle si heureusement M. PERELMAN.

A cette fin les outils intellectuels que KANT nous a fourni sont toujours valables. J'ai parlé tout-à-l'heure génériquement d'impératif hypothétique. Mais il est bien connu que KANT en distinguait deux types: l'impératif problématique ou technique - celui finalisé à un but qu'on est libres de choisir - et l'impératif assertorique ou pragmatique, finalisé à un but que tous se proposent réellement et qui, donc, est soustrait à l'_arbitrium indifferentiae_. La formule de cet impératif est la suivante: "puisque tous veulent ... tous doivent".

Dans le cas de l'impératif assertorique, le contexte existentiel pris en considération est universel et la finalité poursuivie n'est pas arbitraire (comme le _game_ de M. SEARLE), mais réelle. Il apparaît alors possible de justifier universellement les normes fonctionnelles à un but que tous poursuivent réellement. KANT proposait toutefois un exemple fort discutable: celui de la recherche du bonheur (_Glückseligkeit_). Or il est vrai que tous recherchent le bonheur, mais ce qui est réellement universel en ce cas c'est la recherche _par chacun de son propre bonheur personnel_. Or, les bonheurs personnels ne coincidant nécessairement pas, la justification fonctionnelle des prescriptions finalisées au bonheur n'est valable qu'individuellement et n'est pas universalisable.

Mais un exemple inapproprié n'infirme pas la validité d'un raisonnement. Or ce qui rend non-universalisable la justifications des normes fonctionnelles à la réalisation du bonheur, c'est que celui-ci se rapporte à l'_existence_ individuelle et non pas à la _co-existence_ des hommes. Mais s'il y a un comportement fonctionnel à la _co-existence_, alors il sera universalisable étant réciprocable sans incompatibilité. Par conséquent la justification de la norme qui le prescrit en prouvera l'obligatoriété par devant l'auditoire universel. Prenons le cas du _respect de l'innocent_: toute personne, étant innocente, veut pour soi ce respect, qui d'une part est réciprocable, et donc universalisable sans incompatibilité, et d'autre part est fonctionnel à la co-existence. En effet, si ce respect est nié, la co-existence humaine devient impossible, car toute offence ou violence deviendrait un pur possible, indiscriminable à cause de son appartenance à l'_arbitrium indifferentiae_.

Le propre du jusnaturalisme est précisément cette justification universelle, qui transforme un _Soll-Satz_ en une _Soll-Norm_ obligatoire pour tous. La différence entre droit naturel et droit positif peut alors être ainsi formulée: les normes du premier sont celles justifiées par leur fonctionnalité à la co-existence _universelle_, celles du second sont celles justifiées par leur fonctionnalité aux différents contextes de la co-existence _particulière_.

C'est une différence non négligeable, mais enfin une pure différence de contextes empiriques de validité, qui ne comporte aucunement une différence quant à la structure des deux droits ni une opposition nécessaire (mais simplement possible) entre leurs prescriptions. D'autre part, l'universalité du contexte auquel le droit naturel se réfère n'efface pas les contextes particuliers considérés par le droit positif; mais, les englobant, en empêche l'absolutisation, qui serait la source d'une conflictualité en principe insurmontable, ainsi qu'il en est chez HEGEL. En ce sens, il me paraît légitime d'affirmer que le droit naturel est le _devoir-être_ du droit positif, car le particulier ne peut ni nier ni se séparer totalement de l'universel.

Il nous reste à préciser un point. Il est indiscutable que, sur le plan des faits, la co-existence n'élimine pas tout conflit, de même que la conflictualité n'élimine pas toute sorte de co-existence: saint AUGUSTIN l'observait déjà dans le livre XIX du _De civitate Dei_. Co-existence et conflictualité ont _factuellement_ une position paritaire. Mais si nous les considérons en tant que conditions de la vie, alors une différence fondamentale les sépare. Par l'universalisation de la co-existence, éliminant tout conflit, la possibilité de la vie est garantie à tous, tandis que cette possibilité serait niée par une universalisation du conflit éliminant toute situation de co-existence. Ceci signifie que la co-existence, à la différence de la conflictualité, est présupposition logique nécessaire de la vie humaine et, par conséquent, ne rentre pas dans l'_arbitrium indifferentiae_.

D'autre part, dans le cadre de la co-existence absolue, les diversités humaines ne donnent pas lieu au conflit mais au dialogue, qui substitue la raison à la puissance. C'est précisément ce qui caractérise le droit naturel selon les jusnaturalistes. Mais c'est aussi l'élément dont on ne saurait priver le droit positif sans lui faire perdre son statut obligatoire.

JOSÉ LLOMPART

Naturrecht als geschichtliches Recht

I. Vorbemerkungen

Seit dem Zweiten Weltkrieg scheint der Rechtspositivismus in Verruf geraten zu sein. Ich finde es sehr interessant, dass unter den vier Hauptthemen dieses Kongresses dem Rechtspositivismus - mindestens unter dieser Bezeichnung - kein Platz eingeräumt worden ist. Ob die sogenannte "analytische Jurisprudenz" unter den Rechtspositivismus subsumiert werden kann, möchte ich hier nicht zur Diskussion stellen. Aber auch die Naturrechtslehre ist heute - und wie mir scheint nicht ohne Grund - nicht weniger in Verruf geraten. Das ist, wie ich später zeigen werde, nicht nur den Gegnern, sondern vor allem den Anhängern dieser Lehre zu verdanken.

Auch die Naturrechtslehre hat es nicht vermocht, uns eine Antwort auf die ungelösten Probleme des Rechts zu geben, und nach dieser Enttäuschung sucht man heute einen sogenannten dritten Weg, einen Weg jenseits von Naturrecht und Rechtspositivismus. In der Ablehnung von Naturrechtslehre und Rechtspositivismus scheinen West und Ost sich einig zu sein, nicht aber in den konkreten Vorschlägen zu einer alternativen Lösung. Hermann KLENNER hat die interessante Bemerkung gemacht, dass, wenn die marxistische Rechtslehre vom Denkschema "Naturrechtslehre oder Rechtspositivismus" aus betrachtet wird, im allgemeinen die Naturrechtler sie unter den Rechtspositivismus, die Rechtspositivisten sie aber unter die Naturrechtslehre einzureihen pflegen (1). Die marxistische Rechtstheorie lehnt aber beide Positionen entschieden ab. Selbstverständlich wird auch die These vertreten, dass in dieser Theorie sowohl naturrechtliche wie auch positivistische Elemente enthalten sind. Wie dem auch sei, die Naturrechtslehre scheint heute nur als Objekt der Kritik oder höchstens als Mittel der Kritik lebendig zu sein.

Der wirkliche oder scheinbare Konsens über die Ablehnung von Naturrechtslehre und Rechtspositivismus führt uns aber nicht weiter, wenn wir keinen Konsens über einen dritten Weg haben. Es mag sein, dass die neueren Ansätze zur Naturrechtslehre - um es mit einem Ausdruck von Norberto BOBBIO

auszudrücken - der Untersuchung einer Leiche ähneln. Auch die neuen Vor-
schläge alternativer Lösungen scheinen als dritte Wege nicht so lebensfähig zu
sein, wie ihre Vertreter meinen. Auch wenn die Lehre des Naturrechts heute
tot sein sollte, so ist das Naturrecht selbst als tragender Bestandteil des positiven Rechts doch noch lebendig. Und damit komme ich auf die Frage, die ich
zur Diskussion stellen möchte: Hat in der Gegenwart die Naturrechtslehre für
die Juristen ihren Sinn verloren, und ist diese Lehre nur noch eine Sache der
Vergangenheit?

II. Die juristische Naturrechtslehre

Die juristische Naturrechtslehre und der Rechtspositivismus können als zwei
sich ausschliessende Grundpositionen betrachtet werden. Die positivistische
Grundposition hat BERGBOHM am besten definiert. Er sagt:

> "Das niederträchtigste Gesetz muss als verbindlich anerkannt
> werden, sofern es nur formell korrekt erzeugt ist."

Oder noch kürzer:

> "Nur positives Recht ist Recht, und alles positive Recht ist
> Recht." (2)

Wer dieser Behauptung zustimmt, kann als Rechtspositivist, wer ihr widerspricht, als Naturrechtler betrachtet werden. Mit anderen Worten: Man kann
als Ausgangspunkt das positive, geltende Recht in Betracht ziehen und zwei Behauptungen über diese Vorgegebenheit aufstellen:

a) Nur das, was durch den Gesetzgeber oder durch Gewohnheitsrecht positi-
    viert ist, ist Recht, alles andere mag als Moral, gute Sitte oder derglei-
    chen gelten.

b) Nicht aber alles, was rein formell positiviert ist, ist notwendigerweise ver-
    pflichtendes Recht ohne Rücksicht auf seinen Inhalt.

Die Naturrechtslehre macht beide Behauptungen zu Bedingungen des Rechts, der
Rechtspositivismus dagegen nur die erste.

Wird die juristische Naturrechtslehre so verstanden, so braucht man nicht ein
über den Wolken existierendes Naturrecht vorauszusetzen. Diese Lehre wird
damit trotz ihres Namens zu einer Lehre des positiven, geltenden Rechts, die
aber mit der positivistischen Rechtsauffassung unvereinbar ist. Sie setzt voraus,
dass die Inhalte des positiven Rechts bezüglich ihrer Begründung von zweierlei
Art sein können: Einige werden - mindestens zum Zeitpunkt des Gesetzerlasses
- dem Willen des Gesetzgebers überlassen, wie z.B. ob man rechts wie in der
Schweiz, oder links wie in Japan fahren muss. Andere Inhalte sind nicht dem
Belieben oder der freien Entscheidung des Gesetzgebers überlassen, sondern

geschichtlich oder übergeschichtlich vorgegeben oder aufgegeben. Folglich bedeutet diese Lehre als Problem de lege lata, dass Gewalt und Willkür positiviert werden können, ohne Recht zu werden, und als Problem de lege ferenda verneint sie die Allmächtigkeit des Gesetzgebers.

Die so verstandene juristische Naturrechtslehre setzt nicht nur übergeschichtliche Vor- und Aufgegebenheiten voraus, die wir mittels der sogenannten metaphysischen Prinzipien ausdrücken, sondern auch Vor- und Aufgegebenheiten, die zwar veränderlich sind, die aber an einem bestimmten Ort und zu einer gegebenen Zeit nicht wegzudenken sind und die der Gesetzgeber immer berücksichtigen muss. In der Bundesrepublik Deutschland hat man das Merkmal solcher Rechtsinhalte annäherungsweise mit Absolutheit, Unbeliebigkeit oder Unverfügbarkeit zu fassen versucht. Eine einheitliche Bezeichnung ist leider noch nicht vorhanden, und alle diese Termini sind der Gefahr des Missverständnisses ausgesetzt. Man kann, wie mir scheint, diese Inhalte auf naturrechtliche Art oder einfach als Naturrecht betrachten, damit aber ist nicht gesagt, dass alle solche Inhalte unterschiedslos als vollkommen allgemein und für ewig gültig zu verstehen sind. In der absoluten Allgemeingültigkeit und Unveränderlichkeit ist die Unbeliebigkeit schon mitenthalten, das Umgekehrte ist aber nicht immer der Fall. Die Unbeliebigkeit wird meistens zeit- und ortsbedingt verstanden, und so besagt sie nur, dass, wenn bestimmte Voraussetzungen gegeben sind und soweit sie gegeben sind, diese Inhalte nicht verändert werden können. Ob diese Voraussetzungen sich im Laufe der Zeit ändern oder ob sie in anderen Ländern verschieden sind, bleibt offen. Wie schon angedeutet, gibt es auch im Recht allgemeingültige und unveränderliche Voraussetzungen, die auch in diesem Sinne unbeliebig sind, die aber von den Juristen nicht diskutiert zu werden brauchen, weil die juristischen Streitigkeiten nicht auf der Arena des metaphysischen, sondern auf der des juristischen und geschichtlichen Naturrechts stattfinden. Wenn man also das positive Recht analysiert, ergeben sich drei Arten von Inhalten:

a) Einige sind veränderlich (intransitiv verstanden) und zugleich nach Belieben des Gesetzgebers veränderbar (transitiv verstanden). Dies sind die Bestimmungen rein positiver Art.

b) Andere Inhalte sind veränderlich, nicht aber ohne weiteres in einer bestimmten Zeit und an einem bestimmten Ort veränderbar.

c) Wieder andere Inhalte, die im positiven Recht nicht immer ausdrücklich formuliert zu werden brauchen, die aber notwendigerweise vorausgesetzt werden, sind sowohl unveränderlich wie auch unveränderbar und gehören zu dem sogenannten metaphysischen Naturrecht, dessen Hauptmerkmal die ausnahmslose Unveränderlichkeit und Allgemeingültigkeit ist. (Um Missverständnisse zu vermeiden: Das Wort "metaphysisch" ist sehr belastet und kann sehr verschieden interpretiert werden. Mangels eines besseren Wortes benutze ich hier dieses als eine Bezeichnung für Aussagen, die als ausnahmslos und unveränderlich verstanden werden, wie zum Beispiel, zwei und zwei sind vier.)

Und jetzt zurück zu dem juristischen Naturrecht. Das Merkmal des juristischen Naturrechts - um es zu wiederholen - ist nicht, wie man oft in Verwechslung

mit dem metaphysischen Naturrecht gemeint hat, die ausnahmslose Allgemeingültigkeit und unzerbrechliche Unveränderlichkeit, sondern eben die Unbeliebigkeit oder Unverfügbarkeit seiner Inhalte. Das juristische Naturrecht ist geschichtlich, wird aber nicht total relativiert, wie die historische Rechtsschule
und der Historismus gemeint haben, weil es der blossen Willkür des Gesetzgebers nicht untersteht und weil es in seiner Veränderlichkeit oder in seinen Ausnahmen nicht den Rahmen der metaphysischen Prinzipien sprengen kann.

Soweit mir bekannt ist, ist ARISTOTELES der erste, der die Geschichtlichkeit
und Veränderlichkeit des juristischen Naturrechts behauptet hat, ohne es bewusst von dem metaphysischen zu unterscheiden. In einer berühmten Stelle der
<u>Nikomachischen Ethik</u> (V, 10, 1134 b) sagt er:

> "Bei den Göttern allerdings mag das (die Veränderlichkeit) wohl
> ausgeschlossen sein; bei uns aber gibt es wohl manches, was von
> Natur gilt, aber das alles ist der Veränderung unterworfen - und
> dennoch besteht die Scheidung: 'von Natur' - 'nicht von Natur'."

Hans KELSEN hat bekanntlich grossen Anstoss an dieser Stelle genommen und
ARISTOTELES scharf kritisiert. Das sei kein echtes Naturrecht, und hier gera-
te ARISTOTELES in Widerspruch mit seiner Auffassung von einem unveränderlichen und allgemeingültigen Naturrecht.

Hier ist zuzugeben, dass ARISTOTELES, wie sonst fast alle bisherigen Naturrechtsanhänger, mehr das unveränderliche und allgemeingültige Naturrecht,
d.h. das metaphysische Naturrecht betont und zum Problem gemacht hat. Auch
hat er bewusst keinen Unterschied zwischen dem Naturrecht der Philosophen
und dem Naturrecht der Juristen gemacht, deswegen bleibt er uns eine weitere
Erklärung dieses veränderlichen Naturrechts schuldig. Aus dem Zusammenhang
dieser Stelle aber ergibt sich eindeutig, dass es hier um das Naturrecht der Juristen geht, und wenn man eine Unterscheidung zwischen dem juristischen und
dem metaphysischen Naturrecht macht, dann verschwindet der Widerspruch:
dieses veränderliche Naturrecht ist auch <u>echtes</u> Naturrecht, nicht aber ein me-
taphysisches Naturrecht. Nicht von ungefähr hat ARISTOTELES im voraus das
politische (d.h. das juristische) <u>Naturrecht</u> im Unterschied zum politischen und
zugleich <u>positiven</u> Recht als das Recht angesehen, das Geltung hat, "unabhängig
davon, ob es den Menschen gut scheint oder nicht". Das könnte übrigens die erste Definition der Unbeliebigkeit des juristischen Naturrechts sein.

KELSEN und mit ihm viele andere haben die Naturrechtslehre vor allem aus
zwei Gründen kritisiert:

a) Diese Lehre setze nur ein allgemeingültiges, unveränderliches Naturrecht
    voraus, was juristisch gesehen nicht haltbar sei.

b) Diese Lehre setze für die Begründung der Rechtsgeltung die Existenz einer
    Gottheit voraus, sie sei nämlich Produkt des Glaubens, nicht der Wissen-
    schaft (3).

Der erste Einwand KELSENs ist einigermassen berechtigt, weil leider fast alle Naturrechtsanhänger den Unterschied zwischen dem juristischen, veränderlichen und dem metaphysischen, unveränderlichen Naturrecht nicht klar gemacht haben. Ich betone die Notwendigkeit dieser Unterscheidung und die Tatsache, dass die Juristen und Rechtsphilosophen mehr mit dem geschichtlichen als mit dem metaphysischen, allgemeingültigen Naturrecht zu tun haben. Man darf nicht vergessen, dass auch bei KELSEN die Sehnsucht nach Allgemeingültigkeit und Unveränderlichkeit sehr gross gewesen ist, und obwohl für ihn die herkömmliche Metaphysik etwas jenseits der Wissenschaft Liegendes gewesen ist, so darf doch nicht übersehen werden, dass seine reine Rechtslehre in ihrer Reinheit als eine Lehre des positiven Rechts gemeint ist, die ausnahmslos für alle positiven Rechtsordnungen aller Länder und Zeiten gilt. In diesem Sinne ist seine Rechtslehre eine und nur eine Rechtsmetaphysik, die der Faktizität und Geschichtlichkeit keinen Platz einräumen kann.

Auf die zweite Einwendung KELSENs, nämlich auf die Voraussetzung der Existenz Gottes, werde ich am Ende meines Referates zurückkommen. Hier sei nur gesagt, dass man die zwei Grundpositionen der Naturrechtslehre oder des Rechtspositivismus definieren und sich eine von beiden zu eigen machen kann, ohne das Problem der Existenz Gottes in Betracht zu ziehen, wie vorher schon dargelegt wurde.

Ideengeschichtlich betrachtet haben die Scholastiker, die von der Existenz Gottes ausgingen, das juristische Naturrecht nicht bewusst von dem metaphysischen oder theologischen unterschieden. Schon vor den Scholastikern hat CICERO in der oft zitierten Stelle De re publica, III, XXII, 33, die Existenz Gottes vorausgesetzt und das ewige, allgemeine Gesetz zu beschreiben versucht, ein Gesetz, das in der gleichen Weise in Rom und in Athen gelte, heute und in Zukunft. Wenn er aber zugleich betont, dass dieses Gesetz weder durch den Senat noch durch einen Volksbeschluss abgeschafft werden kann, so kommt damit wieder zum Ausdruck, was wir heute die Unbeliebigkeit der naturrechtlichen Inhalte nennen. Michel VILLEY hat die Bemerkung gemacht, dass hier CICERO nicht von Naturrecht im juristischen Sinne, sondern von dem moralischen Naturgesetz spreche (4). Ich gebe zu, dass CICERO hier unter dem stoischen Einfluss vor allem das moralische Gesetz vor Augen hat, und dass diese Stelle oft allzu schnell als eine Beschreibung des juristischen Naturrechts verstanden worden ist. Trotzdem muss man auch zugeben, dass man sich zur Zeit CICEROs noch nicht des Unterschieds zwischen Recht und Sittlichkeit bewusst war, und deswegen wird diese Auffassung auch auf das juristische Naturrecht ausgedehnt, indem gesagt wird, dass weder der Senat noch ein Volksbeschluss dieses Gesetz abschaffen kann. Angeblich hatte nämlich auch in jener Zeit der Senat mehr mit dem Recht als mit der Sittlichkeit zu tun. Wie dem auch sei, hier taucht schon die Unbeliebigkeit zusammen mit der Allgemeingültigkeit und Unveränderlichkeit auf, weil das juristische und metaphysische Naturrecht nicht unterschieden werden. An einer anderen Stelle, wo CICERO die von PLATO aufgeworfene Frage behandelt, ob das zur Aufbewahrung erhaltene Geld u.U. nicht zurückzugeben sei, erkennt CICERO eine Ausnahme des Prinzips "deposita sunt reddenda" an, und zwar, weil "viele Dinge, die von Natur aus gut zu sein scheinen, je nach Zeiten unsittlich werden" (5). Hier ist auch wieder die Geschichtlichkeit des Naturrechts - ob eines nur ethischen oder nur juristischen oder beider, ist nicht klar - anerkannt.

THOMAS von AQUIN erklärt in seinem Traktat De malo, qu. 2, art. 4, ad 13, dass das Gerechte und das Gute zweierlei seien. Erstens seien sie formal, und zwar dann, wenn sie durch die Vernunft vernommen würden, und in dieser Hinsicht seien sie unveränderlich. Bei der materialen Betrachtung aber passten sie sich der Veränderlichkeit der menschlichen Natur und den je nach Zeit und Ort sich ändernden Umständen an. Wenn hier wie anderswo (6) THOMAS von der Veränderlichkeit der menschlichen Natur spricht, so sind die menschliche Natur und das auf dieser Natur begründete Naturrecht nicht metaphysisch, sondern juristisch oder ethisch und folglich veränderlich zu verstehen.

Diese Unterscheidung wurde leider nicht systematisch von den Scholastikern weiter verarbeitet, und sie haben vorwiegend die Allgemeinheit und Unveränderlichkeit eines metaphysischen oder theologischen Naturrechts betont. So sind sie in Schwierigkeiten geraten, wenn sie die von Gott erlaubten Ausnahmen des Sittengesetzes, wie sie sich in der Bibel finden, erklären wollten. Aber auch bei den Scholastikern findet sich hier und dort das Element der Unabhängigkeit vom Willen des Gesetzgebers, d.h. die Unbeliebigkeit der naturrechtlichen Inhalte (7).

III. Das juristische Naturrecht als positives, geltendes Recht: Die Beziehung zwischen dem metaphysischen, dem juristischen Naturrecht und den Rechtsnormen

Der Ausdruck "geschichtliches" Naturrecht ist keineswegs neu, man hat aber, wie mir scheint, bis heute noch nicht konkret gezeigt, was darunter verstanden wird und wie dieses geschichtliche Naturrecht in Beziehung zum positiven steht.

In einer Untersuchung des Terminus "Geschichtlichkeit", die ich vor allem in der Literatur der Bundesrepublik Deutschland von der Nachkriegszeit an bis einschliesslich 1966 gemacht habe, konnte ich nicht weniger als achtzig verschiedene, oft sich widersprechende Bedeutungen dieses Terminus entdecken (8). Die wichtigste und für unser Thema in Frage kommende Bedeutung ist, dass die Rechtsinhalte, die wir mittels der Rechtsprinzipien ausdrücken, der Veränderlichkeit unterworfen sind. Die Rechtsprinzipien gelten zwar allgemein, sind aber im Unterschied zu den Prinzipien der Metaphysik nicht ausnahmslos allgemeingültig und können sich u.U. ändern. Sie gelten unter nicht immer mitausgesprochenen, aber doch vorausgesetzten geschichtlichen Bedingungen. Mit dem Wegfall dieser Bedingungen oder mit der Entstehung neuer Bedingungen ändern sich diese Rechtsprinzipien, sie können sogar hinfällig werden, oder es können neue Rechtsprinzipien entstehen. Dass das Böse zu vermeiden ist oder dass die ungerechtfertigte Bereicherung unzulässig ist, wird immer abstrakt formuliert ausnahmslos gelten. Ob die Zahlung von Zinsen wie in den alten Zeiten verboten ist, oder wie in unserer Zeit geboten ist, ist aber eine Frage, die unter demselben Verbot der ungerechtfertigten Bereicherung verschieden zu beantworten ist, je nach der sich geschichtlich ändernden Funktion des Geldes. Ein Verbrechen setzt immer notwendigerweise irgend ein Gesetz voraus, sei es menschliches oder göttliches, natürliches oder positives, und in diesem Sinne ist das Prinzip "kein Verbrechen ohne Gesetz" ein Prinzip, das immer gegolten hat. Das Prinzip aber "nullum crimen, nulla poena sine lege", in der Weise, wie es seit FEUERBACH verstanden wird, ist ein juristisches Prinzip, das nicht immer gegolten hat, weil seine geschichtlichen Voraussetzungen nicht immer vorhanden waren. Jetzt wird zur Voraussetzung dieses Rechtsprinzips nicht irgendein Gesetz, sondern die Existenz eines geschriebenen, inhaltlich bestimmten Gesetzes gemacht. Selbstverständlich gibt es noch heute Ausnahmen von diesem Rechtsprinzip, und es wird auch nicht in allen Ländern in der gleichen Weise angewandt, weil eine vollkommene Kodifikation des Strafrechts nicht möglich ist und die jeweiligen Voraussetzungen auch verschieden sind.

Dies sind nur einige Beispiele der Geschichtlichkeit der Rechtsprinzipien (9). Wird der Begriff Geschichtlichkeit nicht bloss als Schlagwort gebraucht, sondern in bezug auf die Geschichtlichkeit der Rechtsprinzipien betrachtet und auf ihre Problematik hin geortet, so ist es leichter, den Anschluss an das positive Recht zu finden. Der "Allgemeinregel-Ausnahme"-Mechanismus der Rechtsprinzipien ähnelt in erstaunlicher Weise dem "Allgemeinregel-Ausnahme"-Mechanismus der Rechtsnormen. Wie die Rechtsnormen sich von den Rechtsprinzipien unterscheiden, ist selbstverständlich noch nicht befriedigend geklärt worden. Darüber gibt es interessante Untersuchungen wie das bekannte Werk Grundsatz und Norm von Josef ESSER und das vor zwei Jahren in Spanien erschienene Werk Consideraciones sobre los Principios Generales del Derecho von Pio CABANILLAS GALLAS. Diese sogenannten Rechtsprinzipien, Leitideen, allgemeine Rechtsgedanken, oder wie man sie nennen will, werden nicht immer im Gesetz formell ausgedrückt, sondern können u.U. verschiedenen Rechtsnormen innewohnen. Der Dogmatiker entdeckt und systematisiert diese allgemeinen Rechtsprinzipien, der Rechtsphilosoph philosophiert mit ihnen und der Praktiker benutzt sie als Leitprinzipien der konkreten Rechtsanwendung. Ob sie darüber hinaus ausnahmsweise auch als Mittel zur Ausfüllung von Gesetzeslücken und zur Korrektur von Rechtsnormen benutzt werden können, ist nicht mehr so eindeutig. Dass diese Allgemeinen Rechtsprinzipien unentbehrlich sind, wird mit Recht allgemein anerkannt. Ferner ist allgemein anerkannt, dass eine im voraus fertiggestellte Dogmatik nicht alle Probleme zu lösen vermag. Neben der dogmatischen Methode mit ihren Prinzipien und ihren uns bekannten Ausnahmen muss auch der heuristischen Methode ein Platz eingeräumt werden. Die Dogmatik wird aber bleiben, denn die im Gesetz verstreuten konkreten Normen sind nicht ohne Leitideen anwendbar. Wenn die Norm die Scheide des Gesetzes ist, so braucht diese Scheide einen Griff und eine denkende Hand, um Recht zu erzeugen bzw. Recht-zusprechen.

Dass diese allgemeinen Rechtsprinzipien oder Leitideen im Unterschied zu den Rechtsnormen so verschiedene Namen erhalten haben, mag ein Hinweis dafür sein, dass ihre Natur uns noch nicht klar geworden ist. Ich will über diese schwierige Frage nicht dogmatisieren, sondern nur ein paar Bemerkungen anhand eines konkreten Beispieles machen, um den inneren Zusammenhang zwischen den metaphysischen, den juristisch-naturrechtlichen Prinzipien und den Rechtsnormen zu zeigen.

Man muss unter den sogenannten Leitideen des Rechts zwei Arten unterscheiden und sie rechtsphilosophisch gesehen getrennt behandeln. Der Satz zum Beispiel, "alle Menschen als Menschen sind gleich", oder der Imperativ, "behandle alle Menschen als Menschen gleich", haben nicht dieselbe Bedeutung und dieselben Voraussetzungen wie das Rechtsprinzip "alle Menschen sind <u>vor dem Gesetz</u> gleich" oder "behandle alle Menschen gleich <u>vor dem Gesetz</u>". In dem ersten Fall wird nur die rein abstrakte Natur des Menschen betrachtet, es wird näm- lich <u>positiv</u> von jeglichen konkreten Situationen und eigenen Willensentscheidun- gen abstrahiert und wegen dieser Abstraktion ist keine Ausnahme denkbar, wenn man die Gleichheit der abstrakten menschlichen Natur zugegeben hat. Es handelt sich hier um einen Satz, der ausnahmslose Allgemeinprädikabilität (als Indika- tiv) oder Allgemeingültigkeit (als Imperativ) hat und folglich dem metaphysischen Bereich angehört.

Die Gleichheit aller Menschen vor dem Gesetz hat aber eine andere Bedeutung. Hier werden zwar nicht die konkreten Situationen oder möglichen eigenen Willens- entscheidungen mitangegeben, es wird aber positiv vorausgesetzt und damit ge- rechnet, dass diese Situationen und eigenen Willensentscheidungen verschieden sein können. Da es sich hier eben um ein <u>Rechts</u>prinzip handelt, so wird nicht die reine abstrakte Menschennatur, sondern die der in der Gesellschaft lebenden Menschen betrachtet, d.h. es handelt sich hier um die Menschen, die in einer be- stimmten Gesellschaft unter verschiedenen, aber noch nicht spezifizierten Situa- tionen leben. Deswegen hat dieses Rechtsprinzip die genauere (aber damit noch nicht vollkommene) Formulierung erhalten: "Gleiches gleich, Ungleiches seiner Eigenart entsprechend behandeln." Was gleich oder ungleich ist, wird uns damit nicht gesagt, und für die Anwendung dieses Rechtsprinzips ist der Rekurs auf die Erfahrung notwendig.

Man muss sich nicht von den unvollkommenen Ausdrucksweisen des juristischen Gleichheitsprinzips täuschen lassen, weil die Formulierung dieses Rechtsprin- zips - wie aller anderen - nicht alle Bedingungen ihrer Gültigkeit mitenthält. Ju- ristisch gesehen geniessen nicht alle Menschen dieselben Rechte: In fast allen Ländern sind die Ausländer den Bürgern vor dem Wahlgesetz nicht gleich. Auch der vierzehnjährige Bürger ist dem dreissigjährigen Bürger nicht gleich in die- ser Hinsicht, auch wenn er wie jeder Ausländer als Mensch ganz gleich ist.

Ich will hier nicht den metaphysischen Satz der Menschengleichheit beweisen. Auch dieser Satz entzieht sich, wie alle grundlegenden metaphysischen Prinzi- pien, dem demonstrativen Beweis. Aus der Tatsache aber, dass bei einer juri- stisch ungleichen, aber gerechten Behandlung immer ein objektiver Grund vor- liegen und bewiesen werden muss, und, wenn das nicht möglich ist, die Grundre- gel der Gleichbehandlung den Vorrang hat, ist zu folgern, dass das metaphysi- sche Prinzip der Menschengleichheit eine Leitfunktion gegenüber dem juristi- schen hat. Umgekehrt ausgedrückt: Leugnet man, dass alle Menschen ihrer Na- tur nach gleich sind, so folgt daraus, dass die Menschen juristisch gesehen un- gleich zu behandeln sind (allgemeine Regel) und nur gleich, wenn objektive Gründe das erfordern (Ausnahmefall). Das Vorhandensein solcher Gründe müss- te hier auch bewiesen werden. Da aber das Rechtsprinzip der Menschengleich- heit nicht in diesem Sinne verstanden wird, so kann man sagen, dass der metaphysische Grundsatz der Menschengleichheit in dem Rechtsprinzip immer vorausgesetzt wird, nicht aber im Sinne einer inhaltlosen Voraussetzung, wie es bei der Grundnorm von KELSEN der Fall ist. Die metaphysischen Prinzipien sind Abstraktionen höchsten Grades, nicht aber inhaltsleer, und gerade wegen ihrer Inhalte stehen sie in Beziehung zu bestimmten Rechtsprinzipien, obwohl sie allein kein konkretes Rechtsproblem lösen können.

Die Einteilung in metaphysische und juristische Prinzipien ist ein Denkschema, das seine objektiven Gründe hat, das aber nicht hypostatisiert werden darf und das bei der Behandlung eines konkreten Falles keine Trennung der beiden Prinzipien erlaubt. Die unbegründete Vernichtung von Menschenleben ist ein Verstoss gegen den metaphysischen Satz der Menschengleichheit nur in Verbindung mit dem Widerspruch zum entsprechenden juristischen (oder ethischen) Prinzip. Auch in diesem Fall hören die Opfer der Vernichtung nicht auf, gleiche Menschen zu sein, und auch der Imperativ der Gleichbehandlung verliert nicht seine normative Kraft. Da aber für solche Tötung kein hinreichender Grund vorhanden ist, so erkennen wir durch die Verletzung des Rechtsprinzips, dass auch ein Verstoss gegen den Satz der Menschengleichheit vorliegt. In diesem Sinne sollte auch der Satz der Unantastbarkeit der Menschenwürde verstanden werden.

Und jetzt kurz ein Wort zu den Rechtsnormen. Die konkreten Rechtsnormen, die eine ungleiche Behandlung vorschreiben, stehen im Widerspruch zu dem juristischen Prinzip der Menschengleichheit und sind als solche diskriminierend, wenn sie eines objektiven Grundes für solche ungleiche Behandlung entbehren. Da in den modernen Ländern das Rechtsprinzip der Menschengleichheit in der Verfassung proklamiert ist, sind solche diskriminierenden Normen - falls sie vorhanden sind - verfassungswidrig und ungültig.

Schwieriger wird die Frage, wenn konkrete Rechtsnormen im Widerspruch stehen mit Rechtsprinzipien, die einer bestimmten Rechtsordnung innewohnen, die aber in der Verfassung nicht ausdrücklich proklamiert sind. Sie werden als systemfremd behandelt, man kann aber nicht ohne weiteres sofort sagen, dass sie ungültig sind. Hier scheint mir eine weitere Unterscheidung der Rechtsprinzipien am Platz zu sein, eine Unterscheidung, die ich am Anfang meiner Erläuterungen schon angedeutet, nicht aber weiter erklärt habe. Das vorher als Beispiel erwähnte Rechtsprinzip der Menschengleichheit ist naturrechtlicher Art, es gibt aber auch andere rein positiver Art, wie das des rechts- oder linksfahrens, die in verschiedenen konkreten Rechtsnormen zum Ausdruck kommen können, denen gegenüber sie - formal und material gesehen - Prinzipieneigenschaft haben. Auch hier ist die Ausnahme möglich, aber mit dem grossen Unterschied, dass die Ausnahme keiner objektiven Begründung bedarf, weil auch die "allgemeine Regel" solcher Prinzipien auf dem freien Willen des Gesetzgebers beruht. Ferner setzen diese Rechtsprinzipien unmittelbar keine metaphysischen Grundsätze voraus, und damit sind sie von den naturrechtlichen Rechtsprinzipien wesentlich verschieden, wenn man die Grundposition der Naturrechtslehre angenommen hat. Der Rechtspositivismus kann hier keine Unterscheidung machen.

Zum Schluss dieses Abschnittes sei noch ein Wort gesagt über die heute vieldiskutierte heuristische Methode oder Topik. Man hat heute endlich anerkannt,

dass es nicht möglich ist, alle Probleme des Rechts mittels der Rechtsprinzipien samt ihrer uns bekannten Ausnahmen und mittels der im Gesetz vorhandenen Normen zu erfassen. Die Rechtspraxis hat uns gelehrt, dass es unerwarte-
te Fälle gibt, die sich unter die Massstäbe einer im voraus fertiggestellten
Dogmatik nicht subsumieren lassen. Hier sehe ich eine Bestätigung der These
von der Geschichtlichkeit der Rechtsprinzipien. Das systematische, axiomati-
sche, dogmatische, apodiktische, logische oder demonstrative Rechtsdenken
wird bleiben und so auch das Prinzipiendenken. Demgegenüber muss aber auch
dem problematischen, aporetischen, heuristischen, dialektischen, rhetorischen,
argumentativen, topischen oder zetetischen Rechtsdenken ein Platz eingeräumt
werden. Die innere Beziehung dieser zwei Denkweisen und ihrer Inhalte wird
uns immer Schwierigkeiten machen, die ernsthafte Berücksichtigung aber der
Geschichtlichkeit der Rechtsprinzipien mit ihrem "Allgemeinregel-Ausnahme"-
Mechanismus besagt, dass hier mit einem inneren Zusammenhang zu rechnen
ist, obwohl wir nicht fähig sind, diesen Zusammenhang vollkommen zu rationalisieren. Geschichtlichkeit bedeutet hier nicht nur Geschichte und Wandlung des
Vergangenen, sondern gegenwärtiges Werden in Richtung auf eine uns nur sehr
unvollkommen voraussehbaren Zukunft. Geschichtlichkeit kann nicht rationali-
siert oder dogmatisiert werden, sie kann und muss aber berücksichtigt werden.

Ich habe nicht die Zeit, die Versuche zu analysieren, die einen dritten Weg
durch Ueberwindung der Naturrechtslehre und des Rechtspositivismus zeigen
wollen. Ein Vertreter dieser Auffassung ist zum Beispiel Arthur KAUFMANN,
dem ich persönlich viel zu verdanken habe. Er meint:

> "Das Stichwort 'Geschichtlichkeit' markiert wohl am deutlichsten
> die Abkehr der heutigen Rechtsphilosophie vom naturrechtlichen
> und positivistischen Rechtsdenken." (10)

Ich stimme dieser Behauptung zu, wenn hier ein ungeschichtliches Naturrechtsdenken gemeint ist, wie es fast immer der Fall gewesen ist, nicht aber, wenn
man ein geschichtliches und echtes Naturrecht im juristischen Sinne anerkennt.

IV. Was die juristische Naturrechtslehre nicht geben kann

Die so verstandene juristische Naturrechtslehre ist nicht ein Allheilmittel, das
alle philosophischen oder technischen Fragen des positiven Rechts lösen kann.

Auch wenn man diese Grundposition angenommen hat, so sind nicht ohne weiteres die erkenntnistheoretischen Voraussetzungen dieser Lehre bewiesen. Vor
allem wird die Naturrechtslehre wegen ihrer erkenntnistheoretischen Voraussetzungen kritisiert und abgelehnt. Auch wenn ich die Zeit dazu hätte, würde ich
nicht für diese erkenntnistheoretischen Voraussetzungen plädieren, weil ich keinen Erfolg haben würde. Eines möchte ich jedoch sagen: Die erkenntnistheoretischen Voraussetzungen der Gegenposition sind auch nicht fester oder weniger
unerschütterlich. Wir können - so wird oft behauptet - nicht die Richtigkeit des
Rechts verlangen, sondern höchstens seine Plausibilität. Was mit diesem Wort

gemeint ist, ist mir selbst nicht ganz klar. Das Wort kommt anscheinend aus
dem Lateinischen "plaudere" (klatschen), und wenn es so verstanden wird, muss
das bedeuten, dass, wenn alle klatschen, d.h. zustimmen, alles in Ordnung sei.
Aber im Parlament der wissenschaftlichen Diskussion, und wenn es darum geht,
die letzte Begründung des Rechts erklärlich zu machen, ist kaum ein Konsens
zu finden. Hier sei auch der seit einigen Jahren Mode gewordene Terminus in-
tersubjektiver Konsens erwähnt. Ich gebe zu, dass ohne einen solchen intersubjektiven Konsens kein Recht wachsen kann und dass wir uns über viele Dinge
intersubjektiv mehr einig sind, als viele Rechtstheoretiker denken. Wollte aber
man diesen sogenannten intersubjektiven Konsens einem Skeptiker oder einem
Solipsisten beweisen, so wäre dieses Unternehmen so hoffnungslos wie der Beweis eines - zum Beispiel - "interobjektiven Konsenses" (?). Es mag ein Grad-
unterschied vorliegen, wenn es aber um die erkenntnistheoretischen Voraussetzungen einer Grundposition geht, so befinden wir uns alle auf demselben (siche-
ren oder unsicheren) Boden. Worte neuer Prägung sind oft ein nur auf Zeit wir-
kendes Beruhigungsmittel, nicht die endgültige Lösung.

Um auf den zweiten Einwand KELSENs und anderer gegen die Naturrechtslehre
zurückzukommen, sei auch noch bemerkt, dass die naturrechtliche Grundposition nicht ohne weiteres fähig ist, die letzte Begründung der Rechtsgeltung zu
geben. Vergebens hat man versucht, mittels der Wertphilosophie eine Antwort
auf diese Frage zu geben. Nach der Trennung von Sein und Sollen scheint aber
der Wertrelativismus und Wertsubjektivismus diesen Weg versperrt zu haben.
Die Unmöglichkeit aber, die Rechtsgeltung durch objektive, subjektive oder intersubjektive Werte zu begründen, ist m.E. leichter zu beweisen: Die Normativität und das Sollenselement des Rechts enthält zwar immer eine Wertung; eine
Wertung allein ist aber nicht ohne weiteres normativ und vermag als solche noch
kein Sollen zu begründen. Woher kommt also letzten Endes die unbedingte Ver-
pflichtungskraft des Rechts? Dieses ist die letzte Frage, die man sich in der
Rechtsphilosophie als einer Philosophie des geltenden Rechts stellen kann und
muss. Die Antworten auf diese Frage sind sehr verschieden gewesen, weil man
gleich bei der Fragestellung schon die Rechtsgeltung nur als eine Frage des
Sollens und der Normativität oder nur als eine Frage des Seins und der Faktizität betrachtet hat. Interessanterweise führen diese zwei sich widersprechenden
Wege zu demselben Endpunkt, dem Rechtspositivismus (wie im Falle KELSENs
und im Falle des Rechtssoziologismus). Die juristische Naturrechtslehre betrachtet die Rechtsgeltung als etwas, das eine Sollens- und zugleich eine Seins-
seite hat; damit wird freilich nicht die letzte Begründung gegeben. Diese letzte
Begründung gehört einem anderen Bereich an, dem Bereich des metaphysischen und theologischen Naturrechts. Der Rechtsphilosoph wird sich nicht gern
auf diesen Bereich einlassen, und das aus verständlichen Gründen, weil die Betrachtung des Absoluten nämlich nicht zu seinem Beruf gehört. Hier hört die
Rechtsphilosophie auf. Will man trotzdem weitermachen - und das ist durchaus
berechtigt -, so stösst man auf das Absolute, mit dem man sehr naiv, oder wie
Hans RYFFEL, äusserst vorsichtig umgehen kann. Man kann auch das Absolute
einfach verneinen; in diesem Falle wird immer de facto statt dessen irgendet-
was anderes verabsolutiert. Mit dem Absoluten in sich oder mit dem Verabsolu-
tierten sind wir an die Endstation unseres Denkens gelangt.

Ich habe ganz bewusst hier am Ende meines Referates betont, was die Lehre des juristischen Naturrechts als geschichtliches Recht nicht geben kann. Das mag einen pessimistischen Eindruck geben, ich will damit aber zeigen, dass das, was diese Lehre nicht geben kann, auch nicht von der Gegenposition gegeben wird. Die These der Geschichtlichkeit der Rechtsprinzipien klingt zwar <u>abstrakt</u>, sie ist aber wesentlich eine Aufforderung, immer <u>konkret</u> zu denken, die geschichtlichen und wandelbaren Voraussetzungen des Rechts stets neu zu denken und unsere Rechtsordnung den neuen Erfordernissen unserer Gesellschaft anzupassen. Das ist eine mühsame Arbeit, es gibt aber, wie mir scheint, keinen anderen Weg.

V. Zusammenfassung

Ich vertrete folgende Thesen, die heute nicht allgemein anerkannt sind, die ich aber zur Diskussion stellen möchte:

a) Die Naturrechtslehre sowie der Rechtspositivismus sind keine Sache der Vergangenheit. Diese Lehren sind nicht tot; sie leben noch, auch wenn verkleidet, unter anderem Namen weiter.

b) Auch wenn die Naturrechtslehre als eine Theorie der Gelehrten vorübergehend tot und die Stimme ihrer Anhänger stumm geworden sein sollte, so ist dennoch das Naturrecht im heutigen, positiven, geltenden Recht lebendig.

c) Die Alternative "entweder Naturrechtslehre oder Rechtspositivismus" ist heute noch nicht überwunden und wird es wohl nie sein. Einen anderen Weg gibt es prinzipiell nicht.

d) Wenn man in juristischem Sinne vom Naturrecht spricht, wird zwar ein allgemeingültiges Naturrecht vorausgesetzt, das Naturrecht in juristischem Sinne und seine Prinzipien müssen aber immer geschichtlich bedingt verstanden werden.

e) Die naturrechtlichen Rechtsprinzipien gelten zwar allgemein, aber nur unter nicht immer mitausgesprochenen, aber doch vorausgesetzten geschichtlichen Bedingungen. Die heuristische Methode ist eine Hilfe, weitere Ausnahmen der Rechtsprinzipien zu entdecken oder gelegentlich neue Rechtsprinzipien aufzustellen und entsprechende Korrekturen an der Rechtsdogmatik vorzunehmen.

Fussnoten

1) Hermann KLENNER: Rechtsphilosophie in der Krise, Berlin (Ost) 1976, p. 20; vgl. auch p. 105, 113 ff.

2) Karl BERGBOHM: Jurisprudenz und Rechtsphilosophie, I. Bd., Leipzig 1892, p. 144, 240.

3) Hans KELSEN: Die philosophischen Grundlagen der Naturrechtslehre und des Rechtspositivismus, Berlin 1928; ders.: "Die Grundlage der Naturrechtslehre", in: Oesterr. Zeitschrift für öffentl. Recht, Bd. XIII, Heft 1-2 (1963), p. 1-37; ders.: Reine Rechtslehre, 2. Aufl., Wien 1960, p. 204-444; ders.: "Was ist juristischer Positivismus?", in: Juristenzeitung, 1965, p. 465-469.

4) Michel VILLEY: La formation de la pensée juridique moderne, Paris 1975, p. 442-444.

5) CICERO: De officiis, III, XXV, 95 ("Sic multa, quae honesta natura videntur, temporibus fiunt non honesta").

6) THOMAS AQUINAS: Summa theologiae, II, II, qu. 57, art. 2 ad 1; vgl. II, II, qu. 31, art. 2.

7) Am klarsten M.B. SALON: "Ius naturale eo nomine distinguitur formaliter et proprie a positivo, quia illud nullo modo pendet ex hominum beneplacito et consensu, sed simpliciter et omnino est necessarium et iustum ex sola natura ipsarum rerum; ius vero positivum non est absolute et simpliciter necessarium ex natura rerum, sed iustum tantum secundum utilitatem et congruentiam, introductumque hominum beneplacito et consensu." (Comment. in disput. de iustitia, qu. 57, art. 3. Zitat nach José Maria Rodriguez PANIAGUA: Anuario de Filosofia del Derecho, Vol. VII, Madrid 1960, p. 190.)

8) José LLOMPART: Die Geschichtlichkeit in der Begründung des Rechts im Deutschland der Gegenwart, Frankfurt a.M.-Berlin 1968, p. 20-31.

9) Die These der Geschichtlichkeit der Rechtsprinzipien habe ich zum Thema meiner Untersuchung: Die Geschichtlichkeit der Rechtsprinzipien. Zu einem neuen Rechtsverständnis, Frankfurt a.M. 1976, gemacht.

10) Arthur KAUFMANN: "Durch Naturrecht und Rechtspositivismus zur juristischen Hermeneutik", in: Juristenzeitung, 1975, p. 338.

DAVID D. RAPHAEL

HART and DWORKIN - the Continuing Debate between Legal Positivism and Natural Law Theory

The essential difference between Natural Law Theory and Legal Positivism is this: Natural Law Theory asserts that a necessary condition for the validity of positive law is that it should not conflict with moral principles, while Legal Positivism asserts that the validity of positive law is logically independent of morality. According to this interpretation, a natural law theory need not take a theological form, it need not hold that natural law implies a supernatural, or indeed any, lawgiver. A natural law theory can give an account of moral principles in terms of human nature without bringing in any idea of a divine creator. On the other side, legal positivism need not follow the command theory of law held by the classical legal positivists. The debate between natural law theory and legal positivism is in essence a continuation of the debate among thinkers of Ancient Greece about physis and nomos, nature and convention.

According to this view of the dispute, KELSEN should be classed as a legal positivist. Of course he was a critic of the command theory of law held by John AUSTIN and others, so that in one sense KELSEN was opposed to legal positivism as it had previously been understood. But since KELSEN insists that the norm-ative structure of law is logically independent of the normative structure of morals, he conforms to my definition of legal positivism.

H.L.A. HART, in his important and influential book The Concept of Law (1961), put forward a theory of law which is strikingly original but which, never-theless, can be regarded as building upon KELSEN. HART regards law as a system of primary and secondary rules. His primary rules are, in principle, similar to KELSEN's idea of ordinary legal norms. HART's secondary rules are intended to make up for deficiencies in KELSEN's theory. They include rules which are permissive (as contrasted with KELSEN's idea that legal norms are always mandatory), and they also include constitutional rules of recognition, which take the place of KELSEN's Grundnorm.

HART is also, like KELSEN, a supporter of legal positivism as against natural law theory. But whereas KELSEN reaches this position by a strictly logical argument, HART reaches it by a review of empirical evidence. KELSEN argues that there is a logical barrier not only between a norm and a statement of fact but also between norms of different types: from the point of view of moral norms, positive laws are matters of fact, and from the point of view of legal norms, moral codes are matters of fact. HART takes a different approach. He allows that most legal systems are influenced by moral principles, and he gives a detailed account of the basis of 'natural law' and of the idea of justice in facts about human nature and the human condition. He notes, however, that there have occasionally been systems of law, such as Nazi law, which flagrantly flouted moral principles. These systems of law can nevertheless be ongoing systems, within which a court may decide that one proposed rule is valid and another is invalid. For this reason HART concludes that the positivist case must be accepted and that a denial of it blurs distinctions which need to be made. Law can be valid law although morally outrageous.

HART's successor as Professor of Jurisprudence at Oxford, Ronald DWORKIN, has criticized HART's theory of law in two essays about 'The Model of Rules', which he has put together with a number of other essays in a book called Taking Rights Seriously (1977). DWORKIN says that the main purpose of his book is to criticize legal positivism and utilitarianism, and to replace them by 'the rights thesis'. He recognizes that the views which he attacks are derived from BENTHAM, and of course he knows very well that HART is also a critic of BENTHAM on the issues of utilitarianism and rights. But so far as legal positivism is concerned, DWORKIN says that HART has put forward 'the most powerful contemporary version of positivism' and therefore his criticism of positivism is a criticism of HART's theory. He fastens upon HART's account of law as a system of primary and secondary rules, and he criticizes it on the ground that a system of law includes 'principles' and 'policies' which must be distinguished from rules. These principles and policies are often moral in character, and therefore the thesis of legal positivism is disproved. As evidence for his view that a system of law goes beyond rules to principles and other standards, DWORKIN cites certain cases, usually from American law but occasionally from English.

If, as he says, his purpose in this is to criticize legal positivism, then he has misplaced his target in concentrating on HART's theory of primary and secondary rules. It is true that the concept of primary and secondary rules is the most distinctive, and the most original, feature in HART's theory of law. It is also true that HART, in his careful discussion of the controversy between natural law theory and legal positivism, comes down in the end on the side of legal positivism. But it is not true, as DWORKIN appears to imply, that HART regards Anglo-American law as consisting solely of rules unrelated to moral principle. At the end of his chapter on primary and secondary rules HART says explicitly:

> The union of primary and secondary rules is at the centre of a legal system; but it is not the whole, and as we move away from the centre we shall have to accommodate, in ways indicated in later chapters, elements of a different character. (1)

Those later chapters include discussion of the relation between law and morals.

At one point HART says this:

> The law of every modern state shows at a thousand points the
> influence of both the accepted social morality and wider moral
> ideals. These influences enter into law either abruptly and
> avowedly through legislation, or silently and piecemeal through
> the judicial process. In some systems, <u>as in the United States</u>,
> the ultimate <u>criteria of legal validity</u> explicitly incorporate
> <u>principles</u> of justice or substantive moral values ... $\underline{/}$In this
> and in other systems,$\underline{/}$ statutes may be a mere legal shell and
> demand by their express terms to be filled out with the aid of
> <u>moral principles</u> ... No 'positivist' could deny that these are
> facts ... (2)

Nevertheless, HART sides with legal positivism because he recognizes that there
have occasionally been legal systems, such as the law of Nazi Germany, which
flouted traditional moral principles. While condemning such systems as much as
anyone, HART considers that we shall see more clearly the complex nature of
the issues involved if we accept the proposition that law may be valid law although iniquitous. To this extent HART supports legal positivism against natural
law theory. But <u>that</u> defence of legal positivism is not weakened in the slightest
by showing that the legal systems of the United States and England include a
frequent reference to moral principle. HART has acknowledged this in the clearest possible terms.

However, HART does say that primary and secondary rules are at 'the centre'
of a legal system and that they form its 'essence'. (3) DWORKIN would no doubt
wish to claim that this is not correct, that standards other than rules enter into
the central character of law. Although his argument does nothing to disprove
HART's form of legal positivism, it may well require HART's characterization
of a legal system to be modified.

The nub of the argument is given in 'The Model of Rules I', where DWORKIN
distinguishes 'rules' from other 'standards' (notably 'principles' and 'policies')
which form part of a system of law. He says that when a court breaks new ground
in a judgement, it often appeals to certain general principles which cannot be
called rules and which are as much moral as legal. One of his examples is the
case of <u>Riggs</u> v. <u>Palmer</u>, in which the law of inheritance was modified by invoking 'general, fundamental maxims of the common law' that no one should be
allowed 'to profit by his own fraud, or to take advantage of his own wrong, or to
found any claim upon his own iniquity, or to acquire property by his own crime'.
(4) (The man named as heir in the will had murdered the testator in order to
inherit.) DWORKIN argues that such maxims or principles are different from
legal rules because rules apply 'in an all-or-nothing fashion' (5) while principles incline without necessitating. Principles have a certain 'weight' (6) which
must be taken into account but which does not of itself settle an issue. If in any
particular case two or more principles conflict, a judgement must be formed

about their relative weight or importance; one will be deemed paramount and so decisive, but this does not imply that the outweighed principle loses its force. By contrast, if two rules are found to conflict, one or other of them must be deemed to be invalid or must be revised (e.g. by specifying exceptions) so as to remove the conflict.

Critics have said that the facts adduced by DWORKIN can be accommodated within the model of rules. What DWORKIN calls a principle is embodied in the law as part of the judicial decision, and this certainly serves as a rule for the future. Nevertheless it seems to me that DWORKIN's distinction retains its strength. What is the revised rule embodied in the decision of Riggs? Is it simply the narrow rule that a person named as heir in a properly executed will may not inherit if he has murdered the testator in order to do so? In that event, how do the wider formulations of principle in the judgement enter into the matter? It seems proper to say that Riggs laid down the narrow rule (that murder bars inheritance) in virtue of the wider principle that a man should not be allowed by law to benefit from his own wrong; but then the principle is the ground of the rule and does not itself constitute the rule. Or would the critics say that the revised rule embodied in Riggs is a wider rule, corresponding to the so-called principle, that a person named as heir in a properly executed will may not inherit if he thereby would benefit by his own wrong? But that is doubtful, for Anglo-American law does not always prevent a man from benefiting by his own wrong. One can imagine a case where a person inheriting under a will would thereby benefit from some relatively minor wrong (e.g. he might have helped the testator to acquire his wealth in business deals, one or two of which involved a breach of contract). Whatever the way in which the Anglo-American law of inheritance may have developed since Riggs, the decision in Riggs would not by itself clearly imply a decision adverse to my hypothetical heir. The principles or 'maxims' enunciated in the Riggs judgement would have a certain force in the hypothetical case, but there would also be a countervailing force in the precedents of other leading cases which have allowed a man to gain some benefit from relatively minor legal wrongs.

Riggs v. Palmer is an American case, and it may be thought that courts in the United States are more liable than courts in England to conform to DWORKIN's pattern of allowing general moral principles to interfere with established legal practices. Although the law of the United States is an offshoot of the English Common Law, it exists in a different atmosphere because of the position of the U.S. Supreme Court in interpreting the Constitution. Certainly the Supreme Court is less hidebound than the British House of Lords in the latter's judicial capacity, precisely because the Legislature in the U.S.A. does not possess the sovereignty - the unlimited capacity to legislate - which is possessed by the U.K. Parliament.

However, DWORKIN's point can be illustrated from the practice of English law as well as from American cases. The principle that a person should not benefit from his own wrong is cited with some frequency. In 1979 a young woman named Astrid PROLL was extradited to face serious criminal charges in West Germany. She claimed that she should not be extradited because she had British nationality through her marriage, under an assumed name, to an Englishman. The case was heard by Sir George BAKER, President of the Family Division of the High Court. He ruled that her marriage to the Englishman was valid but he nevertheless exercised judicial discretion in refusing to grant a declaration that she had acquired British nationality through the marriage. In the course of his judgement he said:

> Her entry and residence in this country had been achieved by lies, personation and fraud. ... A person cannot achieve status by fraud. ... No woman can take advantage of her own wrong. This court cannot and should not further the criminal acts of this woman and permit her to achieve an end by the course of conduct she had pursued. (7)

Another instance is in the report of the Royal Commission on Standards of Conduct in Public Life (1976), headed by Lord SALMON, a Lord of Appeal in Ordinary. The report noted that the Inland Revenue allowed bribes, if described as 'commission', to be treated as tax-deductible expenses, and that they were not prepared to pass information to the Director of Public Prosecutions, even if they suspected that the company was engaged in corrupt practices. The Royal Commission attached no blame to the Inland Revenue, who were following an old practice.

> The fact that the giving or receipt of the bribe happens to be a crime has been assumed to be irrelevant. ... This is because the well established and very salutary rule of law, that no man is entitled to take advantage of his own wrong, has been overlooked. (8)

I observe that the Royal Commission calls the principle a 'rule' of law and writes as if it should have been invoked; but one cannot infer from this that a court would require the Inland Revenue to disclose to the Director of Public Prosecutions information about bribes.

Here is a different example from English law, which raises the same kind of point as Riggs v. Palmer; that is to say, a principle is involved, but one which would not be applied universally. This particular principle is commonly described as a principle of 'natural justice' and is therefore especially apposite to the question whether law is logically independent of morals. The principle is that no man may be a judge in his own cause. It was applied in the case of Dimes v. The Proprietors of the Grand Junction Canal, 1852. A decision in favour of the company had been given by Lord Chancellor COTTENHAM, and this was set aside by the House of Lords on the ground that Lord COTTENHAM was a shareholder in the company. Professor Philip S. JAMES comments:

> No doubt in fact his Lordship's decision was quite unbiased; but, as Lord Campbell said in his speech, it is essential that every tribunal should avoid even giving the appearance of having an interest in the subject-matter of an action before it. The courts will not, however, press the principle to extremes, and it will only operate where the situation is such that there is a real

likelihood of bias in the member or members of the tribunal
whose right to jurisdiction is impugned. (9)

JAMES seems to have slipped into inconsistency here. On the one hand he
writes that Lord COTTENHAM's decision was 'no doubt ... quite unbiased',
and on the other hand he says that the principle will only operate where 'there
is a real likelihood of bias'. However, I assume he has some authority for his
view that the principle will not be applied by the courts in all cases, so that
here, as with the principle in Riggs, it is inappropriate to think of it as a rule.

Yet another example may be cited from a case that went up to the House of
Lords in 1978, Hoskyn v. Metropolitan Police Commissioner. (10) The question
for decision was whether a wife was a compellable witness against her husband
on a criminal charge. The case was one in which Mr. HOSKYN was accused of
wounding a woman with intent to do grievous bodily harm. A few days before the
initial trial came on, Mr. HOSKYN married the woman, and in consequence she
was no longer keen to testify against him. Could she be compelled to do so? The
trial judge and the Court of Appeal said yes, following an earlier ruling of 1931
by the Court of Criminal Appeal. The House of Lords said no and overruled the
earlier case.

The ground for saying that a spouse was not a compellable witness was a long-
standing principle of the Common Law, going back to COKE. It is that husband
and wife have a unity of interest and that evidence by one against the other is
liable to be a cause of 'implacable discord and dissention' between them. (The
quoted phrase about discord comes from COKE himself, but not the words 'unity
of interest', which were used by a later judge. Instead COKE referred, in Latin,
to the biblical expression that husband and wife are 'one flesh', and as a
result his argument was called by BENTHAM 'the grim-gibber (11), nonsensic-
al reason ... of the identity of the two persons'.) In a case of 1912, Leach v.
R., Lord Chancellor LOREBURN spoke of 'a fundamental and old principle' that
a wife should not be compelled to give evidence against her husband on a
criminal charge. Another of the judges in that case, Lord ATKINSON, described it as a 'principle ... deep seated in the common law of this country'. In
HOSKYN's case Lord WILBERFORCE spoke of the 'general principles' applied
in Leach.

The gound for saying that a spouse should be a compellable witness in a criminal
case was given in a dissenting judgement by Lord EDMUND-DAVIES. Quoting
Lord Justice Geoffrey LANE in the Court of Appeal hearing, he argued that the
general principle should not apply where a criminal charge was concerned: 'the
interests of the state and members of the public' required that evidence of a
crime should be freely available to the court trying the crime.

Lord EDMUND-DAVIES prefaced his judgement with a statement making two
general points about adjudication, both of them interestingly explicit in the mouth
of a judge when adjudicating: that judges at times are obliged to make law, and
that on such occasions their criterion should be public utility.

... when your Lordships' House is called upon to determine a question of law regarding which there are no binding precedents and no authorities directly in point, and where it has accordingly to perform an act of law-making, I apprehend that the decision will largely turn upon what is thought most likely to advance the public weal. (12)

In the opposing judgements of Lord WILBERFORCE and Lord EDMUND-DAVIES there is a conflict between a principle and a policy (to use DWORKIN's terminology). Can we put it in terms of rules? We can say that the rule that a competent witness is compellable is subject to exception in the case of witness by one spouse against another. But what counts as a principle in the Common Law is not the consequent rule that a spouse should not be compelled. The principle is the ground of the consequent rule, namely the fact that husband and wife have a single interest and that compellability as a witness is liable to cause dissension. Similarly, what counts as a principle or policy on the other side is not the rule that competent witnesses are generally compellable, but the ground or reason for insisting on this in a criminal case, namely the interest of the State or the public in having a crime cleared up. The two ethical considerations (family unity and public interest) have to be balanced against each other. When the House of Lords decided, by a majority of four to one, that the principle of Common Law should be decisive, this did not mean that Lord EDMUND-DAVIES's policy was deemed to have no validity.

I conclude that DWORKIN's criticism of the model of rules is amply justified. Analytical philosophy in recent decades has shown an excessive fondness for the word 'rules'. So-called 'rules of language' and 'moral rules' have often been compared with the rules of a game. The analogy has point at times, but it can also seriously mislead. The norms on which moral judgement is based often need to be contrasted with the rules of a game or the rules of etiquette. DWORKIN is quite right to say, in 'The Model of Rules II' when replying to a criticism, that so-called moral rules are not rules at all and that the language of principle is more apt than that of rule to describe standards in morals. (13)

Footnotes

1) H.L.A. HART: The Concept of Law, p. 96.

2) H.L.A. HART: p. 199. My italics.

3) H.L.A. HART: pp. 96, 151.

4) Quoted from DWORKIN: Taking Rights Seriously, p. 23.

5) DWORKIN: p. 24.

6) DWORKIN: p. 26.

7) As reported in the Daily Telegraph, 9 May 1979.

52

8) Quoted from <u>The Times</u>, 20 January 1978.

9) <u>Introduction to English Law</u>, ed. 8 (1972), p. 142.

10) $\underline{/1978/}$ 2 W.L.R. 695, H.L.(E.)

11) i.e. legal gibberish.

12) At 713.

13) DWORKIN: <u>Taking Rights Seriously</u>, p. 73.

Thème IV - Sub-theme IV - Unterthema IV

Manifestations parallèles - Parallel Sessions -
Parallel Veranstaltungen

Conceptions du droit naturel
Natural Law
Naturrechtliche Konzeptionen

Praesidium: CARL WELLMAN

IMRE SZABÒ

Marxismus und Naturrecht

Wenn wir im folgenden das Verhältnis zwischen Naturrecht und Marxismus untersuchen wollen, denken wir nicht an sämtliche Richtungen des Naturrechts, an
seine verschiedenen Auffassungen, eventuell an einen noch heute lebenden Vertreter; wir ziehen auch diesmal den Neothomismus nicht in Betracht. Wir verstehen hier unter Naturrecht das klassische Naturrecht, das sog. weltliche Naturrecht, die naturrechtliche Schule des XVI. Jahrhunderts. Es handelt sich also
hier um jenes Naturrecht, das von Hugo GROTIUS zu einer Einheit zusammengefasst, zu einem umfassenden System zusammengestellt wurde. Jene Naturrechts-
wissenschaftler, die eine Art von feudaler Verzerrung das Naturrechtes geschaffen haben, wie auch jene, die unter verschiedenen, oft philosophischen Benennun-
gen in unseren Tagen ein rechtsrechtfertigendes Naturrecht verkünden, reichen
in Wirklichkeit ebenfalls auf GROTIUS zurück und sind so eigentlich die Abar-
ten jener naturrechtlichen Schule, die seinerzeit von GROTIUS gegründet wurde.
Wir sprechen, wie erwähnt, dem Wesen nach stets über diese naturrechtliche
Auffassung; bei den anderen Arten des Naturrechtes werden nämlich aus dieser
Richtung gewisse Konsequenzen bezüglich der Gegenwart abgeleitet. Vor dem
Vergleich der Grotiusschen naturrechtlichen Schule mit dem Marxismus bzw.
währenddessen möchten wir das Naturrecht, genauer das, was über seine Beziehung mit dem Marxismus geschrieben wurde, in drei verschiedene Auffassungen
unterteilen.

Die erste Auffassung sei eine ausgesprochen antimarxistische Auffassung; als
deren Vertreter wählen wir Hans KELSEN, den vielleicht grössten Rechtsphilosophen unserer Zeit. Das Wesen seines Standpunktes bezüglich dieser Frage
besteht darin, dass er den Marxismus einfach mit dem Naturrecht identifiziert,
bzw. er meint, im Marxismus eine gewisse naturrechtliche Auffassung zu entdecken: mit anderen Worten, er beschuldigt den Marxismus mit einem naturrechtlichen Charakter. Die zweite Richtung, in deren Licht wir das Verhältnis
zwischen Naturrecht und Marxismus untersuchen, kann als ein gewisser marxi-
sierender Standpunkt genannt werden, zu dessen charakteristischem Vertreter
Ernst BLOCH gewählt werden kann. BLOCH trennt einerseits den jungen vom
reifen MARX, er stellt sie sogar einander gegenüber und hebt gewisse moralische oder zumindest moralisierende Seiten der Sätze des jungen MARX hervor;

er glaubt, darin das Wesen des frühen Marxismus zu erkennen. Die andere Seite seines Standpunktes drückt sich in der Auffassung aus, dass er den jungen MARX als jemand vorführt, der sich über die Gesellschaft seiner Zeit entrüstet und deshalb die menschliche Würde in den Mittelpunkt seiner Auffassung und seiner Theorie stellt; er schreibt diese Auffassung in entscheidendem Masse auch dem jungen MARX zu. Schliesslich charakterisiert auch Ernst BLOCH - unter Beachtung des Gesagten - den Marxismus ebenfalls als eine naturrechtliche Richtung, insbesondere und hauptsächlich dessen vom jungen MARX vertretene frühe Richtung; er vernachlässigt dabei die Anschauungen des reifen MARX. Als dritten Standpunkt nehmen wir die Auffassung des Marxismus selbst über das Naturrecht; diese lehnt letzten Endes das Naturrecht als eine nicht nur abweichende, sondern fremde, ja sogar entgegengesetzte Richtung ab - wobei gewisse damit identisch oder ähnlich aufzuwerfende Probleme anerkannt werden. Von diesen drei Auffassungen ausgehend, stellen wir in den Mittelpunkt unserer Studie jene Auffassung über das Verhältnis von Marxismus und Naturrecht, zu der wir uns bekennen.

Hans KELSEN (1) erhebt gegen den Marxismus die "Anklage" des Naturrechts, dass er zwischen der Erscheinungsform der Dinge und ihrem "verborgenen Hintergrund" unterscheidet (2).

> "Auf dieser Erscheinungsform, die das wirkliche Verhältnis unsichtbar macht und gerade sein Gegenteil zeigt, beruhen alle Rechtsvorstellungen des Arbeiters wie des Kapitalisten, alle Mystifikationen der kapitalistischen Produktionsweise, alle ihre Freiheitsillusionen, alle apologetischen Flausen der Vulgärökonomie." (3)

Aus jenem, im Kapital mehrfach wiederholten Satz Marxens, dass zwischen dem Wesen der Dinge und ihrer Erscheinungsform zu unterscheiden ist, wobei das Wesen stets hinter der Erscheinungsform verborgen bleibt, gelangte KELSEN, der eingefleischte Positivist, zu jener Folgerung, dass MARX hier eine ebensolche Konstruktion ausgearbeitet hat wie die naturrechtliche Auffassung, ebenso wie die naturrechtliche Schule dem positiven Recht ein gewisses abstraktes System der Rechtsgrundsätze voranstellt, d.h. ein Recht höherer Ordnung als das positive Recht vorstellt; ebenso nehme auch MARX hinter der Wirklichkeit eine verborgene Wirklichkeit an, die "das Wesen der Dinge" wäre.

Wie wir sehen, handelt es sich hier nur um einen einfachen Vergleich und nicht um mehr; KELSEN betrachtet den Marxismus als Naturrecht, weil auch er zwischen dem äusseren der Dinge und ihrem - zweifellos schwer oder überhaupt nicht sichtbaren - Inneren unterscheidet. Aber - wir zitieren hier wieder MARX - "alle Wissenschaft wäre überflüssig, wenn die Erscheinungsform und das Wesen der Dinge unmittelbar zusammenfielen" (4). Nur der starre Positivismus kann die Welt auf die Weise betrachten, dass die Wissenschaft bezüglich der Wirklichkeit zu nichts anderem verpflichtet ist als zu ihrer blossen Beschreibung, zur Erfassung der äusseren Form der Erscheinung, nicht aber zur Aufdeckung des hinter der Erscheinungsform verborgenen Wesens. Aber hat nicht jede Wissenschaft die Aufdeckung des Wesens durchgeführt und tut sie es nicht auch heute noch?

Es ist möglich, dass die marxistische Weltauffassung äusserlich dem Naturrecht ähnlich ist, weil auch jenes (nämlich das Naturrecht) bezüglich des Rechtes eine gewisse Doppelheit postuliert, aber deshalb noch überhaupt nicht als
identisch oder verwandt damit zu betrachten ist; die Doppelheit des Wesens
und der Erscheinung beruht hier und dort auf ganz verschiedenen Grundlagen
und hat einen abweichenden Charakter. Auch jener andere Satz KELSENs ist
nicht weniger eine aus der positivistischen Auffassung ausgehende Vereinfachung, wonach MARX - und hier spricht er schon unmittelbar über unseren Gegenstand - das Recht und die rechtliche Ideologie identifiziert. Die Erklärung
dieses Satzes liegt darin, dass KELSEN den ideologischen Charakter des Rechtes als gesellschaftlicher Erscheinung leugnet; er beanstandet jene marxistische Auffassung, die diese Doppelheit kennt und anerkennt. Auch in diesem Satz
KELSENs kommt die Anschauungsweise des positivistischen Verfassers zum
Ausdruck, und zwar derart, dass er die Rechtsideologie dem Naturrecht annä-
hert, dann aber damit sogar identifiziert, obwohl das Naturrecht nur eine Art
der ideologischen Annäherung des Rechtes ist; KELSEN betrachtet übrigens
das Recht als eine solche Realität, die nichts mit der Ideologie, d.h. mit irgendeiner theoretischen Begründung oder mit der theoretischen Erfassung des Rechtes zu tun hat; deshalb betrachtet er das Bekennen einer Rechtsideologie bzw.
das nach ihm dementsprechende Naturrecht als den grössten Fehler. Demzufolge müssen wir diese Kritik KELSENs über das Verhältnis zwischen Marxismus
und Naturrecht, in deren Lauf er die beiden, wenn auch nicht miteinander identifiziert, aber doch sehr nahe zueinander bringt, zurückweisen. Der Marxismus
- und das ist unser schon erwähnter Grundsatz - ist mit dem Naturrecht nicht
identisch, aber ihm auch nicht ähnlich.

Als Beispiel der das Naturrecht in den Marxismus einflechtenden sog. marxisie-
renden Richtung haben wir auf Ernst BLOCH verwiesen. In erster Linie behandelt er diese Frage in seinem Werk 'Naturrecht und menschliche Würde' (5). Bei
BLOCH kommt nicht jene Seite des Naturrechts in den Vordergrund, wonach es
dem Wesen nach über dem positiven Recht stehen würde und ein System von selb-
ständigen, aus der Natur abzuleitenden, dem positiven Recht vorangehenden
Rechtsgrundsätzen wäre, sondern er glaubt im Naturrecht eine Art moralischen
Inhaltes zu entdecken: das Naturrecht steht angeblich wegen seines moralischen
Inhalts über dem positiven Recht, das demgemäss einen geringeren moralischen
Inhalt besitzt als das Naturrecht. BLOCH sagt, dass das, was MARX in die Nähe
des Naturrechts brachte, seine Entrüstung über die Verletzung der menschlichen
Würde in der Gesellschaft war; deshalb wollte er eine solche Theorie schaffen,
die dem Menschen seine menschliche Würde wiedergibt, und schliesslich hat er
auch eine solche geschaffen. "Es gibt ... keine menschliche Würde ohne Ende
der Not" - schreibt er (6). Der Verfasser bringt das Naturrecht mit der Sozial-
utopie in Verbindung, die zwar nicht im XVII. und XVIII. Jahrhundert entstanden
ist wie das Naturrecht, sondern erst im XIX. Jahrhundert; doch ist die Sozial-
utopie die zweite Komponente des Marxismus neben dem Naturrecht: es gibt
"kein menschengemässes Glück ohne Ende alter oder neuer Untertänigkeit" (7) -
schreibt BLOCH.

Wir können uns mit der Kritik dieser Auffassung nur über die Behandlung der gesamten Marxismus-Auffassung BLOCHs befassen. Unsererseits müssen wir jene Auffassung als unrichtig betrachten, die die soziale Auffassung des jungen MARX aus seiner Entrüstung über das von ihm beobachtete menschliche Elend abstammen lässt, während der Standpunkt des reifen MARX in objektiven, gegenständlichen sozialen Gegebenheiten seinen Ursprung hat. Die "menschliche Würde" kann nicht als ein naturrechtliches Element oder als eine ausserhalb des positiven Rechtes liegende Ursache, als allein ein naturrechtliches Erfordernis betrachtet werden; die prinzipielle Grundlage des Marxismus ist die Bestrebung nach der Beseitigung der Ausbeutung, was sowohl der junge wie auch der reife MARX in den Mittelpunkt seiner Theorie gestellt hatte. Die "menschliche Würde" wird nicht durch das Naturrecht verwirklicht oder wiederhergestellt, sondern durch die Befreiung von der Ausbeutung; den Weg dahin zeigt nicht das Naturrecht. Auch wenn BLOCH in erster Linie den moralischen Inhalt des Naturrechtes vor Augen hat, kann diese Seite nicht primär eine Komponente der marxistischen Auffassung sein, die letzten Endes eine ökonomische Richtung aufweist.

Es blieb die marxistische Auffassung des Naturrechtes übrig, d.h. jene Auffassung, die - wie erwähnt - das Recht jeden Naturrechtes leugnet, so auch das von GROTIUS. In dieser Hinsicht verfeinerte die marxistische Auffassung einiges an ihrem Standpunkt. TUMANOW, der hervorragende marxistische Verfasser, schreibt in seinem neuen Werk (8), dass jene Anschauung, wonach

"der Marxismus das Naturrecht, als eine besondere normative
Ordnung, die über den Gesetzen steht, nicht anerkennt, von den
Vertretern der naturrechtlichen Theorie so dargestellt wird,
wie die Leugnung der Bedeutung der ganzen Problematik, die
hinter diesem Begriff verborgen ist. Das ist zutiefst unwahr" (9).

Schon aus diesem Zitat ist es ersichtlich, dass die nuanciertere Kritik des Marxismus über das Naturrecht die Vorstellung des Naturrechtes als ein Normensystem über dem positiven Recht von der Auffassung des Naturrechtes bezüglich gewisser Begriffe, der von ihm behandelten Kategorien trennt.

Es ist selbstverständlich, dass auch die Rechtstheorie des Marxismus sich mit gewissen, besonders neuestens aufgetauchten Problemen befassen muss, mit welchen sich das Naturrecht befasst, so z.B. mit dem Rechtsbewusstsein, mit den Staatsbürgerrechten, ja sogar - aus der Problematik des neuesten Naturrechts - mit den Rechtsideen, den Interessen, den Rechtswerten. Demzufolge könnte - sagt TUMANOW - der Marxismus ebenfalls bedingt als eine Lehre über das Naturrecht, über dessen "materialistische Interpretation" angesehen werden (10).

Aufgrund dessen können wir als richtig betrachten, dass jene Fragen, mit welchen das Naturrecht sich auseinandersetzt, zum Teil Probleme jeder beliebigen Rechtstheorie sind, höchstens erscheinen die Fragen in den einzelnen rechtstheoretischen Richtungen mit verschiedenem Gewicht. Dass aber aufgrund der Identität oder Aehnlichkeit der Begriffe, der Probleme, eigentlich auch der Marxismus eine Art von Naturrecht in "materialistischer Interpretation" genannt werden könnte, betrachten wir aber nur als eine sinnreiche Wendung. Denn was wäre das Naturrecht in seiner "materialistischen Interpretation"? Offensichtlich eine Verneinung des Naturrechtes, denn die materialistische Interpretation geht von der wirtschaftlichen Grundlage der Gesellschaft und des Rechtes aus, sie beruht auf dieser Grundlage, während das Naturrecht die Rechtsgrundsätze aus der Natur, aus dem Menschen oder aus der Gottheit herleitet. Die Tatsache, dass jede Rechtstheorie, das Naturrecht ebenso, wie die marxistische Rechtstheorie sich auch mit denselben Problemen befasst, kann keineswegs dahin führen, dass der Marxismus mit irgendeiner anderen rechtstheoretischen Richtung, so z.B. mit einer idealistischen Rechtstheorie, wie z.B. dem Naturrecht, in seiner "materialistischen Interpretation" auf dieselbe Ebene gestellt wird. Das ist offensichtlich keine stichhaltige Wendung.

Schon infolge des Gesagten müssen wir bei dem Standpunkt verharren, der die naturrechtliche Auffassung, die ein System von über dem positiven Recht existierenden Rechtsgrundsätzen annimmt, sowohl von der marxistischen Rechtstheorie wie auch vom positiven Rechtssystem, d.h. vom System des geltenden Rechtes, das in irgendeinem Staat oder Ort existiert, scharf trennt. Wir müssen sagen, dass das Naturrecht, das über dem positiven Recht oder ausserhalb des positiven Rechtes stehende Rechtsgrundsätze annimmt, eine tief idealistische Richtung ist, welches nicht das positive Recht, sondern abstrakte Grundsätze vor Augen hat. Daraus folgt aber auch, dass das Naturrecht nicht nur der auf dem positiven Recht beruhenden Auffassung, sondern auch der marxistischen Rechtsauffassung entschieden widerstreitet; die marxistische Rechtsauffassung ist eine unmissverständlich materialistische Richtung, die die materiellen gesellschaftlichen Verhältnisse als Grundlage nimmt und sich radikal vom Naturrecht unterscheidet, wie sie auch vom Rechtspositivismus abweicht. Das Naturrecht, zumindest dessen klassische Richtung, geht geschichtlich zweifellos der marxistischen Rechtsauffassung voran, und wenn es auch nicht zu leugnen ist, dass das Naturrecht in gewissen Sätzen - so z.B. in der Frage der Menschenrechte - einen Einfluss auf die marxistische Rechtsauffassung ausübte, die letztere vertritt eine spätere neuere Richtung der Rechtsauffassung und leugnet - wie im allgemeinen jede spätere Richtung die vorangehende - das Naturrecht, weil es in dieser Zeit, d.h. in der Zeit des Entstehens des Marxismus, eine historisch bereits überholte Richtung war. Bei unseren weiteren Untersuchungen müssen wir also jedenfalls davon ausgehen, dass die marxistische Rechtstheorie dem Naturrecht entgegensteht, dessen philosophische Verneinung ist, wenn die beiden auch gemeinsame Grundbegriffe besitzen. Im weiteren ist eher zu prüfen, wie tief, wie prinzipiell dieser Gegensatz ist, ob es keine gemeinsame Ebene gibt, auf der die beiden Richtungen - wenn sie sich auch nicht treffen - doch zumindest verbunden sind oder sein können.

Im obigen haben wir stets über ein Naturrecht gesprochen, das gesellschaftlich als eine fortschrittliche Ideologie zu betrachten ist, das gegenüber dem bestehenden Recht einen oppositionellen Standpunkt vertritt, dessen Aenderung, dessen Ablösung durch ein neues Recht anstrebt. Diesem sog. revolutionären Naturrecht steht das sog. rechtsrechtfertigende Naturrecht gegenüber, d.h. ein

Naturrecht, das mit über dem positiven Recht stehenden Begründungen das bestehende, in einem gegebenen Zeitalter eben geltende Recht zu rechtfertigen trachtet.

Das fortschrittliche oder revolutionäre Naturrecht kam insbesondere in der Auffassung eines Verfassers zum Ausdruck, über die wir schon gesprochen haben: es ist die naturrechtliche Richtung oder Schule von Hugo GROTIUS. In dieser Richtung trachtete schon GROTIUS, alles zusammenzufassen und zu verallgemeinern, was an Naturrecht bei LOCKE und anderen früher vertreten worden ist, und obwohl er kein göttliches, d.h. übernatürliches Recht anerkannte, übernahm er gleichwohl vom hl. THOMAS von AQUIN einiges aus dem naturrechtlichen Weltbild. Tatsache ist, dass die naturrechtliche Auffassung von GROTIUS sich als geeignet erwies, die Bestrebungen des aufstrebenden Bürgertums zu rechtfertigen und dessen wahrer Kampfruf zu sein.

Jene Gegenüberstellung, die dem Naturrecht das positive Recht als entweder-oder gegenüberstellt, ist vielleicht eine allzu starke Vereinfachung und auch ein wenig ungenau. Das Naturrecht bleibt, wie wir sagten, beim positiven Recht nicht stehen, sondern blickt hinter das positive Recht und möchte irgendeine metaphysische Erklärung für das Wesen des Rechtes finden. Das positive Recht und nur die das anerkennende Auffassung bleibt einfach bei dem vom Staat geschaffenen Recht als Endpunkt des Rechtes stehen und betrachtet letzten Endes den Staat als das Organ, welches das verpflichtende Recht konzipiert. Aber auch der die positivrechtliche Auffassung überschreitende, durchaus nicht naturrechtliche, sondern marxistische Standpunkt sucht jene über das positive Recht hinausgehenden Faktoren, aus denen das Recht seinen Ursprung nimmt. Beide Auffassungen, sowohl das Naturrecht als auch der Marxismus, begnügen sich nicht mit der Erklärung des Rechtes einfach als positiven Rechtes. Die naturrechtliche Alternative des Bestehens zweier verschiedener Rechte ist schon deshalb zu verwerfen, weil jene das positive Recht den als dessen Grundlage angenommenen Grundsätzen gegenüberstellt. Eine solche geteilte Anschauungsweise des Rechtes (positives Recht und darüber das Naturrecht) kann nicht einmal aus dem Gesichtspunkt des Rechtspositivismus als richtig betrachtet werden.

Der Marxismus geht bei der Erklärung des Wesens des Naturrechtes davon aus, dass jede rechtstheoretische Richtung auf breiteren Grundlagen als allein auf dem existierenden, geltenden, d.h. positiven Recht beruhen muss. Die theoretische Grundlage dieses Standpunktes ist jener Satz, dass das Recht nur ein Produkt, nur eine Folge anderer gesellschaftlicher Verhältnisse ist, und die Aufgabe der Rechtstheorie ist, jenes gesellschaftliche Verhältnis, aus dem das Recht entsteht, zu finden, aufzudecken. Das hinter dem Recht stehende andere Verhältnis, das das Recht letzten Endes bestimmt, ist in Wirklichkeit das Wesen des Rechtes.

Dazu müssen noch gewisse historische Erwägungen hinzukommen. Als nämlich das Naturrecht mit GROTIUS als neue selbständige Wissenschaft ihren Anfang nahm, waren wir zugleich Zeugen der Befreiung der Rechtswissenschaft aus der Umarmung der Kirche. Doch nicht nur die Rechtswissenschaft entfaltete sich frei, sondern die gesamte Gesellschaftswissenschaft zusammen mit der Rechtswissenschaft. Das, was Naturrecht genannt wurde, beinhaltete nicht nur die

Rechtswissenschaft, sondern die gesamte Gesellschaftswissenschaft zusammen mit der Rechtswissenschaft, mit ihren gesellschaftlichen Grundlagen und bestimmenden Faktoren. Diesen letzten bestimmenden Faktor, den das Recht letzten Endes bestimmenden Inhalt dachte die naturrechtliche Richtung in der Natur oder in der menschlichen Natur zu entdecken, sie leitete davon jene Prinzipien und Rechtsgrundsätze ab, die dann im positiven Recht sich verkörpern, eine rechtliche Form annehmen mussten. Dementsprechend ist die naturrechtliche Schule als eine über das Recht hinausgehende Auffassung zu betrachten, die zugleich eine nach Vollkommenheit trachtende Gesellschaftswissenschaft, die Gesamtheit der Gesellschaft umfassende Wissenschaft ist und die auf diese Weise auch die Lehre von den angenommenen Grundlagen des Rechtes, von dessen Determinanten umfasst. Die naturrechtliche Schule war dementsprechend nicht nur und nicht allein eine rechtswissenschaftliche Lehre, sondern zugleich eine umfassende Gesellschaftswissenschaft, deren eine neue Richtung. Das Naturrecht bedeutete nur die Benennung jener globalen Gesellschaftswissenschaft, die die Gesamtheit der Gesellschaftswissenschaft zusammen mit der Rechtswissenschaft umfasst.

Der Marxismus sieht die Grundlage, die letzte Ursache des Rechtes und jedes anderen gesellschaftlichen Verhältnisses (er betrachtet nämlich auch das Recht als ein besonderes gesellschaftliches Verhältnis), wie allgemein bekannt ist, in den Produktionsverhältnissen. MARX schrieb in seinem berühmten 'Vorwort zur Kritik der politischen Oekonomie', dass die Rechtsverhältnisse nichts anderes sind als die rechtlichen Ausdrücke der Produktionsverhältnisse (11). Wenn wir also den Marxismus bzw. dessen historischen und gesellschaftlichen Niederschlag, den historischen Materialismus, als eine globale, volle, jede gesellschaftliche Erscheinung umfassende Gesellschaftswissenschaft auffassen, so finden wir innerhalb dessen ebenfalls die Rechtswissenschaft mit ihrer gesellschaftlichen Grundlage. Die Produktionsverhältnisse nehmen - manchmal durch Vermittlung gewisser anderer Verhältnisse - die Form von Rechtsverhältnissen an, drücken sich in Form von Rechtssätzen aus, und diese Sätze erhalten dann eine normative Form in den Regeln des positiven Rechtes. Demnach ist der Standpunkt des Marxismus nicht der, dass das positive Recht nur ein System der auf staatlicher Willkür beruhenden, allein vom Staatswissen abhängigen Verhaltensregeln ist, sondern dass nach seiner Auffassung auch hinter dem positiven Recht eine gesellschaftliche Wurzel verborgen ist, d.h. es ist nicht nur staatlich, sondern auch gesellschaftlich determiniert. Dieser letzte determinierende Faktor ist gemäss dem Marxismus nicht die irrational aufgefasste Natur, sondern sind die gesellschaftlich erfassbaren Produktionsverhältnisse.

Aus diesen Erörterungen ergibt sich, dass der Marxismus und die naturrechtliche Auffassung hinsichtlich ihrer Struktur zumindest sehr ähnlich sind, und keinesfalls besteht unter ihnen ein so grosser Unterschied, wie man es auf den ersten Blick dächte. Beide nehmen etwas an, das ausserhalb des positiven Rechtes liegt. Zugleich besteht zwischen ihnen ein entscheidender prinzipieller Unterschied. Denn während das Naturrecht von einer unerfassbaren Endursache, von der beinahe unerfassbaren Natur ausgeht, geht der Marxismus dagegen von den sehr gut erfassbaren Produktionsverhältnissen aus. Wenn der Marxismus mit dem Naturrecht nicht einverstanden ist, und er ist es nicht, so ist das eine nicht so sehr aus strukturellem Unterschied sich ergebende, sondern im Grunde genommen eine inhaltliche Frage; der Marxismus sieht die Endursachen und Determinanten der rechtlichen Verhaltensregeln und so eigentlich des Wesens des Rechtes nicht in der Natur, sondern in den Produktionsverhältnissen.

Bei der Aufdeckung dieser Endursachen kann der Marxismus mit Recht als viel konsequenter und weitblickender betrachtet werden als das Naturrecht; er führt das Recht nicht auf einen schwer erfassbaren, letzten Endes irrationalen Faktor zurück, wobei er sich mit ihm als Endursache begnügt, sondern er geht von der tatsächlichen Struktur der Gesellschaft aus, operiert mit der unbedingten Beweiskraft der tatsächlichen Verhältnisse. So ist es offensichtlich, dass nicht die auf den Wert gerichtete Anschauungsweise oder das Institut der Menschenrechte jenes Element bedeuten, das auf ähnliche Weise als Problem sowohl in der naturrechtlichen Auffassung wie auch im Marxismus erscheint, sondern das ist in ihnen gemeinsam, dass beide eine Art Gesellschaftsanschauungsweise sind, wenn sie auch in ihrem Inhalt und in den Hauptfeststellungen sich voneinander wesentlich unterscheiden. Der Marxismus verneint das Naturrecht, also die Auffassung, welche das Recht, und zwar das positive Recht, nur auf die aus der Natur abgeleiteten, abstrakten Rechtssätze zurückführt. Der Marxismus betrachtet das positive Recht als solches, das aus anderen gesellschaftlichen Faktoren stammt. Das ist der erste und vielleicht der wesentlichste Unterschied zwischen Naturrecht und Marxismus.

Der zweite wesentliche Unterschied liegt darin, dass der Marxismus kein über der Welt des positiven Rechtes liegendes oder davon unabhängiges, ewiges und den Menschen unenteigenbares, natürliches Recht oder solche Rechtssätze vorstellt oder annimmt; seine Auffassung bezüglich des Rechtes ist also keine doppelte, weil er als Recht nur das positive Recht anerkennt, worunter er - wie wir es erörtert haben - nicht versteht, dass es ausschliesslich aus der staatlichen Willkür entspringt; er nimmt vielmehr seine objektive Determiniertheit an. Als die naturrechtliche Auffassung GROTIUS' aufkam, enthielt sie solche Forderungen und verkündete Grundsätze, deren positiv-rechtliche Verwirklichung sie für unumgänglich, gesellschaftlich unbedingt für notwendig hielt. Das Naturrecht erschien so tatsächlich als ein auf die Gesellschaft bezogenes rechtliches Erfordernis. Was sein Verhältnis zur historischen Entwicklung der Gesellschaft anbelangt, erhob das Naturrecht zeitlich im letzten Abschnitt des Feudalismus sein Haupt und drückte die damals auftretenden bürgerlichen Forderungen in Form des Rechtes aus; es kann wegen seines Willens der Aenderung als revolutionär bezeichnet werden. Die Forderung der Menschen- und Bürgerrechte war vielleicht der prägnanteste erfassbare Ausdruck des seinerseits vertretenen gesellschaftlichen Erfordernisses. Der Marxismus entstand nicht aus dem Wunsch der Verwirklichung der menschlichen Würde, wie es BLOCH sagt, sondern - ebenso wie das Naturrecht - aus der Erkenntnis der Widersprüche des Feudalismus, aber gleich weitergehend aus der Erkenntnis, dass das dem Feudalismus folgende bürgerliche System auch nicht widerspruchsfrei sein wird und auch diesem ein anderes Gesellschaftssystem, der Sozialismus folgen wird. Wenn MARX - in Anschluss an ROUSSEAU - über die Emanzipierung des Menschen spricht, stellte er sich ein solches Gesellschaftssystem vor, in welchem der Mensch sein gesellschaftliches Wesen erkennt und aus einem egoistischen

Individuum zu einem gesellschaftlichen Wesen wird (12). Dieser Prozess spielt
sich im Sozialismus ab.

Aus dem Gesagten folgt, dass zwischen der Rechtstheorie des Naturrechtes und
des Marxismus nicht so sehr in struktureller Hinsicht ein wesentlicher Unterschied vorhanden ist, in dieser Hinsicht sogar ein verwandter Zug zwischen den
beiden ist, dass beide eine sich zu einer Art von Gesellschaftswissenschaft aus-
breitende Rechtswissenschaft sind, sondern hinsichtlich der Auffassung des Wesens des Rechtes, ferner in jenen Erfordernissen, welche die beiden gegenüber
der zu verwirklichenden zukünftigen Gesellschaft bzw. gegenüber deren Recht
haben. Das ist aber das Wesentliche, der Kern des radikalen Unterschieds zwischen ihnen bezüglich ihrer Rechtsauffassung. Der Vergleich des Naturrechts
mit dem Marxismus zeigt, dass der Unterschied hinsichtlich der Auffassung
grundlegend und wesentlich ist, und wenn bei ihnen auch - hauptsächlich äusserlich - ähnliche strukturelle Züge zu beobachten sind, der Unterschied zwischen
ihnen im Inhalt ist radikal und hervorspringend.

Wir haben gesagt, dass nach dem grundlegenden Satz der naturrechtlichen Auffassung das Naturrecht, das als ein abstraktes System gewisser grundlegender
Rechtssätze vorgestellt wird, dem positiven Recht vorangeht, d.h. darübersteht
und dauerhafter ist als das positive Recht. Eine grundlegende Lehre des Naturrechts, womit sich auch GROTIUS eingehend befasste, bezieht sich auf die Menschenrechte oder auf die grundlegenden Rechte des Menschen. Darüber besagt
die naturrechtliche Auffassung, dass es sich hier um ewige Rechte handelt, d.h.
solche, die ewig waren und ewig sein werden, dabei unveränderlich sind und
nicht verändert werden können, d.h. an die menschliche Qualität des Menschen
in jeder gesellschaftlichen Ordnung untrennbar haften, von ihm nicht veräussert
werden können; man sagt sogar darüber, dass sie das Wesen der menschlichen
Qualität des Menschen ausmachen, ihn in seinem ganzen Leben begleiten bzw.
begleiten müssen.

Historisch nahmen diese "ewigen und unveräusserlichen" grundlegenden Menschenrechte im XVII. Jahrhundert eine ausdrückliche Form an und wurden ge-
sellschaftlich-rechtlich manifest. Hinsichtlich ihres Charakters sollten sie jenen gesellschaftlichen Zustand ausdrücken, den der Mensch von der bürgerlichen
Gesellschaft nach dem Sturz des Feudalismus von der Gesellschaft grundsätzlich
forderte. Jener von der Lehre verkündete Zug, dass sie ewig bestehen und vom
Menschen nicht veräussert werden können, sollte nur bekräftigen, dass ihre unbedingte gesellschaftliche Notwendigkeit und ihr über dem positiven Recht ste-
hender, höherer gesellschaftlicher Wert durch diese vermuteten Eigenschaften
bewiesen werden können. Tatsächlich war diese Lehre von den Menschenrechten ein wesentliches Element der naturrechtlichen Richtung des XVII. Jahrhunderts, die so zur gesellschaftlich-theoretischen, doch inhaltlich unrichtigen
Form der Verkündigung der bürgerlichen Forderungen wurde. Diese Auffassung
stand auf dem Standpunkt, dass die politischen Erfordernisse bezüglich der Einführung und Verwirklichung der bürgerlichen Gesellschaft ewig sind und vom
Menschen nicht veräussert werden können, d.h. ein vollkommenes Gesellschafts-

system postulieren, welches nicht nur fehlerfrei, sondern zugleich auch die endgültige Form der Gesellschaft ist; jedes Gesellschaftssystem ist also im vorhinein ungerecht, welches dieses Ewigbestehen und diese Unveräusserlichkeit nicht bekennt oder gar leugnet; ungerecht ist also das feudale System, das damals im Mittelpunkt der Angriffe stand, aber ebenso wurde im vorhinein jenes zukünftige Gesellschaftssystem als ungerecht angenommen, das einst über das bürgerliche System hinausschreiten, darüber hinausweisen wird; sie hielten also hinsichtlich der Sicherung dieser Rechte auch das sozialistische System für ungerecht.

Doch diese Fiktion der Ewigkeit, des seit immer und für ewig Bestehens, die in den heutigen Versionen des Naturrechts ebenso lebendig ist wie in der Grotius-schen Form, wird sofort hinfällig, wenn wir etwas gründlicher in die Tiefe der Geschichte schauen. Kann man wohl von ewigen und unveräusserlichen Rechten in einem solchen Gesellschaftssystem reden, in welchem die Mehrheit der Bevölkerung Sklave oder Leibeigener ist? Vielleicht wäre dies möglich, aber in diesem Fall würden die ewigen und unveräusserlichen Rechte nur das Recht der Minderheit gegenüber der Mehrheit, d.h. das ewige und unveräusserliche Recht der Sklavenhalter und der Gutsherren bedeuten, das inhaltlich nicht als identisch mit dem gegenüber dem bürgerlichen System erhobenen grundlegenden Erfordernis zu betrachten ist. Es zeigt sich, dass die "ewigen und unveräusserlichen Rechte", d.h. das gleiche Recht für jeden, auch grundsätzlich nur mit dem Gesellschaftssystem beginnen können, das die Rechtsgleichheit der Menschen verkündet hatte unabhängig davon, ob das System diese Gleichheit verwirklicht hat oder nicht.

Es ist allgemein bekannt, und das zeigt sich auch in den Verfassungen der sozialistischen Länder, dass ein Grossteil der in den bürgerlichen Verfassungen aufgenommenen grundlegenden Bürgerrechte auch in den Verfassungen der sozialistischen Länder bzw. im sozialistischen System vorhanden ist. Jene Rechte, die heute im internationalen Recht "Menschenrechte" genannt werden, sind überhaupt keine ewigen Rechte, sondern - wie es die Beispiele zeigen - sie verfügen einfach über die Besonderheit, dass sie auf mehrere Gesellschaftssysteme sich ausdehnende von mehreren Gesellschaftssystemen verkündete Rechte sind, sie sind also dauerhafter als gewisse andere Teile des Rechts, die sich nach Systemen ändern. Die These der Ewigkeit des Naturrechts wird also durch die These der Ausdehnung auf mehrere Gesellschaftssysteme abgelöst.

Wie betrachtet das der Marxismus? Es kann sich hier nicht darum handeln, dass die marxistische Rechtstheorie das Bestehen irgendwelcher Super-Rechtsgrundsätze bezüglich der Menschenrechte, die über dem positiven Recht stünden, anerkennen würde, die stärker wären als das positive Recht und es determinieren würden; auch hinsichtlich der Menschenrechte gilt, dass in den als Menschenrechte betrachteten Rechtssätzen gewisse gesellschaftliche Faktoren zum Ausdruck kommen, und diese werden dann auch nach der marxistischen Lehre zu positivem Recht, einfach gesagt zu geltendem Recht. Die Umgestaltung der gesellschaftlichen Faktoren zu einem Recht, ihre Uebersetzung, ihre Umwandlung zu Recht wird gemäss dem Marxismus vom Staat durchgeführt; darin besteht die transformierende Rolle des Staates. Auch bei dieser Auffassung geht es also

nicht um den ausschliesslich staatlichen Ursprung oder die ausschliessliche
staatliche Determiniertheit des positiven Rechts, auch nicht gewisser Menschenrechte, die über ihm stehen; es handelt sich auch in dieser Hinsicht nicht um
staatliche Willkür, sondern es handelt sich bei den Menschenrechten nach dem
Marxismus um eine objektive gesellschaftliche Determiniertheit.

Aus dieser Untersuchung der Zusammenhänge zwischen der marxistischen
Rechtstheorie oder, allgemein gesprochen, dem Marxismus und dem Naturrecht,
gelangen wir zu der Endthese, dass der Hauptfaktor des Zustandekommens des
positiven Rechtes nicht die staatliche Willkür ist; Hauptmotoren des Rechts sind
die objektiv bestimmbaren gesellschaftlichen Verhältnisse. Das führt uns aber
schon zu weit, zum Wesen der rechtlichen Konzeption des Marxismus. Diese
Konzeption hat jedenfalls den Vorteil, dass sie das Naturrecht als rechtstheoretische Kategorie ausschaltbar, überflüssig macht. Der Marxismus behält vom
Naturrecht höchstens jenes Moment einer Gemeinsamkeit, und zwar mehr als
geschichtliche Besonderheit, als meritorisches Element, das wir weiter oben
bei dem gesellschaftswissenschaftlichen Charakter der Rechtswissenschaft vorgestellt haben.

Abschliessend noch ein wesentlicher Unterschied zwischen der naturrechtlichen
Auffassung und der marxistischen Gesellschafts- und Rechtsanschauung: Die
auf der marxistischen Gesellschaftstheorie beruhende Rechtswissenschaft geht
berechtigt davon aus, dass sie das Rechtssystem als dynamisch annimmt. Das
entspricht den Tatsachen, d.h. das Recht steht ständig in Bewegung, es entwik-
kelt sich ständig; das Recht von vor hundert Jahren ist mit dem heutigen nicht
identisch, nicht einmal das vor zehn Jahren geltende Recht. Auch jener Umstand
ist kein Zufall, dass in den sozialistischen Ländern - infolge der schnelleren gesellschaftlichen Entwicklung - die sog. Umlaufgeschwindigkeit der Gesetze be-
deutend grösser ist als in den bürgerlichen Gesellschaften (so war das neue unga-
rische Strafgesetzbuch z.B. 17 Jahre in Kraft), obwohl die Entwicklung in den
letzten Jahren auch dort schneller wurde. Die marxistische Rechtstheorie
nimmt jedenfalls eine der Entwicklung der gesellschaftlichen Verhältnisse entsprechend schnelle Rechtsentwicklung an. Das bezieht sich sowohl auf einzelne
Rechtssätze wie auch auf die Gesamtheit des positiven Rechts. Wenn auch eine
etwas grössere Stabilität in den Grundsätzen des sozialistischen Rechts vorhanden ist, entwickeln sich auch diese Rechtsgrundsätze unter Beachtung einer län-
geren historischen Periode, indem sie sich ändern oder inhaltlich reicher werden; ausserdem kommen immer neuere Grundsätze dazu.

Dagegen nimmt die naturrechtliche Auffassung eine solche Stabilität des Rechtes
an, die zu Recht als Standpunkt der Stagnation bezeichnet werden kann. Dieser
Standpunkt entspringt aus dem Wesen der Gesamtheit der naturrechtlichen Auffassung, die ständig über "ewige" Rechtssätze spricht, die jedes beliebige Rechtssystem im vorhinein und ewig determinieren oder charakterisieren müssen. Das
Rechtssystem ist gemäss dem Naturrecht unbeweglich, zumindest in seinen
Grundlagen und Rechtssätzen, und nur das auf diesen Rechtsgrundsätzen beruhende positive Recht bewegt sich ein wenig, gestaltet sich, man könnte eventuell so-

gar sagen: entwickelt sich; im Vergleich damit ist eben das Naturrecht fest, unveränderlich, "ewig".

Dieser grundlegende Unterschied zwischen dem statisch und dynamisch aufgefassten Charakter des Rechtes bedeutet auch eine solche doppelte, einander entgegengesetzte Besonderheit, die den Marxismus, dessen Rechtstheorie und das Naturrecht entschieden unterscheiden: die beiden bedeuten zwei radikal entgegengesetzte Annäherungsweisen an das Recht.

Alles zusammengefasst könnte man sagen, dass die Präzisierung des Verhältnisses zwischen Marxismus und Naturrecht, die eingehendere Bestimmung dieses Verhältnisses eine notwendige Aufgabe ist, weil wir als Ergebnis eines solchen Vergleichs zu weiteren neuartigen Folgerungen gelangen können. Trotzdem besteht der grundlegende Gegensatz zwischen diesen beiden Annäherungen an das Recht trotz jeder eingehenden Analyse unverändert, und der Marxismus bleibt auch weiterhin ein ideeller Gegner der naturrechtlichen Auffassung. Eine spezielle Frage ist natürlich die Analyse dessen, was eigentlich der Gegensatz zwischen Marxismus und den gegenwärtigen, d.h. neueren Auffassungen des Naturrechts ist, ob hier auch derselbe Gegensatz besteht, den wir unter Beachtung der historischen Hauptrichtung des Naturrechts erörtert haben. Wir sind aber der Meinung, dass die gegenwärtigen und insgesamt als rechtsrechtfertigend zu charakterisierenden naturrechtlichen Richtungen ebenso mit dem Marxismus in Gegensatz stehen wie die klassische naturrechtliche Auffassung.

Wenn wir bei dieser Gelegenheit nicht zwei, sondern drei als lebend zu betrachtende Richtungen der Rechtstheorie oder der Rechtsphilosophie, und zwar das Naturrecht, den Rechtspositivismus und den Marxismus, verglichen haben, können wir wohl kaum zu einer anderen Folgerung kommen, als dass die drei Richtungen nicht nur voneinander abweichend, sondern in gewissem Mass auch entgegengesetzt sind. Innerhalb der drei Richtungen spannt sich ein gewisser Gegensatz zwischen dem Rechtspositivismus und dem Naturrecht, aber es besteht ein schärferer Widerspruch zwischen dem Marxismus einerseits und sowohl dem Rechtspositivismus wie auch der naturrechtlichen Auffassung andererseits. Das ist auch verständlich. In der heutigen aus gegensätzlichen Gesellschaftssystemen zusammengesetzten Welt kann kaum ein solcher einheitlicher rechtstheoretischer Standpunkt angenommen werden, der in jedem Gesellschaftssystem gleicherweise seinen Platz finden könnte.

Dazu ist noch hinzuzufügen, dass in den bürgerlichen Gesellschaften die naturrechtlichen und die positiv-rechtlichen Auffassungen gleicherweise und nebeneinander, ja sogar zusammenleben: in diesem Gesellschaftssystem kommt also der Pluralismus der rechtstheoretischen Richtungen zur Geltung. In dem auf dem gesellschaftlichen Eigentum der Produktionsmittel beruhenden System ist dagegen nur eine Richtung, der Marxismus vorherrschend. Daraus folgt, dass der grundlegende theoretische Gegensatz infolge des Unterschieds im System einerseits zwischen der naturrechtlichen und der positiv-rechtlichen und andererseits der marxistischen Auffassung besteht. Wenn sich die Vertreter der verschiedenen Richtungen in der Gesellschaft für Rechtsphilosophie oder auf den Seiten einer Zeitschrift begegnen und ihre Meinungen austauschen, ist das

Ziel nicht, die Gegensätze oder Unterschiede zwischen den einzelnen grundlegend gegensätzlichen Richtungen auflösen zu wollen, sondern viel eher, die andere Auffassung besser kennenzulernen und die verschiedenen Richtungen übereinander projiziert zu sehen. Das war das Ziel des Verfassers dieser Studie; er wollte den Standpunkt des Marxismus bezüglich des Naturrechtes besser beleuchten, ohne sich zum Ziel zu setzen oder zu vermögen, den grundlegenden Widerspruch zwischen der naturrechtlichen und der sozialistischen rechtstheoretischen Richtung aufzulösen.

Fussnoten

1) Hans KELSEN: The Communist Theory of Law, London 1955.

2) K. MARX: Das Kapital, I. Band, Berlin 1977, p. 564.

3) Op. cit., p. 562.

4) K. MARX: Das Kapital, III. Band, Berlin 1977, p. 825.

5) Ernst BLOCH: Naturrecht und menschliche Würde, Frankfurt a.M. 1961.

6) Op. cit., p. 237.

7) Ebenda.

8) W.A. TUMANOW: Burschuasnaia prawowaia ideologia, Moskau 1971.

9) Op. cit., p. 344.

10) Ebenda.

11) MARX-ENGELS: Werke, Band 13, Berlin 1975. "Vorwort zur Kritik der politischen Oekonomie", p. 8, 9.

12) MARX-ENGELS: Werke, I. Band, Berlin 1957, p. 370.

HENDRIK VAN EIKEMA HOMMES

Towards a Normative Sociology of Law

The intention of my paper is to defend the thesis that "sociology of law", as a cross-connection between jurisprudence and sociology displays an intrinsically normative character and cannot really be developed on the basis of the traditional a-normative or naturalistic starting-point. This thesis concerning the "sociology of law" depends on the broader thesis that general sociology as the science of the typical structures of human society is a normative discipline.

This conception concerning sociology, c.p. sociology of law is apt to meet with strong resistance, I think, because it is at variance with the dominant opinion among scholars, viz. that these disciplines are not normative and must be investigated on a purely a-normative basis. These sciences, as the adherents of the traditional conception say, are not interested in how people ought to behave, but in the factual behavior of men, irrespective of whether this behavior is in harmony or in conflict with binding norms. Even the norms themselves are considered as mere factualities, and sociology, c.p. sociology of law tries to ascertain not only the factual influence of legal norms upon human behavior, but also the effect which human behavior has on the genesis and the content of (legal) norms. Central in sociology of law is the question of the "effectivity" of legal norms.

This a-normative or naturalistic bent of current sociology of law fits into the naturalistic starting-point of general sociology, a discipline developed since the previous century by August COMTE, Herbert SPENCER, Emil DURKHEIM, Max WEBER and others as a new science of human society and its historical development. COMTE, following Saint-SIMON, considered general sociology as "social physics", as the highest form of natural science. As social physics it should employ the traditional methods of the classic physics, i.e. observation, experimentation and comparison of the social facts. Within this highest form of natural science COMTE distinguishes between "social statics" and "social dynamics", and he takes the fundamental law of social dynamics, the "law of the three stages", to be a natural law of social development to which the history of mankind is unconditionally bound. Historical development of human society runs through a theological and a metaphysical stage in order to attain its highest possible level, the positivistic stage.

Herbert SPENCER was of the opinion that human society was subjected to the natural laws of biotic development, viz. of evolution, adaptation, natural selection and the struggle for existence. DURKHEIM considered the social fact of the collective consciousness as a fundamental necessity determining human society.

Although Max WEBER, following the neo-Kantian philosophy of Heinrich RICKERT, acknowledged the influence of normative viewpoints for the selection of the social facts to be investigated by sociology, he vigorously defended the thesis that sociology should restrict itself to the "value-free", i.e. a-normative investigation of the natural-causal relation between social facts according to von KRIES' method of adequate causation.

This naturalistic climate has put its stamp upon current sociology of law. DURKHEIM, DUGUIT, EHRLICH, WEBER, GEIGER, LUHMANN et al. take their point of departure for the investigation of the social phenomenon of law and of legal behavior in the a-normative, natural-social, c.q. socio-psychological facts.

The only outstanding exceptions to this current approach are, as far as I know, the views of Maurice HAURIOU and Georges GURVITCH. HAURIOU developed an "institutional sociology", in which the notion of the normative "idées forces" played a central role. In his later works HAURIOU restricted this normative sociology of law to political theory and did not elaborate it in the field of non-political social life. GURVITCH, on the contrary, worked out a very detailed system of general sociology and sociology of law concerning the whole area of social life (political and non-political). He based his theory on the well-known conception of the "faits normatifs", which in his view are the normative structures of social reality, which not only constitute the different social groups, but also produce the social law having validity within these groups. GURVITCH defends the very important thesis that the social law of the state has a limited area of validity, a limitation determined by the social law of the non-political social groups, which in turn has its own independent sphere of legal competence and validity.

I believe that GURVITCH's pluralistic theory of social groups and their legal spheres is very important, because in principle it breaks with the state-absolutistic tendencies which characterize recent conceptions of sociology of law. In contrast with the earlier conception of DUGUIT, EHRLICH et al., which defended the original significance of social law within non-political groups, modern writers on sociology of law (GEIGER, LUHMANN) easily fall back into the naive-legal positivistic thesis that all law has a political origin. Behind this view lingers the old Bodinian conception of state-sovereignty against which EHRLICH c.s. and especially GURVITCH have taken their stand.

Although I do not share their metaphysical standpoints, I think that HAURIOU and GURVITCH have rightly stressed the fact that the typical structures of social life are not to be considered as purely a-normative facts, governed by natural laws (in modern times no longer viewed deterministically, but rather as statistic regularities). Rather, they are to be understood as normative principles, in the light of which human behavior should and can be ascertained and evaluated. Social life can never be explained by way of natural-causal regularities and laws, because the social relations between men are thoroughly determined by normative viewpoints. Even COMTE and SPENCER were not able to carry through their naturalistic program consistently. COMTE believed that according to the law of the three stages the future human society on the politive level would be characterized by social solidarity and social obligations in which there would no longer be room for the idea of individual rights and property, which were remnants of the metaphysical stage. SPENCER, on the contrary, believed in the advent of a radical individualistic society, in which the freedom of the individual should only be limited by an equal amount of freedom for fellow-individuals (cf. the principle of "coexistence" as defended by KANT). But how could one even consider social solidarity, social obligation, individual freedom and so on as pure, natural facts? These concepts fall entirely outside the sphere of the natural laws and the natural sciences and can only be understood in the light of normative principles. Because of their normative character these principles or ought-structures can never be understood as natural facts exercising natural-causal effects on human behavior. This is a very uncritical and contradictory thesis that should no longer be maintained in (legal) sociology.

When we speak of social facts, we must realize that these facts are normative facts, to be ascertained and evaluated only in the light of social norms and principles which in their turn can only be applied to normative facts. This thesis, which completely breaks with the traditional distinction between Sein and Sollen as two fundamentally different spheres of life, is of the utmost importance for our problem. We should drop the internally contradictory notion that Sollen (ought) must be applied to human behavior as Sein (is), because Sein traditionally is governed by natural law and cannot be influenced by norms. KANT already admitted the impasse to which his dualism of Sein and Sollen led him.

It seems to met that the existence of normative social facts cannot be denied. The actual behavior of married people or of parents and children in their reciprocal relation can only be experienced and ascertained in the light of the normative principles of the marital and family-community. What is the difference between the fact of sexual intercourse of two animals and of a married couple? The sexual relation of the animals is a biotic and instinctive fact, governed by specific biotic laws and the instinct of the animal species. The sexual intercourse of the married couple is the organic substratum of their life-long bond of love and can only be meaningful when the act is integrated in the marital love-relation. Everyone with normal conditions of social experience knows that rape within marriage runs counter to the social structure of the marriage-community, and is a symptom of distortion within the marriage relation. It is quite impossible to distinguish between temporal animal intercourse,

sexual intercourse within marriage, and marital rape, without acknowledging
and applying social norms and principles. In fact these are <u>constitutive</u> social
principles which are determinative for the internal marital bond between husband and wife. Although the public-legal side of the marriage bond, the civil
matrimony, may remain intact (civil divorce may not occur), internally the
marriage may be completely broken because the love-relation between the
partners is lost. Hatred may well take the place of love. In that case, the factual relations between the married people have sunk below the minimum conditions which the normative social principles of marriage imply for the constitution of a real marriage-community. In the light of this normative social
principle we claim and judge that internally the relation is no longer a marital
relation. We ascertain in the light of the constitutive principle of the marriage-
community that the factual social relation and the factual behavior between the
partners can no longer be qualified as a marital bond.

The same holds for the actual family-relation between parents and children.
Parents may mistreat their children in such a way that one must conclude that
their relation has sunk below the minimum condition implied in the typical normative structure of the family-community. In such cases it is correct to say
that the actual family-bond has been dissolved. In modern society the state
takes measures on behalf of the moral and physical protection of the children
by relieving or dismissing parents from their parental authority.

The argument elaborated here with respect to marriage and the family-community can be extended over the whole field of social life. All the typical structures
of the state, the church, modern enterprise, the university, voluntary associations, etc., display a normative character. It is simply impossible to distinguish
a university from a commercial enterprise without taking into account the normative differences between

a) the university as a community of academic teachers and students (based on
   a typical organization of research and instruction), which is typically qualified by a moral bond among teachers and pupils, namely their joint love for
   science (including the humanities), and

b) the enterprise as a community of entrepreneurs and employees based on an
   organization of capital and labor, which is typically qualified by the
   economic goal of profit. Without recognition of the normative principles of
   rendability of the invested capital the free enterprise cannot maintain itself,
   while universities loose their academic standing when engagement in and
   love for science makes place for political action and democratization in
   order to eliminate the typical teacher-pupil relation which underlies sound
   academic instruction and research.

The normative character of the typical social structures expresses itself in the
legal spheres which are positivized in the social groups. The typical characterization of these legal spheres (think of the typical differences between internal

ecclesiastical law and state-constitutional law) reflect the typical structures of the social communities, within which these legal systems have been developed. If therefore general sociology displays a normative character, the same holds for sociology of law, which has the task of investigating in the light of the typical social structures, these typical legal spheres, their inner limitations and their reciprocal interlacements.

The normative character of sociology of law then, is in my view derived from the subject-matter of this discipline, namely the typical normative structures of sociology insofar as they express themselves in their internal legal systems. This conception has nothing to do with the so-called dialectical sociological method of the Frankfurters, who construct a "normative" sociology by making the a-normative sociological technique subservient to a political (non-scientific) ideal such as human "emancipation" in a neo-Marxist sense. Here the ideal of scientific truth, which is vital to scientific research, is ultimately superseded by some political goal or, in other words, the political goal determines scientific "truth".

OCTAVIAN IONESCU

Les principes généraux du droit et le droit naturel

Quand on parle des différentes conceptions du Droit, on pense, en doctrine et en jurisprudence, aux principes qui tendent à justifier le système législatif respectif.

Les constitutions, les législations civiles des divers pays, l'ordre juridique du droit public en sont la preuve.

La civilisation des peuples et, dans son ensemble, celle de l'humanité tout entière, se reflètent dans les théories du Droit.

Autour de quelles idées se groupent les conceptions juridiques d'une époque, qui souvent la dépassent? En quoi diffèrent-elles les unes des autres? Et dans quelle mesure établissent-elles un fil unitaire dans l'histoire de l'humanité et contribuent-elles au progrès de la civilisation?

Voilà, me semble-til, les questions qui viennent à l'esprit de quiconque s'occupe du Droit et qui s'imposent surtout au législateur.

L'ordre juridique d'un pays représente une certaine conception sur la vie et subit l'empreinte du milieu et de l'époque où il est né. Cet ordre doit pourtant s'intégrer dans la marche ascendante de la civilisation humaine. Le but du Droit est ainsi imprégné de l'idée d'universalité, qui reste à sa base et à celle des normes juridiques qui le concrétisent.

Au centre de cette universalité du Droit il y a l'idée du respect de la personne humaine, de sa liberté et de sa dignité, de son développement harmonieux, spirituel et physique.

Il s'agit donc de savoir quelle serait la conception qui correspondrait le mieux à la nature humaine, dans toute son intégrité.

Le caractère essentiel du Droit est celui de la stabilité, qui ne nie pas le progrès de la société et les nouvelles formes de vie. Ce sont des principes dont les lois positives ne doivent pas s'écarter.

Mais le développement de la technique, surtout après la seconde guerre mondiale, a fait naître une autre conception, où les facteurs économiques et sociaux prédominent. On considère que l'individu est peu chose dans cet engrenage de la matière et de la biologie et que les valeurs intellectuelles et morales, qui en résultent, changent continuellement avec la vie et seraient donc relatives.

Or, nos aspirations vont toujours vers des valeurs absolues. Elles se dégagent de la religion, de la philosophie, de la science et, en matière de droit, des lois à caractère général. Plus le degré de civilisation est développé plus l'esprit juridique s'élargit. Le Droit a précisément le rôle de défendre ces valeurs spirituelles.

Ce n'est ni le phénomène économique ni le facteur social qui nous dominent. Car le phénomène économique est en grande partie le résultat de l'activité intellectuelle de l'homme, qui modifie les données existantes, même celles qui proviennent des éléments de la nature. Quant au facteur social, quoiqu'il constitue le milieu où nous vivons, on lui attribue souvent un rôle et un pouvoir exagérés, aux dépens de la liberté de l'individu et de sa force créatrice spontanée.

Il ne faut donc pas s'étonner de trouver parfois des lois insuffisantes, pour l'application desquelles on doit faire appel alors aux vraies sources, qui les inspirent et qui les dépassent, aux "Principes généraux du Droit". Ceux-ci, sans être absolument déterminés, sont basés sur les notions de justice, d'équité, de morale, de liberté, de considérations affectives, qui doivent exister dans la conscience du juge et des organes de l'administration d'un pays; de même, ils sont évoqués par les autorités internationales, diplomatiques ou juridictionnelles.

On proclame ainsi le principe que l'esprit du Droit passe avant l'esprit juridique d'ordre formel, non seulement dans le cas de lacunes de la loi, mais même dans celui d'une disposition expresse de la loi quand elle est contre la "nature des choses".

On sait que MONTESQUIEU, au début même de L'Esprit des lois, affirme que "Les lois, dans la signification la plus étendue, sont les rapports nécessaires qui dérivent de la nature des choses", définition qui ne contient pas de précisions.

Juristes et philosophes reprennent aujourd'hui cette notion de la "nature des choses", sans se considérer obligés de faire appel à la doctrine du Droit naturel. Tout récemment, en 1978, dans une étude approfondie, Monsieur Paul FORIERS arrive à la conclusion que la "nature des choses" en Droit "C'est un agencement s'imposant matériellement et rationnellement" (1) et qu'à une telle situation on ne peut rien changer ni par la voie de la volonté, ni par celle de la loi. "Vouloir imposer une conclusion contraire à celle qui découle de cet agencement, dit l'auteur, ce serait injecter au sein du milieu social un élément de trouble, ce serait introduire dans l'univers juridique par l'effet d'une volonté impuissante à se réaliser des normes inefficaces et génératrices de déséquilibre" (2).

C'est une opinion très juste, qui, ouvre un large horizon sur la prise en considération de la nature humaine.

Comme dans chaque branche de connaissances, la tendance à généraliser s'affirme aussi en matière de Droit. A cause de sa nature normative, le Droit est dans une continuelle recherche du fondement à donner: à la loi, à la sentence judiciaire, à l'acte administratif. Ainsi, la notion de "nature des choses" s'étend à celle de "nature de l'homme", qui constitue même le point de départ de l'ordre juridique.

On ne doit pas dénigrer cette vieille doctrine du Droit naturel qui, malgré les exagérations et les fautes du passé, reste plusieurs fois millénaire dans son oeuvre assidue de trouver un fondement au droit objectif, ainsi qu'une stabilité à nos droits subjectifs. Certainement, il est loin de la pensée moderne de considérer ce droit naturel comme absolu dans tous ses détails, dans l'espace et dans le temps.

Ce qu'il faut pourtant retenir c'est que le Droit naturel envisage l'existence humaine non pas comme étant prisonnière de la matière et des méthodes empiriques. La prédominance de la raison et des valeurs morales, surtout l'idée de liberté, constitue l'essence de cette conseption. De là dérivent beaucoup de notions fondamentales du Droit: la réalisation de la justice, le respect de la personnalité humaine, la justification et la défense des droits subjectifs privés et publics, l'idée d'égalité entre les hommes, etc.

Cette conception du Droit naturel reste à la base de plusieurs législations importantes. Rapportons-nous surtout aux législations de droit privé. Ainsi, par exemple: le code civil français, le code civil allemand, le code civil suisse (y compris le code suisse des obligations).

On sait que le projet du code civil français proclamait, dans son premier article, comme source d'inspiration l'autorité du droit naturel et qu'en abandonnant cet article la base philosophique du code resta la même, malgré les modifications subies ultérieurement.

Le code civil allemand, avec tout son caractère social prononcé et sa techique particulière, contient des réminiscences de droit naturel greffées sur des éléments de droit romain, surtout dans sa "Partie génerale", ainsi que le reconnaissent des savants allemands (3).

Enfin, le code civil suisse, cet admirable monument du droit moderne, recommande au juge de faire appel, dans son activité, aux règles de droit, c'est-à-dire aux "Principes généraux du Droit", et à l'équité, faute d'une disposition expresse de la loi, en accordant en ce cas au juge la faculté d'agir "comme s'il était législateur" (articles 1er et 4 du code civil suisse).

En passant à d'autres législations, mentionnons le code civil autrichien, avec son article 7, lequel permet au juge de "décider d'après les principes de droit naturel" en l'absence de disposition législative adéquate ou de la possibilité de déduire la solution des textes similaires.

Et rappelons aussi le droit anglo-saxon, où la notion d'équité a une si grande importance.

Malgré les événements qui ont eu lieu au cours du temps, ces législations se sont maintenues presque intactes dans leur existence et dans leurs principes. Les modifications qu'on y a introduites n'ont rien changé à leur nature. C'est puisque leurs principes - qui ont un caractère général et permanent - conviennent le mieux au développement intellectuel et physique de l'homme.

Mais si les "Principes généraux du Droit" s'imposent à la vie interne d'un état, ils trouvent d'autant plus leur application dans la vie internationale. Je voudrais seulement toucher aux aspects qui se rapportent directement à la personne humaine au point de vue de sa prise en considération par la communauté internationale.

Les principes de droit qui cherchent à assurer, de nos jours, le respect de la personne humaine sont concrétisés dans la "Déclaration universelle des droits de l'homme", du 10 décembre 1948 de l'Organisation des Nations Unies et dans les deux "Pactes internationaux relatifs aux droits de l'homme" du 16 décembre 1966.

La "Déclaration universelle des droits de l'homme" est un voeu éthico-juridique, un idéal à atteindre par l'humanité: respecter l'homme dans sa dignité et reconnaître le libre exercice de ses droits vitaux, ainsi que les libertés affirmées par la communauté internationale.

Déjà les deux "Pactes internationaux relatifs aux droits de l'homme" prennent une forme plus précise, car ils présentent un caractère contractuel, par l'obligation des nations membres de l'O.N.U. de transformer ces dispositions en lois de droit interne.

Sur quelle conception sont donc basées ces dispositions législatives d'aspect universel?

Formellement, ni la "Declaration" ni les deux "Pactes" ne sont liés à une doctrine philosophique déterminée. Ces dispositions sont destinées à être appliquées à tous les peuples de la terre, à présent et dans l'avenir, sans prendre en considération leurs différences particulières.

Pourtant, la conception sur laquelle elles sont fondées et qui leur donne la force nécessaire pour s'imposer doit présenter un caractère général et permanent.

Il me semble que seule les "Principes Généraux du Droit" ou même ceux de Droit naturel correspondent à une telle exigence.

Résumé

La civilisation des peuples se reflète dans les théories du Droit.

L'ordre juridique d'un pays doit s'intégrer dans la marche ascendente de l'humanité. Le Droit présente ainsi un caractère d'universalité.

Au centre de cette universalité juridique il y a l'idée du respect de la personne humaine.

Les "Principes généraux du Droit" et surtout les principes du Droit naturel peuvent contribuer à la réalisation de cette idée.

Summary

The people's civilizations are reflected by law theories.

The juridical order of a country must be integrated in the ever-ascending way of mankind. Hence the universal character of Law.

In the centre of this juridical universality lies the idea of respect for the human being.

"The general law principles" and especially the natural law principles can contribute to the achievement of this idea.

Footnotes

1) Paul FORIERS: La motivation par référence à la nature des choses, étude parue dans le volume La motivation des décisions de justice. Etudes publiées par Ch. PERELMAN et P. FORIERS. Etablissements Emile Bruylant, Bruxelles 1978, p. 246.

2) La motivation par référence à la nature des choses, volume cité, p. 241.

3) Voir, par exemple: Andreas B. SCHWARZ: Zur Entstehung des modernen Pandektensystems. Zeitschrift der Savigny-Stiftung für Rechtsgeschichte. XLII. Band. Romanistische Abteilung, 1921, p. 578-610.

CHRISTOPH SCHEFOLD

Normative Falsifikation als die neue, "naturrechtliche" Methode der Jurisprudenz?

I.

a) In der Jurisprudenz im weiteren Sinne, d.h. in der Rechtswissenschaft und in der Rechtspraxis (1) geht es darum, rechtliche Aussagen machen, sie beurteilen, und also kritisch-vernünftig entscheiden zu können. Diese These ist allgemein genug, um heute weithin Zustimmung zu finden. Die Vertreter der verschiedensten Rechtsphilosophien, Rechtstheorien oder Juristischen Methodenlehren könnten sich auf sie einigen (2). Indem sie das Moment "kritisch-vernünftigen" Entscheidens akzentuiert, schliesst sie Fehldeutungen der Jurisprudenz als einer entweder dezisionistischen oder von Dogmatismus geprägten Praxis aus. In einer Hinsicht ist sie äusserst vorsichtig formuliert: Vom "Begründen" rechtlicher Aussagen, um das es nach herkömmlicher, immer noch herrschender Meinung in der Rechtswissenschaft wie auch in der Rechtspraxis vor allem geht (3), ist in ihr nicht mehr die Rede. Ihr könnten daher nicht zuletzt auch die verschiedensten Anhänger des sogenannten "Kritischen Rationalismus" zustimmen, die jedes "Begründen" im Sinne des Postulats vom zureichenden Grund nur als ein gänzlich unkritisches für möglich halten, und die als Alternative die "kritische Prüfung" empfehlen (4). Die These ist also auch geeignet, einen radikalen Gegensatz zu verdecken. Es wäre kurzsichtig, ihn nur als einen "bloss methodologischen" anzusehen, welcher getrost der esoterischen Diskussion zwischen Philosophen oder Methodologen überlassen werden kann. Bei der ihn verdeckenden, allzu harmonisierenden These können wir deshalb nicht stehenbleiben. Wir müssen uns dem Gegensatz stellen. Die Jurisprudenz selbst steht am Scheidewege: Soll sie weiterhin im Sinne "zureichender Begründung" arbeiten, oder soll "kritische Prüfung" die neue Methode in ihr werden? Diese Frage drängt sich heute geradezu auf. Sie ist aber nicht unproblematisch. Denn mit ihr wird uns angesonnen, nur noch die neue Art von "kritischer Prüfung" für wahrhaft kritisch zu halten. Die könnte jedoch in mancher Hinsicht noch unkritisch sein - und eine Version "zureichender Begründung" könnte kritischen Charakter haben. Möglicherweise ist die Jurisprudenz als eine "kritisch begründende" zu denken. Jener Frage sollten wir uns gleichwohl nicht verschliessen. Auch nicht mit dem Hinweis darauf, dass sogar der Kritische Rationalismus wohl kaum das Wunder wirken können wird, ganz ohne das <u>Grundprinzip</u> der zureichenden Begründung auszukommen (5). Verfehlt wäre es nur, die Frage bloss noch als eine rhetorische aufzufassen und zusammen mit ihr sich auch eine komplette Methodologie "kritischer Prüfung" aufdrängen zu lassen.

b) <u>WIEACKER</u> hat jüngst auf die Tatsache hingewiesen, dass es innerhalb der deutschen Rechtswissenschaft heute bei manchen ihrer Vertreter "zu einer fast überschwänglichen Bereitschaft" kommt, Prämissen, Begriffe und Verfahrensweisen kritisch-rationalistischer Theorien zu akzeptieren, und zugleich - im Sinne der "allgemeinen Abkehr des Kritischen Rationalismus von der gesamten Tradition" - ganz bewusst nicht mehr an den noch offenen Diskussionsstand traditioneller Philosophie bzw. Rechts- und Staatsphilosophie anzuknüpfen (6). Dieser Bereitschaft zu einer radikalen Umkehr des Bewusstseins steht nicht nur WIEACKER skeptisch gegenüber (7). Sie lässt sich unter anderem mit der Naivität erklären, mit der man nicht nur die Grundideen von "trial and error", "conjectures and refutations" oder "Konstruktion und Kritik", sondern auch noch die ihnen angeblich allein entsprechenden kritisch-rationalistischen Lehren für überzeugend zu halten pflegt. Wer sich einer solchen Naivität erfreuen darf, vermag allerdings auch ohne jene Umkehr des Bewusstseins zurechtzukommen. Es ist nicht besonders schwierig, einen Kritischen Rationalismus verharmlosend auszulegen, um ihn zwanglos integrieren zu können. Ein fader Aufguss des neuen Tees passt zu jedem Essen; der gewohnte Speisezettel kann beibehalten werden. Ein für jedermann geniessbares Lehrstück "trial and error" lässt sich fast überall noch unterbringen. Es scheint inzwischen nicht einmal mehr in einem für das juristische Studium bestimmten Rechtsphilosophie-Kurzlehrbuch fehlen zu dürfen (8).

Wenn wir uns nicht zu einer ziemlich naiven Nachfolge oder zu einem mehr oder weniger oberflächlichen Eklektizismus verstehen wollen, müssen wir die neuen Lehren zunächst einmal in ihrer ganzen Rigorosität zur Kenntnis nehmen und sie gründlich überdenken. Die Fragen, worum es in der Jurisprudenz geht und wie in ihr verfahren werden sollte, sind nicht plötzlich ohne weiteres von ihnen her zu beantworten. Rechtswissenschaft und Rechtspraxis haben es nicht heute auf einmal nötig, am Kritischen Rationalismus gemessen oder in seinem Sinne revolutioniert zu werden. Es fragt sich höchstens, ob er geeignet ist, auf ihrem Felde zu Verbesserungen beizutragen. Sollen wir ihn also in einem grandiosen Experiment ganz einfach übernehmen und dann zusehen, wie weit wir praktisch mit ihm kommen? Die kühne Kur könnte, wenn nicht zum Tode, so doch zum Siechtum des Patienten führen. Wir sollten uns auf ein Gedankenexperiment beschränken.

c) Zwar hat WIEACKER einen bemerkenswerten Versuch unternommen, die gangbarsten Modelle der heutigen, im weitesten Sinne kritisch-rationalistischen Wissenschaftstheorie "auf ihre spezielle Eignung für die aktuellen Probleme der Rechtsanwendung" hin zu sichten und zu überprüfen. Er erklärt aber schliesslich, inwieweit das bekannte Falsifikationspostulat auf Werturteile entsprechend erstreckt werden könnte, erscheine ungewiss und entziehe sich jedenfalls seiner Kenntnis (9). In diesem Postulat oder seiner methodologischen Ver-

allgemeinerung, dem Prinzip der "kritischen Prüfung", sollte jedoch die entscheidende Neuerung gegenüber dem herkömmlichen philosophischen und juristischen Begründungsdenken bestehen (10). Für kritisch-rationalistische Konzeptionen von Recht und Jurisprudenz scheint das bedeuten zu müssen, dass sie
in keiner Weise mehr eine Fortsetzung dieses Denkens darstellen dürften. Bei
näherer Betrachtung solcher Konzeptionen erweist sich aber der angeblich tief-
greifende Gegensatz zwischen Prüfungs- und Begründungsdenken nicht selten
als eher vordergründig. Ihrer Grundidee nach ist die kritisch-rationalistische
Methodologie nicht nur eine solche der "kritischen Prüfung", sondern immer
auch eine der vorgängigen "Vermutung" oder "Konstruktion". Alles, was bislang als "Begründung" galt, lässt sie an sich als kritisch zu prüfende "Konstruktion" einstweilen noch zu. Solange sich noch keine in einem engeren Sinne "kritisch-rationalistischen" Vorurteile als Restriktionen des anfänglichen "Konstru-
ierens" auswirken, bleiben zu zentralen Problemen und Problemlösungen traditionellen Begründungsdenkens Nachfolgeprobleme und analoge Lösungen möglich. Der Kritische Rationalist unterliegt überdies bei seinem "Konstruieren"
nicht mehr den methodischen und inhaltlichen Anforderungen, auf die jenes Denken verpflichtet war. Für ihn ist also im Prinzip zunächst noch nahezu alles
möglich (11). Erst nach spezifisch kritisch-rationalistischen Konstruktions-
Entscheidungen, mit denen jene Methodologie auf ein Instrumentarium einiger
weniger Verfahrensweisen reduziert wird, kommt nur noch das in dessen Rahmen Liegende wirklich in Frage (12). Was mit den betreffenden Verfahrensweisen offenbar nicht vereinbar ist, gilt dann alsbald als verfehlt. So kann zum
Beispiel ein seinem Charakter nach naturrechtliches Denken dann zwar immer
noch im Sinne von "Konstruktion" der Form nach in Betracht gezogen, aber
nach der Entscheidung für "kritische Prüfung" und gegen "zureichende Begründung" konsequenterweise nicht mehr ausdrücklich als ein Begründungsdenken,
und schon gar nicht als ein solches fundamental kritischer Art ernstgenommen
werden. Insofern eine Methodologie "kritischer Prüfung" jedoch nur in der formalen Hinsicht ihrer speziellen Methoden eine Reduktion der Komplexität des
durch "Konstruktion" an sich Möglichen mit sich bringt, erlaubt sie in inhaltlicher Hinsicht immer noch einige Resultate, die dem "zureichenden Begründen"
vorbehalten zu sein schienen. Aus diesem Grunde können kritisch-rationalistische Konzeptionen ihrer formal-materialen Gesamtstruktur nach ausgesprochen
ambivalent ausfallen.

d) Letzteres gilt insbesondere auch für Entwürfe "Kritischer Rationalisten"
zum Problem der Kritik von Normativem. Sie pflegen meist der Konstruktions-
Entscheidung für einen Non-Kognitivismus zu entsprechen, sind aber auch als
kognitivistische denkbar. Grundsätzlich non-kognitivistisch orientiert sind zum
Beispiel die Traktate von H. ALBERT. Zentral ist in ihnen die originelle Lehre einer ganz neuen Spielart "kritischen Prüfens", die besagt, dass zwar nicht
eine "normative Erkenntnis" von Soll-Sätzen, wohl aber eine noch "kognitive
Kritik" an ihnen mit Hilfe von "Brücken-Prinzipien" zu erreichen ist, welche
eine Ausnutzung der (im Sinne von "Sachaussagen" aufgefassten) "Erkenntnis"
für die Kritik gestatten (13). Eine Kritik mittels der bisher von ALBERT prä-
sentierten Brücken-Prinzipien der Realisierbarkeit ("Sollen impliziert Können") und der Kongruenz (mit "unserem heutigen Wissen") (14) wäre jedoch nur

zureichend, wenn alle Soll-Sätze, an denen sie nichts auszusetzen findet, auch
schon als vernünftig gelten dürften - was gewiss nicht anzunehmen ist. Die beiden Prinzipien bilden eine Brücke, auf der noch nicht der schmale Weg, sondern
ein viel zu breiter sich eröffnet; am Ende steht kein Nadelöhr, sondern ein grosses Tor zu einem Himmelreich, das noch keineswegs ein Reich der Wahrheit ist.

Was eine Brücken-Prinzipien-Kritik nicht mehr zu scheuen braucht, behält nicht
nur seinen Status einer nach wie vor zur Diskussion stehenden "Konstruktion",
sondern bietet sich ausserdem dazu an, durch eine "Entscheidung" des kritisch-
rationalistischen Theoretikers oder Praktikers praktisch leitend gemacht zu
werden. So mag es sich erklären, dass ALBERT neuerdings trotz seiner Zurückweisung des "Erkenntnisanspruchs" naturrechtlicher Prinzipien (15) selber regulative Ideen oder auch Ideale wie die der Freiheit und der Gleichheit konstruk-
tiv und kritisch verwenden möchte, und dass er nun sogar an die Möglichkeit
glaubt, "aus den für gute Lösungen konstitutiven" (!) "Idealen im Zusammenhang
mit unserem sonstigen Wissen Massstäbe für die komparative Bewertung tatsächlich vorliegender Lösungen zu entwickeln" (16). An normativen Bestimmungen,
an Bewertungsgesichtspunkten, an Idealen oder an regulativen Prinzipien kann
jedoch durch "Entscheidung" nahezu alles mögliche massgebend werden - und
äusserst vieles kann auch nach einer Brücken-Prinzipien-Kritik bzw. nach einer Berücksichtigung des "Zusammenhangs mit unserem übrigen Wissen" noch
massgebend bleiben. Wo die "Kritik" oder die kritische Berücksichtigung ihrer
Kriterien nicht zureicht, behält oder erhält die "Entscheidung" einen enormen
Spielraum (17). Es wäre verwunderlich, wenn nicht immer wieder auch der eine
oder andere Jurist sich von der Aussicht auf ein kritisch-rationalistisches Land
der unbegrenzten Möglichkeiten blenden liesse.

II.

Die Schwierigkeit unzureichender Möglichkeiten der Kritik von Normativem
könnte höchstens mit einer kognitivistischen Version "kritischer Prüfung" normativer Bestimmungen entfallen. Die Frage, ob eine derartige Version im Prinzip möglich wäre, verdient daher besonderes Interesse. In dieser Abhandlung
möchte ich sie lediglich in Form einer Auseinandersetzung mit einem Modell
normativer Falsifikation beantworten. Ich muss gestehen, dass ich das ganze
Modell zwar für eine Fehlkonstruktion, zugleich aber für höchst aktuell halte.
Es entspricht nur allzusehr einem methodologischen Wunschdenken, das inzwischen schon weit verbreitet ist. Man hat unter dem Einfluss "kritisch-rationalistischer" Wissenschaftstheorie bereits die Denkgewohnheit angenommen, überhaupt nur noch "kritische Prüfung" (in einem falsifikationistischen Sinne) für
möglich zu halten und wünscht sich deshalb eine Methode, die es gestattet,
auch Richtigkeitsaussagen im Bereich von Ethik und Recht "kritisch zu prüfen",
d.h. (!) nach Möglichkeit zu falsifizieren. Trotz meiner Skepsis möchte ich
das Modell sehr ernstnehmen. Ich umschreibe es mit folgenden zehn Thesen (18):

1. Die normativen Bestimmungen des positiven Rechts oder der Jurisprudenz sind als rechtliche Hypothesen zu betrachten und zu behandeln.

2. Rechtliche Hypothesen sind analog zur Hypothese "Alle Schwäne sind weiss" als Hypothesen mit Allsatzcharakter aufzufassen.

3. Wie eine empirische, so hat auch eine rechtliche Hypothese "dann einen praktisch unendlichen Bereich, wenn man /.../ nie sicher sein kann, den letzten der Gegenstände, auf welche sie sich bezieht, gefunden zu haben" (19).

4. Rechtliche Hypothesen müssen gehaltvoll, d.h. (gewöhnlich zusammen mit anderen Sätzen) zur Ableitung von konkreten Rechtsfolgen für Einzelfälle geeignet sein.

5. Rechtliche Hypothesen müssten an sich verifiziert, d.h. für alle künftigen Fälle, für die sie einschlägig sind, als zu richtigen Lösungen führend nachgewiesen werden können.

6. Rechtliche Hypothesen sind nicht verifizierbar, da man nie sicher sein kann, den letzten der Fälle, für die sie einschlägig sind, gefunden zu haben.

7. Rechtliche Hypothesen sind auf der Basis von Einzelfallwertungen, die unabhängig von ihnen erfolgen, nach Möglichkeit zu falsifizieren.

8. Bei den Einzelfallwertungen müssen jeweils Billigkeitserwägungen im Sinne der Natur der Sache des betreffenden Falles ausschlaggebend sein.

9. Die Einzelfallwertungen sind auf der Grundlage des Rechtsgefühls vorzunehmen.

10. Empirische und rechtliche Argumentation sind strukturgleich.

Mit diesem Modell stellen sich schwerwiegende Probleme. Es veranlasst zu einer ganzen Reihe von Einwänden.

III.

Problem Nr. 1: Das Modell scheint weder für Aussagen noch für normative Bestimmungen zu passen

a) Man kann das Modell schon deshalb für problematisch halten, weil in seiner These 1 ohne weiteres und pauschal von "normativen Bestimmungen" des positiven Rechts und der Jurisprudenz die Rede ist. Von KELSEN her (20) liegt der Einwand Nr. 1 nahe: Die Sätze der Rechtswissenschaft sind - als "Rechtssätze" im engeren Sinne - keine "Vorschreibungen", d.h. eben keine "normativen" Bestimmungen, sondern Aussagen über in der Erkenntnis gegebene Gegenstände, d.h. das Modell ist auf sie nicht anwendbar; also könnte es allenfalls für Bestimmungen des positiven Rechts passen. Diesem Einwand steht entgegen, dass einige Sätze der Rechtswissenschaft zwar nicht im Sinne von "Vorschreibungen", wohl aber im Sinne von kritischen Beurteilungen auf Gerechtigkeit bzw. Richtigkeit hin "normative" und dem Modell gemäss überprüfbare Bestimmungen sein dürften.

b) Ernster zu nehmen ist der sich von einer gängigen Meinung (21) her aufdrängende Einwand Nr. 2: Normative Bestimmungen des positiven Rechts sind Geltungsanordnungen; als solche lassen sie sich nicht mehr im Sinne des Modells wie Hypothesen betrachten und kritisch prüfen, d.h. auch auf sie ist das Modell nicht anwendbar. In der Tat beziehen sich normative Bestimmungen, insofern sie nur Geltungsanordnungen sind oder nur als solche genommen werden, in ganz anderer Weise auf ihre Gegenstände als diejenigen empirischen Hypothesen, auf welche das Modell (vgl. These 3) Bezug nimmt. Letztere werden aufgrund eines Erkenntnisinteresses an Wahrheit über die betreffenden empirisch gegebenen Gegenstände aufgestellt und geprüft. Sie bedeuten die Annahme, dass den realen Gegenständen faktisch in allen Fällen eine Eigenschaft (z.B. "weiss") zukommt. Die Annahme - und in ihrem Sinne eine "empirische Verallgemeinerung" - wäre erst dann definitiv als gültig erwiesen, wenn wir sicher sein könnten, den letzten der real existierenden Gegenstände (z.B. den letzten aller Schwäne) mit der betreffenden Eigenschaft vorgefunden, und so die Möglichkeit einer Falsifikation endgültig ausgeschlossen zu haben. Von daher bezieht auch das Modell (vgl. seine These 3) einen Schein von Plausibilität. Es ist natürlich richtig, dass wir nie die Gewissheit erlangen können, den letzten der realen Rechtsfälle gefunden zu haben, für die eine rechtliche Bestimmung einschlägig ist; hätten wir es geschafft, alle gegenwärtig zur Entscheidung anstehenden Fälle der betreffenden Art zu ermitteln, so blieben uns immer noch die erst künftig gegebenen und erkennbaren Fälle entzogen. Aber daraus folgt nicht, dass eine solche Bestimmung - als Geltungsanordnung für alle von ihr an auftretenden Fälle - nur eine "rechtliche Hypothese" einer Generalisierung bedeuten kann, deren Falsifikation von der Billigkeitswertung eines neuen Einzelfalls her versucht werden müsste (22).

Durch Geltungsanordnungen soll primär ein Regelungsinteresse befriedigt werden. Die mit ihnen sich ergebende "positivrechtliche" oder "juristische" Geltung ist von einer Ermittlung all der realen Rechtsfälle bzw. Subjekte, für die sie jetzt oder jemals einschlägig wären, vollständig unabhängig. Wird in Form einer Rechtsnorm generell für jeden Fall bzw. für jedes Subjekt angeordnet, dass unter bestimmten Bedingungen eine bestimmte Rechtsfolge eintreten soll, so ist die Norm selbst unbedingt in Geltung gesetzt (23). Juristisch gilt sie also selbst dann, wenn die angeführten Bedingungen nur ein einziges Mal, oder sogar überhaupt nie real gegeben sind. Nicht die Geltung der Norm, sondern nur deren wirkliche Anwendbarkeit von Rechts wegen "in allen Fällen" wäre durch das reale Gegebensein der Bedingungen "in allen Fällen" bedingt (24). Wenn es also nicht um eine Realmöglichkeit juristisch legitimer Anwendung auch noch auf den letzten der real existierenden Fälle, sondern um die Rechtsnorm selbst als Geltungsanordnung geht, kommt schon These 1 des Modells nicht in Betracht. Rechtsnormen sind schlechthin als allgemeingeltend positiviert; ihre "hypothetische", oder besser: "konditionale" Form (25) bedeutet lediglich, dass nur bei Vorliegen der in ihren Tatbeständen bezeichneten Tatumstände die jenen zugeordneten Rechtsfolgen eintreten dürfen; an sich selbst sind sie gerade nicht Hypothesen, deren Geltung noch dahingestellt bleibt.

c) Angenommen jedoch, einer positivrechtlichen Norm stünde plötzlich ein realer Vorfall gegenüber, der als ein Verstoss gegen sie ganz in Widerspruch zu ihr stünde - wäre sie dann von ihm her zu falsifizieren? Die Frage stellen heisst sie verneinen. Dem entspricht der Einwand Nr. 3: Normative Bestimmungen des positiven Rechts als Geltungsanordnungen sind nicht auf der Basis eines radikal abweichenden faktischen Einzelfalls - als eines Falles von Normwidrigkeit - "normativ falsifizierbar"; d.h. das Modell passte selbst dann nicht für sie, wenn sie als Hypothesen behandelt würden.

Dieser Einwand verstünde sich erst für den nicht mehr von selbst, der den Unterschied zwischen Normativem und Faktischem derart relativierte, dass es das Normative an sich gar nicht mehr gäbe, und nur noch das Faktische selbst unter Umständen noch die blosse Funktion eines "Normativen" erhalten könnte (26). Auch er könnte zwar daran festhalten, dass Rechtsnormen, solange sie als Geltungsanordnungen fungieren, kontrafaktisch stabilisiert sind. Grundsätzlich brauchte er aber keine Bedenken mehr zu haben, zunächst eine Bestimmung des positiven Rechts, und später umgekehrt einen faktischen Fall ihr entgegen "normativ fungieren" zu lassen, d.h. sie in diesem nur noch funktionalistischen Sinne sozusagen zu falsifizieren (27). Ein derartiges Vorgehen entspräche freilich nicht mehr dem hier in Frage stehenden Modell.

d) Die Einwände Nr. 2 und Nr. 3 sind jedoch nicht überzubewerten. Nur insofern normative Bestimmungen des positiven Rechts als Geltungsanordnungen generellen Charakters aufzufassen sind, können sie nicht zugleich als kritisch zu prüfende Bestimmungen betrachtet und behandelt werden. Wenn eine Rechtsnorm deshalb, weil der Gesetzgeber es so will, in positivrechtliche oder "juristische" Geltung gesetzt ist, steht nur in deren Sinne, d.h. keineswegs schlechthin in jedem Sinne fest, dass das mit ihr Angeordnete sein "soll". Offen bleibt dann noch die Frage, ob das, was dem Willen des Gesetzgebers zufolge sein "soll", auch in Wahrheit sein soll - oder ob es nicht im Gegenteil sich in radikaler Kritik letzten Endes als etwas erweist, was keineswegs sein soll (28). Zu beantworten ist diese unabweisbare Frage nur im Wege einer Beurteilung auf Gerechtigkeit, Billigkeit oder Richtigkeit, das heisst - so können wir zusammenfassend sagen - auf 'Wahrheit' in normativer Hinsicht hin (29). Eine der Form nach juristisch allgemeingeltende, d.h. für alle betreffenden Fälle bzw. Subjekte gleichermassen geltende Norm kann ihrem Inhalt nach noch eine willkürliche Privilegierung oder Diskriminierung bedeuten, d.h. mit der materialen Gerechtigkeitsgleichheit noch unvereinbar sein (30). Eben dies ist durch eine radikal kritische Prüfung in genuin 'rechtlicher' Hinsicht (d.h. auf Gerechtigkeit etc. hin) zu klären. Um die Art und Weise einer solchen Prüfung geht es in dem Modell normativer Falsifikation. Insofern scheint ihm schon der Einwand Nr. 2 nicht entgegenzustehen. Indem seine Methode einer Richtigkeitskontrolle (vgl. These 5) im Sinne des Gegensatzes zwischen Wahrheit und Falschheit auf die Ziele von Verifikation "richtiger" (These 5) und Falsifikation "unrichtiger" (These 7) rechtlicher Hypothesen ausgerichtet, an der Idee der Billigkeit (These 8) orientiert und auf "Rechtsgefühl" (These 9) fundiert ist, entspricht es der Position eines non-naturalistischen Kognitivismus (31).

IV.

Problem Nr. 2: Das Modell scheint sowohl gesetzespositivistisch als auch naturrechtlich zu sein.

a) Im Rahmen einer lediglich vorläufigen Charakterisierung des Modells kann man zunächst und einstweilen methodisch unterstellen, dass die normativen Bestimmungen des positiven Rechts als richtig sein sollende, aber falsifizierbare "rechtliche Hypothesen" behandelt werden können. Schon indem das Modell solche Bestimmungen einer kritischen Prüfung zu unterziehen sucht, steht es in Gegensatz zu jedem Rechtspositivismus, der sich nicht mehr für die inhaltliche Richtigkeit oder die genuin 'rechtliche' Gültigkeit von Rechtsnormen, sondern nur noch für eine rein formelle juristische Geltung von allein durch Positivierung konstituierten "Rechtsnormen" interessiert (32). Mit seinen Thesen 4 und 5 zeichnet sich das anscheinend "vernunftrechtliche" Ideal eines Satzrechts ab, dessen hinsichtlich aller unterschiedlichen Fälle verifizierte rechtliche Sätze auch für alle künftigen Fälle richtige Lösungen bedeuten würden. Dieses Ideal lässt sich zugleich als Resultat eines "naturwissenschaftlich" orientierten Rechtsdenkens interpretieren, das die Gesetzlichkeit rechtlicher Sätze ganz im Sinne der ausnahmslos geltenden Naturgesetzlichkeit verstehen zu müssen glaubt (33). Das Ideal wäre als schon durch Positivierung realisierbar aufzufassen: Mit einem verifizierten und positivierten Satzrecht müsste "richtiges Recht in allen Fällen" schon im Gesetz vorweggenommen werden können. Dem insofern auch gesetzespositivistischen Ideal steht jedoch - im Rahmen des Modells - entgegen, dass rechtliche Hypothesen nicht verifizierbar sind (These 6). Man scheint es also nicht durch Verifikationen erreichen, sondern nur als leitende "Konstruktion" einer normativen "Wahrheit" entwerfen zu können, der man nach und nach durch "kritische Prüfung" näher kommen sollte. Rechtliche Hypothesen, die bislang nicht falsifiziert werden konnten, scheinen immerhin nicht in Widerspruch zu ihm zu stehen.

b) Die Thesen 7 bis 9 lassen bereits an die ganz andere Vorstellung denken, alle Rechtsfälle könnten allein durch Einzelfallwertungen nach Billigkeit auf der Basis des Rechtsgefühls entschieden werden. Wir können hier von einem vergleichsweise "naturrechtlichen" Ideal eines Wertungsrechts sprechen, in welchem die Billigkeit als formales Prinzip, der Einzelfall - oder genauer: die "Natur der Sache" des Einzelfalles - hingegen als materiales Prinzip der Wertung fungieren würde (34). Diesem zweiten Ideal steht - jedenfalls im Rahmen des Modells selbst - entgegen, dass die Einzelfallwertungen immer nur Falsifikationen ermöglichen sollen (These 7). Es scheint deshalb in dem Modell nur noch die Rolle eines Korrektur-Ideals spielen zu dürfen. Je mehr Falsifikationen erfolgen, desto mehr Sätze werden ausgeschaltet, die zwar auf das erste Ideal hin "konstruiert" wurden, aber mit dem zweiten Ideal unvereinbar sind.

c) Mit seinen Thesen 1 bis 5 entspricht das Modell zunächst nur jenem ersten, gesetzespositivistischen Ideal. Als dessen Konsequenz kann man das bekannte Postulat auffassen, die Entscheidungen auf der Ebene der Gesetzgebung dürften

durch die auf der Ebene der Einzelfallwertung nicht in Frage gestellt werden (35). Mit diesem Zwei-Ebenen-Postulat sind die Thesen 7 bis 9 des Modells
sowie jenes zweite, mit diesen Thesen sich abzeichnende Ideal eines Wertungsrechts offenbar nicht zu vereinbaren. Eine lediglich objektive Koinzidenz beider
Ideale liesse sich vielleicht annehmen, wenn alle rechtlichen Normen an sich
durchaus für alle künftigen Fälle zu "richtigen" als "billigen" Lösungen führen
könnten und nur die Beschränktheit unseres Erkennens des Richtigen und Billigen einer entsprechenden Verifikation der Normen entgegenstünde. Wäre jene
Bedingung einer Koinzidenz zu bejahen, so stünde zugleich im Prinzip fest, dass
rechtliche Normen an sich für alle Fälle ohne Ausnahme ihrem Inhalt nach passen müssten. Dann aber könnte die "Falschheit" einer Norm erwiesen sein,
wenn ein neu gegebener Fall zwar erkennbar den durch die Norm zu regelnden
Fällen zugehörig wäre, aber durch eben diese Norm keineswegs richtig geregelt
werden könnte (vgl. die Thesen 5 und 7). Andererseits müssten prinzipiell alle
generellen Normen "falsch" sein, wenn es sozusagen an sich nur "Ausnahmen",
d.h. immer nur jeweils individuell-andersartige Fälle gäbe; unter dieser Bedingung bliebe "richtiges" Recht nur als "billiges" Situations-Recht möglich (36).
Die Idee der Gesetzes-Gerechtigkeit wäre dann nirgends anwendbar. Jenes erste Ideal eines Satzrechts müsste infolgedessen im Prinzip entfallen. Das Un-
terfangen, rechtliche Hypothesen "für alle" Rechtsfälle (vgl. die Thesen 2 und 5)
zu formulieren und nach Möglichkeit zu falsifizieren (These 7), wäre dann von
vornherein illusorisch.

d) Wie es sich wirklich verhält mit den beiden genannten Bedingungen, wird
durch keine einzige der zehn Thesen klar. Es kann auch keine Rede davon sein,
dass mit diesen Thesen der prinzipielle Zusammenhang zwischen Gesetz und
Rechtsfall ohne weiteres im wesentlichen einsichtig würde. Es besteht deshalb
Grund für den Einwand Nr. 4: Das Modell bietet nicht eine sogleich überzeugende Synthese, sondern nur eine als problematisch erscheinende Verknüpfung einer einseitig gesetzesorientierten mit einer einseitig fallorientierten Denkweise.
Die Beurteilung dieses Einwands hängt unter anderem davon ab, wie die Relation
zwischen Regel und Ausnahme und die zwischen Gerechtigkeit "im Regelfall"
und Billigkeit "im Ausnahmefall" verstanden werden müssen. Diese Relationen
sind deshalb weiter unten genauer zu bestimmen.

V.

Bei einer nicht mehr nur immanenten Betrachtung ergibt sich als Problem Nr. 3:
Das Modell scheint weder für ius positivum noch für ius naturale zu passen.

a) Eine genauere Charakterisierung des Modells wird möglich, wenn bereits seine These 1 nicht mehr als unproblematisch unterstellt, sondern im Gegenteil als
durchaus problematisch gesehen wird. Von den Unterschieden zwischen "normativen Bestimmungen" der Rechtswissenschaft, der Rechtspraxis und des positiven Rechts mag zwar im Sinne des Grundgedankens abgesehen werden können,
dass all diese Bestimmungen kritischer Beurteilung unterliegen sollen, also zu-

nächst noch als kritisch zu beurteilende "Urteile" gelten müssen. Mit "rechtlichen Hypothesen" im Sinne des Modells sind aber allein falsifizierbare und nicht verifizierte <u>Annahmen</u> gemeint, deren Falsifikation versucht werden sollte. Die entscheidende Frage ist, ob rechtliche Bestimmungen aller Art in inhaltlicher Hinsicht (im Unterschied zu der formalen Hinsicht, in der sie lediglich als Geltungsanordnungen erscheinen mögen) nur "Hypothesen" in diesem sehr engen Sinne sind - oder ob sie alle bzw. mindestens einige von ihnen in Wahrheit etwas anderes darstellen. Handelte es sich bei ihnen an und für sich um eine andere Struktur, so könnte These 1 nur bedeuten, dass sie so betrachtet und behandelt werden sollten, <u>als ob</u> sie "Hypothesen" in jenem Sinne wären. Dann wäre jedoch damit zu rechnen, dass spätestens bei einem Versuch der Applikation des Modells auf entsprechende Bestimmungen sich dessen Verfahren als nicht passend erweist.

b) Es liegt nahe, in diesem Zusammenhang auf den klassischen Unterschied von δίκαιον νομικόν und δίκαιον φυσικόν bzw. von ius positivum und ius naturale zurückzukommen (37). Sowohl die im Sinne dieses Unterschieds nur "positiven" oder "gesetzlichen" als auch die "natürlich-rechtlichen", d.h. genuin 'rechtlichen' Sätze dürften bei der Anwendung des Modells keine Schwierigkeit bedeuten. Aber schon rechtliche Bestimmungssätze im Sinne von ius positivum, mit denen etwas als seinsollend bestimmt wird, was an sich auch anders hätte entschieden werden können (38), lassen sich anscheinend überhaupt nicht in dem Modell unterbringen. In ihrem Falle geht es nicht mehr um Wahrheit, Gerechtigkeit, Billigkeit oder Richtigkeit; als nur "positive" Bestimmungen brauchen sie nicht mehr einer unabhängig von ihnen vorgegebenen "Natur der Sache" entsprechen (vgl. die Thesen 5 und 8); sie sind vielmehr im Prinzip nur beliebige Bestimmungen (39). Es ist z.B. an sich gleichgültig, ob man den Strassenverkehr durch ein Rechtsfahrgebot oder durch ein Linksfahrgebot regelt. Anscheinend unwiderlegbar ist deshalb der <u>Einwand Nr. 5</u>: Für normative Bestimmungen im Sinne von ius positivum wäre es verfehlt, sie als Hypothesen zu betrachten und ihre Falsifikation zu versuchen.

c) Darüber hinaus kann man den Einwand erwägen, bei schlechthin jeder Positivierung - d.h. auch bei einer in inhaltlicher Hinsicht als unbeliebig erscheinenden Bestimmung - handle es sich letzten Endes um eine unableitbare, und insofern "aus dem Nichts" (40) geborene Dezision eines in ihr souveränen Gesetzgebers; freie Dezisionen seien aber nicht als Hypothesen zu nehmen, mit deren Falsifikation immer gerechnet werden muss. Dieser Einwand erinnert an das bereits oben kritisch betrachtete Argument, normative Bestimmungen des positiven Rechts könnten als Geltungsanordnungen nicht Hypothesen sein. Er ist aber fragwürdig, da er den Fehlschluss nahelegt, <u>letzten Endes gebe es</u>, weil einzig und allein das durch freie Dezision positivierte Recht als positives Recht Existenz haben könne, <u>überhaupt nur ius positivum</u>, d.h. nur das allererst und allein durch Setzung konstituierte, rein "gesetzliche" Recht. Es trifft zwar zu, dass jede Positivierung, insofern sie in der Form einer Entscheidung erfolgt, sozusagen ins Belieben des über sie entscheidenden Gesetzgebers gestellt ist. Daraus, dass über die Positivierung jeder rechtlichen Bestimmung <u>der Form nach</u> "frei" oder "souverän" entschieden wird, folgt jedoch nicht, dass eine jede

Bestimmung selbst ihrem Inhalt nach an sich nur "beliebig" sein könnte als blosses Resultat eines "freien", d.h. an keinerlei Rechtsgehalt gebundenen Setzens. Der extreme Rechtspositivist vermag seine These, es gebe überhaupt nur ius positivum, nicht kritisch zu begründen, sondern nur im Sinne eines Dogmatismus bloss zu behaupten. Der blosse Gesetzespositivist hingegen, der die Allmacht eines souveränen Gesetzgebers aus pragmatischen Gründen für gut hält, kann nur behaupten, der Gesetzgeber dürfe auch an sich unbeliebige Bestimmungen so behandeln, als ob sie seinem Belieben unterstünden.

d) Einleuchtend ist nur jener Einwand Nr. 5, demzufolge rechtliche Bestimmungen im Sinne von ius positivum für eine falsifikationistische Richtigkeitskontrolle nicht in Frage kommen. Ihm kann man jedoch entgegenhalten, dass solche Bestimmungen nicht isoliert zu betrachten und nicht als etwas anzusehen sind, was aus der Sphäre möglicher Kritik schlechthin herausfiele. Beliebiges steht uns immer nur im Kontext von Unbeliebigem frei. Eine rechtliche Bestimmung "nur positiver" oder "rein gesetzlicher" Art kann überhaupt nur aufgrund dessen Rechtsqualität haben, dass sie durch ein ius naturale ermöglicht wird. So kann zum Beispiel ein Rechtsfahrgebot nur darum als Recht im vollen Sinne verbindlich werden, weil der Natur der Sache nach keinerlei Zweifel daran bestehen kann, dass es ohne ein Rechts- oder ein Linksfahrgebot im Strassenverkehr nicht geht. Ius positivum sollte an der Dignität von ius naturale partizipieren können; zumindest muss es durch ius naturale freigestellt sein.

Auch wo zunächst nur ein "freies" Setzen von Beliebigem anzustehen scheint, geht es notwendigerweise dann um ein "richtiges" Behaupten, wenn von den verschiedenen Alternativen freien Setzens auf die Fragen zurückgegangen wird, ob, wann und inwieweit im betreffenden Fall freies Setzen überhaupt vernünftigerweise möglich ist. In diesem Sinne bedeutet zumindest die Ermittlung des Spielraums für ius positivum stets ein Richtigkeitsproblem (41). Es trifft zwar zu, dass die Wahl zwischen mehreren, gleichermassen möglichen oder an sich gleichwertigen Alternativen von ius positivum nur noch ein Entscheidungs-"Problem" (42) darstellt. Zum 'Himmel' der glücklichen Lage, zwar noch bestimmen, aber im wesentlichen nichts mehr falsch machen zu können, führt jedoch nur ein schmaler, steiler Weg, der erst einmal gefunden werden muss: der Weg der Richtigkeitsüberlegungen.

e) Das Modell normativer Falsifikation könnte also, obwohl es für die Entscheidung der "nur positiven" Bestimmungen selbst sich erübrigt, doch immerhin für die Prüfung der von der Natur der Sache her ins Auge gefassten Wege zu ihnen von Bedeutung sein. Paradoxerweise scheint es jedoch schon für Bestimmungen nicht zu passen, die ius naturale bedeuten, d.h. unbeliebig sein sollen und mit dem Anspruch genuin 'rechtlicher' Richtigkeit und Gültigkeit geltend gemacht werden. Es versteht sich von selbst, dass dieser Anspruch jeweils noch kritisch geprüft werden muss. Fraglich ist jedoch, ob die Prüfung im Sinne des Falsifikations-Modells durchführbar ist. Es sieht so aus, als würde jener Anspruch von Anfang an nicht mehr ernstgenommen, wenn die betreffenden Bestimmungen von vornherein nur noch als Hypothesen behandelt werden, die nach Möglichkeit auf der Basis einer Einzelfallwertung zu falsifizieren sind.

Bei den "rechtlichen Hypothesen" des Modells handelt es sich um Allsätze, deren "Allheit" oder "Allgemeinheit" nur eine endliche Totalität aller jemals faktisch gegebenen Einzelfälle bedeutet. Mit ihnen stellt sich daher nur die Frage, ob sie in allen jemals real existierenden Fällen passen (43). Dem Modell zufolge soll diese Frage nie positiv beantwortet werden können, und zugleich soll jede "rechtliche Hypothese" "praktisch einen unendlichen Bereich haben", weil man "nie sicher sein kann", den letzten der Fälle, auf die die Hypothese sich bezieht, gefunden zu haben (vgl. die Thesen 6 und 7). Im Falle eines rechtlichen Satzes, mit dem ein ius naturale behauptet und inhaltliche Richtigkeit beansprucht wird, fragt es sich dagegen, ob er in Wahrheit hinsichtlich der betreffenden gedachten Fälle richtig, und mithin für sie gültig ist oder nicht. Wenn er in der Tat für all diese Fälle Gültigkeit hat, kommt ihm eine 'Allgemeinheit' ganz anderer, nämlich normativer Art zu. Er ist dann im Sinne des Gleichheitsprinzips mindestens derart ein 'allgemeiner' Satz, dass er für die mit ihm gemeinten Fälle und alle ihnen genau gleichenden, jemals real gegebenen Fälle gültig ist. Diese Konsequenz kann sich im Sinne jenes Prinzips darum ergeben, weil die Bestimmung schon hinsichtlich der mit ihr gedachten 'Sachen selbst' richtig ist. Wir können deshalb hier von richtig begründeter oder von genuin 'rechtlicher' Allgemeingültigkeit sprechen. Sie ist mit der sich einer Positivierungsentscheidung verdankenden, selbst nur formalen "Allgemeingeltendheit", wie auch noch einer trotz inhaltlicher Unrichtigkeit für alle entsprechenden Fälle in Geltung gesetzten Gesetzesnorm zuerkannt zu werden pflegt, nicht zu verwechseln (44).

Eine Bestimmung, die als richtige 'rechtlich' allgemeingültig ist, kann darüber hinaus eine material allgemeine Bedeutung haben. Wenn sie nicht nur für einen ganz konkreten gedachten (oder auch real vorhandenen) Fall als dessen Fallnorm (45), sondern für einen Kreis von im wesentlichen gleichen oder zusammengehörigen Fällen als deren abstrakt-allgemein formulierte oder unmittelbar auf einen Typus abstellende Norm Richtigkeit und Gültigkeit hat, dann ist sie konsequenterweise auch für alle jenen von Anfang an gedachten Fällen im wesentlichen gleichenden, jemals in der Rechtswirklichkeit auftauchenden Einzelfälle inhaltlich richtig und 'rechtlich' allgemeingültig. Auch die ihr dann eignende material allgemeine Bedeutung ist eine solche normativer Art, d.h. nicht eine im Sinne der These 2 des Modells.

In beiden Fällen 'rechtlicher' Allgemeinheit verhält es sich so, dass man "sicher sein kann", für die Beantwortung der Frage nach der den gedachten Fällen adäquaten Norm des letzten der realen Einzelfälle (für die die Norm konsequenterweise richtig und gültig ist) überhaupt nicht mehr zu bedürfen. Fall- bzw. Gesetzesnormen, die bezüglich einiger gedachter Rechtsfälle als richtig und gültig zu erkennen waren, sind auch bezüglich aller diesen Fällen genau bzw. im wesentlichen gleichenden, jemals real zur Entscheidung anstehenden Einzelfälle als richtig und gültig zu erkennen. Wir brauchen nicht bis zum St. Nimmerleinstag auf den letzten der zu beurteilenden Einzelfälle zu warten, wenn wir von den gedachten Fällen her bereits die für diese - und für sämtliche ihnen entsprechenden Fälle - zureichenden Beurteilungs-Normen gefunden und geprüft haben.

Wenn es nicht um an sich beliebige Bestimmungen zum Zwecke schematischer Gleichbehandlung, sondern um inhaltlich unbeliebige rechtliche Bestimmungen

im Interesse der Gerechtigkeits-Gleichheit geht, entscheidet sich bereits alles
mit der Frage, ob die betreffenden gedachten Bestimmungen den mit ihr gemeinten Fall-Sachverhalten wirklich gerecht werden oder nicht. Die Suche nach
dem letzten der realen Einzelfälle, auf die sich die Bestimmung bezieht, führt
dagegen auf die Abwege eines Scheinproblems. All das sei mit dem Einwand
Nr. 6 zusammengefasst: Das Modell ersetzt die Frage nach der Richtigkeit und
Gültigkeit unbeliebiger Bestimmungen für die mit ihnen gemeinten Fälle durch
die ganz andere, ein Scheinproblem bedeutende Frage nach einer Geltung auch
noch in dem letzten der realen Fälle.

VI.

Problem Nr. 4: Empirische und rechtliche Argumentation scheinen   n i c h t
strukturgleich zu sein.

a) Mit These 1 zusammen erscheint schliesslich auch These 10 des Modells als
problematisch. In ihr wird ein Resultat ausgesprochen, das sich zuletzt deshalb
ergibt, weil Rechtsgefühl, Billigkeitserwägung und Einzelfallwertung mit den
Thesen 7 bis 9 lediglich im falsifikationistischen Rahmen zugelassen werden.
Diesen Thesen zufolge sind "rechtliche Hypothesen" zwar von Einzelfallwertungen, d.h. nicht etwa - wie empirische Hypothesen - von Beobachtungsberichten
her nach Möglichkeit zu falsifizieren; dem ersten Anschein nach ist der Unterschied zwischen Normativem und Empirischem also festgehalten. In Wirklichkeit aber kann auch eine normative Bestimmung im Rahmen eines Hypothesen-
Falsifikationismus nur noch eine quasi-empirische Rolle spielen. Sobald sie
bloss noch als "rechtliche Hypothese" fungieren darf, ist sie scheinbar nur methodisch davon abhängig gemacht, dass niemals ein Einzelfall faktisch auftritt,
für den sie einschlägig, für den aber eine mit ihr unvereinbare Wertung notwendig wäre. Tatsächlich jedoch ist dann die der Bestimmung selbst an sich zu-
kommende 'rechtliche' Allgemeingültigkeit "mit Methode" ein für allemal ausser Kraft gesetzt. Was übrig bleibt und eigentlich nur noch zur Diskussion stehen (d.h. nicht praktisch leitend werden) dürfte, ist ein aliud: eine vom faktischen Nichtvorkommen eines (zur Falsifikation führenden) realen Einzelfalls
abhängig bleibende Hypothesen-"Geltung" (46). Mein Einwand Nr. 7 lautet daher: In dem Modell wird der rechtlichen Argumentation eine quasi-empirische
Struktur bloss untergeschoben; dabei aber unterläuft der methodische Fehler, die
sich mit den zu beurteilenden rechtlichen Bestimmungen als solchen stellende
quaestio iuris derart von einer quaestio facti abhängig zu machen, dass sie sich
nie mehr positiv beantworten lässt.

Der Einwand bedeutet für die These 10 des Modells, dass mit ihr noch zu wenig
gesagt ist. Man könnte sie durch die These ersetzen, rechtliche Beurteilungen
und Argumentationen seien nur als der Form nach empirische mit "normativem"
oder "rechtlichem" Inhalt durchzuführen. Diese These entspräche allerdings
nicht mehr ganz dem Anliegen, den wissenschaftstheoretischen Hypothesen-Fal-
sifikationismus höchst konsequent zu übernehmen, also seine Beschränkung auf
Argumentationen empirischer Art zu überwinden. Andererseits würde mit ihr

das Modell als eines der Richtigkeitskontrolle erst recht problematisch.

b) In dem Modell erstreckt sich der typisch kritisch-rationalistische Hypothe-
sen-Fallibilismus allerdings nicht auch auf die Einzelfallwertungen (vgl. die
Thesen 7 bis 9) (47). Diese erhalten als nicht mehr "bloss hypothetische" Basis
für die Falsifikation "rechtlicher Hypothesen" eine über den Einzelfall hinausgehende Bedeutung. Es ist jedoch nicht einzusehen, wieso eine Einzelfallwertung
immer nur bestenfalls zu einer Falsifikation einer anderen Wertung berechtigen,
d.h. keinerlei selbständige Rolle spielen sollte. Eine solche Wertung erschöpft
sich entweder in der Entscheidung einer Entscheidungsfrage (im Sinne von ius
positivum); eine Falsifikation einer "rechtlichen Hypothese", welche richtig sein
sollte, vermag sie dann ohnehin nicht zu tragen. Oder sie bezieht sich auf ein
ganz konkretes Problem der Rechtserkenntnis bzw. der rechtlichen Argumentation; dann aber bestehen zwei Möglichkeiten: Die "Wertung" löst schon das betreffende Einzelfall-Problem nicht; als eine unrichtige, in 'rechtlicher' Hinsicht
"falsche" Lösung darf sie jedoch selbstverständlich unter keinen Umständen zur
Grundlage einer Falsifikation gemacht werden. Oder sie löst das Problem; als
eine für den betreffenden Fall richtige und gültige Wertung kommt sie dann für
eine Falsifikation einer in Form einer Norm vorgegebenen "Lösung" (?) eines
diesem Fall gleichenden Falles anscheinend in Betracht. Wieso sollte sie dann
aber nicht auch positiv festgehalten und juristisch generalisiert werden dürfen?
Die mit ihr erreichte Regel ist, wenn sie dem ihren Gegenstand bildenden Le-
benssachverhalt angemessen war, auch allen ihm entsprechenden Lebenssachverhalten angemessen. Ist sie aber in diesem Sinne 'allgemein' richtig und gültig, so ist es nur folgerichtig, ihr auch noch zu der ausdrücklichen "positivrechtlichen" oder "juristischen" Geltung zu verhelfen. Eine juristisch generalisierende Positivierung, durch die sie für alle gleichgearteten Fälle als allgemeingeltend gesetzt würde, hätte ein praktisch-vernünftiges fundamentum in re,
statt bloss auf einer Dezision zu beruhen und allein etwas Beliebiges für sämtliche Einzelfälle zur Vorschrift zu erheben.

c) Es müsste also möglich sein, jeweils eine inhaltlich richtige und 'allgemein'
gültige Lösung für ein sich mit einem bestimmten Rechtsfall stellendes Rechts-
erkenntnis-Problem zu finden, die als solche sich je schon "bewahrheitet" hätte, und die sich dadurch grundlegend von den nie verifizierbaren, aber unter
Umständen doch noch zu falsifizierenden "rechtlichen Hypothesen" des Modells
unterschiede. Eine 'allgemein' gültige Regelung einer Fallnorm für einen Fall
und alle ihm genau gleichenden Einzelfälle müsste jedoch hinsichtlich der wesentlichen Beurteilungsgesichtspunkte auch ihrer begrifflichen Fassung nach
noch zu einer vergleichsweise abstrakteren Regel verallgemeinerbar sein, um
zusätzlich für alle zwar relativ andersartigen, aber dem Ausgangsfall im wesentlichen noch analogen Einzelfälle richtige Lösungen zu ermöglichen. Die
Frage ist, ob wenigstens derartige "Verallgemeinerungen" im Sinne des Modells aufzufassen und kritisch zu prüfen sind, oder ob sie im Gegenteil Ausdruck einer definitiven Erkenntnis eines an sich Allgemeinen oder Universalen
sein können und müssen, welche aus Anlass des Ausgangsfalles zu gewinnen
war. Ich vermute, dass Letzteres zutrifft. Den Einzelfall, auf den das Modell
nur im Interesse von Falsifikationen rekurriert, mache ich deshalb zum Aus-

gangspunkt, jedoch nur als einen gedachten (d.h. nicht unbedingt auch als einen realen) Fall. Bei seiner Wertung muss offenbar seine "Natur der Sache" zu ihrer 'allgemeinen' Bedeutung gebracht werden.

VII.

Ich vermute, dass die Struktur von Urteilen, mit denen eine nicht bloss empirische, sondern substantiell-normative "Natur der Sache" in ihrer Massgeblichkeit im Sinne von Gerechtigkeit und Richtigkeit verstanden und auf eine genuin 'rechtliche' Norm (im Sinne von ius naturale) hin begriffen wird, der Struktur von Wesensurteilen entspricht (48). Aus diesem Grunde setze ich mich vor allem auseinander mit dem

Problem Nr. 5: Wesensaussagen im Unterschied zu empirischen Hypothesen.

a) Nach These 2 des Modells sind "rechtliche Hypothesen" analog zu dem Satz "Alle Schwäne sind weiss" aufzufassen. Dieser Satz wäre durch folgenden Beobachtungsbericht falsifiziert: "A ist ein Schwan, und A ist nicht weiss." Nehmen wir jenen Satz als empirische Hypothese, so gilt er uns als eine Annahme, die nach Möglichkeit durch einen solchen Beobachtungsbericht zu falsifizieren ist. An sich könnten wir in dem Satz aber auch eine Wesensaussage erblicken. Seine dann 'essentielle' Bedeutung käme genauer in der Formulierung zum Ausdruck: "Schwäne sind ihrer Natur nach weiss." Wäre diese Aussage wahr, so stünde auch schon fest, dass ein ansonsten schwanähnlicher Vogel, der nicht weiss ist, keinesfalls ein Schwan sein kann. Zu sagen wäre also beim Auftauchen eines derartigen Vogels nur: "A ist nicht weiss; also ist A kein Schwan." Dieses Urteil wäre auch dann am Platze, wenn der betreffende nichtweisse Vogel noch gar nicht wirklich, sondern nur in der Phantasie gegeben wäre. Als empirische Hypothese besagt jener Satz hingegen: Schwäne, die nicht weiss sind, kommen faktisch nicht vor. Zugleich ist mit ihm gemeint: Kämen sie doch vor, so wäre er falsch. Als empirische Hypothese kann er nur unter der Voraussetzung in Frage stehen, dass er als eine Wesensaussage nicht wahr wäre. Das faktische Vorkommen z.B. von schwarzen Schwänen darf nicht allein schon dadurch ausgeschlossen sein, dass - weil Weiss-sein für Schwäne als Schwäne essentiell wäre - ein nichtweisser "Schwan" gar kein wirklicher Schwan sein könnte. Als empirische Hypothese hängt der Satz davon ab, ob festgestellt werden kann, dass eine andere Eigenschaft als die normale in mindestens einem Falle eines Schwans tatsächlich vorkommt. Als Wesensaussage im Sinne jener Umformulierung ist er dagegen gänzlich unabhängig von den faktischen Verhältnissen. Wäre er hinsichtlich der Natur des Schwanes selbst wirklich wahr (da es dem Schwan an und für sich zukäme, weiss zu sein), so erlaubte er konsequenterweise jenes Urteil, durch das im Sinne einer Wesenserkenntnis klargestellt würde, dass A etwas anderes sein muss als ein Schwan (49).

b) Dass der Kritische Rationalismus der Ansicht ist, Wesensaussagen könnten nur Dogmatisierungen oder Immunisierungen darstellen und seien deshalb konsequent zu vermeiden, dürfte nicht zuletzt auch daran liegen, dass er vom Paradigma der "weissen Schwäne" ausgeht (50). Dass Schwäne ihrer Wesensnatur nach weiss sein sollten, leuchtet in der Tat nicht gerade ein. Von daher hat jene Ansicht eine gewisse Plausibilität. Diese scheint jedoch zu entfallen, sobald andere Beispiele gewählt werden. "Alle Schwäne haben Flügel." Dieser Satz liesse sich zwar noch als falsifizierbare empirische Hypothese auffassen. Zugleich hätte aber die Wesensaussage ihren guten Sinn: "Flügel zu haben, ist für Schwäne wesentlich." Die Binsenwahrheit jedoch, dass der Schwan seiner Natur nach einen Kopf hat, kommt gewiss nicht mehr als empirische Hypothese in Betracht. Ein Wissenschaftler, der in systematischer Arbeit sie zu falsifizieren suchte, wäre vermutlich verrückt. Dass Schwäne "immer" oder notwendigerweise Köpfe haben, werden wir, sobald wir einsehen, <u>was</u> ein Schwan ist, auch schon wissen, ohne dass es auf das Dasein auch noch des letzten Schwans und somit aller existierenden Schwäne (im Unterschied zum Sosein <u>des</u> Schwans) noch ankäme; zur Problematik von Verifikation und Falsifikation kommt es dann nicht mehr. Der Natur der Sache nach kann der Schwan keinesfalls ein Lebewesen ohne Kopf sein; "Schwäne" ohne Köpfe wären entweder tote Schwäne oder Schwan-Gespenster.

c) Ihrem äusseren Erscheinungsbild nach weiss sind Schwäne hingegen nur faktisch und zufälligerweise. Haben wir dies verstanden, so dürfen wir nicht mehr behaupten, es sei allein schon wegen des Wesens des Schwans strikt unmöglich, dass neben weissen auch schwarze oder blaue Schwäne existieren. Wohl aber können wir dann die Illegitimität einer derartigen Folgerung erkennen und ein empirisches Vorgehen ins Auge fassen. Wie im Falle des Schulbeispiels der "weissen Schwäne", so ist auch sonst die Frage, ob eine Wesensaussage mit entsprechenden Konsequenzen, oder ob nur eine empirische Hypothese möglich und angebracht ist, letztlich allein vom betreffenden Sachverhalt her zu beantworten: ihn selbst müssen wir zuallererst 'verstehen'. Wenn wir eingesehen haben, dass es dem Schwan nicht wesentlich ist, weisses Gefieder zu haben, können wir nur noch die Annahme machen und prüfen, in der Welt gebe es einzig und allein weisse Schwäne. Ein diese Annahme formulierender Allsatz hat einen hypothetischen Charakter "gleichsam 'numerischer' Art: Wenn sich nur <u>ein</u> Gegenbeispiel finden lässt (also ein schwarzer Schwan), so ist nicht die Behauptung, dass <u>einige</u> Schwäne weiss sind, in Frage gestellt, wohl aber die Behauptung, dass alle Schwäne weiss sind; diese letzte Behauptung ist vollständig falsifiziert" (51). Eine entsprechende Falsifikation wäre also nicht überzubewerten. Käme es zu ihr, bliebe es aber dabei, dass nicht nur einige wenige, sondern die meisten Schwäne weiss sind, so wäre ein tatsächliches Vorkommen von ein paar schwarzen oder blauen Schwänen als in einem aristotelischen Sinne akzidentell zu bezeichnen (52). Empirisch nicht auszuschliessen ist es, dass irgendwann Schwäne nicht einmal mehr "zumeist" oder "in der Regel" weiss sein könnten. In der dann gegebenen Situation müssten wir feststellen, es sei für Schwäne akzidentell geworden, weiss zu sein. In ihr dürften wir <u>nicht mehr</u> behaupten: "Schwäne sind zumeist weiss." Bezüglich der früheren Situation träfe diese Aussage jedoch nach wie vor zu. Von einer Falsifikation könnte insofern nicht die Rede sein. Gänzlich unabhängig von empirischen Beobachtungen bzw. von der Häufigkeit des Vorkommens der Eigenschaft "weiss" ist dagegen zum Beispiel die Einsicht, dass es für den Menschen als Menschen nicht essentiell ist, weisse Hautfarbe zu haben (53).

d) Nur empirische Hypothesen kommen in Frage, wenn es bloss um eine der akzidentellen (und das heisst nun: nicht "essentiellen" oder "substantiellen") Eigenschaften geht, die als solche an sich vorkommen können oder auch nicht, von denen es sich aber unter Umständen fragt, ob sie faktisch ausnahmslos vorkommen oder nicht. Auch wenn die betreffende Eigenschaft ohne jede Ausnahme real gegeben wäre und dies - im Idealfall gelingender Verifikation in Form vollständiger Induktion - empirisch konstatiert werden könnte, bedeutete sie an sich doch nach wie vor nur ein zufälliges Sosein, d.h. nicht etwas, was zu einer Gesetzes- oder einer Wesensaussage im strengen Sinne berechtigte.

Allein Wesensaussagen im strengsten Sinne sind am Platze, wenn es um ein Essentielles eines in seinem Sosein gedachten Gegenstandes geht, das gar nicht anders beschaffen sein kann, und das nicht hinweggedacht werden könnte, ohne dass der betreffende Gegenstand als solcher gedanklich entfiele (54). Darauf, ob der Gegenstand auch Dasein hat, kommt es bei der Ueberprüfung einer entsprechenden Wesensaussage nicht an. Irrelevant für sie ist auch, ob sämtliche real existierenden Exemplare des Gegenstands gefunden sind. Die kritische Beurteilung ist vielmehr schon auf der Basis eines ersten 'Erfassens' des Soseins des einen Gegenstandes und des für ihn Essentiellen möglich (55). Ich muss zunächst 'gesehen' haben, was an der Sache wesentlich ist und inwiefern es wesentlich ist; erst auf dieser intellektiven Grundlage kann ich eine rationale Konstruktion eines Wesensurteils(-Entwurfs), und vor allem dessen kritische Beurteilung leisten. Der Erkenntnisgrund einer Wesensaussage kann in diesem Sinne nur ein fundierendes 'Einsehen' oder 'Primärverstehen' sein, wie ich es allein im intuitiven Konzentriertsein auf das betreffende Sosein zu vollziehen vermag (56). Sobald in Entsprechung zu einem solchen ersten 'Einsehen' eine in einem Wesensurteil objektivierte und in kritischer Beurteilung resultierende Einsicht in einen notwendigen und konstitutiven Sachverhalt da ist, versteht es sich mit ihr auch schon von selbst, dass dem betreffenden Sachverhalt schlechthin alle entsprechenden Fälle strikt unterstellt sind, also an einen unter ihnen vorkommenden Ausnahmefall gar nicht mehr zu denken ist (57). Dann aber ist auch schon klar, dass gegen die ihn wiedergebende Wesensaussage kein Einwand mehr in Frage kommt, wie man ihn - infolge einer falsifikationistischen Denkgewohnheit - von einem irgendwann vielleicht doch noch sichtbar werdenden Ausnahmefall her nur zu gerne formulieren würde.

e) Von grösster Wichtigkeit ist es nun, dass nicht bloss bei den bezüglich in sich notwendiger und konstitutiver Wesens-Sachverhalte wahren Aussagen, sondern darüber hinaus auch bei allen Aussagen, die in bezug auf einen Fall oder einige Fälle eines Wesens-Sachverhalts (im weiteren Sinne) schon wahr sind, kein Auftauchen einer entgegenstehenden "Ausnahme" mehr zu befürchten bzw. zu erhoffen ist. Eine Wesensaussage, die relativ auf ein 'gesehenes' Essentielles wahrheitsgemäss ist, bleibt das für jeden Fall eines solchen Essentiellen. Sie "kann also durch Beobachtung und Induktion niemals aufgehoben, nie verbessert oder vervollkommnet werden" (58). Bei jeder Wesensaussage entscheidet sich schon alles mit der Beantwortung der Frage, ob sie hinsichtlich des essentiellen Soseins, auf das sie sich bezieht, adäquat ist oder nicht. Ist sie adäquat, so kann sie nicht irgendwann von irgendeinem Daseienden mit abweichendem Sosein her plötzlich inadäquat werden oder sich als "falsch" herausstellen. Für Wesensurteile gilt im übrigen nichts anderes als für Urteile überhaupt: entsprechen sie erst einmal objektiv dem, was vorgängig zu ihnen primär 'verstanden' ist, so sind sie in diesem Sinne ein für allemal wahrheitsgemäss und als wahr zu beurteilen. Auch die Thesen des Modells müssten in diesem Sinne wahre Urteile darstellen.

f) Es kann jedoch vorkommen, dass eine Wesensaussage erst anlässlich eines neuen Einzelfalles mit anderer Qualität in Frage gestellt und kritisch beurteilt wird. So könnte zum Beispiel das Urteilen eines weissen Mannes, der zum ersten Mal eine "Rothaut" zu Gesicht bekam, etwa folgendermassen ausgesehen haben:

1. Für den Menschen als Menschen ist es wesentlich, weisse Hautfarbe zu haben; daran besteht doch gar kein Zweifel!

2. Die Haut von dem da ist zwar rot; er gleicht aber im übrigen vollkommen einem Menschen.

3. So merkwürdig das sein mag: er *ist* auch ein Mensch.

4. Für den Menschen als Menschen ist es also wohl doch nicht wesentlich, weisse Hautfarbe zu haben.

Die Frage ist hier natürlich nicht, ob die weisse Hautfarbe ausnahmslos bei allen Menschen faktisch vorkommt, sondern ob sie bei allen wesensnotwendig gegeben sein muss, d.h. ob ein Lebewesen ohne sie gar kein Mensch, sondern nur etwas anderes sein kann. Diese Frage lässt sich im Prinzip unabhängig davon beantworten, ob ein "Mensch" mit anderer Hautfarbe *existiert*. Falls es ihn tatsächlich gibt, ist nicht die neue empirische Konstatierung (vgl. Satz 2), sondern nur das entsprechende "Kapieren" in essentieller Hinsicht ("Er ist auch ein Mensch") für die Antwort (vgl. Satz 4) massgebend. Ein in jener Hinsicht falsches Urteil ist selbstverständlich nicht allein aufgrund einer neuen empirischen Beobachtung zu korrigieren; sie kann, aber muss nicht eine Wesenseinsicht im Gefolge haben. Wer dem Vorurteil verfallen war, Weiber mit roten Haaren seien ihrer Natur nach keine Menschen, sondern Hexen (die verbrannt werden müssten!), war gewiss nicht durch empirische Argumente allein zu bekehren. Vielleicht war erst ein ausgesprochen liebes Mädchen mit roten Haaren imstande, ihn zu überzeugen.

g) Analog zum Modell normativer Falsifikation könnte man aber noch meinen, Wesensaussagen seien als Wesens-Hypothesen aufzufassen, die auf der Grundlage einer an einem neuen realen Einzelfall zu gewinnenden Wesenseinsicht zu falsifizieren wären. Es kommt jedoch darauf an, ob es sich dann überhaupt noch um eine Strukturgleichheit von empirischer und Wesens-Argumentation handelt (vgl. These 10 des Modells). Für empirische Hypothesen ist es charakteristisch,

dass ihre Falsifikation allererst dann in Frage kommt, wenn ein Beobachtungsbericht einen neuen und von den bisher gegebenen Fällen, die für die Hypothese
zu sprechen schienen, gravierend abweichenden Fall vermittelt. Wesensaussagen hingegen sind offenbar nicht erst von einem neuen Einzelfall her zu falsifizieren. Bei ihnen verhält es sich nicht so, dass zunächst einige Fälle wirklich
für sie sprechen und erst ein neuer Fall endgültig gegen sie spricht, dass also
erst mit ihm die Falschheit einer Hypothese erkennbar wird. Es kann zwar,
wie oben eingeräumt wurde, vorkommen, dass faktisch erst in bezug auf einen
neuen Fall eine Wesenseinsicht zustandekommt, aufgrund deren eine zuvor für
wahr gehaltene Wesensaussage als falsch beurteilt wird. Entscheidend ist jedoch, dass eine solche Einsicht - und mit ihr eine Negation des Entwurfs der
fraglichen Wesensaussage - an sich bereits im Hinblick auf den ersten (realen
oder auch nur gedachten) Fall möglich war, dem die Aussage adäquat sein sollte. Ein neuer realer Einzelfall kann nicht überhaupt erst die Möglichkeit, sondern nur einen weiteren Anlass für eine Wesenseinsicht bedeuten, welche schon
beim Entwurf und bei der kritischen Beurteilung der fraglichen Wesensaussage,
d.h. im Prinzip schon im Hinblick auf den ersten der Fälle hätte gewonnen werden können und müssen. Wer erst durch eine rothaarige Geliebte mit ausgesprochen gesundem Menschenverstand vom Vorurteil des Hexenwahns kuriert wurde,
hätte an sich auch schon vorher klüger sein können und sollen.

Kommt es bereits anlässlich eines ersten, gedanklich oder auch real gegebenen
Falles zu einer Wesenseinsicht, so ist sie auch schon gültig für alle ihm gleichenden Fälle, d.h. auch für die erst künftig gegebenen mit so einem Wesen (59).
Adäquat auszudrücken ist sie nur in einer Wesens-Behauptung, die, sofern sie
hinsichtlich des Soseins eines gedachten Falles bzw. eines jeden gleichliegenden
realen Falles schon wahr ist, mit Recht Endgültigkeit beansprucht. Man verkennt das noch völlig, solange man noch den Versuch macht, Wesensaussagen
als Wesens-Hypothesen aufzufassen, welche eigentlich verifizierbar sein müssten, aber - wegen der Unmöglichkeit der Verifikation auch noch im letzten aller
Fälle - nur falsifizierbar sein, also in ihrer Geltung bestenfalls einstweilen dahingestellt bleiben können.

Man sollte sich aber spätestens durch die abwegigen Konsequenzen jenes Ver-
suchs zu der Einsicht bringen lassen, dass er scheitern muss. Einige Exempel
mögen genügen. Wer den Hexenwahn ein für allemal durchschaut hatte, brauchte
nicht mehr auf eine Rothaarige zu warten, die keine Hexe war - um dann erst
die Hypothese, alle rothaarigen Weiber seien Hexen, ausdrücklich und endgültig
zu falsifizieren; er brauchte sich ferner nicht mit der Annahme abzufinden, dass
immerhin einige von ihnen Hexen sein könnten. Nur wer durch den Wahn noch
verunsichert blieb, mochte sich umgekehrt bestenfalls zu der Hypothese durch-
ringen, auch rothaarige Mädchen seien Menschen und keine Hexen. Nur er hätte
womöglich die im Sinne des "kritisch-rationalistischen" Fallibilismus "kritische" Frage gestellt: "Sind Sie sicher, dass nicht irgendwann doch noch eine
Rothaarige gefunden werden kann, die eine Hexe ist - oder geben Sie zu, dass
Sie als kritischer Wissenschaftler diese Möglichkeit immer offenlassen müssen?"

Wesensaussagen als zu falsifizierende Hypothesen aufzufassen liegt allenfalls dann nahe, wenn mit ihnen ein häufig vorkommendes, aber an und für sich nicht-essentielles Moment (wie "weiss" oder "schwarz") fälschlich - und zugleich schlecht dogmatisch - als ein essentielles hingestellt wird. Urteile, mit denen ein in der Tat essentieller Sachverhalt als solcher behauptet wird, dürfte man wohl kaum als Hypothesen ansprechen, die nach Möglichkeit auf der Basis von Einzelfall-Wesensurteilen falsifiziert werden sollten. Für den Menschen als Menschen ist es wesentlich, einen Kopf zu haben. Zumindest das kann man kapieren. Man braucht es nicht etwa nur im Sinne einer bisher nicht falsifizierten, sondern einstweilen noch gewissermassen "sich bewährenden", aber niemals endgültig verifizierbaren, vielmehr stets falsifizierbar bleibenden Hypothese bloss zu "vermuten". Wenigstens der Philosoph, der sich mit HEGEL der Notwendigkeit bewusst ist, auch einmal auf dem Kopf zu stehen, sollte daran festhalten, dass "der Mensch ohne Kopf" keinesfalls in Betracht kommt.

Zusammenfassend möchte ich als Einwand Nr. 8 zur Diskussion stellen: Normative Bestimmungen des positiven Rechts und der Jurisprudenz entsprechen nicht den nur - nach Möglichkeit - zu falsifizierenden empirischen Hypothesen, sondern den Wesensaussagen, insofern und insoweit auch sie schon auf der Grundlage eines ersten 'Erfassens' des Soseins eines Falles gebildet bzw. beurteilt werden und inhaltlich richtig sowie 'allgemein' gültig sein können (60).

VIII.

Zu jenem Einwand liegt von dem Modell her der Gegeneinwand nahe, man könne nie sicher sein, ob es nicht auch einen Fall mit anderem Sosein gebe; werde er aber entdeckt, so sei von ihm her die betreffende normative Bestimmung zu falsifizieren. Plausibel ist nun immerhin, dass wir nicht in der Lage sind, die Totalität der Rechtsfälle derart zu erfassen, dass wir jede Art von Ausnahmefällen von vornherein ausschliessen könnten. Die Prüfung des Modells ist daher kaum zu denken ohne das

Problem Nr. 6: Ist normative Falsifikation vom Ausnahmefall her möglich?

a) Mit dem Modell werden rechtliche Sätze intendiert, die Lösungen erlauben, welche jeweils sowohl im Sinne von Gesetzes-Gerechtigkeit für alle Fälle als auch im Sinne von Billigkeit für den Einzelfall richtig wären. Dies veranlasst zu der Vermutung, mit dem Modell werde das Verhältnis zwischen Gesetzes-Gerechtigkeit und Billigkeit verkannt. Auch bei der Entwicklung dieser Problematik dürfte es zweckmässig sein, mit dem Paradigma der Hypothese "Alle Schwäne sind weiss" zu beginnen. In seinem Falle ist es noch methodisch sinnvoll, das Ideal einer gelungenen Verifikation zu entwerfen und es alsbald als faktisch unerfüllbar zu denken. Die Hypothese müsste (vgl. die Thesen 5 und 3) an sich für alle real existierenden Schwäne als zutreffend nachweisbar sein. Wir aber können sie nicht verifizieren, weil wir nie sicher sein können, den letzten der Schwäne gefunden zu haben. Diese skeptische Einsicht ändert jedoch nichts daran, dass wir grundsätzlich Wahrheit im Sinne einer Verifikation inten-

dieren, wie sie im Falle des empirisch ausnahmslosen Gegebenseins des fraglichen Merkmals ("weiss") in allen Fällen mit Sicherheit erreichbar sein sollte.

Auf dem Gebiet von Recht und Gerechtigkeit wäre eine analoge Intention aus
mehreren Gründen unzureichend. 'Rechtliches' Erkennen bzw. Argumentieren
ist gewiss nicht jeweils nur auf eine vollständige Induktion hinsichtlich einer nur
zufälligen Eigenschaft ausgerichtet. Aber es geht in ihm ebensowenig nur um
eine abschliessende Ermittlung eines in allen real auftretenden Fällen aus ir-
gendwelchen Gründen _faktisch_ Zukommenden. Sein Ziel muss vielmehr immer
das sein, was im Sinne von Recht und Gerechtigkeit zusteht, d.h. zukommen
soll. Wenn dem so ist, sind jedoch mehrere Möglichkeiten zu unterscheiden. In
der Rechtserkenntnis bzw. der rechtlichen Argumentation und Diskussion geht
es letztlich

1. um das, was dem Menschen als Menschen überall und immer unbedingt zusteht;

2. um das, was nur allen Menschen in einem Regelfall, d.h. nur einigen Menschen "in der Regel" zusteht;

3. um das, was nur allen Menschen in einem Ausnahmefall, d.h. nur einigen
   Menschen "ausnahmsweise" zusteht.

Zugleich geht es um die Gründe des jeweiligen Zustehens, d.h. insbesondere
um Prinzipien und Normen.

b) Nur hinsichtlich dessen, was dem Menschen als Menschen überall und immer
unbedingt zusteht, ist eine gewisse Vergleichbarkeit mit jener paradigmatischen
empirischen Hypothese einzuräumen. Wir können hier immerhin sagen: Das unbedingt Zustehende müsste auch noch dem letzten der Menschen zukommen
(vgl. These 5). Aber wir werden dann (vorausgesetzt, wir haben die Idee des
dem Menschen unbedingt Zustehenden verstanden) lediglich eine normative Konsequenz meinen. Was für die Totalität der realen Einzelfälle bzw. Subjekte sein
soll, das soll natürlich auch noch im Falle des letzten unserer Mitmenschen
sein: auch ihm noch soll mithin im betreffenden elementaren Sinne stets Gerechtigkeit widerfahren. Folgte man dagegen den Thesen 6 bis 10 des Modells, so
hätte man jene Aussage ganz anders aufzufassen. Man müsste dann auch sagen
können: Dass etwas allen Menschen unbedingt zusteht, müsste an sich zu verifizieren, d.h. von ausnahmslos jedem Menschen her als richtig zu erkennen sein
(vgl. These 5); es ist aber nicht verifizierbar (vgl. These 6), da man nie sicher
sein kann, auch noch den letzten der Menschen gefunden zu haben und es auch
noch in seinem Falle bestätigt zu finden; also ist es nur unter dem Vorbehalt
bloss zu vermuten, dass es immer noch normativ falsifiziert werden könnte
(nämlich im Falle eines einzelnen, der _nicht_ als ein Wesen mit menschlicher
Würde zu betrachten und keineswegs unter allen Umständen _wie ein Mensch_ zu
behandeln wäre). Analog dazu müsste man umgekehrt auch "rechtliche Bestimmungen" auffassen und prüfen können, die eine Unrechtsbehauptung beinhalten.
Sollten wir also zum Beispiel es nur als "rechtliche Hypothese" annehmen, dass

Folter für den Gefolterten in jedem Falle ein Unrecht bedeutet (61)? Sollten wir bedauern, dass es praktisch unmöglich ist, den letzten der Fälle von Folter zu finden, um die Hypothese zu verifizieren? Oder sollten wir systematisch den Einzelfall suchen, in welchem wir auf der Grundlage unseres "Rechtsgefühls" doch noch zu dem Resultat kommen müssten, dass dem Betroffenen durch Folter durchaus kein Unrecht geschieht? Wer in seinem Urteil so unsicher ist, dass er dieses Resultat nicht schon von Anfang an auszuschliessen wagt, dürfte konsequenterweise auch nichts gegen die Hypothese haben, dass keinem Gefolterten durch Folter Unrecht geschieht. Er könnte es dann begrüssen, dass diese Hypothese sich nie vom letzten der Fälle her verifizieren lassen wird; zugleich dürfte er sich der Hoffnung auf einen Einzelfall hingeben, dessen Billigkeitswertung es erlaubte, die Hypothese endlich doch noch zu falsifizieren. Wir können ihm nur empfehlen, sich einmal selbst in die Situation des Opfers zu versetzen (62).

Die zweite Hypothese liesse sich mit einer empirischen vergleichen, wenn zwar nicht jener Einzelfall, wohl aber einige Fälle von Folter wirklich für sie sprächen (analog dazu, dass einige Schwäne weiss sind). Umgekehrt wäre das Prüfungsverfahren jener ersten Hypothese mit einem empirischen vergleichbar, wenn von vornherein als möglich eingeräumt werden müsste, dass zumindest ein Ausnahmefall gegen sie sprechen wird (analog dazu, dass es den schwarzen Schwan möglicherweise gibt). Entscheidend ist jedoch, ob nicht schon ein einziger Fall von Folter eine kritische Beurteilung verlangt und gestattet, mit der sowohl die Möglichkeit dieses einen Ausnahmefalls als auch die jenes entsprechenden Regelfalles (von dem die zweite Hypothese ausgeht) ein für allemal ausgeschlossen wird (63).

Unabhängig vom Beispiel der genannten Hypothesen ist festzuhalten: Die Frage, ob eine rechtliche Bestimmung ein 'Recht' beinhaltet, das dem Menschen als Menschen immer und überall unbedingt zusteht, ist im Wege der kritischen Beurteilung schon des mit der Bestimmung vorausgesetzten gedachten Falles zu beantworten. Fällt die Antwort negativ aus, so erübrigt sich eine "normative Falsifikation" ohnehin. Fällt sie positiv aus, so ist auch schon klar, dass die "Ausnahme", von der her doch noch falsifiziert werden könnte, überhaupt nicht in Betracht kommt. Wenn man die Methode des Modells anwendet, muss man jedoch konsequenterweise mit dem entgegenstehenden Ausnahmefall rechnen, der allererst zum Falsifizieren berechtigt. Ihre Anwendung auf eine rechtliche Bestimmung der genannten Art führt eben deshalb zu grotesken Verfahrensweisen. Mit der Reduktion der betreffenden Bestimmung zur nie zu verifizierenden "rechtlichen Hypothese" wird überdies eine affirmative Antwort, die an sich möglich und auch aus praktischen Gründen nötig wäre, auf den St. Nimmerleinstag verschoben (64). Sogar das, was wir als eine in jedem Falle zu respektierende Grundbestimmung 'menschlicher' Behandlung eines jeden Menschen zu erkennen und anzuerkennen haben, dürften wir dem Modell zufolge bestenfalls einstweilen vermuten, obwohl wir durch einen Einzelfall und unser (merkwürdigerweise plötzlich anscheinend auf Inhumanität ausgerichtetes) "Rechtsgefühl" vielleicht doch noch genötigt sein werden, es zu falsifizieren ... und unsere Einstellung wie auch unser Verhalten völlig zu ändern (65).

All diese Ueberlegungen sind erst recht aktuell für universale und unbedingte

Grundprinzipien von Recht und Gerechtigkeit. Eine rechtliche Bestimmung, mit der ein Grundprinzip behauptet wird, bedarf zwar der kritischen Beurteilung. In Frage steht sie aber _als_ eine _ausnahmslos_ richtige und gültige _aller_ rechtlichen Wertungen, d.h. auch einer jeden neuen Einzelfallwertung. Nicht zuletzt auch deshalb führt es zu nichts, sie im Sinne des Modells zu traktieren. Was wäre im übrigen wohl von dem Rechtsphilosophen zu halten, der systematisch nach dem realen Einzelfall suchte, dessen Billigkeitswertung aufgrund des Rechtsgefühls die Falsifikation z.B. des Prinzips der Achtung der Menschenwürde zur Folge haben müsste?

Mein Fazit ist hier der _Einwand Nr. 9_: Das Modell ist nicht einmal geeignet für die Prüfung rechtlicher Bestimmungen, mit denen ein dem Menschen als Menschen immer und überall unbedingt Zustehendes oder ein rechtliches Grundprinzip behauptet wird; es erlaubt nicht mehr, sie _als_ ausnahmslos gültige Bestimmungen kritisch zu beurteilen, sondern zwingt dazu, sie auf ein aliud, nämlich auf "rechtliche Hypothesen" zu reduzieren, deren Richtigkeit und Gültigkeit davon abhängig bleibt, dass kein ihnen entgegenstehender Ausnahmefall existiert und zur Falsifikation nötigt.

c) Sobald es um rechtliche Bestimmungen für das geht, was nur _einigen_ Menschen in bestimmten Lebensverhältnissen zusteht, ist mit dem "Ausnahmefall" zu rechnen. Man kann aber (vgl. die Thesen 3 und 6) nie sicher sein, den letzten der Fälle - unter Umständen einen Ausnahmefall - schon gefunden zu haben. Zumal für den Juristen ist es eine Selbstverständlichkeit, sich der grundsätzlichen Begrenztheit seiner Kenntnis von Rechtsfällen bewusst zu sein. Immer muss er damit rechnen, dass noch ein Ausnahmefall auftaucht - es sei denn, er hätte aufgrund der "Natur der Sache" (z.B. eines universalen Prinzips) bereits die Unmöglichkeit einer Ausnahme eingesehen. Ist also die Methode des Modells wenigstens für jene nicht-universalen Bestimmungen geeignet? Wird sie erforderlich, weil wir nun einmal nicht über vollständige Informationen verfügen? Was diese Schwierigkeit betrifft, so lässt sie sich in einem Gedankenexperiment aus dem Weg räumen.

Wären wir allwissend, könnten wir also alle jemals auftretenden Rechtsfälle überblicken, so würden wir möglicherweise ausser einer bestimmten (den weissen Schwänen vergleichbaren) Klasse A^1 aller in mehrfacher Hinsicht gleichartigen Fälle eine andere (den schwarzen Schwänen vergleichbare) Klasse A^2 von Fällen sehen, welche in mindestens einer wesentlichen Hinsicht anders geartet wären als die der Klasse A^1. Nicht nur dem Sosein, sondern auch dem Dasein nach könnten die beiden Klassen sich unterscheiden. Käme der exemplarische Fall der Klasse A^1 zumeist und der der Klasse A^2 nur selten vor, so läge es für unseren Gesetzgeber nahe, letzteren als den Ausnahmefall zu betrachten und für ihn eine Ausnahmeregelung zu geben. Dem Sosein nach könnten die beiden Klassen nicht nur im Sinne einer objektiven Verschiedenartigkeit, sondern auch im Sinne des radikalen Gegensatzes zwischen Recht und Unrecht differieren. Wenn dem Gesetzgeber der Leitfall der einen Klasse als der im Sinne von Recht und Gerechtigkeit bereits richtig strukturierte und positiv zu beurteilende, der Leitfall der anderen Klasse hingegen als der in 'rechtlicher' Hinsicht

äusserst problematische, und daher negativ zu wertende erschiene (66), sollte
er unabhängig von der Häufigkeit des Vorkommens letzteren in einem nun negativen Sinne als den "Ausnahmefall" qualifizieren und ihn durch eine - selbst
richtige! - Ausnahmeregelung bewältigen; ersteren aber sollte er als den wahren Regelfall herausstellen und in seiner ihm an sich schon eignenden Gerech-
tigkeitsstruktur durch eine ihr positiv entsprechende Rechtsnorm bekräftigen.
Auch wenn die beiden Klassen sich tiefgreifend unterschieden, müssten die
Rechtsnormen für sie nicht in voneinander getrennte Regelfall- und Ausnahme-
fall-Regeln zerfallen. Der Gesetzgeber könnte für die Klassen A^1 und A^2 eine
einzige, zwar im grossen und ganzen gemeinsame, aber unter Berücksichtigung
der wesentlichen Unterschiede zwischen ihnen doch auch wesentlich differenzierende gesetzliche Regelung vorsehen. Dies entspräche der Möglichkeit, zwar
formallogisch und operativ neben der Klasse aller weissen Schwäne auch noch
die aller schwarzen Schwäne zu bilden, aber ausserdem an der Klasse aller
Schwäne überhaupt festzuhalten (67). Ein allwissender Gesetzgeber könnte es
stets von vornherein vermeiden, eine normative Bestimmung so zu fassen, dass
noch ein Ausnahmefall unberücksichtigt bleibt. Diese Möglichkeit hat der menschliche Gesetzgeber zwar nicht. Sein Wissen kann z.B. noch auf die Klasse A^1 beschränkt sein, obwohl an sich auch die Klasse A^2 denkbar ist und bereits vorkommt oder künftig vorkommen wird. Zugänglich ist ihm - oder jedenfalls dem
Rechtstheoretiker - aber ein grundsätzliches Wissen von den denkbaren Verhältnissen der "Ausnahmefälle" der verschiedensten Art zu "Regelfällen" oder zu
"normativen Bestimmungen".

d) Es ist eine alte Erfahrung nicht nur der Juristen, dass immer wieder einmal
ein durchaus atypischer Rechtsfall zur Entscheidung anstehen wird, der in den
geltenden Normen noch nicht vorgesehen ist und sich insofern als ein Ausnahmefall darstellt. Sie schien und scheint die Unterscheidung zwischen "generalisierender" Gesetzes-Gerechtigkeit für den Regelfall und "individualisierender"
Billigkeits-Gerechtigkeit für den Ausnahmefall notwendig zu machen (68). Auch
das Modell geht von dieser Unterscheidung aus. In ihm ist zwar die Rede von
Einzelfallwertungen; sie sollen aber auf der "Natur der Sache" basieren. Gemeint ist also keine extrem "individualisierende" Wertung (69), sondern eine
von "allgemeiner" Bedeutung jedenfalls in der negativen Hinsicht möglicher Falsifikation (70). Das Modell berücksichtigt jene Erfahrung jedoch nicht in derjenigen Weise, welche sowohl von der Gerechtigkeit als auch von den Lebensverhältnissen her geboten ist. In ihnen selbst gibt es nicht nur wesentlich gleiche,
sondern auch wesentlich ungleiche Fälle, und nicht nur den Regelfall, sondern
auch den Ausnahmefall. Auf eine in dieser Art schon in sich differenzierte
Rechtswirklichkeit bezogen, veranlassen die Gerechtigkeitsprinzipien "Jedem
das Seine" und "Gleiches gleich, Ungleiches ungleich behandeln" jeweils zunächst zu der Differenzierung zwischen Gleichem und Ungleichem bzw. zwischen Regel- und Ausnahmefall, und dann einerseits zu einer Regelung für die
gleichen Fälle und andererseits zu einer abweichenden Regelung für den ungleichen Fall.

Ganz entscheidend ist nun, dass durch jene Prinzipien die Ungleichbehandlung
des der 'rechtlichen' Natur der Sache nach wesentlich ungleichartigen Falles (71)

genauso gefordert ist wie die Gleichbehandlung der als wesentlich gleichartig
zu erkennenden Fälle. Die Gerechtigkeit der Ungleich- bzw. der Gleichbehandlung will jedoch nicht mehr und nicht weniger sein als eine Konsequenz der
Rechtserkenntnis des der Rechtsnatur wesentlich Ungleichen bzw. Gleichen (72).
Weil im Sinne der Grundprinzipien der Gerechtigkeitsgleichheit diese Rechtserkenntnis massgebend sein soll, muss sowohl für den Regelfall die material generalisierende Gesetzes-Gerechtigkeit des "in der Regel" Zustehenden als auch
für den Ausnahmefall die spezifizierende Billigkeits-Gerechtigkeit des "ausnahmsweise" Zustehenden geübt werden. Die richtige rechtliche Beurteilung
des Regelfalls aber wird durch die richtige rechtliche Beurteilung des Ausnah-
mefalles nicht etwa widerlegt, sondern ergänzt - wie dann auch die Gerechtigkeit der Gleichbehandlung in der der Ungleichbehandlung nur noch ihre Ergänzung findet (73).

Von daher ist mit dem Einwand Nr. 10 festzustellen: In dem Modell wird das
Verhältnis zwischen Gesetzes-Gerechtigkeit "für den Regelfall" und Billigkeits-
Gerechtigkeit "für den Einzel- als Ausnahmefall" verkannt; der rechtliche Einzelfall, der ein den Regelfall ergänzender Ausnahmefall ist, wird infolge der
Orientierung an empirischer "kritischer Prüfung" als ein Einzelfall missver-
standen, der als ein einer Hypothese entgegenstehender Ausnahmefall zu werten ist.

e) Sobald klar ist, dass der als "Ausnahme" erscheinende einzelne Rechtsfall
zum rechtlichen Regelfall in einem Ergänzungsverhältnis steht, versteht es sich
auch schon von selbst, wie abwegig es wäre, die für den Regelfall adäquate Gesetzesnorm von der für den "Ausnahme"-Rechtsfall adäquaten (Billigkeits-)Wer-
tung her "normativ falsifizieren" zu wollen. Letztere stünde lediglich einer
Verabsolutierung des Regelfalles - bzw. der nur für ihn gedachten Norm - entgegen, derzufolge es den Ausnahmefall und dessen Regelung eigentlich gar nicht
geben dürfte. Eine derartige Verabsolutierung ist aber nicht mit der Natur der
Sache des Regelfalles und auch nicht mit der ihm adäquaten Norm selbst, sondern erst durch eine verfehlte Fassung oder Interpretation der Norm gegeben.
Wenn aus bestimmten Gründen mit der Möglichkeit eines Ausnahmefalls und
der Notwendigkeit einer Ausnahmeregelung gerechnet werden muss, verbietet
es sich, die Norm selbst als "Regel ohne Ausnahme" zu fassen oder zu interpretieren. In Frage kommt unter Umständen nur, eine Regel als grundsätzlich
vorrangig zu normieren (74). Stellt sich jedoch heraus, dass einer "Regelfall-
Regelung", der ein grundsätzlicher Vorrang zuerkannt worden war, in Wirklichkeit ein solcher Vorrang nicht zukommt, so ist sie als nur für den betreffenden
Fall - d.h. in keiner Weise auch für den angeblichen "Ausnahmefall" - gedacht
zu präzisieren, d.h. unter Umständen ganz neu zu formulieren (75).

Eine Verabsolutierung der Regelfall-Norm trotz der Existenz eines Ausnahmefalls verbietet sich letztlich von den Prinzipien der Gerechtigkeitsgleichheit
her. "Ausnahmslos" gültig kann eine solche Norm lediglich für alle dem Regelfall genau oder im wesentlichen gleichenden Fälle sein, zu denen der rechtliche Ausnahmefall inhaltlicher Art eben nicht gehört: Er ist der wesentlich ungleiche Fall, der als solcher immer - d.h. im Einzelfall und in allen gleichlie-

genden Fällen - Ungleichbehandlung erfordert. Es ist zwar möglich, eine Norm im Interesse möglichster Exaktheit in der Weise zu fassen, dass Merkmale, mit denen der Besonderheit wesentlich ungleicher Fälle entsprochen würde, konsequent ausgespart bleiben (76). Die generelle Form einer exakt nur auf eine bestimmte Klasse gleicher Fälle abgestellten Norm ist aber nicht überzubewerten. Sie entspricht bloss dem Sachverhalt, dass die Norm bezüglich dieser Klasse 'allgemein' gültig ist und positivrechtlich gilt. Sie kann nicht bedeuten, dass der Norm Universalität im Sinne eines immer, überall und für schlechthin jeden Fall gültigen und aktualisierbaren Prinzips zukäme (77). Ebensowenig kann sie bedeuten, dass die Regelfall-Norm im Sinne der Unmöglichkeit eines wesentlich andersgearteten Falles und einer entsprechenden Ausnahme-Regelung "universal" richtig, gültig und geltend wäre.

Zusammenfassend ist zu sagen, dass es sich grundsätzlich verbietet, die Regel und die Norm für sie absolut zu setzen, um alle Ausnahmen und Ausnahme-Regelungen auszuschliessen (78). Mit den Thesen 2 und 5 des Modells ist eine derartige Absolutsetzung zwar nicht direkt beabsichtigt. Praktisch verleitet mit ihnen das Modell aber zu der Vorstellung, jede normative Bestimmung als "rechtliche Hypothese" müsse einen gewissermassen "universalen" Charakter haben, d.h. einen Ausnahmefall dürfe es eigentlich überhaupt nicht geben; wenn es ihn aber gebe und er gefunden werde - womit stets gerechnet werden müsse - verfalle die Bestimmung, sobald er dann auch der Billigkeit gemäss gewertet sei, der normativen Falsifikation.

All das veranlasst zu dem Einwand Nr. 11: Das Modell verführt dazu, den Regelfall zunächst als den einzig wirklichen und die Regelfall-Regelung zunächst als die einzig mögliche und insofern "universale" Norm zu vermuten, dann aber die Normalfall-Regelung von der (ausserdem möglichen!) Ausnahmefall-Wertung her für "normativ falsifiziert" zu erklären, d.h. das Kind mit dem Bade (jener an sich schon verfehlten Vermutungen) auszuschütten.

f) Zu dem Anschein, rechtliche Bestimmungen liessen sich als an sich "für alle Fälle" passen sollende, aber nach Möglichkeit zu falsifizierende Hypothesen betrachten, kann es offenbar nur kommen, wenn entweder die einer positivrechtlichen Bestimmung eignende juristisch-formelle Allgemeingeltendheit für schlechthin alle dem gesetzlich geregelten Fall gleichenden Fälle (ohne Ausnahme!) oder die universale Richtigkeit bzw. Gültigkeit eines Prinzips (ohne Ausnahme!) mit der generellen Gültigkeit einer nur "im allgemeinen" (d.h. nicht für den Sonderfall!) richtigen Norm konfundiert wird. Nur dann nämlich ergibt sich das Missverständnis, der in der Norm nicht berücksichtigte Sonderfall und die ihm adäquate Wertung seien mit ihr unvereinbar. Der Konfundierung von Allgemeingeltendheit oder universaler Gültigkeit mit genereller Regel-Gültigkeit entspricht eine solche von ganz verschiedenen "Ausnahme"-Begriffen. Eine rechtliche Bestimmung lässt, insofern ihr als Geltungsanordnung oder rechtlichem Urteil Allgemeingeltendheit zukommt, überhaupt keine "Ausnahme" im formalen Sinne einer Durchbrechung oder Aufhebung dieser juristischen Geltendheit zu. Ein rechtliches Grundprinzip - wie z.B. das der Gerechtigkeitsgleichheit - gestattet nicht einmal den Gedanken einer Ausnahme von sich. Mit seiner Universalität und Unbedingtheit steht immer schon fest, dass eine "Ausnahme", deren Existenz und Besonderheit zu seiner Falsifikation berechtigte, in keiner Weise mehr in Betracht kommt. Insofern eine rechtliche Bestimmung dagegen als eine nur "im allgemeinen", d.h. nur für einen Regelfall und alle ihm gleichenden Fälle richtige Norm 'allgemein' gültig ist, lässt sie zwar den "Ausnahmefall" im inhaltlichen Sinne eines wesentlich ungleichen, d.h. objektiv wie 'rechtlich' andersartigen Sonderfalles, und überdies die ihm adäquate Ausnahme-Regelung "neben" sich zu - aber deren Andersartigkeit bzw. die des Ausnahmefalls im inhaltlichen Sinne bedeutet niemals einen Falsifikationsgrund gegen sie. Die formale "Ausnahme" als Geltungs-Durchbrechung und die Prinzipien-"Ausnahme" als Aufhebung eines universalen und unbedingten Grundprinzips sind schlechterdings ausgeschlossen; die materiale Ausnahme hingegen im Sinne einer Ergänzung zur "Regel" ist im Prinzip ebenso 'rechtlich' möglich wie diese - und nicht nur die Regel-Norm, sondern außerdem auch die Ausnahme-Norm kann juristisch allgemeingeltend sein. Eine "Ausnahme" jedoch, von der her die der Regel adäquate Regelung "normativ falsifiziert", d.h. der Unrichtigkeit überführt werden könnte, kann es nicht geben. Sinnvoll könnte nur sein, eine zunächst bloss für den Regelfall gegebene Bestimmung durch eine ihrem Tatbestand und ihrer Rechtsfolge nach differenzierende Norm zu ersetzen, die als solche unter anderem auch dem Sonderfall Rechnung trägt (79).

Die Frage, ob normative Falsifikation einer normativen Bestimmung vom (nicht empirischen, sondern rechtlichen!) Ausnahmefall her möglich ist, muss also negativ beantwortet werden. Denkbar bleibt aber schliesslich noch eine überraschende Wendung, die sich ergeben kann, sobald genügend Erfahrungen mit abweichenden Fällen vorliegen. Ein Einzelfall, der bisher nur als eine Ausnahme vorausgesetzt und gewertet worden war, kann sich als der in Wirklichkeit häufigste und charakteristischste Fall eines Realtypus oder als der vorbildliche Regelfall für die vernünftig-normale Situation erweisen. Oder umgekehrt: der mit einer Gesetzesnorm gemeinte Fall kann sich als ein seltener oder als ein schlechter Ausnahmefall herausstellen (80). Dann haben sich entweder die Verhältnisse geändert - oder der Gesetzgeber hatte mit der Norm das Wichtigste noch gar nicht getroffen, das Falsche akzentuiert und "in eine falsche Richtung" gelenkt (81). In beiden Fällen ist "normatives Falsifizieren" nicht möglich. Die betreffende einzelne Norm selbst ist und bleibt zumindest relativ auf die mit ihr gemeinten und isoliert gedachten Fall-Sachverhalte in einem entsprechend eingeschränkten Sinne richtig. Sie plötzlich für schlechthin falsch zu erklären, ginge also zu weit. Dies gilt erst recht, wenn die Norm eine Regel beinhaltet, die nach wie vor grundsätzlich den Vorrang hat (82). Hinsichtlich eines inzwischen als wichtiger erkannten Falles ist nur das Gesetz verbesserungsbedürftig. Es müsste um eine neue Bestimmung für diesen Fall erweitert werden - und sie sollte den Akzent erhalten.

g) Was für die Falsifikationsproblematik der Rechtsnormen gilt, das gilt im wesentlichen auch für die der übrigen nicht-universalen normativen Bestimmungen. Ein materialer Rechtsgedanke, der in einem bestimmten Rechtsgebiet juristische Geltung erlangt hat, ist möglicherweise für ein anderes Rechtsgebiet ganz ungeeignet. Aus Letzterem folgt aber natürlich nicht, dass er für jenes

erste Gebiet, in welchem er bereits leitend ist, gleichfalls ungeeignet wäre,
d.h. dass er überhaupt nicht richtig und gültig sein könnte (also "normativ falsifiziert" werden müsste), und ihm konsequenterweise höchstens eine "relative
Geltung" zuerkannt werden dürfte. Es wäre abwegig, ihm gegenüber die unter
den abweichenden Bedingungen eines anders strukturierten Rechtsgebiets aufgrund eines anderen Rechtsgedankens zu beurteilenden Fälle als "Ausnahmen"
zu werten, um dann von einer mit ihm unverträglichen "Ausnahme"-Fallwertung
her ihn zu falsifizieren ... oder ihn relativistisch als letztes Endes unverbind-
lich hinzustellen. Auch Rechtsprinzipien und Rechtsgrundsätze eines positiven
Rechts, sofern sie solche richtigen Rechts sind (83), kann man nicht auf die beschriebene Art kritisieren. Viele von ihnen mögen kulturkreisbezogen sein.
Sie als "kulturkreisbedingt", "bloss relativ" oder gar "falsch" abzuwerten, weil
sich ein Kulturkreis findet, in dessen Ordnung sie keinen Platz haben, wäre verkehrt. Um einen Fehlschluss handelte es sich auch, wenn ein jetzt der positivrechtlichen Geltung sich erfreuendes Prinzip aufgrund dessen als nicht wirklich
gültig bzw. als "nur relativ" geltend kritisiert würde, dass es früher nichts
galt oder noch nicht einmal entdeckt war (84).

Mit Rechtsprinzipien und Rechtsgrundsätzen scheint sich allerdings noch eine
Schwierigkeit zu ergeben. Sie können bei der Einzelfallwertung miteinander konkurrieren. Ist also wenigstens im Einzelfall das eine Prinzip als falsch zu werten, wenn ein anderes sich als für ihn allein richtig erweist? Die Frage ist zu
verneinen. Das eine Prinzip ist nämlich dann im Unterschied zum anderen nur
nicht anwendbar (85). Wenn in einem anders gearteten Fall umgekehrt das andere Prinzip nicht, oder aber in einem weiteren Fall beide Prinzipien anzuwenden
sind, kann es sich bei ihnen zwar nicht um so etwas wie ein Regel-Prinzip und
ein Ausnahme-Prinzip handeln (86). Die Rechtsfälle bzw. die Fallnormen hingegen, für die sie leitend werden, verhalten sich unter Umständen wie Regel und
Ausnahme zueinander; in den Einzelfallwertungen selbst kann dann ein Prinzip
(oder ausserdem auch ein anderes) im Sinne einer Differenzierung in Regel und
Ausnahme fungieren. Die Einwände Nr. 10 und Nr. 11 sind dann wiederum aktuell. Ueber sie hinaus ist jedoch zu betonen, dass die Rechtsprinzipien und
Rechtsgrundsätze, so sehr sie in Fallbeurteilungen konkurrieren mögen, gleichwohl als solche in einem Ergänzungsverhältnis zueinander stehen. Die Falsifikation eines Rechtsprinzips auf der Basis einer Ausnahmefall-Wertung im Lich-
te eines (nur hinsichtlich der Anwendung!) konkurrierenden Prinzips ist nicht
denkbar.

IX.

Mit dem Modell normativer Falsifikation wird der Entwurf einer Methode prä-
sentiert, die es ermöglichen soll, im Wege der Konstruktion und der - falsifikationistisch gedachten - Kritik der Gerechtigkeit näher zu kommen. Dieser Entwurf hat sich inzwischen als äusserst problematisch erwiesen. Dass er der
Richtigkeitskontrolle rechtlicher Bestimmungen, und mithin auch dem Fortschritt der Rechtserkenntnis dienlich sein könnte, ist kaum mehr zu erwarten.
Trotzdem könnte man noch meinen, er sei nicht in jeder Hinsicht verkehrt.

Man könnte zugestehen, auf dem Gebiet rechtlicher Theorie sei nichts mit ihm anzufangen, zugleich aber vermuten, auf dem Gebiet rechtlicher Praxis sei er das einzig Richtige, insofern er über eine blosse Gesetzesanwendung hinaus eine kritische Rechtsanwendung erlaube. Es empfiehlt sich deshalb, auch noch ausführlich einzugehen auf das

Problem Nr. 7: Ist normative Falsifikation als Methode der Rechtsanwendung auf der Grundlage des Rechtsgefühls möglich?

a) Es ist sehr die Frage, ob das Modell die Möglichkeit bietet, eine Rechtsanwendung als Synthese von Gesetzesanwendung und Einzelfallwertung zu erreichen. Mit ihm scheint man über einseitige Denkweisen nicht hinauszukommen. Nach These 4 müssen "rechtliche Hypothesen" gehaltvoll, das heisst (gewöhnlich zusammen mit anderen Sätzen) zur Ableitung von konkreten Rechtsfolgen für Einzelfälle geeignet sein. An sich ist danach zwar noch denkbar, dass die unter Umständen erforderlichen anderen Sätze auch aus einem Nachdenken über den betreffenden Einzelfall und die seiner 'Natur der Sache' nach für ihn richtige Rechtsfolge resultieren sollen. In dem Modell spielt dieser Gedanke jedoch offenbar keine Rolle. Nach These 5 müssten "rechtliche Hypothesen" an sich verifiziert, d.h. für alle künftigen Fälle, für die sie einschlägig sind, als zu richtigen Lösungen führend nachgewiesen werden. Eigentlich sollte also allein schon ihre Anwendung in allen künftigen Fällen jeweils zum Richtigen verhelfen. Damit zeichnet sich ein reines Anwendungsdenken ab. Beim Anwenden der Norm auf den neuen Fall müsste, so scheint es hier, allein schon ein Denken von der Norm her - d.h. nicht zugleich von ihm her - zum adäquaten Resultat führen.

Die Thesen 7 bis 9 bedeuten umgekehrt ein reines Falldenken in falsifikationistischer Funktion. Dem Ziel eines richtigen Ergebnisses müsste man, so scheint es nun, letztlich allein durch ein Denken vom Einzelfall her näherkommen können, das immer wieder sich gegen - dann "unrichtige" oder "falsche" - rechtliche Hypothesen durchsetzt. Indem in diesem Sinne Einzelfallwertungen als Grundlage für normative Falsifikationen vorgesehen werden, wird ein reines Falldenken gegenüber einem reinen Anwendungsdenken zur Korrekturinstanz erhoben. Die eine, eher gesetzespositivistische Einseitigkeit wird durch eine ihr entgegengesetzte, eher "naturrechtliche" Einseitigkeit abgelöst. Das Modell entspricht insofern der in der neueren Methodendiskussion festzustellenden Tendenz, nur noch vom Fall her inhaltliche Richtigkeit anzustreben und diese dann dem Gesetz entgegenzusetzen, um derart über das traditionelle Anwendungsdenken hinauszukommen (87). Nötig wäre jedoch eine grundsätzlich synthetische, und zugleich nötigenfalls differenzierende Betrachtung des Verhältnisses zwischen der Norm und dem neuen Einzelfall (88).

b) Ein blosses Anwendungsdenken ist nur für den Normalfall unproblematisch, der noch nicht oder nicht mehr zu Zweifeln Anlass gibt, weil - infolge der Berücksichtigung gerade eines solchen Falles schon im Gesetz oder in einer gesetzesgebundenen Rechtsprechung - das Postulat der Gesetzestreue und das der Einzelfallgerechtigkeit bereits zum selben Resultat zu weisen scheinen.

Bei Fällen, die von den im wesentlichen schon mit dem Gesetz berücksichtig-
ten Fällen mehr oder weniger abweichen, können beide Postulate dagegen gleichsam in ein Spannungsverhältnis geraten; aber auch dann treten sie sich "nicht
als starre Grössen gegenüber" (89). Leitend werden müssen bei der Einzelfall-
beurteilung dann stets beide. Es wäre verfehlt, bei der rechtlichen Qualifizie-
rung eines relativ abweichenden Falles entweder zunächst in das Extrem eines
reinen Anwendungsdenkens, oder zunächst in das eines reinen Falldenkens zu
verfallen, um dann gegen das eine, offenbar extrem einseitige Ergebnis das andere (das doch keineswegs weniger einseitig ist!) auszuspielen und als die einzig richtige Lösung auszugeben. Da ein reines Anwendungsdenken nur die Gesetzesnorm, d.h. nicht zugleich den relativ abweichenden Rechtsfall massgebend
sein zu lassen sucht, kann sein Resultat bestenfalls zufälligerweise auch für ihn
passen. Meist passt es nur für einen irgendwie auf ihn hin konstruierten Fall,
der dann mit ihm selbst kurzschlüssig identifiziert zu werden pflegt.

Ein relativ selbständiges Verstehen des identifizierbaren Sinngehalts, den eine
Gesetzesnorm an sich schon hat und haben muss, ist zwar unabhängig von jeder
Anwendung auf einen realen Rechtsfall und vorgängig zu ihr bereits unter Bezugnahme auf die mit der Norm gemeinten Fälle zu gewinnen (90). Ein entsprechendes Verständnis der "Norm selbst" führt aber nur im Normalfall für den - dann
im Grunde nur numerisch "neuen" - Einzelfall ohne weiteres im Wege der Subsumtion zu einem richtigen Ergebnis. In jedem zunächst einmal problematischen Einzelfall wird über ein solches Norm-Verständnis hinaus ein gerade
<u>auch von ihm selbst her</u> entworfenes und geprüftes, <u>ihm gerecht werdendes</u>
rechtliches Urteil <u>im Sinne</u> der Norm (oder "<u>in Entsprechung</u>" zu ihr) nötig.

c) Ein reines Falldenken hingegen, das als solches nicht zugleich auf die nach
Möglichkeit anzuwendende Gesetzesnorm reflektiert, wird nur allzu leicht zu
einem Ergebnis kommen, das mit der Norm unvereinbar zu sein <u>scheint</u> und ihr
entgegengesetzt wird, als ob schon von ihr selbst her die Frage ihrer wirklichen
Anwendbarkeit auf so einen Rechtsfall wie den betreffenden Einzelfall hätte verneint werden müssen. In der Tendenz eines reinen Falldenkens liegt es überdies, den der Gesetzesnorm selbst eignenden Gehalt illusorisch werden zu lassen, um jeweils diejenige Bedeutung selber festzusetzen und der Norm zuzuschreiben oder zu "verleihen", die geeignet zu sein scheint für eine nachträgli-
che "Begründung" oder "Stimmigkeitskontrolle" der schon unabhängig vom Gesetz getroffenen Fallentscheidung (91). Man kann zu einem reinen Falldenken
nicht übergehen, ohne das Gesetz radikal zu relativieren. Ein solches Denken
ist nicht bloss deshalb problematisch, weil es sich mit einer staatstheoretisch
legitimierten Gesetzesbindung kaum vereinbaren lässt. Es steht nämlich vor
allem auch in Widerspruch zu einer begründungstheoretisch verstandenen Verbindlichkeit des Gesetzes, deren Sinn die Bewahrung des mit dem Gesetz - hinsichtlich der gemeinten Rechtsfälle - bereits erreichten Stands an Vernünftig-
keit ist.

Mit dem, was das Gesetz vernünftigerweise fordert, ist nicht alles und jedes
vereinbar. Der Selbstherrlichkeit eines reinen Falldenkens steht es deshalb immer wieder im Wege. Kann man es dann nicht einfach übergehen, so wird man

es umdeuten, bis es kaum mehr wiederzuerkennen ist. Notfalls lügt der "Interpret" das Gesetz sich zurecht, wie er es braucht. Oder er stellt den nur numerisch neuen Fall als einen ganz neuartigen dar, um ihn unabhängig vom Gesetz so entscheiden zu können, wie es ihm passt (92). Verdient demgegenüber nicht ein Modell den Vorzug, das dazu anleitet, von einer abweichenden Fallwertung her die Gesetzesnorm gleich ganz zu falsifizieren?

Das Modell normativer Falsifikation krankt erst recht an Einseitigkeit. Man hat den Stein der Weisen gefunden - in der "billigen" Einzelfallwertung nach "Rechtsgefühl". Das Bild aber, das man in ihr jeweils gewinnt, lässt man nur noch als Medusenhaupt wirken: ihm gegenüber sollen "normative Hypothesen" nach Möglichkeit "sterben". Erst im Einzelfall soll sichtbar werden können, was es mit einer Bestimmung auf sich hat. Wehe der Norm, die im Spiegel des Einzelfalls verzerrt erscheint - sie muss auch verzerrt sein.

Für die falsifikationistische Spielart eines reinen Falldenkens ist es charakteristisch, das Resultat der billigen Einzelfallwertung keineswegs zur definitiv richtigen und gültigen "normativen Bestimmung" zu verallgemeinern, die einer "kritischen Prüfung" im Sinne normativer Falsifikation nicht mehr bedürfte. Nur ein Spiegel kritischer Reflexion, nicht ein Fenster, durch das etwas Richtiges erscheinen und ein für allemal ein Licht aufgehen könnte, soll sich uns im Einzelfall bieten. Kennzeichnend für jene Spielart ist es andererseits, für die Fallwertung selbst keinerlei Kritik vorzusehen. Mit der bereits richtigen Einzelfallwertung als Basis steht und fällt die Falsifikationsmethode des Modells. Vermutlich bleibt deshalb unberücksichtigt, dass jeweils nicht nur die zu prüfende normative Bestimmung, sondern auch die Fallwertung "falsch" ausgefallen sein könnte. Die Fallwertung ist das schwächste Glied, das man in eine Kette einfügt, die man "kritisch prüfen" möchte. Dass eine Gesetzesnorm auf der Erfahrung von Generationen beruht, hilft ihr nichts mehr, sobald sie abhängig gemacht ist von dem, was ein souveräner Kritiker unter Berufung auf einen einzigen Fall und auf das Rechtsgefühl gegen sie einfach behauptet.

d) "Normativ falsifizieren" könnte man, wenn überhaupt, dann nur auf der Basis einer richtigen Einzelfallwertung. Es ist jedoch sehr die Frage, ob eine sich auf einen Einzelfall beschränkende und nur unter Berufung aufs Rechtsgefühl behauptete Wertung schon als richtig gelten und ohne weiteres der fraglichen Norm entgegengesetzt werden darf. Dass die betreffende Fallwertung in Wirklichkeit unrichtig ist, lässt sich nicht von vornherein ausschliessen. Notwendig ist es deshalb, ausser der Norm auch sie noch kritisch zu beurteilen. Eine Wertung des neuen Einzelfalls nur unabhängig von der Norm vorzunehmen (vgl. These 9) und nochmals zu beurteilen, würde aber nicht genügen. Denn "normativ falsifizieren" kann man, wenn überhaupt, dann nur unter der Voraussetzung, dass es sich bei der Norm und der Einzelfallwertung um ein und dasselbe Richtigkeitsproblem handelt. Ob diese Voraussetzung gegeben ist oder nicht, kann man erst sehen, wenn man beide zugleich ins Auge fasst und ihr Verhältnis zueinander bedenkt. Allein schon deshalb kann nur eine momentan und relativ "unabhängige" Fallwertung sinnvoll sein, die zunächst nur einen Entwurf einer richtigen Fallentscheidung ins Spiel bringt (93). Letztlich ent-

scheidend darf erst die kritische <u>Gesamtbeurteilung</u> sein, die sich auf ihn, sein
Verhältnis zur Norm und diese selbst bezieht (94). Nicht etwa nur die Fallwertung (vgl. These 9), sondern die Gesamtbeurteilung ist auf der Grundlage des
Rechtsgefühls vorzunehmen. Das soll jedoch nicht heissen, dass man sich auf
eine Art von Orakel berufen dürfte. In die Gesamtbeurteilung - als kritische Argumentation bzw. Diskussion - müssen all die <u>Gründe</u> eingebracht werden, die
für die Fallwertung bzw. für die Norm sprechen (95). Es genügt darum auch
nicht, nur ein intuitives "Wiedererkennen der Norm im Sachverhalt" (des neuen
Einzelfalles) "und des Sachverhalts in der Norm" anzustreben (96). In der
Rechtskritik wie auch in der Rechtsanwendung ist vielmehr in allen wirklich problematischen Fällen zuletzt eine umfassende <u>Verhältnisbestimmung</u> unumgänglich. Es fragt sich, <u>in welchem Verhältnis steht</u> a) die Norm zu den mit ihr gemeinten Fällen; b) die Fallwertung zum neuen Einzelfall selbst; c) der neue
Fall zu jenen "alten" Fällen; d) die entworfene Einzelfallwertung zur Norm; das
mit der Fallwertung konzipierte Verhältnis Sachverhalt-Rechtsfolge zu dem mit
der Norm gegebenen Verhältnis Tatbestand-Rechtsfolge?

e) Ergibt sich in einer entsprechend differenzierten Gesamtbeurteilung, dass
der neue Einzelfall von den mit der Norm gemeinten Fällen der 'rechtlichen'
Natur der Sache nach wesentlich abweicht und die Norm für so einen Fall wie
ihn ganz inadäquat ist, so verbietet sich jede Harmonisierung, aber auch jede
Entgegensetzung. Es wäre verfehlt, die für gänzlich andere Fälle gedachte Norm
so lange zu "konkretisieren", bis sie doch noch für den Fall zu passen scheint -
oder den Fall unter Missachtung seiner Natur derart darzustellen und rechtlich
zu qualifizieren, dass er schliesslich doch noch unter die Norm subsumiert werden kann (97). Nicht weniger verfehlt wäre es jedoch, im Sinne der Thesen 7
und 8 des Modells den Einzelfall bzw. dessen Wertung der Norm entgegenzusetzen, um sie falsifizieren zu können. Sobald erkannt ist, dass (vgl. zuvor unter
c und d) die Verhältnisse wesentlich ungleich sind, kommt für den neuen Einzelfall nur eine Ungleichbehandlung, also nur eine Ergänzung der Gesetzesnorm
durch eine weitere normative Bestimmung in Frage, die eine dem wesentlich
andersartigen Fall adäquate Fallregelung entweder selbst schon einschliesst
oder wenigstens sie zu bilden erlaubt.

Hat dagegen schon ein erster Versuch einer Gesamtbeurteilung zum Ergebnis,
dass es sich bei der Norm und dem neuen Fall zwar um ein und dasselbe Richtigkeitsproblem handelt, aber der ihr vorliegende Entwurf einer Einzelfallwertung mit der Norm unverträglich ist, so bleibt nur übrig, Entwurf und Norm
noch genauer und kritischer zu betrachten. Möglicherweise wird schliesslich
klar, dass der Entwurf zum Fall doch nicht im rechten Verhältnis steht; mit
der richtigen Einzelfallwertung fehlt danach schon die Basis, die dem Modell
zufolge die "normative Falsifikation" der Norm ermöglichen soll. Oder es
stellt sich heraus, dass die Norm sowohl dem neuen Einzelfall als auch den
"alten" Fällen, für die sie an sich schon gedacht war, gar nicht gerecht wird.
Dann ist sie zwar für unrichtig oder "falsch" zu erklären (mit der Konsequenz,
dass eine von ihr unabhängige, richtige Fallwertung als <u>Rechts</u>anwendung möglich wird); eine "normative Falsifikation" im Sinne des Modells bedeutet das
dann aber nicht, da ja im Prinzip schon von den "alten" Fällen her die Unrich-

tigkeit hätte erkannt werden können, es also eines neuen Einzelfalles und einer von der Norm unabhängigen Einzelfallwertung überhaupt nicht bedurfte.

f) Man könnte meinen, anders verhalte es sich, wenn allererst ein Fortschritt ausserrechtlicher Erkenntnis dazu führt, dass zunächst der Sachverhalt eines neuen Einzelfalles sowie der der "alten" Fälle einer Gesetzesnorm besser erkannt, und dann im Anschluss an eine Wertung des Falles eine neue, sowohl sachgerechtere als auch 'rechtlich' richtigere Norm für den neuen Fall wie auch für die "alten" Fälle gegeben wird. Denn Letzteres bedeutet doch offenbar, dass eine keineswegs schon früher mögliche Richtigkeitserkenntnis die Aufhebung der bisherigen Norm zur Folge hat. Genaugenommen beruht aber diese Aufhebung auch noch nicht auf einer "normativen Falsifikation" im Sinne des Modells. Daraus, dass die neue Norm bezüglich des infolge eines Fortschritts ausserrechtlicher Erkenntnis sachgerechter gefassten Sachverhalts richtig ist, folgt nicht, dass die bisherige Norm bezüglich des vor jenem Fortschritt ihr vorliegenden Sachverhalts unrichtig war (98); relativ auf letzteren war und ist sie in einem entsprechend reduzierten Sinne "richtig"; schlechthin zu falsifizieren ist sie deshalb nicht. "Falsch" wäre nur, sie weiterhin positivrechtlich gelten zu lassen und anzuwenden, statt mit einer neuen Norm der neuen Situation Rechnung zu tragen (99).

g) Das Modell sieht Einzelfallwertungen nach <u>Billigkeit</u> als Falsifikationsbasis vor (vgl. die Thesen 7 und 8), geht aber offenbar (vgl. These 5) davon aus, dass die nach Möglichkeit zu falsifizierende Bestimmung für den neuen Einzelfall "einschlägig" sein muss. Wenn die Norm für ihn jedoch tatsächlich einschlägig ist und nicht nur für die mit ihr je schon gemeinten Fälle, sondern <u>im wesentlichen auch noch für ihn</u> (als ihnen im wesentlichen gleichen Fall) passt, kann ein Billigkeitsaspekt allenfalls noch zusätzlich berücksichtigt werden. Eine entsprechende Billigkeitswertung vermag niemals eine "normative Falsifikation" der Norm, sondern höchstens eine zur Norm selbst noch hinzukommende normative Bestimmung bzw. eine aus dieser abzuleitende Fallentscheidung zu legitimieren (100).

Entsprechend verhält es sich, wenn bereits bei der Einzelfallwertung ein <u>systematischer</u> Aspekt zusätzlich berücksichtigt wird; auch dann folgt aus der Richtigkeit einer ergänzenden Normierung nicht die Unrichtigkeit der Norm. Zu rechtfertigen ist eine Modifikation der Fallentscheidung unter systematischen Gesichtspunkten nur in der Weise, dass die - oben beschriebene - Gesamtbeurteilung durch eine systematische Orientierung erweitert, und nötigenfalls eine kritische Verhältnisbestimmung umfassender Art vorgenommen wird. Von daher erscheint das Falsifikationsmodell erst recht als problematisch. Offenbar setzt es voraus, dass wir es in der Rechtskritik bzw. in der Rechtsanwendung jeweils immer nur mit <u>einer</u> Norm zu tun haben, und dass wir sie immer nur von <u>einem</u> Rechtsfall her kritisieren können. Es berücksichtigt nicht, dass alternative Versionen einer Gesetzesnorm oder auch einer Einzelfallwertung in Frage stehen könnten, die zusammen und in systematischer Weise in eine kritische Prüfung der Verhältnisse eingebracht werden müssten (101).

Zusammenfassend sei mit dem Einwand Nr. 12 festgestellt: Das Modell verführt zunächst zu einem einseitigen Anwendungsdenken und dann zu einem einseitigen Falldenken in falsifikationistischer Funktion; es ermöglicht keine zureichende Gesamtbeurteilung von Gesetzesnorm und neuem Einzelfall in systematischer Orientierung.

h) Dieser Einwand spricht nicht zuletzt auch gegen die These 9 des Modells,
derzufolge die Einzelfallwertungen (auf deren Basis nach Möglichkeit falsifiziert
werden soll) "auf der Grundlage des Rechtsgefühls vorzunehmen" sind. Ein jeweils nur auf einen Einzelfall eingestelltes Rechtsgefühl ist nicht ausreichend,
denn kein Fall ist eine Insel, und keine Fallbetrachtung kann die eines Robinson
sein, den nur seine Insel und sonst nichts zu interessieren braucht. Eine iso-
lierte Einzelfallwertung reicht erst recht nicht hin, denn möglicherweise beruft
sie sich zu unrecht auf das Rechtsgefühl. Auch sie könnte "falsch" sein - und
darum bedarf sie der Kontrolle von der spezifisch rechtlichen 'Erfahrung' her,
die bereits in den geltenden Gesetzen und in aussergesetzlichen Grundlagen der
Rechtsfindung sowie in bewährter Rechtslehre und anerkanntem Gerichtsge-
brauch ihre Objektivation erhalten hat (102). Da die Einzelfallwertung generali-
sierend sein müsste, könnte man meinen, sie sei vom Gesetz her nach Möglichkeit zu falsifizieren (103).

Innerhalb eines dialektischen Prozesses einer Gesamtbeurteilung der Gesetzesnorm, der mit ihr gemeinten oder ihr schon zugeordneten Fälle und des neuen
Einzelfalls ist eine "Wechselwirkung" (104) zwischen einem Anwendungsdenken,
das in Bindung an die Norm das Richtige ermitteln will, und einem vom Rechtsgefühl für "diesen" Einzelfall ausgehenden Falldenken nicht problematisch (105).
Insgesamt verständnisgeleitet wäre jener Prozess jedoch nur, wenn ihm ein
'Rechtsgefühl' im transzendentalen Sinne eines Erkenntnisgrunds nicht etwa nur
im Sinne einer prinzipiellen Orientierung, sondern auch konkret als Verständ-
nisgrundlage eben der zu erreichenden Gesamtbeurteilung zugrunde läge (106).
Es ist nicht damit getan, ein solches 'Rechtsgefühl' entweder nur vom neuen
Einzelfall oder nur von dem an sich schon mit der Norm vorauszusetzenden
(Regel- oder Ausnahme-)Fall zu haben; erforderlich ist es vielmehr als ein
erstes 'Erfassen' des Gesamtzusammenhangs von Norm, Norm-Fall, Einzelfall
und Einzelfallregelung, wenn eine adäquate Verhältnisbestimmung und eine
rechtliche Beurteilung ohne Einseitigkeit gelingen sollen.

Ein solches erstes 'Erfassen' oder 'Einsehen' ist als Bedingung der Möglichkeit
für richtige rechtliche Beurteilungen von Rechtsfällen bzw. von Rechtsnormen
und Fallregelungen zu denken; mit unseren spontanen "intuitiven" Urteilen, die
- wie alle Urteile - falsch sein könnten, ist es keinesfalls zu verwechseln (107).
Nur insoweit es gegeben ist, können wir Rechtserkenntnis erreichen bzw. in der
rechtlichen Argumentation einen Fortschritt machen (108). Oft bezieht es sich
zuerst nur auf Teilaspekte der betreffenden Erscheinungen, die insgesamt in
den Blick kommen sollten. Es muss sich dann noch intensivieren und erweitern.
Seine rationale "Explikation" zu Beurteilungen bzw. Argumentationen, in denen
das rechtlich Wesentliche wirklich getroffen wird, bedarf meist angestrengter
Gedankenarbeit (109). In inhaltlich-konkreter Hinsicht hört seine Tragweite

dort auf, wo lediglich 'einsehbar' wird, dass nurmehr eine Entscheidungsfrage
- im Sinne eines Spielraums für nur frei zu setzendes Recht (ius positivum) -
noch zu beantworten ist (110).

Gerade auch letzteres spricht gegen die These 9 des Modells. Insofern eine
rechtliche Bestimmung nur die Antwort auf eine Entscheidungsfrage darstellt,
lässt sie sich "auf der Grundlage des Rechtsgefühls" weder als richtig noch als
unrichtig 'sehen' und beurteilen; man kann allenfalls meinen, eine andere Entscheidung wäre einem sympathischer gewesen, und unter Umständen einwenden,
eine gar nicht zuständige Instanz habe entschieden.

Entscheidungen von Entscheidungsfragen sind etwas ganz anderes als Dezisionen, mit denen Richtigkeitsfragen kurzerhand entschieden werden, weil einerseits eine im Sinne wirklicher Rechtserkenntnis richtige Antwort noch nicht gefunden werden konnte, andererseits aber aus praktischen Gründen eine Notwendigkeit bestand, zu einem Ergebnis zu kommen. Solche Dezisionen einstweilen
gelten zu lassen, als ob richtig wäre, was sie festlegten, ist gewöhnlich im Sinne des Gleichheitsprinzips praktisch richtig (111). Nur sie (d.h. nicht die Entscheidungen blosser Entscheidungsfragen) sind jeweils nach Möglichkeit durch
eine Rechtserkenntnis auf der Grundlage des Rechtsgefühls zu korrigieren. Das
bedeutet jedoch wiederum nicht, dass das Modell "normativer Falsifikation"
zum Zuge käme. Es ist zwar möglich, dass eine neue Situation oder ein neuer
Einzelfall zum Anlass wird für die schon längst erstrebte Rechtserkenntnis.
Diese muss sich dann aber auf eben die Richtigkeitsfrage beziehen, deren richtige Beantwortung zunächst nur durch eine Dezision ersetzt wurde, also nicht
etwa auf eine ganz andere, sich erst mit einem wesentlich neuartigen Einzelfall
stellende Frage. Genauso verhält es sich mit dem Rechtsgefühl. Es muss dann
so einen Fall wie den 'erfassen', der entschieden wurde, weil er noch nicht hinreichend 'erfasst' und erkannt werden konnte, d.h. nicht etwa einen der Natur
der Sache nach wesentlich abweichenden neuen Fall.

Meine Thesen seien zusammengefasst zum Einwand Nr. 13: Das "Rechtsgefühl"
kann und muss keineswegs immer, sondern nur dann die letzte Grundlage der
Kritik rechtlicher Bestimmungen sein, wenn eine Rechtserkenntnis- oder Richtigkeitsfrage als solche zu beantworten ist; es genügt nicht als blosses "Gefühl"
oder "Urteil" (das falsch sein könnte!), und auch noch nicht als ein auf einen
neuen Einzelfall beschränktes; es muss vielmehr im Sinne eines Erkenntnisgrunds gegeben sein, und zwar jeweils auch in bezug auf den Zusammenhang
von Rechtsnormen und Rechtsfällen, in welchem die zu prüfende Bestimmung
steht.

Die Gesamtbeurteilung von Gesetzesnorm und Einzelfall, wie sie zuvor charakterisiert wurde, wird praktisch erst dann nötig, wenn einerseits eine für relativ verschiedenartige Fälle passende Gesetzesnorm, und andererseits ein "relativ neuartiger" Einzelfall gegeben ist, d.h. einer, für den die Bestimmung weder eindeutig passt noch eindeutig nicht passt. Man könnte meinen, wenigstens
für die dann gegebene Situation sei das Modell diskutabel. Erörtert sei deshalb
noch das

X.

Problem Nr. 8: Ist normative Falsifikation vom "relativ neuartigen" Einzelfall her möglich?

a) Ein neuer Einzelfall gibt keinen Anlass für eine Gesamtbeurteilung bzw. für
eine Kritik einer Gesetzesnorm, falls diese an sich schon eine passende Fallregelung für so einen Fall wie ihn darstellt. Wenn der Sachverhalt eines neu gegebenen Einzelfalles "in praktisch allen Merkmalen" (112) mit dem Tatbestand
der Norm bzw. mit dem Sachverhalt des von der Norm vorausgesetzten Rechtsfalls übereinstimmt, dessen 'Erkenntnis' die Norm bereits ist, genügen für die
Anwendung der Norm (vorausgesetzt, es tauchen keine Zweifel an ihrer Richtigkeit auf) praktisch deren Kenntnis und die blosse Kenntnisnahme der Tatsache,
dass der Norm-Tatbestand sich mit dem Sachverhalt des neuen Einzelfalles vollkommen deckt. Die Gesetzesanwendung bedeutet dann offenbar noch nicht ein
Problem richtiger Rechtsanwendung auch unter Berücksichtigung der 'rechtlichen' Natur der Sache eine relativ neuartigen Falles (113). Ein solches Problem ergibt sich andererseits auch dann noch nicht, wenn die Gesetzesnorm
zwar bereits eine konkrete Fallregelung darstellt, aber für den neuen Fall offensichtlich gar nicht passt.

b) Es stellt sich jedoch grundsätzlich immer einmal bei einer Gesetzesnorm,
die sehr verschiedenartige Fälle zu erfassen vermag. Eine derartige Norm
wird zwar von einem bestimmten Leitfall einer Klasse von Fällen oder von einem exemplarischen Fall eines Typus her gebildet worden sein. Sie ist aber
über den Ausgangsfall hinaus dahingehend verallgemeinert, dass sie nicht mehr
nur für alle genau mit ihm übereinstimmenden, sondern ausserdem für alle ihm
bloss im wesentlichen gleichenden Fälle einschlägig und massgebend sein soll.
Erst eine solche Norm steht zunächst einmal in Differenz zu jedem neuen Einzelfall (114). Nur "zusammen mit anderen Sätzen" vermag sie die richtige Lösung auch für ihn zu ermöglichen, falls sie überhaupt auf ihn anzuwenden ist.
Das bedeutet jedoch nicht, dass es ihr gegenüber stets nur "problematische"
Einzelfälle geben könnte. Ihr wird vielmehr in der Rechtswirklichkeit in der
Regel auch schon ein mehr oder weniger enger Kreis von bereits gebildeten
Fallnormen bzw. von bereits als unproblematisch geltenden (weil mit jenen
schon bewältigten) Einzelfällen zugeordnet sein (115). Zum Problem wird jeweils erst der "relativ neuartige" Einzelfall. Er taucht zwar gleichsam ausserhalb des betreffenden Kreises bekannter und mit der Norm gelöster Fälle auf.
Es fragt sich dann aber, ob der Kreis weiter gezogen werden und ihn künftig
einschliessen sollte oder nicht. Ohne eine Gesamtbeurteilung der Verhältnisse
zwischen der Gesetzesnorm, den ihr schon zuzuordnenden Fallnormen bzw.
Fällen und dem relativ neuartigen Einzelfall sowie der für ihn als vernünftig
vermuteten Regelung lässt sich die Frage wohl nicht zufriedenstellend im Sinne wirklicher Rechtserkenntnis beantworten (116).

c) Der "relativ neuartige" Einzelfall ist so beschaffen, dass die Anwendung der
Gesetzesnorm auch auf ihn zum Problem wird. Dem Modell normativer Falsifikation zufolge müsste mit ihm aber auch die Richtigkeit der Norm problematisch werden. Ist mit der Norm der neue Fall überhaupt nicht oder höchstens
auf unbefriedigende Weise zu entscheiden, so kann das in der Tat nicht nur

gegen ihre Anwendung, sondern auch gegen sie selbst sprechen. Sie kann nämlich schon für die erkennbar mit ihr gemeinten - oder auch für die bereits mit
ihrer Hilfe entschiedenen - Fälle derart unrichtig gewesen sein, dass sie längst
hätte als unrichtig erkannt werden können und müssen. Um letzteres handelt es
sich jedoch, wie wir wissen, bei dem Modell nachträglicher normativer Falsifikation gerade nicht (117). Zu prüfen bleibt also, ob allererst der relativ neuartige Einzelfall bzw. die ihm adäquate (Billigkeits-)Wertung (vgl. die Thesen 7
bis 9) einen Falsifikationsgrund gegen die zuvor unangefochtene Richtigkeit der
Norm liefern kann.

Nicht zu bestreiten ist, dass mit dem relativ neuartigen Einzelfall sich überhaupt ein Richtigkeitsproblem stellt: Er soll ja richtig entschieden werden. Aber
ist es zugleich ein Richtigkeitsproblem der Gesetzesnorm selbst? Das ist die
entscheidende Frage. Sie ist wohl kaum positiv zu beantworten. Das konkrete
Richtigkeitsproblem des relativ abweichenden Falles scheint nämlich keineswegs immer schon mit der Norm selbst, und auch noch nicht mit dem Kreis der
ihr bereits zugeordneten Fälle und Fallnormen gegeben zu sein. Es könnte allenfalls von dem betreffenden neuen Fall her der Norm objektiv zukommen.

Was in Wirklichkeit auf die Norm zuzukommen pflegt, sind naive Erwartungen.
Man steht vor einem vergleichsweise neuartigen Fall, will ihn richtig, d.h. vernünftig entscheiden, die Entscheidung aber auch vom Gesetz her gewinnen und
begründen ... und erwartet deshalb von der Gesetzesnorm, die sich für ihn anzubieten scheint, ohne weiteres die für ihn richtige Lösung (118); zeigt sich
dann, dass die Norm diese durchaus nicht ermöglicht, so hält man die Norm
selbst auch schon für unrichtig.

Wer so verfährt, macht sich eines Fehlschlusses schuldig. Daraus, dass eine
Norm für den neuen Fall nicht das Richtige bereithält bzw. ermöglicht, folgt
nicht, dass sie für die mit ihr an sich schon gemeinten Fälle oder für die ihr
bereits zugeordneten Fälle bzw. Fallnormen unrichtig sein müsste. Wenn man
demgegenüber meint, die Gesetzesnorm müsse auch das Richtige für jeden
"relativ neuartigen" Einzelfall im Grunde schon enthalten, oder aber es jeweils
in sich aufnehmen, verlangt man Unmögliches. Die Norm müsste dann ja an
sich schon das Richtige für die "gleichen", und zugleich für jene wesentlich
"ungleichen" Fälle enthalten können, zu denen ein neuer Einzelfall möglicherweise gehört - oder sie müsste "Richtiges" der verschiedensten Art nacheinan-
der produzieren, d.h. zum Chamäleon werden (119).

d) Das Problem eines "relativ neuartigen" Falles kann nur mit Hilfe der Unterstellung für ein Richtigkeitsproblem der Gesetzesnorm selbst erklärt werden,
dass sie ihrem Gehalt nach auch schon die richtige Lösung für ihn ermöglichen
müsste (vgl. dazu die Thesen 4 und 5). In Wirklichkeit ist es jedoch nur ein Problem der Anwendung der Norm auch noch auf den relativ verschiedenartigen
Rechtsfall. Nicht die Norm selbst, sondern jene Unterstellung erwiese sich
als falsch, wenn sich ergäbe, dass der betreffende Fall ein - im Vergleich zu
den schon mit der Norm gedachten bzw. entschiedenen Fällen - wesentlich andersartiger ist. Klar wäre dann nur, dass die Norm nicht auch auf ihn angewen-

det werden darf. Mit dem Modell aber legt sich nicht zuletzt auch die Vorstellung nahe, eine Gesetzesnorm müsse eigentlich für schlechthin alle realen Anwendungsfälle von vornherein adäquat sein, die man deshalb an sich schon bei
der Gestaltung der Norm alle kennen müsste; stelle sie sich aber für einen von
ihnen als nicht adäquat heraus, so sei sie falsch. Auf diese Vorstellung bezieht
sich mein Einwand Nr. 14: Das Modell bedeutet eine Konfundierung von Richtig-
keits- und Anwendungsproblematik.

Ob eine Norm bezüglich der mit ihr erkennbar gemeinten (Regel- oder Ausnah-
me-)Fälle inhaltlich richtig ist oder nicht, beurteilt sich grundsätzlich allein
von ihnen her (120). Darum braucht der "relativ neuartige" reale Einzelfall
nicht schon bei der Bildung der Norm konkret antizipiert, und auch nicht mit
Tatbestand und Rechtsfolge der Norm im Grunde schon berücksichtigt zu sein.
Wollte man die Gesetzesnorm von vornherein für alle auch nur irgendwie als
ihre Anwendungsfälle (für die sie "einschlägig" wäre, vgl. These 5) in Betracht
kommenden realen Einzelfälle öffnen, so müsste man sie hinsichtlich all dieser
Fälle als eine Form fungieren lassen, welche ihren Gehalt letzten Endes erst
von dem (doch mit ihrer Hilfe zu beurteilenden!) Einzelfall her erhält (121).
Dann könnte sie jedoch nicht mehr als ein an sich schon richtiger Massstab für
die Fallbeurteilung verbindlich sein (122). Statt dessen liesse sich mit ihr alles
... und nichts begründen. Sie wäre zur Leerform geworden.

e) Die bereits erreichte Richtigkeit einer gehaltvollen (vgl. These 4), in bezug
auf im wesentlichen gleichartige gedachte Fälle verallgemeinerten Norm lässt
sich von einem "relativ neuartigen" Einzelfall her keinesfalls nachträglich wieder aufheben. Mit einem solchen Fall stellt sich aufgrund des Gleichheitsprinzips allein noch die Frage, ob auch er noch jenen im wesentlichen gleichartigen
Fällen zuzurechnen ist oder nicht (123). Sie ist nur entweder negativ oder positiv zu beantworten. Ist der neue Fall ein wesentlich anderer als jene Fälle,
dann ist eine "normative Falsifikation" der Norm von ihm her ohnehin ausgeschlossen. Die Norm war dann nicht nur nie für so einen Fall wie ihn gedacht
und gewollt, sondern kann auch (vorausgesetzt, sie war für die mit ihr gemeinten Fälle richtig) niemals für ihn gedacht und gewollt werden. Man kann dann
allenfalls annehmen, das Gesetz sei darauf angelegt, auch eine Regelung für so
einen Fall zu enthalten, es weise also eine "offene" Regelungslücke auf, und sie
sei im Sinne des mit dem Gesetz Intendierten fallgerecht zu schliessen (124).
Komplizierter ist die Situation, wenn der relativ neuartige Fall zwar nicht als
ein wesentlich andersartiger erscheint (für den die Norm durchaus nicht in
Frage kommt), wohl aber bei genauerer Betrachtung sich als einer herausstellt,
der wegen einer relevanten Besonderheit eine von der mit der Norm vorgezeich-
neten Lösung entsprechend abweichende Regelung als gerecht erscheinen lässt.
Eine "sture", rigide Anwendung der Norm auf ihn ohne jede Berücksichtigung
seiner Eigenart könnte man dann als unbillig rügen. Verfehlt wäre es aber dann
wiederum, im Sinne der Thesen 7 und 8 eine "normative Falsifikation" der
Norm selbst zu versuchen. Dass die Norm für den zwar im wesentlichen gleichartig erscheinenden, aber doch auch noch eine beachtenswerte Besonderheit auf-
weisenden Fall nicht schon vollständig adäquat ist, also bei einer Anwendung
ohne jegliche Modifikation nur zu einem "unbilligen" Resultat führt, bedeutet

keineswegs, dass sie auch bezüglich der erkennbar mit ihr geregelten Fälle
inadäquat sein müsste. Kritisieren kann man allenfalls, dass die Norm anwendbar zu sein scheint, aber das Gesetz eine "verdeckte" Regelungslücke enthält.
Die Beurteilung des Verhältnisses eines "relativ neuartigen" Rechtsfalls zur
Gesetzesnorm bzw. zu den mit ihr gemeinten oder auch den mit ihr bereits geregelten Fällen mag dazu führen, dass die Anwendbarkeit des Gesetzes ganz
verneint, und deshalb - nach Annahme einer sogenannten "Rechtslücke" - eine
neue gesetzliche Regelung gefordert und gegeben wird, oder aber - nach Annahme einer sogenannten "Gesetzeslücke" - bloss dazu, dass eine in Analogie zu
der Norm bzw. aufgrund eines im Gesetz leitenden Prinzips gebildete und der
"Natur der Sache" des Falles gerecht werdende Bestimmung auf ihn Anwendung
findet. Weder das eine noch das andere Resultat steht jedoch der mit der Norm
selbst vorliegenden Regelung für einen Kreis von wesentlich gleichartigen Fällen entgegen.

XI.

Problem Nr. 9: Differenzierung und Harmonisierung der Normen im Rahmen
eines Rechtssystems

a) Dass wir nicht wie ein allwissender Gesetzgeber schlechthin alle jemals zu
entscheidenden, zwar numerisch verschiedenen, aber qualitativ dem in einer
Rechtsnorm gemeinten (Regel- oder Ausnahme-)Fall gleichenden Einzelfälle
kennenlernen können, braucht uns nicht zu beunruhigen - denn die bezüglich des
Soseins des einen, gedachten Falles richtige und gültige Norm ist notwendigerweise in allen realen Fällen für so einen Fall wie ihn richtig und gültig. Ein
Problem bedeutet es hingegen, dass wir nicht alle denkbaren, qualitativ mehr
oder weniger voneinander abweichenden Rechtsfälle zu überblicken vermögen.
Wie sollte es ohne einen solchen Ueberblick möglich sein, Gesetze mit gerecht
differenzierten, und doch auch aufeinander abgestimmten Regelungen zu geben,
die es erlauben, jeden Einzelfall richtig zu entscheiden? Einem Gesetzgeber,
der alles andere als allwissend ist, bleibt nur übrig, jeweils auf der Basis seiner Rechtserkenntnis nur einiger wesentlich verschiedenartiger Fälle tätig zu
werden (125). Seine Aufgabe ist es dann, einerseits für die bereits gegebenen,
an sich schon unterschiedlichen Rechtsfälle entsprechend differenzierte Rechtsnormen zu finden, andererseits aber sie möglichst in ein durchdachtes System
zu bringen, das offenbleibt für weitere, mehr oder weniger neuartige Fälle,
und das entweder auch schon für sie massgebend sein oder durch entsprechende neue Normen ergänzt werden kann.

Schon bei der Bildung, aber auch noch bei der Weiterentwicklung eines Rechtssystems liegt die Hauptschwierigkeit offenbar in den Abgrenzungen und den Zusammenhängen zwischen den verschiedenartigen Rechtsfällen bzw. zwischen
den entsprechenden Rechtsnormen. Sie ergibt sich je nach Art des betreffenden
Rechtssystems in verschiedener Weise. Dies liesse sich von einer Systematik
möglicher Rechtssysteme her zeigen. Im folgenden soll jedoch nur von zwei
Systemen die Rede sein, die mit systematischen Aspekten des hier in Frage ste-

henden Modells vergleichbar sind. Die Thesen 1 bis 5 des Modells lassen an
ein Satzrechtssystem positiven Rechts, die Thesen 7 bis 9 dagegen an ein Naturrechtssystem denken, in welchem ein oberstes, formales Prinzip (wie das
der Billigkeit) in materialer Hinsicht die "Natur der Sache" der einzelnen Fälle massgebend sein lässt.

Mit zwei derartigen Systemen setzt sich schon Carl von ROTTECK auseinander (126). Wie er zeigt, hat auch ein Naturrechtssystem, dessen normative Bestimmungen ausnahmslos einem höchsten Rechtssatz untergeordnet bleiben,
mit der Schwierigkeit zu kämpfen, dass "die Verschiedenheit der Fälle unermesslich oder unendlich ist, und insbesondere die Uebergangspunkte einer Klasse von Fällen zu einer anderen oft gar nicht und überall sehr schwer zu erkennen oder zu bestimmen sind" (127). Auch in einem solchen System lassen sich
bei fast jedem Rechtssatz "noch Fälle denken, auf die er nicht passt, d.h. auf
welche seine Anwendung ohne Widerstreit mit dem obersten Rechtssatz nicht geschehen kann, oder wo wenigstens seine Anwendung in Concreto unzuverlässig
und schwankend ist" (128). Die Harmonisierung aller Rechtssätze, von denen
die meisten "nur auf das in den umfassten Fällen Vorherrschende, nicht aber
auf jedes dabei noch weiter Gedenkbare oder Mögliche Rücksicht nehmen", ist
jedoch hier immer noch in der Weise möglich, dass Ausnahmen zugelassen und
unmittelbar von dem obersten Rechtssatz her beurteilt werden (129). In einem
positivrechtlichen System hingegen, in welchem zwar generelle Normen, aber
weder ein oberster (seinem Wesen nach naturrechtlicher) Rechtssatz noch Ausnahmen vorgesehen sind, kann es, wie ROTTECK geltend macht, nur allzu leicht
zu Wertungswidersprüchen und zu Entscheidungsschwierigkeiten kommen (130).
Lediglich in einem solchen System mögen neue, abweichende Rechtsfälle zu der
Ansicht verleiten, die betreffenden Rechtssätze seien gänzlich falsch. In Wirklichkeit aber wurden sie bloss zu sehr im Sinne generalisierender Gerechtigkeit konstruiert; sie müssten also nur noch durch Ausnahme-Rechtssätze ergänzt werden oder auf Ausnahmefälle hin ausgelegt werden dürfen. Nur ein ihnen fälschlich unterstellter Ausschliesslichkeitsanspruch ist abzulehnen, nicht
aber sie selbst als für die Regelfälle doch passende Sätze (131).

Diese Ueberlegungen veranlassen zu dem von jener Unterscheidung zweier Sy-
stemarten unabhängigen Einwand Nr. 15: Im Rahmen eines Rechtssystems oder
einer systematisch orientierten Jurisprudenz geht es nicht etwa bloss darum,
Generalisierungen vom Einzelfall her schlechthin zu falsifizieren, sondern im
Gegenteil um konstruktive kritische Beurteilung mit dem Ziel von Regelungen,
die in Entsprechung zu den wesentlichen Ungleichheiten zwischen den Fällen
vernünftig differenziert, und zugleich im Sinne übergeordneter Rechtsgedanken
bzw. in Entsprechung zu den wesentlichen Gleichheiten der Fälle vernünftig
harmonisiert sind.

b) Ein allwissender Gesetzgeber könnte dieses Ziel im Sinne des vernunftrecht-
lich-gesetzespositivistischen Ideals eines vollständigen und in sich geschlossenen Satzrechts erreichen, mit dessen Rechtssätzen schlechterdings alle denkbaren (und irgendwann einmal real vorkommenden) Regel- und Sonderfälle erfasst wären (132). Ein solches Satzrecht mit unermesslich vielen Differenzie-

rungen setzte eine Gesellschaft von nahezu allwissenden Wesen voraus; uns würde es überfordern (133). Für uns vernünftig dürfte nur das Ideal eines Systems von rechtlichen Regeln sein, welches primär die generalisierende (Gesetzes-)Gerechtigkeit, und nur sekundär sowie hilfsweise auch schon die spezifizierende (Billigkeits-)Gerechtigkeit zum Zuge kommen lässt. Ob diesem Ideal durch ein Nebeneinander von ius strictum und ius aequum bzw. von common-law und equity-law, oder aber durch ein mit billigkeitsrechtlichen Elementen durchsetztes Gesetzesrecht entsprochen wird, ist von vergleichsweise sekundärer Bedeutung (134). Das umgekehrte, von den Thesen 7 bis 9 des Modells normativer Falsifikation her sich nahelegende Ideal eines Systems, das der Billigkeit "im Sonderfall" den Vorrang einräumte, und das in diesem eingeschränkten Sinne einen "naturrechtlichen" Charakter hätte, wäre problematisch. Dies mögen folgende Hinweise bei Gustave HUGO plausibel machen: "Je mehr auf Billigkeit gesehen werden soll, desto weitläufiger müssen, besonders im PrivatRechte, die Rechtssätze werden" (135); zwar wäre es "ganz billig, so oft die Umstände sich geändert haben, auch die Rechtssätze zu ändern"; aber "ein so leicht veränderliches PrivatRecht" ist "beynahe gar keines, und es wird Alles in das öffentliche Recht hinübergespielt", statt dass die <u>Gewohnheit</u> die Hauptstütze der Billigkeit bliebe (136).

c) In einem positivrechtlichen System lässt sich, wie wir heute wissen, die schwierige Aufgabe vernünftigen Differenzierens und Harmonisierens keineswegs nur mit Hilfe von Normen erfüllen, die so konstruiert sind, dass unter sie alle Einzelfälle einer Klasse ohne Schwierigkeit subsumiert werden können, von denen gesagt werden kann, dass sie einen dem Norm-Tatbestand in allen rechtlich wesentlichen Merkmalen entsprechenden Tatbestand aufweisen. Möglich sind vielmehr auch mehr oder weniger "offene" normative Bestimmungen, die lediglich eine "typische" Erscheinung als solche repräsentieren und in grundsätzlicher Weise werten. Eine solche Bestimmung ist auf einen Einzelfall "anzuwenden", wenn er seinem gesamten Erscheinungsbild nach ihr zugeordnet werden muss; er ist dann <u>im Sinne</u> der Norm-Wertung zu beurteilen. Die Lehre vom Typus in ihren verschiedenen Varianten ist zwar nicht unumstritten geblieben. Entscheidend an ihr ist jedoch nicht die meist kritisierte Abgrenzung zwischen "Begriff" und "Typus" (137), und auch nicht der Gegensatz zwischen "Subsumtion" unter einen Begriff und "Zuordnung" zu einem Typus(-"Begriff"), sondern die Einsicht, dass es mit Rücksicht auf die Rechtswirklichkeit sinnvoll ist, ausser Klassen auch Typen nachzukonstruieren bzw. in deren Sinne "offene" Regelungen für ein jeweils relativ selbständiges Beurteilen eines Rechtsfalls festzulegen.

Wenn einzig und allein ganz konkrete Rechtsfälle denkbar wären und als solche wiederholt vorkommen könnten, wäre nur ein Kodex von Fallnormen mit genereller Geltung jeweils für alle genau so wie der betreffende konkrete Fall gelagerten Einzelfälle möglich und nötig. Wenn es ausserdem Klassen von nur in wesentlichen Zügen einander entsprechenden Fällen und nichts weiter gäbe, würde es genügen, jeweils auf der Grundlage einer Erkenntnis der einem Leitfall adäquaten Regel eine Norm für alle ihren sämtlichen relevanten Merkmalen nach ihr unterzuordnenden Fälle zu bilden und zu positivieren. Jeder Einzelfall

liesse sich dann entweder unter eine gesetzliche Fallnorm oder unter eine ma-
terial-allgemeine Gesetzes-Regel unschwer subsumieren. Es könnten dann
überhaupt nur Einzelfälle auftreten, die genau oder im wesentlichen bloss numerisch neue Fälle einer Klasse darstellten. Kein Fall böte jemals ein derart abweichendes Bild, dass eine "unabhängige" Einzelfallwertung veranlasst wäre
(von der man sich eine "normative Falsifikation" erhoffen könnte). Ein realer
Fall, auf den bezogen eine hinsichtlich einer bestimmten Klasse von Fällen an
sich richtige Rechtsnorm als "falsch" erschiene, müsste der einer anderen
Klasse sein; falsch wäre es mithin nur, die Norm trotzdem auf ihn anzuwenden.

d) Es kann jedoch keine Rede davon sein, dass in der Rechtswirklichkeit selbst
nur Klassen von Fällen existierten. Es gibt vielmehr offenbar auch Zusammenhänge von Fällen, welche der Natur der Sache nach als wesentlich gleiche Fälle
gewertet sein wollen, obwohl sie nicht wie diejenigen einer Klasse immer in allen wesentlichen Merkmalen miteinander übereinstimmen, sondern nur gleichsam wie einander nur mehr oder weniger ähnliche Mitglieder einer Familie zu-
sammengehören. Jeder derartige Fallzusammenhang lässt sich als der eines
Realtypus verstehen und durch eine Norm regeln, welche die denkbaren, relativ
verschiedenartigen Fälle "mit Familienähnlichkeit" nur typisierend erfasst und
nur grundsätzlich wertet. Es handelt sich dann um die Normierung einer "Le-
benserscheinung" (138), deren charakteristische und rechtlich relevante "Merkmale nicht notwendig sämtlich in jedem Fall vorzuliegen brauchen, vielmehr in
unterschiedlicher Stärke und Verbindung auftreten können, wobei gerade die jeweilige Stärke oder Verbindungsart über das Vorliegen oder Nichtvorliegen entscheiden kann". Nicht zuletzt auch Gesetzesnormen, die auf solche realtypi-
schen Erscheinungen abgestimmt sind, würden verkannt, wenn sie als "rechtliche Hypothesen" im Sinne des Modells betrachtet würden, von denen eigentlich
nachgewiesen werden müsste, dass sie in schlechthin allen künftigen Fällen die
Ableitung richtiger Lösungen erlauben (vgl. These 5). Ueber die Frage der Zuordnung zu einem Realtypus bzw. zu der ihn regelnden Typus-Norm kann immer
wieder neu vom jeweils gegebenen Einzelfall her ein Urteil gebildet werden.
Aus diesem Grunde braucht nicht schon der Gesetzgeber sich ein vollständiges
Bild von allen dem Typus jemals zuzurechnenden realen Fällen gemacht zu haben; auch deren Bewertung muss er also nicht auf möglichst vollständige Art
vorwegnehmen (139). Es genügt, dass er dem Typus insgesamt im Sinne der für
diesen massgeblichen normativen Gesichtspunkt im wesentlichen gerecht wird
und mit einer in mancher Hinsicht "offen" bleibenden Norm einen grundsätzlichen Massstab setzt, dem jedes Bewerten eines noch "typischen" Falles entsprechen soll.

Jedesmal, wenn es um die Frage geht, ob ein relativ neuartiger Einzelfall einem
Realtypus zuzurechnen und nach der für diesen gültigen Norm zu werten ist oder
nicht, geht es um eine klare Urteilsentscheidung (im Sinne eines Entweder-
Oder statt eines Mehr oder Weniger) (140). Auch unter all den realen Fällen,
die dem Realtypus jemals zuzurechnen sind, bzw. all den Fallwertungen, die der
entsprechenden Gesetzesregel gemäss ausfallen müssen, kann kein Einzelfall
bzw. keine Einzelfallwertung mit der Bedeutung einer der Regel entgegenstehenden Ausnahme vorkommen; im Falle einer entsprechend radikalen Abweichung

wäre vielmehr nur gegen die Zuordnung zum Realtypus bzw. zur Typus-Norm, d.h. nur gegen die "Anwendung" der Norm-Wertung zu entscheiden. Für eine "normative Falsifikation" könnte es also nie einen Anhaltspunkt geben.

Dies gilt auch für <u>rechtliche Strukturtypen</u> als Typen von Rechtsverhältnissen (141). Hier sind Grenzfälle denkbar, die <u>zwischen</u> gegebenen Typen liegen und selber nur im Sinne eines Uebergangs- oder Mischtypus als typisch angesprochen werden können. Auch sie ermöglichen in keiner Weise ein "normatives Falsifizieren". Ein entsprechender Grenzfall ist nach einer Gesamtbewertung (142) mehreren Typen zuzuordnen und im Sinne der danach massgebenden gesetzlichen Wertgesichtspunkte zu entscheiden (143). Das bedeutet eine <u>produktive</u> Aufgabe (144). Ist sie erfüllt, so führt von der betreffenden Einzelfallwertung wiederum kein Weg zu einer kritischen Prüfung im Sinne des Modells. Nicht einmal die "rechtliche Hypothese", die man "normativ falsifizieren" sollte, gibt es dann (145).

e) Der Gesetzgeber hat zwar faktisch die Möglichkeit, sogar einen Komplex typischer Erscheinungen in Klassen aufzulösen oder in eine einzige Klasse zusammenzupressen. Er kann einerseits einen wesentlichen Zusammenhang zwischen ihnen, der an sich Gleichbehandlung erforderte, souverän ausser acht lassen. Andererseits ist es ihm möglich, "typische" Rechtsfälle, die sich durch relevante Besonderheiten voneinander unterscheiden, so zu behandeln, als ob sie einander vollständig glichen; er kann nämlich konsequent nur auf gewisse, ihnen allen gemeinsame Merkmale abstellen und eine Norm im Sinne einer entsprechenden Klasse konstruieren, obwohl eigentlich nicht jene Merkmale das "wesentlich Gleiche" ausmachen, das Gleichbehandlung rechtfertigt. Eine dieser oder jener faktischen Möglichkeit folgende Regelung bleibt aber stets unbefriedigend. Man wird immer wieder versuchen, sie noch zu präzisieren, ohne jemals eine durchweg adäquate Lösung erreichen zu können (146). Es erscheint daher als zweckmässig, einen Komplex von Fällen, deren jeder lediglich dem Gesamtbild nach einem "typischen" Fall mehr oder weniger ähnlich ist, mit Hilfe einer Gesetzesnorm zu regeln, welche die zusammengehörigen Fälle nur in der Form einer typisierenden Umschreibung umfasst und sie nur dergestalt einer rechtlichen Regelung unterstellt, dass jeder ihnen noch zuzurechnende Einzelfall <u>in Entsprechung</u> zur Norm-Wertung gewertet werden kann (147).

Das Modell ist nicht zuletzt deshalb höchst fragwürdig, weil es nur mit Normen rechnet, die im Hinblick auf eine Klasse von Fällen eindeutig bestimmt sind. In "rechtliche Bestimmungen" dieser Art und in "rechtliche Hypothesen" im Sinne der These 2 müsste man Typus-Normen zunächst umformen, um sie nach der Methode des Modells "kritisch prüfen" zu können. Schon mit einer solchen Umformung entfernt man sich aber von der "Natur der Sache", die doch nach These 8 letztlich massgebend sein soll. Es ist infolgedessen nicht auszuschliessen, dass man dann anlässlich eines neuen Einzelfalls zu dem Schluss kommt, die Bestimmung sei "falsch" - während es sich in Wirklichkeit nur um eine problematische Konsequenz der Umformung handelt. Wer rechtliche Bestimmungen für typische Sachverhalte auf "rechtliche Hypothesen" im Sinne des Modells reduziert, zwingt sie auf ein Prokrustesbett. Das kann nicht gutgehen.

XII.

Zusammenfassend möchte ich festhalten:

1. Für das Modell spricht, dass mit ihm eine Richtigkeitskontrolle im Sinne eines non-naturalistischen Kognitivismus immerhin versucht wird.

2. Problematisch an ihm ist aber, dass es mit seinen ersten Thesen nur einem einseitig "vernunftrechtlichen" und gesetzespositivistischen Ideal eines Satzrechts, mit seinen letzten Thesen dagegen nur einem einseitig "naturrechtlichen" Ideal eines Wertungsrechts entspricht; nötig wäre eine Synthese des relativ Richtigen an beiden Idealen.

3. Für das Modell mag auch sprechen, dass mit ihm normative Bestimmungen für Fälle von ius positivum wie auch solche für Fälle von ius naturale als kritisch zu prüfende in Betracht gezogen werden.

4. Gegen das Modell spricht jedoch, dass es die Frage nach der Richtigkeit bzw. Gültigkeit rechtlicher Bestimmungen für die mit ihnen gemeinten Fälle mit der ganz anderen Frage nach ihrer Geltung in allen realen (Anwendungs-)Fällen konfundiert.

5. Seiner These der Strukturgleichheit von empirischer und rechtlicher Argumentation steht entgegen, dass die Beantwortung der quaestio iuris als solcher nicht von der der quaestio facti abhängen bzw. von ihr abhängig gemacht werden kann.

6. Ausserdem steht ihr entgegen, dass rechtliche Bestimmungen als Sollens-Urteile ihrer Struktur nach den Wesensurteilen zu entsprechen scheinen.

7. Ganz ungeeignet ist das Modell für die kritische Beurteilung ausnahmslos gültiger Prinzipien und 'Rechte'.

8. Gegen das Modell spricht vor allem, dass mit ihm das Verhältnis zwischen Gerechtigkeit "im Regelfall" und Billigkeit "im Einzel- oder Ausnahmefall" verkannt ist. Eine billige Bewertung eines Ausnahmefalls berechtigt nicht zu einer normativen Falsifikation einer für den Regelfall gedachten und für ihn adäquaten Norm, sondern nur zu einer weiteren, diese ergänzenden normativen Bestimmung.

9. Von daher erscheint es auch nicht als möglich, die Methode des Modells wenigstens als eine der Rechtsanwendung zu akzeptieren. Insofern das Modell nur einen fragwürdigen Uebergang von einem einseitigen Anwendungsdenken zu einem einseitigen Falldenken bedeutet, erscheint es auch in hermeneutischer Perspektive als problematisch.

10. Sein Rekurs auf das Rechtsgefühl als letzte Grundlage der Kritik wäre nur dann unbedenklich, wenn damit ein transzendental als Bedingung der Mög-

lichkeit kritischer Beurteilung in genuin rechtlicher Hinsicht zu denkender Erkenntnisgrund gemeint wäre.

11. Das Modell erscheint schliesslich auch in systematischer Hinsicht als inadäquat. In einem Rechtssystem geben die Abgrenzungen zwischen den Fällen bzw. den Normen und die Zuordnungen von Fällen zu Normen die entscheidenden Probleme auf, die jeweils nur in Konzentration auf das an den betreffenden Fällen bzw. Normen in rechtlicher Hinsicht Wesentliche sowie durch vergleichende Beurteilungen und kritische Begründungen in produktiver Weise zu lösen sind - während "normative Falsifikation" im Sinne des Modells als schon im Prinzip unmöglich gelten muss, und daher in keinem Falle als eine, oder gar als die neue Methode der Jurisprudenz in Betracht kommt.

Fussnoten

1) Vgl. DREIER: Zur Theoriebildung in der Jurisprudenz, in: Recht und Gesellschaft, Schelsky-Festschrift, 1978, p. 103-132; 104.

2) Mit der These unvereinbar wäre es jedoch z.B., die Jurisprudenz "Handlungszusammenhängen" im Sinne von HABERMAS zuzuordnen, in denen - im Unterschied zu "Diskursen" - eine Behauptung nur "die Rolle einer Information über eine Erfahrung mit Gegenständen" hätte und es sich nur um "naiv unterstellte" Geltungsansprüche handelte. Vgl. HABERMAS: Wahrheitstheorien, in: Wirklichkeit und Reflexion, Festschrift für W. SCHULZ, Pfullingen 1973, p. 211-265; 217 f.

3) Als herrschend kann diese Meinung trotz aller Differenzen zwischen den Methodenlehren bezeichnet werden; nicht dass, sondern nur wie und in welchem Sinne "begründet" werden muss, ist strittig. Gemeint sind jedoch stets Begründungen mit "guten Gründen" für rechtliche Erkenntnisse, d.h. nicht Rückführungen auf "tatsächliche Determinanten" juristischen Entscheidens; vgl. KOCH, in: KOCH/RUESSMANN: Juristische Begründungslehre. Eine Einführung in Grundprobleme der Rechtswissenschaft, München 1982, p. 1.

4) So insbesondere H. ALBERT: Traktat über kritische Vernunft, Tübingen [3]1975, p. 11 ff., 29 ff.; vgl. dazu den Vorschlag, die herkömmliche Rechtswissenschaft durch eine neue, primär sozialtechnologische Jurisprudenz im Sinne "kritischer Prüfung" zu ersetzen, bei H. ALBERT: Traktat über rationale Praxis, Tübingen 1978, p. 60 ff., 75 ff.; kritisch zu diesem Vorschlag: SCHEFOLD: Methodologisch bedingte Schwierigkeiten des kritischen Rationalismus mit Recht und Rechtswissenschaft, in: Hegel-Jahrbuch 1977/78, p. 212-224.

5) ALBERTs Kritiken an einer ganzen Reihe von Versionen schlecht dogmatischen Begründungsdenkens gehen in Wirklichkeit an diesem Grundprinzip vorbei und beziehen sich nur auf ein von ihm selbst fabriziertes, in der Tat äusserst problematisches (Pseudo-)"Begründungsprinzip"; vgl. dazu

genauer SCHEFOLD: Das verfehlte Begründungsdenken. Kritische und systematische Ueberlegungen zur Begründungskritik bei Hans ALBERT, in: Phil. Jahrb., 82. Jg., 1975, p. 336-373, sowie Chr. WESTERMANN: Argumentationen und Begründungen in der Ethik und Rechtslehre, Berlin 1977, p. 77 ff.

6) WIEACKER: Vom Nutzen und Nachteil des Szientismus in der Rechtswissenschaft, in: Schelsky-Festschrift, a.a.O., p. 745-764; 746.

7) LARENZ: Richtiges Recht. Grundzüge einer Rechtsethik, München 1979, p. 16, stellt zu der (auch unter "kritischen Rationalisten" grassierenden) Ansicht, echte Erkenntnis sei, ausser auf den Gebieten der Logik und der Mathematik, nur möglich von solchen Gegebenheiten, die sich empirisch nachweisen, "verifizieren" oder "falsifizieren" lassen, mit Recht fest: "Die Folge ist, dass die Frage nach dem 'Richtigen' sowohl im Bereich der Ethik wie dem des Rechts als unbeantwortbar angesehen wird und in der Wissenschaft nicht mehr gestellt werden darf. Die Frage nach der Rechtfertigung und damit nach dem Grunde des normativen Geltungsanspruchs des Rechts, die Frage, die den Naturrechtslehren zugrunde lag, wird abgeschnitten, eine jahrtausendelange philosophische Tradition auf den Müllhaufen geworfen." Vgl. auch TAMMELO: Theorie der Gerechtigkeit, Freiburg/München 1977, p. 100: "Der Versuch, alle Begründungsverfahren als Verifikation bzw. Falsifikation aufzufassen, bringt nichts. Geeignete Differenzierungen sind ein Gebot der Vernunft."

8) Vgl. ZIPPELIUS: Rechtsphilosophie. Ein Studienbuch, München 1982, p. 84 ff. (unter Bezugnahme auf POPPER und HARE).

9) WIEACKER: a.a.O., p. 763. Vgl. demgegenüber die Thesen von LARENZ: Methodenlehre der Rechtswissenschaft, Berlin/Heidelberg/New York [4]1975, p. 370 ff., zur empirischen Induktion bzw. Falsifikation einerseits und zur Verallgemeinerung einer Regel zu einem Rechtsgrundsatz andererseits.

10) Dass diese Neuerung infolge einer Verkennung des fundamental kritischen Charakters dieses Begründungsdenkens propagiert wird, steht auf einem anderen Blatt; vgl. dazu oben Anm. 5.

11) Vgl. ALBERT: Traktat über kritische Vernunft, a.a.O., p. 47, wo für "Theorien" zugestanden wird, "dass ihre Abstammung aus metaphysischen Konzeptionen /..._/ nicht als ein Makel aufzufassen ist", sowie ders.: Traktat über rationale Praxis, a.a.O., p. 29 ff., 39, 45 f., und ders.: Die Wissenschaft und die Fehlbarkeit der Vernunft, Tübingen 1982, p. 12 ff., 27 ff., 52 f., wo allerdings die fundamentale Orientierung an einer bestimmten Version des Realismus als dem (angeblichen) metaphysischen Hintergrund der Realwissenschaften bereits eine entscheidende Reduktion der noch in Betracht zu ziehenden Möglichkeiten mit sich bringt.

12) Letzteres suchen bekanntlich FEYERABEND und SPINNER zu vermeiden. Zu dessen "totalem" Pluralismus vgl. die Kritik bei A. SCHWAN: Philosophie der Gegenwart vor dem Problem des Pluralismus, in: J. SIMON (Hg.): Freiheit. Theoretische und praktische Aspekte des Problems, Freiburg/München 1977, p. 171-203; 180 ff., 184 ff. Vgl. in diesem Zusammenhang

auch das Verhältnis zwischen der funktionalen Vergleichstechnik und der allererst zur <u>Verdichtung</u> der Klasse der funktional äquivalenten Alternativen verhelfenden Theorie sozialer Systeme bei LUHMANN: Soziologische Aufklärung, Opladen 1971, p. 36 ff.

13) ALBERT: Traktat über kritische Vernunft, a.a.O., p. 76 ff.

14) Vgl. a.a.O.

15) ALBERT: Konstruktion und Kritik. Aufsätze zur Philosophie des kritischen Rationalismus, Hamburg 1972, p. 240 ff.

16) ALBERT: Traktat über rationale Praxis, a.a.O., p. 31.

17) Das ist auch zu der Konzeption "nur diskursiv möglicher", "daher als stets nur vorläufig begründet" anzusehender und jederzeit falsifizierbarer Normen bei ALEXY: Theorie der juristischen Argumentation. Die Theorie des rationalen Diskurses als Theorie der juristischen Begründung, Frankfurt a.M. 1978, p. 175, aber auch zu seiner Konzeption des "juristischen Diskurses", vgl. a.a.O., p. 349 f., 357 f., zu bemerken.

18) Unter Anknüpfung an Thesen bei E. von SAVIGNY: Uebereinstimmende Merkmale in der Struktur rechtsdogmatischer und empirischer Argumentation, in: NEUMANN/RAHLF/von SAVIGNY: Juristische Dogmatik und Wissenschaftstheorie, München 1976, p. 120-143. Meine Absicht ist nicht eine Auseinandersetzung mit E. von SAVIGNY, sondern eine systematisch-kritische Untersuchung des Modells selbst. Kritisch zum genannten Beitrag bereits KOCH: Ansätze einer juristischen Argumentationstheorie?, in: ARSP, 1977, p. 355-377. Konstruierbar wäre auch ein zur Ueberprüfung von Entscheidungsnormen nach Massgabe von Rechtsnormen gedachtes, kognitivistisches Modell normativer Falsifikation; vgl. dazu F. MUELLER: Juristische Methodik, Berlin [2]1976, p. 266, der meint, sein Ansatz sei dem Falsifikationsmodell der kritisch-rationalistischen Wissenschaftslehre verwandt.

19) Vgl. E. von SAVIGNY: a.a.O., p. 127 f.

20) KELSEN: Reine Rechtslehre, Wien [2]1960, p. 83.

21) Vgl. LARENZ: Der Rechtssatz als Bestimmungssatz, in: Festschrift für ENGISCH, Frankfurt a.M. 1969, p. 150-160; 153 f.

22) Grundsätzlich ist vielmehr mit NEUMANN: Rechtsontologie und juristische Argumentation. Zu den ontologischen Implikationen juristischen Argumentierens, Heidelberg/Hamburg 1979, p. 17, festzustellen: "Was im Einzelfall rechtens ist, bestimmt sich in kodifizierten Rechtsordnungen nach der generellen Norm, nicht umgekehrt diese sich nach der Gerechtigkeit des Einzelfalles." Vgl. jedoch die Auseinandersetzung mit NEUMANNs Ueberlegungen zur Stützungsproblematik spezifischer Allsätze bzw. gesetzlicher Normen bei KOCH, in: KOCH/RUESSMANN: a.a.O., p. 59-63.

23) Vgl. ENGISCH: Einführung in das juristische Denken, Stuttgart/Berlin/Köln/Mainz [7]1977, p. 28 ff., 31 f.

24) Vgl. dazu KELSEN: a.a.O., p. 393 f.; NELSON: Kritik der praktischen Vernunft, Göttingen 1917, p. 120 f.

25) So ENGISCH: a.a.O., p. 32.

26) Vgl. etwa LUHMANN: Rechtssoziologie, Reinbek bei Hamburg 1972, p. 43f.

27) Nach LUHMANN: Ausdifferenzierung des Rechts. Beiträge zur Rechtssoziologie und Rechtstheorie, Frankfurt a.M. 1981, p. 229, verbindet das Regel/ Ausnahme-Schema Strategien des Normierens und des Lernens, wobei die Grenze zwischen den beiden Strategien flüssig ist, "weil schon die einmalige Zulassung einer Ausnahme unter der Voraussetzung der Kontinuität des Systems Konsequenzen für die künftige Behandlung gleichartiger Fälle hat und so einen ersten Schritt zur Aenderung der Regel impliziert". Zu einer entsprechenden "Trivialisierung des Unterschieds von Recht und Unrecht" vgl. LUHMANN: a.a.O., p. 73-91; 90. Nach einer relativistischen Aufhebung dieses Unterschieds kann man sogar von radikalen "Abweichungen" aus, die vorher als Unrecht erkannt wurden, eine Norm als "falsch" hinstellen, die zuvor als Recht gegen Unrecht zur Geltung gebracht worden war.

28) ADOMEIT: Rechtstheorie für Studenten. Normlogik - Methodenlehre - Rechtspolitologie, Heidelberg/Hamburg 1979, p. 22, stimmt der These KELSENs, die Kategorie des Sollens sei elementar und nicht weiter ableitbar, deshalb nicht zu, weil er meint, man werde, "einen Schritt weiter, hinter jedem Sollen auf ein Wollen stossen" - "A soll ..." bedeute also immer "irgendwer will von A, dass er ...". Offenbar verkennt ADOMEIT, dass diese Reduktion das Problem nur verschiebt, und zwar in eine Sackgasse oder in einen unendlichen Regress: Entweder man muss das, was z.B. B von A will, schlecht dogmatisch als das letzte Wort gelten lassen - oder man darf zwar noch fragen, ob das von B Gewollte richtig=gesollt ist, muss aber dann wieder zu einer weiteren Willens-Instanz übergehen etc.

29) Während sich bei SCHWERDTNER: Rechtswissenschaft und Kritische Rationalismus (II), in: Rechtstheorie, 1971, p. 224-244; 242, noch die abwegige Ueberlegung findet, "ob nicht die Gerechtigkeitsidee aufzugeben ist, weil sie Alternativen-Denken hemmt, gefundenen Problemlösungen gleichsam eine Weihe verleiht, die Denken stillstellt und dem Glauben Raum bietet", bemerkt nun sogar ALBERT trotz seines Non-Kognitivismus, dass die Gerechtigkeit "in ganz ähnlichem Sinne als eine regulative Idee für den Bereich der Gestaltung gesellschaftlicher Ordnungen angesehen werden" kann wie "die Wahrheit in bezug auf den Bereich der Erkenntnis"; vgl. ALBERT: Traktat über rationale Praxis, a.a.O., p. 144. Treffend bemerkt HAVERKATE: Gewissheitsverluste im juristischen Denken. Zur politischen Funktion der juristischen Methode, Berlin 1977, p. 219: "Vielleicht fürchten die Juristen mehr noch als die These von der Wahrheitsunfähigkeit der juristischen Sätze die Konsequenzen der Wahrheitsfähigkeit: nämlich deren Widerlegbarkeit. Wenn Rechtssätze wahr sein können, können sie auch falsch sein." Mit Recht spricht er sich gegen einen nur auf den Bereich der Rechtsanwendung und nicht auch auf den der Rechtssetzung bezogenen, insofern also "affirmativen" und "vorkritischen" Wahrheitsbegriff sowie gegen den Versuch aus, den notwendigen Geltungsanspruch des positiven Rechts gegen jede im Sinne eines kritischen Wahrheitsbegriffs verstandene Kritik an - als widerlegungsfähig zu denkenden - Rechtssätzen auszuspielen. Bei ESSER: Juristisches Argumentieren im Wandel des Rechtsfindungskonzepts

unseres Jahrhunderts, Heidelberg 1979, p. 23 f., 28 f., 31, dürfte ein zu enger Wahrheitsbegriff vorausgesetzt sein - mit der Konsequenz, dass sich das Missverständnis nahelegt, im juristischen Argumentieren gehe es nur um vergleichsweise plausiblere, erfolgsorientiert gebildete Meinungen und in keiner Weise um wahrhaft überzeugende Argumente.

30) Vgl. NELSON: System der philosophischen Rechtslehre, Leipzig 1920, p. 41 (§ 14); WEINBERGER: Gleichheit und Freiheit. Komplementäre oder widerstreitende Ideale, in: DORSEY (Hg.): Equality & Freedom: International and comparative Jurisprudence, Vol. II, New York/Leiden 1977, p. 54, 62.

31) Zu dieser Position genauer: SCHEFOLD: Fortschritt ohne Prinzipien? Zu Fragen der Möglichkeit von Fortschritt in einem Rechtsdenken im Sinne kritischer Vernunft, in: Rechtstheorie, Beiheft 3 (1981), p. 57-87; 83 ff. (in Auseinandersetzung mit WEINBERGER).

32) Vgl. etwa KELSEN: a.a.O., p. 200 f.

33) Vgl. Carl SCHMITT: Politische Theologie. Vier Kapitel zur Lehre von der Souveränität, Berlin [3]1979, p. 54, 62.

34) Mit der Unterscheidung zwischen Satzrecht und Wertungsrecht wird hier angeknüpft an die - etwas anders orientierten - Differenzierungen bei SPECHT: Zur Struktur formal-material gebauter Rechtsphilosophien, in: ARSP, 1958, p. 475-493.

35) Vgl. ELLSCHEID: Das Naturrechtsproblem in der neueren Rechtsphilosophie, in: KAUFMANN/HASSEMER (Hg.): Einführung in Rechtsphilosophie und Rechtstheorie der Gegenwart, Heidelberg/Karlsruhe 1977, p. 23-71; 23 ff.

36) Eine entsprechende "Billigkeit" müsste sich radikal individualisierend nur je auf "diesen" Einzelfall, d.h. nicht auf einen "solchen" Fall (und alle ihm gleichenden Fälle) beziehen; das Recht zerfiele in Wertungs-Monaden.

37) Ausführlich zu ihm: SCHEFOLD: Souveränität als Naturrechtsproblem. "Naturrechtliche" Lehren bei ARISTOTELES und THOMAS von AQUIN - und einige Konsequenzen für ein 'rechtlich' orientiertes Souveränitätsdenken, in: D. MAYER-MALY (Hg.): Das Naturrechtsdenken heute und morgen, Berlin 1983, p. 137-194; II 1 und V 1.

38) Vgl. THOMAS von AQUIN: S. th. II-II q. 57 a.2 ad 2.

39) Weswegen sie auch nicht als Urteile zu verstehen sind; vgl. REINACH: Zur Phänomenologie des Rechts. Die apriorischen Grundlagen des Bürgerlichen Rechts, München 1953, p. 172 f.

40) Vgl. die Formulierung bei Carl SCHMITT: a.a.O., p. 42.

41) Richtig soll jedoch nicht etwa nur ein "Rahmen" bestimmt sein, der dann bloss noch durch Dezisionen auszufüllen wäre - wie BOECKENFOERDE: Kirchliches Naturrecht und politisches Handeln, in: BOECKLE/BOECKENFOERDE: Naturrecht in der Kritik, Mainz 1973, p. 96-125; 108, abzunehmen scheint. Es kommt vielmehr darauf an, dass die Einzellösungen selbst richtig sind und keinesfalls jenseits der Grenze des Vertretbaren, noch zu Rechtfertigenden liegen; vgl. dazu LARENZ: Richtiges Recht, a.a.O.,

p. 21 f.; HENKEL: Einführung in die Rechtsphilosophie, München ²1977, p. 529.

42) Im Unterschied zu einer blossen Dezisionsfrage im dezisionistischen Sinne.

43) Wie es sich bei empirischen Hypothesen (im Sinne der These 2) nur fragt, ob sie in allen faktisch gegebenen Fällen zutreffen.

44) Zum Unterschied zwischen "Allgemeinheit" im Sinne der Allgemeingeltend-heit oder Gesetzlichkeit überhaupt, die auch noch dem bloss formellen (Unrechts-)Gesetz zukommt, und "Allgemeinheit" im Sinne einer Allgemein-gültigkeit, wie sie nur einem vernünftig-rechtlichen Gesetz der Freiheit eignet, vgl. SCHEFOLD: Die Rechtsphilosophie des jungen Marx von 1842. Mit einer Interpretation der 'Pariser Schriften' von 1844, München 1970, p. 29 f., 35, 37. Nur von einer Norm, die ihrem Inhalt nach richtig ist, kann man nicht bloss im Sinne positivrechtlicher Geltungsanordnung, son-dern schlechthin sagen, dass sie gelten soll, d.h. nur sie kann nicht nur als allgemeingeltend, sondern darüber hinaus als allgemeingültig verstan-den werden.

45) Die als solche für ihn und alle ihm genau gleichenden Fälle gültig ist; vgl. dazu FIKENTSCHER: Methoden des Rechts in vergleichender Darstellung, Bd. IV: Dogmatischer Teil, Tübingen 1977, p. 200, 205 ff., 208 ff.

46) Diese "Geltung" von "rechtlichen Hypothesen" im Sinne der Thesen 1 bis 6 ist eine, von der theoretisch und praktisch einstweilen ausgegangen wird, obwohl die betreffenden rechtlichen Bestimmungen an sich nicht richtig und gültig sein könnten. Natürlich könnte ihnen an sich auch die Allgemeingül-tigkeit richtigen Rechts eignen. Weil sie sich jedoch angeblich nie verifi-zieren lassen (vgl. These 6), sollen wir immer nur jene Hypothesen-"Gel-tung" einstweilen unterstellen dürfen.

47) Kritisch zu jenem Fallibilismus bezüglich der Basissätze und der aus ihm resultierenden inneren Widersprüchlichkeit der von POPPER empfohlenen Falsifikationstheorie: KELLMANN: Kritischer Rationalismus in der Rechts-wissenschaft?, in: Rechtstheorie, 1975, p. 83-103; 95. SPINNER: Pluralis-mus als Erkenntnismodell, Frankfurt a.M. 1974, p. 75, distanziert sich von jener Theorie insbesondere infolge seiner These, die Falschheit sei "eine grundsätzlich nicht weniger verborgene Eigenschaft unserer Erkenntnis als die Wahrheit".

48) Nur "Wesensurteile" im weitesten Sinne mache ich mit Rücksicht auf die mit These 2 angesprochene Art von empirischen Hypothesen zum Ausgangs-punkt; eine Erörterung der sehr komplexen Problematik apriorischer Ur-teile als solcher würde hier zu weit führen. Der Aufwertung induktiven Den-kens bei BYDLINSKI: Juristische Methodenlehre und Rechtsbegriff, Wien/ New York 1982, p. 62 ff., stehe ich skeptisch gegenüber.

49) Ein solches Urteil ergäbe sich dagegen lediglich im Sinne einer Folgerung, wenn der Schwan ganz unabhängig von der Frage, ob er an sich seinem We-sen nach weiss ist, als weiss definiert würde im Sinne einer blossen Nomi-naldefinition. Dann aber handelte es sich nicht um eine alternative Weise von Erkenntnis. Zu den verschiedenen formal-operativen Möglichkeiten im

Falle des Auftauchens schwarzer Schwäne vgl. HEINTEL: Die naturrechtliche Fundierung des Ordogedankens in der Tradition, in: SCHWARTLAEN-
DER (Hg.): Menschenrechte. Aspekte ihrer Begründung und Verwirklichung, Tübingen 1978, p. 26.

50) Es liesse sich zeigen, dass auch die kritisch-rationalistischen Essentialis-
mus-Kritiken sich nur auf Zerrbilder beziehen. Der geläufige Einwand, in
Wesensaussagen würden empirische Aussagen mit normativen verschmolzen, lässt sich nicht gegen den hier unternommenen Versuch machen, die
Unterschiede zwischen Wesensaussagen und empirischen Hypothesen (im
Sinne der These 2) herauszuarbeiten. In diesem Versuch geht es selbstverständlich nicht um "Wesensaussagen" im Sinne einer essentialistischen
"Theorie der letzten Erklärung /.../ durch das Wesen, das heisst, durch
hypostasierte Wörter". Vgl. POPPER: Objektive Erkenntnis. Ein evolutio-
närer Entwurf, p. 140.

51) WELLMER: Methodologie als Erkenntnistheorie. Zur Wissenschaftslehre
Karl R. Poppers, Frankfurt a.M. 1967, p. 198.

52) Vgl. ARISTOTELES: Met. 1026 b 32.

53) Vgl. ARISTOTELES: Met. 1026 b 35.

54) SIEWERTH: Definition und Intuition, in: ders.: Grundfragen der Philosophie im Horizont der Seinsdifferenz, Düsseldorf 1963, p. 16.

55) Dies bedeutet eine Entsprechung dazu, dass ein einmaliges Experiment für
die Erkenntnis eines Naturgesetzes ausreichen kann. Die Wiederholung des
Experiments dient dann nur der Ueberprüfung des Ergebnisses, das zunächst gewonnen wurde, aber nochmals in Frage gestellt wird; sie hat nicht
"induktive" Funktion in dem Sinne, dass ein als wahr vorausgesetztes Ergebnis wahrscheinlicher gemacht werden soll, vgl. ROHS: Die Vernunft der
Erfahrung. Eine Alternative zum Anarchismus der Wissenschaftstheorie,
Meisenheim/Glan 1979, p. 75; die Ueberprüfung hat dann aber auch nicht
falsifikationistischen Charakter, da ja nicht ein neuartiger Sachverhalt ins
Spiel kommen, sondern ein und derselbe nochmals - und unabhängig vom
ersten Experiment - so präzise wie möglich beobachtet werden soll.

56) Vgl. von HILDEBRAND: Was ist Philosophie?, Stuttgart/Berlin/Köln/
Mainz 1976, p. 120; MUELLER-SCHMID: Der rationale Weg zur politischen
Ethik, Stuttgart-Degerloch 1972, p. 19 f.; SCHEFOLD: Fortschritt ohne
Prinzipien, a.a.O., p. 67 ff.

57) Vgl. von HILDEBRAND: a.a.O., p. 66.

58) Wie SCHELER: Der Formalismus in der Ethik und die materiale Wertethik, Bern [5]1966, p. 69, formuliert in bezug auf das, was "als Wesenheit
oder Zusammenhang solcher erschaut ist".

59) Vgl. dazu WENISCH: Gewissenskriterium und Einsicht - ein Gespräch, in:
Wahrheit, Wert und Sein, Hildebrand-Festgabe, 1970, p. 53-74; 68 ff., sowie WALDSTEIN: Gesetz und Gerechtigkeit, in: Hildebrand-Festgabe,
a.a.O., p. 179-198; 192 (unter Hinweis auf ARISTOTELES: Eth. Nic.
1098 b).

60) D.h. <u>nicht</u> insofern sie ius positivum bedeuten (vgl. dazu oben V b) oder empirische Erkenntnisse voraussetzen (vgl. dazu unten IX f.).

61) Ich wähle dieses Beispiel, weil es in der Auseinandersetzung mit dem Falsifikationsmodell um Richtigkeitserkenntnis im Sinne des Unterschieds zwischen Recht und Unrecht geht. Mit der in heutiger katholischer Moraltheologie verbreiteten Tendenz, statt von diesem Unterschied von dem zwischen "vor-sittlichem" Wohl und "vor-sittlichem" Uebel auszugehen (vgl. zu ihm den Bericht von FUCHS: "Intrinsece malum". Ueberlegungen zu einem umstrittenen Begriff, in: KERBER: Sittliche Normen. Zum Problem ihrer allgemeinen und unwandelbaren Geltung, Düsseldorf 1982, p. 74-91; 83 ff., und insbesondere SCHUELLER: Die Begründung sittlicher Urteile, Düsseldorf 1973, p. 102-111, bzw. [2]1980, p. 133-141, sowie BOECKLE: Fundamentalmoral, München [2]1978, p. 259 f., 310 f., und GRUENDEL: Normen im Wandel. Eine Orientierungshilfe für christliches Leben heute, München 1980, p. 197 f.), und dann alles "Vor-sittliche" zum bloss objektiv vorgegebenen, beachtenswerten Faktor des allein sittlichen Gewissens-Kalküls zu relativieren (kritisch hierzu: SPAEMANN: Ueber die Unmöglichkeit einer universalteleologischen Ethik, in: Phil. Jahrb., 88. Jg., 1981, p. 70-89; 73 f., 81 f.), möchte ich mich in einer anderen Abhandlung auseinandersetzen.

62) "Jeder, auch der sogenannte gemütlose Psychopath, auch der verkommenste Verbrecher, auch der verschrobenste Ideologe hat spätestens in dem Augenblick ein recht genaues Wissen vom Bösen, in dem ihm selbst Unrecht geschieht. Jeder, wie immer seine Philosophie oder sein Skeptizismus beschaffen sein mag, empfindet sich als Inhaber von Rechten, die kein anderer verletzen darf. Er findet sich rechtswürdig. Das ist die Menschenwürde, die selbst dem Unmenschen nie genommen werden kann." So GOERRES, in: GOERRES/K. RAHNER: Das Böse. Wege zu seiner Bewältigung in Psychotherapie und Christentum, Freiburg/Basel/Wien 1982, p. 21. Es ist bemerkenswert, dass GOERRES, a.a.O., das Böse ausdrücklich vom Unrecht her denkt.

63) BOECKLE: a.a.O., p. 316 f., zieht zwar die Frage in Betracht, "ob sich für eine bestimmte Handlung, z.B. Tötung eines Unschuldigen, beim Durchdenken aller Möglichkeiten überhaupt eine Situation abzeichne, bei der in verantwortlicher Abwägung aller Güter eine Ausnahme denkbar wäre", meint aber dann, auch diese praktische Argumentation überschreite "prinzipiell nicht die Teleologie", denn unter den endlichen Gütern könne "es nun einmal keines geben, von dem man sagen könnte, ein ihm bedeuteneres lasse sich nicht denken". FURGER: Objektivität und Verbindlichkeit sittlicher Urteile. Eine Problemskizze, in: KERBER: Sittliche Normen, a.a.O., p. 13-32; 30 f., räumt dagegen immerhin ein: "Wo sich /...7 unter bestimmten Gegebenheiten und unter kluger Abwägung aller Umstände eine berechtigte Konkurrenz von Werten als unmöglich erweist, weil ein Wert auf jeden Fall überwiegt (etwa die Integrität der menschlichen Person vor den Gütern, die durch eine direkte Folter erreichbar wären), kann /...7 das entsprechende sittliche Urteil, als den Grundwert sicher referierend, selber unbedingt, also sozusagen sekundär, deontologisch unbedingt gelten.

Eine solche Einsicht erleichtert dann selbstverständlich jedes kommende sittliche Urteil in der gleichen Sache für den praktischen Entscheid wesentlich."

64) Dasselbe gilt für die aus einer solchen Antwort resultierenden Unrechts-Erkenntnisse. Zur Frage der praktischen Konsequenzen vgl. die Bemerkung von UTZ: Menschenrechte - natürlich begründet, in: Rhein. Merkur, Nr. 30, 27.7.1979, p. 31: Der Nürnberger Prozess hätte "nicht laufen können, wie er de facto gelaufen ist, wenn die Richter den nationalsozialistischen Führern nicht hätten vorwerfen können und müssen: Ihr hättet es wissen können und müssen, dass Rassenmord ein Verbrechen ist".

65) Das Rechtsgefühl im vollen Sinne sittlicher Einsicht wäre in diesem Falle in Wirklichkeit schon ausgeschaltet, d.h. der Blick auf das - mit ihm im Grunde schon an-erkannte - Gute wäre bereits getrübt. Vgl. in diesem Zusammenhang die Analysen von D. HENRICH: Der Begriff der sittlichen Einsicht und Kants Lehre vom Faktum der Vernunft, in: PRAUSS (Hg.): Kant. Zur Deutung seiner Theorie von Erkennen und Handeln, Köln 1973, p. 223-321; 230 ff.

66) Vgl. dazu THOMAS von AQUIN: S. th. I-II q. 94 a.4 c und ib. ad 2 zu den conclusiones, quae in pluribus rectitudinem habent, et ut in paucioribus deficiunt.

67) Vgl. HEINTEL: a.a.O., p. 26.

68) Die Unterscheidung ist nicht unproblematisch, denn "die Billigkeit ist gleichwie die Gerechtigkeit letzten Endes generalisierender Natur", wie RADBRUCH: Rechtsphilosophie, Stuttgart [4]1950, p. 127, feststellt.

69) Eine reine Einzelfallwertung gegenüber einer generalisierten rechtlichen Bestimmung massgebend werden zu lassen, wäre äusserst problematisch. Die Beschränkung der Wertung auf einen Einzelfall würde nämlich bedeuten, dass auf irrelevante Umstände oder Eigenschaften abgestellt würde; vgl. dazu HOERSTER: Utilitaristische Ethik und Verallgemeinerung, Freiburg/München 1971, p. 60 f., 66 f. Zur rechtlichen Fallwertung aufgrund der 'Natur' der Sache gehört aber "die Absorption von individuellen Situationsbesonderheiten, auf die im Recht keine Rücksicht genommen werden kann", wie ESSER: Vorverständnis und Methodenwahl in der Rechtsfindung. Rationalitätsgarantien der richterlichen Entscheidungspraxis, Frankfurt a.M. 1970, p. 142, formuliert.

70) Es fehlt daher strenggenommen an der Differenz im Allgemeinheitsgrad zwischen Hypothese und falsifizierendem Satz, wie sie für die mit These 2 angesprochenen empirischen Hypothesen charakteristisch ist; These 10 erscheint damit erst recht als fragwürdig. Vgl. in diesem Zusammenhang KOCH, in: ARSP, 1977, a.a.O., p. 368 f.

71) Im Unterschied zum nur einer empirischen Sachnatur nach als empirisch ungleichartig erscheinenden, aber unter Umständen als rechtlich oder "wesentlich" gleichartig zu wertenden Fall.

72) Im Falle von ius positivum treten an ihre Stelle Ungleich- bzw. Gleichset-

zungen; vgl. dazu die Beispiele bei Arthur KAUFMANN: Analogie und Natur der Sache. Zugleich ein Beitrag zur Lehre vom Typus, [2]1982, p. 43, der jedoch nur den Fall von ius positivum zu berücksichtigen scheint.

73) Vgl. auch HENKEL: a.a.O., p. 422, 425.

74) Also z.B. festzulegen, dass etwas grundsätzlich verboten ist, es sei denn, dass ein Ausnahmefall vorliegt, vgl. dazu PHILIPPS: Rechtliche Regelung und formale Logik, in: ARSP, 1964, p. 317-329; 327, 320 f. So ist z.B. "Autofahren grundsätzlich verboten; um ein Kfz. steuern zu dürfen, bedarf es der Fahrerlaubnis, - damit das Auto auf der Strasse betrieben werden darf, muss es zugelassen sein." Vgl. Chr. WESTERMANN: Warum moralisch handeln?, in: SCHEIDT (Hg.): Lernziel Verständigung - Dialogprinzip und Dialogverhalten, München/Basel 1982, p. 109-138; 123.

75) Damit die "Geltungsbreite" der Norm klargestellt ist, vgl. Wilhelm ERNST: Universalität sittlicher Normen - heutige Tendenzen, in: KERBER: Sittliche Normen, a.a.O., p. 58-73; 64. Im Hinblick auf rechtliche Bestimmungen mit grundsätzlichem Vorrang wendet sich PHILIPPS: a.a.O., p. 327, jedoch mit Recht gegen die Tendenz, "die Ausnahmen gleich in die Regel hineinzuinterpretieren, um zu der Vorstellung einer von vorneherein nur in der Zone ausserhalb der Ausnahmen angesiedelten Norm zu gelangen", also z.B. die in Notwehr begangene Tötungshandlung als von vornherein erlaubt erscheinen zu lassen. Bei Franz SCHOLZ: Wege, Umwege und Auswege der Moraltheologie. Ein Plädoyer für begründete Ausnahmen, München 1976, p. 131 f., führt diese Tendenz dazu, dass einerseits von den grundsätzlich vorrangigen Normen nur noch im Sinne von "Faustregeln" die Rede ist und andererseits an die Stelle der wirklichen Ausnahmen von jenen Normen der "Anschein der Ausnahme" tritt, der infolge der nie vollständigen Ausformulierung der konkreten Anwendungsnormen entsteht. Bei FUCHS: Der Absolutheitscharakter sittlicher Handlungsnormen, in: WOLTER (Hg.): Testimonium Veritati. Philosophische und theologische Studien zu kirchlichen Fragen der Gegenwart, Frankfurt a.M. 1971, p. 211-240; 229 ff., 234, 236, hat jene Tendenz zur Folge, dass zuletzt nur noch der Norm des konkreten Handelns (im Sinne der Totalität von Handlung, Umständen und Intention) die Objektivität der (nach FUCHS erst im "Situationsgewissen" adäquaten) recta ratio zuerkannt wird.

76) Vgl. FUCHS: Die Frage an das Gewissen. Moraltheologische Ueberlegungen, in: FUCHS (Hg.): Das Gewissen. Vorgegebene Norm verantwortlichen Handelns oder Produkt gesellschaftlicher Zwänge?, p. 56-66; 64 mit Anm. 8; ders., in: KERBER: Sittliche Normen, a.a.O., p. 80.

77) "Universalität" in der ganz anderen Bedeutung einer im Sinne von Freiheit und Gerechtigkeit gegebenen "Begründetheit" im Bezug auf die ganze Rechtsgemeinschaft, vgl. dazu KRIELE: Recht und praktische Vernunft, Göttingen 1979, p. 26, sollte dagegen jeder positivrechtlichen Norm zukommen. Eine in dieser Bedeutung "universale" Norm kann auch noch in dem Sinne verabsolutiert werden, dass sie, die der Freiheit und der Gerechtigkeit nur entsprechen sollte, als mit ihnen identisch oder als sie geradezu verwirklichend gesetzt wird. Auch eine derartige Verabsolutierung ist jedoch von

Anfang an als "falsch" erkennbar, d.h. entsprechende "rechtliche Hypothesen" sind gleichfalls nicht etwa im Sinne des Modells allererst von einem neuartigen Einzelfall (z.B. von Terror, in den die Verabsolutierung konsequenterweise führt) ausgehend zu falsifizieren.

78) Ebensosehr verbietet es sich freilich, im Sinne einer z.B. bei FUCHS, in: KERBER: Sittliche Normen, a.a.O., p. 88, gegebenen Tendenz zur Ueberbetonung der Frage nach der sittlichen Richtigkeit "dieser" konkreten Handlung nur noch die Einzelfallwertung für "generalisierbar" bzw. "universalisierbar" zu halten, d.h. allen Regelfallnormen ihre Eigenbedeutung zu nehmen, so dass sie nur noch als vorläufige Abschätzungen der "möglicherweise zu beachtenden" normativen Elemente fungieren können. Zu ähnlichen Tendenzen im Rechtsdenken vgl. etwa ESSER: a.a.O., p. 56, 81, 83, 85, 113, 132; FIKENTSCHER: a.a.O., p. 200, 209, 220, 241 f., 244 f. Vgl. auch unten Anm. 122.

79) Dieses Vorgehen entspräche nicht der Falsifikation einer einzelnen empirischen Hypothese, sondern allenfalls dem "Umbau" einer Theorie, vgl. zu ihm PAWLOWSKI: Methodenlehre für Juristen. Theorie der Norm und des Gesetzes, Heidelberg/Karlsruhe 1981, Rz. 30, 455, 569.

80) Vgl. dazu bei LLOMPART: Die Geschichtlichkeit der Rechtsprinzipien. Zu einem neuen Rechtsverständnis, Frankfurt a.M. 1976, p. 86, 91, den "Erfahrungsgrundsatz": "Was zur allgemeinen Regel gehört, und was als Ausnahme zu betrachten ist, wird nur durch die Erfahrung bestimmt", und den "Umkehrgrundsatz": "Was einmal allgemeine Regel gewesen ist, kann Ausnahme werden und umgekehrt". Vgl. jedoch oben Anm. 27.

81) Vgl. WANK: Grenzen richterlicher Rechtsfortbildung, Berlin 1978, p. 121.

82) Im Falle des Prinzips pacta sunt servanda käme eine "Falsifikation" vom Prinzip der clausula rebus sic stantibus her im praktischen Ergebnis dem Grundsatz gleich: "Verträge sind nichts als ein Fetzen Papier"; vgl. dazu PHILIPPS: a.a.O., p. 321, Anm. 11.

83) Vgl. LARENZ: Richtiges Recht, a.a.O., p. 28.

84) Wenn wir von einem Prinzip sagen, es sei an sich immer schon gültig gewesen, oder die Tatsache negativ beurteilen, dass es in einer bestimmten Gesellschafts- bzw. Rechtsordnung der Vergangenheit nicht schon zur Geltung kam, projizieren wir keineswegs die wirkliche Geltung des Prinzips "rückwirkend in die Geschichte hinein", wie KRIELE: a.a.O., p. 24, offenbar meint.

85) Vgl. ALEXY: Zum Begriff des Rechtsprinzips, in: Rechtstheorie, Beiheft 1, p. 59-87; 75; KOCH, in: KOCH/RUESSMANN: a.a.O., p. 97 f.

86) Vgl. dazu ALEXY: a.a.O., p. 72, sowie KOCH: a.a.O., unter Bezugnahme auf BVerfGE 35, 202 (225).

87) Hierzu und zum folgenden: HAVERKATE: a.a.O., p. 164 f.

88) In eine entsprechende Untersuchung müsste - was hier nicht möglich ist - auch die Problematik des Regel- und des Handlungsutilitarismus sowie die

der Folgenberücksichtigung einbezogen werden. Zu ersterer vgl. jedoch
KOSLOWSKI: Gesellschaft und Staat. Ein unvermeidlicher Dualismus,
Stuttgart 1982, p. 230 ff. mit Anm. 167, der sich mit KANTs Utilitarismus-
Kritik auseinandersetzt und darauf hinweist, dass KANTs Ansatz nur verall-
gemeinerte, gedachte Folgen einer Regel, nicht aber empirische Folgen berücksichtigen kann; zu der zweiten Problematik vgl. KOCH, in: KOCH/
RUESSMANN: a.a.O., p. 227-236; 230 ff., der die Notwendigkeit der Bewertung vermutlicher Folgen betont und im Sinne der "objektiv-teleologischen"
Auslegung eine Folgenberücksichtigung bejaht, welche "die gebotene Gesetzesbindung nicht überspielen" darf, sondern "nur jenseits der Bindungskraft
des" /vom Gesetzgeber/ "Gesagten und Gewollten Begründungsmöglichkei-
ten eröffnen" soll.

89) So HEUSINGER: Rechtsfindung und Rechtsfortbildung im Spiegel richterlicher Erfahrung, Köln/Berlin/Bonn/München 1975, p. 93.

90) Im Sinne einer rekonstruktiven Hermeneutik (in der es um die Rekonstruktion der Frage geht, auf die der Text die Antwort war) im Unterschied zu
einer applikativen Hermeneutik (deren Aufgabe die Klärung der Fragen ist,
auf die der Text noch nicht die Antwort war und sein konnte, weil es diese
Frage noch nicht gab, als der Text entstand); zu dieser Unterscheidung von
MARQUARD vgl. KRIELE: a.a.O., p. 66, der jedoch, vgl. a.a.O., p. 82,
die juristische Hermeneutik fast nur noch applikative Hermeneutik sein
lässt. Vgl. in diesem Zusammenhang auch ZIMMERMANN: Rechtsanwendung als Rechtsfortbildung, in: KOCH: Juristische Methodenlehre, a.a.O.,
p. 70-95; 72 f. und 85 ff., zur "metadogmatischen" (oder "historischen")
Interpretation im Unterschied zur "dogmatischen" im Sinne von ESSER:
a.a.O., p. 119 ff., 126, 134 ff.

91) Ein reines Falldenken führt also zum sog. Festsetzungsmodell der Rechtsfindung; vgl. dazu die Auseinandersetzung von ZIMMERMANN: a.a.O., p.
76 ff., mit ESSER und HASSEMER. Zur "Stimmigkeitskontrolle" im Sinne
von ESSER: a.a.O., p. 16, macht ZIMMERMANN: a.a.O., p. 72, darauf
aufmerksam, dass auch sie bei ESSER als von den Vorbewertungen des Interpreten zumindest mitkonstituiert gedacht wird.

92) Vgl. dazu die äusserst problematische Ansicht von KRIELE: a.a.O., p.
67, eine "Lücke im weiteren Sinne" bestehe in allen Fällen, in denen die
Parteien im Rechtsstreit um die Gesetzesauslegung streiten, weil verschiedene Auslegungen vertretbar sind, sowie "immer dann, wenn eine juristische Streitfrage noch offen ist, weil verschiedene Auslegungen technisch
vertretbar wären - also in allen juristischen Streitfragen". Wenn, wie
KRIELE behauptet, die Gesetzeslücke in diesem Sinne "nicht die Ausnahme,
sondern die Regel" wäre, dann wäre praktisch jeder Fall neuartig und erlaubte die "freie" Dezision. Vgl. hierzu auch die Auseinandersetzung bei
PAWLOWSKI: a.a.O., Rz. 332 ff., 340, mit der Gerechtigkeitsvorstellung
der "Kadijustiz" und mit ADOMEIT.

93) Sie kann bezüglich ein und desselben Richtigkeitsproblems nur eine Ueberprüfung analog zur Wiederholung ein und desselben Experiments, nicht aber
eine ("falsifikationistisch" gedachte) Prüfung von einer neuen Instanz her

bedeuten; vgl. dazu oben Anm. 55. Mit These 7 des Modells scheinen die beiden Weisen der "kritischen Prüfung" konfundiert zu werden.

94) Sie ist nicht gleichzusetzen mit der "Gesamtrechtfertigung" im Sinne von KRIELE: Theorie der Rechtsgewinnung, entwickelt am Problem der Verfassungsinterpretation, Berlin [2]1976, p. 167, die als solche einer primär vernunftrechtlichen Argumentation gedacht ist.

95) Und zwar als verstandene und explizit gemachte Gründe, die als solche nicht etwa nur den Plausibilitätswert "vertretbarer" Meinungen, sondern Richtigkeitswert haben sollen und darauf hin kritisch diskutiert werden können.

96) Vgl. Arthur KAUFMANN: a.a.O., p. 41.

97) Vgl. dazu LARENZ: Methodenlehre der Rechtswissenschaft, Berlin/Heidelberg/New York [4]1975, p. 265, 337.

98) Ausführlich in diesem Sinne: PAWLOWSKI: a.a.O., Rz. 586; vgl. auch Rz. 595.

99) Zur Notwendigkeit einer neuen Gesetzesnorm trotz wesentlicher Gleichartigkeit eines neuen, nur empirisch andersartigen Falles, wie sie im Strafrecht wegen des nulla-poena-Grundsatzes gegeben sein kann, sowie zum Schulbeispiel des Stromdiebstahls vgl. PAWLOWSKI: a.a.O., Rz. 648 f. sowie Arthur KAUFMANN: a.a.O., p. 69.

100) Vgl. dazu BADURA: Grenzen und Möglichkeiten des Richterrechts - verfassungsrechtliche Ueberlegungen -, in: Rechtsfortbildung durch die sozialgerichtliche Rechtsprechung, Bonn-Bad Godesberg 1973, p. 40-57; 42 ff., der zunächst feststellt, dass den "umgreifenden Zusammenhang des Rechts und der Gerechtigkeit /¯..¯/ nicht das Gesetz, wohl aber der Richterspruch umfassend für den Streitfall zur Geltung bringen" kann, dann aber betont, dass das "Richterrecht" "wohl im Einzelfall, nicht aber im Prinzip gegen das Gesetz ausgespielt werden" kann.

101) Vgl. dazu die Betonung der Notwendigkeit einer integralen Betrachtungsweise bei RHINOW: Rechtsetzung und Methodik. Rechtstheoretische Untersuchungen zum gegenseitigen Verhältnis von Rechtsetzung und Rechtsanwendung, Basel und Stuttgart 1979, p. 126 ff., und bei GOELDNER: Verfassungsprinzip und Privatrechtsnorm in der verfassungskonformen Auslegung und Rechtsfortbildung, Berlin 1969, p. 54 ff., sowie das Rechnen mit mehreren Varianten einer Normhypothese bei KRIELE: Theorie der Rechtsgewinnung, a.a.O., p. 198 ff.

102) Entsprechendes gilt erst recht für ein "Rechtsgefühl", das bei der Wahl zwischen verschiedenen Auslegungsergebnissen zuletzt den Ausschlag geben soll, vgl. VENZLAFF: Ueber die Schlüsselstellung des Rechtsgefühls bei der Gesetzesanwendung, Frankfurt a.M. 1973, p. 59.

103) Vgl. dazu schon oben Anm. 18.

104) Vgl. ARZT: Rechtsdogmatik und Rechtsgefühl, in: JA, 1978, p. 557-563; 558.

105) Zur Frage der Abfolge der einzelnen Ueberlegungen in einem solchen Prozess, die zunächst einmal zum gedachten Rechtsfall als solchen führen müssen, vgl. insbesondere HRUSCHKA: Die Konstitution des Rechtsfalles. Studien zum Verhältnis von Tatsachenfeststellung und Rechtsanwendung, Berlin 1965, p. 9 ff., 29, 43 ff., 46 ff., 50 ff., 70 ff. Vgl. ausserdem die Thesen von FIKENTSCHER: a.a.O., p. 198 ff., zur hermeneutischen Verdich-
tung von Norm und Fall bis zum ("unteren") hermeneutischen Umkehrpunkt.

106) Vgl. dazu schon SCHEFOLD: Fortschritt ohne Prinzipien, a.a.O., p. 81,
86 f. Die nötige Gesamtbeurteilung ist zunächst einmal im Sinne der "primären Bewertungen" zu erreichen bzw. aufzufassen, die, wie MAIHOFER:
Rechtsstaat und menschliche Würde, Frankfurt a.M. 1968, p. 93, Anm.
141, feststellt, sogar durch den Wertnihilismus unberührt bleiben, und die,
vgl. a.a.O., p. 96 mit Anm. 145, als praktisch gewisse Wertaussagen die
Grundlage sind für existentielle Explikationen normativer Strukturen von
Situationen.

107) Nur ein allein in deren Sinne gedachter Intuitionismus läuft "im Ergebnis auf dasselbe hinaus wie der ethische Subjektivismus", vgl. ALEXY:
Theorie der juristischen Argumentation, a.a.O., p. 58 ff., der wie
viele andere Intuitionismus-Kritiker die Möglichkeit und Notwendigkeit
eines transzendental-primären 'Intuierens' - und damit die condicio
sine qua non der Ueberwindung der Subjektivismen aller Art - nicht
einmal in Betracht zieht.

108) Hierzu und zum folgenden ausführlich: SCHEFOLD: Fortschritt ohne Prinzipien, a.a.O., p. 67 ff., 70 f.

109) Vgl. HEUSINGER: a.a.O., p. 115 ff., 120 ff., 123.

110) Vgl. HEUSINGER: a.a.O., p. 122. Treffend bemerkt Friedrich MUEL-
LER: a.a.O., p. 62, Anm. 95, das Verdrängen der Entscheidungs-Elemen-
te der juristischen Regelung gehöre zu den Lebenslügen eines nur formalen /d.h. nicht auch (rechts-)politischen_7 Rechtsstaatsverständnisses.

111) Vgl. PAWLOWSKI: a.a.O., Rz. 203, 437, 444, 525, 546, 567.

112) Vgl. die Hinweise von BACKMANN, zitiert bei Arthur KAUFMANN: a.a.O.,
p. 35, Anm. 93.

113) Ein Problem der Rechtserkenntnis bzw. der richtigen Wertung in Entsprechung zur Gesetzesnorm bedeutet sie dagegen im Prinzip immer, nur tritt
dies nicht immer in Erscheinung; vgl. LARENZ: Methodenlehre, a.a.O.,
p. 193 f.

114) Erst in ihrem Falle kann es sich um eine "Kluft" zwischen der Formulierung des gesetzlichen Tatbestandes und der Beschreibung des Sachverhalts
eines neuen Falles handeln; ausführlich hierzu: KOCH, in: KOCH/RUESS-
MANN: a.a.O., p. 24 ff., 71, und insbesondere p. 84, 90, 113 f., 120.

115) Er umfasst jeweils alles, was in Entsprechung zur Norm im Sinne einer
applikativen Hermeneutik, vgl. oben Anm. 90, bereits verstanden und erar-
beitet wurde, und erweitert sich daher nach und nach im Sinne einer Er-

scheinung "objektiven Geistes", vgl. LARENZ: Methodenlehre, a.a.O., p. 190 ff., 303 f.

116) Präjudizien sind dabei einerseits als Rechtserkenntnisquelle unentbehrlich, bedürfen andererseits aber selbst auch noch der übergreifenden kritischen Beurteilung; vgl. LARENZ: Methodenlehre, a.a.O., p. 422 ff., 487; KRIELE: Theorie der Rechtsgewinnung, a.a.O., p. 328 ff.

117) Vgl. oben VII g, VIII b (vor Anm. 63), IX e (vor f).

118) ESSER: a.a.O., spricht von dem "Impetus des Rechtsanwenders, alle Gerechtigkeitserkenntnisse aus seiner Fallkonfrontation in den Normzusammenhang und seinen Sinn hinein zu projizieren".

119) Vgl. dazu die These von ESSER: a.a.O., p. 73, in der Anwendung liege "nicht nur eine Reproduktion, sondern eine Produktion von Norminhalt". Wenn man die Gesetzesnorm mit ESSER: a.a.O., p. 41, "nur als ein des Sinnverstehens fähiges Regelungsmuster" betrachtet, kann man sie natürlich ohne Schwierigkeit zusammen mit dem nötigen Sinnverständnis mehr oder weniger radikal "historischem Wandel unterworfen", und konsequenterweise die Frage der Gleichheit ganz dem Richter anvertraut sein lassen, vgl. ESSER: a.a.O., p. 41 f.; "eine von der Herrschaft des Gesetzgebers unabhängige grundsätzliche Normgestaltung" bis hin zur "Möglichkeit radikaler Inhaltsänderung" lässt sich allein schon im Rahmen der Qualifikation der Sachverhalte der zu beurteilenden neuen Fälle erzwingen, d.h. es braucht gar kein direkter richterlicher Eingriff in die Legislative zu erfolgen, vgl. dazu ESSER: a.a.O., p. 52 f.

120) Dabei ist im Interesse der Kontinuität die Berücksichtigung der ursprünglichen, die ratio iuris der Norm ergebenden Wertung des Gesetzgebers unentbehrlich, vgl. BETTI: Allgemeine Auslegungslehre als Methodik der Geisteswissenschaften, Tübingen 1967, p. 632.

121) Diskutabel wäre das allenfalls im Sinne eines Festsetzungsmodells der Rechtsfindung, vgl. oben Anm. 91. "Ansonsten wäre die evident falsche Behauptung" impliziert, "kein Gesetz weise vor seiner Anwendung einen semantischen Gehalt auf, der die Ableitung konkreter Sollensurteile aus ihm erlaube", vgl. ZIMMERMANN: a.a.O., p. 77. Bei Arthur KAUFMANN: a.a.O., p. 39, dürfte mit der zugespitzten - und daher leicht falsch zu verstehenden - Aussage, der "Sinn des Gesetzes" lasse sich nie ermitteln ohne den Sinn, ohne die "Natur" der zu beurteilenden Lebenssachverhalte, und daher sei der "Gesetzessinn" nichts Feststehendes, er wandle sich - "trotz gleichbleibendem Gesetzeswortlaut - mit den Lebenssachverhalten, eben mit dem Leben selbst", nur der "Gesetzessinn" im weiteren Sinne, d.h. einschliesslich der Resultate applikativer Hermeneutik, vgl. oben Anm. 115, gemeint sein.

122) Zuzustimmen wäre dann der These von FIKENTSCHER: Eine Theorie der Fallnorm als Grundlage von Kodex- und Fallrecht (code law und case law), in: ZfRV, 21. Jg., 1980, p. 161-174; 168: Das positive Recht "gilt nicht, es liefert nur Bestätigungshilfen. Was gilt, das sind die Fallnormen." FIKENTSCHER verzichtet jedoch nicht etwa darauf, die Gesetzesnorm zu

konkretisieren, vgl. a.a.O. Mich überzeugt daher der Einwand von
LARENZ: Richtiges Recht, a.a.O., p. 179: "Das Gesetz ist kein Zollstock,
den man an den Fall einfach 'anlegen' könnte, sondern ein Mass, das, bevor
man es anlegt, noch einer 'Feineinstellung' bedarf $/.../$. Diese Notwendigkeit einer Feineinstellung ändert aber nichts an der grundsätzlichen
Massgeblichkeit des in der Gesetzesnorm vorgegebenen 'Rohmassstabes'.
Und nichts anderes als diese Massgeblichkeit bedeutet auch die (normative)
Geltung der Gesetznorm." Vgl. auch LARENZ: Methodenlehre, a.a.O.,
p. 479 ff., sowie oben Anm. 75 und 78.

123) Vgl. dazu ENGISCH: Logische Studien zur Gesetzesanwendung, Heidelberg
1943, der jedoch nicht von Zurechnung, sondern von Gleichsetzung spricht.

124) Zum Lückenproblem vgl. vor allem CANARIS: Die Feststellung von Lücken
im Gesetz, Berlin 1964; BYDLINSKI: Gesetzeslücke, § 7 ABGB und die
"Reine Rechtslehre", in: Privatrechtliche Beiträge, Gschnitzer-Gedenk-
schrift, 1969, p. 101-116; ders.: Juristische Methodenlehre, a.a.O., p.
236 ff., 245 ff., 472 ff.

125) Vgl. dazu THOMAS von AQUIN: S. th. I-II q. 96 a. 6 c. und ib. ad 3.

126) von ROTTECK: Lehrbuch des Vernunftrechts und der Staatswissenschaften.
Erster Band: Allgemeine Einleitung in das Vernunftrecht. Natürliches Pri-
vatrecht/Lehrbuch des natürlichen Privatrechts, Stuttgart ²1840, p. 61 ff.

127) von ROTTECK: a.a.O., p. 62.

128) von ROTTECK: a.a.O.

129) von ROTTECK: a.a.O., wo als oberster Rechtssatz bestimmt wird: "nur
jenes ist Recht, was mit der grösst möglichen und gleichen Freiheit Aller
keinen Widerspruch macht." Die Funktion eines obersten Rechtssatzes,
unmittelbare Beurteilungen von Ausnahmen zu ermöglichen, könnte allerdings auch von mehreren Rechtsprinzipien unter dem übergeordneten Gesichtspunkt des bonum commune übernommen werden; zu letzterem vgl.
oben Anm. 125.

130) von ROTTECK: a.a.O., p. 62 f. Die Schwierigkeiten lassen sich unter Umständen nur durch den Gesetzgeber überwinden; vgl. dazu CANARIS: Systemdenken und Systembegriff in der Jurisprudenz, entwickelt am Beispiel
des deutschen Privatrechts, Berlin 1969, p. 120 f.

131) Vgl. oben IV a und VIII e.

132) Vgl. dazu die These von FIKENTSCHER: Methoden des Rechts, a.a.O.,
p. 206, grundsätzlich gebe es "so viele Normen (im Sinne von Fallnormen)
wie zu lösende unterschiedliche Fälle".

133) Als ein Recht nur einiger Fallnormen (z.B. nur für die bereits real aufge-
tretenen Fälle) wäre es zugleich unzweckmässig; vgl. dazu THOMAS von
AQUIN: S. th. q. 96 a. 1 ad 2: Si enim essent tot regulae vel mensurae
quot sunt mensurata vel regulata, cessaret utilitas regulae vel mensurae,
quae est ut ex uno multa possint cognosci. Et ita nulla esset utilitas legis,
si non se extenderet nisi ad unum singularem actum. Vgl. ausserdem
BYDLINSKI: Juristische Methodenlehre, a.a.O., p. 519 f.

134) Vgl. hierzu HENKEL: a.a.O., p. 425 ff.; TAMMELO: Rechtslogik und materiale Gerechtigkeit, Frankfurt a.M. 1971, p. 64 ff. Zu Gerechtigkeit und Billigkeit als einem Thema der Rechtsfortbildung vgl. FIKENTSCHER: a.a.O., p. 209 f., Anm. 145.

135) HUGO: Lehrbuch des Naturrechts, als einer Philosophie des positiven Rechts, besonders des PrivatRechts, Berlin [4]1819, p. 186 f.

136) HUGO: a.a.O., p. 187 f.

137) Vgl. hierzu und zum folgenden KUHLEN: Typuskonzeptionen in der Rechtstheorie, Berlin 1977, p. 132 f.; KOCH, in: KOCH/RUESSMANN: a.a.O., p. 73 ff., 209 f.; FROMMEL: Die Rezeption der Hermeneutik bei Karl Larenz und Josef Esser, Ebelsbach 1981, p. 140 ff.

138) Vgl. hierzu und zum folgenden Zitat LARENZ: Methodenlehre, a.a.O., p. 197, der jedoch fortfährt: "die sich einer begrifflichen Fassung deshalb entzieht, weil die sie kennzeichnenden Merkmale ..."

139) Einmal unterstellt, das wäre überhaupt möglich. Vgl. dazu WANK: a.a.O., p. 120 f., 139.

140) Vgl. KUHLEN: a.a.O., p. 82. Die Entscheidung soll aber keine blosse Dezision darstellen, sondern im Sinne eines Erkenntnisgrundes begründet sein; es muss zunächst einmal 'verstanden' werden, wie die Verhältnisse liegen. Vgl. auch STRACHE: Das Denken in Standards. Zugleich ein Beitrag zur Typologik, Berlin 1967, p. 105.

141) Vgl. LARENZ: Grundformen, a.a.O., p. 220.

142) Vgl. LARENZ: Methodenlehre, a.a.O., p. 452.

143) Vgl. STRATENWERTH: Das rechtstheoretische Problem der "Natur der Sache", Tübingen 1957, p. 18 ff.; LARENZ: Grundformen, a.a.O., p. 76; ders.: Methodenlehre, a.a.O., p. 500.

144) Vgl. in diesem Zusammenhang BOTTKE: Strafrechtswissenschaftliche Methodik und Systematik bei der Lehre vom strafbefreienden und strafmildernden Täterverhalten, München 1979, p. 284.

145) Entsprechende Ausführungen liessen sich zu anderen Arten von "Typen" machen; am negativen Resultat für das Modell würde sich nichts ändern.

146) Vgl. Arthur KAUFMANN: a.a.O., p. 52, 76.

147) Vgl. LEENEN: Typus und Rechtsfindung. Die Bedeutung der typologischen Methode für die Rechtsfindung, dargestellt am Beispiel des Vertragsrechts des BGB, Berlin 1971, p. 45 f.; LARENZ: Methodenlehre, a.a.O., p. 201 f. Vgl. aber auch Arthur KAUFMANN: a.a.O., p. 42, 72, der betont, niemand komme darum herum, dass, bevor eine Subsumtion stattfinden könne, Norm und Fall "erst subsumtionsfähig gemacht werden" müssten.

HANS REINER

Die Hauptgrundlagen der fundamentalen Normen des Naturrechts

(1) Im Februar des Jahres 1979 brachte die Herder-Korrespondenz ein Interview mit dem Bonner Philosophen Wolfgang KLUXEN über die Abwendung des öffentlichen Interesses vom Naturrecht, die in Deutschland seit etwa 10 bis 15 Jahren festzustellen, im Gegensatz zu den vorher seit 1945 sehr lebhaft darüber geführten Diskussionen. Der Bonner Philosophiekollege erklärte diesen auffälligen Interessenrückgang hauptsächlich damit, dass das Naturrecht "überfrachtet war mit Voraussetzungen metaphysischer Art" und dass es "die Vernunft überforderte mit seinem Anspruch, ewige Regeln zu geben, die zugleich auch für die konkrete Situation Geltung haben sollten" (1).

Ich stimme dieser Ansicht des Bonner Kollegen mit einer gewissen Aenderung zu. Ich meine nämlich, dass die Ueberforderung der Vernunft in der traditionellen Naturrechtslehre weniger in der Inanspruchnahme ewiger Regeln auch für die konkrete Situation bestand, als in der inhaltlichen Erstreckung des naturrechtlichen Anspruchs auf allzuviele Einzelgebiete von Recht und Moral (2). Denn auf manchen dieser Gebiete, wie z.B. dem der Ehe- und Sexualmoral, hat dieser Anspruch, besonders durch die fortschreitende soziologische Forschung, sich eben einfach als grossenteils unhaltbar erwiesen.

Was aber die grundsätzlichen Positionen der Naturrechtslehre und ihrer Gegner im ganzen und weltweit anbelangt, auch über den deutschen Sprachraum hinaus, so stehen die Fronten, wie mir scheint, sich etwas erstarrt deswegen gegenüber, weil ihr Gegensatz bisher noch nicht gründlich genug ausgetragen worden ist. Schuld hieran aber ist nicht etwa nur, dass die Gegner des Naturrechts den von seinen Vertretern vorgebrachten Gründen nicht genügend Beachtung geschenkt haben (so dass man ihnen, wie Wolfgang KLUXEN erklärte, "selbst Einfaches, ja Triviales immer wieder in Erinnerung bringen" muss). Sondern auch die Vertreter des Naturrechts haben, meine ich, die für es sprechenden Gründe noch nicht tief und scharf genug herausgearbeitet; und hier scheint mir deshalb eine kritische Revision des bisher üblichen Vorgehens erforderlich. Deren Grundzüge möchte ich im folgenden darlegen, soweit dies in der hier gebotenen Kürze und Knappheit möglich ist (3):

(2) Heinrich ROMMEN sagt in seinem Buch 'Die ewige Wiederkehr des Naturrechts':

> "Zum Inhalt des Naturrechts gehören als evidente Prinzipien
> eigentlich nur <u>zwei Normen</u>: Das Gerechte ist zu tun, das Unge-
> rechte zu lassen, und die uralte ehrwürdige Regel: <u>jedem das
> Seine</u>". (4)

Diese Regel 'Jedem das Seine' findet sich bekanntlich in einer klassisch gewordenen Definition der Gerechtigkeit bei ULPIAN, die lautet:

> "Justitia est constans et perpetua voluntas <u>jus suum cuique
> tribuendi</u>."

Diese Definition geht aber ihrerseits auf PLATON zurück, dessen Formulierung
wir uns näher ansehen müssen. Sie steht in PLATONs Werk über den Staat
(Buch 4, Kap. 10, Steph. S. 433c) und lautet hier folgendermassen:

> "<u>Recht</u> (dikaion) und <u>Gerechtigkeit</u> (dikaiosyne) bestehen darin,
> dass jeder das Seine <u>hat</u> und <u>tut</u> (tou oikeiou te kai heautou
> hexis kai praxis), so dass die einzelnen weder andern Gehöri-
> ges haben (hopos hekastoi met' echosi t'allotria), noch das
> Ihrige ihnen genommen wird (mete ton hauton sterontai)."

Bei dieser Bestimmung von Recht und Gerechtigkeit bleibt nun zunächst unklar,
was es heisst, das Seinige zu <u>tun</u>; und PLATONs im Textzusammenhang dazu gegebene Erklärung (433a und d) ergibt, dass er dabei nur eine Anweisung im Rahmen des von ihm entworfenen idealen Musterstaates im Auge hat; was uns hier
nichts angeht. Aber auch dass ein jeder das Seinige <u>hat</u>, scheint als ursprüngliche Bestimmung des Rechts zunächst abwegig und nicht brauchbar. Denn was
einer <u>hat</u>, kann er ja gegen alles Recht in seinen Besitz gebracht haben, etwa
durch Raub, Diebstahl oder Betrug. Oder er kann es besitzen aufgrund eines
Erwerbs nach positivem Recht, dessen ursprüngliche eigentliche Berechtigung
dabei doch gerade noch eine offene Frage ist.

Die Beantwortung dieser Frage hat nun ARISTOTELES weitergetrieben durch
seine Lehre von der Gerechtigkeit, bei der er zwei Formen unterschieden hat,
nämlich die Gerechtigkeit der Zuteilung und die Gerechtigkeit des Ausgleichs
bei Besitzveränderungen (5). Da bei Besitzveränderungen ein Besitz schon vorausgesetzt ist, schien als Prinzip der ursprünglichen Entstehung des Rechts nur
die Gerechtigkeit der Zuteilung in Betracht zu kommen; und so wurde aus PLA-
TONs Prinzip, dass jeder das Seite <u>hat</u>, das bei ULPIAN und später wiederkeh-
rende, dass jedem das Seine zugeteilt wird. Indes erforderte, wie schon ARI-
STOTELES feststellte, dieses Prinzip einen weiteren Massstab, als welcher
dann teils die Gleichheit, teils die Würdigkeit angeboten wurde, und dafür gab
es auch wieder verschiedene Massstäbe. Und da alle diese Massstäbe bis in
die Gegenwart strittig geblieben sind, scheint sich zu ergeben, dass ULPIANs
und damit auch ROMMENs Formel unzureichend ist.

(3) Nun hat aber ARISTOTELES bei seiner Weiterführung der Problemstellung etwas übersehen, was er selbst, ohne sich dessen bewusst zu werden, doch vorausgesetzt hat: Bei der bei Besitzveränderungen statthabenden Gerechtigkeit des Ausgleichs unterscheidet ARISTOTELES zwischen freiwilligen Besitzveränderungen (wie Tausch, Kauf und Verkauf) und unfreiwilligen und führt unter den letzteren u.a. Mord, Totschlag, Verstümmelung, Misshandlung und Freiheitsberaubung an (6). Als gerechten Ausgleich nennt er in diesen Fällen die von einem Richter zu verhängenden Strafen (7). Hierbei berücksichtigt ARISTOTELES aber nicht, dass durch die Strafe ja nur beim Täter solchen Unrechts ein gewisser Ausgleich erzielt wird, nicht aber bei dem von solchem Unrecht Betroffenen, und dass bei diesem in Extremfällen wie Mord und Totschlag ein Ausgleich überhaupt nicht möglich ist; denn für den Verlust seines Lebens kann der Ermordete ja nicht mehr entschädigt werden! Ausserdem bemerken wir hier, dass der Besitz der Güter, um die es sich hier handelt, seinen Ursprung nicht in einer Zuteilung hat. Denn diese Güter sind: unser Leben, die Unversehrtheit und Unbehelligkeit unseres Leibes, sowie unsere freie Selbstbestimmung in der Bewegung unserer Leibesglieder; und dies alles haben wir von der Natur mitbekommen, dadurch, dass wir überhaupt unseren Leib von der Natur mitbekommen haben!

Damit erweist sich nun PLATONs Bestimmung des Rechts als darin bestehend, dass jeder das Seine hat, als eine doch wesentliche Aussage. Und für die Naturrechtslehre wird das 'Suum cuique' damit doch wieder zu einem brauchbaren und wesentlichen Prinzip; allerdings nicht in der durch ULPIAN klassisch gewordenen Formulierung 'suum cuique tribuere', sondern in der verkürzten, aber gerade dadurch erst wieder treffend gewordenen Form 'Suum cuique', in der Heinrich ROMMEN sie anführt, wenn wir sie jetzt dahingehend verstehen, dass eben der Leib des Menschen für ihn ein ursprüngliches Suum ist, auf dessen Respektierung durch die anderen er einen grundlegenden rechtlichen Anspruch hat. Dies ist nun nach mehreren Richtungen hin noch deutlich zu machen:

(4) Ein Haupteinwand der Gegner der Naturrechtslehre ist ja der, dass es ein konstantes Wesen des Menschen, aus dem sich Rechte ableiten liessen, nicht gebe und nicht geben könne, da das Sein des Menschen wesentlich geschichtlich und daher stets wandelbar sei. Eine besonders zugespitzte Form hat diesem Einwand bekanntlich Jean Paul SARTRE gegeben durch die Erklärung, beim Menschen gehe die E x i s t e n z der E s s e n z voraus, er sei immer nur das, wozu er selbst sich m a c h t , und deshalb gebe es keine konstante menschliche Natur (8). Dieser Einwand hat einen gewissen Eindruck gemacht, so dass ihn u.a. Werner MAIHOFER übernommen hat (9). Dass aber der Mensch einen Leib hat, ist eine konstante Tatsache seiner Natur; denn selbst wenn man annehmen wollte, der Mensch könne sich dahin entwickeln, dass er keinen Leib mehr hat, dann wäre er eben nicht mehr Mensch! Mit der Feststellung der eigentlich ja doch banalen Tatsache der Leibbegabtheit des Menschen dürfte der besagte Einwand endgültig erledigt sein.

Ausser der Widerlegung eines Hauptarguments der Naturrechtsgegner hilft die

Feststellung der naturhaften Leibbegabung des Menschen indes auch noch, eine innere Schwierigkeit der Naturrechtslehre selbst zu beseitigen. Als eine solche Schwierigkeit erscheint nämlich die Aufgabe, das Wesen der menschlichen Natur und des Naturrechts überhaupt zu erkennen und diese Erkenntnis sicherzustellen. In den mannigfachen Diskussionen und der Verschiedenheit der Ansichten hierüber (10) zeigt sich diese Schwierigkeit, und Josef FUCHS und Jakob DAVID haben sie ausdrücklich festgestellt (11). Durch unsere ohne alle erkenntnistheoretische Erwägung doch offenbar ganz sichere Feststellung, dass der Leib des Menschen jedenfalls zu seinem Wesen gehört, löst sich diese Schwierigkeit. Denn die Zugehörigkeit des Leibes zum Wesen des Menschen genügt schon, um daraus die fundamentalsten natürlichen Rechte des Menschen ableiten zu können; auf eine vollständige Erkenntnis des Wesens der menschlichen Natur sind wir dabei gar nicht angewiesen. Dies ist nun noch zu zeigen.

Wie wir sahen, heisst die Gegebenheit des Leibes als eines ursprünglich Seiniges des Menschen aufweisen eine wesentliche Grundlage seiner fundamentalsten Rechte aufweisen, als da sind: das Recht auf das eigene Leben, auf die Unversehrtheit des eigenen Leibes und seiner Glieder und damit auf die eigene körperliche Freiheit. (Dazu kommt dann noch, wie wir nachher sehen werden, als wenigstens zum Teil in diesem Leibesbesitz gründend, das Recht auf Eigentum.) Aber nicht nur diese fundamentalen einzelnen Rechte gründen in dem Besitz des Leibes; vielmehr liegt hier auch der Ursprung unseres Sprechens und Wissens von R e c h t   ü b e r h a u p t . Zeuge hierfür ist uns PLATON durch seine vorhin angeführte Definition des Rechts; denn diese Definition ist die älteste, die das Recht überhaupt in solcher Weise bestimmt, und sie ist somit aus einem ursprünglichen Wissen um den Sinn unseres Sprechens von Recht hervorgegangen. Auch aus dem alltäglichen gewöhnlichen Sprechen von Recht, wie es uns schon bei HESIOD und bis heute noch begegnet, lässt sich dies entnehmen. Denn wer von Recht spricht, tut dies, falls er dies nicht in einer beruflich zur Entscheidung über Rechte bestimmten Stellung tut, zumeist, indem er sein Recht als einen Anspruch (sein 'subjektives' Recht) im Auge hat, auch wenn er sich dabei auf das Recht als eine Rechtsordnung ('objektives' Recht) beruft (12). Dies Bewusstsein des Menschen von 'seinem' Recht aber setzt ein Bewusstsein von einem Seinigen überhaupt voraus und gründet daher in ihm das ursprünglichste Bewusstsein von einem 'Seinigen', das es gibt, ist aber eben das Bewusstsein eines jeden Menschen von seinem Leib, den er empfindet, in und mit dem er ihn beherrschend waltet, und der sich für ihn dadurch vom Leib aller anderen Menschen als dem   i h n e n   Eigenen,   i h r e m   Suum unterscheidet.

(5) Die von ARISTOTELES begangene Fehldeutung dieses Rechts als auf einer Zuteilung beruhend hat nun für die ganze Geschichte des Verständnisses von Recht überhaupt und damit auch vom Naturrecht weitreichende Folgen gehabt, auf die wir jetzt noch einen weiteren Blick werfen müssen: Ueber CICERO ging diese Fehldeutung nicht nur in das spätrömische Juristenrecht ein (ULPIAN), sondern auch weiter über AMBROSIUS in AUGUSTINs Formulierung der Gerechtigkeit, von wo sie dann THOMAS von AQUIN übernommen hat (13). Zu einer Formulierung des Rechtsprinzips, die nicht mehr am Begriff der Zuteilung haftet, sondern zu seiner Grundlegung den Leib als ein dem Menschen von der

Natur mitgegebenes Suum herausstellt, ist erst Hugo GROTIUS gelangt. Dazu kam er nicht durch eine Kritik an ARISTOTELES, sondern indem er auf die (bei CICERO vorgefundene) altstoische 'Naturrechts'-Lehre zurückgriff, wonach jedes Lebewesen (animal) durch seine 'ersten Triebe' (prima naturae) gedrängt wird, sich selbst und seinem Seinsbestand (suum statum) zu erhalten, wobei indes für uns vernunftbegabte Menschen diesem Naturtrieb noch die Vernunft, die ratio, übergeordnet sei (14), und indem er mit dieser Lehre die von CICERO aus der jüngeren Stoa übernommene Lehre vom sittlich Guten (honestum) verband, das dem Menschen die Respektierung des Lebensinteresses der Gesellschaft (societas) und der menschlichen Gemeinschaft (communitas hominum) zur Pflicht mache (15). Aufgrund der Kombinierung dieser beiden Lehren formulierte GROTIUS als Prinzip des Rechts die 'ratio ac natura societatis' und erklärte, es sei ein Ziel der societas (eo tendit), 'ut suum cuique salvum sit', dass jedem das Seine unversehrt erhalten bleibe (16). Als Inhalte des Seinsstatus aber, die dieses Suum ausmachten, fand GROTIUS, diesen Status explizierend, zunächst vita, das Leben, membra, die Glieder, und libertas, die Freiheit (16), denen er nachher noch corpus, den Leib, fama, den guten Ruf, honor, die Ehre, und actiones propriae, die eigenen Handlungen, hinzufügte (17). Eine selbständige Bedeutung für die Verbindlichmachung des natürlichen Rechts kam indes aufgrund dieser Ableitung dem Bewusstsein des Menschen von seinem Leib als einem Suum nicht zu, da ja diese Verbindlichkeit mit einem dessen Integrität erstrebenden Willen der Gesellschaft begründet wurde. Aehnlich war es dann auch, als, GROTIUS folgend, PUFENDORF den Leib als ein dem Menschen von Natur zukommendes Suum herausstellte (18) und dabei die Verbindlichkeit seiner Respektierung aus der durch die 'imbecillitas', die Hilfsbedürftigkeit des Menschen, hervorgerufenen 'sociabilitas' ableitete.

Als dann im weiteren Verlauf der Bemühungen um die Begründung des Rechts die Positionen von GROTIUS und PUFENDORF aufgegeben wurden, geriet die Erwähnung des Leibes als eines dem Menschen von der Natur mitgegebenen Suum völlig ausser Beachtung. Erwähnt werden wohl gelegentlich noch das Leben und die Unversehrtheit der Glieder (19); aber der Leib wird, obwohl er doch Träger des Lebens und der Glieder und zugleich das sozusagen greifbarste und am wenigsten wegdeutbare von der Natur mitgegebene Wesensstück des Menschen ist (soweit ich wenigstens feststellen konnte), nirgends mehr erwähnt.

(6) Allerdings ist nun das Bewusstsein des Menschen, in seinem Leib ein Seiniges zu haben, für sich allein noch kein ausreichendes Fundament des natürlichen Rechts. Denn wenn jeder nur einfach seinen Leib, sein ungestörtes Wohlbefinden darin und seine Verfügungsmacht darüber für sich in Anspruch nimmt, entsteht daraus noch keine Ordnung des Zusammenlebens, und erst wo eine solche Ordnung besteht, kann von Recht gesprochen werden (20). Ohne eine solche Ordnung entstünde ja aus der Berufung der einzelnen auf das 'Suum' ihres Leibes nur ein Pseudo-Recht der jeweils Stärkeren, wie nach PLATONs Darstellung KALLIKLES und THRASYMACHOS es vertreten haben, und wie HOBBES es als den angeblichen Urzustand des Krieges aller gegen alle beschrieben hat. Indes hat es ja auch diesen angeblichen Urzustand nie gegeben. Gegen HOBBES hat dies schon HUME gezeigt, indem er darauf hinwies, dass der

Mensch in eine F a m i l i e n g e m e i n s c h a f t hinein geboren und hier von seinen Eltern nach irgendeiner Norm des Betragens und Verhaltens geschult (trained) wird (21). Und die moderne biologische Urgeschichtsforschung hat das Aufwachsen des Menschen in familienartigem Zusammenleben der Eltern als im Unterschied zu manchen Tierarten überhaupt zu seiner stammesgeschichtlichen Eigenart gehörig bestätigt. In der Familie aber herrscht normalerweise eine gewisse, wenigstens relative, friedliche Ordnung des Zusammenlebens, und zwar eine Ordnung gegenseitiger Rücksichtnahme, durch die die eigenen Ansprüche eines jeden einerseits anerkannt, zugleich aber auch eingeschränkt werden, so dass die fundamentalsten Ansprüche aller sowohl auf Unversehrtheit des Leibes als auch auf Handlungsfreiheit gewahrt werden. Die Art nun aber, wie die Menschen in diese Ordnung hineinwachsen, scheint mir weder durch HUMEs Hinweis auf das 'training' durch die Eltern genügend geklärt, noch durch die Erklärungen der bisherigen Naturrechtslehren vermittelst allgemeiner Begriffe wie Erfahrung, Vernunft. Ontologie, Metaphysik und Gemeinwohl; sondern hier scheinen mir differenziertere Beschreibungen sozialpsychologischer und phänomenologischer Art erforderlich. Leider kann ich diese hier nur in äusserster Knappheit skizzieren:

(7) Der heranwachsende Mensch lernt erstens in der Familie durch 'Erfahrung' eine soziale Ordnung kennen (22), die neben Zügen einer Liebesordnung auch solche der Anerkennung von Rechten der Familienmitglieder enthält, und in der die aus den natürlichen Trieben der einzelnen erwachsenen Rechtsansprüche bereits zu einem gewissen Ausgleich gebracht sind. Bei der Erfahrung dieser Ordnung spielen a) Belehrungen und Forderungen der Eltern eine Rolle, aber auch b) ein unmittelbares Erleben, wie diese Ordnung im grossen ganzen eingehalten, manchmal aber auch nicht eingehalten wird, und wie ihre Einhaltung die Erfüllung der Bedürfnisse der Familienmitglieder, und das heisst das 'G e m e i n w o h l' der Familie, ermöglicht und fördert, ihre Nichteinhaltung aber es stört oder unmöglich macht. Sehr bald erweitern sich diese Erfahrungen über den Familienkreis hinaus, zunächst namentlich in den Kreis von Gespielen und Schulkameraden. Zweitens wird der heranwachsende Mensch auch bald, und nicht nur einmal, sondern immer wieder, vor die E n t s c h e i d u n g gestellt, sich selbst den Erfordernissen solcher Ordnung einzufügen oder sich ihnen zu widersetzen. Dabei lernt er die Vor- und Nachteile des einen und des anderen für ihn selbst in unmittelbarem Erleben kennen und lernt sehen, dass es in diesem seinem eigenen Interesse wenigstens im allgemeinen für ihn besser und daher 'richtig' ist, sich der Ordnung einzufügen. Er kann aber drittens auch ein Verständnis dafür gewinnen, dass die Einfügung in diese Ordnung wenigstens im allgemeinen recht und billig ist, weil er selbst dadurch an den Vorteilen dieser Ordnung teilhat und es daher 'gerecht' ist, dass er auch die sie erst ermöglichenden Einschränkungen und Verzichte auf sich nimmt. Dabei tritt der B e g r i f f d e s 'G e r e c h t e n' überhaupt als ein grundlegender moralischer Begriff in sein Leben ein (23). Der Entschluss zur Einfügung in die bestehende Ordnung kann dann vom Gesichtspunkt des eigenen Vorteils oder von dem der Recht- und Billigkeit oder auch von beiden Gesichtspunkten zugleich bestimmt werden. Der heranwachsende Mensch kommt dann viertens auch dazu, bestimmte einzelne Normen der bestehenden Ordnung gegenüber anderen für sich in Anspruch zu nehmen, indem er ihre Einhaltung von anderen fordert, wo sie ihm selbst zugute kommt. Dabei gibt es Fälle, wo

er zu solchen an andere gerichteten Forderungen geradezu gezwungen ist, weil
davon nicht nur die Erfüllung beliebiger, sondern lebensnotwendiger eigener
Bedürfnisse abhängt (24). Wo immer aber nun der einzelne an die anderen Glieder einer solchen Ordnungsgemeinschaft solche Forderungen stellt, sei es, dass
er in dieser Weise dazu gezwungen ist, sei es ohne solchen Zwang, da anerkennt
er fünftens durch eben diese seine Forderungen die betreffenden Ordnungsnormen als für beide Seiten gültig und verbindlich (25).

Erst durch solche von den einzelnen in Einzelfällen erhobene grundsätzliche Forderungen und die daraus hervorgehende Anerkennung entsprechender eigener
Pflichten entstehen nun Verhaltensnormen mit einem Charakter strenger, 'katego-
rischer' Verbindlichkeit, wie er dem R e c h t eigentümlich ist, und der sie von
nur moralischen Forderungen unterscheidet. Und das heisst hier: So entstehen
Normen des N a t u r r e c h t s . Dabei schliesst dieser 'kategorische' Forde-
rungs-Charakter nicht aus – ebensowenig wie bei den Normen des posiviten
Rechts –, dass bei Kollisionen mehrerer solcher Rechtsforderungen miteinander
im Einzelfall die eine hinter der anderen aufgrund einer ' G ü t e r a b w ä -
g u n g ' zurücktreten muss.

(8) Zum N a t u r r e c h t wird nun in der Tradition als sehr wesentlich auch
das E i g e n t u m s r e c h t gerechnet, und auch ich rechne es mit dazu. Hierbei spielt indes die Natur ausser als Natur des Menschen noch in einem anderen
Sinn eine Rolle, nämlich als U m w e l t d e s M e n s c h e n : Eigentum wird
geschaffen und erworben durch die zwei Faktoren der Arbeit (26) und eines irgendwie letztlich aus der Umwelt stammenden Materials, das entweder dem Boden,
dem Wasser oder der Luft entnommen oder in der Verfügungsmacht über stehen-
bleibende Teile dieser Umwelt selbst (vor allem Landbesitz) bestehen kann. Für
die Bemessung des Eigentumsrechts kommt nun für den Faktor der Arbeit das
Aristotelische Prinzip des gerechten Ausgleichs in Betracht, für den Faktor des
Anteils an der Umwelt bzw. des aus ihr entnommenen Materials das Prinzip der
gerechten Zuteilung. (Das für den Anteil an der Umwelt früher in Anspruch genommene Okkupationsrecht kann bzw. konnte nur solange und insoweit Berechtigung
haben, als Umweltteile oder Umweltmaterial für den Bedarf danach verlangender
Menschen praktisch unbegrenzt zur Verfügung standen; was heute so gut wie nirgends mehr der Fall ist.) Sowohl für den gerechten Ausgleich für geleistete Arbeit ('gerechter Lohn') als auch für die gerechte Anteilsgewährung an der Umwelt
und ihrem Material kommt nun grundsätzlich nur das Prinzip der Gleichheit in
Betracht, dessen praktische Durchführung indes in beiden Fällen verschiedenen
Schwierigkeiten begegnet. Beim Anspruch auf einen gerechten Anteil an der Umwelt liegt die Schwierigkeit vor allem darin, dass die Erdbevölkerung sich ständig
vermehrt, während andererseits Eigentum auf Dauer bestehen und übertragbar
sein muss. Die genaue Bestimmung eines gerechten Ausgleichs für geleistete Arbeit ist dadurch unmöglich, dass der Materialanteil an ihrem Produkt sich exak-
ter naturrechtlicher Messung entzieht. Gleichwohl gibt es hier gewisse ungefähre
Grenzen, deren krasse Ueberschreitung durch zu wenig an Leistung oder zu viel
an Forderung in Einzelfällen doch durchaus festgestellt werden kann. Das Naturrecht besteht daher nicht nur (wie die thomistische Tradition meint) in allgemeinen Prinzipien, sondern kann manchmal auch gerade in Einzelfällen zu Normen

führen, die an Konkretheit manchen Normen des positiven Rechts nicht nachstehen. Ich kann dies alles hier nicht näher ausführen, sondern muss dazu auf mein Buch 'Grundlagen, Grundsätze und Einzelnormen des Naturrechts' verweisen (27).

(9) Ergänzend sind nun hier zunächst noch kurz zwei weitere als 'natürlich' zu bezeichnende und auch in der Tradition der Naturrechtslehre als solche in Anspruch genommene Grundlagen des Rechts zu erwähnen, die nicht im Leib des Menschen und auch nicht in der Umwelt ihren Sitz haben, sondern in der geistigen Seite des menschlichen Zusammenlebens. Es sind dies d i e E h r e des Menschen im Sinne des guten Rufs, in dem der einzelne bei anderen steht, und die zwischen mehreren Menschen getroffenen V e r e i n b a r u n g e n . Beide Tatbestände begründen rechtliche Verbindlichkeiten ebenfalls aufgrund eigener Anerkennung durch den einzelnen, und zwar der gute Ruf insofern, als jeder vom anderen fordert, dass dieser seinen (des Fordernden) guten Ruf nicht fälschlich verletzt, eben dadurch aber das Prinzip solcher Unverletzlichkeit des guten Rufs auch für sich als anderen gegenüber gültiges Prinzip anerkennt (28). Bei Vereinbarungen liegt diese Anerkennung schon im Sinn von Vereinbarungen selbst überhaupt (29).

(10) Im ganzen verdient nun, meine ich, das damit umrissene Naturrecht diesen Namen sogar noch mehr als das traditionell so genannte, weil es nicht nur wie dieses in der Natur des Menschen begründet ist, sondern auch noch in gewissen Bedingungen der Natur als Umwelt. Erfüllt nun aber dieses Naturrecht auch die traditionell mit diesem Begriff verbundene Eigenschaft der A l l g e m e i n - g ü l t i g k e i t ? Darauf antworte ich: Ja und Nein? Es ist allgemeingültig insofern, als es, wie sich empirisch nachweisen lässt, überall, bei allen Menschen, praktisch anerkannt wird, indem alle Menschen in irgend einem Umkreis, in dem sie leben, seine Forderungen und Verpflichtungen tatsächlich anerkennen (30). Indes kann dieser Umkreis sehr verschiedenen Umfang haben. Zunächst und zumeist ist es der Kreis einer sich selbst als eine gewisse gesellschaftliche Einheit verstehenden und wirtschaftlich bis zu einem gewissen Grad eine solche Einheit bildenden Gruppe wie etwa (unter frühmenschlichen Verhältnissen) eines Stammes oder (in der entwickelteren Menschheit) eines (meist durch eine gemeinsame Sprache verbundenen) Volkes. Die Einheit der Zusammengehörigkeit in einem Staat spielt dabei oft eine nicht geringe, aber doch nicht unbedingt wesentliche Rolle. Auch das Bewusstsein der Zusammengehörigkeit aller Menschen als Menschen kann dabei eine Rolle spielen, und ihre Anerkennung ist ein oft proklamiertes und zunehmend Anerkennung findendes Postulat. Indes gibt es gegen solche Grossgruppen rebellierende Sondergruppen etwa von Räuber-, Gangster- oder revolutionären Terroristenbanden. Aber solche Gruppen anerkennen doch unter sich die Mindestforderungen der gegenseitigen Respektierung von Leben, Freiheit und Eigentum. Und ohne Anschluss an mindestens eine solche Gruppe kann kein Mensch auf die Dauer existieren, selbst der 'Tyrann' nicht, wie ihn die frühe Antike kannte, und der Diktator, wie es ihn seit der römischen Kaiserzeit gibt.

Aus dem Gesagten ergibt sich aber nun nicht etwa, dass wir hier, die wir alle, wie ich annehmen möchte, keiner rebellierenden Gruppe angehören, sondern uns einer grossen, umfassenden Rechtsgemeinschaft verbunden wissen, gegen Mit-

glieder rebellierender Gruppen keine naturrechtliche Verpflichtungen hätten.
Denn wir verlangen ja auch von diesen, dass sie unser Leben, unsere Freiheit
und unser Eigentum respektieren. Wir sind deshalb auch diesen gegenüber an
unser Prinzip gebunden.

Eine andere Frage ist dagegen, wie es hiernach mit dem L e b e n n o c h u n -
m ü n d i g e r K l e i n k i n d e r steht, an die wir Erwachsenen noch keine
Forderungen stellen können, oder gar mit dem noch ungeborenen Leben im Mutter-
leib (28). Hier ist nun zunächst zu sagen, dass sich aus dem Naturrecht in dem
hier entwickelten Sinn - wenigstens soweit ich sehe - eine entsprechende Rechtspflicht nicht begründen lässt. Aber hier gibt es eine e t h i s c h e P f l i c h t ,
die auf der Forderung der Ehrfurcht vor dem Leben begründet ist, und auch diese
Pflicht hat den Charakter einer R e c h t s p f l i c h t , wenn diese auch nicht
mit den eigentlich naturrechtlichen Rechtspflichten völlig gleichen Wesens ist (29).

Das Naturrecht, wie es hier verstanden wird, ist ein Gebilde eigenen Wesens.
Obgleich auch es ethische Grundlagen hat, steht es doch zum positiven Recht in
näherer Verwandtschaft als das rein ethisch verstandene Recht. Denn im Unterschied zu diesem gibt es im Naturrecht bei einem Teil seiner Normen - nämlich bei denen, die aus den an andere gerichteten Forderungen zur Respektierung
lebensnotwendiger eigener Bedürfnisse entspringen - eine entsprechende Notwendigkeit und somit einen gewissen Zwang zu ihrer Befolgung, analog dem Zwang,
der auch bei den Normen des positiven Rechts eine Rolle spielt in Gestalt von
deren Erzwingbarkeit (30). Indes kommt der Zwang im positiven Recht von aussen, beruht also auf 'Heteronomie'. Der im Naturrecht vorkommende Zwang dagegen ist ein autonom vom Handelnden selbst ausgehender Zwang. Denn wenn
auch die Befriedigung dieser Bedürfnisse durch eine gewisse Lebensnotwendig-
keit gefordert wird, so beruht der Entschluss zu dem Bemühen um ihre Befriedigung doch immer noch auf einer freien Entscheidung des Handelnden. Und
überdies kann es dabei auch nicht nur sittlich gerechtfertigt, sondern sogar sittlich besser sein, im Dienste höherer Aufgaben das eigene Leben nicht zu scho-
nen - der 'gute Hirt' opfert sein Leben für seine Schafe -, wie es andererseits
doch sittlich erlaubt und in diesem Sinne moralisch gerechtfertigt sein kann,
die Erhaltung des eigenen Lebens vorzuziehen (34).

Dass das so verstandene Naturrecht aufgrund seines autonomen Charakters einer theonomen Begründung nicht bedarf, sei zum Schluss noch vermerkt. Dies
besagt jedoch nicht, dass es nicht etwa vom Standpunkt des christlichen Gottes-
glaubens aus eine (in diesem Fall sogar dann sehr wesentliche) theonome Unter-
bauung erfahren kann (35).

Fussnoten

1) Herder-Korrespondenz 33 (1979), 78-83.

2) So auch Walter KERBER in: "Christliche Normen im Rechtsbereich" (in:
"Stimmen der Zeit", Bd. 192, 1974, 241-255), 249.

3) Allgemein herangezogen wurden zu den folgenden Darlegungen: F. BOECKLE und E.W. BOECKENFOERDE (Hg.): Naturrecht in der Kritik, 1973; K. ENGISCH: Auf der Suche nach der Gerechtigkeit, 1971; U. HENKEL: Einführung in die Rechtsphilosophie, 1964; Luis LEGAZ y LACAMBRA: Rechtsphilosophie, 1965; Joh. MESSNER: Das Naturrecht, 5. Aufl., 1966; Max MUELLER: Die ontologische Problematik des Naturrechts (in: Die Ontologische Begründung des Rechts, 1966); H. REINER: Grundlagen, Grundzüge und Einzelnormen des Naturrechts, 1964 (zitiert als: "Naturrecht"); Ders.: Die Grundlagen der Sittlichkeit, 1974; Ders.: Die Goldene Regel und das Naturrecht, in: Studia Leibnitiana, 1977 (zitiert als: "Gold. Regel u. Naturrecht"); H. ROMMEN: Die ewige Wiederkehr des Naturrechts, 2. Aufl., 1947; A.F. UTZ: Sozialethik, II. Teil: Rechtsphilosophie, 1963; H. WELZEL: Naturrecht und materiale Gerechtigkeit, 4. Aufl., 1963; Erik WOLF: Das Problem der Naturrechtslehre, 3. Aufl., 1964; Th. WUERTENBERGER: Wege zum Naturrecht in Deutschland, in: ARSP (1949); Ders.: Zur Geschichte der Rechtsphilosophie und des Naturrechts, in: ARSP XLI (1954).

4) ROMMEN: 225/226.

5) Nikomachische Ethik 1130b30 - 1131a1. Dazu REINER: Naturrecht, 58/59.

6) Nikomachische Ethik 1131a6/7.

7) Nikomachische Ethik 1132a9-14.

8) Jean-Paul SARTRE: Ist der Existentialismus ein Humanismus?, 2. Aufl., Zürich 1947, 14, 36.

9) W. MAIHOFER: Naturrecht als Existenzrecht, 1963, 18/19. Dazu auch REINER: Gold. Regel und Naturrecht, 243.

10) Z.B. MESSNER: 313 ff.

11) Josef FUCHS: Lex Naturae, 1955, 143-148; Jakob DAVID: Das Naturrecht in Krise und Läuterung, 2. Aufl., 1969, 24 ff.

12) HESIODs Anliegen in seiner 'Erga' ist bekanntlich seine Klage gegen seinen Bruder Perses um sein Recht, das er von diesem verletzt sieht. Zum allgemeinen Sprachgebrauch vgl. MESSNER: 226.

13) CICERO: De officiis, I, 5, 15; AMBROSIUS: De off. ministrorum i, 24, 115; AUGUSTINUS: De civit. Dei, XIX, 21; THOMAS von AQUIN: Summa Theol. II-II, q. 58, a. 1. THOMAS hat bei der Uebernahme der Lehre des ARISTOTELES zugleich auch noch dessen zweite Form des Rechts, die auf Ausgleich bei Besitzveränderungen beruhende, falsch interpretiert, indem er es als auf Gerechtigkeit des Austauschs (justitia commutativa) beruhend auffasste statt als auf einer ausgleichenden Gerechtigkeit (justitia correctiva). Siehe darüber den Nachweis hierfür bei REINER: Naturrecht, 58 f.

14) CICERO: De finibus bonorum et malorum, III, 5, 16 - 7, 23.

15) CICERO: De officiis, III, 4, 20 - 5, 22.

16) H. GROTIUS: De jure belli ac pacis, I, 2, 1, 5.

17) H. GROTIUS: De jure belli ac pacis, II, 17, 2, 1.

18) PUFENDORF: De jure naturae et gentium, III, 1, 1. Zu GROTIUS und PUFENDORF siehe auch K. OLIVECRONA: Das Meinige nach der Natur-rechtslehre, ARSP LXI (1973) und: Die zwei Schichten im naturrechtlichen Denken, ARSP LXIII (1977).

19) So ROMMEN: 234; MESSNER: 359.

20) So u.a. HENKEL: 18 ff.; MESSNER: 266 ff.; UTZ: 32.

21) D. HUME: Inquiry Concerning the Principles of Morals, III, 1.

22) An sich sehr mit Recht betont dies wiederholt MESSNER: 345 ff.

23) Hierzu J. PIAGET: Le jugement moral chez l'enfant, 1932 ([3]1969), deutsch als: Das moralische Urteil beim Kinde, 1954.

24) Ueber solche Bedürfnisse schon PLATON: Staat, VIII, 12, 558 Dff.

25) Hierzu auch REINER: Gold. Regel und Naturrecht.

26) Die hierfür von John LOCKE in Kap. 5 der 2. seiner "Two treatises of civil government" gegebene Begründung scheint mir im Prinzip immer noch treffend. Dazu REINER: Naturrecht, 43 ff.

27) REINER: Naturrecht, 43-50.

28) REINER: Naturrecht, 42 f.

29) REINER: Naturrecht, 50 f.

30) So im Prinzip auch Max MUELLER: Das Naturrecht ist "existentielle Wirk-lichkeitsordnung, nicht bloss 'ideale Norm', sondern 'reale Norm'" (a.a.O., oben A. 3), 467. Indes bleibt dabei die Durchführung dieser These im kon-kreten Leben unbestimmt.

31) Hierzu vgl. auch J. EBBINGHAUS, in: Kant-Studien, Bd. 49, 36-48, sowie R. SPAEMANN, in: BOECKLE-BOECKENFOERDE (Hg.): Naturrecht in der Kritik, 275/276.

32) Den ethischen Begriff des Rechts habe ich im Rahmen eines Referats "Principia Ethica, so oder so?, Eine kritische Konfrontation mit G.E. Moore" bei einem Symposion über "Phänomenologie der sozialen Welt" am 4.1.1979 in Köln behandelt. Ich hoffe, dieses Referat noch gedruckt vor-legen zu können.

33) Ueber Erzwingbarkeit des Rechts HENKEL: 92 ff.; UTZ: 42 ff.

34) Ueber das sittlich Erlaubte siehe REINER: Grundl. d. Sittlichkeit, 185-193.

35) Den autonomen Charakter des Naturrechts betont auch MESSNER (Natur-recht, 74 f.), und ich glaube, mich mit ihm bezüglich des Verhältnisses die-ser Autonomie zur Theonomie einig zu wissen. Dies ändert sich nicht da-durch, dass die im Vorstehenden von mir entwickelte Autonomie noch eine wesentlich schärfere Ausprägung hat als die von MESSNER und anderen vertretene.

RICHARD T. DE GEORGE

A Minimalist Approach to Natural and International Law

Natural law theory has had a long and varied history from ancient times until
the present. It has been used both to justify some governments, legal systems,
and particular laws, and to condemn others. It has been used to affirm the
human right to liberty, equality and fraternity, and to life, liberty, property,
and the pursuit of happiness. In the name of these it has been used to justify
revolution and change. In some instances it was conceived as having a religious
basis, with God's eternal law supporting it, and with natural law in turn providing the foundation for human law. The basis of natural law was conceived by
others naturalistically. It was founded on the nature of man conceived not
historically but as essentially the same for all human beings of all times,
cultures, and places.

Characteristic of natural law positions is the claim that political and legal
systems are properly based on morality and, if legitimate, are externally
justified by it. Crucial to the position, therefore, is the status of morality. A
theistic interpretation has God as the author of morality. A naturalistic interpretation does not. Both are committed to a view of morality which holds it is
common to all human beings. The sense in which it is common, however, may
be construed in a variety of ways.

The maximalist position maintains that the content of the moral law is in all its
details the same for all persons eveɪywhere and always. But what can this
mean, since different and changing conditions have to be taken into account in
moral judgements, and since no specific set of rules can cover all situations?
At best, the position means that if an action is wrong in a given situation it is
wrong in every other substantially similar situation. But since cultures vary
and circumstances within cultures vary, what is actually similar will be not all
of the details of morality but some general practices or some higher level
principles which are applied to differing circumstances. The higher the level
to which one rises in this search for more and more general principles, the
further one moves from the maximalist position.

The minimalist position which I shall propose pushes this procedure to its limit. It holds that the principles are not substantive but merely formal; they state the conditions necessary for an action to be moral or immoral. The content of morality varies according to changing conditions and historical development. The formal conditions are applicable in every society and are the same in every society. These formal conditions, however, apply only in society, since morality is a social institution and does not exist independently of society.

In modern times the natural law tradition had added to it in the writings of HOBBES, LOCKE, and ROUSSEAU, the myth of the state of nature out of which men, through consent and contract, emerged to form nations and states. The minimalist position which I am proposing is compatible with the myth of the state of nature.

Since society as such does not exist in the state of nature, neither does morality. But we can speak of the conditions necessary for a society to exist. These are the preconditions which must be satisfied for morality to flourish. The preconditions themselves are not moral principles. In order to have a society, there must be people who associate together. It is not a <u>moral</u> requirement that they associate together and that they refrain from killing one another. It is not a moral requirement that they exist as a society. It is not a moral requirement that they as individuals continue to exist. But if they wish to exist, and if they wish to exist together and benefit therefrom, then they must do certain things to form and maintain a society. Though this might be called a law of nature, it is not a moral law. Since morality does not apply except to people who exist in society, there is no moral requirement for those in the state of nature to satisfy the preconditions necessary for society. The preconditions are natural in the sense that they are such as to be found wherever there are people in society. Exactly what these preconditions are can be roughly sketched out, though I will not do so here. The sketch, however, constitutes a theory to be confirmed by evidence and it is open to refinement and correction. It is not a priori.

If people had never formed societies, and if somehow they had been neverthe-less able to survive, morality would have had no place. Historically we know of no people whom we call human who did not live in society. The simple conditions which have to be fulfilled in order for there to be society have sometimes been called the simple rules of morality common to all people. But a distinction should be made between those rules, which are not moral, which had to be follow-ed to set up a society, from those perhaps same or similar rules which must be followed for the society to continue, which can be called moral rules.

Now a minimalist natural law position need not hold that there are certain common, basic moral rules held by all societies, such as the rule not to kill members of one's own society without sufficient and important reasons. The rule seems to be held by all societies, though societies differ in how they decide who is a member of that society, and what constitutes sufficient and important, hence justifiable, reasons. It would seem that the rule is necessary for the con-tinuation of any society, otherwise the members thereof might kill each other off and the society would no longer exist. But there is no moral necessity that any particular society continue. Such a moral rule has categorical force only in a society interested in survival, indicated by the willingness of the members to fulfill the preconditions necessary for a society.

Now this minimalist view is compatible with a great variety of different moral codes found in different societies living in different historical epochs and conditions. The claim that certain practices help survival and that others do not is compatible with it, and those societies interested in survival would be better advised to adopt those practices best suited to help them attain their ends. What will be best suited in an arid, hot climate, however, would be different from what would be most conducive in a wet, cold one. Different social and historical conditions lead to different content in moral codes and to different content in legal codes. There are many ways to organize society. There is little reason to think that the best one for all peoples everywhere has been found or that there is one to be found.

This minimalist approach does not prescribe a priori what a society or a legal system must be like in any detail and with any content. But it does allow for the claim that the legal system should be based on the moral system, which is one of the tenets of natural law doctrine, which distinguishes it from legal positivism. This, however, is a formal, not a substantive claim. A doctrine of human rights, traditionally associated with modern natural law theory, can also be taken as formal, in the sense that the precondition for morality is that those related by it are persons, with dignity and autonomy, ends in themselves. The Kantian formulation is sufficient as a basis for human rights.

The minimalist interpretation I am giving here, though it is formal, is not a priori in KANT's sense, and is applicable not to all rational beings but only to members of moral communities, i.e., to members of given societies.

I claimed that there was no moral demand that people form societies, and that morality came into play only once there was a society. Similarly on the world scale, there is no moral imperative to form a world society. There are real pressures of a non-moral kind that impel people, with the progress of communication and transportation, with the increasing interdependence that we are experiencing to form a community beyond national borders. Within some parts of the world that community is sufficiently developed so that we can speak of a morality that goes beyond national borders and is shared by peoples from different countries. This morality is compatible with different political states and systems. The shared morality in turn helps strengthen the society or groups which share it.

We do not have a worldwide society, and we also do not have a worldwide morality. There are certain practices that are held in most countries. But if the minimalist position is adopted, there is no reason to expect a worldwide morality before there is a worldwide society, and the forces which impel countries or people to form a worldwide society need not be moral forces, but may be based on mutual interests.

Yet the argument which draws a parallel between the state of nature for individuals and the state of nature for nation states is a poor one. Those who argue that the international scene is in fact a state of nature and that HOBBES' myth is found in fact in present international conditions both misstate present conditions and misread HOBBES' description of the state of nature. The difference between individuals in the state of nature and national states in the present world situation are many and significant.

To begin with, the myth of the state of nature applies to individuals. Individuals make covenants with other individuals in order to achieve some degree of security and freedom from fear. In the state of nature there is no law, little order, no society. The difference between the condition of the state of men in Chapter XIII of HOBBES' Leviathan and the condition of nation states in the world today is significant. It is so strikingly different that an attempt to use the analogy to consider the present-day condition of nation states is doomed to failure. Consider some of the differences.

HOBBES notes that "nature hath made men so equal... the difference between man and man is not so considerable, as that one man can thereupon claim to himself any benefit, to which another may not pretend as well as he. For as to strength of body, the weakest has strength enough to kill the strongest". The position is plausible for men in the state of nature. But it is by no means plausible for nations. Several differences are immediately evident. One is that among the nations of the world, some are large, highly developed, rich, and powerful. Others are small, underdeveloped, poor, and weak. It makes sense to say that the weakest man may be able to kill the strongest man, if the one, for instance, has a gun and the other does not. But this is not true of nation states. A small, weak country does not have what is necessary to kill a strong, large country, even in a nuclear age. The reason hinges on the difference between an individual person and a nation state. There is little difference in size, strength, and so on, between people. There are enormous differences between nation states. A person can be killed with one well aimed bullet. Nation states are not killed as easily. In fact, the notion of killing a nation state is not entirely appropriate. It may be conquered, but hardly killed.

In the state of nature men live in a state of war of "every man against every man". With the emergence of nation states, however, it is clear that there is not a condition of war of every man against every man. Within a state people enjoy the security that HOBBES says they come together to achieve. According to HOBBES during a state of war "there is no place for industry, because the fruit thereof is uncertain: and consequently no culture of the earth; no navigation, nor use of the commodities that may be improved by sea; no commodious building; no instruments of moving and removing, such things as require much force; no knowledge of the face of the earth; no account of time; no arts; no letters; no society; and which is worst of all, continual fear, and danger of violent death; and the life of man, solitary, poor, nasty, brutish, and short."

None of these is absent for men who live in nation states. They enjoy industry, culture, navigation, commodities, commodious building, arts, letters, society, and so on. Nor can these be said to be absent from nations considered as nations. For if they are enjoyed by the people of the nations, they are enjoyed by the nations. So the impetus which drives men originally to compact and to create society is by no means present on the international level. The fear of war is present. But even here it is not the case that every nation is enemy to every nation. For nations do trade, do cooperate, do form alliances, do enjoy friendship, and so on. There are groups of nations which are closer to one another than other groups. These groups form a certain balance of power - a concept which is absent from HOBBES' state of nature; for in the state of nature the balance is only possible if individuals do form into a commonwealth.

As we proceed further, HOBBES notes in the same chapter that in the state of war "nothing can be unjust. The notions of right and wrong, justice and injustice, have no place. Where there is no common power, there is no law; where no law, no injustice." Here is where those who push the analogy of individuals in the state of nature and nations in the world condition have the best basis for their position. But even here we must acknowledge that in international dealings there is some shared notion of right and wrong, and at least among some nations, there is some shared notion of justice and injustice, despite differences among nation groups on what these terms mean operationally or in particular conditions.

The attempt to use the Hobbesian analogy to describe the situation of nations fails as well if we move to the next chapter, Chapter XIV, where HOBBES describes the first and second natural laws. According to the law of nature "a man is forbidden to do that which is destructive of his life, or taketh away the means of preserving the same; and to omit that by which he thinketh it may be best preserved". But this does not apply to nation states, who neither have nor lose life in the sense that individual persons do. In fact, for HOBBES, once a sovereign is no longer able to protect a subject, that individual is freed from his allegiance to that sovereign. There is no doctrine of nation states comparable to that of individuals such as to form the basis for the analogy of the state of nature on the international level.

Nor is the claim defensible that men, because of real conditions, should seek to form covenants that will establish one world state rather than individual states. Someone might try to argue that only in such a situation will men be free of war. But whatever the worth of that claim, it is clear that men in their present condition are not impelled to that move in the same way that they are impelled in the state of nature to form the commonwealth to avoid the war of all against all. There is no such war for individuals in the present situation of nation states.

Neither HOBBES nor LOCKE, whose position is that "where there is an authority, a power on earth from which relief can be had by appeal, there the continuance of the state of war is excluded, and the controversy is decided by that power" (The Second Treatise of Government, Chapter III) provide a basis, arguing from the state of nature, unequivocally for a world government. But both argue that war can be avoided only when there is some higher authority than those in dispute. The nature of this authority, however, remains open.

There is in the natural law tradition both a thrust for world law on the one hand and for international law on the other. For just as individuals combine to form societies of the size of nation states, so they can combine to form a world society or a world state. If the model of a commonwealth is taken worldwide, then the thrust is to have world government, with the lawmaker governing all for the common good. Historically, however, natural law theory has been used to justify states and nations. For some thinkers the state is a natural entity, much like an individual human being. It is natural in the same way that the family is said to be natural. The necessity of keeping covenants between nations is a natural necessity for the growth of intercourse between them. World law applies directly to individuals. International law is developed between or among nations and applies to individuals only through the intermediary of the state. World law requires a world government. International law requires agreement among nations. Natural law provides a basis for arguing for both types of law and does not clearly decide between them.

Since morality applies only to societies, it does not apply to conditions on a world-wide scale. There is as yet no worldwide society, and hence no world-wide morality. Justice is a moral principle. But justice means different things in different societies. What appears just to one society may not appear just to another. The differences between them may be differences in principle, or they may be differences based on different facts or on different interpretations of the same facts. Natural law on its minimalist interpretation does not come armed with a certain infallible notion of justice which it can impose, even though ultimately insofar as justice forms part of morality it must be universal. A formal approach, however, formulates justice as a procedure rather than giving it a particular content. To say simply that each should be given his due is to give a formal definition, which leaves much room for disagreement about what is one's due. Part of the function of law is to help decide specific cases. The law provides the procedure whereby justice can be achieved.

Where societies differ seriously on morality, on what practices are moral and what practices are not, they do not yet have the foundation to form a larger society together. For agreement on some basic norms is one of the preconditions for a society. Differing societies may each cast moral stones at the other. The minimalist natural law theory may not provide a basis for a substantive decision on which society is right and which wrong. For if both are functioning societies, they each fulfill the preconditions for a society, and can be assumed to have adopted the minimal requirements of morality necessary for a society to continue to function.

But is there no right, no justice, no morality independent of societies thinking that something is right or wrong, just or unjust?

The minimalist is in no way privileged. To say that some action may be wrong, even if no one knows it is, is not of much help. To say that a society may be mistaken in what it holds to be moral or immoral is compatible with a natural law position, for there are many ways a society may be mistaken. It may be mistaken about facts; it may be mistaken about some principles it holds; it may be mistaken in applying principles; it may simply act immorally. Where societies disagree, the disagreement may be on many levels and may be of many kinds. Unless there is some basic communication, there is little to be decided. If contact, communication, exchange, and interaction develop, then the basis for analyzing differences may develop and those differences that prevent the type of interaction both desire can be worked out. That both sides honor their agreements is a condition of their continuing successful interaction. If such agreements are treaties, they may be considered international laws - though the usual machinery for making laws and the mechanism for enforcing them may be absent. Some may therefore not call them laws, except insofar as they are incorporated in the body of laws of the individual states.

The minimalist approach to natural law does not deny the tradition of natural law which holds that law is based on morality, nor does it deny that law is for the common good. But both of these precepts, when raised to the level of inter-national affairs carry with them no substantive doctrine about world law or international law. For they are empty until filled by the content of morality.

Now an objection to this interpretation of natural law theory may be that it does not fulfill one of its traditional functions, which is to guide the development of law.

In modern political and legal theory, however, natural law has had as its main functions the justification of existing states and the justification of revolutions. Once a state is justified by natural law, consistency demands that the law of that state not be opposed to the morality that ultimately grounds it. The morality is already there. Hence though the minimalist account of natural law takes morality as formal, in any given situation morality is actually filled with content. It is that content which guides the development of law and against which law is measured.

At present there is no world government to justify, nor is there any worldwide international federation or legislative body to justify. The minimalist interpreta-tion of natural law provides a framework in which either eventuality may be evaluated and, if appropriate, justified. Since both world law and international law require a society, with the implication of shared norms, the laws of such a society should conform to the morality of that society.

The minimalist approach to natural law does not morally require the develop-ment of either a world or an international society, though there are good reasons to think that other forces are operating in that direction.

But finally, why adopt the minimalist position I have outlined? The reason is that it preserves the strength of the natural law doctrine; it escapes its tradition-al weaknesses; and it enables natural law doctrine to assimilate the insights of other legal theories.

The strength that it preserves - which may not appear as a strength to every-one - is that it maintains the link between law and its moral foundation. In this way there is a moral basis for law and for legal systems, whether national or international. The adoption of law and of legal systems is not arbitrary and not simply a matter of will. The minimalist approach preserves the relation of law and morality, makes possible the external grounding of a legal system, and provides a basis from which to evaluate it. Because of the latter, natural law theory, even in its minimalist version, protects the right of people to rebel against abuses of authority. These have been the major strengths of the doctrine in the past and are continued in the minimalist version.

The weaknesses of natural law theory have consisted primarily in its theistic and metaphysical baggage. In the minimalist version these are not necessary. The minimalist approach to morality is formal. It allows for the divergent development of the content of morality and so of law in differing historical and social circumstances. It allows for progress in moral and legal development. Since it is formal in its approach to morality, it does not come armed with moral dogma to impose on all people. Yet, it sees a world society with a truly universal morality as an ideal.

Lastly, the minimalist interpretation of natural law theory allows it to assimilate the insights of other approaches to law and legal theory. Since it is formal in its approach to morality it can accommodate much of the work of the legal positivists. Since it admits the diversity of cultures and peoples, it is compatible with much of the best in the Oriental traditions of law. It is not anti-metaphysical, even though it carries little metaphysical baggage of its own. It is not anti-religious, even though it does not presume to know God's will. Since it is historical in its approach to the content of morality and law, it is able to take advantage of the work of Marxist legal theorists. It differs from them insofar as it does not claim to know the one best way of organizing society. Yet it is open to their view being correct, while at the same time being able to evaluate abuses of authority should they occur.

The minimalist interpretation of natural law theory is minimalist in the sense that it reduces the theory's dogmatic baggage to a minimum. But if the approach is successful, the result will be not a minimization but a maximization of the continued and future usefulness of the natural law approach to legal and political theory.

MICHAEL A. PAYNE

The Functional Theory of Natural Law

In recent legal theory in English-speaking countries, Legal Positivism, especially in the influential form developed by H.L.A. HART in The Concept of Law,
has dominated Natural Law (1). Among HART's critics, Lon L. FULLER is
perhaps the only well-known English-speaking anti-Positivist who openly maintained a Natural Law position (2). HART's most consistent English-speaking
critic today, Ronald DWORKIN, appears to adopt a version of a natural rights
theory, but it is unclear whether DWORKIN would be best classified as an
advocate of a Natural Law view (3). But there are signs, at least in America,
that there is a renewed interest in developing versions of Natural Law, and in
this paper I shall focus on one such version, Theodore BENDITT's functional
theory of Natural Law (4).

Briefly summarized, BENDITT's position is that the concept of a legal system
is a functional concept, that a legal system must therefore have a function, that
this function is in part moral, and that consequently Natural Law is correct at
least insofar as it asserts a logical or necessary connection between law and
morality. The Functional Theory, as I shall call BENDITT's theory, is similar
to FULLER's view of law as a purposive activity, though BENDITT contends
that FULLER's procedural version of Natural Law fails to establish a logical
connection between law and morals because the internal "morality" of law is
not a morality at all (5). And despite the fact that BENDITT develops part of
his own Natural Law theory through criticism of HART, nevertheless the Functional Theory is based in part on two concepts central to HART's own theory,
namely the concepts of acceptance and the internal point of view. Finally, though
BENDITT's theory does not employ moral or natural rights, it lends support to
DWORKIN's critique of Legal Positivism in that it provides a "theoretical under-
pinning for the principles that we find in a legal system" (6).

My primary concern in this paper is to critically examine BENDITT's Functional Theory of Natural Law, but I also hope my critique of BENDITT's theory will
help illuminate some of the points at issue between Natural Law and Legal
Positivism (7).

I. Functional Concepts

BENDITT's theory attempts to establish a logical connection between law and morals by demonstrating that law must logically have a function and that this function must be in part moral. BENDITT maintains that law must have a function because the concept of a legal system is a functional concept, and the latter refers to a thing or individual having a function. The first step in BENDITT's argument, therefore, is to elucidate the notion of a functional concept.

A tool, BENDITT begins, is a paradigm of a thing with a function, because in order to understand the meaning of the word "tool" we must know what it is used for or what it is supposed to do. BENDITT affirms R.M. HARE's characterization of functional terms:

> "A word is a functional word if, in order to explain its meaning
> fully, we have to say what the object referred to is for, or what
> it is supposed to do." (8)

To understand the meaning of "wrench", for example, we must "know that it is used for turning nuts and bolts" (9), for the latter is a necessary, though not a sufficient condition for being a wrench (10). Finally, functional terms may refer to individuals, such as carpenters or teachers, as well as to things, such as wrenches or cars.

The important aspect of functional concepts for BENDITT's purposes is that criteria of evaluation are part of functional concepts. The term "wrench" refers to a thing whose function is to turn nuts and bolts; consequently, if that thing cannot turn nuts and bolts (assuming it is not defective (11)), it is not a good wrench. To generalize, BENDITT proposes the following characterizations of functional concepts and things with functions:

> "... a concept is functional if, and only if, criteria for evaluating
> the thing in question are part of the concept; and a thing has a
> function if, and only if, evaluative criteria are part of the concept
> of that thing." (12)

This characterization of functional concepts is the foundation of BENDITT's Functional Theory, for if functional concepts necessarily contain evaluative criteria, and if "law" is a functional concept, then "law" contains evaluative criteria; and if BENDITT can show that some of the evaluative criteria contained in the concept of law are moral criteria, then his theory can assert a logical connection between law and morals.

II. The Concept of a Legal System as a Functional Concept

The next step in BENDITT's argument is to establish that the concept of a legal system is a functional concept and that therefore the referent of "legal system" must have a function. Briefly, BENDITT maintains that it is a necessary, though not a sufficient, condition for the existence of a legal system that it regulates conflict, and that therefore the function of a legal system is the regulation of conflict. BENDITT's argument is perhaps best approached by first stating it in his own terms:

> "The law must, logically, have some content or other; it must deal with some matters or other. There are two possibilities I can think of for what something that is called a legal system could be dealing with. The most obvious is the resolution or at least the regulation of conflict, and the other is the expanding of possibilities for what people can do or bring about ... These two possibilities are not unrelated, however, for if there are laws of the second kind, they themselves create new areas of potential conflict. We are thus left, I think, with the resolution or at least the regulation of conflict as something that the law must, logically, deal with.
>
> Insofar as there is an end or goal of a legal system, something that it must aim at, and insofar as whatever can be pursued as an end can be done in better or worse ways, we can conclude that the concept of a legal system is a functional concept." (13)

I do not think this passage is entirely clear as to what BENDITT's argument is, and I shall present two formulations of his intended argument. But I shall assume that it is uncontroversial that BENDITT proposes the following premises (P) and conclusions (C):

(P1) The law must, logically, have some content.

(C1) The law must, logically, deal with the regulation of conflict.

(P3) There is an end or goal of a legal system that can be pursued in better or worse ways.

(C2) The concept of a legal system is a functional concept.

These premises and conclusion are merely paraphrases of BENDITT's own statements, and they are not intended as being exhaustive of the premises and conclusions of his argument.

A. The First Argument

In the quoted passage, BENDITT employs a number of concepts that are ordinarily distinguished from each other: (1) content, or what is dealt with; (2) function; (3) end, goal, or aim. The first formulation of BENDITT's intended argument rests upon a distinction between content and function. The wrench, for example, deals with nuts and bolts as the materials upon which it performs its function of turning them. The sculptor works with clay, wood, metals, or whatever, but none of these is the function of the sculptor, which is to sculpt. The content of the poem or novel is not the function of the poem or novel. Content may be a necessary condition for the performance of a function, but clearly content does not necessarily imply function; hence, content and function are not the same.

As applied to BENDITT's argument, the distinction between content and function would assign the content of law to conflict, and the function of law to the regulation of conflict. Thus, it might be argued, if the regulation of conflict is an essential concern of the law, and if the distinction between content and function applies to the law, then conflict cannot be a function of law, nor can regulation of conflict be the content of law, for the following reasons: First, content is not an activity or operation, as is regulation of conflict. Second, function is an activity or operation (for example, turning the nuts and bolts, driving the car, sculpting). Of course, BENDITT himself does not make the distinction between content and function, but it seems consistent with his own examples of functional terms and with his speaking of functional terms referring to objects that are used for, or are supposed to do, something. Again, BENDITT says the function of the wrench is turning nuts and bolts. So it is at least plausible that he thinks of function in terms of activity or operation.

With the distinction between the content of law, conflict, and the function of law, the regulation of conflict, the first argument can be formulated as follows:

(P1) The law must, logically, have some content.

(P2) The law must deal with conflict.

(C1) The law must, logically, deal with the regulation of conflict.

If this is BENDITT's argument, however, the conclusion, C1, does not validly follow from the premises, for the premises mention only the content of law, not the function of law. From the premises, the logical conclusion is not C1, but that the law must logically deal with conflict, which is what P2 asserts.

The formulation of BENDITT's intended argument that I have devised may not be accepted by BENDITT, but the burden of proof rests with him. The distinction between content and function that I have made is certainly roughly drawn, but it is plausible, and, more importantly, BENDITT provides no argument against it. Suppose we deny the distinction between content and function, at least as that distinction applies to law; indeed, that is the only alternative open to BENDITT if the first argument I have formulated is not the correct interpretation of his intended argument. But if one denies the distinction between content and function, one ought to have some reason for doing so. Nowhere in developing the Functional Theory does BENDITT provide such a reason.

B. The Second Argument

The second argument asserts that content and function are identical, perhaps not always, but at least in the case of law. As mentioned, BENDITT provides no defense of the identification of content with function in law. Nor would there be any point in attempting such a defense, for in fact law does not always perform its function, though of course it continues to have a subject matter. In response to this argument, BENDITT cannot reply that although law does not always perform its function, it nevertheless is supposed to do so, for this would be a clear admission that content and function are not identical in law.

Furthermore, even assuming that in some sense content and function are identical in law, it appears that BENDITT's argument does not establish that the regulation of conflict must be the function of law. In the quoted passage, BENDITT merely asserts that "There are two possibilities" he can think of for the function of law; but what follows from this kind of premise is that the law might have the regulation of conflict as its function. In order to conclude that it necessarily follows that the regulation of conflict is the function of law, BENDITT's premise must be that "There are only two possibilities" for the function of law.

In fact, the functions of regulating conflict and of expanding possibilities for persons are not exhaustive of the empirically established functions of law. Lawrence M. FRIEDMAN, for example, discusses all of the following functions of a legal system (14):

1. Social Control: a legal system enforces rules of right conduct.

2. Dispute Settlement: the system resolves inconsistent claims over things of value.

3. Conflict Resolution: the system settles conflicts between groups.

4. Innovation: the system creates norms through legislatures and courts, etc.

5. Facilitation: the system expands possibilities for persons.

6. Review of Rulers: through judicial review, or the ombudsman, etc.

7. Claims of Rights: the system enables private parties to redress a wrong.

8. Secondary Social Control: the system instructs, admonishes, persuades, reforms, to convince people to follow its norms.

9. Recording: the system is a storehouse for records of transactions.

And, FRIEDMAN continues, "At the most general level the function of the legal system is to distribute and maintain an allocation of values that society feels to be right" (15). FRIEDMAN says that this allocation of values is commonly referred to as justice, according to which the legal system must distribute benefits and burdens fairly.

The question of function is further complicated by citing Robert MERTON's distinction between manifest and latent functions. A manifest function refers to "those objective consequences for a specified unit (person, subgroup, social or cultural system) which contribute to its adjustment or adaptation and were so intended" (16). A latent function refers to consequences that were unintended and unrecognized. MERTON applied this distinction to the Hopi rain dance, arguing that its manifest function is to bring rain, but that the dance also fulfills "the latent function of reinforcing the group identity by providing a periodic occasion on which the scattered members of a group assemble to engage in a common activity" (17).

If MERTON's distinction between manifest and latent functions is applied to law, one may plausibly maintain that although the manifest function of law is the regulation of conflict or justice or whatever, nevertheless the latent function of law is to enforce class domination. This is at least a plausible thesis, and the possibility of latent functions of law introduces the problem that there may be considerable disagreement over the function of law. It is controversial that law enforces class domination, and it is debatable whether the punishment of criminals has the latent function of catharsis.

It is not patent that an exhaustive list of functions of law could be drawn up, nor even if such a list were produced could we be certain that a new function would not arise in the future. But even supposing a master list of functions of law were available, it is doubtful that BENDITT's argument could demonstrate that the regulation of conflict is the function of law. BENDITT argues that since expanding possibilities create new areas of potential conflict, the law must be involved in the regulation of conflict. Assuming that expanding possibilities do, in fact, create new areas of potential conflict, it follows perhaps that law will deal with conflict, but it does not necessarily follow that the law must logically regulate conflict. If we assume that law must perform the function of regulating, we will of course want to know what the law regulates or is supposed to regulate; and if conflict is part of law's concern, it might be argued that the law is supposed to regulate conflict. But from the assumption that one of law's functions generates potential conflict, it does not necessarily follow that the function of law is to regulate conflict. We can of course maintain that law does in fact regulate conflict, and that this is a function that law actually performs. But this is not BENDITT's argument, nor would this point of fact serve his purpose, for he wants to establish that the regulation of conflict must be the function of law.

III. The End, Goal, or Purpose of a Legal System

I have argued that neither of the two formulations of BENDITT's intended argument can validly establish that the function of law <u>must</u> be the regulation of conflict. In the event that my formulations do not accurately portray BENDITT's argument, however, I shall now assume that a successful argument can be constructed demonstrating that the function of law must be the regulation of conflict. I shall maintain that even under this assumption it does not follow that the regulation of conflict is the end, goal, aim, or purpose of a legal system, and that if this is so, then BENDITT cannot show that the evaluative criteria contained within the concept of a legal system are in part moral criteria.

BENDITT asserts that "Insofar as there is an end or goal of a legal system, something that it must aim at, and insofar as whatever can be pursued as an end can be done in better or worse ways, we can conclude that the concept of a legal system is a functional concept" (18). Here, as well as elsewhere (19), BENDITT apparently uses the terms "function", "end", "goal", "aim", and "purpose" interchangeably, so that the function of regulating conflict is also taken as the aim, goal, end, or purpose of law. Now, it may not seem important that BENDITT uses all of these terms interchangeably. After all, if someone objects to his doing so, could not BENDITT simply replace all instances of "end", "goal", "aim", and "purpose" with the term "function"? For BENDITT only needs to show that a function may be performed in better or worse ways, and this seems obvious enough. And besides, the crucial point for BENDITT's theory is to show that some of the evaluative criteria are contained in the concept of law; if the latter cannot be demonstrated, then BENDITT cannot establish a logical connection between law and morals.

The assertion that the function of law <u>must</u> be the regulation of conflict would ordinarily be understood as stating a necessary condition for the existence of a legal system, and this appears to be how BENDITT understands that assertion. BENDITT says of the wrench, for example, "that being able to turn nuts and bolts is a necessary condition for being a good wrench" (20). Hence, a system of rules that cannot regulate conflict cannot be a good legal system. There is a problem, however, with understanding function as stating a necessary condition. Thus, the wrench certainly cannot be a good wrench if it cannot turn nuts and bolts, because it cannot be a wrench. Consequently, a system of rules that cannot regulate conflict is simply not a legal system, and we cannot say that therefore it is a poor, or not a good, legal system. In order to evaluate a legal system, it must first be a legal system. But if this is the case, it follows that fulfilling or not fulfilling a necessary condition for the existence of a legal system implies no evaluative criteria, and we must conclude that even if the concept of a legal system is a functional concept, there are not necessarily any evaluative criteria contained in that concept.

This is not to say, of course, that we may not speak of how well or poorly the referent of a functional term functions. If my typewriter continually breaks down or skips when I type, I may say, "This typewriter doesn't work very well", or "Your typewriter is better than mine". Both of these statements imply an external standard, however, of how a good typewriter works; but there is nothing in the concept of typewriter that implies this standard of goodness for typewriters. But if there is any essential function of typewriters, this will be a necessary condition for the thing to be a typewriter; if that necessary condition is not satisfied, then the thing is not a typewriter.

If a legal system has a function, then we may properly speak of how well or poorly the legal system performs that function, but our criteria of evaluation will be external to the function. This is obvious in the case of evaluative criteria for latent functions of law. For example, if the latent function of a legal system is to enforce class domination, that function provides no evaluative criteria for how well or poorly the legal system works. Of course we can argue that this latent function is inconsistent with the manifest or intended function of the legal system, and since the manifest function is actually being frustrated by the latent function, therefore this is not a good legal system. In this argument, however, everything rests on the term "intended". By itself, a function "intends" nothing. By itself, that is, a function has no chosen ends, goals, aims, or purposes. On the contrary, we standardly evaluate functions in terms of how well or poorly they attain or bring about certain ends, goals, aims, or purposes set not by the functions themselves, but by persons and groups of persons. This point may be clarified by nothing that a function, such as the regulation of conflict, provides us with no criteria by which to determine whether regulation is or is not occurring. For example, it is debatable whether a legal system run along the lines of a concentration camp is regulating conflict; but nothing in the concept of regulation decisively settles the debate, though as we shall see, BENDITT would strongly disagree.

My conclusion, therefore, is that if "a concept is functional if, and only if, criteria for evaluating the thing in question are part of the concept", then BENDITT has not demonstrated that "legal system" is a functional concept, and therefore his Functional Theory must fail. BENDITT argues that if a legal system cannot perform the function of regulating conflict, it follows that it is a poor legal system. On the contrary, I have argued that if a necessary condition is denied, it follows that the system of rules is not a legal system, and that nothing follows necessarily about this being a poor legal system. My contention is that a function of law implies no evaluative criteria, but that functions themselves are evaluated typically, though not always (21), in terms of ends, goals, purposes, and aims set by persons or groups of persons. The performance or non-performance of functions may be evaluated by several kinds of standards, including efficiency, contribution to a system, or morality (22). But by themselves, functions set no ends, goals, aims, or purposes. There can be little doubt that FULLER is correct that law is a purposive enterprise (23), but purposes are properly attributed to persons, not to things or to legal systems (24). If we keep this point in mind, we will not make the mistake of assuming without argument that a function of law is also necessarily a purpose of law (25).

IV. The Moral Function of a Legal System

I have argued against BENDITT's theory of functional concepts, but this is only
part of the Functional Theory of Natural Law developed by him. In this section,
I shall explain and criticize the rest of his theory, and I shall argue that even
if we assume that "law" is a functional concept and that law must have the function of regulating conflict, BENDITT still cannot demonstrate that the function
of law is in part moral, and therefore he fails to establish a necessary connection between law and morals.

BENDITT proceeds by mentioning that not all ways of regulating conflict are
moral: if we say that this legal system does a better job of regulating conflict
than does that legal system, we may be using the term "better" to mean several
different things, including "more efficient" or "more effective", as well as
"more moral". BENDITT proposes "that doing a better job of resolving or
regulating conflicts that arise among people is in part a matter of doing it with
less friction and resistance on the part of those individuals" (26). Understanding the regulation of conflict in terms of the production of friction and resistance, BENDITT must next clarify the meaning of the phrase "less friction and
resistance". For example, consider the very repressive regime run along the
lines of a concentration camp. If this regime effectively eliminates most friction and resistance on the part of terrified citizens, does that mean it does a
better job of regulating conflict than does a typical Western democracy in which
there is considerably more friction and resistance on the part of citizens?
BENDITT says such a regime gives "only the appearance that a good job was
being done of dealing with conflicts - squashing complaints is not dealing with
the problems" (27). From this point, BENDITT concludes the following (28):

> "... of two ways of dealing with conflicts, the better way is
> whichever produces less friction and resistance and would do
> so if people were free to express themselves. This amounts
> to saying, I think, that the law achieves this end well only if
> its rules are such that the addressees of the rules (or as many
> of them as possible) can accept the rules - i.e. take an intern-
> al point of view toward them. We can accordingly ascribe the
> following function to a legal system, viz., to regulate the con-
> duct of the individuals to whom the rules of the system apply
> in such a way that most of the rules of the system, and indeed
> the system itself, can be accepted by those individuals."

In this passage, BENDITT employs two terms developed by H.L.A. HART in
The Concept of Law, namely the concepts of acceptance and of the internal
point of view. Accordingly, it will be helpful to briefly explain how HART uses
these two concepts.

In criticizing John AUSTIN's doctrine of sovereignty HART argues that the
Austinian idea of habitual obedience by the citizens to the sovereign cannot
confer any right of succession on successors of the sovereign, for at the

moment of succession the new sovereign is not habitually obeyed by the
citizens. HART continues (29):

> "If there is to be this right and this presumption at the moment
> of succession there must, during the reign of the earlier legis-
> lator, have been somewhere in the society a general social
> practice more complex than any that can be described in terms
> of habit of obedience: there must have been the acceptance of the
> rule under which the new legislator is entitled to succeed."

To explain the acceptance of a social rule, HART provides three differences
between a social rule and a group habit. First, deviations from a social rule
are usually regarded as faults open to criticism, and threatened deviations are
met with pressure for conformity. Secondly, deviation from a social rule is
usually accepted as a good reason for criticism. Thirdly, a social rule has an
internal aspect, which HART describes as follows (30):

> "What is necessary is that there should be a critical reflective
> attitude to certain patterns of behaviour as a common standard,
> and that this should display itself in criticism (including self-
> criticism), demands for conformity, and in acknowledgements
> that such criticism and demands are justified, all of which find
> their characteristic expression in the normative terminology
> of 'ought', 'must', and 'should', 'right' and 'wrong'."

Furthermore, a social rule has an external aspect that "it shares with a social
habit and which consists in the regular uniform behaviour which an observer
could record" (31). HART's concept of the acceptance of a social rule provides
a concept of a normative rule, for those who adopt the internal point of view
will regard the rules as reasons or justifications for conduct. Hence, those who
accept a rule of succession will regard the successor of the sovereign as having
the right and the title to succeed the sovereign (32).

Returning to BENDITT's argument, we can see that the technical sense of
"acceptance" developed by HART could be used to restrict "less friction and
resistance" in such a way as to allow people to freely express themselves. The
very repressive regime run like a concentration camp, for example, could not
be accepted (in HART's technical sense) if subjects are coerced into obedience.
The problem with this argument, however, is that BENDITT gives us no reasons
why the repressive regime is not regulating conflict, other than the assertion
that "squashing complaints is not dealing with the problems". This assertion is
hardly an argument, and we are left wondering why squashing complaints is not
dealing with the problem. Of course HART supplies a reason why subjects of
the very repressive regime are not obligated to obey a regime based solely on
coercion, for such a regime would be analogous to the gunman who merely
obliges, but does not obligate, you to hand over the money (33). But this argument of HART's will not help BENDITT, because BENDITT is not trying to
establish that we are not obligated to obey the repressive regime. Rather, he
is trying to show that the better job of regulating conflict implies less friction

and resistance, and that the latter implies that people freely express themselves, which implies acceptance and the internal point of view. This argument
will work, however, only if "better" means "more moral", because "less friction and resistance" implies free expression by people only if we place a moral
value on free expression. We may imagine, for example, a prison where conflict
is very effectively regulated by heavily drugging prisoners so that there is a
minimum of friction and resistance. From the standpoint of efficiency, this may
be a better prison than others, though of course it may be morally repulsive
because it robs prisoners of their freedom. Nevertheless, BENDITT offers us
no reason to deny that such a prison does a better job of regulating conflict than
prisons that do not constantly drug their prisoners. It therefore appears that
BENDITT has not demonstrated that acceptance and the internal point of view
are required for a legal system to regulate conflict.

We are almost ready to formulate the final step in BENDITT's argument, but
first we must explain how BENDITT differs from HART. Both employ the concepts of acceptance and the internal point of view, but only BENDITT requires
acceptance by citizens of the entire legal system. Let us begin by looking at
HART's concept of a legal system, for BENDITT takes issue with HART here.
HART maintains that there are "two minimum conditions necessary and sufficient for the existence of a legal system:

> "on the one hand those rules of behaviour which are valid accord-
> ing to the system's ultimate criteria of validity must be generally
> obeyed, and, on the other hand, its rules of recognition specifying
> the criteria of legal validity and its rules of change and adjudica-
> tion must be effectively accepted as common public standards of
> official behaviour by its officials." (34)

Briefly put, the two minimum conditions are: (1) the secondary rules must be
generally accepted by legal officials; (2) the primary rules must be generally
obeyed by citizens. The important point is that citizens are not required to
accept any of the legal rules, and "may obey each 'for his part only' and from
any motive whatever" (35). HART admits that "The society in which this was
so might be deplorably sheeplike; the sheep might end in the slaughterhouse",
nevertheless he insists that "there is little reason for thinking that it could not
exist or for denying it the title of a legal system" (36).

BENDITT disagrees that a system of rules in which the sheep end in the
slaughterhouse is a legal system. Apparently, the very repressive regime run
like a concentration camp would be a legal system for HART if the officials of
the regime accept the secondary rules and if the citizens obey the primary
rules. BENDITT agrees that such a regime is a system of rules, but he argues
that it is not a legal system because "this system of rules is not one toward
which the ordinary individuals can take an internal point of view" (37). In
support of his position against HART, however, BENDITT offers only the following argument (38):

"Take as an example a law requiring the filing of income tax
returns. It seems to me that a person can have an internal
point of view toward this law only if he has a certain attitude
toward the legal system as a whole. How can a person take
this law as a standard for how he and others ought to behave
if he does not, among other things, view the imposition of
taxes as a legitimate thing for a government to do and also
view the people who levy it as entitled to do so?"

There are two problems with this argument. The first is that BENDITT does
not offer a convincing reason why acceptance of a law requires acceptance of
the legal system. In the tax return example, a person may view a tax law as a
standard for himself and others without accepting the legal system. No _logical_
relationship is established by simply asserting that one exists. On the contrary,
one might accept an individual law for any number of reasons, none of which
need include acceptance of the entire legal system. One might accept the laws
of a regime that one rejects: a new revolutionary regime might retain most of
the laws one accepted under a previous government. In such a case, one might
accept individual laws simply because one believes law is sacred, or laws are
necessary for the existence of social life, or because it is in one's own self-
interest to do so. Or again, one might accept the laws of a foreign country while
one visits it, even though rejecting the regime in power.

Second, BENDITT's argument begs the question: he needs to show why the
internal point of view is necessary, but his argument already assumes that it
is necessary. His argument is that a person can have an internal point of view
toward a tax law only if he can accept the legal system: but this merely
establishes, at best, a necessary condition for the internal point of view, not
that the internal point of view itself is necessary.   .

BENDITT's criticism of HART does not succeed, nor does he establish that
acceptance by citizens of the whole legal system is a necessary condition for
the existence of a legal system. But we are in a position now to complete our
elucidation of the Functional Theory.

The final step of BENDITT's argument is to show that the function of law is in
part moral. This step relies upon the concept of acceptance, and BENDITT
begins by claiming that "it is not part of the concept of a legal system that the
system is actually accepted; people might refuse to accept a system and hence
its rules for poor reasons" (39). BENDITT therefore maintains that it is only
necessary that the legal system can be rationally accepted, in the sense that
there must be some reason for acceptance of the system (40). But according to
BENDITT, not just any reason is appropriate for acceptance, for in his view the
internal point of view excludes self-interest as a reason for acceptance. In
discussing the appropriate reasons for acceptance, BENDITT says (41):

"Promoting justice, promoting the good of people (oneself or
others), and promoting personal or social ideals seem to exhaust
the possibilities. We do not need to pursue the question of which

of these are the most appropriate reasons, but two points should
be made. First, a person might rationally go along with a legal
system and profess adherence to it for purely self-interested
reasons. But such a person accepts the legal system in the
required sense only if he is willing to hold that there might be
occasions on which either he or others ought to comply with the
law even though it is against his or their overall self-interest to
do so. Otherwise that person has adopted an external point of
view toward the system."

BENDITT concludes that a legal system, to be rationally accepted, must promote
human good (where the latter phrase stands for the legitimate reasons for acceptance of the legal system). It follows from this that the function of law is in part
moral, for the promotion of human good "is clearly a central demand of morality" (42). Therefore, the Functional Theory establishes a logical connection
between law and morality, and to this extent Natural Law is the correct theory
of law (43).

The central point in the final step of BENDITT's argument is his exclusion of
self-interest as an appropriate reason for acceptance, for if self-interest were
not excluded as a legitimate reason for acceptance, then the promotion of human
good would not be necessary for acceptance; if the latter were the case, the
function of the law would not necessarily be in part moral.

The only reason BENDITT offers to support his contention that self-interest is
excluded as a legitimate reason for acceptance is that to give self-interest as a
reason is to adopt the external point of view. Here, BENDITT clearly misreads
HART. In speaking about those "who accept the authority of the system", HART
says that "their allegiance to the system may be based on many different considerations: calculations of long-term interest; disinterested interest in others;
an unreflecting inherited or traditional attitude; or the mere wish to do as
others do" (44). Furthermore, among accepted social rules, HART includes
"Rules of etiquette or correct speech" (45), as well as rules of chess (46).
There is no reason given by HART nor by BENDITT to exclude self-interest as
a reason for acceptance of rules of etiquette, grammar, or games. BENDITT
asserts that if self-interest were given as a reason for acceptance, this would
be to adopt the external point of view. But in fact this is not HART's understanding of the external point of view, which "consists in the regular uniform
behaviour which an observer could record" (47). The external point of view,
then, has nothing to do with self-interest or any other motives or justifications
for conduct; the external point of view merely observes behavior from the outside of the actor, but no reasons for conduct on the part of the observer are
implied by the external point of view.

Even if we concede that acceptance is a necessary condition for the existence
of a legal system, whether the acceptance is by officials and/or citizens, nothing follows from this alone that law has in part a moral function. "Those who
accept the authority of a legal system", HART says, "look upon it from the
internal point of view ... Yet they are not thereby committed to a moral

judgment that it is morally right to do what the law requires" (48). Acceptance
alone will not yield any moral demands.

V. Conclusion

I have argued that BENDITT's Functional Theory fails to establish a logical or
necessary connection between law and morality, and that therefore it must be
rejected as a defense of Natural Law. In my concluding comments, I want to
very briefly touch on some issues, related to my examination of BENDITT's
theory, that concern the current debate between Natural Law and Legal Positivism.

I shall begin by focusing on BENDITT's rejection of HART's two minimum conditions for the existence of a legal system. BENDITT does not think the repressive regime run like a concentration camp is a legal system, although it could
meet HART's two minimum conditions, and he argues that these two conditions
leave out acceptance by the citizens of the legal system. I argued that BENDITT
begs the question, because he simply assumes that citizens must adopt the
internal point of view. However, I agree with BENDITT that HART's two minimum
conditions are not sufficient to establish a legal system, and I shall argue that
satisfaction of the two conditions could result in a system based solely on power.
My argument will be that satisfaction of the two minimum conditions does not
necessarily imply a system in which there are rules imposing legal obligations,
and that such a system may be based on power alone. My thesis contradicts
HART's position in The Concept of Law, for the point of his critique of the
Austinian model of law as orders backed by threats is to reject law based solely
on power and to develop a concept of a normative rule as a foundation upon which
legal rights and legal obligations may rest (49). HART says, for example, that:

> "... the dichotomy of 'law based merely on power' and 'law which
> is accepted as morally binding' is not exhaustive. Not only may
> vast numbers be coerced by laws which they do not regard as moral-
> ly binding, but it is not even true that those who do accept the
> system voluntarily, must conceive of themselves as morally bound
> to do so, though the system will be most stable when they do so." (50)

A coercive system, or a system with coercive powers, must at least be accepted
by officials of the system, according to HART, but by itself acceptance does not
necessarily imply moral judgments by officials that it is morally right to obey
the rules of the system.

HART's two minimum conditions for the existence of a legal system require
acceptance by officials and obedience by citizens, but neither acceptance nor
obedience is sufficient, in HART's view, to establish obligation, for HART distinguishes between obligatory and non-obligatory accepted social rules (51).
Obligatory social rules (1) involve serious social pressure to conform to the
rules, (2) because the rules are thought necessary for the maintenance of social

life, and (3) the rules may conflict with one's own wishes (52). Given a system accepted by its officials and obeyed by its citizens, such a system may or may not have rules thought of in these three ways, but in any case obligatory rules are not necessarily implied by the two minimum conditions. Therefore, a very repressive regime run like a concentration camp may satisfy the two minimum conditions and yet not be a legal system; on the contrary, it may be a straight-forward system of coercive power alone, comparable to HART's gunman.

Apparently my criticism of HART supplies a reason why BENDITT is correct to insist that there must also be acceptance not just by officials but also by citizens. The reason is that it seems the primary rules of obligation must be accepted by citizens, not just obeyed by them. For there to be primary rules of obligation, they must be accepted by someone, either officials and/or citizens. But under the two minimum conditions, no one is required to accept the primary rules; consequently, it appears that satisfaction of the two conditions does not yield a system of primary rules. To avoid this difficulty, HART might require officials to accept the primary rules, but this response is problematic. The first problem is that, for HART, a primary rule is a _valid_ legal rule of a legal system if "it satisfies all the criteria provided by the rule of recognition" (53); consequently, acceptance by officials of a primary rule is neither necessary nor sufficient for that rule to be a valid primary rule of a legal system. Secondly, acceptance by officials of the primary rules implies that the latter are social rules only for officials; the fact that one group accepts a social rule does not imply that this is also a social rules for other groups. It appears, therefore, that we must add a third minimum condition, namely that citizens, at least a sufficient number, accept or can accept the primary rules. This conclusion supports BENDITT's claim that acceptance by citizens must be required in some sense, though it differs significantly because it does not require acceptance of the entire legal system (54).

But this conclusion may be only "apparently" correct, for if primary rules are _valid_ insofar as they satisfy the criteria of validity provided by the secondary rule of recognition, HART might argue that whether citizens _do_ accept the primary rules is irrelevant, because if a rule is valid, citizens are thereby committed to accept that rule. Thus, the rule of recognition, HART explains, is

"... found in advanced social systems whose members not merely come to accept separate rules piecemeal, but are committed to the acceptance of general classes of rule, marked out by general criteria of validity." (55)

"Acceptance in advance" does not take place in a simple society with only primary rules, where "we must wait and see whether a rule gets accepted as a rule or not" (56). But in a modern legal system with a secondary rule of recognition, actual acceptance will not be necessary.

There is no doubt that modern legal systems fashion general classes of rule that are legally valid within a particular legal system. Nevertheless, the notion of "acceptance in advance" is not developed in The Concept of Law, nor does it seem consistent with HART's own analysis of acceptance of a social rule. HART characterizes acceptance as "a general social pratice" (57), evidenced by behavioral criteria such as the internal point of view. For HART, this behavior must constitute a social rule, for if it did not, the existence of the rule of recognition would not be a fact evidenced by its acceptance (58). Furthermore, it is not clear in what sense citizens are "committed" to acceptance. HART would not, as a Positivist, argue that this is a moral commitment, so it must be a legal commitment. But what, we may ask, is a legal commitment? In HART's theory, the source of this commitment could only derive from the secondary rule of recognition that provides the criteria of validity. But why would citizens be committed to the rule of recognition? HART does not require citizens to accept the secondary rules, one of which is the rule of recognition. But if citizens are not required to accept the ultimate rule of recognition and they need not take the internal point of view toward it, they certainly need not conceive of themselves as being committed to the rule of recognition.

On HART's view, the source of the commitment must be acceptance by officials, but as we have seen, acceptance by officials of the secondary rules does not imply obligatory rules; hence, if we assume that "commitment" implies "legal obligation", then the source of the commitment is not acceptance by officials of the rule of recognition.

HART may hold, however, that the source of the commitment to the rule of recognition is acceptance by officials, not of the secondary rules, but of the authority of the legal system. Thus, HART says that "a necessary condition of the existence of coercive power is that some at least must voluntarily co-operate in the system and accept its rules" (59). Here again, however, acceptance of the authority of the system by officials does not necessarily imply that citizens are committed or obligated to the system or to the rule of recognition, for acceptance does not by itself impose obligation.

At best, then, the existence of a rule of recognition accepted by officials provides only criteria of validity for a system of rules. If it is a requirement of a legal system that it have rules imposing obligations, in addition to rules conferring rights, then a rule of recognition accepted only by officials will not necessarily generate legal rules. We may not want to make this a requirement (60), but HART does.

But if we do require legal systems to have primary rules of obligation, it is difficult to see how Legal Positivists can fulfill this requirement. For no matter what kind of master rule providing criteria of validity is developed by the Positivist, we can always ask why this master rule imposes legal obligations. Several alternative responses are available. First, we might say that we are committed to the master rule for legal reasons. The Positivist cannot give this answer, because the master rule is the ultimate criterion of what counts as law, and it would be circular to say that the law is based on the law. Second, we might say, as HART implies, that the master rule may be justified for prudential reasons (61). But prudential reasons are not sufficient to establish obligation, for they may conflict with other obligations; besides, it might be prudential to turn the money over to the gunman, but that does not, as HART says, imply an obligation to do so. Third, we might try to justify the rule of recognition on moral grounds, if that can be done (62). These seem to exhaust the possible kinds of justification of the master rule, and the only viable alternative appears to be a moral justification.

In conclusion, I want to propose the following thesis. If we require a legal system to have rules imposing obligations, then we must ground legal obligation on the moral foundations of the entire system. It is not clear how this is to be done or whether it is even possible, but it points to a revision of the controversy between Natural Law and Legal Positivism. The Positivists have long held command of the debate because they have been able to clearly distinguish between "law as it is" and "law as it morally ought to be". But the focus of application of this distinction has been particular laws, not the entire legal system. At the level of particular laws, there appears to be a fairly clear distinction between legal and moral obligation. But I have tried to show that at the level of the legal system as a whole, the distinction between legal obligation and moral obligation is not so clear cut, because the commitment to the master rule (if there is one) can rest only on moral grounds. It may well be the case that this is the key insight of Natural Law (63).

Footnotes

1) H.L.A. HART: The Concept of Law (Oxford: The Clarendon Press, 1961).

2) Lon L. FULLER: The Morality of Law (New Haven: Yale University Press, second edition, 1969).

3) Ronald DWORKIN: Taking Rights Seriously (Cambridge, Massachusetts: Harvard University Press, 1977).

4) Theodore M. BENDITT: Law as Rule and Principle (Stanford: Stanford University Press, 1978).

5) Ibid., p. 97.

6) Ibid., p. 114.

7) I shall assume here that Natural Law and Legal Positivism are in part divided over the issue of whether there is a logical or necessary connection between law and morality. This necessary connection was at least one focus of the debate between HART and FULLER. Since BENDITT attempts only to establish such a necessary connection, my comments in this paper will be largely limited to this aspect of the Natural Law-Legal Positivism debate, and I will not examine any of the historical features of that debate.

8) R.M. HARE: The Language of Morals (New York: Oxford University Press, 1964), p. 100, quoted by BENDITT, p. 100.

9) BENDITT: Law as Rule and Principle, p. 100.

10) Ibid., p. 100.

11) Ibid., p. 101. BENDITT says that "we cannot make it part of the definition of a wrench that whatever is a wrench works. Thus we should say that a thing that has a certain set of physical characteristics (those of a wrench), but is not suitable for turning nuts and bolts and would not be suitable for this even if non-defective, is not a wrench". I shall assume that when I use the phrase "cannot be a wrench", the term "cannot" includes BENDITT's qualification that the wrench would not work even if non-defective.

12) Ibid., p. 102.

13) Ibid., p. 102-103.

14) Lawrence M. FRIEDMAN: Law and Society (Englewood Cliffs, New Jersey: Prentice-Hall, 1977), p. 10-14, and: The Legal System (New York: Russell Sage Foundation, 1975), p. 17-20.

15) FRIEDMAN: The Legal System, p. 17.

16) Robert K. MERTON: Social Theory and Social Structure (New York: The Free Press, 1968), p. 117.

17) Ibid., p. 118-19.

18) BENDITT: Law as Rule and Principle, p. 103.

19) Ibid., p. 100: BENDITT says that his theory is "an attempt to show that the function (purpose) of a legal system is in part moral".

20) Ibid., p. 101.

21) A latent function may be evaluated by other standard criteria.

22) This is not intended as an exhaustive list of standards of evaluation.

23) FULLER: The Morality of Law.

24) Kurt BAIER: "The Meaning of Life", in: John R. BURR and Milton GOL-DINGER: Philosophy and Contemporary Issues (New York: Macmillan, 1972), p. 162, speaks of two senses of purpose:

"In the first and basic sense, purpose is normally attributed only to persons or their behaviour as in 'Did you have a purpose in leaving the ignition on?'. In the second sense, purpose is normally attributed only to things, as in 'What is the purpose of that gadget you installed in the workshop?'. The two uses are intimately connected. We cannot attribute a purpose to a thing without implying that someone did something, in the doing of which he had some purpose, namely, to bring about the thing with the purpose. Of course, his purpose is not identical with its purpose. In hiring labourers and engineers and buying materials and a site for a factory and the like, the entrepreneur's purpose, let us say, is to manufacture cars, but the purpose of cars is to serve as a means of transportation.

While I am in basic agreement with BAIER, I have chosen to assign functions to things or institutions, in order to indicate that things and institutions do not have mental intentions. We may speak properly of the purpose of a law, for example, as long as we recognize that this phrase does not imply that the law in question has a mental intention. When we speak of the purpose of a law, we are speaking about the end it is supposed to attain, not about the end the law in question 'intends' to attain."

25) BENDITT provides no argument to support the identification of function with purpose. One suspects that many of BENDITT's problems with terms such as "function", "aim", "end", "goal". and "purpose", stem from the fact that he provides no elucidation of the term "function". My own suggestions about the use of "function" are put forth tentatively, and I make no claim to have properly elucidated this term.

26) BENDITT: Law as Rule and Principle, p. 103.

27) Ibid., p. 104.

28) Ibid., p. 104.

29) HART: The Concept of Law, p. 54.

30) Ibid., p. 56.

31) Ibid., p. 55.

32) Ibid., p. 56-57.

33) Ibid., p. 80.

34) Ibid., p. 113.

35) Ibid., p. 113.

36) Ibid., p. 114.

37) BENDITT: Law as Rule and Principle, p. 106.

38) Ibid., p. 106-107.

39) Ibid., p. 108.

40) Ibid., p. 108.

41) Ibid., p. 109.

42) Ibid., p. 110.

43) BENDITT acknowledges that there may be disagreement about what are the moral criteria contained in the concept of a legal system, or disagreement about how these criteria are to be applied, but he adds that such disagreement "does not show that there are no such criteria at all". Ibid., p. 110.

44) HART: The Concept of Law, p. 198.

45) Ibid., p. 83.

46) Ibid., p. 55-56.

47) Ibid., p. 55.

48) Ibid., p. 199.

49) Ibid., p. 18-76.

50) Ibid., p. 198.

51) Ibid., p. 84-85.

52) Ibid., p. 84-85.

53) Ibid., p. 100.

54) As argued, however, BENDITT's requirement does not necessarily imply that obligatory rules are established.

55) HART: The Concept of Law, p. 229.

56) Ibid., p. 229.

57) Ibid., p. 54.

58) Ibid., p. 102.

59) Ibid., p. 198.

60) BENDITT does not: Law as Rule and Principle, p. 121.

61) HART takes this position in regard to the acceptance of the authority of the legal system: The Concept of Law, p. 198-99.

62) I make no claim here that the authority of law or of a legal system may be morally justified.

63) A more extensive treatment of some of the issues examined in my Conclusion may be found in my "Hart's Concept of a Legal System", in: William & Mary Law Review, Vol. 18, No. 2 (Winter, 1976), p. 287-319, and in my "The Basis of Law in Hart's The Concept of Law", in: The Southwestern Journal of Philosophy, Vol. IX, No. 1 (May, 1978), p. 11-17.

ANTONIO GÓMEZ ROBLEDO

Le droit naturel de nos jours

1. Afin de comprendre le rôle que peut encore jouer dans le monde actuel le droit naturel ou rationnel (ce sont des termes synonymes, comme on le verra par la suite) il convient de se placer dans la perspective historique qui lui est propre et sans laquelle toute discussion ultérieure n'aurait aucun sens.

Comme tout ce qui appartient au patrimoine spirituel de l'Occident, l'idée du droit naturel prend sa naissance en Grèce, même si la distinction entre le droit divin naturel et le droit divin positif ne voit la lumière qu'au moyen âge. Ce serait surtout peut-être au droit divin positif que pourrait se rapporter l'imprécation d'Antigone, ainsi que le fragment d'HERACLITE, selon lequel toutes les lois humaines tirent leur source d'une loi divine (aluntur omnes leges humanae ab una divina). Il s'agit, en tout cas, d'une appellation à une instance surhumaine ou supérieure, pour quelque raison que ce soit, au droit positif, dont la validité dépend de sa conformité avec cette directive suprême. Le sentiment de cette dépendance est en réalité celui que l'on retrouve derrière toute notion du droit naturel depuis l'antiquité jusqu'à nos jours.

Avec la sophistique, l'opposition entre les deux ordres, à savoir celui de la nature et celui de la convention (physis-nomos) descend du domaine de la théologie à celui de la philosophie, et cette opposition se pose maintenant en des termes purement rationnaux.

La théorie des deux ordres constituera à l'avenir et pendant toute l'histoire, le présupposé obligatoire de toute idéologie iusnaturaliste, quel que soit son signe ou sa spécification ultérieure, et les grecs euxmêmes ont fourni un bon exemple de cette unité sémantique dans la plus grande diversité expressive. Sans qu'il soit besoin de sortir du cercle des sophistes, ANTIPHON, LICOPHRON et ALCIDAMAS condamnent l'esclavage au nom de la nature, tandis que CALLICLES et TRASIMAQUE se réclament de cette même nature afin de justifier non seulement l'institution serivle, mais de manière plus générale, la domination inconditionnelle des forts sur les faibles. Toutes les hypothèses auxquelles le thème de l'état de nature a donné naissance (depuis celle du bon sauvage jusqu'à celle du bellum omnium contra omnes) avec leurs conséquences respectives, sont issues des présocratiques.

Chez SOCRATE, si l'on s'en tient aux Memorabilia de XENOPHON, les trois notions de loi divine, de loi commune et de loi non-écrite (ágraphos nomos) visent un seul concept si bien qu'elles deviennent synonymes, malgré le fait que la notion de loi non-écrite est comprise à l'époque comme l'equivalent du droit traditionnel, transmis par la coutume, ethos patrion, mos maiorum.

PLATON a pu ne pas parler en ces termes du droit naturel, il n'en reste pas moins que sans son apport on ne saurait comprendre le deuxième ordre, c'est-à-dire l'instance supérieure au droit positif, puisque ce dernier est gouverné par une idée, et aujourd'hui nous ne pourrions pas parler d'idées si PLATON n'en avait pas parlé pour la première fois. C'est pourquoi VERDROSS a pu dire que l'option entre le iusnaturalisme et le positivisme est une option pour ou contre PLATON, en ce sens que tout le problème réside dans le fait de savoir si l'ensemble normatif que nous appelons le "droit", est régi par une idée - perçue mais non pas crée par la raison -, ou tout simplement par une volonté. Voilà donc l'opposition fondamentale et inconciliable.

ARISTOTE, en accord avec son épithéte de vox naturae, introduit en philosophie en ces termes précis, la notion de droit naturel (physikón díkaion) par opposition au droit conventionnel (nomikón díkaion). Le droit naturel, c'est le droit dont la validité est la même partout et indépendamment de notre acceptation (1). Le droit conventionnel, d'autre part, n'est obligatoire que parce qu'il en a été ainsi décidé par le législateur ou par la communauté, et il reste propre et exclusif à chaque cité. Par ailleurs, le droit naturel est commun à tous les hommes et il est immuable, bien que ce dernier caractère doit être compris non pas d'une manière absolue, comme entre les dieux, mais secundum quid, c'est-à-dire comme tout ce qui appartient au monde sous-lunaire. Ainsi, il est naturel que nous nous servions de la main droite, mais il y a aussi des gauchers, et de la même façon, il est naturel que l'homme engendre l'homme, car telle est l'intention profonde de la nature, mais il peut naître par accident l'homme frustré (mas occasionatus) c'est-à-dire la femme. Il arrive donc de même en ce qui concerne le droit naturel. Par ailleurs, il n'est pas facile de concilier entre eux, sur ce point, les textes aristoteliciens, car si dans l'Ethique le droit naturel paraît faire partie du droit "politique", et constituer à ce titre un droit positif, dans la Rhétorique, par contre, ARISTOTE semble le placer dans une perspective surhumaine en parlant de l'imprécation d'Antigone. L'interprétation globale que nous estimons être la plus plausible, est celle de Helmut COING:

> "Es handelt sich um die Frage nach denjenigen Normen innerhalb
> der positiven Rechtsordnung, deren Inhalt dem Gesetzgeber aus
> objektiven Zusammenhängen ethischer oder soziologischer Natur
> vorgezeichnet ist und deren inhaltliche Bestimmung daher nicht
> dem freien, willkürlichen Ermessen des Gesetzgebers überlassen
> bleibt."

Le stoïcisme, pour sa part, introduit la notion d'un Logos immanent au monde, qui assume les mêmes proportions grandioses de l'Idée du Bien ou celle du

Moteur immobile, et qui en brisant l'hermetisme de la <u>Polis</u>, donne lieu a l'idée de l'unité radicale de tout le genre humain, et de la <u>civitas maxima</u>, gouvernée par la maxime de l'obéissance à la nature: <u>naturam sequi</u>.

Chez CICERON, point de rencontre de toutes les grandes directives de la pensée de l'antiquité, nous trouvons la notion de droit naturel exprimée en termes définitifs et que la patristique et la scolastique utiliseront largement: <u>ratio summe, insita in natura; ratio a numine deorum tracta et a rerum natura profecta; vera lex, recta ratio, naturae congruens, diffusa in omnes, constans, sempiterna ... nec erit alia lex Romae, alia Athenis, alia nunc, alia posthac, sed et omnes gentes et omni tempore una lex et sempiterna et immutabilis continebit, unusque erit communis quasi magister et imperator omnium Deus: ille legis huius inventor, disceptator, lator ...</u>

2. Disparues, par décret de JUSTINIEN, les quatres écoles qui restaient à Athènes: l'Académie, le Lycée, le Portique et le Jardin, il revenait aux grands pères et docteurs de l'Eglise la tâche d'orchestrer et d'approfondir les formules de CICERON. Saint AUGUSTIN place en Dieu les idées platoniciennes, en tant que termes <u>ad extra</u> de l'essence divine, infiniment imitable, et par là même siège de la loi naturelle, bien que saint AUGUSTIN doute sur le point de savoir si la loi naturelle devra trouver sa place dans la raison ou dans la volonté divine (<u>quoad nos, quoad modum concipiendi</u>).

Saint THOMAS, pour sa part, penche résolumment en faveur du premier terme de l'option, pour la sagesse plutôt que pour la volonté divine, et c'est pourquoi, sans aucune exception, toute loi, aussi bien la loi divine que la loi humaine, sera avant tout une <u>ordinatio rationis</u>. Même le Créateur, une fois qu'il a décidé de créer ce monde parmi l'infinité des mondes possibles, doit respecter l'<u>ordo rerum</u> et les exigences inhérentes à la nature de ses créatures. Et c'est pourquoi, étant donné que la loi en général est una <u>ordinatio rationis</u>, on peut parler d'une loi existant en Dieu de toute éternité, d'une <u>lex aeterna</u> conçue comme la raison du gouvernement des êtres devant exister un jour: <u>ratio gubernationis rerum in Deo sicut in principe universitatis existens</u>. Et la loi naturelle, à son tour, sera en l'homme la participation de la loi éternelle dans la créature rationnelle: <u>participatio legis aeternae in rationali creatura</u>. La loi éternelle, pour sa part, maintient de manière invariable sa condition de <u>ratio divinae sapientiae</u>, et la loi naturelle jouira par là même de ce caractère.

Chez l'homme, cependant, dont la nature est muable non pas en ce qui concerne l'essence, mais du point de vue de l'existence (<u>natura autem hominis est mutabilis</u>) la loi naturelle n'est immuable que pour ce qui se rapporte à ses principes premiers, ceux-là qui sont absolumment communs à tout homme et en toute circonstance (<u>prima principia, communissima omnium</u>) mais cette immutabilité s'affaiblit à mesure que nous nous éloignons des premiers principes par voie de conclusion et plus encore par voie de détermination. En fait, saint THOMAS nous donne l'inventaire le plus succint des préceptes de base de la loi naturelle (2), en se limitant à énumerer les tendances fondamentales de l'homme en une triple strate existentielle, comme être vivant, comme être sensitif et comme être rationnel. L'hypertrophie de la <u>lex naturalis</u> ou du <u>ius naturale</u> (les scolastiques emploient indifféremment les deux termes) en un code de raison, est l'oeuvre de PUFENDORF et de ses épigones.

3. Hugo GROTIUS, une figure fondamentale dans l'histoire du <u>ius naturae</u>, est un bon protestant en théologie spéculative, mais non pas en théologie morale dans laquelle, s'écartant du volontarisme calviniste (qu'il parait avoir suivi dans sa jeunesse) se rapproche plutôt de la scolastique catholique. Sa définition du droit naturel est fondamentalement thomiste:

> "Ius naturale est dictatum rectae rationis indicans actui alicui, ex eius convenientia aut disconvenientia cum ipsa natura rationali, inesse moralem turpitudinem aut necessitatem moralem, ac consequenter ab auctore naturae Deo talem actum aut vetari aut praecipi ... Est autem ius naturale adeo immutabile ut ne a Deo quidem mutari queat." (3)

Par ailleurs, cependant, et comme s'il s'agissait d'un <u>obiter dictum</u>, GROTIUS énonce par la suite:

> "Et haec quidem quae iam diximus, locum aliquem haberent etiamsi daremus, quod sine summo scelere dari nequit, non esse Deum, aut non curari ab eo negotia humana." (4)

Il s'agit simplement d'une hypothèse, que l'auteur lui-même s'empresse à qualifier d'impie, mais à partir de laquelle se produit, comme on l'a dit, la laïcisation du droit naturel. Il n'est rien de plus terrible que la responsabilité d'un grand écrivain dont les <u>obiter dicta</u> et même les hypothèses, deviennent par la suite des thèses cardinales.

Le droit naturel, compris à l'avenir comme une <u>lex rationis</u> immanente à l'homme, a pu inspirer aussi bien la déclaration d'indépendance des Etats-Unis que la déclaration des droits de l'homme et du citoyen de la révolution française. A la place de Dieu, siégeait la déesse Raison, et si dans le code civil français le droit naturel n'est pas inclus parmi ses préceptes, ce fut uniquement parce que ses auteurs, malgré leurs sentiments iusnaturalistes, pensèrent à juste titre que dans un corps de normes juridiques il ne saurait y avoir des déclarations à caractère philosophique.

4. En raison de tout un ensemble de facteurs et de mouvements qui ont été largement étudiés, tels l'horreur de l'abstraction métaphysique propre à l'historisme et au romantisme, et également au <u>Götterdämmerung</u> de l'idéalisme allemand entraînant le triomphe du matérialisme (FEUERBACH, MARX) le positivisme s'installe dans la pensée européenne à la fin du XIXème siècle. Cette mentalité, impressionnée par le succès des sciences naturelles et de leur méthode fructu-

euse, croyait que cette dernière trouverait aussi sa place dans les sciences de l'esprit.

Le positivisme juridique, par conséquent, ne reconnaissait que le droit produit de la volonté de l'Etat, à savoir la loi dans l'ordre interne et la convention dans l'ordre international, la coutume étant un pacte tacite. La volonté, la volonté inconditionnée prend la place de la raison: sit pro ratione voluntas. Ou si l'on prefère, la formule des constitutions impériales: quod principi placuit, legis habet vigorem.

Le positivisme put maintenir son empire tant qu'il y a eu, au sein de la communauté européenne, une acceptation (qui tout en étant tacite n'en était pas moins réelle) de certaines valeurs communes de civilisation et de culture qui frenaient en fait la volonté apparemment toute puissante de l'Etat. Toutefois, au moment où le quod principi placuit s'est traduit dans la maxime "la volonté du Führer est créatrice de droit", et quand l'exercice de cette volonté provoqua le génocide de six millions d'êtres humains et l'holocauste de plusieurs autres millions, bon nombre de juristes commencèrent à se demander si à l'avenir il serait judicieux de confier le destin de chaque communauté politique et de la civitas maxima au seul ordre juridique positif. Ce fut sur la même terre qu'avait été le théatre de ces horreurs, que se manifesta de la manière la plus paussée le retour du droit naturel, avec des conversions aussi exemplaires que celle de RADBRUCH.

5. Tout le monde reconnait aujourd'hui et même Norberto BOBBIO, que "la fonction historique constante exercée noblement par le iusnaturalisme dans ses incarnations diverses, a été celle d'affirmer les limites du pouvoir de l'Etat". A présent, tout le problème réside sur le point de savoir si cette fonction historique pourra être assumée aujourd'hui de façon satisfaisante, comme le pense BOBBIO, par d'autres idéologies, ou bien si, par le fait même d'ériger un ordre normatif différent de l'ordre juridique positif, nous n'encourons pas le risque de retomber, velis nolis, dans le vieux droit naturel. Or, il convient sur ce point de s'expliquer en toute sincérité et de s'exprimer avec la plus grande franchise.

Tout d'abord, il semble évident qu'en ce monde déchiré, avec l'athéisme dominant et militant au sein des pays les plus peuplés, il sera impossible de faire partager en général la conception ancienne du ius naturae, le classique et le médiéval, en tant que transposition et reflet de la lex aeterna. On pourra sans doute le défendre comme l'unique iusnaturalisme dans son entière plénitude significative, mais dans le but pratique de conquérir l'assentiment général nous devons chercher des directives différentes qui d'une manière ou d'une autre auront à se placer au sein de l'immanence humaine.

Dans ces circonstances, il semble que nous aurons à nous contenter d'une lex rationis dont le contenu (puisque nous ne pourrons nous limiter à la formalité de ses maximes) devra être partagée par l'humanité en général, en raison de l'existence d'une raison commune à tous les hommes, selon la conception d'HERACLITE (logos koinós). Or, de nombreux courants philosophiques peuvent contribuer de nos jours à déterminer ce contenu, et plus particulièrement peut-être l'axiologie et le personalisme.

Aussi paradoxal que cela puisse paraître, nous arrivons à l'axiologie lorsque nous entrainons le positivisme jusqu'à ses dernières conséquences au moyen d'un procédé analogue à celui qui conduisit HUSSERL à la phénoménologie et à la Wesensschau, dans la mesure où il fallait être fidèle jusqu'au bout à la maxime de "s'en tenir aux données", non seulement au niveau de la sensation mais au niveau de la conscience. De cette façon par conséquent, il est légitime, voire même nécessaire, de voir dans la norme juridique la correspondance qui lui est immanente avec l'idée et la valeur (Nikolai HARTMANN), car autrement on ne pourrait rendre compte du progrès de la législation. On ne cesse de découvrir de nouvelles valeurs lesquelles, une fois découvertes, sont incorporées de façon irrévocable au patrimoine éthique et juridique de l'humanité, et c'est ainsi que Georges RENARD a pu parler d'un "droit naturel à contenu progressif".

"Il est quelque chose qui renait continuellement - écrit Bobbio -
et c'est la nécessité de liberté contre l'oppression, de l'égalité
contre l'inégalité, de la paix contre la guerre."

Mais s'il en est ainsi, il faudra, dans l'optique la plus stricte de l'ordre juridique positif, tenir compte de ces valeurs et de tant d'autres qui réclament leur incarnation dans la réalité sensible et qui, dès lors qu'elles sont assumées par celle-ci, ne disparaissent plus de la scène de l'histoire, ce qui revient à dire qu'elles sont au dessus et au delà de l'arbitraire du pouvoir étatique. C'est pourquoi, selon Helmut COING, l'axiologie constitue le fondement du droit naturel: "Die Axiologie ist damit die Grundlage des Naturrechts."

6. Sans vouloir mépriser ce courant de la pensée ou tout autre quel qu'il soit, c'est dans la philosophie de la personne humaine que l'on peut probablement trouver aujourd'hui la source la plus riche d'inspiration pour la version contemporaine du droit naturel.

A l'heure actuelle, nous parlons plutôt de persona que de natura, mais en réalité cela revient au même puisque la nature définissant le droit naturel c'est surtout la nature humaine, à laquelle il est nécessaire de rendre la place d'honneur qui fut toujours la sienne et qu'elle perdit à cause de l'idéalisme allemand. Dès lors, ne voyant en l'homme que l'homo phaenómenon, la nature humaine apparait comme un fait parmi beaucoup d'autres à partir desquels il est impossible d'inférer des conclusions normatives, comme le répète sans cesse KELSEN, et ceci ouvre l'abîme infranchissable entre le Sein et le Sollen. Mais l'homo noúmenon, objet de l'intuition eidétique, n'est pas un fait contingent et fortuit, mais au contraire une structure intelligible avec une finalité qui lui est immanente, un telos qui s'impose à elle, c'est-à-dire qu'elle doit réaliser, ce qui nous permet de parler d'un seinsollendes, étant donné que l'homme est l'image de l'Etre infini en qui l'être et la valeur sont une seule et même chose.

Mais encore en supposant que cette anthropologie philosophique ne pourrait pas récupérer sa position primitive dans la mentalité d'aujourd'hui, il n'en resterait pas moins, en une simple déscription phénoménologique, la personne humaine en tant que noyau d'intelligence et liberté, ouvert par l'intentionnalité à un royaume d'essences et de valeurs et en possession d'un destin suprapolitique et supratemporel. La personne est ce qu'il y a de plus parfait dans la nature, dit saint THOMAS: persona est perfectissimum in tota natura. Or, cette conviction est partagée, même si les motifs sont différents, par la déclaration des droits de l'homme (10 décembre 1948) et les autres documents des Nations Unies dont le fondament est constitué par l'idée de la personne humaine dans sa projection individuelle, familiale, sociale et politique. C'est un domaine infini qui s'ouvre ainsi à la spéculation philosophique, une fois que nous prenons conscience que "les propriétés essentielles de la personne", comme le dit Del VECCHIO, se révélent de façon progressive dans le devenir de l'histoire. VICO écrivait pour sa part qu'avec la reflexion progressive de la pensée humaine sur sa nature véritable les germes éternels de ce qui est juste fleurissent depuis l'enfance du monde sous la forme de maximes évidentes de justice. Dalla fanciullezza del mondo, nous sommes engagés dans cette révélation graduelle, qui n'est pas encore terminée.

7. Une attention spéciale de la part de ceux qui cultivent le droit naturel, mérite l'institution du ius cogens que la convention de Vienne sur le droit des traités vient de consacrer avec le terme de droit impératif, et dont l'article 53 dit:

> "Est nul tout traité qui, au moment de sa conclusion, est en conflit
> avec une norme impérative de droit international général. Aux
> fins de la présente convention, une norme impérative de droit inter-
> national général est une norme acceptée et reconnue par la com-
> munauté internationale des Etats dans son ensemble en tant que
> norme à laquelle aucune dérogation n'est permise et qui ne peut
> être modifiée que par une nouvelle norme de droit international
> général ayant le même caractère."

S'il est vrai qu'en droit interne le ius cogens était bien connu comme équivalent du droit public, en droit international, par contre, dominait la plus grande liberté de contracter et l'unique restriction était celle de considérer couramment comme illicites les traités contra bonos mores. Aujourd'hui, au contraire, l'autonomie de la volonté est sérieusement limitée par les normes impératives de caractère général dans les termes de la convention de Vienne. Il est vrai que l'article cité précédemment adopte une position formellement positiviste, en ce qu'il permet sous certaines conditions la dérogation des normes iuris cogentis. Mais on ne peut méconnaître certaines normes de cette espèce dont la dérogation est impensable, comme par exemple le principe ou la norme pacta sunt servanda, reconnue traditionellement comme appartenant au droit naturel, cum iuris naturae sit stare pactis (GROTIUS).

De cette façon donc, un certain nombre de normes de droit naturel devénu positif, font partie du ius cogens, et c'est pour cela que le ius naturae et le ius cogens sont d'une certaine façon convergents ou parallèles et gardent entre eux une étroite solidarité.

En conclusion, ce qu'il importe c'est d'ériger dans la conscience des hommes, par quelque moyen que ce soit, le deuxième ordre normatif ou axiologique, à la lumière duquel on puisse juger, en chaque circonstance concrète, le droit positif. Autrement, dépourvu de certains paramètres de nature et de justice, le droit finira par retomber dans la condition abjecte qui fut la sienne quand on parvint à le définir sans qualification ultérieure comme l'ordre coercitif de la conduite humaine (Zwangsordnung des menschlichen Verhaltens) cette définition s'appliquant parfaitement à Auschwitz et ses pareils. Mais si l'homme est le "vivant doué de raison", c'est la raison et non pas la volonté inconditionnée qui doit le diriger de telle façon que la conduite humaine se développe, selon la formule du moyen âge, non ratione imperii, sed imperio rationis.

A propos du ius cogens, il convient de rappeler que l'Institut hispano-luso-américain de droit international a approuvé durant sa réunion à Madrid en 1977, une résolution au moyen de laquelle on déclare que le droit des peuples à disposer d'eux-mêmes fait partie du droit international positif dans la catégorie du ius cogens.

A présent, nous trouvons consacré ce même droit, celui de self-determination, dans l'article premier des pactes internationaux des droits humains, conclus sous les auspices de Nations Unies et en vigueur à l'heure actuelle. Dans les deux pactes, celui des droits civils et politiques et celui des droits économiques, sociaux et culturels, nous trouvons le droit en question comme le premier des droits de l'homme et comme la condition sine qua non de tous les autres. Mais ce droit, encore une fois, fait partie du ius naturae, et en fait, il constitue la dernière révélation de la nature humaine en ses caractères suprêmes, à savoir la raison et la liberté. On ne peut voir dans le fait que l'humanité ait mis tellement de siècles à prendre conscience de ce droit, qu'un cas d'aveuglement séculier devant cette valeur, selon l'explication donnée par SCHELER et HART-MANN. Il s'agit, en somme, d'un droit naturel ab origine mundi, devenu par la suite un droit positif dans le corpus iuris gentium, de la même façon qu'ARISTOTE voyait le iustum naturale comme faisant partie du iustum politi-cum, c'est-à-dire le droit propre à chaque cité, chacun des deux étant distinct mais non point separés.

8. Nous avons déjà dit que la personne humaine constitue l'ultime centre d'imputation de tout ordonnement juridique aussi bien du naturel comme du positif. "Alle menschlichen Rechte und Pflichten haben also in der Person ihren Trä-ger" (MANSER). Un concis bréviaire de ces droits fondamentaux enracinés dans le droit naturel on pourra le trouver dans le discours prononcé par le pape JEAN PAUL II devant l'Assemblée générale des Nations Unies le 2 octobre 1979. Le souverain pontife a dit, inter alia, ce qui suit:

"La Déclaration universelle des droits de l'homme et les instruments juridiques aussi bien au niveau international qu'au niveau
national, essaient de créer une conscience générale de la dignité
de l'homme et de définir tout au moins quelques uns des droits
inaliénables de l'homme, dans un mouvement que l'on doit
souhaiter progressif et continu.

Qu'il me soit permis d'énumérer quelques uns parmi les plus
importants, qui sont universellement reconnus: le droit à la vie,
à la liberté et à la sécurité de la personne; le droit aux aliments,
au vêtement, au logement, à la santé, au repos et au loisir; le
droit à la liberté d'expression, à l'éducation et à la culture; le
droit à la liberté de pensée, de conscience et de religion et le
droit d'exprimer la propre religion individuellement ou en commun, aussi bien en privé que publiquement; le droit de choisir
l'état civil, de fonder une famille et de jouir de toutes les conditions nécessaires pour une vie familiale; le droit à la propriété
et au travail dans des conditions équitables de travail et à un
juste salaire; le droit de réunion et d'association; le droit à la
liberté de mouvement et à l'émigration interne et externe; le
droit à la nationalité et à la résidence; le droit à la participation
politique et le droit de participer à la libre élection du système
politique du pays auquel on appartient.

L'ensemble des droits de l'homme correspond à la substance
de la dignité de l'être humain, compris de façon intégrale et non
point réduit à une seule dimension; ils se rapportent à la satisfaction des nécessités essentielles de l'homme, à l'exercice de
ses libertés, à ses rapports avec les autres personnes; mais ils
se rapportent également, toujours et en tout lieu, à l'homme, à
sa pleine dimension humaine."

Footnotes

1) ARISTOTE: EN, V, 6.

2) THOMAS von AQUIN: Sum. theol., I-IIae, q. 94, a. 2.

3) Hugo GROTIUS: De iure belli ac pacis, lib. I, cap. I, par. X, 1-5.

4) Hugo GROTIUS: op. cit., Proleg. 11.

Thèmes complémentaires - Overlapping Themes
Uebergreifende Themen

Groupe 1 - Group 1 - Gruppe 1

Structure de la norme juridique; argumentation juridique
Structure of the Legal Norm and the Legal Order;
Juridical Argumentation

Struktur der Rechtsnorm und der Rechtsordnung;

Praesidium: GERHARD HANEY

NIKITAS ALIPRANTIS

In der Nachfolge KELSENs: Ermächtigungsnormen,
Verhaltensnormen und die Struktur der Rechtsordnung

I.

1. Die folgenden Gedanken gehen von KELSENs normlogischer Lehre aus. Sie stellen zur Diskussion ein von der üblichen Vorstellung abweichendes und, wie ich meine, konsequenteres Verständnis des rechtlichen Stufenbaues. KEL-SENs Lehre darf nicht als ein zu Ende gebautes und abgeschlossenes Gebäude aufgefasst werden, das man nur in globo annehmen oder ablehnen kann. Wie KELSEN selbst im Vorwort der zweiten Auflage der reinen Rechtslehre betont, will diese Lehre "nicht als eine Darstellung endgültiger Ergebnisse, sondern als ein Unternehmen betrachtet werden, das einer Fortführung durch Ergänzungen und sonstige Verbesserungen bedarf". Als einen solchen Fortführungsversuch wollen wir unsere Darlegungen verstanden wissen.

2. Einer der Hauptverdienste der Stufenbaulehre ist bekanntlich, ins Licht gerückt zu haben, dass das Recht nicht nur menschliches Verhalten, sondern auch seine eigene Erzeugung regelt (1). Einsicht in die Struktur der Rechtsordnung bekommt man nach dieser Lehre, wenn man den ständig sich erneuernden Selbsterzeugungsprozess des Rechts, die Rechtsdynamik ins Auge fasst. Dynamisch stellt sich die Rechtsordnung als ein normativer Erzeugungszusammenhang dar, der aus verschiedenen Schichten hierarchisierter Normen besteht (Erzeugungsnormen oder Ermächtigungsnormen). Durch diese Normen also kommt der dynamische Charakter der Rechtsordnung zum Ausdruck. Sie werden als die Normen definiert, die die Rechtsmacht (Ermächtigung) verleihen, Rechtsnormen zu erzeugen (oder an der Erzeugung von Normen mitzuwirken) (2). Beide Ausdrücke, Erzeugungs- und Ermächtigungsnormen (im folgenden als E-Normen abgekürzt), verwenden wir als streng synonym. Den E-Normen werden die Verhaltensnormen (im folgenden V-Normen) gegenübergestellt; darunter sind die Normen zu verstehen, die ein bestimmtes Verhalten gebieten oder verbieten. Die Unterscheidung zwischen E- und V-Normen, schon früher ansatzweise bekannt (3), wurde in den letzten zwanzig Jahren aufgegriffen und in verschiedenen Varianten weitergeführt (4). Abgesehen von diesen Varianten ist sie als "das Herz eines jeden Rechtssystems" (HART) oder als "eine der

196

grossen Dichotomien" (BOBBIO) erkannt worden.

3. Indessen bleibt m.E. ein gewisses Unbehagen, wenn man nach der genaue-
ren Stellung dieser zwei Normtypen im Stufenbau der Rechtsordnung fragt.
Denn man stellt fest, dass KELSEN selbst,im Hinblick auf die E- und V-Normen, die Rechtsdynamik ungenügend und nicht konsequent genug analysiert hat.
Obwohl Mitbegründer der Lehre vom Stufenbau, verkennt er den Stufenbau bei
der Definition der Rechtsordnung. Er definiert diese letztere ohne Bezug auf
ihren dynamischen Charakter als Zwangsordnung menschlichen Verhaltens, das
heisst m.E. von ihrer statischen Seite her (5). Das führt ihn zu zwei Fehlein-
schätzungen, die er von der früheren Rechtslehre übernahm. Einmal begreift
er die E-Normen als Unterkategorie der V-Normen (6). Zweitens stellt er so
sehr das Zwangsmoment der Rechtsordnung in den Vordergrund, dass er die
E-Normen als unselbständige Normen ansieht mit der Begründung, sie bestimmen nur eine der Bedingungen, an die der Zwangsakt geknüpft ist (7). Das alles
heisst, dass KELSEN die statische Betrachtung des Rechts gegenüber der dynamischen privilegiert. Als statisch bezeichnen wir die Betrachtung, wonach das
Recht ein System von erzeugten Verhaltensnormen, d.h. von Normen ist, die
an ein bestimmtes menschliches Verhalten einen Zwangsakt als Sanktion knüpfen. Die so definierten V-Normen bilden nach KELSEN den Hauptbestandteil
der Rechtsordnung (8). Somit dürfte es klar geworden sein, dass den E-Normen
in KELSENs Analyse nicht die Stellung zugewiesen wird, die ihnen gemäss der
Stufenbaulehre gebührt. In diesem Sinne ist KELSEN viel mehr, als üblich angenommen, herkömmlichen Rechtsvorstellungen verhaftet (eben den klassischen 'statischen' Zwangstheorien).

Auch der Post-Kelsenianer H.L.A. HART ist in diesem Fragenkomplex nicht
weitergekommen. Denn er hat seine Unterscheidung zwischen primären und sekundären Normen nicht in Beziehung zum Stufenbau der Rechtsordnung gesetzt.
BOBBIO geht sogar so weit zu sagen, dass HARTs Theorie ein Schritt zurück
gegenüber der Lehre von KELSEN ist, weil er das Prinzip des Stufenbaues nur
kurz erwähnt, ohne es zu vertiefen (9).

II.

1. Es ist der dynamische Charakter der Rechtsordnung, der uns zu einer kon-
sequenteren Erfassung ihrer Struktur und der sie konstituierenden Normtypen
verhelfen kann. Unsere Grundthese lautet: Die Ermächtigungsnormen durchzie-
hen die ganze Rechtsordnung 'von oben bis unten', von der Grundnorm bis zur
untersten Stufe der Rechtsordnung. Die Ermächtigungskette wird in den Zwi-
schenstufen nicht abgebrochen, wie man allgemein annimmt. Dieses Verständnis der Stufenbaulehre werden wir nun kurz erläutern.

Ausgangspunkt ist die meist ungenügend beachtete Tatsache, dass die E-Normen
zur Setzung nicht nur von V-Normen, sondern auch von weiteren E-Normen ermächtigen. Dies aber bedeutet, dass man bei jeder Normstufe sich fragen muss,

ob die Ermächtigung V- oder E-Normen betrifft. Auf keiner Stufe darf die Art der zu erzeugenden Norm als vorgegeben oder selbstverständlich angenommen werden. In diesem Sinne fördert die Stufenbaulehre den Abbau vorgefasster Meinungen. Ihre Logik fordert, den Erzeugungszusammenhang konsequent durchzuführen und die Delegationskette nicht willkürlich abzubrechen aufgrund überkommener Vorstellungen. Dass dieses letztere geschieht, wollen wir anhand der sog. Privatautonomie zeigen. Normlogisch wird sie verstanden als die Rechtsmacht, durch Vertrag Normen zu setzen. Die vertraglich erzeugten Normen werden von den normlogischen Autoren als Verhaltensnormen gedeutet (10). Dies aber bedeutet, dass man durch die Betätigung der Privatautonomie schon auf die unterste Stufe der Normerzeugung gelangt. Nur die Kraft der traditionellen dogmatischen Vorstellung, wonach durch den Vertrag Pflichten und entsprechende Rechte geschaffen werden, kann diese allgemeine Deutung erklären. Denn diese Auffassung bricht die Delegationskette in einem Punkt ab, wo der Erzeugungsprozess noch nicht abgeschlossen ist. Unserer Ueberzeugung nach werden durch den Vertrag weitere Ermächtigungsnormen und keine Verhaltensnormen gesetzt. M.a.W., es entstehen vertraglich Normsetzungsbefugnisse (Ermächtigungen), denen keine Pflichten, sondern eine Rechtsstellung entspricht, die man am besten als Unterwerfung bezeichnen sollte (11). Zu diesem Verständnis der vertraglichen Rechtsnormen gelangt man ohne weiteres, wenn man die prozessualen Möglichkeiten des jeweils vertraglich Begünstigten mit in den Stufenbau einbezieht. Diese Einbeziehung führt zu folgender Deutung: die vertraglichen Ermächtigungsnormen bestehen hauptsächlich darin, durch Klageerhebung dem Richter eine Rechtsmacht verleihen zu können, nämlich die Rechtsmacht, durch sein Urteil eine individuelle Norm zu setzen, falls der andere Vertragspartner sich in einer bestimmten Weise nicht verhält (bedingte E-Normen). Wie man sieht, gehen die Ermächtigungen von den Vertragspartnern zum Richter über, und so wird das Erzeugungsverfahren fortgesetzt. Es liegt im übrigen auf der Hand, dass die dem Richter von der Privatperson zu verleihende Rechtsmacht nichts mit der vom Gesetz erteilten allgemeinen richterlichen Ermächtigung zu tun hat. Diese letztere ist allgemein und bedeutet die dem Richter und keinem anderen zustehende Rechtsmacht, Recht zu sprechen. Die der Privatperson zustehende Rechtsmacht ist dagegen konkret, wird gegenüber dem Vertragspartner ausgeübt und dem Richter erst durch die Klageerhebung verliehen.

2. Durch die hier vertretene Auffassung des rechtlichen Stufenbaues wird die Untrennbarkeit von formellem und materiellem Recht, von der auch KELSEN spricht (12), sichtbar. Mehr noch: beide werden ineinander verschmolzen. Zugleich wird als nicht stichhaltig die Ansicht erwiesen, die Unterscheidung zwischen E- und V-Normen entspreche weitgehend der Unterscheidung zwischen formellem und materiellem Recht (13). Aus dem Gesagten ergibt sich, dass auch das materielle Recht, zumindest im Privatrecht, grundsätzlich aus E-Normen besteht.

3. Nach unseren Ausführungen werden die E-Normen viel weiter als üblich gefasst. Diese breite Auffassung erlaubt, ein wichtiges Rechtsphänomen, das heutzutage ein grosses Ausmass angenommen hat, in den Stufenbau zu integrieren.

Es geht um die sog. <u>Förderungsfunktion</u> des Rechts.

Sie analysiert zu haben ist das Verdienst von BOBBIO (14). Unter 'Förderungs-funktion des Rechts' versteht er die rechtliche Tätigkeit, die in Zusammenhang mit den sog. positiven Sanktionen steht, d.h. Mechanismen, die darauf abzie-len, ein sozial erwünschtes Verhalten zu fördern. Beispiele: Leistungszulagen im Arbeitsrecht (in West und Ost!), Vergünstigungen (Steuerermässigungen u.a.), die als Steuerungsmittel einer gewissen Wirtschaftspolitik dienen. Diese 'positiven Sanktionen' lassen sich sehr wohl als Ermächtigungsnormen deuten. Wir verweisen hier auf eine Formulierung von NAWIASKY, wonach die E-Nor-men sagen, "wie man sich verhalten soll, um eine gewünschte <u>Rechtswirkung zu erzielen</u>" (15). Dass in dieser Formulierung E-Normen als V-Normen ausge-drückt werden, sollte freilich keinen wundern. Denn die sprachliche Umdeutung tastet doch nicht die Struktur der E-Normen an. So werden z.B. die Privatun-ternehmen ermächtigt, einen Steuererlass zu erzielen, wenn sie sich an einem be-stimmten Ort niederlassen. Die genannte Rechtswirkung ist normlogisch eine Normerzeugung.

Wer der vorgeschlagenen Deutung der 'Förderungsmassnahmen' folgt, der müss-te allerdings zwischen negativen und positiven Sanktionen streng unterscheiden und sie nicht alle in einen Topf werfen (16). Genauer gesagt sollten die analy-sierten Massnahmen nicht als positive Sanktionen bezeichnet werden, gerade weil sie in den Rechtserzeugungsprozess einbezogen sind. Der Begriff der Sank-tion sollte also, gemäss dem üblichen Sprachgebrauch, nur für das Uebel vorbe-halten werden, das als Reaktion gegen ein bestimmtes Verhalten (oder andere sozial unerwünschte Sachverhalte) zuzufügen ist. Denn dieser Sanktionsbegriff gehört eben nicht dem Rechtszeugungsverfahren an, sondern ist mit den Verhal-tensnormen verbunden.

4. Wenn die Rechtsordnung nach den ausgeführten Analysen von den E-Normen beherrscht wird, drängt sich die Frage nach der <u>Stellung der Verhaltensnormen</u> auf. Die V-Normen treten selbständig <u>am Ende des Rechtserzeugungsprozesses</u> auf, gerade weil sie zu keiner Normsetzung ermächtigen, sondern zu einem Verhalten verpflichten. Dies bedeutet, dass sie in Zusammenhang mit der blos-sen Rechtsanwendung stehen, d.h. mit der Vollstreckung der als Sanktion fun-gierenden Zwangsakte. Die Pflicht, die die V-Normen beinhalten, ist die Pflicht des Vollstreckungsbeamten zur Vollstreckung der Sanktion. Im Privatrecht ist der Sachverhalt wie folgend normlogisch zu deuten: Der Betreibende aktuali-siert durch den Antrag auf Vollstreckung die gesetzliche Pflicht des Vollstrek-kungsbeamten und setzt dem letzteren insoweit eine Verhaltensnorm. Diese Norm dürfte die letztere im Verfahren der Rechtserzeugung sein. Wann die un-terste Stufe der Rechtserzeugung erreicht ist, ist allerdings nicht immer leicht zu erkennen. AKZIN hat diesbezüglich einige Beispiele genannt (17). Was die Vollstreckung betrifft, sind jedenfalls die Zwangsakte, in denen sie besteht (Pfändung u.a.), keine normerzeugenden Akte. Ob sie bloss tatsächliche (so NAWIASKY, WALTER) oder rechtserhebliche Akte (so MERKL) sind, ist von zweitrangiger Bedeutung und mag hier dahingestellt bleiben.

Die V-Normen treten allerdings nicht auf der untersten Stufe, sondern auch in-nerhalb der Delegationskette des Stufenbaues auf. Sie sind dann mit den E-Nor-men gekoppelt und statuieren die Pflicht des Ermächtigten, von der Ermächti-gung Gebrauch zu machen (18). M.a.W., der E-Norm ist dann der Soll-Opera-tor hinzugefügt.

Man kann so formulieren: Die Pflicht zu einem rechtserzeugenden Akt (z.B. Wahlpflicht) analysiert sich rechtslogisch in der Ermächtigung zu diesem Akt und der Pflicht zur Ausübung dieser Rechtsmacht. Entsprechend stellt sich das Verbot eines rechtszeugenden Aktes als eine negative Ermächtigungsnorm, die jemanden eine Rechtsmacht abspricht.

III.

Als Ergebnis der vorangegangenen Analyse kann man festhalten: In einer konse-quenten Erfassung des Stufenbaues erweisen sich die E-Normen als der Haupt-bestandteil der Rechtsordnung, während die V-Normen - entgegen KELSEN - eine viel engere Kategorie sind. Es liegt auf der Hand, dass dieses Ergebnis mit der von HAYEK festgestellten Zunahme der Organisationsnormen im mo-dernen Sozialstaat auf Kosten der Verhaltensnormen (19) nichts zu tun hat. Un-sere Feststellung verweist auf die allgemeine Struktur der Rechtsordnung.

Die E-Normen sind nach alldem eine selbständige Norm-Kategorie, die wesent-lich ist für die Einsicht in die Struktur der Rechtsordnung. Sie dürfen nicht in der Definition der Rechtsordnung fehlen. Demnach ist die Rechtsordnung als der normative Zusammenhang zu verstehen, der aus E-Normen sich konstitu-iert in einem ständig sich erneuernden Prozess und auf dessen unterster Stufe die Vollziehung von V-Normen steht.

Fussnoten

1) KELSEN: Reine Rechtslehre, 2e Aufl., Wien 1960, p. 72-73, 228, 283.

2) KELSEN: a.a.O., p. 15 und passim; KELSEN: Die Selbstbestimmung des Rechts, Universitas 1963, p. 1087 ff. (heute in: Die Wiener rechtstheoreti-sche Schule, Bd. II, Wien 1968, p. 1445).

3) Vgl. R. CAPITANT: Introduction à l'étude de l'illicite, L'impératif juridi-que, Paris 1928, p. 146 ff.; W. BURCKHARDT: Methode und System des Rechts, Zürich 1936 (2. Aufl. 1971), p. 132 ff.; H. NAWIASKY: Allgemeine Rechtslehre als System der rechtlichen Grundbegriffe, 2. Aufl., Einsie-deln/Köln 1948, p. 105 ff.

4) Vgl. H.L.A. HART: The concept of law, London 1961 (deutsche Ueberset-zung Frankfurt 1973, p. 47); A. ROSS: Directives and Norms, London 1968, p. 118.

N. BOBBIO: Nouvelles réflexions sur les normes primaires et secondaires, in: La règle de droit, ed. PERELMAN, Bruxelles 1971, p. 104 ff.; N. BOBBIO: Dell' uso delle grandi dicotomie nella teoria de diritto, in: Dalla struttura alla funzione, Nuovi studi di teoria del diritto, Milano 1977, p. 123 ff.

5) Es scheint, dass die Rechtsstatik bei KELSEN mit der Betrachtung des Rechts als ein System von erzeugten Normen, die Zwangsakte statuieren, verbunden ist. Es ist m.E. nicht zufällig, dass das Kapitel über die Rechtsstatik in der Reinen Rechtslehre mit der Frage der Sanktion beginnt (p. 114 ff.).

6) KELSEN: a.a.O., p. 15.

7) KELSEN: a.a.O., p. 57, 59.

8) KELSEN: a.a.O., p. 283.

9) BOBBIO: Struttura e funzione nella teoria del diritto di Kelsen, in: Dalla struttura alla funzione, op.cit., p. 207.

10) KELSEN: a.a.O., p. 265; K. ADOMEIT: Rechtsquellenfragen im Arbeitsrecht, München 1969, p. 106-107. Vgl. E. BUCHER: Das subjektive Recht als Normsetzungsbefugnis, Tübingen 1965, p. 14.

11) Wir haben versucht, dies in einem Aufsatz zu zeigen: S.N. ALIPRANTIS: Subjektives Recht und Unterwerfung, Rechtstheorie, 1971, p. 129 (f. p. 140 ff.).

12) KELSEN: a.a.O., p. 237.

13) Schon MERKL: Prolegomena zu einer Theorie des rechtlichen Stufenbaues (1931), heute in: Die Wiener rechtstheoretische Schule, Bd. II, 1968, p. 1346.

14) BOBBIO: 'La funzione promozionale del diritto' und 'Le sanzioni positive', in: Dalla struttura alla funzione, op.cit., p. 13 ff., 33 ff.

15) NAWIASKY: a.a.O., p. 106 (Hervorhebung von ihm).

16) Dies sei gegen BOBBIO (a.a.O., vor allem p. 33 ff.) gesagt.

17) B. AKZIN: Analysis of State and Law Structure, in: Essays in Honor of Hans Kelsen, Knoxville 1964, p. 1 ff (p. 5-6).

18) Das ist allgemein anerkannt, S. NAWIASKY: a.a.O., p. 108; KELSEN: a.a.O., p. 123-124; ADOMEIT: a.a.O., p. 132, Fn. 418 (verpflichtende Erzeugungsregeln); BOBBIO: a.a.O., p. 131 passim.

19) Kenntnis von HAYEKs Analysen haben wir durch BOBBIO (a.a.O., p. 22 ff., 124 ff.) genommen.

RICHARD A.L. GAMBITTA

Differing Realms of ´The Law´

Not all <u>law</u> is composed of <u>laws</u> (1). Nor is law simply and exclusively the cumulation of judicial decisions and official textual rules (2). Some law, of course, is textual in nature and the legal positivists have emphasized its import- ance (3). Yet other aspects, versions, and meanings of 'the law' remain obscure and unexplicated within the literature of contemporary jurisprudence. While one version of 'the law' pertains to texts, another relates to institutions, and yet a third to 'the law' that unfolds on the streets. These differing realms of the law require recognition, explication, and integration if a modern, comprehensive jurisprudence, accurately portraying the overall nature of the law in society, is to be developed.

Two distinct conceptions of 'the law' are propaedeutic to understanding argu- ments made later in this paper. 'Law' in the <u>textual</u> sense will refer to the rules, codes, explicit decisions, and positivistic documents of the law. 'The law' in the <u>existential</u> sense will refer to the phenomenon of law (4), that is, to the ongoing enterprise that we identify as 'the law' and to the day to day opera- tions, regularized activities, and actual practices composing this enterprise. The textual conception refers to the prescriptive positive rules; the existential conception to the customary behavior and empirical realities of 'the law'. Respectively, they represent the written and behavioral entities of law.

Each version of the law has a specific content, and the content of each type often varies from one locale to another (5). Changes in formal jurisdiction may alter the textual law to be applied, just as changes in community will quite often reveal shifts in the customary practices of 'the law' as it institutionally and behaviorally transpires. Substantive changes in one type of 'the law', how- ever, do not necessarily signify changes in the other. Each version's content may persist despite alterations in the other.

The two notions of the law may be readily identified within the literature of jurisprudence. Unfortunately, the jurisprudential school of legal positivism generally considers the existential notion of 'the law' as illegitimate, while the realists, among others, consider positivistic notions as highly inadequate

and unrepresentative of 'the law' as practiced, observed, and comprehended
within society. Each school's intolerance of diverse and multiple conceptions
of 'the law' in society has retarded the systematic development of a formal
comprehensive jurisprudence.

Yet even beyond these two conceptions, one textual, one behavioral, <u>three levels
or realms of the law</u> must be analytically discerned if the sapor of a community's
law is to be properly preserved and expressed through jurisprudential model-
ing (6). Once the three levels or realms of the law become clear in the reader's
mind, the analytical framework may be enhanced by superimposing the textual
and behavioral notions of 'the law' upon the 'three levels of law' described
below.

The Three Levels of Law

The <u>technical level of the law</u>, or 'T-level law', refers to the statutes, codes,
constitutions, and explicit texts of law. This variety of law exists independent
of its application and enforcement. The <u>formal level of the law</u>, or F-level law,
is the law as it exists within the official, law-applying institutions of a society.
F-level law includes two general categories:

1. <u>F-level rules</u>, i.e., those prescriptive rules officially observed, applied,
    or established by these institutions;

2. <u>F-level practices</u>, i.e., the behavioral conventions and customs transpir-
    ing within the formal institutions of the law.

Finally, the <u>informal level of law</u> (I-level law) refers to the law as it exists
<u>outside</u> of the official processes and formal apparatus of law. It represents, in
common parlance, the differing realms of 'street law'. The corpus of law at
any particular level does not necessarily equal or even approximate the corpus
of law at any other level.

The textual statutes, codes, rules and explicit principles of law compose the
technical level. The most common, contemporary form of T-level law occurs
through legislative enactment. A legal system's logical, structural relations
and internal nexus of substantive and procedural norms are T-level considerations. In theoretical jurisprudence, preoccupation with T-level concerns has
been most closely associated with the 'pure' theorists of law (7). The search
for a general analytical form and universal criteria of identity and validity for
laws is characteristic of their approach. The law, in this sense, is separated
from the existential practices and actual applications within the society. In
general, the T-level is constituted by 'the laws' (8), and T-level theorists
attempt to assess which rules technically or logically <u>ought</u> to be applied, not
necessarily which rules are <u>actually</u> or consistently applied by the formal
executors of these laws. As Karl LLEWELLYN noted, these are the rules <u>for</u>
doing (the precepts), not <u>of</u> doing; they are paper rules, not real rules (9).

In the history of jurisprudence, many theorists have challenged the legitimacy of categorizing T-level rules as actual law. John Chipman GRAY's notorious statement that "legislative acts, statutes, are to be dealt with as sources of Law, and not as part of the Law itself ..." (10) is one such example. The realists' claim that 'an unenforced rule is not the law' characterized their approach. Yet this contention demonstrates the realists' confusion of the textual and existential conceptions of law explained earlier. An unenforced T-rule may not be a part of 'the law in action', in that certain existential sense, but by definition, it is clearly 'a law' and, hence, a part of 'the law' in the textual sense. Furthermore, certain T-rules may lie dormant, then spring to isolated or episodic application. Excluding the T-level from the domain of law is as misdirected as proclaiming it, as some pure theorists do, as the only level or realm of the law.

T-level law, however, should not be considered a necessary condition for law. Certain societies have no explicit listing of technical rules, e.g. the Commanche and Barama River Carib (11), or to borrow an example from Max WEBER, the system of Kadi justice (12). Yet to say these social systems are without law is philosophically and empirically naive. A form of 'the law' effectively operates, indeed, regulates much of each community's life style, even though no technical, textual rules are to be found.

A second realm, the formal or F-level of law, refers to the law as it exists within the formally established institutions of a legal system. 'Formal institutions' will be used to signify those corporate structures specially designated by a society to identify and administer general authoritative rules, or to mediate and adjudicate serious social disputes. The formal level signifies the ongoing affairs within these law-applying institutions. This realm is actualized once formal, institutionalized processing commences.

In general, the formal domain represents a triadic relationship. Intervention occurs, either on an active or passive basis, by a third party uninvolved in the actual dispute, or by a special status group or agency that consistently performs that role within a society (13). The removal of disputes from open society to institutionalized processing demarcates the formal realms of the law. F-law includes the rules and practices which dominate affairs within this realm (14).

The components of F-level law, may thus be divided into two general categories, F-rules and F-practices. F-level rules are of two types. The first type includes those T-level rules which are actually observed, applied, or enforced within the F-levels of law. For example, those laws which are consistently enforced by the courts have status as F-rules. Dormant laws - those not enforced - while remaining law in the T-level sense, are not elements of the law in the F-level sense. Thus, this first set of F-level rules, which I refer to as F-rules (t), can be seen as those rules at the F-level for which there are preexisting and corresponding T-rules. The second type of F-level rule contains prescriptive rules which are initially created by the formal law-administering institutions, for example, by the courts of law. In common law systems, these rules will compose a substantial element of F-level law. Thus, this second type of rule, F-rule $_{(f)}$, designates the formal level, pre-scriptive rule for which there is no pre-existing and corresponding substantive T-law.

But legal systems are not composed exclusively of textual, officially recogniz-ed rules. The customs and conventional patterns of official behavior embedded in these formal institutions come to be constitutive components of 'the law' in its existential sense. Social science has demonstrated that the operations of the law within these formal institutions often deviate from the law we note in the texts, books, or formal high court rulings of law. Conventional practices within the formal institutions, such as administrative plea bargaining, become incor-porated into our notions of 'the law' as an ongoing enterprise, that is, as the phenomenon of 'the law' actually exists within our various locales. To under-stand 'the law' as an ongoing enterprise within a particular environment, know-ledge of the practices within the formal institutions is as important as a know-ledge of the formal and technical rules. Both of these aspects must be absorbed to fully understand 'the law' within the formal environs.

The formal realm, thus, includes both

(a) the prescriptive rules officially established or recognized by the law-applying agencies, and

(b) the informal practices and customary rules situated within the formal institutions of law.

F-level law is the merger of these formal rules and informal practices. The positivists have emphasized the first element; the skeptics, realists, and behaviorists, the second.

H.L.A. HART and his student, Joseph RAZ, are examples of theorists who are totally F-rule oriented. Their conception of law, properly so called, is strictly limited to those rules officially recognized, accepted, and established by the primary jural institutions of a society. For HART, law represents the "union of primary and secondary rules". A rule is law if it conforms with the secondary rule of recognition. This latter rule is identified empirically through examina-tion of formal jural activity. The rule of recognition is that which is accepted, formally cited, and officially used by the courts as an evaluative guide in iden-tifying and justifying rules as authentically legal and obligational. Any rule not officially accepted as conforming to the rule of recognition is not law. Similarly, for RAZ, valid laws are those that are recognized by the primary jural organs of a society. And for both theorists, the total collection of such laws or rules is exhaustive of 'the law'.

Both theorists stipulate law to be composed of (a) only rules, which (b) are formally recognized or established by the accepted jural apparatus of a politic-al society. This brand of positivism excludes both the technical and informal levels of the law as well as those non-formalized components of 'the law', the customary practices, which often control legal exchange within the formal environment. An examination of two passages from RAZ 's Concept of a Legal

System will exemplify this myopic perspective about 'the law'.

RAZ discounts the T-level of law by contending that "The laws of a system are those recognized by primary (jural) organs. Statutes or regulations, etc. ... which are disregarded by the law-applying organs are not really part of the legal system" (15). All T-laws which are not F-rules are discounted by RAZ as not being laws of the legal system. On this point, RAZ is in agreement with John Chipman GRAY and many legal realists. But such T-laws are laws, they just are not active components of the formal realm.

I-level law is also excluded from the Razian domain of the law:

> "(T)he fact that they (laws) are disregarded by the population is irrelevant to their existence. Moreover, even if they are disregarded by the police, even if no prosecutions are brought for their violation (if they are D-laws), and if interested parties do not invoke them before the law-applying organ (a court), they are still valid laws, provided that if raised before primary organs in the proper exercise of their powers, they would recognize and act on them." (16)

In this passage, RAZ's formal centrism becomes manifest. For RAZ, as for HART, all law is composed of F-rules certifiable by jural organs. To be sure, RAZ is correct in stating that such F-laws still remain laws even if never enforced or applied on the streets. But there is another sense to "the law", the law of the everyday, the I-level of the law where consistently unenforced F-rules, that is, those rules that are unrecognized or uncertifiable on the streets as opposed to the formal courtroom are no more a part of 'the law' in action, from the existential perspective, than are those T-laws RAZ discounts as law because they are not F-rules. At the I-level, from the existential perspective, F-rules are no more automatically 'the law' than T-rules are at the F-level in the Razian scheme.

Besides dismissing much of the T- and I-levels of 'the law', RAZ, like all positivists, discounts the F-level practices as constitutive of 'the law'. In the existential sense, however, the customary practices and informal conventions within the formal process control the nature of 'the law' as forcefully as those textual rules which are formally and officially espoused. The ongoing administration of justice within a particular F-system is not separable, in the long run, from the nature of law in that locale. To understand how 'the law' relates to a specific matter, one needs to look past the official rules and note the conventional practices concerning the acquisition, processing, and disposition of relevant cases within a particular jurisdiction. Clearly the practices of the district attorney's office define the realities of 'the law', much as 'the laws' do. Although a court has formally or officially recognized or applied a rule pertaining to a class of acts or, given the formal opportunity, would do so, does not mean that any future cases will ever be dealt with in any formal manner within the F-system. The normal pattern within the formal enterprise may be to deal with them informally, bypassing the positivistic meaning of the formal rules.

In this sense, the importance, function, and meaning of the textual rules are dependent upon established behavioral conventions within that particular enterprise.

In surveying the conventions and practices of modern F-level law, 'bargain justice' appears most salient. To illustrate how practices direct the nature of law, let us examine a typical plea bargain, noting the conceptual inconsistencies with positivistic notions of legal exchange.

The positivistic notion of law explains that an act A_1' is punishable if there is a statute T_1' or established F-rule, F_1', under which A_1' is subsumable as a violation. Thus, if a motorist exceeds a particular speed limit and is apprehended for the offense, he technically ought to receive the punishment specified by the speeding statute (17). With plea bargaining, however, shifts from one rule to another regularly occur in negotiating pleas. Oftentimes, little resemblance appears between the rule violated and the rule pleaded to. In the speeding example, it may not be T_1' (a statute prohibiting speeding) that is applied, but rather, for example, a T_{21}' (a statute prohibiting noisy mufflers) that is applied and under which act A_1' (speeding) is finally subsumed. Even though T-level law requires an A_{21}' for the application of the punishments of a T_{21}', the actual commission of any A_{21}' has never been in question. The law as promulgated $(A_1 \Rightarrow T_1)$ simply does not coincide with the law as regularly practiced and applied $(A_1 \Rightarrow T_{21})$ (18).

Consideration of F-rules alone cannot adequately portray the nature of contemporary law. An attorney, for instance, who plays just by the formal rules, while ignoring the everyday regularized practices of the formal level, would not competently serve his clientele. Understanding the law of a particular F-system demands knowledge of the customary F-practices in addition to the perusal and interpretation of official T- and F-rules.

The everyday practices within the formal enterprise of the law also take on defining characteristics all their own. From the perspective of the citizenry being processed through the system, and of the personnel conducting that processing, the phenomenal realities of that system become the accepted truths about 'the law'. The 'lock up', the 'shake downs', the interrogations, and the plea bargainings are constitutive aspects not easily expunged from the law's character. This meaning of law cannot be grasped from text, but only from context. Alleging otherwise ignores the empirical knowledge of those with day to day experience within that F-system.

Additionally, positivistic definitions of the RAZ variety create a jural bias, drawing our attention away from the technically subordinate coordinators of 'the law' - the district attorneys, police departments, the bar, probation, and other supportive agencies. RAZ contends that courts are the definitive body for identifying law. While true in one important sense, the contention is not true in alternative, existential senses. As the percentage of informal dispositions within a particular jurisdiction increases, the role of courts in defining and identifying 'the law' decreases. The capacity of courts to control the content of law greatly diminishes under these circumstances. Relatively few appeals arise from negotiated settlements, and trial judges often act as notaries for the prearranged settlements designed by other legal participants. Existentially, the regularized behavior of technically lower F-level participants molds the nature of the law within the enterprise.

Furthermore, not all legal authorities, nor all courts for that matter, certify the same rules as law, even though technically they share common or subordinate jurisdictions. The law applying and enforcing organs within the formal realms often differ substantially in what they recognize and enforce as law. Agency B (e.g. the police), though recognizing the technical authority, functions and status of Agency A (a court), may not recognize or enforce all the laws or rules that are recognized, applied, and enforced by A. Nor does Agency B recognize only those rules recognized by Agency A. Many times, it adopts and enforces rules of its own. Procedural rules promulgated by A to govern the conduct of B are no exception. Such rules are often discounted by B in their everyday activities or, perhaps, are performed by B in such a perfunctory way so as to deprive the T- or F-rules of any meaning or effect (19).

Different courts within a federal system also display disunity in their accepted rules. Even in technically hierarchical systems, lower courts do not automatically comply with higher court decisions. Social science provides an abundant literature on lower court evasion of rules officially designated by the U.S. Supreme Court. Ordinarily, supreme courts render neither the first nor the final decisions in specific cases. In the U.S., the lower courts possess numerous checks against Supreme Court authority (20). Placed within the above framework, an organ A_2, a lower court, may officially recognize the authority of A_1, a higher court, but not formally or informally recognize and apply all F-rules of A_1. And since most court business today is handled informally, the incongruity is manufactured in a textually inconspicuous fashion (21).

Rule congruity among federal courts is the mechanical jursprude's fiction. Today the practices of the enterprise of law direct the bulk of cases. And the F-rules of A_1 often become cannibalized by the F-practices of A_2, A_3, ..., A_n and by B_1, B_2, ..., B_n.

At the T-level, our system follows the 'due process' or adversarial system of justice. But existentially, at the F-level, both procedural and substantive rules become displaced by the informal F-level norms of efficiency and production (22). The practices of the formal enterprise maintain a system of justice where the designated "adversaries" are not combative but often appear cooperative and collusive, with judges acting less as adjudicators than as conciliators or notaries to post hoc negotiated settlements. On the criminal side, the presumption is usually of guilt, not innocence. And in both civil and criminal systems, case disposition is characterized by administrative convenience, not adversarial impediments. In this 'assembly line' version of contemporary urban justice, the emphases in official rules become subordinate to the alleged requirements of administrative production (23).

The positivists as well as neo-naturalists, would say that this represents the perversion of law through the administration of law. But that is to look at only one type and meaning of 'the law'. To understand the nature of law within a particular enterprise, one must look past what its official rules say; one must observe what actually transpires.

The American legal realists emphasized the importance of regularized behavior in defining law. HOLMES, LLEWELLYN and FRANK all saw 'the law' as predictions of what courts or other law enforcing bodies actually do about disputes (24). Official rules contribute only one part to the cognitive setting in which actual decisions are made. For realists, rules are not as important in defining law as the regularized or particularistic decisions of officials within the formal realms. But realism has not purged all formalism from its approach, for it remains formal-centric in its perspectives on law.

For realists, the important factors in identifying the law are decisions. Traditionally, the central question posed within their tradition has been: "Where or by whom are the important decisions in the law made?" Specific factions within American legal realism emphasize the significance of decisions made at different echelons within the legal process. The rule skeptics (e.g. Karl LLEWELLYN) moved the emphasis away from the technical level of law to the appellate court level; the fact skeptics (e.g. Jerome FRANK), realizing that most court decisions are controlled by findings of fact, placed major emphasis on decision making at the trial court level. Many social scientists, following the skeptics initiatives, yet realizing that often 10 % or less of all indictments ever go to trial (25), found the locus of important decision making within the administrative agencies of the criminal justice system, e.g. at the prosecutorial, defense, and auxiliary social services levels (26). Still others emphasize that the first decisions about the legality of a matter are made by the police (27), for they set the facts for latter decisions and display the wide discretionary authority of whether to invoke the judicial process at all. Each step may be seen as carrying legal theory further away from a straight T-level conceptualism. Yet realism has been concerned primarily with decision making within the formal realms of law. For early realist GRAY, "all the Law is judge-made Law", hence, the T- and I-realms are excluded from the domain of law, unless officially sanctioned by a judge. For most realists, "what officials do about disputes" is the law (28). In their landmark study, LLEWELLYN and E.A. HOEBEL, for example, excluded both the T-level and I-level from close jurisprudential scrutiny as law (29). And for HOLMES, the predictions of what courts will do in fact, becomes definitive of law.

From early decisions made at precinct headquarters to those made later in palatial supreme courts, each stage of formal decision making is comprised of appellate reviews of negative decisions previously made at a lower level. The realists, however, did not carry us far enough; for initial decisions about the legality of a matter are made at still lower levels, that is, by the laymen of particular communities. Until the late 1960s, neither jurisprudence nor social science systematically studied why or how specific decisions in law are made at this primary, citizen level. But in all cases, except where the delict is observed or detected first hand by police, the original decision in law is made by the victim, witnesses, or discoverers of an offense; unless one of the three has decided that an act is against the law or a matter for the law, and then decides to report it, the formal level is never even reached (30). In this latter sense, the formal levels are appellate processes of these primal decisions. A police officer is appealed to after the layman decides that a past or ongoing act is a delict. In civil matters, a lawyer or justice of the peace is appealed to after it is believed that a covenant, contract, or the like, has been breached. Police and lawyers function as the gatekeepers to the formal levels of law.

In contemporary communities, most legal delicts and disputes never reach the formal realms (31). They are resolved informally, outside of the formalized legal apparatus of the state. Over time, different street level conventions emerge, establishing, among other things, different patterns of appropriate responses to alleged legal delicts and disputes. T- and F-level procedural and substantive rules often become gutted, revised, or supplemented by the informal organic rules generated by local customary behavior. The informal or I-level of law refers to the world of unofficial law transpiring outside of the formalized legal institutions of the state. It is the law as customarily experienced and identified on the streets of specific locales, and either may or may not coincide with the law as promulgated at other levels.

When examining multiple and diverse communities, substantive and procedural differences at the I-level law-in-action become apparent. The United States exhibits phenomenal legal pluralism, for a different living law resides in each of our separate cultural communities. Even the staunchest positivist would have difficulty denying that a very different legal system exists in Watts than in Beverly Hills, even though the laws are quite the same (32). Unlike the officially designated rules of the T- and F-systems, the organic components of the communities' I-systems display significant differences (33). The I-level norms, institutional nexuses, the mechanisms for dispute avoidance, prevention, and resolution, and the regularized tolerable (i.e. in fact, legally permissable) behaviors of each community are often quite disparate.

The customs of the people, regularized and recurrent, persistent and pervasive, create the content of a community's I-level law. Behavioral conventions, cognitively and linguistically identified as part of 'the law' of and by a community, constitute the core of this existential notion of the law. The "organic connection of law with being and character" (34) to use SAVIGNY's terminology, becomes apparent when examining different ethnic and cultural communities. But the "being and character" connected with law is not definable nationally, but culturally. Neither technical codes nor official court rules are mirror images of the divergent cultural norms of a pluralistic society. The texts of the law are always once removed from the customary law of our communities. Legal texts, of course, are constructed by those elites in control of the governmental apparatus. On the other hand, I-level law is organic, developing from the social interaction among laymen and officials outside of the formally structured institutions and official processes of the state. Customary law develops, is

observed, deferred to, and sanctioned. It is unofficial law from the perspective
of the state. But to claim, as most positivists do, that all that is 'law', properly
so called, must emanate from within the officially designated formal legal
institutions of a society, is comparable to contending that all 'religion' must
emanate from within formally designated churches, mosques, or synagogues.
While perhaps the most easily identified, that is but one form of religion, and
likewise, one form of law. This formalcentric orientation in jurisprudence has
forestalled the systematic examination of the I-level law and its interactions
with the more formal and textual aspects of law. We must come to accept that
the state is not the sole source of all that is 'the law'.

The coactive law of a community does not always descend officially from the
state, but often ascends from a particular subculture. I-level law is developed
"by custom and popular faith ... not by the arbitrary will of a lawgiver". This
realm of the law has no independent existence, separated from human interaction, "on the contrary, its essence is the life of man itself" (35). At the I-level,
a working knowledge of 'the law' comes from socialization into a culture, for the
life of the law truly exists in the ongoing practices of the people. We learn the
'rules-in-action' and observe the regularized practices of the community's
police, officials, and laymen. Most citizens do not learn law from participation
in formal courtroom proceedings, nor from reading statutes or the U.S.
Reports. Indeed, what percentage of people have ever read a single statute?
Rather, we learn of law through observation of our everyday environments. We
are told about 'the law' and we see 'the law' in operation. And when the law
operates differently in separate communities, should we be surprised when
different neighborhoods develop disparate understandings about 'the law' and
evaluate its worth in contrary ways?

"The law, as well as language, exists in the consciousness of the people" (36),
SAVIGNY noted. More properly put, the bedrock of I-level law is behavior, for
the law emanates from the regularized social processes of laymen interacting
on a day to day basis with other laymen and with officials operating within their
communities. From this day-to-day interaction, conventions develop; and from
the conventions emerge rational expectations on the part of the participants in
law as to what the law is and does within that subculture. The conventions of the
community give I-level law its "bony structures". And linguistic conventions
identify those behavioral conventions as an aspect of, or alternatively, as simply
'the law'.

Both statistical and prescriptive norms (37) become incorporated into our
notions of the enterprise we label as 'the law'. But are behavioral regularities,
contrary to the content of the technical rules of law, properly designated as
aspects of 'the law'? From the existential perspective, yes. The following
analogue may help to demonstrate why.

Consider the technical rules of an enterprise. And think of these rules in the
'pure theory' sense of technical constitutive rules. Now, if in a somewhat
remote locale the technical rules of the enterprise were substantially altered
by practice, say the technical rules of the game of baseball (38), could this

'impure' game being played be called 'baseball' in any proper sense? Not in the pure theory sense of baseball, except by analogy or metaphor. But let us probe the dynamics of this process more closely. Imagine we have come upon a relatively isolated community. We discover that in the area where this community plays its 'baseball' games, there is a heavily wooded section in what would normally be called right field. Thus, the participants have come to play this field as 'dead', i.e., that balls hit to that field were either foul or 'out'. It has always been played this way, as long as anyone can remember. The ball is often hit to right field and subsequently is declared 'out'. This declaration is always accepted by all concerned. It has been incorporated as a rule or, better yet, as an <u>accepted part of the game itself</u>. Does this deviation from the pure rules of baseball obviate the calling of this perverse form 'baseball'? Or, of calling the community's right field rule an aspect or rule of the game of 'baseball'? Only the pure theorist would contend that such deviation was prohibited, and it might then be asked, for what purposes is this interpretation beneficial? Yet the more important point here is that to the participants, <u>it is baseball</u>, and the right field rule is an aspect and rule of the game of baseball. The reference to baseball in their everyday speech is a reference to the activities they observe and participate in every day. 'Baseball' is the enterprise they experience and the <u>technical</u> notion of baseball would present alien rules and components to them. For instance, if they were told that baseball was properly played differently, what effect would it have upon them? Simply they would respond that the alien form was not the game of baseball as it existed in their community. It was not the game they knew, participated in, or were socialized into. And note that the rule was originally a behavioral rule which the participants first accepted as an environmental necessity, and later as an existential component of the game itself. It had become a constitutive rule of the enterprise of baseball. Anyone disputing the rule or the specific decisions by saying that the hit was not 'foul' but 'fair' in the game of baseball would be predictably met with laughter, bewilderment, or animosity, depending on the intensity and persistence of the claim. It would not be baseball as the participants had come to know that enterprise (39). And who would the purist appeal to?

We might accent the similarities with law. Rules and conventions, established through sustained behavioral interaction, become constitutive elements to the law within the environment. What constitutes law at another level, or in another culture or subculture, does not negate the contention that I-level law <u>is</u> the law. For I-level law is the law as people see and live it. It is the operative governing law for that community. The substance of I-level law is derived from social interaction and the interinstitutional decisions, beliefs, and images of the actors. The enterprise of law is culturally defined, a blend of sustained behavioral practices and accepted rules.

I-level law is dependent upon the rational expectations which derive from regularized social interaction. It should be clear that 'the law' does not have to prove itself anew on each occasion, merely because it has an emergent quality to it. For it is the development and occurrence of <u>conventions</u> that is relevant. The conventions exist and may be altered over time, but their substance provides the data for our understandings of 'the law', in the I-level sense. From existing conventions we derive our expectations concerning the law and are enabled to regulate our behavior accordingly. The regularized social interactions within the community give us the cues as to what the law expects our behavior to be. Thus, when an inhabitant makes note of 'the law', he conditions his actions accordingly. The officials react in much the same way. The policeman, basing his actions on those of the citizen either reinforces or alters the latter's conventional understandings. From such interaction, a rational expectation emerges on both sides. With each adjusting to these expectations, with the referent of the law directing the scenario, we discern the core of the informal concept of law. This notion, based upon the social exigencies of one's environment, evolves from interpersonal relations and the interaction of men and their social situations, regularized through time (40) and ultimately transmitted into the language. Thus, the I-level law develops organically within particular environments. In the pages of jurisprudence, law is often differentiated from more 'primitive' control processes by the fact that law is not amenable to changes in persons or environments. This alleged characteristic provides the minimum quality of justice which supposedly accrues to the rule of law. Yet the present offering should make us aware of the mythical nature of this claim, for changes in 'the law' occur with substantial changes in the relevant behavioral conventions across subcultures; this is true at both the formal and informal levels. Law, in the existential sense, does not remain constant simply because the textual rules do.

Finally, one should not mistakenly believe that all established customs of the special status legal agencies belong to the F-levels of law. Quite the contrary, many of the activities of the police, for example, are not a part of the formal processes of law, e.g. technically illegal regularized "stop and search" within ghetto communities. We might clarify this point by contrasting street bargaining (41) and plea bargaining. The latter practice takes place once the formal processes of law have been invoked. It is an accepted activity taking place within the formal institutions of law. Street bargaining, on the other hand, takes place prior to the invocation of any formal processes or more precisely takes place entirely outside of the formal institutions of the law. Thus, the practices of special status officials are not to be automatically excluded from the realm of I-level law. The regularized practices of the special status agents of the state, interacting with the general populace outside of the formalized processes of the F-system, are a salient feature of I-level law.

The common practices of the law at the I-level may often be against a variety of T- and F-rules. The same activity, for example, bribery or arbitrary 'stop and search', may be 'against the law', i.e. against the textual rules, while, at the same time, be a 'part of the law', i.e. an established practice of that ongoing enterprise we existentially identify as 'the law'. Moreover, when police consistently overlook a textually illegal activity within a particular locale, e.g. overlooking prostitution, gambling, or speeding, does not the overlooking become an established practice of 'the law' as it exists in that community? This simply reaffirms that the existential notion of 'the law' differs from the textual, that we use 'the law' in these two disparate ways.

The existence of I-level law, likewise, does not depend upon congruity with established T-level law. T-level standards, such as those prohibiting adultery, are often irrelevant to practices within the community that come to be considered either legal, illegal, or alegal activity. Similarly, what is considered law at the F-level may not be controlling at the I-level. Contrary to HART, RAZ, and other formal centric positivists, even though a court might recognize an act as contrary to the law, it might never have the occasion to do so for the act may not be considered by the community, i.e. by the lay populace or by the police on the beat, social workers, probation officers, etc., as contrary to the relevant and controlling I-law or living law. Perhaps prostitution provides the best of many available examples. Prostitution is an accepted practice within some neighborhoods, although it is against the T-law and F-rules. Police overlook the textually illegal solicitations as long as the practice is contained within specific blocks within the city. The living law amounts to what might be called an I-level zoning law. Prostitution, per se, is not treated as or considered to be illegal activity (except in that most formal sense) unless it is in violation of the I-level zoning laws of that city. Overlooking the solicitations becomes the established practice, the regularized part of 'the law'. Selective invocations of the T- and F-level law, as both James EISENSTEIN and Jerome SKOLNICK have noted, are attempts to exercise some control over how and where the activity takes place rather than to eliminate or place sanctions upon the activity or practice itself (42). In this case, the selective arrest - the invocation of the F-law prohibiting prostitution - is not to punish the delict of the F-law, but rather to sanction a violation of the I-level zoning law that attempts to regulate the time, place, and manner of a practice that is otherwise legal at the I-level. Thus, as becomes apparent in our discussions of street bargaining, the invocation of the F-level process is often used as a _sanction_ for various delicts of I-level law; and only in an indirect (and formalistic) sense is it imposed for the T- or F-level delict (i.e. for the act of prostitution). The F-law merely provides a valid, often _post hoc_ rationale for the invocation of the formal legal process. Hence, we might begin to see the type of symbiotic relationship that develops between the levels of law.

Prostitution, and similar other street practices, are not contrary to the law of the I-level. Oftentimes graft, payoffs, and kickbacks as well as other 'licensing fees' become an accepted part of 'the law' of a community (43). Informal tariffs' are imposed upon the conduct of certain "businesses" at the I-level _because_ T-laws forbid the practices (44). The police can threaten (or tactfully suggest) the invocation of the F-level processes in order to collect their various 'fees'. Thus, the establishment of certain practices of 'the law' at the I-levels often depends upon the existence of T- and F-rules, held in abeyance. (In turn, many T-laws survive merely because they are _not_ enforced at the F- and I-levels.)

The law from other levels is often used as symbolic or reserve ammunition by agents engaged in bargaining processes within another realm. For instance, police and district attorneys often tack on multiple T-level charges when there is little or no cooperation from a suspect who has been arrested. Thus, T-level charges are used as a sanction against non-cooperation in the F-level processing. These T-level charges serve the prosecution at the plea bargaining stage.

Many of the superfluous charges can be dropped in exchange for a guilty plea on the most salient ones.

Technical rules and the formal processes, rather than being the operating law of a community, may act as <u>sanctioning devices</u> for delicts of the <u>I-level laws</u> of a community (cf. our previous comments on prostitution and the I-laws of a community). Independent I-laws are, of course, non-legislated and non-<u>formally</u> enforceable. Yet, often, they are enforced through utilizing or threatening to activate the F-level processes. Street bargaining is the most notorious example. As noted earlier, street bargaining refers to the police practice of offering 'street people' - people usually involved in some clandestime means of support or survival or overtly engaged in known illegal activities, e.g., prostitutes, pimps, narcotics users and dealers, 'fences', bookmakers, etc. - what amounts to various types of immunities from arrest in return for information. Often the exchange relationship recurs on a regular basis, and is even openly friendly. As SKOLNICK relates: "It is not uncommon for bartenders to be fences for stolen merchandise and for police to overlook this activity in exchange for information leading to the arrest of addicts" (45). The 'bargaining' is less direct in an instance such as this. But the legal exchange takes place here in much the same fashion as it does in the 'harder' bargaining cases, where the pressures are brought to bear more openly. A commodity (information) is given by the informant in return for the suppression of an arrest by the police officer. Generally, when these friendlier exchanges are made on a regular basis, the area of illegality overlooked by the officer is usually in an area not of his concern. For instance, "<u>burglary detectives permit informants to commit narcotics offenses, while narcotics detectives allow informants to steal</u>" (SKOLNICK: Justice, p. 129, emphasis in original). And, in general, although burglaries are the exception, the crimes overlooked are usually of the victimless variety (46). Often, however, street bargaining occurs on a less than friendly basis; the 'trade offs' and 'turn arounds' occur under high pressure salesmanship (47). Officers will often use the threat of invocating the F-processes to elicit the information desired. Unless the particular information is forwarded to the police officer, he will 'bust' the narcotics user. If we look closely at the interaction of the levels of law, we see any number of things. First, the T-laws and F-level processes are not used necessarily to sanction the T-level or F-level delicts but rather to establish and sustain rules and practices at the I-level - in this example, information-forwarding to the police. The T- and F-levels are used to conform behavior to the non-legislated and non-formally enforceable I-laws of the community. And, warranting repetition, once these I-level rules are established on a regularized basis, they are as much a part of 'the law' of the community as the formally designated T- and F-laws.

Conclusion

From the existential perspective, the United States is composed of a myriad of legal systems. Different legal systems appear not simply where the technical rules are different, but where different rules-in-operation and different behavioral conventions become manifest. In the positivistic sense, only differences in T-, and for some, F-rules will differentiate legal systems. Jurisprudence has concentrated upon this positivistic meaning, and has neglected the differing realms of the law presented in this paper. But to create dynamic jurisprudential models of law in society, the customs and conventions of a community must be thoroughly conceptualized and included; otherwise, the role and importance of laws in each locale and in each legal system cannot be appreciated. As Eugen EHRLICH argued, "It is always necessary therefore to ask not only how much of what has been promulgated by the lawgiver, ... has been applied by the court, ... but how much has actually been practiced and lived ..." (48). But also the reverse must be asked: how much of I-law becomes applied by the courts or transformed by the technical lawgiver into T-law?

A state cannot maintain a legal order solely by means of T-law proclamation. Where disharmony exists among the levels of law, discord within the neighborhoods generally follows. Empirically, the more intense the incongruity among the realms of law, the less tranquil the locale. In this sense, the establishment of T-law can create disorder as well as reinforce order. The 'rule of law', or, in our terms, the conformance of the F- and I-levels with the T-level, does not necessarily establish justice. The greater the congruity, the greater the surface order, but not necessarily the more 'just' the system. The just society is dependent upon the normative worth of the positive proclamations and the customary practices, as well as the compatability of the two. Sustained incongruity is often to be valued, as is congruity. Justice is not a function of any one level gaining dominance in socio-legal affairs.

This paper has argued that three realms of the law exist: the technical, the formal and the informal. Concentration on any one level alone (49) cannot adequately represent the complex nature of law in the modern world. It would be a misreading of this thesis to see these levels as totally divorced from one another, or as arranged in some hierarchical order. Rather, in most modern legal systems, there is a nexus of these three types of law, each supplementing the others in the overall process of the structuring of human activity. Generally, all three levels are operative at once, with varying degrees of impact; and in the effective legal system their forces converge, structuring the populace to orderly interaction.

Footnotes

1) To the contrary, Jeremy BENTHAM wrote, "now law, or the law, taken indefinitely is an abstract and collective term; which, when it means anything, can mean neither more nor less than the sum total of a number of individual laws taken together". BENTHAM: Principles of Morals and Legislation (Oxford: Clarendon Press, 1923), p. 324.

2) As some legal positivists, and even a few realists, had concluded.

3) The legal positivists and neo-positivists of main concern to this paper are

John AUSTIN: The Province of Jurisprudence Determined (London: Weidenfeld and Nicholson, 1954); H.L.A. HART: The Concept of Law (New York: Oxford University Press, 1961); Hans KELSEN: General Theory of Law and State (Cambridge: Harvard University Press, 1945), and Joseph RAZ: Concept of a Legal System (Oxford: Clarendon Press, 1973).

4) The realist and sociological schools in jurisprudence have focused upon this variety of law. Certain neo-natural lawyers also emphasize the law-in-action, e.g., Lon FULLER: "Human Interaction and the Law", in: WOLFF: The Rule of Law (New York: Simon and Schuster, 1972), p. 171, and Jerome HALL: Foundations of Jurisprudence (New York: Bobbs Merrill, 1973).

5) The concepts are universal in scope, but particularistic and variable in substance.

6) And whether the "community" refers to judges, lawyers, laymen, hooligans, neighborhood residents, or combinations thereof, matters not.

7) The most eminent spokesman of the pure theory position is, of course, Hans KELSEN. See KELSEN: General Theory of Law and State (Cambridge: Harvard University Press, 1945), and: The Pure Theory of Law (Los Angeles: University of California Press, 1970).

8) The code books of law give us our clearest examples of this variety of law.

9) LLEWELLYN is a rule skeptic and realist, as well as an avid critic of T-level theorists and emphases. See: "Some Realism About Realism", in: Harvard Law Review 44 (1931), p. 1222; The Bramble Bush (Dobbs Ferry, New York: Oceana, 1930); and his work with E.A. HOEBEL: The Cheyenne Way (Norman: University of Oklahoma Press, 1941).

10) John Chipman GRAY: The Nature and Sources of the Law (New York: MacMillan & Co., 1921), p. 125.

11) These are examples extracted from LLEWELLYN and HOEBEL's: The Cheyenne Way. For an enlightening summary of their positions, see L. POSPISIL: "Anthropology of Law", in: Law and Society Review 8 (1974), p. 451.

12) See: Max WEBER: Law in Economy and Society (Cambridge: Harvard University Press, 1954).

13) E.A. HOEBEL sees intervention as one of the differences between feuds and legal disputes. Jack GIBBS: "Definitions of Law and Empirical Questions", in: Law and Society Review 2 (May 1968), p. 429, includes special status groups as a necessary criterion for a legal system. Also note Burton LEISER: Custom, Law and Morality (Garden City: Doubleday, 1969), p. 43; R. ABEL: "Comparative Theory of Dispute Institutions in Society", in: Law and Society Review 8 (1974), p. 217. And on triadic relationships, see Vilhelm AUBERT: "Researches in the Sociology of Law", in: American Behavioral Scientist 18 (1963), p. 16-20; and Michael BARKUN: Law with Sanctions (New Haven: Yale University Press, 1968), p. 87. AUBERT, among others, sees the legal process as distinguished

by this trait.

14) The complexity of the F-system varies widely from one society to another. Even among primitive societies the number and types of formal legal institutions differ significantly. (See SCHWARTZ and MILLER: "Legal Evolution and Societal Complexity", in: American Journal of Sociology 70 (1964), p. 159.) In some societies, there is an absence of formal law-applying institutions, although there clearly is 'law'. Richard D. SCHWARTZ, studying two Israeli communities, one a moshav, the other a kvutza, found that while the moshav had special judicial committees for settling disputes as well as special status groups for the enforcement of legal norms, no comparable formal agencies were present in the kvutza, though T-level and I-level law were apparent in both. (See SCHWARTZ: "Social Factors in the Development of Legal Control: A Case Study of Two Israeli Settlements", in: Yale Law Journal 63 (1964), p. 471-491.

15) Joseph RAZ: Concept of a Legal System, p. 201.

16) RAZ, p. 201. D-laws, for RAZ, are duty imposing laws. RAZ is quite close to the realist HOLMES of these points. As HOLMES stated, "The prophesies of what the courts will do in fact ... are what I mean by the Law". "The Path of the Law", in: Collected Papers (New York 1920), p. 173.

17) "Ought to" in this sentence is the descriptive sense employed by KELSEN and the pure theorists of law.

18) Lon FULLER's desideratum number eight in the Morality of Law, infra note 37, requiring, as a condition of law, minimal congruity between the law as promulated and as administered, is somewhat at odds with my analyses of 'the law'. Contemporary systems dominated by administrative plea bargaining and efficiency due process often bear the slightest congruity but are still enterprises known as "the law".

19) Applications of the Miranda rules provide one such example. Miranda v Arizona 384 U.S. 436 (1966). See WALD, AYRES, HESS, SCHANTZ, and WHITEBREAD: "Interrogations in New Haven", in: Yale Law Journal 76 (1967), p. 1534.

20) Cf. Walter MURPHY: "Lower Court Checks on Supreme Court Power", in: The American Political Science Review 53 (1959), p. 1017.

21) To resolve the incongruity, an appeal to A_1 would have to be made. But most important to understanding "the law" of contemporary F-systems, appeals are generally foreclosed when cases are disposed of informally, though inconsistently at A_2. But even with formal appeals attempting to overturn unfavorable formal decisions, resolution of the incongruity or "correction" of lower court decisions is not always forthcoming. Quite to the contrary, as in areas exemplified by Mapp and Miranda, alteration of A_1's rule by A_1 may be the result of persistent evasion and noncompliance by A_{n+1} and B_n. The law does not always descend from higher courts, often it ascends.

22) Cf. Abraham BLUMBERG: Criminal Justice (Chicago: Quadrangle Books,

1967) at 26 ff. The word <u>informal</u> here is used to represent its meaning in organization theory, i.e., as referential to the rules of behavior inside particular organizations. This one use should not be confused with the <u>informal level</u> rules of law.

23) In general, cf. BLUMBERG, p. 26 ff. and Herbert PACKARD: "Two Models of the Criminal Process", in: University of Pennsylvania Law Review 113 (1964), p. 1-68; and Jerome SKOLNICK: "Social Control in the Adversary System", in: Journal of Conflict Resolution 11 (1967), p. 52-70; Herbert JACOB: Urban Justice (Englewood Cliffs: Prentice Hall, 1973).

24) HOLMES' definition of law appears at note 11, <u>supra</u>. For LLEWELLYN, "What officials do about disputes is ... the law itself." Bramble Bush, p. 9. For Jerome FRANK, "Law, then, as to any given situation, is either (a.) actual law, i.e., a specific past decision, as to that situation, or (b.) probable law, i.e., a guess as to a specific future decision." Law and the Modern Mind (Garden City: Doubleday, 1963), p. 46.

25) See JACOB: Urban Justice at p. 31 and 112, for comparative statistics on urban areas. Also see, McINTYRE and LIPPMAN: "Prosecutors and Early Disposition of Cases", in: American Bar Association Journal 56 (1970), p. 56, showing that in some cities (e.g., Houston) only 5 % of all felony <u>indictments</u> go to trial.

26) Abraham BLUMBERG's Criminal Justice, <u>supra</u> note 15, best represents this emphasis.

27) For example, J. SKOLNICK's Justice Without Trial (New York: John Wiley & Sons, 1966) or James Q. WILSON's Varieties of Police Behavior (Cambridge: Harvard University Press, 1968).

28) See GRAY, <u>supra</u> note 10, p. 125. And for LLEWELLYN, who exemplifies the realist position, see note 16, <u>supra</u>.

29) See: Cheyenne Way, p. 22-24; and, in general, POSPISIL's "Anthropology of Law" <u>supra</u>.

30) This, of course, is not the only reason one might not pursue a matter to the formal levels of law. Other reasons appear to be fear of physical retaliations (for reporting an assault), notoriety (rape), economic loss (turning in an employer), pessimism (nothing will be done by the police), fear of one's own criminal behavior being detected (burglaries where part of the booty was narcotics), or apathy (not worth the bother).

31) Richard ABEL notes, from a cross-cultural perspective, that the vast majority of disputes in any society never enter its formal judicial institutions; see "A Comparative Theory of Dispute Institutions in Society", in: Law and Society Review 8 (1974), p. 217. On the civil side, see S. MACAULEY: "Non-Contractual Relations in Business: A Preliminary Study", in: American Sociological Review 28 (1963), p. 55.

With specific types of T-level delicts, over three-fourths of the crimes go unreported. Cf. KATZENBACH: The Challenge of Crime in a Free Society (Washington: U.S. Government Printing Office, 1967), p. V: "Burglaries occur about three times more often than they are reported to police. Seventy-four percent of the neighborhood commercial establishments surveyed do not report to police thefts committed by their employees." Often 50 % to 75 % of certain delicts are disposed of at the citizen level alone. Thus this citizen level adjudication is primal because it is the first adjudication to take place and it is the level that disposes of the greatest number of cases.

32) That is, even though the T- (and F-)rules are the same. (Watts is a ghetto community and Beverly Hills a posh suburb of Los Angeles.)

33) This is not to say that F-systems have no organic elements, nor that these organic rules and practices do not vary from one F-system to another. In fact, I have just belabored that very point.

34) F. von SAVIGNY: On the Vocation of Our Age for Legislation and Jurisprudence, A. HAYWARD, trans. (London: Littlewood and Co., 1831), p. 27.

35) SAVIGNY, p. 30 and 46, respectively.

36) SAVIGNY, p. 33.

37) Norms in the _statistical_ sense refer to normal behavior, this is, behavior regularly transpiring in a community. _Prescriptive_ norms entail an obligation; a normative "ought" ascribed to the behavior. For detailed explanations see A. EPSTEIN: "The Reasonable Man Revisited: Some Problems in the Anthropology of Law", in: Law and Society Review 7 (1972), p. 643. Also, cf. Michael BARKUN: Law without Sanctions, _supra_ note 10, p. 90, for a general discussion. E.A. HOEBEL makes use of this distinction in The Law of Primitive Man (Cambridge: Harvard University Press, 1954).

38) Or any other "game".

39) Compare a similar position by Burton LEISER in: Custom, Law and Morality (Garden City: Doubleday, 1969). LEISER and I hold different positions, however. LEISER mirrors Leon PETROZYCKI, cf. Law and Morality (Cambridge: Harvard University Press, 1955). LEISER states precisely what PETROZYCKI does, "Law is what the people conceive it to be", p. 221. My position differs from theirs in that I-law is what the standards of usage for the term relate it as.

40) Compare similar positions held by B. MALINOWSKI: Crime and Custom in Savage Society (New York: Harcourt Brace, 1962); Jerome HALL: _supra_ note 2, p. 159 ff. L. FULLER: Morality of Law (New Haven: Yale University Press, 1964) especially Chapter V; and M. BARKUN: Law Without Sanctions, _supra_ at p. 154.

41) Street bargaining refers to an activity used by the police that offers "street people" - those people within a community that are usually involved with some clandestine means of survival or are overtly engaged in some known illegal activities, e.g., prostitutes, "pimps", narcotics users and dealers, "bookies", "fences", etc. - immunity from arrest in return for various information. Such reciprocal transactions are called "turnarounds", "tradeoffs", etc. For examples, see SKOLNICK, _supra_ note 19, Chapter Six, p. 112.

42) SKOLNICK, supra note 19, p. 109. J. EISENSTEIN: Politics and the Legal Process (New York: Harper and Row, 1973), p. 109. EISENSTEIN states "for all practical purposes, behavior the police ignore is 'legal'. He is not sanctioned by the government for engaging in it. Acts that attract an arrest or some other police sanction are, for that person at that particular time, 'illegal'", p. 218.

43) See EISENSTEIN, p. 224, or SKOLNICK, p. 109, for discussions on these matters. Prostitutes themselves refer to these sanctions as 'licensing fees' rather than fines or punishments. It is merely one of the fees they must pay for the conduct of their trade. It is much the same with other formalistically criminal behavior, such as gambling.

44) 'Crime tariffs' act in another way as well. Edwin SCHUR has suggested repeatedly that the price of narcotics, for instance, bears the mark of a different type of 'tariffing', for the street prices of the drugs reflect the fact that there are T-laws forbidding their sale. If T-laws exist, the price to the consumer is increased, and the argument is maintained that the intensity of the T-level sanction, and probability of F-level actions, increases that price proportionately. E. SCHUR: Law and Society (New York: Random House, 1968), p. 296, and: Crimes Without Victims (Englewood Cliffs: Prentice Hall, 1965). Marijuana provides a good example of distinctive treatments at the various levels of the law. At the T-level, marijuana is strictly against the law, often carrying severe penalties (at least until very recently, for it is acknowledged that certain states have recently amended their laws on the matter). At the F-levels a usual treatment for the offense is not straight prosecution for the charge, but the policy of A.C.D., 'adjournment in contemplation of dismissal'; while at the I-levels, within various large metropolitian communities, possession of small amounts of marijuana is not considered punishable at all, and indeed, arrests are not made except in conjunction with actual I-level "crimes".

45) SKOLNICK: Justice Without Trial, p. 123. For further explanations on street bargaining see HARNEY and CROSS: The Informer in Law Enforcement (Springfield: Charles C. Thomas, 1960). It might also be noted that the major areas in law enforcement that use informants and street bargaining are the narcotics detectives, the vice squad, and burglary detectives.

46) See E. SCHUR: Crimes Without Victims (Englewood Cliffs: Prentice Hall, 1965). Perhaps such crimes are better referred to as crimes without complaintants, as SKOLNICK suggests.

47) 'Trade offs' refers to the trading of the non-invocation of the F-processes for the desired information. 'Turn arounds' is but another term for this exchange; detectives, upon receipt of the information, 'turn around' and do the individual the favor of the suppression of the arrest.

48) Eugen EHRLICH: Fundamentals Principles of the Sociology of Law, MOLL Trans. (Cambridge: Harvard University Press, 1936); partially reprinted in MORRIS: The Great Legal Philosophers (Philadelphia: University of Pennsylvania Press, 1956), p. 443.

49) To say nothing of defining out of existence all but one particular level, as various schools have attempted to do.

MARIO G. LOSANO

Flow Charting and Network Analysis of Legal Procedures

1. Informatics faced with the ambiguity of legal provisions

Studies in legal informatics have more than once been faced with the problem
of the "non-computerizable" structure of certain legal provisions. As long as
one remained in the sphere of information retrieval, these norms were easily
identified in the clauses with which the legislator concluded the new regulation
of certain sectors: "all norms incompatible with the present statute are
abrogated"; "the previous regulations remain in force insofar as they are
compatible with the present provisions", and so forth. Faced with these norms
of undefined content, the task of the computer scientist is simpler than that of
the practical jurist: in fact, whereas the computer scientist merely memorizes
provisions, the jurist must also decide which norm to apply in practice. The
computer scientist therefore merely transfers into the information system the
ambiguity already present in the legal code; at the most he can point out to the
legislator the need to avoid formulations of such indeterminate content in
future.

The task of the computer scientist becomes more complicated however when
he aims not to perform information retrieval, but to computerize a series of
office practices (i.e. a "procedure", as we shall define it in the following
paragraph). In this case, he cannot take refuge in the letter of the law, passing
the hot potato of its interpretation to the jurist who will have to apply the norm
supplied by the information retrieval; the computer scientist will have to
analyse the whole procedure, so that he can see what shape it actually takes.

In the course of this analysis, the work described in the following pages took
shape. The complete collection of the material deriving from the first stage
of research is collected in a stencilled volume published by the Lombardy
Regional Council (1). That publication contains not only the information
summarized here, but also the complete flow charts both of the legislative
procedure of the Lombardy Region and of the procedure for decrees issued
by the Government of the same region. Furthermore, an appendix reproduces

all the legislative texts necessary for understanding of the procedures described. Since every symbol of the flow charts contains a brief description of the
event and an indication referring back to the specific legal provision, the
Italian documentation makes it possible to reconstruct exactly the solution
adopted in the face of the various political problems inherent in the legislative
procedures. The complete text may be obtained directly from the Lombardy
Region (2).

2. Content and purposes of this research: the structural method of reading laws

In my studies on legal informatics, so far I had only marginally pointed out the
fact that not all finalized sequences of human activities, both individual and
collective, can be translated into a series of finite and univocal steps leading
from the formulation of the problem to its solution. These "sequences of human
activities" are called "processes" or "procedures" by systems analysts. The
term is familiar to jurists, who in this context however must interpret it in a
wider sense than is usual in their discipline. Procedure is not only that regulated by codes called precisely codes of procedure; procedure, for the purposes
of this research, is _every_ finalized sequence of human activity, individual and
collective.

In certain cases, these activities can be completely or partially delegated to a
machine, the computer. The possibility of making this transfer can be ascertained only by a rigorous analysis of the procedure, and for this purpose we
have worked out analysis techniques which can give valid results independently
of the use of a computer. These techniques in fact allow us to dissect every
procedure and describe it precisely: the use that can then be made of this
analysis is a separate problem, which for the moment can be considered irrelevant.

This research proposes to examine procedures regulated by juridical norms
to verify what advantages may be obtained by applying to them modern programming techniques. To give substance to this attempt, we will apply two
different techniques to the legislative procedure followed by the Regional
Council of Lombardy, (henceforth called, for brevity, Lombardy procedure).
The techniques examined are flow charts and PERT: we will briefly explain
what is involved.

In preparing computer programs, the procedures are broken down into all their
parts by drawing up flow charts: the use of this technique in the field of law
allows us to identify exactly the inconsistencies and gaps which prevent a legal
procedure from flowing smoothly. In coordinating large complexes of men and
companies it is necessary to bear in mind that certain activities assume the
result (i.e. the completion) of certain others: to avoid wasted time during the
legal procedure or even its complete paralysis, we have studied the techniques
of network analysis, of which PERT is an example. The use of this technique

in the field of law allows us to identify the results deriving from a lacking or wrong scheduling of times within a legislative text.

In the following pages, as we have said, the techniques of low charting and network analysis (in particular, of PERT) are applied to a concrete case: the procedure according to which the Lombardy Region legal norms are produced. The choice of this actual case, however, should not obscure the fact that the techniques presented here may be successfully applied to any norm regulating a procedure, for example the concession of building licences or the modification of budgeted expenditure for public works contracted out to private companies.

Bearing in mind these premises, it seemed opportune to organize this paper into four parts. Paragraph 3 connects this research with my previous work whose results have prepared and facilitated it. Besides a suggestion for formalizing legal texts, I also present other techniques for reading juridical norms, which are not further developed here. They are mentioned to show that we are aware of the fact that we are dealing with only one sector of juridical problems, and that other problems should be analysed with different techniques. Paragraphs 4-8 summarize the techniques of flow charting (in general) and describe the legislative procedure of the Lombardy Region. Applying these techniques to this procedure, we obtained a detailed flow chart of which we give both the first approximate version from 1977, and the final version which, with reference to 1978 legislation, is also definitive.

In the same paragraphs we describe a flow chart of the decree procedure of the Regional Government of Lombardy, worked out by Ermanno BONAZZI during an autonomous research project. It constitutes a further example of detailed application of flow charting to a legal procedure much less formalized than the procedure for draft statutes. This example also refers to the legislative situation in 1978.

In paragraphs 9 and 10, using the flow chart of the legislative procedure, an attempt at PERT is made, i.e. an attempt to program the single activities taking into account the time schedule for the different stages. This further analysis allows us to identify certain defects in the drafting of the norms governing legislative procedures. Paragraph 11, finally, concentrates into a few pages the results obtained by this research and suggest some possible concrete applications.

The analyses and solutions suggested in this work have a methodological value, that is to say, they are not immediately operative. I believe, however, that the depth of analysis reached is such as to minimize difficulties in the transition from the study stage to the application stage. Here it would have been impossible to be more precise: the procedural rules analysed are continually evolving and the result of our research would therefore need continuous up-dating. This up-dating, which would make sense only if a practical application were in course, would make publication of this text impossible. For these reasons we "photographed" the procedural situation at the

Lombardy Region in 1978 and proceeded to the detailed formalization of those procedures. Since any change in the norms regulating the procedures also provokes a corresponding change in the formalized solution suggested here, it was decided not to detail minor steps of the procedure. The general pattern, on the other hand, has received great care and attention. This approximation in marginal problems in fact constitutes the only limit deriving from the character of methodological suggestion given to the present work. In conclusion, anyone who wishes to actually apply the techniques examined here, will find in these pages almost all the information necessary for formalizing a particular legal procedure.

The work has taken a long time, partly because of the present organizational difficulties in the universities: my first partial researches, discussed in greater detail in the next section, were followed by a thesis by Alberto BER-GAMASCHI presented at the Faculty of Political Sciences, Università Statale, Milan, in the academic year 1976-77. This preliminary result consolidated the techniques to be used and attempted a first application to the legislative procedure of the Lombardy Regional Council. The result seemed to us satisfactory only as a starting approximation and we therefore decided to perfect it further. A radical revision was carried out, particularly by Ermanno BONAZZI, with the assistance of two officials in the Legislative Office of the Lombardy Regional Council, Isa FADDA and Margherita VERZEGNASSI.

3. Connection between this work and preceding research

The division between legal informatics (in the strict sense of a technique for memorizing and finding legal data) and legal models (in the sense of formalization of single legal procedures with a view to their handling by computer) was already present in a book of mine published in 1969 (3). For many years, however, jurists were interested chiefly in the techniques of information retrieval, i.e. in the creation of banks of legal data.

The problem of modellizing legal procedures was dealt by me three times, although as a secondary concern. In 1971, I published an article in which I gave an example of automation of the procedure for determining tax rates. In particular I showed how a great many legal regulations contain provisions which delegate the application of a certain rule to the discretion of the tax officer. These regulations make computerization of that procedure impossible, but they can be substituted by a norm which unequivocally determines the conditions for the application of the norm itself. For example, a reduction of tax in the case of large families prevents the procedure from being computerized, since the concept of "large family" varies from person to person and country to country. If however the norm specifies that a large family is one with more than four children, the procedure becomes computerizable. Legislative procedures are full of similar cases. The transition from a general formulation to a quantified formulation is possible on the basis of an exact analysis of reality, which allows a new norm to be issued (4).

The use of sociological surveys to intervene in regulations and modify them with a view to computerization was discussed by me at greater length in another article published in the same year (5). Besides the subject of the adaptation of regulations to reality, here I also dealt with the subject of the need for organizational analysis of offices where computerization is to be applied. The gap between legislative prescriptions and real functioning is often such that the absence of an exact sociological analysis risks making the whole computerization activity useless. In that article, then, the investigation of reality was applied both to the revision of legal regulations, with a view to computerizing the procedures governed by them, and to the study of complex organizations, with a view to computerizing the procedures enacted by them.

These researches were taken up and systematized in August 1973, when I gave a course on Legal Informatics at the University of Sâo Paulo in Brazil. Since it was a postgraduate course organized by the Law School, I could count on the participants having a solid legal training. In my last lecture there I took up the subject of legal formulations compatible with computerizing and gave a complete picture of the transformation which traditional jurisprudence must undergo for a procedure to be entrusted to the computer (6). In it I took a tax law of traditional type and indicated the points which prevent computerization of the procedure; these observations allow the same law to be reformulated in terms compatible with computerization, thus facing the jurist with two different techniques for drafting the same law. The legal text compatible with the computerization of the procedure is then transformed into a flow chart and this, in its turn, into a program written in Basic. During the last lecture in that course it was therefore possible to submit real cases to the computer. For these, the program calculated the tax liability on the basis of the regulations previously examined. The last part of the course therefore gave a description - summary but not inaccurate - of the route followed by a legal norm in the transition from the traditional formulation to computerization.

These methodological suggestions aroused very limited interest. As far as I know, the only published work in which they were taken up and completed by the application of decision tables is an article by Angelo GALLIZIA, Enrico MARETTI and Paola PITRELLI (7).

The studies so far mentioned may be said to have perfected the technique for effecting the transition from a legal procedure expressed in ordinary language to a computerized procedure. The real problem that has to be solved every time this transition is made is not informatic, but organizational: how can one establish what the procedure prescribed by the regulations is? How is it really carried out by the offices? What connection is there between the procedure prescribed in the abstract by the regulations, and the concrete possibility of realizing it? It is thus necessary to analyse further the techniques for changing from the traditional formulation of the regulation to a formulation compatible with computerizing. The present work is dedicated to this subject. It would be wrong, however, to assume that with this research the new possibilities for reading legal regulations have been exhausted: one must also bear in mind, for example, certain suggestions for a logical, economic and organizational reading of regulations which could be added to the suggestion for structural reading set out in this research.

4. The Regional legislative procedure

In changing from the formulation of a procedure in ordinary language to a formulation in programming language, it is necessary to produce an inter-mediate representation, which on the one hand will be more rigorous than the expression in ordinary language, but on the other will not yet be as complex as the programmed procedure, in which every single activity must be indicat-ed in explicit, univocal terms. To achieve this final version a series of pro-gressively deeper analyses of the problem are required, during which the pro-cedure examined is progressively broken down into its smallest details.

To make the procedure clearer, its single component parts are defined in ordinary language inside graphic symbols. Each of these symbols represents a single stage or step of the procedure. If one stage is necessarily followed by another, this segment of procedure will be indicated by a rectangle joined to another by a segment of straight line. If two possible consequences can derive from one step, it will be represented by a rhomboid which in fact allows two possible exits, generally characterized by the answer "yes" or "no" to the question written inside the rhomboid itself. By combining these two signs with a few others, complex procedures can be formalized; a table of all the con-ventional signs used in this work is given in Fig. 1.

The technique of flow charting will be applied to the procedure by which the statutes (bills) of the Lombardy Region are formed.

From the legal point of view, the notion of "regional statute" poses a series of problems that cannot be dealt with here: for example, what is the position of the regional statute in the hierarchy of the sources for Italian law, in other words, what are the legally permissible contents of a regional statute. For these and other problems, one must refer to the literature on constitutional and regional law. However, anyone proposing to apply these techniques to specific sectors of law must also be familiar with the basic legal literature: only for reasons of brevity, this familiarity must here be taken for granted. In fact, in the course of our analysis of the legislative procedure it will be-come evident that the determination of certain sequences of activities assumes the correct solution of complex legal questions. Our suggestion for formaliza-tion by means of flow charts has as its object the procedure by which a Lom-bardy Regional statute is formed. This procedure is governed by a series of legal regulations which will now be briefly examined in ordinary language.

Regional legislation, like national legislation, defines various stages in the course of which the initial draft statute is perfected and finally becomes law in the formal sense. The first step of this procedure is the initiative: in this stage, certain persons (the Regional Government, the Regional councillors, the local authorities, the citizens of the Region) are entitled to present a draft statute to the legislative body of the Region, which is the Regional Council. In the stage of <u>approval</u>, the draft statute is first examined by the Council Committees, then passed or rejected by the Council in plenary session. If the draft statute is declared urgent, it follows a different, abbreviated procedure. After approval by the Regional Council, the statute is submitted for examination to the national Government Commissioner who may pass it, or reject it if he considers it incompatible with the interests of the State or of other Regions. At this stage the Constitutional Court can also be asked to intervene, to pronounce definitively on the legitimacy of a regional statute. Once all these checks have been completed, the statute is <u>promulgated</u> by the President of the Regional Council, then <u>published</u> in the official Regional Bulletin, according to a procedure which closely follows that of national statutes.

The procedure so far briefly described is regulated by a number of norms which are not gathered together in a single text, although they are all equally important for the correct formation of a regional act. The subjects upon which the Region can legislate are peremptorily defined by Article 117 of the Italian Constitution; the procedure for the formation of a regional act is described by the Statute of the single regions, which defines the main points of the Regional Council's activity; because of this plurality of regulations, the statutory provisions must be integrated with the norms of the Regional Council Rules, i.e. the norms with which the Regional Council regulates its own internal functioning; finally, there are regional statutes which regulate citizens: initiatives in the presentation of draft bills. The whole of this set of regulations must be thoroughly analysed to extract from it a single procedure.

In this work of integrating legal norms deriving from different texts, one may meet with legal gaps. Without entering into the philosophical problem of whether the concept of legal gap is admissible or not, it must be emphasized that in flow charting, gaps are a problem so frequently met with that we have had to create a special symbol for them; the semicircle with dots inside, included with the other symbols in Fig. 1 and observable with a certain frequency in the flow chart of the legislative procedure.

One of the ways of dealing with the presence of gaps in the norms regulating a certain procedure is to use a sociological analysis of the offices applying these norms: in these cases, "office practice" will give us the material with which to close the gap <u>de facto</u>. In the case of the Lombardy legislative procedure, however, a lot of points remained unsolved because an unregulated case had never turned up. This explains why the procedure works in a general way in spite of its unregulated areas.

Having thus defined the legislative material on which we shall be working, and having noted the real presence of gaps in the procedure, we can now examine how we arrived at the construction of the flow chart of the legislative procedure of the Lombardy Region. The general description of this procedure given so far is valid for all Italian regions. On the contrary, in the following pages we shall be constructing a formally strict and analytically detailed flow chart valid only for the Lombardy Region and, more particularly, only for those procedural norms defined in the legislative texts previously mentioned.

5. The legal regulation of the legislative procedure

In determining the legislative procedure of the Lombardy Region, the first step to be taken is still fully within the legal sphere and consists of combining in a single text the norms derived from the different sources indicated in the preceding paragraph. In carrying out this operation two aims should be borne in mind:

a)   to produce a document which will include all the rules present in the legislative texts and which will consequently allow a preliminary identification of any macroscopic gaps (in general bridgeable by means of a sociological analysis of office practice);

b)   to produce a document in ordinary language which will facilitate communication between systems analysts and jurists, and which will at the same time constitute a point of reference in the subsequent preparation of the flow chart.

To ensure that none of the regulations issued by the legislator is neglected, in combining the single norms certain practical precautions should be taken to avoid omissions. For example, we found it useful to xerox the legislative texts and cancel the single norms as they were taken up, using a transparent coloured marker which allowed a possible re-reading of the text but prevented its being used twice. When the scrutiny of the texts is already well advanced, this system also helps to save time in looking for relevant norms.

The material thus extracted from the existing legislation is organized in a systematic way on a special sheet, taking care to recopy each article word for word and give an exact indication of its source. The jurist would be tempted to organize this material as though it were a new law, i.e. as though he were drafting a consolidation. This is an acceptable solution, which does not however facilitate the subsequent drawing up of the flow chart; moreover it is not very clear to systems analysts who may be dealing with the problem without having any specific legal training. For this reason, in our research the legislative material has been included in rectangles connected to one another by arrowed segments. The result is an outline which is not yet a flow chart but is no longer a traditional legal text. The rectangles and arrows are unfamiliar to the jurist, who however inside the symbols finds the original legal text he is used to; in this way, the transition from ordinary language to flow charting is made easier for him. The systems analyst will enjoy symmetrical advantages: the content of the symbols will seem to him irritatingly unconcise (but anyway comprehensible), while the symbols will give him a preliminary indication for organizing the graphic representation of the procedure.

An auxiliary tool of this sort also proves useful in the subsequent stages of the flow charting, because one can refer back to it to pick up the thread of the argument if this has got lost in the course of a long analysis of detail, and because it constitutes a sufficiently clear point of reference for both analysts and jurists if doubts or textual misunderstandings should arise.

6. The flow chart of the Lombardy legislative procedure (first version)

The unification of legislative provisions in the document described in the preceding paragraph gives us the material for undertaking a real diagramming activity. Reading the single norms, each one must be broken down into all its component steps, that is, all the actions explicitly or implicitly governed by it must be identified. In this way, each legal article ultimately shows its heterogeneous character: the analyst's task is to arrange in a correct logical sequence the single actions regulated by different parts of the legislative texts. The symbols used in the following pages are listed in Fig. 1; beside each one there is a brief description of its function in the chart.

Since the space available inside the single symbols is very limited, the written indications must be extremely synthetic; it is therefore advisable always to include a reference to the legal article which can be consulted in case of difficulty in understanding.

To reproduce the discussions which accompanied the transition from a legislative text to the first flow chart would mean writing a manual on Italian regional law. In fact, as the analysis of the legislative provisions proceeds, more and more problems arise over the interpretation or real meaning of the existing regulations. At this point the reader must verify for himself, step by step, how a single article was transformed into part of a flow chart. This transition is effected by successively closer analyses. After the legislative provisions have been unified, the next step is to draft a first flow chart, which is always approximate and, in certain respects, may also be mistaken. These two adjectives require an explanation. The approximation in the flow chart does not refer to a possible discrepancy as regards the legislative text, but to an inadequacy as regards the canons of correct description of procedures. In general, an approximate chart is already more exact than the corresponding legislative text; however the procedure it describes still presents steps which need to be worked out and further subdivided into a number of specific actions. The procedure will be sufficiently described when the single actions cannot be broken down any further. The mistakenness of the chart refers instead to two possibilities of error: either the charting technique has been correctly applied to a regulation which has, however, been wrongly interpreted, or else a correct interpretation has been translated in the chart with the wrong symbol. In both cases, the mistakes can be discovered and corrected only by going over the procedure described by the chart several times (thus uncovering the technical faults), and by comparing the chart with the text of the articles (thus uncovering the legal faults).

232

Figure 1. Symbols used in flow charts. (Translated explanations)

Indicates the point where a flow chart begins and the point where the entire chart or one of its ramifications ends.

Indicates the activity which effectively takes place.

Asks a question, introducing two possible answers, one positive and the other negative. It is called "analysis sign" or "if".

Indicates the point where the procedure presents a gap, and also indicates the impossibility of proceeding along that ramification. It is an anomalous sign with respect to those normally used in flow charting.

Indicates another link in the flow chart

Indicates the referral to a following page.

Routine: indicates a procedure made up of two or more steps still to be worked out or worked out elsewhere.

Indicates the direction of the logical sequence of execution of the single activities.

Indicates the point where two or more logical sequences of execution converge.

Figura 1. Simbologia del diagramma a blocchi

 START / STOP	Indica il punto il cui ha inizio il diagramma a blocchi ed il punto in cui ha fine o l'intero diagramma o una sua ramificazione.
 (rettangolo)	Indica l'attività che viene effettivamente svolta.
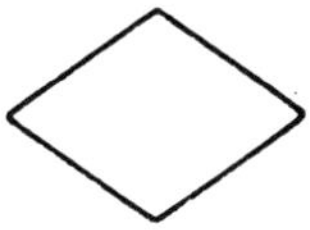 (rombo)	Pone una domanda, introducendo due possibili risposte, una positiva ed una negativa. E' detto "segno di analisi" oppure "if".
 (semicerchio tratteggiato)	Indica il punto in cui la procedura presenta una lacuna e, di conseguenza, indica anche l'impossibilità di procedere per quella ramificazione. E' un segno anomalo rispetto a quelli tradizionalmente usati nella diagrammazione a blocchi.
 (cerchio)	Indica un aggancio ad altra parte del diagramma a blocchi.
 (pentagono)	Indica il rinvio ad altra pagina successiva.
(esagono)	Routine: indica una procedura composta da più passi ancora da esplicitare ovvero esplicitati altrove.
(freccia)	Indica la direzione della sequenza logica di esecuzione delle singole attività.
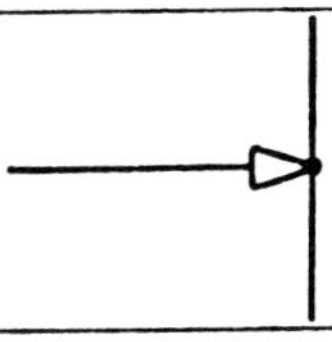 (frecce convergenti)	Indica il punto in cui convergono più sequenze logiche di esecuzione.

234

Figure 2. First flow chart of the Lombardy legislative procedure.

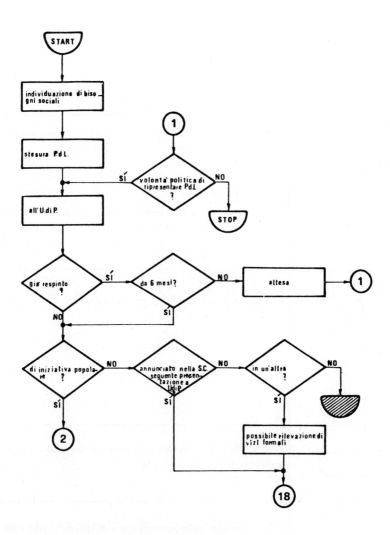

N.B. Reproduced here is only the first of then ten pages of the flow
      chart contained in the Italian edition (cfr. note 1).

It would anyway be illusory to hope to obviate these difficulties by a long preliminary stage of reflection and textual analysis. We found the best technique
to be a cyclical repetition of drafts of the chart and comparisons between the
chart and regulations, until a result considered correct is reached.

7. The flow chart of the Lombardy legislative procedure (final version)

The first stage of the research ended with the preparation of the chart described in the previous paragraph. A close check with the officials of the Legislative
office enabled us to identify some points in the procedure which had been too
summarily described. Ermanno BONAZZI then began a detailed re-working of
the flow chart. For example, in the first chart the work of examining the draft
statutes (bills) in Committee was rendered with a few symbols, whereas in
reality the procedure turned out to be more complex. The closer analysis made
of the law is clearly evident if one compares the two corresponding parts in the
different versions of the flow chart. This more detailed analysis led to identification of a series of operations which were repeated several times. To avoid
encumbering the final chart unnecessarily, at this point we introduced the
symbol of routine (i.e. the hexagon shown in Fig. 1). The single procedure in
point was then analysed separately in all its details.

In the final version of the chart certain branches are still not worked out: for
example, the ones referring to draft statutes on variations of municipal
boundaries or to bills presented by citizens' initiative. A preliminary idea of
these latter can be obtained from the first version of the chart, which should
anyway be borne in mind for a complete understanding of the PERT described
in paragraph 10.

The changes in the transition from the first to the second version are concentrated in the first part of the legislative procedure, in which the influence
of practice is stronger because the regulations allow spheres of discretionality. In fact, for this part the first flow chart was almost completely re-
drawn. From the moment the draft statute is approved in the Regional Council,
the regulations become stricter, since they are based on the Constitution and
the Regional Statute. Thanks to the precision of these regulations, the first
version of the chart was fairly close to reality.

8. The flow chart of the procedure of Lombardy Regional Government decrees

From the legal point of view, the administrative decree or decision is hard to
define. For the benefit of non-jurists, a rough definition will be attempted here,
valid particularly for the type of decree discussed in the following pages. In a
very general sense, the regional decree is a collective administrative act
adopted by the Regional Government. The draft statute or bill whose procedure
was examined in the previous pages falls within the sphere of regional legis-

lative power: in fact the Regional Council is the legislative body of the Region, just as Parliament is the legislative body of the state. On the other hand, the regional decree, whose procedure will be examined in this paragraph, falls within the sphere of the executive power of the Region: in fact the Regional Government is the executive body of the Region, just as the government is the executive body of the state.

These acts, so different in form, also present differences in substance. Whereas statutes have a general and abstract character, decrees have a specific and concrete character. For example, the decision to undertake public works and the relative funding is taken by a regional statute; the distribution of funds amongst the single public works to be undertaken, the specific definition of each, the conditions of contracting, payment etc., are normally the subject of a decree. This formal and substantive difference is reflected in the norms governing the decree procedure. Whereas the legislative procedure is exactly, and sometimes minutely, determined, the procedure for decrees is more flexible. It is governed by certain articles of the internal regulations of the Regional Government. From the examination of these articles and, even more, the empirical verification of what the offices actually do, we obtained the flow chart reproduced in the Italian text. The constant reference to real practice implies a greater possibility of change in the flow chart of decrees: whereas in the diagram of a legislative procedure, an important modification presupposes the issuing of a decree modifying the preceding rule (which entails considerable time and considerable difficulties), the diagram of the decree procedure can be substantially modified from one day to the next: all that is required, in fact, is that the proposers of a draft decree or the offices concerned adopt a new practice which passes unchallenged. This more flexible type of procedure has the advantage of eliminating the procedural gaps which are evident in the legislative procedure. In fact, the activity of the legislative body consists in producing or not producing a statute, or even allowing it to be forfeited in the course of long political discussion and complex manoeuvres to reach agreements; the decree on the other hand is an act which executes what has already been prescribed by a previously approved statute, and hence must necessarily be enacted (even though here, the practice of residual assets shows that a statute has appropriate funds which have not been distributed). In fact, the procedure of a decree must sooner or later be completed, for example either by distributing the funds or revoking them. Decrees are not forfeited at the end of a legislature, as is the case for draft statutes not yet approved.

In preparing flow charts, these features of the decree allow us to identify a procedure with no gaps: one need only glance at the pages of the Italian original to realize that there is no dotted semicircle, symbol of an absence of regulation for a branch of the legislative procedure.

This flexibility would not be considered negative: it in fact allows the executive to adapt itself quickly to any new or exceptional situations as they may arise. For example, certain decrees, instead of following normal procedure are immediately brought forward for the Regional Government's approval, without any previous examination and instructions from the offices. These are known amongst officials as "decrees outside the bag". Although these constitute a tiny minority of the total number of decrees, the flow chart must include them. The internal Regional government rules do not anticipate this type of decree, but the anomalous procedure is nevertheless accepted in order to cope with particular requirements. A flow chart which omitted this eventuality would be legally consistent but would not describe the real organization of the Regional government. Another example of modification of procedure due to office practice without any corresponding modification of the rules, has been the introduction of computerization for some stages of procedure. Whereas the manual procedure required a series of successive checks in the attribution of the record number, the introduction of the computer has made these checks superfluous, since the number is attributed automatically and unequivocally. In the case of flow charting, this organizational change has meant the elimination of some parts of the procedure and the addition of others. There is no evidence of these changes in the written regulations governing the procedure for decrees.

These notes should have given the non-jurist a rough idea of the characteristics of decrees and their procedure, compared with the legislative procedure examined in the preceding paragraph. To facilitate the reading of this kind of flow chart, we will briefly describe the typical procedure for a decree.

The procedure usually starts with a draft decree presented by a councillor responsible for a department or by the President's office. This draft decree is passed to the Regional government secretariat which makes some formal checks and puts it on the agenda for the next session of the Regional government (which generally meets weekly). After being reviewed by the Regional government president, the agenda is distributed to the heads of departments, then, on the date fixed, the draft decree is put to vote and, as a rule, approved. The file returns to the Regional government secretariat and, unless it is an internal decree, the secretariat sends it on to the Control committee, which either gives it its stamp of approval or sends it back. In the latter case, the Regional government either withdraws the draft or amends it as recommended, and the final approval follows.

The flow chart in which these general lines of procedure are set out in detail was prepared after the introduction of the computer, thus taking into account the changes in procedure already mentioned. The organizational situation reflected by the chart is the one existing in Autumn 1978.

Given the purposes of this research, the changeability of the procedure for decrees makes a recourse to the PERT technique useless; in the following paragraphs this technique will therefore be applied only to the legislative procedure.

9. The legislative procedure from the flow chart to the PERT

The PERT network is a model of reality in which activities, times and events are coordinated. It is therefore necessary first to define these three terms in order to then see how they can be represented graphically.

The activity is a necessary stage, characterized by a duration, for moving from one situation to another within a plan. The term is therefore used in a wider sense than usual: for the purposes of network construction, an activity does not necessarily imply an act, but may also be constituted by a wait.

Time gives us the parameters which characterize activities (for example, availability of tools, people, organizational structures etc.) and on the basis of which the duration of each single activity is determined.

The moment at which one activity ends and the immediately following activity begins is known as an event: this is therefore an element characterized not by duration (like the activity) but by a date.

PERT presupposes an exact analysis of the procedure that is to be programmed. In the case of the Lombardy legislative procedure, this analysis was already completed and formalized by drawing up the flow chart. The latter therefore constitutes the main documentary tool for working out a PERT. While the flow chart already gives the procedural structure in a complete form, the PERT also requires an exact analysis of the scheduled times within which the single logical steps must be taken. The frequent silences of the law on the subject of the time limits within which single activities must be completed can in part be filled by a sociological analysis of the behaviour of the single offices. A concrete example will show how it was possible to obtain the most probable time value for one of the 39 activities making up the network shown in Fig. 4.

a) Example of empirical ascertainment of time scheduling

In drawing up the PERT it is necessary to have a fairly exact idea of the frequency of the Lombardy regional council sessions. This means ascertaining the most probable time value for the interval between two successive sessions of the council. Since PERT is a model of real events, it is necessary to make a statistical analysis of the time values relative, if possible, to a long series of council sessions. It was therefore decided to take the whole year 1974 as a sample, and see on what calendar dates the sessions were held. The result of this count is the list of dates of Lombardy regional council meetings from the 125th to the 164th, as they appear in the records of the first legislature, for the year 1974.

These raw data were then combined to get the intervals and frequencies. By "interval" we mean the time, measured in days, between one session and the next. "Frequency", on the other hand, is the number of sessions presenting the same time interval: in a purely intuitive fashion we can already decide that where the frequency is highest we have the most significant fact for the purposes of our research. In other words, since the council session was held 7 days after the preceding one 15 times, it may be assumed that this is the most typical and frequent period between the sessions.

At a glance, three unifiable frequencies are evident: the one-day interval covers those sessions in which an urgent agenda could not be completed in a single day's work. The 7-day frequency (which occurs most often) singles out the weekly rhythm typical of the council sessions, while the 14-day interval covers all the cases in which, for some reason, one of the weekly sessions was omitted. This weekly rhythm is indirectly confirmed also by the 9- and 13-day frequencies, which indicate a minimum postponement of the weekly session due to public holidays or other organizational requirements.

These analyses therefore tell us that the most probable time value attributable to the period between two council sessions is 7 days. This is therefore the value assumed in our PERT.

Figure 3. Aggregation of the data on council sessions

INTERVALS	FREQUENCY	FREQUENCY RATIO
1 day	8	0.22
4 days	2	0.06
7 days	15	0.34
9 days	2	0.06
11 days	1	0.02
13 days	2	0.06
14 days	8	0.22
57 days	1	0.02
	39	1.00

The other timings necessary for drawing up the PERT can also be obtained by similar procedures, which need not however be recorded in such detail as the one above.

b) Drawing up the network

Having identified the logical structure of the procedure through the flow chart,
and having fixed the timing schedule through the sociological surveys indicated
in the previous page, one can go on to draw up the network. It is however
necessary to fix four assumptions, made necessary by the nature of the material
dealt with.

The first assumption is as follows: for the purposes of the PERT, it is decided
that the draft statute is a citizens' initiative. This characteristic excludes its
being referred for examination to the Programming and budget committee or
to the committees concerned with increased expenditure or reduced revenue
deriving from the approval of a bill. On the other hand, this preliminary limitation of the PERT application makes it indispensable to analyse that part of the
legislative procedure which relates to examination for admissibility.

The second assumption is as follows: it is decided that the draft statute can be
sent back for reconsideration only once. This choice avoids useless complications in a network whose value, at this stage of research, is meant to be above
all methodological.

The third assumption is as follows: to simplify the interdependencies of some
activities, it is decided that the government commissioner may decide, if
necessary, to raise only a question of legitimacy of the draft statute before the
Constitutional court, omitting a possible question of merits before Parliament
(art. 127 of the Constitution).

The fourth assumption is as follows: it is decided that the draft statute, although
it may follow all the meanders of the procedure, will never be definitively
rejected, since it possesses all the requisites for becoming a regional statute
or is suitably modified to that end during the various stages of the procedure.

The four assumptions thus determined are not aimed at creating a fictitious
and particularly simplified procedure in order to easily draw up a PERT. On
the contrary, they describe a situation which occurs frequently in reality. Precisely because PERT deals with concrete phenomena, it seemed opportune to
give here an example of the technique corresponding to the average of legislative procedures, without indulging in excessive simplifications (which would
greatly reduce its exemplary value) and excessive complications (which would
hinder full understanding of the methodological suggestion which this research
aims to offer).

The flow chart, as we said, enables a clear, precise identification of the events
and activities which must be put together in the PERT; by following the ramifications of the chart which embody the four assumptions of the procedure in
question, we can write a Description of events and a Description of activities.
The single events will be identified by a progressive number, then reproduced
inside the corresponding circle or node. The activities will be listed with a

double number representing the initial and final events delimiting each activity.

This return to a listing in ordinary language may seem a pointless repetition after the formalization already made in the flow chart: apparently, in fact, there is a return to a pre-chart stage. It must however be remembered that in the flow chart, events and activities (as defined for the PERT) are presented cumulatively, while in the PERT they must be clearly distinguished in order to time them. Moreover, there will not necessarily be a total correspondence between the flos chart symbols and the PERT symbols: not every logical structure coincides with the planning structure. Allowing for the material and human resources really available, it is sometimes necessary to predict events and activities not resulting from the flow chart. Hence this chart is a safe and useful guide from which one may however depart after due consideration.

In the following pages, the events and activities will be taken from our first flow chart of the Lombardy procedure, explained in paragraph 6 and illustrated in Fig. 2. The reason for this choice concerns the different level of analysis of the legislative procedure in the two flow charts presented here: in the first, which is more approximate, fewer gaps come to light than in the second, which is more detailed. Consequently the transition from flow chart to PERT is relatively easier for the first chart. We have therefore used the first chart to obtain the indications which make up the Description of events and the Description of activities reproduced in the following pages.

DESCRIPTION OF EVENTS

EVENT No.

1) Social needs requiring regulation have been identified.
2) A text in articles has been drafted.
3) The Draft statute has been presented to the President's Office.
4) The President's office has checked the admissibility of the Draft statute.
5) The President's office has voted unanimously that the Draft statute is admissible.
6) The President's office has voted unanimously that the Draft statute is inadmissible.
7) The President's office has not voted unanimously that the Draft statute is admissible.
8) The Draft statute has reached the Regional council for examination of admissibility.
9) The Regional council has voted that the Draft statute is admissible.
10) The Draft statute voted admissible by the Regional council has returned to the President's office.
11) The competent Committee has received the Draft statute from the President's office.
12) The competent Committee has examined and passed the Draft statute.

13) The Draft statute has reached the Regional council.
14) The Council has examined and voted on the Draft statute.
15) The Draft statute referred back by the Regional council has come before the Committee.
16) The Committee has examined and passed the Draft statute referred back by the Regional Council.
17) The Draft statute passed by the Committee has returned to the Regional council.
18) The Draft statute has been re-examined and passed by the Regional council.
19) The approved Draft statute has become an approved Regional statute.
20) The Government commissioner has received the approved Regional statute.
21) The approved Regional statute has been referred back to the Regional council because of government opposition.
22) The approved Regional statute referred back to the committee by the Regional council has been examined and passed.
23) The Regional council has re-examined the approved Regional statute.
24) The Regional council has re-approved with amendments the approved Regional statute.
25) The Government commissioner has received the approved Regional statute with amendments.
26) The Government commissioner has given his stamp of approval to the approved Regional statute re-approved with amendments.
27) The Regional council has re-approved the approved Draft statute in the same text.
28) The Regional council has received the approved Draft statute in the same text.
29) The Government has filed an action on legitimacy.
30) The approved Regional statute has been examined and approved by the Constitutional Court.
31) The Government commissioner has given his stamp of approval to the approved Regional statute.
32) The Regional statute has been promulgated.
33) The Regional statute has been published.
34) The Regional statute has come into force.

DESCRIPTION OF ACTIVITIES

ACTIVITY

1-2) Drafting of a text in articles.
2-3) Completion of formalities for presentation of Draft statute to President's office.
3-4) Examination of admissibility of Draft statute by President's office.
4-5) The President's office notifies unanimously that the Draft statute is inadmissible.

4- 6) The President's office notifies non-unanimously that the Draft statute is inadmissible.

4- 7) The President's office notifies non-unanimously that the Draft statute is admissible.

5-11) The Draft statute is sent to the competent Committee of the President's office.

6- 8) The Draft statute is sent to the Regional council for examination of admissibility.

7- 8) The Draft statute is sent to the Regional council for examination of admissibility.

8- 9) Examination of the Draft statute by the Regional council.

9-10) The Draft statute passes from the Regional council to the President's office.

10-11) The Draft statute is sent to the competent Committee of the President's office.

11-12) The competent Committee examines the Draft statute.

12-13) The Draft statute passes from the competent Committee to the Regional council.

13-14) The Draft statute is examined by the Regional council.

14-15) The Draft statute passes from the Regional council to the Committee.

14-19) The Draft statute is put to vote and approved by the Regional council.

15-16) The Draft statute recommitted by the Regional council is examined by the Committee.

17-18) The Draft statute is re-examined by the Regional council.

18-19) The Draft statute is re-voted and approved by the Regional council.

19-20) The approved Regional statute passes from the Regional council to the Government commissioner.

20-31) The Government commissioner examines the approved Regional statute.

20-21) The approved Regional statute passes from the Government commissioner to the Regional council.

21-22) The approved Regional statute passes from the Regional council to the Committee.

22-23) The approved Regional statute passes from the Committee to the Regional council.

23-24) The Regional council notifies the re-approval with amendments of the approved Regional statute.

24-25) The approved Regional statute passes from the Regional council to the Government commissioner.

25-26) The Government commissioner examines the approved Regional statute.

26-32) Activities connected with the promulgation of the Regional statute.

23-27) The Regional council notifies the re-approval in the same text of the approved Regional statute.

27-28) The approved Regional statute passes from the Regional council to the Government commissioner.

28-32) Activities connected with the promulgation of the Regional statute.

28-29) Government examination of the legitimacy of the approved Regional statute.

29-30) The Constitutional Court considers the legitimacy of the approved Regional statute.

30-32) Activities connected with the promulgation of the Regional statute.

31-32) Activities connected with the promulgation of the Regional statute.

32-33) Activities connected with the publication of the Regional statute.

33-34) Activities connected with the coming into force of the Regional statute.

Having prepared and carefully checked these lists of events and activities, we possess the elements to begin the quantifying stage of the PERT. The difficulties of this operation will be explained in the following paragraph.

10. The PERT of the legislative procedure

In preparing the network on the basis of the observations we have presented, a serious difficulty was constituted by the lacking definition of time limits relating to certain events or activities. In fact, if the duration of an activity or the date of an event is indeterminable, when this information is inserted into the network it paralyses the calculation. An activity may be said to be of non-finite value when the possibility exists that it may never be completed. In the specific case of a procedure controlled by legal provisions, two differenz possibilities of indeterminateness in timing may arise: on one hand, the non-fixation of a time limit by the legal provisions has not prevented the creation of an office practice which allows the procedures to advance normally; on the other, the lacking definition of timing is not answered by a precise office practice which _always_ guarantees the continuation of the procedure up to the final event. While in the first case one can obviate by the sociological research indicated in the preceding paragraph, in the second case the network loses all planning sense. In fact, it is not enough for practice to guarantee that _in certain cases_ the procedure will be completed; if cases exist in which the final event is not reached, this maximum duration tending to the infinite makes the whole PERT useless. To take a concrete case of legislative procedure: the law prescribes that a certain activity would be accomplished but does not specify within what peremptory time limit; the natural person or public body sometimes does and sometimes does not carry out that activity (in the latter case, causing the permanent obstruction of the bill). It would be incorrect to limit oneself here to a statistical study like the one made in the previous paragraph with reference to the frequency of the Regional council sessions: in that case the activity investigated (i.e. the session) will always take place, whereas in this case the activity may or may not take place. Faced with this indeterminateness it must be borne in mind that the end of a legislature leads to the forfeiture of unapproved draft statutes. Consequently it is not possible to plan the course of a procedure whose final point is undetermined in time. In reality, the majority of draft statutes reach completion; it is therefore possible to identify average values and habitual practices which permit the completion of the legislative procedure. However, it is well to have established first which activities have been determined on the basis of correct statistical surveys (as in the first case) and which, on the contrary, are the result of a subjective evaluation of the probability that a certain behaviour will occur, when in reality it could also not occur (as in the second case).

One of the advantages of PERT applied to legislative procedure consists precisely in its ability to reveal not only those points which are undetermined in time, but also the character of this indeterminateness. Even if a sociological analysis may solve the problem, it seemed to us opportune to prepare the PERT of the Lombardy Region legislative procedure making use of a formal criterion: when the flow chart indicates that a certain activity is prescribed but not legally sanctioned, this activity is held to have a non-finite time value. In fact, even if uncompleted, it does not cause any legal reaction by the system, which consequently admits the inertia, i.e. from an organizational point of view the indefinite standstill of the procedure. In the drawing of our PERT this situation is particularly evidenced, as will be seen at the end of this paragraph.

In this way, PERT applied to the legislative procedure identifies those points where the legal process is entrusted to the arbitrary decision of officials or of the representative bodies. The connection between law and politics is made clear and the most suitable tool for intervention can be chosen. This intervention may aim at reaching the final event or at not reaching it: in the case of a legislative procedure, both of these solutions are equally admissible, whereas it would be unthinkable to plan a production process in which part of the human and material resources were used to prevent the reaching of the objective. For this reason, in both the flow chart and the PERT of the legislative procedure, we are faced with legally unsanctioned obligations: it is at this point that politics come into the legal process, introducing an element of discretionality which allows the procedure to be steered in one direction rather than in another. For example, no legal penalty is contemplated if the President's office of the Regional council should abstain from deciding on the admissibility of a draft statute proposed by a citizens' initiative; if the President of the Regional council should refrain from transmitting a regional statute approved by the Government commissioner; if the Constitutional Court or Parliament would refrain from examining a regional statute against which the government has raised a question of legitimacy or content; and so on.

It therefore proves impossible to plan the legislative activity of the Lombardy Region with PERT, because already after event No. 3 we find ourselves faced with an activity of non-finite time value. In fact there exists no time limit within which the President's office of the Regional council must examine the admissibility of a draft statute proposed by a citizens' initiative. Because of these difficulties in timing, the PERT construction is presented here in three different graphic versions. .

Fig. 4 shows the network as it should be if the PERT were normal. In other words, that figure shows the logical concatenation with no timing schedule of the 39 events identified in the preceding paragraph. The computation of the duration of the activities is made in different ways: activity A_{1-2} (i.e. the drafting of a bill) may be calculated in 30 days; activity A_{2-3} (i.e. the formalities for submitting this draft to the President's office of the Regional council) may be calculated in 7 days, which is approximately the time between two successive council sessions, as we saw in the preceding paragraph; activity A_{3-4} (i.e. the examination of the admissibility of the draft statute) is however not reducible to a finite time and, consequently, from this activity onwards our PERT becomes impracticable.

For this reason, in Fig. 5 the whole network has been drawn with black segments for the timeable parts and dotted lines showing the untimeable parts.

The most realistic version of the network (which however is no longer a network!) is the one in Fig. 6, which shows a PERT broken up into islands. In this diagram, groups of activities with finite values are gathered in compact blocks, separated from each other by zones of missing time. Faced with this archipelago of events and activities whose navigation depends on the favourability of the political winds and the consistency of the bureaucratic gulf-weeds, various attitudes are possible:

*   the island PERT is used as a map to identify those points of legislative procedure where delays or complete hindrance of bills are most likely to occur; at the same time, the traditional political tools are used to intervene in the desired direction;

*   the blocks of correctly scheduled activities and events are used to introduce some planning, albeit sectorial, into the legislative procedure; in this way the more structured parts of the procedure are directly controllable, allowing the delays caused by the other sectors to be more clearly evidenced;

*   the organizational inadequacy in well-identified points of the network made clear by the PERT is used to suggest an intervention by the legislator. For example, by specifically regulating A_{3-4}, A_{19-20}, and A_{28-29}, one would achieve an almost complete rationalization of the network.

The problems of the use of PERT are not only technical, however, nor need its use in the legal sphere be limited to the programming of activities. It is possible to use it for a number of different purposes, but its use may also provoke resistance and problems not already present in legal structures. It is necessary to distinguish the use of PERT in procedures governed by law but particularly important from the economic and organizational point of view (e.g. contracts for public works), from the use of PERT in legislative procedure. In the first case, PERT may be used above all to plan rationally the reaching of a target implicit in the procedure: so in this activity, the organizational element is more important than the political one. In the second case, on the contrary, the political consideration is preponderant. For the moment, our concluding

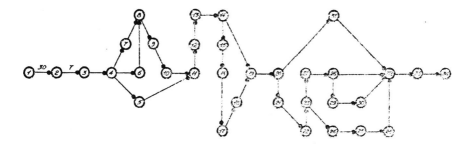

Figure 4. PERT of the Lombardy legislative procedure
(without time scheduling).

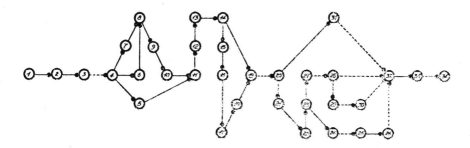

Figure 5. PERT of the Lombardy legislative procedure
with non-timed activities shown.

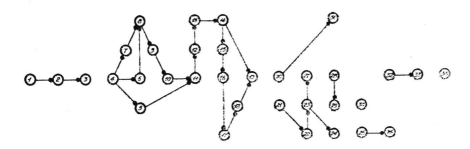

Figure 6. PERT of the Lombardy legislative procedure
with timed or timeable "islands".

paragraph will merely evaluate the advantages and problems deriving from the techniques of flow charting and PERT in the sphere of legislative activity, which has been the one so far specifically analysed. Future specialized studies can be dedicated to legal procedures of a decidely organizational-economic character.

11. New techniques and legislative activity

Flow charting and PERT (or anyway one of the network programming techniques) are indispensable tools for analysing statutes. In particular, statutes governing procedures can be corrected of many defects by the use of these techniques.

They can be used both in the preparation stage of a draft bill and in the critical examination of an already existing statute. In drafting a bill, the flow chart helps us not to lose sight of certain sectors of the procedure, thus avoiding the creation of gaps which then prevent the procedure from developing smoothly. The flow chart also proves useful during discussion by the legislative body; it in fact permits immediate identification of the repercussions which an amendment has on the logical structure of the whole statute. The same goes for PERT and proposals for modification which affect the timing. A legislative discussion accompanied by these tools results in statutes approved in full awareness of their content and implications and, therefore, in the maximum assumption of responsibility by the legislative body. In fact, the offices can point out in good time if the draft statute, in the course of approval, has been modified in such a way as to make it impossible to computerize that particular procedure. In fact, to deep amendments can destroy the logical structure of the original draft and therefore frustrate any attempt to write a program out of the final statute; the legislative body may however consider it necessary to keep this imperfect form because the political balance of power allows no other solution. However, at this point it is clear that certain gaps have been deliberately left in the law for political reasons (and this can already be useful in interpretation), moreover, at the moment when the statute comes into force, it is possible to know already what its weak points are. If every bill were accompanied by its flow chart, the discussion in the legislative body would be more realistic; the majority and the opposition would argue about single points of the draft with full knowledge of the repercussions of any amendments on the whole text. The political responsibilities for certain structural inefficiences of the final statute would thus be clear.

The techniques described in this work can also be useful for examining statutes already in force. In the first place, they make it possible to give precise contents to the political battle for the improvement of a certain statute, because its formal defects can be accurately documented. If a certain procedure does not give the expected results, these formal analyses should make it possible to check if the trouble can be attributed to a structural defect in the statute itself.

To conclude, these modern tools of analysis and programming should be taught to law students and used daily by legislative offices.

The advantages they offer are limited to the formal aspects of statutes: this limit must always be borne in mind, so as not to ask from these tools results which they cannot give. For this reason the Italian original gave a series of indications complementary to those developed in the course of this work. The contents of a regulation must be checked against the policy line chosen by a certain majority; it must then be examined in its economic (in the widest sense) and organizational implications. At this point structural analysis and timing could be brought in to guarantee the realization of the already identified contents. The sum of these indications should then be expressed in a linguistically correct form, so as not to distort the results achieved through the different analyses.

The cumulative use of these techniques could lead to a new sort of legislation which, amongst other things, would more easily allow for computerization of the single procedures governed by statutes. This could lead to an increase in efficiency which might contribute towards solving the crisis of modern parliaments.

Footnotes

1) Mario G. LOSANO, Ermanno BONAZZI, Alberto BERGAMASCHI: Diagrammazione a blocchi e programmazione reticolare di procedure giuridiche, Milano 1979, p. 171.

2) Ufficio Legislativo, Consiglio Regionale della Lombardia, Via Ugo Bassi 2, 20159 Milano (Italy).

3) Mario G. LOSANO: Giuscibernetica. Macchine e modelli cibernetici nel diritto, Einaudi, Torino 1969, p. 205.

4) Per un diritto compatibile con l'elaborazione elettronica, "Rivista trimestrale di diritto pubblico", XXI, 1971, n. 4, p. 1823-1841.

5) I compiti della sociologia nella ricerca giuscibernetica, "Quaderni di sociologia", XXI, 1972, n. 1, p. 97-110.

6) Lezioni pauliste di informatica giuridica, Editrice Tirrenia, Torino 1974, p. 124-140 (Chapter 12).

7) Angelo GALLIZIA, Enrico MARETTI, Paola PITRELLI: Strumenti alternativi di descrizione e comunicazione del diritto, "Informatica e diritto", I, 1975, n. 1, p. 36-89.

N.B.

*) The basic ideas of the book quoted in note 3 are summarized in an English essay: "Juricybernetics: Genesis and Structure of a Discipline", in: Diogenes, 1971, No. 76, p. 93-114.

*) The information of the present report is supplemented by other researches of the same author: Computer Analysis of Legislative Procedures, London School of Economics, Legal Project, London 1980, p. 15 (stencilled); reprinted in: Annali della Facoltà di Scienze Politiche dell'Università degli studi di Milano, 1981, p. 219-234; Novas técnicas para controlar a eficacia das normas juridicas, "Revista da Procuradoria Geral do Estado" (Porto Alegre), 1981, p. 27-81. The third volume of the Corso di informatica giuridica (to be published by Unicopli, Milan, during the year 1983) is entirely devoted to this topic.

The author will be glad to supply any interested researchers with further information. Please write to the following address: Mario G. Losano, Department of Sociology, Via Conservatorio 7, I-20122 Milano.

MARCELINO RODRIGUEZ MOLINERO

Rechtstheoretische Grundlagenforschung und historisches Bewusstsein

Betrachtungen zu F. GONZÁLES VICÉNS rechtsphilosophischen Studien *)

> Das Denken selber sehnt sich nicht,
> obwohl es sucht. Es beruhigt sich,
> sobald es seinen Gegenstand antrifft
> und erfasst, gleich wie dieser fürs
> Gemüt beschaffen ist.

Mit diesen Worten hat einst Ernst BLOCH das Ziel gekennzeichnet, das das Denken sucht und erreichen will (1). Wahrscheinlich sind auch diese Worte die richtige Kennzeichnung für die wissenschaftliche Tätigkeit des spanischen Rechtsphilosophen und Denkers Felipe GONZÁLEZ VICÉN.

Die wissenschaftliche Leistung G. VICÉNs entfaltet sich auf zwei Ebenen: die der historischen rechtstheoretischen Forschung und die der Uebersetzung bekannter Werke. Einerseits hat er selbst Bücher und mehrere Aufsätze über einige Hauptthemen der Rechtsphilosophie in geschichtlicher Schau geschrieben, vor allem mit Beziehung auf das 18. und 19. Jahrhundert. Andererseits hat er sein ganzes Leben der Uebersetzung klassischer Werke gewidmet, sei es der Rechtsphilosophie, sei es der reinen Philosophie.

Von den drei Büchern, die F. GONZÁLEZ VICÉN über Rechtsphilosophie geschrieben hat, ist das erste in deutscher Sprache unter dem Titel Deutsche und spanische Rechtsphilosophie (Tübingen: Mohr, 1937) erschienen. Die anderen zwei sind in spanischer Sprache erschienen, und zwar über den "Positivismus in der zeitgenössischen Rechtsphilosophie" (2) und über "Kants Staatsphilosophie" (3). Im Hinblick auf ihre Bedeutung für die gegenwärtige rechtstheoretische Diskussion, wollen wir nun wie folgt die wichtigsten Gedanken der monographischen Studie über den Positivismus aufzeigen.

I.

F. GONZÁLEZ VICÉN meint mit Recht, der Positivismus sei eine der wichtigsten rechtsphilosophischen Strömungen der neueren Zeit. Darüber hinaus meint er, der Positivismus sei immer noch eine der weniger bekannten und weitgehend unverstandenen Bewegungen der zeitgenössischen Rechtstheorie und Rechtsphilosophie.

Um den Rechtspositivismus richtig zu verstehen, ist es, seiner Meinung nach, unbedingt notwendig, zwei wichtige Vorfragen zu lösen. Die erste Frage lautet: Welche sind die historischen und philosophischen Voraussetzungen des Positivismus als geistige Bewegung im allgemeinen. Die zweite Frage: Welche sind die verschiedenen Richtungen des rechtsphilosophischen Positivismus.

Was die letzte Frage angeht, so behauptet F.G. VICÉN, dass nicht weniger als fünf verschiedene Richtungen des Positivismus im rechtsphilosophischen Raum zu unterscheiden seien, nämlich:

1) Die Rechtsphilosophie als Theorie der Rechtswissenschaft, d.h. die sogenannte "allgemeine Rechtslehre" (A. MERKEL, K. BERGBOHM u.a.), die analytische Rechtsschule von J. AUSTIN und die Juristische Prinzipienlehre bzw. Grundlehre von E.R. BIERLING und F. SOMLÓ;

2) die Rechtsphilosophie als Theorie der juristischen Kausalität, worunter er die rechtsvergleichenden Schulen seit J.St. PUETTER bis J. KOHLER begreift;

3) der Soziologismus, insbesondere die soziologische Rechtstheorie von L. DUGUIT und E. EHRLICH;

4) die Philosophie der Immanenz von W. SCHUPPE; und

5) der Psychologismus, vor allem die rechtstheoretische Stellungnahme der Italiener I. VANNI und A. LEVI.

Alle diese verschiedenen Richtungen des rechtsphilosophischen Positivismus sind von F. GONZÁLEZ VICÉN sehr genau betrachtet und kritisch analysiert worden. Zusammenfassend fügt er hinzu, dass die wichtigste Frage hinsichtlich des Rechtspositivismus diejenige seiner Bedeutung und seiner Verdienste im zeitgenössischen rechtsphilosophischen Denken sei. VICÉN denkt, der innere Gehalt des Positivismus in der Rechtsphilosophie sei der Begriff der Rechtsphilosophie selbst; und ihre Schwäche sei ihre eigene Stellungnahme zu zwei wichtigen rechtstheoretischen Problemen: dem Problem der Rechtsgeltung und dem Problem der Rechtserkenntnis (4).

Diese Thematik wird in einem späteren Aufsatz unter dem Titel "Ueber den juristischen Positivismus" fortgesetzt (5). In diesem Aufsatz bemerkt G. VICÉN, der Begriff des Rechtspositivismus sei immer noch ganz unbegrenzt. Die Gründe

dieser Unbegrenztheit seien vor allem dreierlei. Erstens, die terminologische
Unbestimmtheit des Ausdrucks "Ius positivum". Zweitens, die zweifache historische Wurzel des Rechtspositivismus, nämlich einerseits die Suche nach Sicherheit, die seit HOBBES und PUFENDORF das juristische Denken der Neuzeit
charakterisiert; und andererseits die Erweckung des geschichtlichen Bewusstseins im 18. und 19. Jahrhundert. Drittens, und als wichtigster Grund, sei zu
nennen, dass der Rechtspositivismus, wie H. WELZEL mit Recht bemerkt hat,
"keine Theorie über sich selbst entwickelt hat, dass er weder sich selbst gerechtfertigt noch seine Grenzen abzustecken versucht hat" (6). Diese und andere Gründe hätten als Ergebnis, dass der juristische Positivismus keine einzige
und einheitliche Richtung des zeitgenössischen Rechtsdenkens ergeben habe,
sondern dass es vielmehr verschiedene und untereinander getrennte Richtungen
gäbe, und dass es unmöglich sei, eine einzige und logische begriffliche Definition desselben zu geben. Die wichtigsten dieser Richtungen seien, meint nun G.
VICÉN, der historische Positivismus der geschichtlichen Rechtsschule; der im-
perativistische und normativistische Positivismus, deren Vertreter einerseits
diejenigen des englischen Radikalismus seit J. BENTHAM bis J. AUSTIN und
andererseits im kontinentalen Raum die Rechtslehre R. IHERING's seien; und
drittens, der juristische Realismus sowohl skandinavischer wie auch nordame-
rikanischer Prägung. Zum Schluss könne man sagen, dass der gemeinschaftliche Nenner allen Rechtspositivismus die folgende allgemeine Behauptung sei:
alles Recht besteht nur aus konkreten und zeitlichen Regelungen. Aus dieser
prinzipiellen Behauptung ergeben sich zwei grundsätzliche Folgerungen. Die
erste ist methodischer Art und besteht in der radikalen Trennung der normativ-
abstrakten und der sozial-wirklichen Sphäre. Von diesen beiden kommt nur die
zweite für den Positivismus in Betracht. Die andere grundsätzliche Folgerung
bezieht sich auf das Problem der Rechtsgeltung sowie der Rechtspflicht. Für
den juristischen Positivismus ist das Recht immer eine individuelle und sozial-
geschichtliche Wirklichkeit. Deswegen existiert nicht "das" Recht, sondern nur
"dieses" Recht, d.h. das Recht einer bestimmten und konkreten menschlichen
Gruppierung in einer bestimmten geschichtlichen Zeit. Das Recht ist darüber
hinaus ein wesentlicher Bestandteil der sozialen Struktur, niemals aber etwas
"ausserhalb" oder "über" dieser sozial-geschichtlichen Struktur.

Demzufolge ist die Frage nach der Rechtsgeltung nur die Frage nach der Geltung dieser oder jener konkret-geschichtlichen Rechtsordnung. Das bedeutet
aber nicht, dass jede konkrete Rechtsordnung die Hände frei habe, um jeden beliebigen Inhalt normativ in Kraft zu setzen. Im Gegenteil, der Inhalt einer jeden
Norm wird bestimmt durch die soziale Wirklichkeit in ihrem geschichtlichen
Dasein. Ihre Aufforderungen, ihre Ueberzeugungen über diese oder jene sozialen Verhältnisse, die juristisch geregelt werden sollen, sind die erzeugende
Quelle des normativen Inhalts der Rechtsordnung sowie ihrer eigenen Geltung.
Deshalb ist diese Geltung keine absolute, sondern immer eine an eine bestimm-
te, konkrete, soziale Wirklichkeit gebundene Geltung.

Dasselbe kann man auch in bezug auf die Frage nach der Rechtspflicht sagen,
da diese die Kehrseite der Frage nach der Rechtsgeltung ist. Die Theorie der
juristischen Geltung des Rechtspositivismus ist nicht darauf gerichtet, die Verbindlichkeit "des" Rechts im allgemeinen zu begründen, und auch nicht darauf,

die absolute Verbindlichkeit einer konkreten Rechtsordnung zu behaupten. Ihre
Absicht ist nur, die Struktur des Verbindlichkeitsanspruchs einer Sozialordnung geschichtlicher Natur zu beschreiben (7).

II.

Noch grössere Aufmerksamkeit hat die Abhandlung unter dem Titel "Ueber die
Herkunft und die Voraussetzungen des Formalismus im juristischen Denken"
geweckt (8). G. VICÉN vertritt die These, dass der Ursprung des Formalismus
im Zusammenhang mit der tiefen Spaltung des europäischen Rechtsdenkens am
Ende des 18. Jahrhunderts und am Beginn des 19. Jahrhunderts steht. Diese
Spaltung kennzeichnet den Uebergang vom Naturrecht zum Rechtspositivismus.
Denn hier fliessen die beiden grossen Strömungen zusammen, die in der Neuzeit
die Positivierung des Rechts vorbereiteten: der Ordnungs- und Sicherheitsgedan-
ke der Juristen des Absolutismus und die Erweckung des geschichtlichen Bewusstseins durch den Historismus. Dieser Uebergang zum Positivismus hat die
Neustellung der Methodenfrage zur Folge. Gegenüber der deduktiven Methode
des neuzeitlichen Naturrechts, das, wie P.J.A. FEUERBACH ironisch sagte,
wie ein Anachoret gelebt habe (9), d.h. ohne Beziehung zur geschichtlichen Wirklichkeit, stellt der Rechtspositivismus mit seiner Gleichsetzung von Recht und
positivem Recht die Methodenfrage nicht auf logischer, sondern auf gnoseologi-
scher Ebene. Deshalb lautet die Frage jetzt folgendermassen: Wie kann man zu
der Erkenntnis eines Gegenstandes gelangen, der im wesentlichen veränderlich
und einzigartig ist? Auf welchem Wege kann sich die juristische Vernunft diesem grundsätzlichen "irrationalen" Gegenstand nähern? Durch das Verständnis,
durch die Anschauung oder durch die Erklärung?

Laut G. VICEN wurde dieses Problem nicht nur seitens der Rechtswissenschaft
des 19. Jahrhunderts so gestellt, sondern auch von den anderen Geisteswissenschaften. Aber das Eigenartige der Rechtswissenschaft war, dass sie, im Gegensatz zu anderen Geisteswissenschaften, insbesondere der Geschichtswissenschaft
(J.G. DROYSEN), keine neue Noetik oder Erkenntnislehre formulierte, sondern
genau das Gegenteil tat und versuchte, ihren geschichtlichen und individuellen
Gegenstand mit der Methode und unter der Prämisse des abstrakten Rationalismus zu erfassen. So lag von Anfang an ein tiefer Zwiespalt in der positivistischen Rechtswissenschaft des 19. Jahrhunderts versteckt. Kurz gesagt: Während sich die positivistische Rechtswissenschaft die Gnoseologie des neuzeitlichen Rationalismus zu eigen gemacht hat, löst sich die Frage nach der Kenntnis
des positiven Rechts - d.h. eines Rechts mit geschichtlicher und individueller
Struktur -, indem sie eine Methode verwendet, die als Prinzip die allgemeine
Unerkennbarkeit des Individuellen und Konkreten voraussetzt (10).

Hervorgegangen aus diesem grundsätzlichen Gegensatz wird der Formalismus
immer von ihr begleitet. Um diese Aporie zu überwinden, verändert - mehr
noch, zerstört - die positivistische Rechtswissenschaft grundsätzlich den von
ihr selbst zugrundegelegten Rechtsbegriff. Mit der Annahme der rationalistischen Gnoseologie wird das Problem des positivistischen Rechtsbegriffs ver-

drängt. Die Frage ist jetzt nicht mehr, wie die Erkenntnis des positiven Rechts möglich ist, sondern sie lautet: Wie ist diese Erkenntnis zu erlangen, wenn man von den methodischen Voraussetzungen des abstrakten Rationalismus ausgeht? Es handelt sich, wie man sieht, um eine substantielle Wandlung der Fragestellung. Die Frage geht ja nicht um die Methode, sondern um den Gegenstand der Erkenntnis. Anders ausgedrückt: die Frage ist jetzt, wie der Gegenstand, d.h. das positive Recht, zu betrachten sei, um es der Methode des Rationalismus anzupassen. Um dieses Problem zu lösen, verlässt die positivistische Rechtswissenschaft ihren ursprünglichen Rechtsbegriff als konkret-geschichtliche Wirklichkeit und versteht den Rechtsbegriff als ein compositum aus zwei Bestandteilen: das veränderliche und zufällige Element des normativen Inhalts und das bleibende und identische Element der normativen formellen Struktur. Von diesen beiden ist nur das zweite Element, die formelle Struktur, allgemeiner Art und befindet sich in jeder konkreten Rechtsordnung; deswegen ist es einer wissenschaftlichen Erkenntnis zugänglich; das andere Element, der Stoff, verbleibt als solcher ganz und gar ausserhalb der juristischen Erkenntnis. Durch diese Absonderung ist ein Prozess entstanden, dessen Folgen unabsehbar sind. Die wichtigste dieser Folgen ist, dass die Lösung des Problems nur eine Scheinlösung sein wird. Eine andere, dass dieser Prozess zu einer "Rechtswissenschaft ohne Recht" (L. NELSON) führen kann.

Diese theoretische Grundauffassung der Rechtswissenschaft teilt sich in zwei Richtungen: die eine ist die Lehre der "allgemeinen Rechtsprinzipien", die andere die historische Rechtsschule. So haben wir also zunächst die Lehre der "allgemeinen Rechtsprinzipien" oder, wie man sie auch zu nennen pflegt, der juristischen "Wahrheiten". Sie ist keine Schule im eigentlichen Sinne, sondern vielmehr eine Richtung, die eine ganze Reihe von Juristen, heute mehr oder weniger in Vergessenheit geraten, in sich vereinigt; diese Rechtsgelehrten der ersten Jahrzehnte des 19. Jahrhunderts hatten vor allem versucht, für das methodologische Problem, das der Rechtswissenschaft durch den Positivismus gestellt worden war, eine Lösung zu finden. Die gemeinsame Basis für alle diese Rechtsgelehrten war die Auffassung des Rechts als eine "Rechtsordnung im allgemeinen", die als solche eine identische formelle Struktur, die auf ein System von "Prinzipien" oder "Wahrheiten" zurückzuführen sei, haben sollte. Es gibt kein Recht ausserhalb des positiven Rechts, aber nicht alles im positiven Recht ist zufälliger und geschichtlicher Art: das war gerade das Grunddogma der neuen Richtung. Der geschichtliche Stoff ist eben geschichtlich, aber die formelle Struktur bleibt immer dieselbe; nur diese bildet den Gegenstand der Rechtswissenschaft im engeren Sinne und gerade deshalb erhebt sie Anspruch auf allgemeine Gültigkeit.

Die ersten Erscheinungen dieser Richtung findet man schon am Ende des 18. Jahrhunderts. So zum Beispiel bei J.Fr. FLATT und J.A.L. SEIDENSTICKER. Aber der erste Rechtsgelehrte, der diese Forderung und dieses Programm entwickelte, war schon im 19. Jahrhundert der berühmte Strafrechtler P.J.A. von FEUERBACH. Von gleicher Art sind die Ausführungen des scharfsinnigen und ungemein einflussreichen Nikolaus FALK in seiner vielbekannten Juristische Encyclopädie. Denselben Weg zeigen Reinhold SCHMID und das gleichnamige Werk von L.A. WARNKOENIG. Ausserhalb des kontinentalen Raumes findet man diese Lehre in The Lectures on Jurisprudence or the Philosophie of Positive Law vertreten.

Die historische Rechtsschule hat in ihrer Art die Frage anders gestellt. Für sie ist jedes Recht nur konkretes und geschichtliches Recht. Deshalb ist für sie die Berufung auf "allgemeine Rechtsbegriffe" im logischen Sinne üblich. Was man formalisieren und rationalisieren soll sind die normativen Inhalte des betreffenden Rechts in seiner geschichtlichen Eigenart. Dieses Unternehmen wird in der historischen Rechtsschule schon von SAVIGNY begonnen; es wird aber später durch die deutsche Pandektistik und durch die Begriffsjurisprudenz vollendet. Auf diese Weise wurden die Prämissen des neuzeitlichen Naturrechts, vor allem der Wolff'schen Schule, vollständig aufgenommen und weitergeführt.

Auf jeden Fall hatte sich schon zu Beginn der zweiten Hälfte des 19. Jahrhunderts der Formalismus in allen Zweigen der Rechtswissenschaft durchgesetzt. Er ist nicht mehr eine Methode unter anderen, sondern er ist die juristische Methode par excellence. Seine Geschichte endet aber nicht hier; sie dauert bis in unsere Tage fort. Ihre Ueberwindung ist nicht nur eines der Hauptthemen des heutigen Rechtsdenkens; sie ist ihr Hauptthema selbst (11).

III.

Es besteht kein Zweifel daran, dass die scharfsinnige und besser entwickelte Studie von F. GONZÁLEZ VICÉN diejenige ist, deren Titel "Die Rechtsphilosophie als historischer Begriff" lautet (12). Sie ist auch die meist zitierte. Das Motto dieser Abhandlung ist, dass der Begriff "Rechtsphilosophie" oder "Philosophie des Rechts" kein logischer oder abstrakter Begriff sei, auch kein empirischer, sondern einfach ein historischer Begriff.

Historisch nennt man einen Begriff weder wegen seiner Wandelbarkeit in der Zeit, noch wegen seiner Verbindung mit der Geschichtlichkeit der kognitiven Vernunft, sondern nur deshalb, weil er in wesentlichem Zusammenhang mit einer bestimmten geschichtlichen Struktur steht. Im Gegensatz zu den formellen Begriffen der Geisteswissenschaften beziehen sich die historischen Begriffe im wesentlichen auf eine bestimmte geschichtliche Wirklichkeit, und ausserhalb dieser Wirklichkeit haben sie überhaupt keinen Sinn. Formelle Begriffe sind, zum Beispiel, die logischen Kategorien der sogenannten "Formalsoziologie" oder "Reinen Soziologie", wie die Begriffe "Gruppe", "Klasse", "Gemeinschaft", "Gesellschaft", usw. Alle diese Begriffe sind das Ergebnis eines abstrahierenden Prozesses, der das Individuelle und rein Empirische weglässt und zu einer formellen nominalen Definition führt. Das Wesentliche bei den historischen Begriffen ist eben das Gegenteil, nämlich: seine Konkretheit, sein historischer und individueller Inhalt. Anders gesagt: die historischen Begriffe sind keine Formen, durch deren "von aussen her" wir uns der geschichtlichen Wirklichkeit nähern, um sie zu verstehen, sondern sie sind aus derselben Wirklichkeit als konkrete Eigenart in einer bestimmten historischen Zeit gezogene Strukturen. Es handelt sich um eine theoretische Strukturierung, die das Individuelle und

Eigenartige nicht ausschliesst, sondern umgekehrt es als wesentlichen Bestandteil in einer abstrakten Struktur aufnimmt.

Ein typisches Beispiel historischer Begriffe ist vor allem der "Staatsbegriff".
Dieser Begriff bezeichnet nicht alle geschichtlichen oder sonst möglichen Formen politischer Organisation, sondern nur jene konkrete politische Organisation,
die Ende des 16. Jahrhunderts im Gegensatz zu dem mittelalterlichen Pluralismus entstanden ist. Typische historische Begriffe sind auch, wenn wir im politischen Rahmen bleiben, der Begriff der griechischen Polis, der des Feudalismus,
des Beamten, oder die Unterscheidung zwischen Privatem und Oeffentlichem
Recht. Ein historischer Begriff ist auch der von HEGEL geschaffene Begriff der
"bürgerlichen Gesellschaft", sowie der von MARX geprägte Begriff des "Kapitalismus". Als Ende dieser Beispiele könnte man den "Revolutionsbegriff" nennen.

Die von G. VICÉN in dieser Abhandlung vertretene Hauptthese ist somit folgende: Das, was wir heute "Rechtsphilosophie" nennen, ebenso wie die Soziologie
und die Geschichtsphilosophie, ist ein historischer Begriff. Um diese These zu
beweisen, erklärt er, dass die philosophische Betrachtung des Rechts von der
Antike her bis zum Anfang des vergangenen Jahrhunderts nur juristische Metaphysik und juristische Ontologie gewesen sei, d.h. das, was wir gewöhnlich
"Naturrecht" nennen. Die Grundlagen aber der naturrechtlichen Weltanschauung und des neuen rechtsphilosophischen Denkens sind ganz andere. Das Naturrecht legte den Nachdruck auf einen einheitlichen "ordo rerum", von dem alles
positive Recht abgeleitet werden sollte. Die "Rechtsphilosophie" dagegen geht
von den verschiedenen historischen Rechtsordnungen aus und macht sie zum
Gegenstand ihrer Betrachtung. Um das historische Gepräge der Rechtsphilosophie völlig zu verstehen, ist es unbedingt notwendig, die Zerstörung der naturrechtlichen Tradition durch das Auftreten des sogenannten Rechtspositivismus
vor Augen zu haben.

Die neue sozial-geschichtliche Welt, in der die Rechtsphilosophie in Erscheinung
tritt, ist zunächst eine mittelbare Folge der französischen Aufklärung. Eines
der wichtigsten Merkmale dieser neuen Epoche war die zunehmende Säkularisie-
rung. Das dafür benutzte Hilfsmittel war kein anderes als "die Vernunft". Aber
gegenüber diesem Glauben der Aufklärung an die allmächtigen Kräfte der
menschlichen Vernunft hinsichtlich der Gestaltung der sozialen Welt, vertrat
der Historismus die entgegengesetzte Auffassung. Dieser, der Historismus also, betonte den Wert der konkreten und geschichtlichen Wirklichkeit; er wollte
die soziale Welt nicht als Reflex einer abstrakt-vernunftgemässen Ordnung betrachten, sondern er wollte den politischen und wirtschaftlichen Moment hervor-
heben.

Allein vor dem Hintergrund dieses sozial-geschichtlichen Sternbildes kann der
richtige historische Sinn des Ausdrucks "Rechtsphilosophie" verstanden werden.
Es sind zwei Grundgedanken, die diese Weltanschauung des beginnenden 19. Jahrhunderts charakterisieren: einerseits ist da der Gedanke, dass man nur in der
Geschichte die wirkliche Art und Weise der Objektivierungen des menschlichen
Geistes findet - und das will sagen, dass diese Objektivierungen, wie der Staat,
das Recht, die Kunst, usw., immer konkreter Art und auf eine bestimmte Zeit

bezogene sind. Andererseits sehen wir, dass die Betrachtung ihrer eigenen Objektivierungen durch den menschlichen Geist nicht in der Form eines "abstrakten Gesprächs" rationalistischer Art möglich ist, sondern sie muss von der Konkretheit ihres Gegenstandes ausgehen und daher konkretes Denken, "Wahrnehmung des Wirklichen", sein.

Der konkrete und geschichtliche Gegenstand der Rechtsphilosophie ist eben das "positive Recht". Der Ausgangspunkt der Rechtsphilosophie ist tatsächlich die Ueberzeugung, dass, genau wie die anderen Gestaltungen, die die Welt der Gegenwart bilden, so auch das Recht ein geschichtliches Erzeugnis ist und als solches zufällig und zeitlich bedingt. Ebenso wie die Sitte, die Kunst, die Sprache und die politische Verfassung erscheint nun das Recht als eine Wirklichkeit, die tief in der geschichtlichen Zeit eingewurzelt ist. Mit den Worten von G. HUGO könnte man diesen Gedanken so ausdrücken: das Recht ist kein "a priori", sondern, sofern es wirklich ist, immer "a posteriori", empirisch, nach Ort und Zeit verschieden, d.h. historisch.

Unter dieser neuen Rechtsauffassung wird das rationalistische Naturrecht verschwinden. Die radikale Positivierung des Rechtsbegriffes und die sozial-geschichtlichen Umstände sind die Voraussetzungen dieser Wandlung vom Naturrecht zur "Rechtsphilosophie". Diese Wandlung vollzieht sich nicht plötzlich, sondern allmählich. In den ersten Jahrzehnten des 19. Jahrhunderts findet man die Bezeichnung "Philosophie des Rechts" zusammen und gleichzeitig mit der des "Naturrechts", vor allem als Buchtitel. Aber nach und nach erscheint der Ausdruck anachronisch für die Bezeichnung der neuen Art rechtsphilosophischer Betrachtung.

Um dieses Hindernis zu überwinden, versucht man, die Bezeichnung "Naturrecht" mit neuen Eigenschaftswörtern zu versehen. So findet man eine ganze Reihe von Büchern um die Wende des Jahrhunderts mit Titeln wie "Das reine Naturrecht" (T. SCHMALZ), "Wissenschaftliches Naturrecht" (Ch.G. SCHAUMANN), "Populäres Naturrecht" (C.L. POERSCHKE, F.A. LEISER), usw., oder auch "Naturrecht als eine Philosophie des positiven Rechts" (G. HUGO). Andererseits finden wir die Gleichsetzung von "Grundwissenschaft des Rechts" mit "kritischer Philosophie" (F.Ch. WEISE), oder von "Rechtswissenschaft" mit "Naturrecht" (H. STEFANI, H.R. STOECKHARDT); zugleich verbreitet sich die von KANT geprägte Bezeichnung "Rechtslehre" (G.C. DEDEKIND, L. BEN-DAVID, G.H. HENRICI, J.G. FICHTE) und schon erscheinen unter anderen die Etiketten "allgemeine Theorie des Rechts" (Ch.Fr. MICHAELIS), "allgemeine Rechtslehre" (J.H. MEYER, G.L. REINER) und "Reine Rechtslehre" (G.E.A. MEHMEL). Näher stehen der Bezeichnung "Rechtsphilosophie" derartige Vergleiche wie "Philosophische Rechtswissenschaft" mit "Naturrecht" (D.H.K. von GROSS), oder "Philosophische Rechtslehre" mit "Naturrecht" (L.H. JAKOB, J. FRIES). Unter all diesen Ueberschriften scheint die Benennung "Philosophische Rechtslehre" bei ihren Widersachern die Oberhand zu behalten. Trotzdem ist es der Ausdruck "Rechtsphilosophie", der sich durchsetzt.

Nach G. VICÉNs Meinung war das erste Buch, das die Ueberschrift "Philosophie des Rechts" benutzte, nicht das Werk von G. HUGO, wie man gewöhnlich, STAMMLER folgend, behauptet, sondern der einzige erschienene Band des Werkes von Wilhelm Traugott KRUGG (1770-1842) Aphorismen zur Philosophie des Rechts, Bd. I (Leipzig, bei Roche und Co., 1800). Dieses Büchlein des Nachfolgers KANTs auf dem Lehrstuhl für Philosophie an der Universität Königsberg enthält aber keine Aphorismen, sondern eine Reihe von Erwägungen über das Recht im allgemeinen. Mehr als dieses Büchlein aber haben die Werke von Ch. WEISS Lehrbuch der Philosophie des Rechts (Leipzig 1804) und Th.A.H. von SCHMALZ Handbuch der Rechtsphilosophie (Halle 1817) zu der neuen Bezeichnung beigetragen.

Seit den zwanziger Jahren des vergangenen Jahrhunderts hatte sich die Benennung "Philosophie des Rechts" durchgesetzt, nicht nur etwa als Buchtitel, sondern vor allem in den Universitätsvorlesungen, wie es die Anzeige der Vorlesungen von E. GANZ im Jahre 1827-1828 und HEGEL im Jahre 1930-1931 ganz deutlich zeigt. Bald wird sich diese Bezeichnung auch in anderen Ländern verbreiten, vor allem in Frankreich, Italien und Spanien. Sie bleibt danach beherrschend bis zum heutigen Tag.

IV.

Neuerdings hat F. GONZÁLEZ VICÉN noch eine weitere Reihe von wichtigen Abhandlungen über verschiedene Rechtsphilosophen verfasst. Dazu gehören "Die Rechtstheorie und das Problem der juristischen Methode bei Otto von GIERKE", 1971 (13), "Die Rechtsphilosophie von Ludwig KNAPP", 1977 (14), "Ernst BLOCH und das Naturrecht", 1978 (15), und "Philosophie und Revolution in den ersten Schriften Marxs", 1981 (16). Zu ihnen kann man auch die Abhandlung über "Die historische Rechtsschule" zählen (17). Ausserdem hat er im Jahre 1979 eine kleine Monographie über "Die Rechtspflicht" veröffentlicht (18).

Unter den zahlreichen Uebersetzungen - mehr als zwanzig Bücher oder Abhandlungen - sind hier vor allem diejenigen über berühmte rechtsphilosophische Werke zu erwähnen. Einige dieser Uebersetzungen sind mit einer historischen und kritischen Einleitung versehen. Wir nennen zum Beispiel auf diesem Gebiet die Grundlinien der Philosophie des Rechts von G.W.F. HEGEL (1935), die Metaphysischen Anfangsgründe der Rechtslehre von I. KANT (1954), Das Naturrecht und das geschichtliche Recht in ihren Gegensätzen von J.J. BACHOFEN (1955), sowie Die Idee der Staatsräson von F. MEINECKE (1959); und aus dem Englischen On the Uses of the Study of Jurisprudence von J. AUSTIN (1951). Unter den rechtsphilosophischen Werken unserer Tage sind zu erwähnen: Naturrecht und materielle Gerechtigkeit von H. WELZEL (1957), sowie Naturrecht und menschliche Würde von Ernst BLOCH (1979).

Im rein philosophischen Rahmen hat G. VICÉN unter anderen Werken solche von G. BERKELEY, F. NIETZSCHE und vor allem neuerdings die drei Bände des grossen Werkes von Ernst BLOCH Das Prinzip Hoffnung (1977-1981) ins

Spanische übersetzt. Hierbei ist zu bemerken, dass GONZÁLEZ VICÉN sich nicht nur als ausgezeichneter Kenner der Uebersetzungskunst bewiesen hat, sondern auch als grosser Meister einer feinen wissenschaftlichen Prosa erscheint. Aufgrund dieser seiner Fähigkeiten verdiente er es wohl, mit dem Preis für die wissenschaftliche Prosa ausgezeichnet zu werden. Aber einen solchen Preis, wie er in Deutschland und anderen Ländern existiert, gibt es in Spanien leider noch nicht.

Fussnoten

*) Der Grossteil dieser Studien ist jetzt in einem Sammelband zu Ehren des Verfassers zu seinem 70. Geburtstag unter dem Titel "Estudios de Filosofia del Derecho" neu veröffentlicht worden (La Laguna/Tenerife, Publicaciones de la Universidad, 1979).

1) Vgl. Naturrecht und menschliche Würde (Frankfurt a.M.: Suhrkamp, 1961), p. 141. Dieses Werk ist gerade durch F. GONZÁLEZ VICÉN unter dem Titel Derecho natural y dignidad humana (Madrid: Aguilar, 1980) ins Spanische übersetzt worden.

2) El positivismo en la Filosofia del Derecho contemporánea (Madrid: Instituto de Estudios Políticos, 1950); jetzt in "Estudios ...", p. 47-140.

3) La Filosofia del Estado en Kant (La Laguna: Publicaciones de la Universidad, 1952).

4) Vgl. El positivismo en la Filosofia del Derecho contemporánea, a.a.O.

5) Sobre el positivismo jurídico, zuerst erschienen in "Homenaje al Prof. Giménez Fernández" (Sevilla: Publicaciones de la Universidad, 1967), Bd. II, p. 1-35; jetzt in "Estudios ...", p. 171-205.

6) Vgl. Naturrecht und Rechtspositivismus, in: "Naturrecht oder Rechtspositivismus?", hg. von W. MAIHOFER (Bad Homburg vor der Höhe: Hermann Gentner, 1966), p. 325.

7) Vgl. Sobre el positivismo jurídico, in: "Estudios ...", p. 202-203.

8) Sobre los orígenes y supuestos del formalismo en el pensamiento jurídico contemporáneo, in: "Anuario de Filosofía del Derecho" 8 (1961), 47-75; und in "Estudios ...", p. 141-169.

9) Vgl. Blick auf die deutsche Rechtswissenschaft (1810), in: "Kleine Schriften vermischten Inhalts" (Nürnberg 1833), p. 156.

10) Vgl. Sobre los orígenes y supuestos del formalismo ..., in "Estudios ...", p. 147.

11) Sobre los orígenes y supuestos del formalismo ..., in: "Estudios ...", p. 150-169.

12) La Filosofia del Derecho como concepto histórico, in: "Anuario de Filosofía del Derecho" 14 (1969), 15-65; in: "Estudios ...", p. 207-257.

13) La Teoría del Derecho y el problema del método jurídico en Otto von Gierke, in: "Anuario de Filosofía del Derecho" 16 (1972), 1-76; jetzt in: "Estudios ...", p. 259-351.

14) La Filosofía del Derecho en Ludwig Knapp (1977), in: "Estudios ...", p. 335-351.

15) Ernst Bloch y el Derecho natural, in: "Sistema", Revista de Ciencias sociales, num. 27, 1978, p. 45-55; jetzt auch in: "Estudios ...", p. 353-363.

16) Filosofía y revolución en los primeros escritos de Marx, in: "Sistema", Revista de Ciencias sociales, num. 40, 1981, p. 3-24.

17) La Escuela histórica del Derecho, in: "Anales de la Cátedra Francisco Suárez" 19 (1979, 1-48.

18) La obediencia al Derecho (Madrid: Instituto de Estudios jurídicos, 1979); und in: "Estudios de Filosofía del Derecho", p. 365-398.

Thèmes complémentaires - Overlapping Themes -
Uebergreifende Themen

Groupe 2 Group 2 - Gruppe 2

Le droit et la réalité sociale
The Law and Social Reality
Recht und gesellschaftliche Wirklichkeit

Praesidium: STIG JØRGENSON

ALEJO DE CERVERA

Law and Force. Cynicism or Hypocrisy?

The opinions concerning the relationship between force and law may be easily condensed into two such basic opinions. According to one of these, force must be used and should be used to support the law. Without the eventual recourse to force the rule of law is impossible. Taking into account that the law must have the possibility of conjuring force for support -- since, for instance, it is necessary to provide for the forceful execution of a judicial decision, or for a government to be able to compel the obedience of the law -- the holders of this attitude reject any exercise of force which has not the imprimatur of the law. Only such force is legitimate which is made in accordance with the law. Force comes second, to help the law. It must be a legal force. Force is indispensable for the law, but the law is indispensable for the use of force. Force must be subserviant to the law. Law and force are entirely different things, clearly cut and separated. This is rather a jusnaturalistic attitude, in that it gives priority to the law. Of course, to think necessary that force support the law is common to different tendencies.

However, we all know only too well that people situated in certain places of prevalence can all too often twist the law in their favor, or flout the law, and we also know that forces can be unchained from the restraints of law, as terrorism for instance, and have seen many times the triumph of such forces and the establishment of different legal norms. In view of this, many feel legitimated to say that law merely sanctifies force, and that force precedes law. That he who has the force has the right. The point is reached by many where it is asserted that what we call law is no more than force. This is a very unsettling proposition, and a very old one, beginning with Thrasymachus in recorded history, and held by all of those who deserve the adjective "machiavellian" afterwards. It belongs in the ageold constant of relativism, evidently the most vastly represented constant today. Despite themselves, many who align themselves with the first attitude usually feel or accept that the defenders of this second attitude have an important point.

In the panorama of present legal thinking, both propositions would seem to be irreconcilable, as though in an impasse, in that they limit themselves on most occasions to dismiss each other with indignation or contempt. From the vantage point of the first attitude, and leaving aside here its subsequent concern for the requirements a legal order must fulfil to deserve the preeminent position it is given, it would seem cynical to accept or even to suggest that force is the leading factor or the decisive factor or the only properly so-called factor in the evolution of law, or merely to express disbelief that the primary role corresponds to the law itself. And the greater the cynicism the larger the degree of emphasis with which the second attitude is maintained. The holders of the first attitude are prone to feel a sense of what we might call a moral outrage if asserted that law has not priority over force. The expression "right of force" would be used to stigmatize both the second opinion and the use of any force which would bypass the law.

From the vantage point of the second attitude, to hold that the law has or should have priority over force amounts to sheer negation of facts, or to an exhibition of hypocrisy. The expression "right of force" would be used to mean what they consider a fact, re rettable or not, the denial of which would be a hypocrisy, whereas its assertion would be simply realistic. Not to talk of the arrogance implied in the cocksurety with which the holders of the first attitude react, as though they could be sure of the justice of the law, as though they could be sure once and for all of what the demands of justice are. Its relativism dispenses the second attitude from any major concern for the ought-to-be, allowing it at the same time to accuse the holders of the first attitude of blurring the very distinction -- between the is and the ought-to-be -- they hold so dear.

Unable to find a way out, many would accept with resignation the above described situation. For them, the only alternatives would be to put our names either on the list of the names of those maintaining the first attitude, or on the list of those holding the second attitude. It is perhaps appropriate to rememorate here the controversy between the machiavellians and the anti-machiavellians.

Such a situation cannot be deemed to be satisfactory. Those who hold the first attitude would be well advised if they keep on trying to extricate the course of events which lead eventually to the second attitude. It is not enough to reject it. To say that the law has force is misleading. Those who hold the second attitude must keep on asking themselves whether they are prepared to condone every use of force. Thus, both attitudes would seem prima faciae to be defective or incomplete.

Accordingly, the effort eventually conducive to finding a third alternative or a third generic attitude should be renovated. An effort which would try to harmonize both initial attitudes by upholding that which is true in both of them is necessary. Even if we disregard such a thesis that postulates an inner harmony in all oppositions, we still might try a harmonization in our particular case if only because of the troublesome consequences. We still may think that there must be a way of giving them their due, of finding the unitary view which would do justice to the valid points which both of them seem to have.

Then, connection would be established with a very old tradition: since the second attitude is persuasive even in its extreme version according to which the law is the result of the imposition of the strong over the weak, some of the unconvinced end by contending that all forces compose a system of equilibrium. PLATO remonstrates the holders of such an extreme version for their incapacity to realize that the universe is geometrically articulated (1).

"Force", "Power", "Tension", and "the Feeling of Justice"

Before proceeding to attempt again such a harmony, it is perhaps convenient:

1. To come to the rescue of the first attitude by extricating it from the difficulties which arise out of some carelessness in the use of words, a carelessness which hurts the first attitude while helping the second one. Putting aside some uses of the word "force", as in the proposition "this law remains in force", to mean the binding quality of the law, or its validity, the discussions around the relationship between law and force are difficult on account of the imprecisions of the referent of the word "force", that is, on account of the failure to use different words to follow up the differentiation which puts on the one side the energy which chooses to act outside the framework of the legal order, that is, the energy which is unchained from the restraints of the law, and the energy which supports the law on the other, both of which are meanings of the word "force". On the basis of other assumptions, many would rephrase the above notion by saying that the alluded to discussions are difficult on account of the fact that with the expression "force" two things are meant which are sufficiently different as to recommend the use of different expressions.

To avoid such a confusion, and in agreement with the most common use of terms, let us reserve the use of the word "force" for the energy acting outside the legal order, as synonimous of "violence". Let us use the word "power" for the energy that is used to support the law and without which there would be no law. The legitimacy of "power" is emphasized by the use of the word "authority" to designate the capability of using such "power". Consequently, only if we insist on the first acceptation of the word "force" would it be acceptable to think of force as something opposed to law. To be sure, the words "force" and "power" must somehow mean different things, because the former has a bad press while the latter enjoys good press. In this vein, we may disqualify the use of expressions as "authorized force", or "non-authorized", or "prohibited". Likewise, to say that the law has or should have the monopoly of force should be discouraged.

It remains to be seen whether the proposed sharp differentiation between force and power is a legitimate one. To rephrase the question on the basis of other assumptions, we might ask whether it is really a question of two different things postulating the use of different words. Precisely, as the proposed use of words allows us to say, the second attitude contends that force and power are one and the same thing. The controversy between the two attitudes concerning the relationship between force and law is neatly established.

2. It is perhaps convenient also to assert that such an energy is an unchained tension. As in the natural physical world, every tension has the potential, if unchained, to push as a force in a direction and with an intensity which are functions of the degree of the tension and the position of the poles. To be sure, when we say

"tension" we still are saying nothing concerning direction and intensity. Tension is potential energy and, of course, its potential is a function of the degree of the tension.

3. We also would do well if we realize that in all situations of the use of force another legal order is postulated, or another legal norm, on the spur of a sentiment or a feeling of justice. The usual delinquent acts to do justice, challenging the justice of some legal norm. In contrast, the terrorist does challenge the legal order as a whole, at times succeeding in giving the impression of shaking it, at times making people think that the legal order is in issue ("revolution"), at times originating a more or less protracted conflict ("civil war"). And he does it following his own analysis of need or sentiment of justice in order to establish what he considers just.

Of course, the self-legislating group cannot tolerate the jeopardizing to which both the delinquent and the terrorist submit the legal order. If it does tolerate such jeopardizing, it would mean that the legal order does not command enough power for its support. But if the legal order is really put in jeopardy by widespread criminality or terrorism, the situation has really changed because we no longer know where lies the support for which law. Delinquents and terrorists become fighters or soldiers, and the situation should now be described as a clash between the legal order and some other order trying to become legal, both of them trying to embody the value of justice, and both supported by clashing forces both of them claiming to be considered "the power", or "the legal power". As in a judgment of God, only the result will tell where the support for some legal order lies.

Incidentally, such an intervention of the sentiment or feeling of justice in those situations where the legal order is expressly challenged inevitably leads to the conclusion that even such force used without the intention of challenging the legal order as a whole is unchained because of a sentiment of what justice demands. Such a user of force is undoubtedly convinced that something is wrong and unjust to him, and he tries to get even. It is irrelevant whether the user of force would eventually assert that he is bent on injustice.

A Third Alternative

If the sentiment or feeling of justice is always involved, the investigation demanded above is equal to exploring the layer of forces and to find out how the demands of justice originate, which situations in such a layer are taken into account by our thinking activity to claim for justice, and how such demands of justice can possibly be fulfilled. As this point is equal to postulating an endogenous or autonomous origin of the demands of justice, the scales would seem to be tipping in favor of the thesis which identifies law and force. The controversy we are dealing with receives additional sharpness because the proposition that force comes second leads to say that the demands of justice are, so to say, exogenous or heteronomous to the realm of the combination of the legal order and the living connections to which the legal order applies. And this in turn implies that there originally are realms of reality to which neither the legal order nor the living connections belong, where the demands of justice originate, or wherefrom they derive, namely, some natural law, or nature of things, or logos, or some pre-established order, or some realm of values, etc.

In order to find our way in these intricacies, we would do well if as a first step we realize that -- so to say -- underlying the legal order, and as a part of the living relationships to which the legal order applies, there are tensions, and that such tensions arise out of interests and out of the will to defend or to impose them. If we keep in mind at the same time something we already know, namely, that tensions are energies at least in potential, and that where there is a tension there is an energy waiting for its actualization and for its being unchained, in which case we call it a force, we will conclude that the forces demanding our attention from the point of view of the law have their origin in the interests of the individuals or of the groups.

Such different forces at play always try to subsist or to prevail. It may appear in real life that there always are forces which are simply put aside, or defeated, or crushed. But, as the fact of admitting degrees that has just been aknowledged already evidences, it is really a question of being in some equation or other, of prevalence or lack of prevalence. Thus, the words "put aside", or "defeated", or "crushed", can only be admitted if they mean lack of prevalence, in varying degress. The only way a force disappears is by way of a change as to the poles of the tension. But then it has been substituted by another tension. It is more proper to say that a force is never annihilated: either it is cancelled or absorbed in the vectorial result, or is substituted by other force or forces.

In effect, unchained energies articulate themselves like vectors, they are rather vectors, in turn leading to results like vectorial results of different intensity and direction, in which all integrating vectors contribute to the result as a function of their direction and their intensity. No force, or vector, disappear in such an interplay. Instead, they all receive their due, and thus remain present as a function of their intensity and direction, no matter the appearances. As soon as a vectorial result is obtained, the integrating forces are really cancelled. They subsist but only integrated. With reference to forces outside the unit of integration they disappear. Of course, a force may prevail or seem to prevail in the vectorial result, but such result is not the force that apparently prevails but another composite one in which the apparently defeated forces have received their due.

As each vectorial result cannot but articulate itself with some other such results, giving origin to another tension, another more comprehensive vectorial result emerges, until we reach the entire world of forces. At this point, that is, after proceeding towards larger and larger units, we are legitimated to think of the process in the inverse direction, and say that each force is in turn a vectorial result, always towards smaller units, until we reach the individual. We might even continue and say that any individual drive is a vectorial result of other drives, etc. The same can be said in terms of interests and in terms of wills. An interest and a will is a vectorial result of other interests or wills, all of them provided with direction and intensity.

The world of forces relevant to the law is, then, a system of vectors. This is why what we call "force" implies organization or articulation. Were it not for the articulation of the integrating forces, our "force" in question would not exist. Without organization there is no force possible, nor tension. As certain forces imply certain organisation, we may say that a certain organization is bound to give origin to certain forces. This relationship is reversible. We may also say that in order to obtain a certain force (direction and intensity) a certain organization in necessary (degree of perfection, and degree of complexity). In terms of interests, it is clear that they can be articulated so as to produce a vectorial result of a maximum impact in the larger circumscribing unit. And they can also neutralize themselves in such a way as to be unable to produce any such impact.

If the preceding considerations are correct, the addition of the adjective "brute" to the substantive "force" only can mean a question of degree. Its use to mean more than that is unfortunate and misleading because it suggests that "brute force" is inimical to order, whereas the situation is quite to the contrary. Any force, "brute" or not, is something highly articulated, and organized, and complex. In nature, that is, with reference to the order of nature, prior to man's intervention or not, it is something articulated -- in some order -- or it is not a force at all. When the big fish eats the little fish something has entered into play which belongs to a developed and complex order, in which very complexly catalized tensions are unchained. Such is also the case of the "brute force" of a waterfall, of the wind, of a bull, of a stampede.

In the realm of the law, he who uses "brute force" is trying to uphold some order, and his actions are also the result of some order. The actions of a delinquent, albeit in opposition to the established legal order, the actions of a madman, the "brute force" of a group, are also the result of some order, or there would be no actions at all. If he who uses "brute force" prevails, he is showing that the subjacent vectorial result has more impact than the defeated vectorial result in the unit encompassing both.

Looking for more details, we should realize that in the realm of man-made things generally speaking, there always is an organization also man-made, as those things are promoted by a finality that the thinking activity has set for itself to achieve. Such an organization may he more or less adequate to the achievement of such a finality. In cases of little adequateness we would say that there is little organization, or no organization. Forces augment therefore the more an organization is adequate to its finality. As organization accounts to a large extent for the intensity of a force, the prevalence of a force in a vectorial result may be due to a better organization. In those cases where a vectorial result is defeated by another one, without the former being able to understand the reason of the superiority of the victor, the former seeks many times consolation in saying that the victor used brute force. Such is many times the reaction of the defeated in wars, in personal clashes, etc. Beyond a certain point of lesion of their sentiment of justice, they would claim that "brute force" was used against them.

We may venture now that each legal norm must be the expression of a vectorial result of the attendant interplay of forces. In the field of international law this is particularly patent. A treaty finishing a war is an expression of some vectorial situation of the forces at play. The above ventured conclusion would seem to receive a welcome confirmation from the widely held thesis according to which every legal norm is a compromise, or the expression of a compromise, or implies a compromise. To be sure, any vectorial result amounts to an armistice in which the integrating forces settle, compose, or transact their differences. Any vectorial result amounts to a compromise. The legal norms might be taken to be the vectorial results themselves. But, properly speaking, it should be said that they are elaborated over the vectorial results. Once a legal norm is enacted, it has in its favor the vectorial result from which it derives its origins, and which is now its "power". This means that the group will support the enforcement of the norm.

An interesting further detail would be obtained if we reason that although each vectorial result is apt to give rise to a legal norm, very few will. Of necessity, only those pugnatious enough to assert themselves as relevant in the whole system of forces will express themselves in legal norms. It would seem that the classical thesis of the compromise is insufficient. It does not show the way through which some compromises express themselves in law, and not others, that is, through an all encompassing and general struggle and fight.

The fact that the points of compromise, that is, the vectorial results, are incessantly changing -- since the integrating forces are more or less demanding as a function of the energy the individuals or the groups may put at their disposal, an energy which is in turn a function of the personality of the former or the degree of organization of the group -- makes that legal norms cannot but change also. Law appears thus as a reflection of a repartition of forces, apt to change when such a repartition varies. To each condition of the circumstances subyacent to the law corresponds a certain moment of the law. Each vectorial result depends on all vectorial results. Consequently, there is a succession of moments of circumstances subyacent to the law, and there is another succession of moments of the law, that is, a succession of norms.

Both sequences run parallely. But the legal norms have also an influence on the interplay of forces. As soon as a norm or set of norms is articulated, it in turn begins to influence the subyacent vectorial play. A connection of mutual influence is immediately originated. We have reached hereby the point where the question of whether the law has priority over force, or conversely, can be discussed.

Clearly, no histerical priority can be detected in the alluded to connection of mutual influence in favor of any of the moments of any of the two sequences because any such moment must have been preceded by some other moment of the other sequence.

But if we go back, as we should, looking for the logical beginning of the whole sequence, the conclusion must be that in the beginning there was tension, and some initial vectorial result of forces, of a complexity tending to zero. The subsequent process is easy to discern. Once a norm is elaborated, it contributes to the articulation of a somewhat different vectorial result of those relevant to the law. This new vectorial result promotes the elaboration of another legal norm, etc., indefinitely. Again, no historical priority can be detected.

But the situation at the logical beginning means in turn that force must have a prius over law at any historical moment. The same happens in the field of morals, concerning the relationship between power and duty. Power must be first at the logical beginning, and must keep a prius over duty in every historical moment of the ensuing relationship of mutual influence.

If so, we may further conclude: a) That law and force are not one and the same thing. b) That force precedes law only at the logical beginning. c) That force has in history only a prius over law, a prius which does not legitimate in the least the general assertion that force precedes law. d) That the differentiation between force and power must survive, making legitimate the use of the two words to mean the terms of the differentiation, and recommending carefulness to avoid any ambiguity. e) That it is not legitimate to speak of domination, still less of a "dominating class", precisely because the integrating vectors and specially the individuals change constantly. At the same time, it should be kept in mind that the differentiation does not obliterate a same subyacent reality. The use of the word "differentiation" should make this permanently clear. The above conclusions as to the relationship between law and force, and the impression of everlasting smoothness that they might give, may seem held at bay on those occasions where the words "revolution" or "civil war" are used, where it is thought that the subsistence of the legal order is in issue. But they are held at bay only in appearance, as we can realize if we try to penetrate the process conducive to such situations.

The fact that changes as to the vectorial results which originate the legal norms promote the enactment of other legal norms does not mean nor imply that the changes in the legal order follow immediately, or in the same quanta, or at the same tempo. Quite to the contrary. While the vectorial play never ceases, the articulated norms remain as something more or less frozen. Norms have great capacity to subsist as established. And as norms have an influence on the interplay of forces, norms tend to operate as brakes, slowing down the changes as to the interplay of forces, a change that would otherwise be much more rapid.

Consequently, differences as to phase are bound immediately to appear. They are of varying degrees as a function of the sector of the law which is in question. When such a difference goes beyond a certain point, the involved norms begin to be felt as inadequate by those whose vector would benefit from the change, perhaps because others would cease feeling inhibited by the law, and an effort is initiated to put another norm in its place. Incidentally, this feeling of inadequacy is the very sentiment of justice, or, rather, the point of departure of the very evolution of the sentiment of justice.

The effort to put a norm in the place of an old one is normally channeled by the process articulated by the law which eventually leads to the enactment of other norms. But it happens at times that because of the resistence of the norms of the legal order, the new vectorial result cannot bear upon the legal order in a way commensurate with the difference between the old vectorial result and the new one. The impression is given that the channels to enact new norms are clogged. Of course, if strong enough, the pugnatious new vectorial result can end by breaching the re-sistence of the legal order, and eventually putting it in jeopardy. This is probably the most important occasion where it would be usually said that "force precedes law".

However, the relationship between force and law, as explained before, does not change. Whether the situation deserves the word "revolution", or the word "civil war", there are forces at play. But either there are no vectorial results of conse-quence, or there are two such results which cannot integrate themselves in only one vectorial result. If there is chaos, many forces are proving unable to succeed in integrating themselves. Such a situation is unstable. With the passage of time, the process of integration is bound to advance until a general vectorial result emerges, perhaps through a period when integration has succeeded in articulating overy force in two vectorial results, which prove to be impossible to integrate without war. That is what we call "civil war".

Thus, it is not that the relationship between law and force in such cases is different. It is only that there are deep and more or less sudden fractures in the subyacent articulation of forces, which determine the same fractures at the level of the legal order. In the fractures, whatever their importance, and wherever their location, the relationship remains the same. At the rythm that a clear picture of the situa-tion of forces should eventually emerge, so will the case be with the law.

Résumé

There are many opinions concerning the relationship between force and law. There are two such basic opinions. There is first the attitude of those who think that force comes second, to help the law. And there is secondly the attitude of those who think that the law only sanctifies force. These two opinions would seem to he irreductible. According to the first of them, the second attitude amounts to an ex-hibition of cynicism. According to the second attitude, the first one implies sheer hypocrisy. As there probably must be a way out, a third alternative has been sought, a) in the distinction between the succession in time of the vectorial results of forces, and the succession in time of the moments of the corresponding legal order, b) in the investigation of the relationship which exists between both sequen-ces, and, c) in the distinction between any given historical moment and the moment of the beginning of the whole sequence.

Footnote

1) See PLATO, Gorgias, 508 a.

Norman Elrod

Selbstinteresse und Gesellschaft

Viele von uns sind daran gewöhnt, das Selbstinteresse des einzelnen im Konflikt mit der Gesellschaft zu sehen. Auf der einen Seite stellen wir uns den Einzelmenschen vor, erpicht auf Lustgewinn, bereit, wegen Bagatellen aggressiv zu werden, bestrebt, seine Aengste zu vermindern, bedacht, seine Person durch Einsatz, Ehrgeiz und Eigennutz, durch die Anhäufung von Sach- und Geldwerten und durch das Zufriedenstellen der für ihn lebenswichtigen Mitmenschen zu schützen. Auf der anderen Seite malen wir uns eine Gesellschaft aus, die je nach Situation die Zügelung oder Anpeitschung der Triebe der Individuen fordert und einen Druck auf Anpassung, Leistung, Anstand und Pflichterfüllung ausübt.

Zahlreiche Analysen der Entstehungsgeschichte und des Bedeutungszusammenhangs dieser Vorstellungen und ihrer realen Hintergründe sind unternommen worden und einige haben sich als sehr lehrreich erwiesen (1). Viele Untersuchungen haben gezeigt, dass tatsächlich Konflikte zwischen Selbstinteressen und gesellschaftlichen Erwartungen, Forderungen und Verpflichtungen bestehen, dass aber diese Konflikte, die man hierzulande für naturgegeben hält, historisch bedingt sind (2). Der einzelne Mensch scheint nicht immer und überall mit seiner Gesellschaft in unvermeidlichen, unerbittlichen, totalen Kämpfen gesteckt zu haben, die vielen von uns als Wesensmerkmal des menschlichen Zusammenlebens schlechthin erscheinen (3).

Was diese Konflikte heute angeht, handelt es sich nicht um Hirngespinste. Beispiele aus unserer eigenen Lebensgeschichte erscheinen als selbstverständliche Beweise für die Missgunst der Gesellschaft gegenüber dem Individuum und für die berechtigte Abwehrhaltung des einzelnen Menschen der Gesellschaft gegenüber. Man denke hier z.B. an den Bau der Nationalstrassen, der im gesellschaftlichen Interesse vonstatten geht und doch viele Selbstinteressen der einzelnen Bürger tangiert, häufig Konflikte schürt.

Kurz: Die weitverbreiteten Vorstellungen vom Konflikt zwischen Selbstinteressen und Gesellschaft entsprechen zwar lange nicht allen Phasen der uns bekannten Menschheitsgeschichte, widerspiegeln aber sehr wohl partiell je nach Ort und Zeit widersprüchliche zwischenmenschliche Verhältnisse, die unabhängig von den Vorstellungen einzelner Menschen existieren.

*

Wenn wir die Periode der letzten 100 bis 150 Jahre näher betrachten, stellen wir jedoch auch fest, dass immer mehr Menschen in ihrem Verständnis von sich selbst und von der Gesellschaft verunsichert worden sind (4). Viele Leute sind sich heute überhaupt nicht sicher, ob der einzelne Mensch wirklich auf die Wahrung seiner eigenen Interessen erpicht ist oder nicht. Oft wirkt der Mensch von der Romantik bis zur Gegenwart so sehr von Selbstdurchkreuzungstendenzen beeinflusst, dass er uns wie sein eigener Feind, sein eigener Totengräber vorkommt. Man denke in dieser Hinsicht an Erzählungen von Honoré de BALZAC, Edgar Allen POE, Herman MELVILLE, Fjodor Michajlowitsch DOSTOJEWSKI, Arthur SCHNITZLER, Stefan ZWEIG und William Somerset MAUGHAM, an philosophische Werke von Arthur SCHOPENHAUER und Friedrich NIETZSCHE, an die Psychologie Sigmund FREUDs. Alle diese Autoren zeigen Menschen, die nicht nur in Konflikte mit der Gesellschaft verstrickt sind, sondern auch mit eigenen Widersprüchlichkeiten nicht fertig werden (5).

Weiter ist es eine Binsenwahrheit, dass eine Gesellschaft, die gegen die Selbstinteressen von Einzelmenschen und Gruppen verstösst, immer gleichzeitig die Selbstinteressen anderer Individuen und Gruppen fördert. Das gilt für die Deutschen im Dritten Reich genauso wie für die Kubaner in der Republik Kuba. Eine Gesellschaft kann es sich nicht leisten, die Selbstinteressen ihrer Mitglieder durch die Bank zu vernachlässigen und zu unterdrücken. Ferner müssen diejenigen, die die Staatsapparate in der Hand haben, die Selbstinteressen jener wahrnehmen und unterstützen, die für das Bestehen des jeweiligen Gesellschaftssystems notwendig sind. Einen Wechsel in der Förderung der Selbstinteressen bestimmter Gesellschaftsgruppen erleben wir heutzutage besonders krass im Iran nach der Absetzung des Schahs und der Konstituierung einer Regierung mit KHOMEINI als bestimmende Persönlichkeit.

Das heisst: Die Klischeevorstellungen vom einzelnen Menschen, der als Herr seines Schicksals und Kapitän seiner Seele seine Selbstinteressen verfolgt, sind arg ins Schwanken geraten, aber auch die, dass die Gesellschaft alles nimmt und nichts gibt, viel verbietet und wenig fördert.

*

Ferner ist es immer fragwürdiger geworden, ob man Selbstinteresse auf das einzelne menschliche Lebewesen, das individuelle Subjekt, einschränken darf. Menschengruppen und Gesellschaften müssen als kollektive und gesellschaftliche Subjekte angesehen werden, die ebenfalls Selbstinteressen entwickeln und verfechten. So kann man von einer Familie oder einem Verein als Verkörperun-

gen eines kollektiven Subjekts reden sowie von den Mitgliedern einer Landes-
kirche, einer Gesellschaftsklasse, eines Nationalstaates oder der arbeitenden
Menschheit als Ganzes als Beispiele eines gesellschaftlichen Subjekts. Man
fragt sich darüber hinaus, ob Gesellschaft an sich überhaupt existiert. Vielleicht ist der Begriff der Gesellschaft genauso ein statisches, irreführendes
Abstraktum wie der des Menschen schlechthin, und zwar dann, wenn diese Begriffe nicht geschichtlich in ihren Wechselbeziehungen vermittelt sind.

*

Die allgemeine Verunsicherung unseres Menschen- und Gesellschaftsverständ-
nisses im 20. Jahrhundert geht einher mit Versuchen grossen und kleinen Stils,
eine Neubestimmung individueller Selbstinteressen und gesellschaftlicher Bedürfnisse und ihres Verhältnisses zueinander zu erreichen.

Die sozialistischen Länder haben sich das Ziel gesetzt, den Widerspruch zwischen individuellem, kollektivem und gesellschaftlichem Interesse grundsätzlich
zu lösen: auf sozialökonomischer Basis ist das für das Wohl der Mehrheit des
Volkes wichtige Eigentum aus den Händen privater Personen genommen, in gesellschaftlichen Besitz überführt und zum Volkseigentum erklärt worden. Es ist
natürlich klar, dass allein eine grundlegende Veränderung der Eigentumsverhältnisse in bezug auf die zentralen Produktionsmittel nicht ausreicht, um mit allen
unmenschlichen Widersprüchen aufzuräumen und Gerechtigkeit in den Beziehungen zwischen einzelnen Menschen bzw. Gruppen und der der Gesellschaft all-
überall zu realisieren (6). Unter den Landbewohnern, Frauen, Handarbeitern
und Intellektuellen bestehen in realsozialistischen Ländern weiterhin noch Unzu-
friedenheit, Diskriminierungen und Konflikte mit der Gesellschaft (7). Das soll
aber nicht am sozialistischen System liegen, und grosse Bestrebungen sind im
Gange, sozialistische Persönlichkeiten, z.B. Sowjetmenschen, zu entwickeln,
die auf dem Hintergrund nicht-ausbeuterischer Produktionsverhältnisse objektiv in der Lage sind, die Selbstinteressen individueller, kollektiver und gesellschaftlicher Subjekte in menschenwürdiger Weise zu berücksichtigen (8).

Im kapitalistischen Lager soll gerade durch vermehrte staatliche Lenkung,
durch Beschränkungen und Förderungen der Wirtschaft, das Recht auf Privateigentum, Leben und Freiheit grundsätzlich erhalten bleiben. Manche sind heute
im wesentlichen mit John LOCKE einig, der bereits 1689 schrieb:

> "Das grosse und hauptsächliche Ziel also, zu dem sich Menschen
> in Staatswesen zusammenschliessen und sich unter eine Regierung
> stellen, ist die Erhaltung ihres Eigentums." (9)

Und:

> "... unter Eigentum will ich hier wie auch an anderen Stellen
> jenes Eigentum verstanden wissen, welches die Menschen sowohl
> an ihrer Person als auch an ihren Gütern haben." (10)

Der Schutz des Privateigentums ist deshalb so wichtig, weil er als eine der zentralen Voraussetzungen für die produktive Entfaltung des Selbstinteresses angesehen wird. Ist der Mensch in der Lage, seinen Selbstinteressen nachzugehen, so wird auch die Gesellschaft davon profitieren. Adam SMITH, wie John LOCKE ein Vertreter der liberalen Demokratie, schrieb fast 100 Jahre später, im Jahre 1776:

> "Jeder Mensch ist stets darauf bedacht, die erspriesslichste Anwendung alles Kapitals, über das er zu verfügen hat, ausfindig zu machen. Tatsächlich hat er nur seinen eigenen Vorteil und nicht den der Gesellschaft im Auge; aber natürlich, oder vielmehr notwendigerweise, führt ihn die Erwägung seines eigenen Vorteils gerade dahin, dass er diejenige Kapitalbenutzung vorzieht, die zugleich für die Gesellschaft höchst erspriesslich ist." (11) ...
> "Nicht von dem Wohlwollen des Fleischers, Brauers oder Bäckers erwarten wir unsere Mahlzeit, sondern von ihrer Bedachtnahme auf ihr eigenes Interesse." (12)

Es sei möglich, so hört man auch heute, im Rahmen einer bürgerlichen Wohlstandsgesellschaft - ganz besonders durch den Ausbau eines sachlich geführten, demokratisch gesinnten Erziehungs- und Gesundheitswesens - die Kinderkrankheiten und die Sturm- und Drangzeit des Kapitalismus zu überwinden und die Widersprüche zwischen individuellem Selbstinteresse und gesellschaftlichem Eindringen in die persönlichen Freiräume auszusöhnen, z.B. durch vermehrte Beteiligung einzelner Menschen an der Bewältigung wirtschaftlicher und politischer Probleme und am Gewinn kapitalistischer Unternehmen.

*

Ich persönlich wohne in einem Teil der kapitalistischen Welt, in der Schweiz, wo die liberale Demokratie bei dem Aufbau und der Absicherung eines im Vergleich zu anderen Ländern hohen Lebensstandards für die überwiegende Mehrheit des Volkes grosse Erfolge zu verzeichnen hat. Es kann darum nicht verwundern, dass es hier in der Schweiz weniger bedeutende Bestrebungen gibt, die zwischenmenschlichen Beziehungen der Einwohner konsequent sozialistisch zu gestalten. Daraus folgt, dass man im persönlichen und sozialen Dienstleistungsbereich, in dem ich mich beruflich betätige, auf der Suche nach Lösungen der anstehenden Probleme die Entwicklungsmöglichkeiten im bürgerlichen System voll ausschöpfen und zugleich die Grenzen, die das System jeweils bei den Problemlösungsversuchen setzt, mitberücksichtigen muss.

Ich arbeite hauptsächlich in einer Privatpraxis als analytischer Psychotherapeut meistens mit erwachsenen Patienten bzw. Klienten, die vor allem in der Schweiz, in der Bundesrepublik Deutschland und in Italien wohnen. Die analytische Psychotherapie zählt zu den Angeboten kleinen Stils in diesen hochentwickelten kapitalistischen Ländern, die psychisch gestörten Menschen helfen sollten, sich in den bestehenden gesellschaftlichen Verhältnissen zurechtzufinden und durchzusetzen.

Da die analytische Psychotherapie keine nennenswerte Wirkungsgeschichte auf gesellschaftlicher Ebene hat, werde ich mich in diesem Vortrag vor allem auf die Psychoanalyse Sigmund FREUDs konzentrieren, mit der die analytische Psychotherapie nahe verwandt ist und die im 20. Jahrhundert gesellschaftliche Bedeutung erlangt hat. Gelegentlich werde ich allerdings auch auf andere psychotherapeutische Behandlungsmethoden zu sprechen kommen, um ein umfassenderes Verständnis für die Funktion und den Stellenwert dieser beruflichen Tätigkeit in einem hochentwickelten Teil der bürgerlichen Welt zu vermitteln.

Sigmund FREUD hat bekanntlich mehrmals davon geschrieben, dass Individuum und Gesellschaft einander feindlich gegenüber stehen (13). Die Vorstellungen, die ich Ihnen am Anfang meines Vortrags referiert habe, könnten teilweise mit seiner Anschauung übereinstimmen: Menschen sind an sich hemmungslos, auf Lustbefriedigung ausgerichtet; sie sträuben sich gegen gesellschaftlich bestimmte Strukturierung, Einengung und Unterwerfung.

Im Laufe dieses Jahrhunderts haben verschiedene Psychoanalytiker, ansatzweise auch Sigmund FREUD selbst, sich die Aufgabe gestellt, diese Grundauffassung vom Menschen zu revidieren (14). Es schien ihnen wissenschaftlich ungenügend, zu behaupten, der Mensch stecke zum vornherein in eigentlich unversöhnlichen Konflikten zwischen seinen individuellen Bedürfnissen und gesellschaftlichen Ansprüchen, notwendigerweise verbunden mit Frustrierung, Verdrängung und Symptombildung (15). Man müsse, dachten diese Psychoanalytiker, die Persönlichkeit genauer erforschen, den Menschen nicht nur als ein auf Lustbefriedigung ausgerichtetes, mit der Gesellschaft in Konflikte verwickeltes Triebwesen betrachten, sondern auch als ein Lebewesen, das sich mit seinen inneren Antrieben auseinandersetzt, z.B. durch den Aufbau von Abwehrmechanismen (16).

Diese Linie in der Psychoanalyse hat sich neben anderen durchgesetzt und beachtliche Leistungen bei der Entwicklung der psychoanalytischen Ich-Psychologie vollbracht (17). Sie lässt dabei weitgehend die Widersprüche zwischen den Selbstinteressen des einzelnen Menschen und der Gesellschaft unanalysiert, die man in den Anfängen der Psychoanalyse und oft noch heute für wichtig hält (18). Ziel der menschlichen Entwicklung in dieser Richtung der Psychoanalyse ist, sehr vereinfacht ausgedrückt, nicht die Befriedigung der Selbstinteressen eines sich im Wirtschaftsleben durchsetzenden Einzelmenschen, sondern die Erreichung einer gewissen innerpsychischen Harmonie, relativ losgelöst von einer konkreten historischen Gesellschaft (19). Diese Harmonie, so schreibt Erik H. ERIKSON, zeige sich nach H. NUNBERG 1931 in der "gleichzeitige(n) Vermehrung der Beweglichkeit des Es, der Toleranz des Ueber-Ichs und der synthetisierenden Kraft des Ichs" (20). Und nach einer Schrift von Anna FREUD aus dem Jahr 1936 fördern die Psychoanalytiker diesen Gleichgewichtszustand bei ihrer Arbeit, indem sie einen Beobachtungsposten beziehen, der gleich weit vom Es, dem Ich und dem Ueber-Ich entfernt ist, damit sie die wechselseitigen Funktionsabhängigkeiten und gleichzeitigen Veränderungen der seelischen Instanzen erkennen können (21).

Wenn man weiss, dass die Begriffe Es, Ich und Ueber-Ich Instanzen des psychischen Apparats sind, d.h. ausschliesslich Merkmale des individuellen Subjekts,
so wird einem bei der Anwendung dieser Begriffe die Gefahr deutlich, zwischenmenschliche Konflikte einem Modell von innerpsychischen Störungen unterzu-
ordnen. Tut man das, so mag man weiterhin bei Gelegenheit auf den Widerspruch
Individuum-Gesellschaft hinweisen, aber Gesellschaft wird sehr wahrscheinlich
nur noch in Anführungszeichen begriffen (22). Der aktuelle soziale Bezug wird
weitgehend gekappt (23). So schrieb der Psychoanalytiker Michael BALINT 1949,
dass alle psychoanalytischen Ausdrücke und Begriffe - mit Ausnahme von "Objekt" und "Objektbeziehung" - auf das Individuum allein bezogen sind. BALINT
hielt die Psychoanalyse im wesentlichen für eine Einkörper-Psychologie (24).

*

Es hat sich allerdings im Laufe des 20. Jahrhunderts in der bürgerlichen Welt
gezeigt, dass die Psychoanalyse in ihrer Prägung als Einkörper-Psychologie
nicht ausreicht; weder als Wissenschaftstheorie noch als Ideologie kapitalistischer Machteliten hat sie anhaltend und zufriedenstellend überzeugt (25). Die
psychoanalytische Psychologisierung des Sozialwesens Mensch lässt zu viele
Erkenntnisfragen unbeantwortet, zu viele gesellschaftliche Probleme und Ereig-
nisse kaum erforscht und inadäquat verstanden. So sahen sich die bürgerlichen
Psychologen einerseits als Wissenschaftler auf der Suche nach Wahrheit und einer besseren Kontrolle der Natur herausgefordert, andererseits als Ideologen
der Bourgeoisie im Zeitalter des aufsteigenden Sozialismus mit der Betonung
der Wir-Herrschaft in der Produktion und Staatslenkung konfrontiert, dazu gezwungen, Zweikörper-Psychologien, Drei-, Vier- und Multikörper-Psycholo-
gien zu entwickeln und zu verbreiten (26). Ergebnisse dieser Bemühungen sind
heute die übliche Praxis der analytischen Gruppenpsychotherapie, des Psycho-
dramas, der Transaktionsanalyse, Ehe- und Familientherapie, Encounterthera-
pie. Auch Gestalttherapie, Urschreitherapie, Bioenergetik, Biorhythmik usw.
usf. sind Angebote kleinen Stils, die die Lücke ausfüllen sollen, die die Psychoanalyse und andere tiefenpsychologische Schulen, wie die analytische Psychologie Carl Gustav JUNGs, bei der Betonung der innerpsychischen Störungen individueller Subjekte offengelassen haben.

*

Heute hat man also in einem Land wie der Schweiz eine grosse Auswahl an psy-
chotherapeutischen Möglichkeiten. Bei der Psychoanalyse als Einkörper-Psychologie wird man vor allem auf Konflikte des individuellen Subjekts mit sich
selbst und mit seinen Vorstellungen von anderen aufmerksam gemacht (27). Bei
den gruppentherapeutischen Verfahren im weiteren Sinn sieht man den in Probleme verstrickten Menschen, das individuelle Subjekt, als Mitglied kollektiver
Subjekte, zu denen meistens andere leidende Menschen gehören, seien sie etwas
bereits Konstituiertes wie die Familie oder etwas neu Gebildetes wie eine

Selbsterfahrungsgruppe. Kennzeichnend für alle diese Richtungen ist in der Regel die Betonung von Konflikten, die entweder in der Psyche des einzelnen Menschen lokalisiert sind oder sich innerhalb von kollektiven Subjekten abspielen.

Da die überwiegende Mehrheit der Menschen, die bei uns psychologische Hilfe
suchen, sich vor allem in ihrer eigenen Person und im Umgang mit ihren nächsten Mitmenschen gestört fühlt oder als gestört erlebt wird, scheint das psychotherapeutische Angebot der Nachfrage zu entsprechen: Mittels Psychotherapie -
durch den psychologischen Kontakt zwischen Patienten und Therapeuten bzw.
Klienten und Berater - sollen neue, heilende, erzieherische, fördernde Erfahrungen gemacht werden, die sich auf das tagtägliche Leben des Individuums und seiner nächsten Bezugspersonen auswirken.

Erfahrung heisst in diesem Zusammenhang auch erleben, denkend und fühlend
anwesend, dabei sein, Vorgängen im eigenen Körper oder in der Umgebung einen Sinn zu geben (28). Walter BRAEUTIGAM meinte kürzlich:

"Psychotherapie besteht zunächst einmal darin, dass der subjektive
Wert der äusseren Geschehnisse, das Erleben des Patienten zur
Sprache kommt." (29)

Dieses Erleben mag auf die gegenwärtige oder auf eine vergangene Situation
bezogen sein, in Form eines Erlebens des Hier-und-Jetzt oder eines Nacherle-
bens des Dort-und-Damals. Es kann sich im Zwiegespräch ebenso wie in einer
Gruppenpsychotherapie ereignen (30).

Dass viele Leute in diesem Jahrhundert durch eine oder mehrere der verschiedenen Formen von Psychotherapie aufbauende Selbst- und Gruppenerfahrungen
gemacht haben, soll in keiner Weise angezweifelt werden. Der Wert der Psychotherapie ist erwiesen (31). Menschen, die von der Psychotherapie profitiert
haben, fühlen sich gestärkt, weniger bloss Objekt der Fremdbestimmung. Sie
können häufig eigene Wünsche und Gedanken besser äussern, sich in ihrer Ein-
maligkeit und zugleich in ihrer unaustauschbaren Lebenslage, so wie diese war,
ist und im jeweiligen Moment wird, akzeptieren. In für sie wichtigen Gruppen,
zu denen sie gehören, kommen sie sich anders vor: sie haben ein Gefühl der
Gruppenzusammengehörigkeit entwickelt. Das Schicksal dieser kollektiven Subjekte, dieser Gruppen, wächst ihnen ans Herz. Sie können sich von der Gruppe
getragen fühlen und sich zugleich als Stütze der Gruppe erleben. Das Miteinander hatte früher meistens den Charakter vom Gegeneinander; jetzt, nach den
neuen Erfahrungen in der psychologischen Behandlung, heisst das Miteinander
viel häufiger Füreinander.

Obwohl das Kriterium des Sich-Besser-Fühlens zentral ist, muss die Psychotherapie oft Besserungen erreichen, die in handfesten Leistungssteigerungen
zum Ausdruck kommen (32). Ein merklicher Zuwachs an Einkommen, Rang,
Kreativität, Empathie und sozialen Wirkungsmöglichkeiten wird häufig erwartet und auch erreicht. Ein Beispiel soll hier genügen:

Die Zeitschrift Kapital berichtete im Jahre 1970 von Bernd ROHRBACH, da-

mals 42, Frankfurter Marketing-Berater und Inhaber von 21 Patenten, der von
1961 bis 1968 zwei- bis dreimal wöchentlich ins Frankfurter Sigmund-Freud-
Institut ging, um sich dort psychoanalytisch behandeln zu lassen (33). 1961 war
er im ersten Jahr seiner Tätigkeit als selbständiger Berater, hatte Existenz-
angst und fühlte sich häufig nicht akzeptiert. Dazu brachte er nur ein Patent pro
Jahr durch. Während der Therapie baute er viele Minderwertigkeitsgefühle ab,
wurde selbstsicherer, fühlte sich kreativer, fähig, hemmungsloser zu denken
und konsequenter zu handeln. Gegen Ende der Analyse brachte er fünf bis sechs
Patente pro Jahr durch, wobei sein Verdienst entsprechend stieg (34). Er sagte:
"Während der Analyse hat sich mein Bruttoeinkommen mehr als vervierfacht."
(35) ROHRBACH ist überzeugt, dass die Firmen enorm von der Psychoanalyse
profitieren können, und er empfiehlt jedem, der "zu psychischen Spannungen
neigt und trotzdem Karriere machen will", auf jeden Fall sich einer Psychoanalyse zu unterziehen (36).

*

Halten wir folgendes fest:

Wir gingen von der gängigen Vorstellung aus, dass das Individuum in unvermeidlichen, ja unversöhnlichen Konflikten mit der Gesellschaft steckt. Wir erfuhren
dann von Einschränkungen, die man bei dieser Betrachtung vornehmen muss. Es
fördert unser Wissen vom Menschen und der Gesellschaft nicht, wenn wir allgemeine anthropologische Aussagen machen, die sich, wenn überhaupt historisch
nachweisbar, als zeitlich sehr begrenzt herausstellen.

Vom einzelnen Menschen im Zwiespalt mit sich selbst haben wir in den letzten
100 bis 150 Jahren immer wieder gehört. Auch die Tatsache, dass eine Gesellschaft zwar die einen unterdrückt, die anderen jedoch aufrichtet und fördert, ist
uns für dieselbe Zeitspanne sehr klar geworden.

Man muss in der Theorie bei der Bestimmung der Selbstinteressen differenziert
vorgehen. Es gibt nicht nur einzelne Menschen, die ihre Selbstinteressen wahren,
auch kollektive und gesellschaftliche Subjekte entwickeln und verfechten Selbstinteressen, wobei sich jeder Mensch in einem grossen Netz, in einer komplexen, dynamischen Hierarchie sich durchkreuzender Selbstinteressen befinden kann (37).

Besonders kennzeichnend für das 20. Jahrhundert sind die Versuche sozialistischer und kapitalistischer Prägung zur Neubestimmung individueller, kollektiver und gesellschaftlicher Selbstinteressen. Im Sozialismus hat die Gesellschaft
Gewicht auf die Eigentumsverhältnisse der lebensnotwendigen Produktionsmittel
gelegt und diese zum Volkseigentum gemacht, und zwar in der Annahme, dass
menschen- und naturfeindliche Konflikte zwischen gesellschaftlichen, kollektiven
und individuellen Subjekten nur dann annähernd überwunden werden können, wenn
alle Macht dem Volk gehört. Im Kapitalismus hingegen bleibt das Privateigentum bestehen, wobei staatliche Interventionen in Wirtschaft und Gesellschaft sich
immer mehr als notwendig erweisen. Diese Massnahmen müssen aber so durch-

geführt werden, dass die Triebfeder eines schöpferischen Kapitalismus nicht gebrochen wird. Es ist, so hört man, im Interesse der einzelnen Menschen und verschiedener Gruppen in der bürgerlichen Gesellschaft, wenn sie den entwikkelten Kapitalismus für ein Produkt der sozialen Partnerschaft halten, bei der sich Lohnarbeit und Kapital als gleiche Partner gegenüberstehen. Die Konflikte zwischen Räuberbaronen und Gesellschaft gehören einer vergangenen Epoche an.

Wir entnehmen aus Berichten über die realsozialistischen Länder, dass Probleme, ja zum Teil ernste Schwierigkeiten zwischen individuellen, kollektiven und gesellschaftlichen Subjekten existieren. Obwohl alle Macht dem Volk gehören sollte, scheinen Machtentwicklungen, Machtverteilungen und Machtkonzentrationen noch lange nicht immer nach demokratischen Grundsätzen vonstatten zu gehen, obwohl die Konflikte, die auf dem Grundwiderspruch zwischen Kapital und Arbeit beruhen, ausgeschaltet sind.

Ich in der Schweiz habe vorwiegend mit unglücklichen Menschen und Gruppen von Menschen zu tun, die unter entwickelten kapitalistischen Bedingungen sich nicht wohlfühlen und durchsetzen können. So wie die Führungskräfte des herrschenden gesellschaftlichen Subjekts, der Bourgeoisie, die Gesellschaft im Sinne der Klassenharmonie zu lenken suchen, bieten viele in der angewandten Psychologie tätige Fachleute Therapien an, die Konflikte innerhalb kollektiver Subjekte aussöhnen sollten. Eine der leitenden Ideen der Transaktionsanalyse ist: "Ich bin o.k., du bist o.k." (38). Man spricht z.B. in der Familientherapie von Kontenausgleich (39). Tiefenpsychologische Richtungen wie die Psychoanalyse entwickeln immer wieder Gedanken, die auf eine Harmonisierung innerpsychischer Schwierigkeiten ausgerichtet sind und besonders auf den Menschen als individuelles Subjekt zugeschnitten sind (40). Alle diese Therapien betonen Erfahrungsmomente und Erlebnisqualitäten, wobei sie unter dem Druck stehen, Patienten und Klienten leistungs- und anpassungsfähiger zu machen, einsatzfreudiger und verantwortungsbewusster bei der Bewältigung der anstehenden Probleme in der bürgerlichen Gesellschaft für die bürgerliche Gesellschaft.

Hoffentlich wird es auf weltweiter Ebene möglich sein, die sich immer neu ergebenden Machtverhältnisse und Machtprobleme zwischen denjenigen gesellschaftlichen Subjekten, welche ihre Selbstinteressen im Sinne der Ich-Herrschaft verfechten, nämlich den kapitalistischen Ländern, und denjenigen gesellschaftlichen Subjekten, welche ihre Selbstinteressen im Sinne der Wir-Herrschaft vertreten, nämlich den sozialistischen Ländern, so zu lenken, dass die Mehrheit der Menschheit immer mehr in den Genuss einer menschenwürdigen Entwicklung kommen kann. Dieser Wunsch soll zum Wohle der künftigen Generationen und der Natur überhaupt verstanden werden (41).

Fussnoten und Quellen

1) Siehe z.B. aus der reichhaltigen Literatur: Darcy RIBEIRO: Der zivilisatorische Prozess, Frankfurt a.M.: Suhrkamp Verlag, 1971; auch das klassische Werk von Lewis Henry MORGAN: Ancient Society, aus dem Jahre 1877,

darf nicht vergessen werden. Siehe ferner: Weltgeschichte bis zur Herausbildung des Feudalismus, verfasst von einem Autorenkollektiv unter Leitung von Irmgard SELLNOW, Berlin: Akademie-Verlag, 1977.

2) Auch hier gibt es viele Belege für die aufgestellte Behauptung. Siehe z.B.
Joseph JORGENSEN und Richard CLEMMER: "America in the Indian's
Past, a Review", the indian historian, Bd. 11, Nr. 4, Dezember 1978, p. 41.
Hier handelt es sich um die zunehmende Aggressivität in den Austauschver-
hältnissen unter den indianischen Nationen in Nordamerika, nachdem sie in
Handelsbeziehungen zu den im Aufbau des Kapitalismus befindlichen west-
europäischen Ländern getreten waren.

3) Siehe z.B. zur Information über die Tasadays auf der Insel Mindanao
Kenneth MacLEISH: "The Tasadays, Stone Age Cavemen of Mindanao",
National Geographic, Bd. 142, Nr. 2, August 1972, p. 219-248. Für Aus-
kunft über das relativ friedliche Gemeinschaftsleben der Eskimos vor ihrer
allzu umfassenden Integrierung in einen modernen Nationalstaat siehe Paul-
Emile VICTOR: Eskimos, Nomaden der Arktis, aus dem Französischen
übersetzt von Ursula von WIESE, Lausanne: Mondo-Verlag, 1972, vor allem
Kapitel: Gemeinschaftsleben, p. 42-49. Zur Lage der Indianer in den heuti-
gen USA vor Ankunft der Europäer siehe Phillip DEERE: "Der Kreis",
Incomindios, Nr. 9, Juni 1979, p. 28 und 32.

4) Einen relevanten Kommentar von Phillip DEERE dazu findet man in: ebenda,
p. 29.

5) Anna FREUD schreibt in diesem Zusammenhang aus der Sicht der Psychoanalyse:

"After all, analysis never offered anything except enlightenment about the
inner world, about man's struggle within himself, about his being his own
worst enemy."

Anna FREUD: "Difficulties in the Path of Psychoanalysis: A Confrontation
of Past With Present Viewpoints (1969 /1968/)", Problems of Psycho-
analytical Technique And Therapy 1966-1970, London: The Hogarth Press
and the Institute of Psycho-Analysis, 1972, p. 134.

6) Maurice CORNFORTH erklärt diese Situation wie folgt:

"Evidently, the socialisation of property in means of production does no
more than initiate a change in human relations. It makes it possible of
completion, but does not complete it. Socialism abolishes the primary condition of self-alienation, in that no person's abilities are any longer appropriated for the use of another person. But in the socialist economy goods
and services are still allocated to each person 'according to his work',
which means, as Marx put it in The Critique of the Gotha Programme, the
continuation of unequal 'bourgeois right'. Defects, he said, 'are inevitable
in the first phase of communist society, as it is when it has just emerged
after prolonged birth pangs from capitalist society. Right can never be
higher than the economic structure of society and its cultural development
conditioned thereby.' Once a socialist economy is well established (as it is
today, for example, in the U.S.S.R.) all exploitation of man by man is in-

deed abolished. All are working together now for the benefit of each. Yet some of the effects of the earlier condition of alienation remain - the inequalities of persons (as Marx put it, their 'unequal rights for unequal labour'), the depersonalisation of human relations and subjection of persons to impersonal organisations. What each person can offer by way of labour is still appropriated by a public organisation, and his entitlement to recompense depends on the value it places on what it gets from him. People are still related to each other through their individual relations to an impersonal organisation. They have created this organisation for their own benefit, to an increasing extent they democratically control it, but they still make themselves subject to it. And how they can each develop and help or hinder each other depends not alone on each of them personally but on what they have set up over themselves. With socialism, therefore, for a time at least, some of the alienation effects experienced under capitalism may even be accentuated. For the power and scope of impersonal organisation, and its control over and direction of what people do, increases. - This is a point important to understand, for otherwise we may be surprised and dismayed at the deplorable things that can still happen in socialist society, which we had hoped could never happen there."

Maurice CORNFORTH: Communism and Human Values, London: Lawrence and Wishart Ltd, 1972, p. 36/37.

Vgl. auch Hermann KLENNER: "Menschenrechte - Heuchelei und Wahrheit", Schriften und Informationen des DDR-Komitees für Menschenrechte, Heft 1/78, p. 10.

7) Siehe Georgi SMIRNOV: Soviet Man, the Making of a Socialist Type of Personality, aus dem Russischen ins Englische übersetzt von Robert DAGLISH, Moscow: Progress Publishers, 1973, p. 231-240, 254, 255, 291-293.

8) Ebenda, p. 156-158, 163-171, 175, 176, 186-188, 196, 230, 231, 271, 280, 288, 295, 297 und 301-306; CORNFORTH: a.a.O., p. 38-40, 61 und 62; siehe auch Lucien SÈVE: Marxismus und Theorie der Persönlichkeit, aus dem Französischen übersetzt von Joachim WILKE, Frankfurt a.M.: Marxistische Blätter, 1973, p. 375, 377 und 378.

9) John LOCKE: Ueber die Regierung (The Second Treatise of Government), aus dem Englischen übersetzt von Dorothee TIDOW, Stuttgart: Philipp Reclam jun., 1974, p. 96, siehe auch p. 72. Vgl. Jean BODIN: Ueber den Staat, aus dem Französischen übersetzt von Gottfried NIEDHART, Stuttgart: Philipp Reclam jun., 1976, p. 13, 14 und 107.

10) LOCKE: a.a.O., p. 133. Für Kommentare dazu siehe SMIRNOV: a.a.O., p. 198, und Vine DELORIA Jr.: We Talk, You Listen, New York: Dell Publishing Co., Inc., 1972, p. 138-152.

11) Adam SMITH: Eine Untersuchung über Wesen und Ursachen des Volkswohlstandes (Wealth of Nations, Bd. II), Giessen: Andreas Achenbach Verlag, 1973, p. 40.

12) Ebenda, Bd. I, p. 30/31. Für einen Kommentar dazu siehe DELORIA Jr.: a.a.O., p. 169-180.

13) Ein Zitat muss genügen:

"Das menschliche Zusammenleben wird erst ermöglicht, wenn sich eine
Mehrheit zusammenfindet, die stärker ist als jeder Einzelne und gegen jeden Einzelnen zusammenhält. Die Macht dieser Gemeinschaft stellt sich
nun als 'Recht' der Macht der Einzelnen, die als 'rohe Gewalt' verurteilt
wird, entgegen. Diese Ersetzung der Macht des Einzelnen durch die der
Gemeinschaft ist der entscheidende kulturelle Schritt. Ihr Wesen besteht
darin, dass sich die Mitglieder der Gemeinschaft in ihren Befriedigungs-
möglichkeiten beschränken, während der Einzelne keine solche Schranke
kannte. Die nächste kulturelle Anforderung ist also die der Gerechtigkeit,
d.h. die Versicherung, dass die einmal gegebene Rechtsordnung nicht wieder zu Gunsten eines Einzelnen durchbrochen werde."

Sigmund FREUD: Gesammelte Werke, XIV. Bd., Frankfurt a.M.: S. Fischer Verlag, 1972, p. 454/455 ("Das Unbehagen in der Kultur", 1930).

Ernest JONES schrieb dazu:

"This situation inevitably led to a neverending conflict between the claims
of the individual for freedom to obtain personal gratification and the
demands of society which are so often opposed to them."

Ernest JONES: The Life and Work of Sigmund Freud, III. Bd., New York:
Basic Books, Inc., 1960, p. 341.

14) Sigmund FREUD lernte in hohem Alter immer mehr die Macht des Ichs zu
schätzen. Heinz HARTMANN schrieb dazu:

"In ökonomischer Hinsicht sprach er /Freud/ davon, dass die Gedankenpro-
zesse - und bald darauf auch, dass die Ich-Prozesse im allgemeinen nicht
mit Triebenergie arbeiten, sondern mit einer modifizierten Form von
Energie, die er als sublimiert oder desexualisiert bezeichnete."

Heinz HARTMANN: Ich-Psychologie, Studien zur psychoanalytischen Theorie, Stuttgart: Ernst Klett Verlag, 1972, p. 283 ("Die Entwicklung des Ich-
Begriffes bei Freud", 1956).

Heinz HARTMANN meinte:

"Dies scheint mir eine ziemlich radikale Neubewertung der ökonomischen
Rolle des Ichs zu sein." (Ebenda) So wird die relative Unabhängigkeit des
Ichs hervorgehoben: menschliches Verhalten kann "nicht allein vom Trieb-
geschehen her vorausgesagt werden ..." (Ebenda, p. 281) Das Ich - als
"biologische Instanz", wohlgemerkt - sorgt für Anpassung, Kontrolle und
Integration (synthetische Funktion). (Ebenda) Es ist zu einem Organisator
der drei Systeme der Persönlichkeit geworden. (Ebenda, p. 282) "Es gibt
nun nicht nur den 'Kompromiss' als Ergebnis entgegengesetzt gerichteter
Kräfte, sondern das Ich strebt nach Harmonisierung." (Ebenda).

15) Nach Heinz HARTMANN z.B. ist das Neugeborene mit einer undifferenzier-
ten Matrix ausgestattet, in der Apparate der primären Autonomie enthalten
sind, die sich in der konfliktfreien Sphäre entwickeln. Siehe Gertrude und
Rubin BLANCK: Angewandte Ich-Psychologie, aus dem Englischen über-

setzt von Gertrude KALLNER, Stuttgart: Klett-Cotta, 1978, p. 45.

16) Siehe vor allem Anna FREUD: Das Ich und die Abwehrmechanismen, München: Kindler Verlag, 1977.

17) Man denke hier z.B. an Heinz HARTMANN: Ich-Psychologie und Anpassungsproblem, Stuttgart: Ernst Klett Verlag, 1975, p. 15-24 und 27-30. Für einen Ueberblick siehe BLANCK und BLANCK: a.a.O., besonders p. 27-33.

18) Siehe Paul PARIN: Der Widerspruch im Subjekt, Ethnopsychoanalytische Studien, Frankfurt a.M.: Syndikat Autoren- und Verlagsgesellschaft, 1978, besonders p. 34-54.

19) HARTMANN: Ich-Psychologie und Anpassungsproblem, p. 36/37.

20) Zitiert in: Erik H. ERIKSON: "Ich-Entwicklung und geschichtlicher Wandel", Identität und Lebenszyklus, aus dem Englischen übersetzt von Käte HUEGEL, Frankfurt a.M.: Suhrkamp Verlag, 1976, p. 54.

21) Ebenda, p. 52. Otto KERNBERG übernimmt diesen Gedankengang in seiner "Integrative Theory of Hospital Treatment", wenn er schreibt:

"The concept of a neutral hospital atmosphere derives from Anna Freud's ... concept of the technical neutrality of the psychoanalyst and his attitude equally distant from id, superego, external reality, and acting ego; neutrality in this regard implies a potential alliance with the observing ego of the patient."

Otto F. KERNBERG: Object Relations Theory and Clinical Psychoanalysis, New York: Jason Aronson, Inc., 1976, p. 246.

22) Siehe PARIN: a.a.O., p. 42/43. Siehe ferner Lucien SÈVE: "Psychoanalyse und historischer Materialismus", Kritik der Psychoanalyse und biologistischer Konzeptionen, herausgegeben von Walter FRIEDRICH, Frankfurt a.M.: Verlag Marxistische Blätter, 1977, p. 29, 34 und 35.

23) Lucien SÈVE: "Psychoanalyse und die illusionäre Konzeption der 'menschlichen Natur'", Marxismus Digest, Nr. 16 ("Zur Kritik der Psychoanalyse"), Heft 4, Oktober-Dezember 1973, p. 136. Siehe auch Paul A. BARAN: "Persönlichkeit und Gesellschaft", ebenda, p. 35-47.

24) Michael BALINT: "Wandlungen der therapeutischen Ziele und Techniken in der Psychoanalyse", Die Urformen der Liebe und die Technik der Psychoanalyse, aus dem Englischen übersetzt von Käte HUEGEL, Bern und Stuttgart: Gemeinschaftsverlag Hans Huber und Ernst Klett, 1966, p. 270/271; vgl. J. LAPLANCHE und J.-B. PONTALIS: Das Vokabular der Psychoanalyse, 2 Bde, aus dem Französischen übersetzt von Emma MOERSCH, Frankfurt a.M.: Suhrkamp Verlag, 1973, p. 340.

25) Zum Ungenügen der Psychoanalyse als Wissenschaftstheorie siehe Roy SCHAFER: A New Language for Psychoanalysis, New Haven - London: Yale University Press, 1976. Die Psychoanalyse als Einkörper-Psychologie kann den Kapitalismus auf kollektiver oder gesellschaftlicher Ebene wenig stützen, da sie das Soziale zu plump auf das Individuelle zurückführt. Im Zeital-

ter des entwickelten realen Sozialismus und des staatsmonopolistischen Kapitalismus leisten hauptsächlich die verschiedenen sozialpsychologischen Modelle diese Ideologievermittlung.

26) Was die Psychoanalyse und das therapeutische Verhältnis zwischen dem Patienten und dem Analytiker betrifft, schrieb BALINT wie folgt:

"Unbemerkt gleiten wir ... in die gewohnten, nur das eine Individuum betreffenden Begriffe von Triebspannung, Verschiebung, Agieren, Wiederholungszwang, Uebertragung verbaler oder präverbaler Affekte usw. des Patienten hinein. Hinsichtlich des Analytikers dagegen sprechen wir von freundlichem Verständnis, korrekter Deutung, Behebung der Angst, Beruhigung, Ich-Stärkung usw. Alle diese Beschreibungen sind innerhalb ihrer Grenzen durchaus korrekt. Aber sie gehen eben nicht über das Individuum hinaus und bleiben durch Vernachlässigung eines wesentlichen Faktors unvollständig, nämlich, dass alle diese Erscheinungen in einer Wechselbeziehung zwischen zwei Individuen und im Rahmen einer ständig sich wandelnden und neubildenden Objektbeziehung auftreten.

BALINT: a.a.O., p. 270.

27) Für die meisten Psychoanalytiker sind, wie LAPLANCHE und PONTALIS schreiben, das hauptsächlich Determinierende nicht die realen Beziehungen mit der Umgebung. Die Objektbeziehung soll hauptsächlich auf der Ebene der Phantasien untersucht werden, "da man davon ausgehen kann, dass die Phantasien das Erfassen des Realen modifizieren und die Handlungen, die sich daran knüpfen, modifizieren". LAPLANCHE und PONTALIS: a.a.O., p. 343/344.

28) SCHAFER: a.a.O., p. 368; siehe auch p. 301-308 und 369.

29) Walter BRAEUTIGAM: "Psychoanalyse in der Medizin", Frankfurter Allgemeine, Freitag, 12. Mai 1978, Nr. 97, p. 10.

30) Vgl. Ruth C. COHN: "Ich bin ich, ein Aberglaube", Psychologie heute, 6. Jg., Nr. 3, März 1979, p. 24, und S.R. SLAVSON: Analytische Gruppentherapie, aus dem Englischen übersetzt von Lutz-W. WOLF, Frankfurt a.M.: S. Fischer Verlag, 1977, p. 135.

31) Als Beispiel dafür siehe Norman ELROD: Kriterien der Besserung in der Psychotherapie, aus dem Englischen übersetzt von Lisa GLAUSER und Jutta COLNOT, München: Kindler Verlag, 1974.

32) Ebenda, p. 17-41.

33) Capital-Interview: "Jetzt bin ich hemmungsloser", Capital, 9. Jg., Nr. 2, Februar 1970, p. 112.

34) Ebenda.

35) Ebenda.

36) Ebenda.

37) Siehe dazu auch Edith JACOBSON: Das Selbst und die Welt der Objekte, aus dem Englischen übersetzt von Klaus KENNEL, Frankfurt a.M.: Suhrkamp

Verlag, 1978, p. 149-154 und 208. Bei den vielfältigen Konfliktmöglichkeiten sind die Konflikte innerhalb und zwischen den drei Subjektarten zu berücksichtigen, wobei eine Subjektart gleichzeitig mit sich selbst und/oder anderen Subjektarten in Konflikt geraten kann. Einige der Konfliktmöglichkeiten sind wie folgt: ein individuelles Subjekt gegen ein anderes individuelles Subjekt; ein kollektives Subjekt gegen ein anderes kollektives Subjekt; ein gesellschaftliches Subjekt gegen ein anderes gesellschaftliches Subjekt; ein individuelles Subjekt gegen ein kollektives Subjekt; ein individuelles Subjekt gegen ein gesellschaftliches Subjekt; ein kollektives Subjekt gegen ein gesellschaftliches Subjekt; ein individuelles Subjekt gegen ein anderes individuelles Subjekt und ein kollektives Subjekt; ein individuelles Subjekt gegen ein anderes individuelles Subjekt und ein gesellschaftliches Subjekt; ein individuelles Subjekt gegen ein kollektives und ein gesellschaftliches Subjekt; ein kollektives gegen ein anderes kollektives Subjekt und ein individuelles Subjekt; ein kollektives Subjekt gegen ein anderes kollektives Subjekt und ein gesellschaftliches Subjekt; ein kollektives Subjekt gegen ein individuelles und ein gesellschaftliches Subjekt; ein gesellschaftliches Subjekt gegen ein anderes gesellschaftliches Subjekt und ein individuelles Subjekt und ein gesellschaftliches Subjekt gegen ein anderes gesellschaftliches Subjekt und ein kollektives Subjekt usw. usf.

Siehe ferner SÈVE: Marxismus und Theorie der Persönlichkeit, der darauf hinweist, dass es äusserst wichtig ist,

"nie die qualitativen Unterschiede ausser acht zu lassen, die zwischen dem Paar oder der kleinen Gruppe der interpersonellen Beziehungen und den eigentlichen gesellschaftlichen Verhältnissen bestehen, das heisst vor allem den Produktionsverhältnissen, deren in letzter Instanz bestimmende Bedeutung vom historischen Materialismus nachgewiesen ist."

p. 383.

38) Thomas A. HARRIS: Ich bin o.k. - Du bist o.k., wie wir uns selbst besser verstehen und unsere Einstellung zu anderen verändern können - eine Einführung in die Transaktionsanalyse, Reinbek b. Hamburg: Rowohlt Verlag, 1975.

39) Siehe Helm STIERLIN: Von der Psychoanalyse zur Familientherapie, Stuttgart: Ernst Klett Verlag, 1975, p. 245/246.

40) Siehe z.B. HARTMANN: Ich-Psychologie, p. 71-73 ("Ueber rationales und irrationales Handeln", 1947), p. 93 ("Bemerkungen zur psychoanalytischen Theorie der Triebe", 1948), p. 172 ("Die gegenseitige Beeinflussung von Ich und Es in ihrer Entwicklung", 1952), p. 281/282 ("Die Entwicklung des Ich-Begriffes bei Freud", 1956); derselbe: Psychoanalyse und moralische Werte, aus dem Englischen übersetzt von Marianne von ECKARDT-JAFFÈ, Stuttgart: Ernst Klett Verlag, 1973, p. 23, 24 und 75. HARTMANN spricht hier von der "Autonomie" des moralischen Gleichgewichts und des moralischen Verhaltens. Siehe auch FUERSTENAUs Kritik an Heinz HARTMANN: Peter FUERSTENAU: "Ich-Psychologie und Anpassungsproblem, eine Auseinandersetzung mit Heinz Hartmann", Jahrbuch der Psychoanalyse, Bd. III, 1964, p. 39, 44 und 47. Siehe ferner BLANCK und BLANCK: a.a.O.,

p. 37, 38, 58 und 392; dieselben: Ehe und seelische Entwicklung, Stuttgart: Klett-Cotta, 1978, p. 100; Heinz KOHUT: Die Heilung des Selbst, aus dem Englischen übersetzt von Elke vom SCHEIDT, Frankfurt a.M.: Suhrkamp Verlag, 1979, p. 264; Otto F. KERNBERG: Borderline Conditions and Pathological Narcissism, New York: Jason Aronson, Inc., 1976, p. 320/321; JACOBSON: a.a.O., p. 199/200.

Auf dem Gebiet der Physiologie und der Soziologie sind als Hauptvertreter des Harmonisierungs- und Gleichgewichtsdenkens W.B. CANNON (Begriff der Homöostase) und Talcott PARSONS zu nennen.

"PARSONS ging von der Vorstellung aus, diese sozialen, kulturellen und personalen Systeme würden von einem Prinzip der Selbsterhaltung und Gleichgewichtsoptimierung, von einer beständigen Tendenz zu einem harmonischen Zustand und Funktionieren (Homöostase) beherrscht."

Walter FRIEDRICH: "Sigmund Freud - ein Vatersymbol für T. Parsons?", Kritik der Psychoanalyse und biologistischer Konzeptionen, p. 126.

In der bürgerlichen Wirtschaftstheorie beherrscht noch laut Crawford B. MACPHERSON in wesentlichen Punkten die Grenznutzentheorie oder neoklassische Theorie, wie sie später genannt wurde, das Feld. Diese Theorie, die zuerst in den siebziger Jahren des 19. Jahrhunderts ausgearbeitet und von Alfred MARSHALL in eine endgültige Form gebracht wurde, implizierte,

"that the capitalist market system did maximize utility, and that it gave everyone - labourer, entrepreneur, capitalist, and landowner - exactly what his contribution was worth. The system tended to an equilibrium at which every factor of production - each lot of labour, of capital, of land, and of enterprise - got a reward equal to the marginal productivity of its contribution ...
It /this theory/ has had to be modified in some respects, of course. Allowance has had to be made for monopolistic developments. And after Keynes demonstrated that the system did not automatically tend to equilibrium at maximum utility, but could find an equlibrium at any measure of underemployment of resources and labour, the theory had to be modified to admit the necessity of continual government action in order to keep the system up to the mark."

Crawford B. MACPHERSON: Democratic Theory: Essays in Retrieval, Oxford: Clarendon Press, 1975, p. 176.

41) Die Sorge um die Zukunft der Natur und der Menschheit verbunden mit dem Postulat des Gleichheitsgrundsatzes wird heute besonders von den für ihre nationale Souveränität kämpfenden Indianern betont. Siehe Oren LYONS: "Statement to the Geneva Conference on 'Discrimination Against Indigenous Populations in the Americas' from September 20 - 23, 1977", Chronicles of American Indian Protest, zusammengestellt und herausgegeben mit Kommentaren von The Council on Interracial Books for Children, New York: The Council on Interracial Books for Children, 1979, p. 349; Norman ELROD, Rudolf HEINZ und Helmut DAHMER: Der Wolf im Schafspelz,

Erikson, die Ich-Psychologie und das Anpassungsproblem, Frankfurt a.M.:
Campus Verlag, 1978, p. 73-75; DELORIA Jr.: a.a.O., p. 195; Leonard
PELTIER: "Erklärungen an Richter Benson", Akwesasne, wo das Rebhuhn
balzt, aus dem Englischen übersetzt von einem Uebersetzerteam, München:
Trikont Verlag, 1978, p. 283/284. Siehe auch Hinweis auf Frank ORTIZ'
"Invocation", Final Report From the Seminar Economic Development in
Indian Reservations in New Mexico, herausgegeben von David MARGOLIN
und Roxanne Dunbar ORTIZ, Albuquerque: University of New Mexico,
1979, p. 1.

UWE-JENS HEUER

Objektive ökonomische Gesetze - Möglichkeiten und Grenzen der Wirksamkeit des Rechts

In der gesellschaftlichen Praxis der DDR wird immer nachdrücklicher die Frage nach der Wirksamkeit des Rechts nicht zuletzt in bezug auf die Gestaltung ökonomischer Prozesse gestellt. Die grossen Anforderungen an die Volkswirtschaft der DDR sind notwendig Veranlassung, besonders dringlich nach unausgenutzten Möglichkeiten auch des sozialistischen Rechts zu fragen. Die Diskussion muss vor allem mit den Vertretern der Wirtschaftspraxis und -wissenschaft auf der Ebene konkreter Einzelfragen geführt werden. Sie bedarf aber auch der theoretischen Vertiefung, der Debatte um theoretische Grundfragen. Eine der entscheidenden Fragen ist dabei die Frage nach den sich aus der Anerkennung der Objektivität ökonomischer Gesetze prinzipiell und speziell im Sozialismus ergebenden Möglichkeiten und Grenzen der Wirksamkeit des Rechts im Bereich der Wirtschaft.

Objektive gesellschaftliche Gesetze sind Gesetze menschlichen Verhaltens. Objektive ökonomische Gesetze sind Gesetze menschlichen Verhaltens in der Oekonomie. Warum also soll - so wollen wir die Frage zunächst formulieren - das objektiv bestimmte menschliche Verhalten noch einmal - gleichsam zusätzlich - durch Rechtsnormen vorgeschrieben werden? Oder können die juristischen Gesetze ein anderes Verhalten wirksam vorschreiben und wo bleibt dann die Objektivität der ökonomischen Gesetze?

Allgemein wurde diese Frage von MARX und ENGELS beantwortet. Sie gingen bekanntlich davon aus, "dass Rechtsverhältnisse wie Staatsformen weder aus sich selbst zu begreifen sind noch aus der sogenannten allgemeinen Entwicklung des menschlichen Geistes, sondern vielmehr in den materiellen Lebensverhältnissen wurzeln, deren Gesamtheit Hegel ... unter dem Namen bürgerliche Gesellschaft zusammenfasst, dass aber die Anatomie der bürgerlichen Gesellschaft in der politischen Oekonomie zu suchen sei" (1). Der Aufdeckung der hier wirkenden, das Verhalten der Menschen beherrschenden Gesetze hat vor allem Karl MARX sein Lebenswerk gewidmet. Im "Anti-Dühring" heisst es zusammenfassend zu den Gesetzen der Warenproduktion: "Die Gesetze setzen sich durch, trotz der Anarchie, in ihr, durch sie ... Sie setzen sich also durch ohne die Produzenten und gegen die Produzenten, als blindwirkende Naturgesetze ihrer

Produktionsform." (2) Was jeder einzelne will, so schreibt ENGELS in einem
seiner Altersbriefe, "wird von jedem anderen verhindert, und was heraus-
kommt, ist etwas, das keiner gewollt hat. So verläuft die bisherige Geschichte
nach Art eines Naturprozesses." (3)

Konnte in diesem Prozess die rechtliche Einwirkung überhaupt einen Platz, eine
Wirkung haben, konnte es damit eine relative Selbständigkeit des Rechts geben?
Diese Frage wurde in demselben Brief von ENGELS mit Entschiedenheit bejaht,
wenn er auf die Einwirkungsmöglichkeiten der verschiedenen Momente des
Ueberbaus, darunter der Rechtsformen verweist. Menschliches Verhalten, so
hatten MARX und ENGELS nachgewiesen, wird letztlich durch Eigentumsverhältnisse bestimmt, ist Klassenverhalten. Aber gerade weil es Klassenverhalten ist, muss auch das konkrete Verhalten des Individuums dem Klasseninteres-
se entsprechend eingeordnet werden. "Im Privatrecht werden", schrieben MARX
und ENGELS, "die bestehenden Eigentumsverhältnisse als Resultate des allgemeinen Willens ausgesprochen." "Gerade das Durchsetzen der voneinander unabhängigen Individuen und ihrer eigenen Willen, das auf dieser Basis in ihrem
Verhalten gegeneinander notwendig egoistisch ist, macht die Selbstverleugnung
in Gesetz und Recht nötig, Selbstverleugnung im Ausnahmefall, Selbstbehaup-
tung ihrer Interessen im Durchschnittsfall." (4)

Die Spontaneität, die Bestimmung des Willens und des Handelns eines jeden
durch seine Privatinteressen, erfordert also zu ihrer notwendigen Ergänzung
die Bestimmung des Einzelwillens durch den Klassenwillen der Bourgeoisie,
einen Willen, dessen Inhalt, wie es im Kommunistischen Manifest heisst, "gegeben ist in den materiellen Lebensbedingungen eurer Klasse" (5). Die Bestimmung des Einzelwillens durch das staatlich sanktionierte Recht ist also nicht
minder gesetzmässig, nicht minder materiell bedingt, als die Bestimmung
durch die individuellen Interessen, durch den Konkurrenzmechanismus, wenn-
gleich diesem untergeordnet.

Die relative Selbständigkeit der rechtlichen Regulierung dient den Interessen
der herrschenden Klasse. Sie bietet zugleich, wie besonders von ENGELS in
den späteren Arbeiten hervorgehoben wurde, die Möglichkeit besserer und
schlechterer Form des Rechts, des Einflusses von Fraktionen der herrschenden Klasse, von anderen Klassen und Schichten, von einzelnen Interessengrup-
pen. Dieser Mechanismus ist von der Oekonomie hervorgebracht, aber selbst
nicht ökonomischer, sondern ausserökonomischer Natur. Er kann mit ökonomischen Gesetzen in Widerspruch geraten und ist selbst Ausdruck ökonomischer Gesetze. Die ökonomischen Erfordernisse im Kapitalismus werden sowohl unmittelbar, über einen "naturgesetzlichen" Mechanismus, als auch mittelbar, über juristische Willensmechanismen, in das Verhalten der einzelnen
umgesetzt.

Diese Wirksamkeit auf das Verhalten ist keine neben der ideellen Widerspiegelung existierende zusätzliche Funktion des Rechts. Seine Widerspiegelungs-
funktion besteht - wie die aller ideologischen Verhältnisse - gerade in seiner
organisierenden, verhaltensformenden Rolle. In ihren ersten Schriften hatten
MARX und ENGELS vor allem den abgeleiteten Charakter ideologischer Ver-

hältnisse, ihre Geschichtslosigkeit, Nebelhaftigkeit, ihren Reflexcharakter hervorgehoben (6). Aber bereits in der Deutschen Ideologie hatten sie auch formuliert, dass die Gedanken der herrschenden Klasse in jeder Epoche die herrschenden Gedanken sind, dass die herrschende Klasse nicht nur die materielle, sondern auch die geistige Produktion beherrscht, die im übrigen ebenso wie die materielle Produktion gesellschaftlichen Charakter trägt. Es gibt also eine abgeleitete, aber relativ selbständige Gedankenherrschaft und damit auch ein abgeleitetes, aber relativ selbständiges ideologisches Kampffeld, den Bereich ideologischen Klassenkampfes. Im Vorwort zur Kritik der politischen Oekonomie wird die Unterscheidung gefordert zwischen der "Umwälzung in den ökonomischen Produktionsbedingungen und den juristischen, politischen, religiösen, künstlerischen oder philosophischen, kurz, ideologischen Formen, worin sich die Menschen dieses Konflikts bewusst werden und ihn ausfechten" (7).

Diese klassischen Formulierungen bezeugen nicht nur die letztlich bestimmende Rolle der ökonomischen Umwälzung, sie bezeugen ebenso die Notwendigkeit der ideologischen Widerspiegelung, in deren Rahmen die von der Oekonomie hervorgebrachten Konflikte ausgefochten werden und unter denen bei MARX und ENGELS die Rechtsformen immer wieder an erster Stelle genannt werden. Der Kampf auf dem Felde des Rechts, wie auf dem Felde der Ideologie überhaupt, ist abgeleitet, aber er ist objektiv erforderlich. Es geht hier nicht um Geisterschlachten, sondern um wirkliche, wenn auch nicht die letztlich entscheidenden Kämpfe.

Von bürgerlichen Wissenschaftlern wurde oft das Sollen dem Sein, die Sollenswissenschaften den Seinswissenschaften entgegengesetzt. Aber das Sollen der Rechtsnormen, wie aller sozialen Normen, ist nichts der Welt Gegenübergestelltes, es ist eine reale Kraft, ein realer Faktor in der wirklichen Welt. Es bezieht sich auf künftiges Sein. Seine Realität, seine Objektivität, seine Wirksamkeit aber beruht auf den materiellen Verhältnissen, den gesellschaftlichen Erfordernissen, die diesen Normen zugrunde liegen und der tatsächlich zwingenden Macht der die Normen garantierenden Organisationen.

MARX und ENGELS haben also auf der Grundlage der Analyse des Kapitalismus die Fragen nach der Wirksamkeit des Rechts bei Anerkennung der Objektivität ökonomischer Gesetze bejaht, ja, sie aus den ökonomischen Gesetzen, vor allem den Gesetzen der Warenproduktion, abgeleitet. Zugleich haben sie den spezifischen Mechanismen dieser Wirksamkeit - wie den ideologischen Mechanismen überhaupt - nicht ihre entscheidende Aufmerksamkeit zugewandt; ging es ihnen doch vor allem darum, den Gegnern gegenüber das von diesen geleugnete Hauptprinzip zu betonen, nämlich in der Produktion und Reproduktion des wirklichen Lebens das in letzter Instanz bestimmende Moment in der Geschichte zu sehen (8). Der Rechtsmechanismus ist, wie die ideologischen Mechanismen überhaupt, ein notwendiger, aber doch ein untergeordneter Bestandteil im Wirtschaftssystem des Kapitalismus, er kann den auf dem kapitalistischen Privateigentum beruhenden Konkurrenzmechanismus nur ergänzen.

Wenn wir jetzt die Frage nach der Wirksamkeit des Rechts im Sozialismus stellen, nach ihren Möglichkeiten und Grenzen, so müssen wir dieselbe Methodik wie MARX und ENGELS, aber auf einen anderen Gegenstand anwenden.

Auch im Sozialismus können Rechtsverhältnisse wie Staatsformen nicht aus sich selbst begriffen werden. Auch hier wurzeln sie in den materiellen Lebensverhältnissen, deren Anatomie in der politischen Oekonomie zu suchen ist. Auch hier muss, ehe nach den Wirkungsmöglichkeiten des Rechts gefragt wird, die Frage nach der Oekonomie, nach ihren objektiven Gesetzen gestellt werden. Nach materialistischer Position kann nur auf dieser Grundlage eine veränderte Rolle ideologischer Verhältnisse darunter auch des Rechts abgeleitet werden.

Das entscheidende Charakteristikum des Systems der sozialistischen Produktionsverhältnisse ist die Beseitigung des Privateigentums an den Produktionsmitteln, der Ausbeutung des Menschen durch den Menschen und damit auch der auf dieser Grundlage wirkenden ökonomischen Gesetze. Den neuen Eigentumsverhältnissen entspricht ein neues System der ökonomischen Gesetze, in dem die Gesetze der Warenproduktion einen anderen Platz einnehmen und die damit verbundene Spontaneität nicht mehr bestimmend ist. Zugleich gewinnen Leitungsbeziehungen und mit ihnen die Rolle des Willens eine ungleich grössere Bedeutung. Damit kann und muss die Frage nach dem Wirkungsraum der Ideologie, nach dem Wirkungsraum des Rechts neu gestellt werden.

Zu ihrer Beantwortung muss noch einmal auf MARX zurückgegriffen werden, und zwar auf seine Darlegungen zur Produktionsdirektion. MARX hatte im ersten Band des Kapital aus der Kooperation das Kommando, den Befehl des Kapitalisten als Produktionsbedingung abgeleitet. "Alle unmittelbar gesellschaftliche oder gemeinschaftliche Arbeit auf grösserem Massstab bedarf mehr oder minder einer Direktion, welche die Harmonie der individuellen Tätigkeiten vermittelt und die allgemeinen Funktionen vollzieht, die aus der Bewegung des produktiven Gesamtkörpers im Unterschied von der Bewegung seiner selbständigen Organe entspringen."

Im dritten Band wird dann das Thema noch einmal aufgenommen und ausdrücklich erklärt, dass in allen Arbeiten, worin viele Individuen kooperieren, sich "notwendig der Zusammenhang und die Einheit des Prozesses in einem kommandierenden Willen darstellt". Und um jeden Zweifel am Charakter dieser Seite der Tätigkeit des Kapitalisten auszuräumen, heisst es dann ausdrücklich:

"Es ist dies eine produktive Arbeit, die verrichtet werden muss in jeder kombinierten Produktionsweise." (9) Zugleich weist MARX darauf hin, dass diese produktive Direktionstätigkeit notwendig zugleich Funktion der Ausbeutung ist, dass also die kapitalistische Leitung dem Inhalt nach zwieschlächtig, ja der Kapitalist nicht Kapitalist ist, weil er industrieller Leiter ist, sondern industrieller Befehlshaber wird, weil er Kapitalist ist (10). Diese Direktionstätigkeit ist für MARX notwendiger Bestandteil jeglicher Arbeitsteilung, die nicht durch Ware-Geld-Beziehungen vermittelt ist. "Die manufakturmässige Teilung der Arbeit unterstellt die unbedingte Autorität des Kapitalisten ... die gesellschaftliche Teilung der Arbeit stellt unabhängige Warenproduzenten einander gegenüber." (11)

Mit der Beseitigung des kapitalistischen Privateigentums nimmt im Sozialismus die Direktionstätigkeit einen völlig neuen Raum ein, eine völlig neue Qualität an. Die Kooperation ist nicht mehr auf den Rahmen des Betriebes beschränkt, sie erreicht volkswirtschaftliche, ja internationale Dimensionen. Die Arbeitsteilung wird vorrangig nicht mehr durch Ware-Geld-Beziehungen, sondern durch Direktionsbeziehungen, also über Leitung und Planung vermittelt, ohne dass die Vermittlung über Ware-Geld-Beziehungen wegfällt.

Ueber den Platz und die Rolle der Ware-Geld-Beziehungen und des Wertgesetzes wird seit langem in der ökonomischen Wissenschaft diskutiert. Als Ergebnis der bisherigen Diskussion kann wohl angesehen werden, dass das Wertgesetz nicht als Hauptregulator der Produktion im Sozialismus betrachtet werden darf, dass es aber im System der Gesetze der sozialistischen politischen Oekonomie einen notwendigen und wichtigen Platz einnimmt. Die Notwendigkeit der Ware-Geld-Beziehungen ergibt sich aus dem Sozialismus selbst. Diese Beziehungen sind nichts dem Sozialismus Fremdes, wohl aber in die planmässige Leitung der Produktion eingeordnet (12).

Diese Einordnung hat zur Folge, dass die Direktion als notwendiger Bestandteil unmittelbar gesellschaftlicher Produktion gegenüber der Vermittlung durch Ware-Geld-Beziehungen dominiert. Dabei ist die Direktion materielles Verhältnis, Austausch von Tätigkeiten und hat als solches das Primat gegenüber der Ware-Geld-Beziehung. Auf die hier zunächst vernachlässigte besondere Bedeutung der Willensseite wird noch einzugehen sein.

Sozialistisches Eigentum bedeutet also notwendig Primat planmässiger Direktion im gesellschaftlichen Massstab bei Fortbestand von Ware-Geld-Beziehungen. Diese planmässige Direktion ist zugleich notwendig mit der Durchsetzung der gesamtgesellschaftlichen Interessen bei maximaler Entfaltung individueller und kollektiver Interessen verbunden. So wie die kapitalistische Direktion Funktion der Ausbeutung ist, so ist die gesellschaftliche Direktion im Sozialismus Funktion der Durchsetzung gesamtgesellschaftlicher Interessen. Ueber die Leitung werden die grundlegenden volkswirtschaftlichen und gesellschaftlichen Proportionen vermittelt, wird das Verhältnis von Akkumulation und Konsumtion festgelegt. Der Volkswirtschaftsplan ist nicht nur das technisch-organisatorische Instrument der Sicherung der volkswirtschaftlichen Proportionen, er ist zugleich das grundlegende Instrument zur Entscheidung über die Befriedigung der Interessen der werktätigen Klassen, Schichten und Gruppen. Auch im Sozialismus umfasst damit die Leitung zwei Seiten, ist die sozialökonomische Seite bestimmend.

Die Umwälzung der Produktionsverhältnisse bedingt also einen völlig neuen Rang der Leitungsbeziehungen, die zum entscheidenden Vermittlungsglied der gesellschaftlichen Arbeit werden. Dieser Prozess hat notwendig auch den gesamten Ueberbau umgewälzt. Der neue Rang der Leitungsbeziehungen prägt den neuen Ueberbau, die neuen ideologischen Verhältnisse. Nur von diesem Prozess her kann auch die Rolle des Rechts exakt bestimmt werden. Seinen sinnfälligsten Ausdruck findet dieser Zusammenhang in der Rolle des Staates. Träger der planmässigen Direktion auf gesellschaftlicher Ebene ist der sozialistische

Staat als ökonomisches Zentrum. Die Tätigkeit staatlicher Organe im Rahmen dieser planmässigen Direktion ist produktive Tätigkeit, die hier bestehenden Leitungsbeziehungen sind materielle Verhältnisse, Produktionsverhältnisse. Die staatliche Leitung der Volkswirtschaft ist sowohl Produktionsbedingung als auch Bestandteil der Produktionsverhältnisse. Sie hat in hohem Masse die Funktion der Ware-Geld-Beziehungen als vermittelndes Glied zur Gewährleistung der volkswirtschaftlichen Proportionen in technisch-organisatorischer und sozialökonomischer Hinsicht übernommen (13).

Damit verliert der Staat nicht seinen politischen Charakter. Im Gegenteil, die Rolle des Staates als ökonomisches Zentrum muss auch seine Bedeutung als politische Einrichtung erhöhen. Der Staat kann diese Funktion als ökonomisches Zentrum sogar nur deshalb ausüben, weil er die Gesellschaft politisch leitet. Es gibt nicht zwei Staaten, den einen, der das ökonomische Zentrum bildet, und den anderen, der die politische Leitung der Gesellschaft ausübt. Die Rolle des Staates als ökonomisches Zentrum bedeutet nur, dass ein Teil der Organe des einheitlichen sozialistischen Staates - ohne aufzuhören, politische Machtorgane zu sein - zugleich ökonomische Funktionen, Basisfunktionen ausübt.

Die Beziehungen der planmässigen Direktion müssen als Willensbeziehungen unter den Bedingungen der Existenz von Klassen und Schichten - auch nach dem Wegfall des Klassenantagonismus - sowie des Bestehens zweier klassenmässig entgegengesetzter Weltsysteme weiterhin machtmässige, also eben staatliche Leitungsbeziehungen sein. Die weltgeschichtliche Entwicklung hat dazu geführt, dass an die Stelle des von ENGELS vorhergesagten Nacheinanders von Regierung über Personen und Verwaltung von Sachen sowie Leitung von Produktionsprozessen (14) für einen historisch langen Zeitraum die widersprüchliche Einheit beider getreten ist.

Der hier anhand des Staates deutlich gewordene Zusammenhang prägt die gesamte politische Organisation der sozialistischen Gesellschaft. Der Sozialismus ist gerade dadurch charakterisiert, dass alle wesentlichen Probleme im Rahmen der politischen Organisation unter Führung der Partei gelöst werden können und müssen. Der Sozialismus kennt keinen "naturgesetzlichen" Gesamtprozess. Deshalb können grundlegende Korrekturen nur im Rahmen des politischen Systems erfolgen. Die Leistungsfähigkeit der politischen Organisation ist ein entscheidender Faktor für die Leistungsfähigkeit der sozialistischen Gesellschaftsordnung überhaupt.

Damit ist die Objektivität der ökonomischen Gesetze keineswegs aufgehoben. Die volkswirtschaftlichen Proportionen sind nicht weniger objektiv als im Kapitalismus. Die Steigerung der Arbeitsproduktivität, dort im Interesse der Ausbeutung notwendig, ist hier nicht minder notwendig im Interesse der Befriedigung der Bedürfnisse der Werktätigen. Allerdings setzen sich die ökonomischen Gesetze in anderer Form durch. Im Kapitalismus war der Mechanismus der Konkurrenz der entscheidende Mechanismus zur Vermittlung der ökonomischen Gesetze. "Die Konkurrenz überhaupt, dieser wesentliche Lokomotor der bürgerlichen Oekonomie, etabliert nicht ihre Gesetze, sondern ist deren Exekutor." (15) Jetzt wird deren Funktion wesentlich von einem politischen Mechanismus übernommen. Ein Gesetz der planmässig proportionalen Entwicklung etwa kann sich als ökonomisches Gesetz überhaupt nicht durchsetzen, wenn kein derartiger Mechanismus existiert und wirkt.

Die ökonomischen Gesetze des Sozialismus setzen sich also auf differenzierte Weise durch; einmal über entsprechende Mechanismen des Ueberbaus und zum zweiten unmittelbar über ökonomische Gesetze individuellen Verhaltens. Für die einen Prozesse können das Gesetz der planmässig proportionalen Entwicklung, aber auch die allgemeinen Produktionsgesetze stehen, für die anderen das Wertgesetz (16).

Eine solche Differenzierung scheint mir auch die notwendige Schlussfolgerung aus der lange geführten Diskussion um das Verhältnis von ökonomischen Gesetzen und ihrer bewussten Durchsetzung zu sein (17). Es ist kein Zufall, dass in einer kürzlich durchgeführten Diskussion führender sowjetischer Wirtschaftswissenschaftler über die Ausnutzung der ökonomischen Gesetze Fragen des subjektiven Faktors, der Organisation, des Willens, des Wirtschaftsmechanismus, der Leitung überhaupt im Mittelpunkt standen. Insofern ist der "Widerspiegelungsmechanismus der ökonomischen Gesetze des Sozialismus in der staatlichen Tätigkeit" ein unentbehrlicher Bestandteil ihres objektiven Wirkungsmechanismus (18).

Aus den ökonomischen Gesetzen des Sozialismus selbst ergeben sich also zwingend grössere Möglichkeiten des Ueberbaus, der politisch-ideologischen Sphären insgesamt. Es ergibt sich für die Wissenschaft die dringliche Notwendigkeit, die Wirkungsmöglichkeiten der einzelnen Bestandteile des Ueberbaus genauer zu untersuchen, von der Anerkennung des Wirkens von Gesetzmässigkeiten auch im Ueberbau zu ihrer Aufdeckung vorzustossen (19). Nicht bewiesen ist damit aber ein grösserer Wirkungsraum desjenigen Bestandteils des Ueberbaus, der uns hier interessiert, des Rechts. Im Gegenteil, die veränderte Stellung der Ware-Geld-Beziehungen könnte auch eine geringere Rolle des Rechts erwarten lassen.

Die Notwendigkeit des Rechts leitet sich auch im Sozialismus aus dem Bestehen von Klassen und Klassenwidersprüchen ab. Das sozialistische Recht ist in der widersprüchlichen Einheit gesellschaftlicher, kollektiver und individueller Interessen begründet. Insofern ist es nicht zulässig, wie dies längere Zeit geschah, die Aufgabe des sozialistischen Rechts vor allem darin zu sehen, die gesellschaftlichen Erfordernisse, insbesondere die Erfordernisse der ökonomischen Gesetze den Mitgliedern der Gesellschaft "verbindlich" mitzuteilen.

Tatsächlich kann eine solche Aufgabe der Rechtsnormen nicht bestritten werden. Als Hauptaufgabe geht sie allerdings an der Spezifik des Rechts vorbei. Die Widerspiegelung materieller Verhältnisse in Gestalt von Normen unterscheidet sich von derjenigen in Gestalt wissenschaftlicher Gesetze. Wissenschaftliche Erkenntnisse sind Aussagen. Normen aber sind Handlungsanleitungen, Festlegungen von Verhaltensweisen, die an Organisationen gebunden sind, die sie hervorbringen und sanktionieren. Deshalb ist es nicht möglich, Normen auf ihnen zugrunde liegende wissenschaftliche Aussagen zu reduzieren. Die

Erkenntnis eines ökonomischen Gesetzes, seiner Erfordernisse und die Bereitschaft, in bestimmter Weise zu handeln, sind nicht dasselbe. Die Normen des
Rechts wie die der Moral wurzeln letztlich in der Oekonomie, aber nicht in
derselben Weise wie die ökonomische Wissenschaft.

Von der ökonomischen Basis der Gesellschaft zur Gestaltung von Rechtsnormen führen nicht allein logische Ableitungen, sondern vor allem politischenEnt-
scheidungen (20). Nicht aus der Notwendigkeit der Verwirklichung ökonomischer Gesetze schlechthin kann also die Rolle des Rechts im System der sozialistischen Wirtschaftsleitung abgeleitet werden, sondern nur aus der Notwendigkeit ihrer Umsetzung in Rechtsnormen.

Deshalb kann es auch nicht genügen, die Rolle des Rechts allein aus der Rolle
des Staates herzuleiten. Die dargestellten grundlegenden Veränderungen in der
ökonomischen Struktur der sozialistischen Gesellschaft haben zu einer wesentlichen Erhöhung der Rolle des Staates geführt. Diese Entwicklung ist aber noch
nicht gleichbedeutend mit einer erhöhten Rolle des Rechts. Die Entwicklung
der sozialistischen Volkswirtschaft - und in bestimmtem Masse auch die Entwicklung in den kapitalistischen Ländern - zeigt mit aller Deutlichkeit, dass
der heutige Staat keineswegs nur oder überwiegend mit dem Mittel des Rechts
(der Rechtsnormen) gesellschaftliche Prozesse leitet und steuert. Das Recht
hat längst aufgehört, das einzig entscheidende staatliche Leitungsmittel zu sein.

Die Verschiebung von Marktmechanismen auf Willensmechanismen hat nicht unmittelbar eine Erhöhung der Rolle des Rechts zur Folge. Greifen wir noch einmal auf MARX zurück. Er hatte in zwei Fällen von Willensbeziehungen gesprochen: Einmal in bezug auf die Austauschbeziehungen der Warenproduzenten und
zum zweiten in bezug auf die Direktionsbeziehungen.

Für die Austauschbeziehungen der Warenproduzenten gilt, dass sie notwendig
die Form eines Willensverhältnisses annehmen, das als Vertragsverhältnis ein
Rechtsverhältnis bildet (21). Hier ist also das Willensverhältnis notwendig zugleich ein juristisches Verhältnis, wird sein Inhalt sowohl von den Partnern als
auch von den rechtlich normierten Klasseninteressen bestimmt.

Anders steht es mit den Direktionsbeziehungen. Die Direktion des Kapitalisten
gründet sich nicht auf politische Macht, sondern auf das kapitalistische Privateigentum. Der Inhalt der innerbetrieblichen Weisungsbeziehungen bedarf nicht
der staatlichen Regelung, bestenfalls der äusserlichen staatlichen Sanktion.
"Anarchie der gesellschaftlichen und die Despotie der manufakturmässigen Arbeitsteilung" (22) waren zwei einander notwendig ergänzende Seiten der kapitalistischen Produktionsweise.

Im Sozialismus hat sich die Direktion über die Betriebsgrenzen hinaus auf die
Volkswirtschaft ausgedehnt. Die Rolle der damit verknüpften Willensbeziehungen ist ungeheuer gewachsen. Die traditionell durch das Recht geregelten Austauschbeziehungen sind nach wie vor bedeutsam, treten aber an gesellschaftlichem Gewicht gegenüber den Willensbeziehungen im Rahmen der planmässigen
Direktion zurück.

Unsere Frage besteht jetzt darin, ob und wann diese Willensbeziehungen Rechtsbeziehungen sein müssen, der inhaltlichen Gestaltung durch die Rechtsnorm bedürfen. Dafür genügt nicht die Notwendigkeit verbindlicher Verhaltensbestimmung, sondern ist vielmehr die Notwendigkeit normativ verbindlicher Verhaltensgestaltung durch Festlegung von Rechten und Pflichten erforderlich. Diese Frage ist hinsichtlich der Ware-Geld-Beziehungen durch die Geschichte eindeutig beantwortet, hinsichtlich der Direktionsbeziehungen wird sie erstmalig umfassend im Sozialismus gestellt.

Die wachsende Bedeutung der Normen in der sozialistischen Gesellschaft ist dabei eine notwendige, aber keine hinreichende Bedingung für eine entsprechende Rolle der Rechtsnormen. Allgemein gesprochen ist die menschliche Gesellschaft und jede menschliche Gruppe stets normativ organisiert. Normen sind ein notwendiges Mittel, das Zusammenwirken von Menschen in der Arbeit und in anderen Lebensprozessen zu sichern. Es gibt keine menschliche Kooperation ohne Normen. Nur die Existenz von Normen ermöglicht es, das eigene künftige Verhalten auf dem zu erwartenden Verhalten anderer, auf ihre normativ bestimmten Einstellungen aufzubauen. Sie können damit auch bei komplexeren Beziehungen die Beherrschbarkeit und Durchsichtigkeit gewährleisten. Real existierende, d.h. wirksam gesetzte und durchgesetzte Normen bedeuten bestimmte Einstellungen, bestimmte Verhaltensweisen. Das reicht von allgemeinsten Einstellungen wie Ehrlichkeit, Zuverlässigkeit, Initiative, Kampfgeist bis zu konkreten Einstellungen wie der Bereitschaft, hohe Planaufgaben zu übernehmen oder die Verträge zu erfüllen. Die Einstellung ist gewissermassen die individuelle Existenzweise der Norm.

In der sozialistischen Gesellschaft spielen Normen, spielen Einstellungen notwendig eine grosse Rolle. Die ökonomischen Gesetze müssen sich nicht nur über entsprechende individuelle Interessen und über die an der Erkenntnis der Erfordernisse unmittelbar orientierte Tätigkeit durchsetzen, sondern auch über solche Einstellungen, solche Verhaltensweisen, die auf die Verwirklichung der Grundanliegen der sozialistischen Gesellschaft orientiert sind. Mit dem weiteren Ausbau der sozialistischen Gesellschaft nimmt die Rolle derartiger Einstellungen notwendig zu. Je mehr es gelingt, die materiellen Bedürfnisse der Menschen zu befriedigen, desto wichtiger werden solche Bedürfnisse wie das Bedürfnis nach sozial bedeutsamer Tätigkeit, moralische Bedürfnisse, das Bedürfnis nach Demokratie, also die Bedürfnisse der sozialen Existenz des Menschen (23). Damit müssen auch die Auseinandersetzungen um Einstellungen, um Verhaltensweisen und damit um Normen, zunehmen. Dieser Prozess der Aenderung der Einstellungen ist ein langwieriger Prozess, dessen Tempo letztlich von der wachsenden Befriedigung der materiellen Bedürfnisse entsprechend der Reife der Produktivkräfte abhängt, aber auch von den widersprüchlichen ideologischen Prozessen selbst bestimmt wird. Wo es sich um die vollständige Umgestaltung der gesellschaftlichen Organisation handelt, schrieb ENGELS in der Einleitung zu den Klassenkämpfen in Frankreich, "da müssen die Massen selbst mit dabei sein, selbst schon begriffen haben, worum es sich handelt, für was sie mit Leib und Leben eintreten. ... Damit aber die Massen verstehen, was zu tun ist, dazu bedarf es langer ausdauernder Arbeit" (24).

Die wachsende Rolle der Normen (der Einstellungen) ist noch nicht gleichbedeutend mit der wachsenden Rolle des Rechts. Die Einstellungen werden keineswegs nur mit Hilfe des Rechts beeinflusst. In der sozialistischen Gesellschaft wirkt ein vielfältiges System von Normen, wie die Normen der Moral, des Rechts, der äusseren Kultur, Gewohnheiten und Traditionen, die Normen der gesellschaftlichen Organisationen, organisatorische Regeln und die politischen Normen im engeren Sinne (25). Innerhalb der bewusst gesetzten Normen bilden entsprechend der führenden Rolle der Partei die mit ihren Beschlüssen gesetzten Normen den Kern. In bestimmten gesellschaftlichen Bereichen tritt die Rolle der Rechtsnormen hinter den Moralnormen zurück. Das gilt beispielsweise für den Bereich des Familienrechts, trifft aber auch auf andere Bereiche zu.

Gilt gleiches auch für den Bereich der Volkswirtschaft? Ist die Rolle des Rechts in der Volkswirtschaft auf den traditionellen Bereichen der Ware-Geld-Beziehungen beschränkt oder erfasst es auch die wachsende Bedeutung gewinnenden staatlichen Direktionsbeziehungen? Das ist die Frage, auf die sich unsere Ueberlegungen zuspitzen.

Zu ihrer Beantwortung müssen wir uns noch einmal vor Augen halten, worin die spezifischen Möglichkeiten des Rechts, der rechtlichen Gestaltung gesellschaftlicher Verhältnisse bestehen. Der Wirkungsmechanismus des Rechts zeichnet sich gegenüber anderen ideologischen Mechanismen durch eine besonders strenge Form aus. Sowohl für das Setzen der Rechtsnormen als auch für ihre Realisierung bestehen feste Regeln. Im Gegensatz etwa zur Moral sind feste Sanktionen für Rechtsverletzungen vorgesehen, gibt es einen staatlichen Mechanismus, der die Aufgabe hat, für jeden einzelnen Fall die Anforderungen der Rechtsnorm zur Geltung zu bringen. Keine anderen Normen legen derartig unmittelbar und messbar die Aufgaben der einzelnen und der Kollektive fest. Die gleiche Behandlung gleichgelagerter Fälle gewährleistet gesellschaftliche Stabilität. Die Tatsache, dass Rechtsnormen bis zu ihrer Ausserkraftsetzung verbindlich bleiben, sichert Stabilität der Erwartungen, unterstützt die Zukunftsgewissheit. Durch die Festlegung von Rechten werden die gesellschaftlichen Erfordernisse und die individuellen und kollektiven Interessen wirksam verbunden. Diese Rechte können sowohl die Verteidigung gegen ungerechtfertigte Eingriffe als auch - und das wird immer wichtiger - die aktive Mitwirkung an der Gestaltung des sozialistischen Lebens gewährleisten.

Aus diesen charakteristischen Zügen des rechtlichen Mechanismus ergibt sich der hohe Rang der Rechtsnorm als gesamtgesellschaftliches Leitungsmittel, ihre grosse organisatorische Kraft als Mittel langfristiger, stabiler Gestaltung gesellschaftlicher Verhältnisse, zur Vereinigung gesellschaftlicher, kollektiver und individueller Interessen mit Hilfe des Staates. Wo immer diese Aufgaben stehen, ist das Recht unentbehrlich, kann es durch andere Normen nicht ersetzt werden.

Das gilt unbestreitbar für die Regelung der vertraglichen Austauschbeziehungen in der Volkswirtschaft. Das gilt aber auch für die Leitungsbeziehungen selbst. Die Ursache hierfür liegt nicht nur darin, dass die Regelung der Vertragsbeziehungen in ihrer Wirksamkeit - wie die Erfahrungen aller sozialistischen Länder beweisen - entscheidend von der rechtlichen Regelung der Leitungsbeziehungen abhängt. Die Wirtschaftsverträge sind entsprechend den Prinzipien sozialistischer Planwirtschaft an das Primat des Planes gebunden. Der Platz, den die vertragliche Entscheidung im System der Planentscheidungen einnimmt und damit der Wert des Vertrages für die Partner wird nicht in erster Linie durch die rechtliche Regelung des Vertragssystems, sondern durch die rechtliche Regelung der Planung bestimmt.

Noch bedeutsamer aber ist, dass unter den Bedingungen des Sozialismus, also unter den Bedingungen einer widersprüchlichen Einheit von gesellschaftlichen, kollektiven und individuellen Interessen, eine Berücksichtigung dieser Interessen bereits im Prozess der planmässigen Direktion selbst und damit auch eine entsprechende rechtliche Regelung erforderlich ist. Es geht daher nicht nur um die - notwendige - Regelung der Rückwirkung der Austauschverhältnisse auf die Direktion. Die Regelung muss vielmehr darauf gerichtet sein, dass in möglichst hohem Grade von vornherein in der planmässigen Direktion diese Interessiertheit gewährleistet ist. Es kommt also darauf an, nicht nur das Zusammenwirken der Warenproduzenten, sondern das Zusammenwirken aller am Prozess der Leitung und Planung Beteiligten zu gewährleisten.

Dieses Zusammenwirken ist ein planungstechnischer, ökonomischer und politischer Prozess ungeheuren Ausmasses. Zur Gewährleistung seines politischen Charakters sind rechtliche Regelungen unentbehrlich, weil nur sie die richtige Verbindung von Leitungsprozessen und Austauschprozessen, von gesellschaftlichen, kollektiven und individuellen Interessen gewährleisten können. Im Sozialismus tritt an die Stelle der Einheit von Anarchie und Despotismus die Einheit von Demokratie und Zentralismus, das Prinzip des demokratischen Zentralismus. Das damit notwendige demokratische Zusammenwirken aller Glieder des Leitungssystems - verbunden mit den Austauschbeziehungen der Warenproduzenten - ermöglicht und erfordert die inhaltliche Gestaltung von Leitungsbeziehungen (natürlich nicht aller) durch das sozialistische Recht.

Die Durchsetzung der ökonomischen Gesetze des Sozialismus bedarf des Rechts. Alte Grundlagen des Rechts haben Gewicht verloren, neue haben sich herausgebildet oder sind zum Teil erst im Entstehen. Mit der Beantwortung der Frage nach dem Verhältnis der objektiven ökonomischen Gesetze zur bewussten Leitung wird für uns die Frage nach dem Verhältnis des Rechts zu anderen Bestandteilen des Ueberbaus zum entscheidenden theoretischen und praktischen Problem. Die Bestimmung der möglichen Rolle des Rechts ist dabei nicht von einem Faktor abzuleiten. Sie ergibt sich aus der Einheit ihrer die Interessen durchsetzenden und - verbindenden, organisierenden und wertenden Funktionen, wobei in unserem Bereich die organisierende Funktion zunehmend an Stellenwert gewinnt.

Auf die tatsächliche Rolle des Rechts in der Wirtschaftsleitung wirken widersprüchliche Tendenzen ein. Eine höhere Wirksamkeit des Rechts ist eine Teilfrage der weiteren Entwicklung des Systems von Leitung und Planung überhaupt. Die Erhöhung der Wirksamkeit des Wirtschaftsrechts ist ein nur schrittweise zu bewältigender Prozess, der nicht ohne Widersprüche und auch nicht ohne

Rückschläge erfolgt. Je höher entwickelt eine Volkswirtschaft aber ist, desto weniger ist es möglich, dauerhafte Erfolge ohne Stabilität zu erreichen, desto mehr bedingen Dynamik und Proportionalität einander, desto bedeutsamer ist die Festigung stabiler auf die gesellschaftlichen Erfordernisse gerichteter Einstellungen, umso dringender muss damit auch die Frage nach der vollen Ausnutzung aller vom Recht gebotenen Möglichkeiten gestellt werden. Die Durchsetzung der ökonomischen Gesetze des Sozialismus verlangt die volle Ausschöpfung dieser Möglichkeiten.

Fussnoten

1) K. MARX: Zur Kritik der Politischen Oekonomie, in: Karl MARX/Friedrich ENGELS: Werke (im folgenden MEW), Bd. 13, Berlin 1961, p. 8.

2) F. ENGELS: "Anti-Dühring", MEW, Bd. 20, p. 253.

3) F. ENGELS an J. BLOCH, 21.9.1890, MEW, Bd. 37, p. 464.

4) K. MARX/F. ENGELS: Die deutsche Ideologie, MEW, Bd. 3, p. 311 f.

5) K. MARX/F. ENGELS: Manifest der Kommunistischen Partei, MEW, Bd. 4, p. 477.

6) K. MARX/F. ENGELS: Die Deutsche Ideologie, a.a.O., p. 26 f., 40.

7) Karl MARX: Zur Kritik der Politischen Oekonomie, a.a.O., p. 9; vgl. auch MEW, Bd. 3, p. 46 und 26.

8) Vgl. ENGELS an J. BLOCH, 21./22.9.1890, MEW, Bd. 37, p. 465.

9) K. MARX: Das Kapital, Erster Band, MEW, Bd. 23, p. 350; K. MARX: Das Kapital, Dritter Band, MEW, Bd. 25, p. 397.

10) K. MARX: Das Kapital, Erster Band, MEW, Bd. 23, p. 350 ff.

11) Ebenda, p. 377.

12) Zur Diskussion im ganzen vgl. H. RICHTER, W. SCHLIESSER: Die Warenproduktion im Sozialismus, Berlin 1977. Zum Verhältnis von Planmässigkeit und Warenproduktion speziell vgl. A.K. POKRYTAN: Produktionsverhältnisse und ökonomische Gesetze des Sozialismus, Berlin 1973. POKRYTAN charakterisiert den Sozialismus durch die Zusammenfassung von Elementen der Warenproduktion und der unmittelbar gesellschaftlichen Produktion, wobei diese dominiert (p. 188 f.).

13) Diese These ist umstritten, ergibt sich m.E. allerdings zwingend aus der staatlichen Wahrnehmung der planmässigen Direktion. Zur Diskussion vgl. L. ABALKIN: Ueber die ökonomische Funktion des sozialistischen Staates, in: Sowjetwissenschaft, GB, H. 1/1969, p. 45; P. FRIEDRICH, I. WAGNER: Zu einigen Fragen der Dialektik von Basis, Ueberbau und Staat im Sozialismus, in: DZfPh, Berlin, H. 6/1971, p. 746, sowie Thesen: "Zur planmässigen Entwicklung der sozialistischen Produktionsverhältnisse bei der weiteren Gestaltung des entwickelten Sozialismus in der DDR", Wirtschaftswis-

senschaft, Berlin, H. 2/1978, p. 136 ff. einerseits und A. BAUER, H. CRUEGER, G. KOCH, Ch. ZAK: Basis und Ueberbau der Gesellschaft, Berlin 1974, p. 30 ff. sowie L.I. SAGAINOW: Sozialistischer Staat und ökonomische Gesetze, Berlin 1978, p. 32 ff. andererseits.

14) F. ENGELS: "Anti-Dühring", a.a.O., p. 262.

15) K. MARX: Grundrisse der Kritik der Politischen Oekonomie (Rohentwurf), Berlin 1953, p. 176.

16) Zur Differenzierung der ökonomischen Gesetze vgl. O. LANGE: Politische Oekonomie, Bd. 1: Allgemeine Probleme, Berlin 1969, p. 86 f.; G. EBERT, G. KOCH, F. MATHO, H. MILKE: Oekonomische Gesetze in der entwickelten sozialistischen Gesellschaft, Berlin 1977, p. 376 ff. sowie L.I. SAGAINOW: a.a.O., p. 57 ff.

17) Die Ausnutzung der ökonomischen Gesetze in der entwickelten sozialistischen Gesellschaft, Rundtischgespräch, Sowjetwissenschaft, GB, H. 6 und 7/1977.

18) Zur Gegenposition vgl. L.I. SAGAINOW: "Der Wirkungsmechanismus der ökonomischen Gesetze des Sozialismus könnte, da er objektiv ist, ohne den Widerspiegelungsmechanismus funktionieren, wenn ein solcher nicht existierte. Jedoch würde er dann spontan funktionieren" (a.a.O., p. 83). Eben damit aber würde er aufhören, ein sozialistischer Mechanismus zu sein.

19) Vgl. dazu E. HAHN: Der Charakter der Gesetzmässigkeiten des geistigen Lebens der Gesellschaft, in: DZfPh, Berlin, H. 4/1975, p. 501.

20) Diese Problematik wird seit langem diskutiert. Vgl. besonders V. PESCHKA: Grundprobleme der modernen Rechtsphilosophie, Budapest 1974, Kap. 1: Sein und Sollen. Zur Unterscheidung von ökonomischen Gesetzen und Handlungsanweisungen vgl. H. DAMERIS: Erfordernis und ökonomisches Gesetz, DZfPh, Berlin, H. 6/1976, p. 716. Vgl. weiter: D. WITTICH: Ueber den Zusammenhang von Erkenntnis, Handlungsanweisung und Tätigkeit, DZfPh, Berlin, H. 7/1974, p. 831 sowie W. SEGETH: Aufforderung als Denkform, Berlin 1974, p. 37 ff. Zur Gegenposition: vgl. H. STEUSSLOFF: Erkenntnis und Praxis, Wahrheit und Parteilichkeit, Berlin 1977, vor allem p. 192 ff. Gegen die Einschränkung des Begriffs der Widerspiegelung, ihre Gleichsetzung mit mechanischer Kopie polemisiert besonders entschieden anhand der Kunst: W. GIRNUS: Wozu Literatur?, Berlin 1976, p. 150 f., 266 ff.

21) K. MARX: Das Kapital, Erster Band, a.a.O., p. 99.

22) Ebenda, p. 377.

23) G.G. DILIGENSKI hat die Unterscheidung von Bedürfnissen der physischen und der sozialen Existenz der Menschen entwickelt, in: Die Bedürfnisse der Persönlichkeit und die Gesellschaft, Sowjetwissenschaft, GB, Berlin, H. 10/1975, p. 1016.
W.G. AFANASJEW weist auf die zunehmende Rolle der nichtmateriellen Bedürfnisse hin (Der Mensch in der Leitung der Gesellschaft, Berlin 1979,

p. 209 f.

24) Vgl. F. ENGELS: Einleitung zu Marx "Klassenkämpfe in Frankreich", MEW, Bd. 22, Berlin 1963, p. 523.

25) Eine solche Systematisierung wird in dem Werk "Allgemeine marxistisch-leninistische Staats- und Rechtstheorie", Bd. 4, Sozialistisches Recht, Berlin 1976, im Abschnitt "Das sozialistische Recht und andere soziale Normen" vorgenommen (p. 132).

ROBERT C.L. MOFFAT

Democracy and Socialism: Freedom and Equality in the
Welfare State *

The French steel unions strike and wreak violence in protest against the plan
of the French government to reorganize the steel industry. What has aroused
their ire? The governmental plan will eliminate twenty-one thousand jobs in
French steel (1). But why would any government inflict upon itself a reduction
in employment in a major industry, especially on such a scale? The reason is
a common one in Western Europe these days: to make the industry more
efficient so that it can compete on the world market without enormous subsidies.
The steel industry is only one of many basic industries in the developed world
today that do not produce with sufficient efficiency to compete with products
from other, often more newly industrialized countries. But it would be much
too simple to suggest that it is merely a problem of lower paid labor in Korea,
Hong Kong, Taiwan, Brazil and such places that causes the inability of French
steel to compete (2). A lack of sufficient investment in plant and equipment to
maintain modern, more efficient facilities is a problem in Britain, France, and
the United States alike. But of course if government is called upon to buy steel
from inefficient plants at a high price and sell it at a loss on the world market,
then we may be able to sympathize with the difficulty in finding much more
spare cash for investment in new facilities. A further factor in such inefficient
industries is usually an increasingly inefficient labor force, plagued with falling
productivity rates due to a variety of factors including (in addition to factors
already mentioned) negative attitudes toward work, a loss of esprit, and even
downright laziness.

I. The Political Morality of Subsidies

Ah, but so what? All this is of interest to the economist, no doubt, and of agony
to the politician faced with the necessity to find some solution to such knotty
problems. How can any of this be of interest to the philosopher? But philosophers are almost always interested in moral problems, and I believe that the
problem exemplified by the dilemma of French steel presents a number of
moral problems - more specifically, problems of political morality. Let me

begin with a simple question. Do citizens in a polity have any argument in political morality available to them in addressing the question of subsidies for inefficient industries? In favor of such subsidies, arguments for preserving jobs would be available. Sometimes inefficient industries nonetheless earn valuable foreign exchange, and are therefore useful to an economy with otherwise insufficient export earnings. Other available arguments are the classic arguments used to justify tariff protection for domestic industries: The industry is young and not yet well enough established to be able to compete on an even footing with older, more efficient foreign companies. This particular argument is not of course normally available in the present age to industries in the developed nations. Instead some variant of "aged and infirm" industries would have to be developed, but this would lack the theoretically limited duration of the infant industries argument with its underlying rationale that once the industry is established, it well be able to compete on the world market. In contrast, industries attached to the life support system of government subsidies may be kept in a state of artificial existence indefinitely, much as modern medical science is able to do with once human bodies. A contemporary variant of the infant industries argument that could carry some persuasive weight might be a rejuvenation argument, in which it would be argued that the subsidy was required temporarily while the industry was reorganized so that it could compete effectively. But that argument would require an eventual end to the subsidy and in the meantime would require the new investment in capital facilities and reorganization that is so wrenching to an established society.

But are there moral arguments that might be deployed against subsidies? Suppose that the subsidy proposed is that advocated by the French steel unions or the British trade unions in the steel industry, the car manufacturing industry (British Leyland), and numerous other government concerns in Britain. In other words, the subsidy is permanent, is unrelated to growth in productivity, and is made with no real expectation of improved competitiveness. Such a subsidy cannot rely on the rejuvenated industries argument of eventual benefit to the entire society through a net contribution to general welfare. Such a subsidy is a permanent net deduction from general welfare, because it must continue to withdraw more than it contributes. It may occasionally be balanced by its contribution of foreign exchange earnings, but that will normally be a temporary phenomenon. Fundamentally, then the net deduction from the general welfare must be justified on the ground of preserving jobs. But even that argument is problematic, because the citizen skeptical of subsidies may note that the need for the subsidy could be eliminated if the workers were paid less. The jobs would still exist without need for subsidy if the workers simply accepted the wage that their labor earned as measured by the market value of the products they make. So articulated, the question becomes why one citizen who works productively should contribute through taxes to support a wage for the inefficient worker greater than that worker's labor has earned? Faced with so point blank a question from an irate taxpayer, it is indeed difficult to justify, and governments usually seek to avoid the question.

The question is typically avoided in Britain, for example, by labeling the subsidies as "investments". This euphemism suggests the acquisition of new plant and equipment designed to improve efficiency and lead to improved productivity. And in keeping with this image, loss figures for each year are solemnly scrutinized and projections are issued calling for smaller such losses in the future. But even to the extent such "investment" is deemed to be for the capital improvements made by government companies rather than to subsidize their wage bills, improvements in productivity are not easy to come by because the workers are well aware that if productivity is improved, fewer of them will be required to produce the same volume of output. And believing in the justification of job subsidies, they see the capital investment as a sly attempt to make some number of them redundant. Hence, it is a matter of worker solidarity to defeat the efficiency of capital improvements, and there are monuments to this strategy throughout British industry in the form of unused or circumvented technologies. Ineffectively used sorting machines in the post office, computers in the telephone company "blacked" because of "industrial action", widespread suspicion regarding the introduction of micro-technology, sluggish assembly-lines are only a few examples of widespread Ludditeism in the birthplace of the industrial revolution.

The question is also avoided by not taxing on the scale necessary to support the subsidies. Instead, governments engage in deficit spending that hides the tax support for the subsidy in inflation, although everyone still pays in higher prices and eroded savings. Indeed, saving becomes self-defeating within such a system, and rational economic choice-makers spend as fast as they can before prices rise further. But inflation also leads to increased wage claims in all sectors of the economy, regardless of increases in the underlying productivity to pay for them. Indeed, the rational economic decision-maker is aware that his/her profitable labor subsidizes the unprofitable and that the only way of recovering the 'loss' is to obtain increased wages that cover the higher prices inflated by the unprofitable state enterprises.

Americans are familiar with such wage-price spiral inflation, but they have not yet seen its more sophisticated ramifications, since unionization is so far largely confined to wage laborers. There are hints of things to come, however, in such pace-setting spots as New York City where 23,000 of the 25,000 municipal managers are unionized (3). American astonishment at managerial unions would in turn astonish Europeans quite accustomed to economic systems in which virtually everyone belongs to a union and does not hesitate to engage in strikes, secondary boycotts, or much more sophisticated forms of "action" in order to enforce his/her demands. In the United States of the past, union wage claims unsupported by productivity have been paid for at least to an extent by lesser increases for non-unionized or less effectively organized workers. When, however, everyone becomes "wise to the game", it no longer works. All workers seek to outbid one another in demands for higher wages to be subsidized by the government. Governmental cooperation is sought through the simple expedient of withdrawal of voter support of any political party that refuses to go along. Citizens in effect vote to repeal the economic market; indeed, some workers are encouraged in the belief that it is possible to do so by pseudo-Marxist political propaganda which advocates a "planned" economy, hence among other things inferring that a market economy is unplanned.

There are of course several fallacies tangled up here. One is that the market can be repealed, even in a planned economy. It is essential to keep one's terms straight. It is certainly possible to interfere with the market, to influence it - even profoundly, but it cannot be repealed in that there are always costs for ignoring it and if the costs are not allocated through the market, then they must be paid in some other way. For example, if there is no increase in productivity, there can be no increase in incomes. If incomes appear to increase, the increase will be an illusion, a mirage of inflation that evaporates when it is spent. Governments that attempt to indulge voter wishes to repeal the market with wage or price subsidization soon run into the quagmire of anguishing deficits in their international monetary accounts that currently bedevil Turkey and the United States for example. It is only a few years ago that Britain experienced that agony and her Labour government was able to use the international pressure to force a scaling down of wage settlements to a more reasonable level. As soon as the wolf was no longer visible at the door however, the wage claims escalated again, bringing down that same Labour government, and indicating that such lessons are not learned, but are only perceived as temporary interferences with the long term project of more money for less product.

II. The Moral Challenges of Investment and Incentives

More for less, of course, is not impossible, because more money for less work is available with increased productivity brought about through improved technology. However, that development requires investment which requires saving which absolutely demands postponed consumption. But such future-oriented sacrifice is no longer characteristic of the developed Western world in general. Such technological improvement in productivity is also inconsistent, as I have already noted, with maintaining people in their existing jobs. Improved productivity will create new demands that will require employment in new jobs; it will also reduce the number of people needed to produce the original product. If people are afraid of change (and it is understandable that the less self-confident would be afraid of losing the job they have, no matter how improved the long-term prospects), then it is easy to legislate economic stagnation that penalizes everyone.

One of the hidden costs of such legislated economic stagnation is the loss of opportunity to improve the welfare of all through increased productivity. Such improvements seem to require incentives. If there was once doubt on such matters (in another era when socialist utopias were dreamed of in prolific variety), the experience of the developed nations in the second half of this century seems quite unequivocal. Without incentives, improvements in productivity do not occur. And when stagnation is legislated, incentives disappear. There was a time when talk of incentives referred almost exclusively to enticements to save and invest. But in an age when that activity has so often been taken over by government, we have become more aware that enticements to work are equally essential. Once such a thought was quite redundant, since one who did not work, did not eat, but as we know that is no longer true at all. And

that same focus on social welfare has raised a new question of political morality: what difference (if any) can be justified in how well off the least advantaged
are in relation to everyone else?

Consider John RAWLS' difference principle (4). Quite a number of people - I
think especially of our late friend William BLACKSTONE (5) - have felt that
justifying differences in welfare between the less well off and the rest of a
society only to the extent that the overall position of the less well off was improved cut quite deeply into liberty in the cause of the furtherance of equality.
By the same token, I believe that many fans of RAWLS' principle perceive it as
a rather more radical egalitarian measure than it really is. It seems to me,
instead, that RAWLS' principle is really not terribly ambitious, in the sense
that it is fairly easy to reach the point of sufficient equality in a society to
stifle initiative and squelch productivity gains. A significant aspect of the
problem seems to me to be that the situation has been looked at entirely in
terms of economic incentives. Thus, the argument goes that you need very
little economic differential to provide incentives. An example might be drawn
from a current controversy in the wage structure of British Leyland. The
unions argue that a wage differential of £ 4 per week between regular assembly
line (unskilled) labourers and the skilled toolmakers is all that the toolmakers
should receive. Spasmodic BL plans to increase the differential and protests
from the toolmakers who have only unofficial organization are met by threats
of industrial "action" by the official unions. In the short run toolmakers are not
likely to give up the extra £ 4 per week and take jobs on the assembly line as a
way of depriving the company of their essential skills. The catch comes in the
long-run, since the toolmakers must serve an apprenticeship of six years,
during which their pay is much less than it would be on the assembly line. Thus,
the crucial question is whether the £ 4 differential is sufficient in the long-run
to attract persons of skill to defer earnings for that long. Experienced observers
of British industry have grave doubts on that question.

In this case, of course, a purely economic analysis seems sufficient to determine that rational calculators will not defer immediate earnings in order to
receive the minimal and uncertain eventual differential. A supply of future toolmakers then depends upon recruitment of a sufficient number of persons who
will ignore the rational economic calculation. But there is a further more subtle
aspect to such differentials that is not captured in purely economic analysis; that
aspect is the social symbolism of the differential. Even if the £ 4 were a sufficient economic incentive, it still might not be of enough magnitude symbolically to persuade persons to defer the gratification. Symbolically, there must be
sufficient indicia of status to make the deferral worthwhile. A further example
on this point will help to clarify the issue. This past winter many lower paid
employees of government operations such as the hospitals, ambulances,
cemeteries, etc. carried out extensive stoppages and other forms of "action".
Reports of interviews with shop stewards and other members of these striking
unions indicated that a principal argument for their being underpaid was the very
low differential between their net wages for unattractive jobs and the compensation they would receive if they were unemployed or even on strike (since
families of striking workers are eligible for all the benefits of British social

security). What seemed clear to me was that it was not simply a matter of insufficient economic differential. More profoundly, the inadequate differential between working and not working communicated symbolically an insufficient appreciation for their work. It seems clear that support for the nonproductive of British society has become so great as to lead to serious questioning by those who continue to work as to whether their efforts are sufficiently appreciated. As applied to Britain, RAWLS' difference principle would require significantly greater economic differentials between the productive members of society and the nonproductive.

There is indeed a certain amount of evidence that within British society itself there is a questioning of the degree of social welfare. Quite apart from whatever inferences one might wish to draw from the dramatic victory of the Conservatives in the recent general election, there is quite a constant stream of stories in the tabloid press (which it must be noted is not addressed to the middle classes) of welfare cheating, written with a ringing sense of moral indignation. Since the tabloids evidently feel that such stories sell newspapers to the working classes, it is an unobtrusive indication that there is among the working classes themselves a strong sense of moral indignation on such issues to which the tabloids can appeal. Another indication of misgivings regarding the extent of social welfare services is furnished ironically by the degree to which opinionmakers in the British establishment feel the need to supply a fairly constant stream of stories in the various media in which potential financial disasters of non-nationalized health systems and unemployment rates as in the United States are portrayed (6). Most Britons seem genuinely surprised to discover that, despite differences in organization, actual differences in unemployment rates or in the percentage of healthcare bills paid by private individuals are rather minor. In contrast, apprehension about the perils of such misfortunes in America is widespread among the British, testimony to the effectiveness of the opinionmakers' efforts and to the evident need for a 'bogeyman' to justify the commitment to extensive social welfare programs.

But that commitment does not appear to run very deep. At the least there is little enthusiasm for paying for the social welfare programs. A prime indicator of a growing malaise on this issue in the Western democracies is the sharply increased concern with which the mushrooming problem of black labor is viewed. From one standpoint, of course, such moonlighting at second jobs appears to be an indication that incentives still do operate to attract people to the opportunities to work more and receive more remuneration. But from the standpoint of the welfare state, such opportunists may often be taking jobs that someone unemployed could at least theoretically fill. Moreover, the crucial aspect for social welfare program financing is that such moonlighting is unofficial, untaxed, and unreported. Hence, it represents significant losses in state revenues, not infrequently magnified by the fact that such moonlighters are officially unemployed and drawing welfare benefits for the job they do not have in addition to the untaxed wages for their black job. While such developments may gladden the heart of a Robert NOZICK, they further exacerbate the revenue shortfalls that increase inflation and reduce capital available for government expenditure. In shourt, black labor is a cancer in the body of the welfare state.

It is at the same time a clear example of the fact that incentives are inconsistent with equality - at least, as equality has been understood by traditional
social democrats.

But if we assume that the leveling equality of democratic socialism would
require the elimination of incentives, is it likely that the less well-off could be
persuaded to give up an absolute equality in exchange for an equality of equal
respect in which at the cost of differentials for the more productive the overall
position would be improved? Defenders of RAWLS' principle are wont to say
that surely anyone would accept differences if it meant advantages for them as
well, that people surely would rather be better off than to be in a position of
absolute equality with everyone else (7). But such a position reckons without
the psychology of relative deprivation. No matter how much salaries within an
academic department may rise generally, individuals will still remain jealous
of quite small differences between themselves and their colleagues for which
(as is so often the case) they can see no justification. And that point strikes me
as the crucial one. For the justification of differences is not usually perceived
as whether the person's efforts improve the lot of all but as whether the person
deserves the difference. Take a homely example. Suppose that one member of
an academic department engages in research that receives much publicity in
the press and as a result the state legislature is favorably impressed and
appropriates more money to that department. Should that faculty person receive
a larger increase in salary than other members of the department whose research, though objectively of equal value,is not the subject of lucrative publicity?
Although, given the political facts of academic life, such a person might receive
a greater increase, that difference would not be viewed as deserved by the
other members of the department, simply because their canons of desert are
different from the criterion of whether all are benefited by the efforts of the
first. Instead, they would judge the matter - to the extent they did so rationally
- on such grounds as how hard the person worked, how much creativity was
involved, how much the research furthered knowledge in their discipline. And
all of these questions have no necessary relation to whether the lot of all is
improved. My point is that differences to be justified must be perceived as
deserved, and if they do appear just, then improvements in the position of the
least advantaged are superfluous.

We may note that the criteria of desert will really amount to an effort to
measure productivity and that may seem confusing, because we expect any
improvements in productivity to benefit the least advantaged. That is indeed
usually the case, but it is not always so in the short run. Should the medical
researchers, to take one example, whose efforts are expected to benefit all be
deprived of adequate incentive to carry on their activity because there is no
rational basis for believing that their research will produce results that will
benefit the present generation? Utilitarians have difficulty with questions concerning future generations, and it seems that there is a similar problem with
the difference principle, dependent perhaps on the philosophy of those behind
the veil of ignorance. Would they choose a system in which future orientation
would provide greater benefits in the longrun at the sacrifice of some immediate enjoyment? Suppose that a young olive grove came into the possession

of a group of peole. Since it will be many years before the grove is productive, many members of the group would not enjoy its benefits. Should they vote to use the young trees for firewood and plant an immediately beneficial crop on the land? Such an issue is common enough these days. An estate is confiscated. Will it be divided among the people or will it be maintained in its existing more efficient whole for greater long-range productivity but less immediate satisfaction? Contemporary worldviews do not favor the deferral of gratification that is involved in saving. Yet the moral of the savings principle is the same as the incentives principle and the labor mobility principle: if the shortrun gratification is chosen, the longrun costs must be paid. And for any ongoing institution, the longrun costs are untenable. That is why it is a fallacy to focus on the least advantaged person at any particular time; if the institution has the future-orientation it must have to survive in viable form, then the least advantaged person would always have to be some abstract conception of individuals scattered into an interminable future. Looked at in such fashion, we may be able to rescue the different principle because it would now accord with conceptions of desert. But so to abstract the least advantaged person robs the notion of whatever intuitive force it once carried (8). Whether the principle is a useful one is not of ultimate concern here, however; what is significant is the recognition that the incentives essential to improved production are inconsistent with ideals of absolute equality.

III. The Loss of Profits and Its Misunderstanding

The preceding discussion does do us the service of showing the interrelatedness of the question of incentives with the problem of saving. For both entail aspects of future orientation, the more clearly in the case of saving. But precisely because the savings principle does require deferring gratification, it operates in the longer term. If it is followed, its returns come eventually. If people seek to evade it, its penalties are slow and subtle. The post-War developed world is a case in point. Savings and investment brought prosperity and rising incomes (in real terms, not just in the illusions of inflated money). But prosperity, as is often the case, has proved a mixed blessing (9), because people have seen no reason why they should not consume even more, but without making the saving and investment necessary to produce it. Moreover, we have indulged in short-cut preservations of our prosperity by protecting our industries from new competition, thus pretending that we were spared the trouble of saving and investing in new productive plant. In like fashion we have erected vast systems of social welfare which we have expanded without reference to our capacity or willingness to pay for them. Instead we have blandly assumed that money could be printed as needed. A major consequence of this relentless march into fantasyland is the litter left along the way of fallen industrial giants. Crushed slowly between the unwillingness to provide the investment climate required to finance retooling and an evertightening web of government regulations that make labor continuously more expensive and that impede (if not obstruct outright) labor mobility, industrial concerns in the developed world have been ground slowly into increasing unprofitability.

Now one of the most fascinating developments of the Western world is that profits has become a dirty word. In the public eye profitability of an enterprise has become a negative factor. The assumption appears to be that if there are profits then the outfit must be gouging, taking more than its worth. It is truly ironic that corporate managers can sit and shudder as television newscasters report sharply increased profits for their corporations in a clearly negative tone of voice (while failing to mention the much handsomer profits of the television network). But only profits can provide the source of new investment in plant and equipment that make productivity increases possible, keep the industry competitive, and produce the product more cheaply. Only profits, in short, make the system work. When profitability is destroyed, the system fails.

When that happens, the tendency has been for the government to take over the operation, subsidize it, and continue to run it at a loss in order to maintain employment artificially. Democratic socialists normally view this process as a failure of capitalism; private investment fails and government must step in with public spending. But then it must be intriguing why they never ask themselves why it is only manufacturing industries that the government has had to take over. But it is only manufacturers who face significant competition from abroad, so sales firms are largely exempted from the competition that demonstrates the absence of economic viability of the manufacturers operating as they do, under the deadening weight of the Handicapper General's regulations. Though it is easy and comforting for the social democrat to perceive the growth of nationalized industry as a monument to the failure of capitalism, the fact is that government regulations destroying profitability have artificially lowered the value of the enterprise so that the government is able to buy it up at distress prices. And the tragedy is compounded by the fact that the governments know no better than to try to operate by the same rules that, by flying in the face of the economic imperatives, drove the private companies out of the market in the first place. And I should add in case anyone views these words as aimed at Western Europe that the process I describe is occurring with frightening rapidity in the United States.

My present purpose is not to stop to shed a tear for the demise of capitalistic enterprise in the contemporary world of the social democrat, for free enterprise will do quite well for itself in all those areas where it is permitted to remain competitive. My plaint is for the tragedy of self-deception being carried out in the Western world in thinking that the imperatives of any system of production can somehow be repealed or imagined away. And yet I have tried to demonstrate how these fundamental truths are almost completely ignored. Thus, instead of accepting the savings principle, there are widespread efforts to continue to eat the seed corn, partly because it is possible to imagine there is no problem until it is time to plant again. Likewise there are widespread efforts to hold simultaneously to the inconsistent desires to have absolute equality but to provide the incentives to increase production. Similarly we wish to preserve everyone's right to continue to hold the same job at the same time as we also wish to increase productivity with the labor mobility that it requires. In short the ideology of democratic socialism would require that productivity increases would have to be foregone in order to support employment rights and leveling equality. But one has only to witness the unmitigated viciousness of British labour negotiations to realize what a hollow dream that is, and if the point needs emphasis, then even distant scrutiny of such negotiations when the enterprise is <u>government</u> owned will quickly reveal that the animus is even greater (10).

IV. The Possibility of Democratic Socialism

The typical response of the social democrat to such objections is that a planned economy with greater equality and more democracy is the answer to such "transitional" problems. But what such a program would be a transition to can only be answered by an examination of its possible outcomes. One way to picture what such a planned economy might look like is to sketch out some of the major policy steps that would need to be implemented in order to bridge this transition.

The nationalization of remaining private industries would, of course, be one. But, as the existing pattern of labor relations with government concerns shows, that would make little, if any, change in the dynamics of the problems that the Western nations face on that front. What steps could be taken by our government with its freshly nationalized industry to solve those problems on its decisive course to uncompromising socialism? One move that is likely to appeal to government planners would be to protect government industry from outside competition. That could be handled in various ways, but one consistent with centralized planning would be to coordinate purchasing in a central bureau. Such a step would also be consistent with nationalization of wholesale and retail distribution networks, and would aid control of what products were available to consumers. Through these steps, the planning authority would be able to control what products could compete with domestic wares and upon what terms. It is true, of course, that the experience of the socialist countries with such centralized schemes has been that the gains in centralized control are paid for in the annoyances of bureaucratic inefficiencies. Moreover, it is a simple matter to prove that any such scheme protecting less efficient domestic products costs the entire society in the sense that whatever employment is guaranteed by such protection is paid for in less goods for more money (11). And we must not permit ourselves to overlook the fact that such costs are always necessarily borne disproportionately heavily by the least advantaged in society. That is why it was fitting that protective tariffs should usually have been advocated by the robber barons of industrial society, and equally why it is so ironic and revealing that labor unions and government enterprises should be such prominent advocates of protective measures today. Nonetheless, centralized and protective distribution systems would be a significant step toward socialism. And I recognize that it is possible for some to value equality so highly that they are willing to accept the price in stagnation that such protective measures involve. The question I raise is how many are willing to pay that price. Considering the fact that voters in Western countries have been eager to consume more than they produce (12), I entertain substantial skepticism in that regard.

Given that we seem bent on consuming more than we produce, that each of us wishes his or her own job to be protected but to buy the most goods we can with our money, we can understand why job protection would require centralized control of distribution systems. For the same kind of reason, government would have to take responsibility for saving and investment in a planned economy. First, the ongoing system would require investment which in turn requires saving. But since we are unwilling to postpone our own consumption, it would be necessary for government to save by postponing consumption for us. Once the distribution network is centralized, of course, that is easy to accomplish simply by restricting the goods obtainable as well as by controlling the prices at which they are available. Government responsibility for savings would necessarily reduce the volume of current product consumption, but presuming the investment were well-managed, the eventual outcome would benefit the entire society (13), just as private savings do.

We may take note that both centralized purchasing and government savings are inconsistent with democratic institutions as we have traditionally defined them in the West. They are inconsistent because the whole point of such centralization is to take the power out of the hands of individuals who are naturally concerned with their respective self-interests and permit that power to be exercised for the collective good. And a fundamental advantage of such collectivized institutions is that it enables government to respond to the imperatives of production without the harassment of many political interest groups seeking special treatment which, if extended generally, would attempt to circumvent the imperatives. Thus, despite various disadvantages, such collectivized institutions seem clearly more viable in the long term than the present temporizing of "corporativists" between capitalism and the welfare state. But the committed socialists such as Tony BEEN are equally irrelevant when they call for increased democratic decisionmaking as the answer to the problems resultant from attempts to avoid the imperatives. It is precisely such "democratic" decisions regarding whether natural economic laws should be obeyed that has created the existing problem.

V. Tendencies Toward Centralization

Were Mr. BENN or anyone else to propose that we repeal the law of gravity or turn back the tides, the proponent would receive the hearing deserved. But proposals to consume more than is produced or to continue to consume without investment will attract all kinds of backers. Whether one moves in the direction of centralization or individualization of economic decisions, such matters cannot for long remain the subject of popular decision. The populace must be satisfied to permit such decisions to be made either centrally or individually, but they cannot have it both ways.

Confronted by such a stark choice, the social democrat may reluctantly give up Western style democracy for centralization of economic decisions feeling the consolation that at least what is sacrificed in liberty will be gained in equality. But is it true that centralized systems have been able to obtain equality consistent with the needs of their productive systems? Has it been found possible to dispense with the need for incentives (necessarily inconsistent with leveling equality) and maintain the productivity desired? Close examination of the socialist countries reveals a bewildering array of incentives (14). The cynic may explain such incentive systems as the inability of the bureaucrats to resist the temptation to take advantage of the power they possess. But such incentive schemes are too widespread and pervasive within the lower reaches of the bureaucracy to be entirely explained away in such fashion. The cynical hypothesis could explain the privileges of the powerful at the top of the hierarchy, but it cannot explain such privileges for lower party officials, technicians and other intelligentsia, managers, professionals, and so on. Such privileges are testimony to the fact that centralized systems have found the need for them in order to improve the functioning of the entire productive apparatus. Moreover, because of some inhibitions born of their ideology, we are indebted to the centralized systems for demonstrating an array of incentives that are far from purely economic. This has the advantage of helping make us aware of the importance of non-material incentives in our own yet non-centralized systems.

I consider this oversight a fundamental one, as I emphasized in the previous treatment of incentives. I see this oversight as a major difficulty in the present program of the British Conservatives to bring their economy back into line with the economic imperatives. Though their program would be likely to increase productivity eventually, their policies are so oriented to the long term that they may never have the opportunity to see them bear fruit (15). Moreover, they seem strictly wedded to the idea that economic incentives will be sufficient to obtain increased production. The obverse side of incentives is, of course, penalties, and the principal threat in the Conservative arsenal is unemployment on a massive scale. But it is by no means clear that unemployment is such a dreadful alternative in the British welfare state. How many British trade unionists are going to be willing to soften wage demands to a level consistent with productivity increases because of the fear that if they do not the company may go under with the loss of their jobs? On the other hand, trade unions that do limit wage claims to productivity increases face the prospect of no more incentive than keeping the company economically healthy and thus helping to ensure the continuance of their jobs. But in a country racked by underproduction and insulation from economic reality for forty years, how can such mild incentives possibly prove effectual to change such long-standing bad habits? To work such a change, effective symbols would be needed of the contrast that lies at the heart of the government policy: the distinction between productive and underproductive workers. Suppose that workers in these industries carried different colored national health service cards which entitled the ones from productive industries to priority? Suppose that unemployment and other government welfare benefits were scaled according to whether the person has been employed in productive or unproductive industry? Such measures would be drastic, precisely because they would carry much heavier symbolic freight than their economic significance. But only by such drastic measures would the stigma of being unproductive be likely to sink in against the background of a situation in which it has been no stigma whatsoever for so long.

A further point regarding incentives in the Conservative program could be raised. Income tax incentives for middle income people are so far quite modest and insufficient to attract much "black" income of small businessess back into legitimate channels. Nor do they serve to encourage very much the development of new small businesses. More specialized cuts could be designed to encourage such developments, just as workers might be encouraged through special in- centive tax rate cuts for productive industry. So far, at least, however, my judg- ment of the Conservative program would have to be that it is too traditional in every respect - from relying entirely on economic incentives, primarily negative ones, to placing too much emphasis on large private investment. It seems too trickle-down oriented in its approach to economic growth and expand- ing prosperity. In such an emphasis it remains exactly where the corporativists it replaced were: thinking in centralized terms (16).

VI. Democratizing Capitalism?

In that respect, the supposedly new Conservatives offer no shift at all from the centralizing trend observable everywhere: in the Western welfare states or in the socialized economies. In none of the complex industrialized economies will the imperatives of production permit the establishment of equality; the require- ment of incentives of whatever sort does not permit the leveling equality once dreamed of by nineteenth century utopians. Because of centralized planning and control, however, the socialized countries are clearly in a superior position to cope with the requirement of saving and investment as well as to ensure that consumption is limited to production. Moreover, because of their unwillingness to come to terms with these imperatives, the Western democracies appear to be moving relentlessly toward the implementation of such centralized control. And, though some may protest at the loss of traditional liberty involved in such centralization, many others may not object too much in the face of looming economic catastrophe. The precedents for such developments are clearly present within our own century, we sould not permit ourselves to forget. And various learned observers of the contemporary scene believe that centralization is our near term prospect. Herbert MARCUSE foresaw the substantial likeli- hood of a rise of fascism in the West (17). Walter LAQUEUR in his just publish- ed study of Europe believes that a return of strong leaders and authoritarian policies has now become inevitable (18). I must agree that such outcomes ap- pear the likely culmination of the present trends, but are there other possibilities?

One of the fundamental factors in the present division and contest within society is expressed in the 'us-them' atmosphere of relations between labor and manage- ment. Such division can be solved in several ways. One is by the power of the authoritarian strong(wo)man who forces leaders on both sides to do his/her bidding. Another is the dissolution of both labor and management into the central- ized bureaucracy where all must conform to the centralized economic plan. A third possibility is the dissolution of the conflict by making every participant in the enterprise an owner. This can be done in the largest corporate sense of all by making all citizens of the state owners of all the means of production. Such

lack of differentiation of stakes in the enterprise has not been notably successful in encouraging citizen-owners not to steal from the common enterprise,
however. Some differentiation of stakes can be achieved by carrying out such
a scheme within the confines of a particular economic enterprise. Worker
participation in management and inclusion on boards of directors obviously has
such an objective in view. But such schemes do not necessarily require that
individual employees of a company have an economic stake in that company.

Nevertheless, the logical culmination of capitalism should surely be such
widespread ownership. Only if every worker is required as a condition of employment to be one of the investors can the workers possess a true economic
stake in the welfare of the company and be in a position to weigh short term
benefits for workers as against long term advantages for investors. But such
a requirement of minimum ownership in the enterprise would enforce at least
to a degree grappling with economic realities. If decisions disadvantageous to
the enterprise were taken for short term gain, the value of the company shares
would fall and workers would be forced to buy more to maintain their minimum
ownership. If, on the other hand, the company prospered, so would the investment of the employees.

We should note that in private industry it is widely considered advantageous to
have management employees own shares in the business, on the basis that such
a situation provides an incentive for more effective effort (19). The same
rationale applies equally well to all employees, and if such schemes are viewed
as successful for managers, then they would work well for all labor. Stock
option schemes have been suspect of course, because they have not always
required sufficient investment of capital by their purchasers, but present restrictions make a stronger gesture in that direction. Such investment requirements,
we should also take note, serve the function as well of requiring saving. Presumably, persons forced to save may prefer to have their accounts held individually rather than as part of an unpartitioned collective investment. Whether
such a scheme would work in practice can be known only with experiment. But
only by moving in such a direction can capitalism make itself viable. Otherwise
democratic pressures to ignore the economic imperatives will compel centralization of one sort or another and the consequent disappearance of liberties
inconsistent with such central control.

Footnotes

*) I am indebted to the very useful discussion of my paper at the World Con-
    gress for Philosophy of Law and Social Philosophy in Basel, Switzerland,
    August 31, 1979. Particularly helpful were remarks by the President of the
    Session, Prof. Stig JØRGENSEN of Aarhus University, Denmark. Drs.
    Norman ELROD and Hartmut ROSTEK of the Institut für Analytische Psy-
    chotherapie, Zürich, and Dr. Nora ANANIEVA of the Institute for Modern
    Social Sciences, Sofia, Bulgaria, also offered important contributions. I
    have had further helpful discussions with Lester MAZOR of Hampshire

College, Ira ROBINSON of the University of Georgia, Eugene DAIS of
Calgary, Hans OBERDIEK of Swarthmore, and Bruce N. KAYE of Durham.
I am grateful for the aid of all of these, though I am certain I have maintain-
ed positions with which they would disagree.

1) See Paul LEWIS: "Barre Steel-Sector Policy: Forging Ahead or Forgery?",
International Herald Tribune, August 7, 1979, p. 7.

2) See the position of the OECD on this issue reported by Paul LEWIS: "OECD
Backs Freer Trade", International Herald Tribune, June 21, 1979, p. 7.

3) See Julia VITULLO-MARTIN: "Sin Will Find You Out", The New York
Review of Books, May 17, 1979, p. 6, at p. 11.

4) John RAWLS: A Theory of Justice 75-76 (Harvard Univ. Press 1972).

5) Wm. BLACKSTONE: "The Minimal State: An Assessment of Some of the
Philosophical Grounds", in: R.C.L. MOFFAT (ed.): "Minimal Government", in: Theory and Practice: AMINTAPHIL III, 59 The Personalist 320,
at 333, 337-38 (October 1978).

6) See, e.g., The (London) Sun, August 10, 1979, p. 1.

7) Cf. Ronald DWORKIN: Taking Rights Seriously 180 (Harvard Univ. Press
1978).

8) There are other difficulties, of course, such as the fact that the notion of
the least advantaged person seems to assume that s/he is condemned by
forces beyond his/her control. That is undoubtedly sometimes the case,
and it also is clearly not always the case. To determine which, however,
would require such a thorough investigation of the person and inquiry into
motivation as surely to make any liberal shudder and surely to defeat any
adherence to the principle of equal concern and respect for each individual's
theory of what it is to lead a life. Cf. R. DWORKIN: Liberalism, in: Stuart
HAMPSHIRE (ed.): Public and Private Morality (1978).

9) It is important of course not to neglect the play of generational factors in
this transition.

10) For further comment on industrial strife in the United Kingdom, see Ian
MACNEIL: The New Social Contract 102-08 (1980).

11) See the concern of the OECD for the costs of current trends toward greater
protectionism, supra note 2.

12) Recent comments by Chancellor SCHMIDT are relevant. When asked "What
are the greatest problems facing the world economy?" he replied: "The
first is the general notion ... to consume more than we produce and to fill
in the gap by printing money. ... The second factor ... the oil price ex-
plosion ... misled a number of governments to seek refuge - because they
had to pay high energy prices - in printing even more money and creating
even more inflation. This led to an upheaval in the fabric of the world
economic system. Third, a number of developing countries today produce
their own steel and their own ships, not to mention their own textiles. This
has led to the necessity for a rather wide-ranging restructuring of

industrial capacities and professional capabilities in the developed world. This process is not going fast enough." Time - European edition, June 11, 1979, p. 26, at p. 29.

13) It would, however, be a mistake to accept the claim that the quality of investment management is irrelevant in a planned economy. It would also be mistaken to believe that simply because an economy is planned, it is immune
from the pressures of the world economy or is exempt from supply/demand
pressures within the managed economy. On the pressures of inflation within the Socialist economies, for example, see Leopold UNGER: "No Iron
Curtain for Inflation", International Herald Tribune, July 13, 1979, p. 4.

14) For some of the extensive literature in this area, see P. WILES: Income
Distribution: East and West (North Holland 1974); M. MATTHEWS: Class
and Society in Soviet Russia (Macmillan 1972); M. MATTHEWS: Privilege
in the Soviet Union (1978); S.M. LIPSET & R. DOBSON: "Soviet Stratification and Sociology in the Soviet Union", Survey, No. 3, 1973; Z. BAUMANN:
"Officialdom and Class", in: F. PARKIN (ed.): The Social Analysis of
Class Structure (Tavistock 1974); Z. KATZ: Patterns of Social Stratification in the USSR (MIT 1972).

15) See the interview with the Chancellor Sir Geoffrey HOWE, in: "Howe Out-
lining Difficult Course", International Herald Tribune, August 16, 1979,
p. 7.

16) Hence, I do not share the optimism for the Conservative prospects held by
George F. WILL. Se his "Thatcher's Promise Into Policy", International
Herald Tribune, July 2, 1979, p. 6. Note, however, his interesting point
that "allocation of wealth and opportunity by impersonal market forces is
less embittering than allocation by political decisions".

17) Herbert MARCUSE: Counterrevolution and Revolt (Beacon Press 1972).

18) Walter LAQUEUR: A Continent Astray: Europe 1970-1978 (Oxford Univ.
Press 1979).

19) I find it interesting and revealing that neither the Conservatives nor the
Labour Party have so far indicated that they see any opportunity for worker-
ownership in the current phase-down of government subsidies. If there is
anything to periodic Labour claims that these industries could be productive (one supposes given decent management or more investment or both),
then the Trade Unions should be eager for the opportunity to buy into or
take over some of these ill-managed enterprises. If, on the other hand,
workers in a given industry refused to invest in their own plant, they would
be less well placed to complain of the government's refusal to continue. It
is interesting too that the Government has not proposed matching grants to
industries in which government loans would be offered to match the amount
of ownership employees were willing to purchase in the company. This is
after all a technique frequently employed with considerable success by
government and foundation grantors for funding the arts in the United States.

MIHALY SAMU

The Correlation of Society and Law

1. The solution to the general problems of society and law is influenced first
of all by the world-view (Weltanschauung) of scholars. The scientific approach
gives the theoretical base for the evaluation of the correlation between society
and law. But it is always necessary to formulate this correlation on the ground
of reality in the historical development.

The Marxist viewpoint appreciates the positive results in previous social thinking regarding the place and role of law in given social circumstances, but it
rejects first of all idealistic, irrational and spiritual approaches and consequences. And it refuses the onesided way of thinking and therefore it claims the
comprehensive investigation of the world which substantiates the grasping of
society in its totality. The aspect of totality of society is a basic startingpoint
in the Marxist social science.

Marxist social theory points out the social character of law which as a special
social phenomenon exists in society and is determined and influenced by other
social factors. It is determined by economic life and is a part of the superstructure of society. Within the framework of the superstructure there are many
social phenomena - not only law but also the state, politics, ideology, religion,
morality, the arts, the sciences and so on; they are in correlation. The superstructure is ultimately determined by the economy in the process of world
history.

It is a basic thesis in the Marxist social thinking: the elements of the superstructure are not the mechanical consequences of economic life. They are not
related by a simple connection of cause and effect, that the economy is the cause
and the elements of superstructure are the effect (narrowly: economy would be
the cause and law could be the effect). The elements of superstructure are in
a manifold of correlations with each other and with the economy. The elements
of the superstructure have an effect on each other and react mainly to economic
life by virtue of their separate social destinations and roles, of their relative
independence and of their own movement. ENGELS stressed this context and
mentioned that political power strives for as much independence as possible and
that it is also endowed with a movement of its own. And we can find this

peculiarity as well in the fields of law, morality, state, ideology, religion, arts, sciences and so on. There is not only a direct connection between economy and other elements of the superstructure. We can also find a lot of <u>intermediary</u> factors. So the connections are both direct and indirect. The effects and requirements of economic life pass through some intermediary factors and therefore economic requirements can be expressed in different forms: for instance legal rules express economic conditions in legal form and they can do so well or ill according to the circumstances because of its own movement and structure.

This scientific inference is not always interpreted properly. Some claim that the law is the direct product of economic development and a simple reflex of economy. This claim represents a <u>vulgar</u> materialistic standpoint and it denies the manifold context of Marxist social thinking. ENGELS explained in his letter (Sept. 21-22, 1980) to J. BLOCK:

> "... According to the materialist conception of history, the <u>ultimately</u> determining element in history is the production and reproduction of real life. More than this neither Marx nor I have ever asserted. Hence if somebody twists this into saying that the economic element is the only determining one he transforms that propositions into a meaningless, abstract, senseless phrase ... There is an interaction of all these elements in which, amid all the endless host of accidents ... the economic movement finally asserts itself as necessary." (1)

The admonition given by ENGELS is important today. The vulgar materialistic approaches, which find the effects of economic life in every modification of legal institutions, norms and decisions, are <u>simplistic</u>. Other similar simplifications can be found as well in onesided analyses of the role of politics and the state on law.

2. In social thinking the superficial conclusion that the law is first of all determined by politics is sometimes asserted. It is true that in history very often politics is an intermediary factor which substantially influences the mutual connection between society and law. The political aims and practices of the ruling class take into consideration these connections. Politics and political interests claim that the connection of society and law should develop according to policy. This influence can have a positive effect which is in accordance with the historical-social requirement; but it can have a negative one as well, and in that case the correlation of society and law is distorted and is the result of extreme political interests.

In the development of history law was frequently subordinated to daily politics, to the political activity of the leadership of society. At the other extreme, the forms and prescriptions of law sometimes prevent the work and the carrying out of new goals of the political organs. This shows certain political conceptions and certain practices may take the shape of distorted relationships within the mutual connection between society and law.

As opposed to the extreme, onesided historical solutions regarding the normal and proper correlation between society and law, the objective social-political requirements demand that politics take into consideration the particular qualities of law. In such a situation they can support the development of society and the realization of the general trends of the ruling politics. Within politics different branches develop for expressing the special political requirements in the fields of economics, culture, religion, state, social organization and in the implementation of law. So far as the law is concerned, legal politics, criminal politics and so on can appear as special branches of politics.

A particular branch of politics is <u>legal politics</u>, that is the politics regarding law. It is obvious that in case of underdeveloped social relations we do not find it separately; it is only a part of the policy of the ruling class or dominant policy. It only serves to support the general policy by the effect of legal norms and by the practice of justice. The separation of legal politics is to be found in bourgeois society.

A particular manifestation against feudal relations was to be observed in the legal ideas of classical natural rights (the natural right can be grasped not only as a scientific approach but as a special form of bourgeois legal policy). It contained the essential legal demands which, after the abolition of feudal social system, were realised by legislation and jurisdiction. A very important demand was to state the legal equality of citizens on opposition to feudal inequality and privilige; others were freedom of contract, the sanctity of private ownership, the establishment of constitutional order, etc. The most essential requirement was to avoid tyranny in jurisdiction, in public administration and abuse of power. The particular legal politics of bourgeois policy express the given situation considering the demand of the legislature with regard to the application and enforcement of law.

Within socialist politics there is also a fundamental separation and independence of legal politics. This is very important in order to guarantee the validity of socialist <u>legality</u>. It is not characterized only by proclaiming the formal equality of citizens; it is also imperative that the rights and duties of citizens and the legal procedures of state organs should be considered as necessary. In socialist development a new result is that the separation of legal politics as a separate branch of politics has been unfolded. It is connected with the higher development of socialist legal life .

Legal politics includes and formulates the fundamental tendency of law-making as well as the application and enforcement of law. It contains the evaluation and critique of legal institutions with regard to their proper role in the society or to their lack of fitness for society. It makes proposals in connection with the development of juridical regulations; it formulates the legal <u>requirements de lege ferenda</u> in the field of politics, economy, property, family, criminal cases and so on. In addition it deals with the problems of application of law, with the content of rules and with the interpretation of rules <u>de lege lata</u>.

The legal politics of a given society, with regard to general policy, formulates the claim which have to be applied in the activity and method of law-making. In law-making, those rules are adopted which are in accord with the policy of the ruling class, and which in the given period can regulate the behaviour of citizens and the organs of the state. Depending on the trend of legal politics regarding law-making, some rules will be repealed and replaced. So legal politics deals with legal <u>initation</u>, which comes from different sides of social life. It serves as an intermediary between them and legal regulation. Though lawyers in the main are supposed only to examine given norms, everybody knows that before the acceptance of a regulation there is a discussion of how the given social problems can be influenced and efficaciously regulated. The most obvious example is the decision of the sanction to be applied; sometimes certain behaviour can be regulated by civil law, by labour law, by administrative law, or by criminal law. The selection of the legal approaches, the sanctions, and the quality of regulation depend on legal politics. It is very important peculiarity that the <u>alternatives</u> are formulated and decided in legal politics.

The decision of alternatives depends on legal possibilities and methods influenced by the given historical and social circumstances. Sometimes a politically initiated rule cannot be supported and applied by legal means. It is very important to note that sometimes the political leadership and politically active people are inclined to solve political and social problems by legal regulations, al though it would be better and much more appropriate to solve them by political and social decisions and activities. For instance, recently Hungarian public opinion felt that the turbulence and disturbances caused by teenagers should be prosecuted by legal means (i.e. they should be classified as crimes), though on the other side there was a strongly confessed persuasion that educational tools should be more effective. In this discussion the demands for legal regulation were rejected, though of course this does not touch juvenile delinquency as a whole; it means a new solution and evaluation regarding some actions of juvenile people.

Legal politics points out the most important direction for the given legal system. Since rules are created for a long time, it would be impossible to pay attention to the specific and individual problems of historical and social changes; with regard to this fact legal policy gives some principles for social changes being considered by judges and state organs in modifying the interpretation of rules. So according to the principle of legal politics interpreting the content of general rules in connection with the decision of individual cases is being carried on. Its consequence is that though application of law can satisfy the new demands of social development, for the time being the application of law should meet the most essential problems of society.

Legal politics in the main has a considerable role in the perfection of a given legal system. It expresses the theoretical and practical social-legal problems in the light of social-legal changes, in such a way that it makes it possible to discuss and to evaluate given legal institutions and activities and to formulate alternatives. It thus gives a base for appropriate decision. It has significant influence on the acceptance and furtherance of the initiation of new rules, the repeal of old ones, or amending valid ones, and so on. The most essential legal political requirements concern the initiation of a new constitution or amendments to a constitution or the suggestion for new codification in the fundamental legal branches (criminal code, family code, labour code, and so on).

Therefore, legal politics serves as an intermediary and transmutes the political, economic and cultural interests of the ruling class into law; the enactment, application and enforcement of law in order to defend the existing social structure by regulating the conduct of citizens.

3. The correlation of society and law is significantly influenced by the ruling social ideology in general and specially by political and juridical ideology. Since the existing social-political structure is led and organized by the ruling class and by politics and the state, and is regulated by law corresponding to the interest and will of the ruling class, so their activity organization and regulation have to be approved and justified. To get successful results, the rulers claim an ideal intellectual justification of the operation of political leadership of state apparatus and of administration of justice within the law-making process as well as of the application and enforcement of law.

In primitive circumstances religious ideology contained the approval of the activity of the given social system and law. Later, as a part of ruling ideology in order to serve the justification of society, politics, state and law, the social, political and legal ideology are usually separated, and in a special form a coherent system of arguments and responds can be found.

Social, political and legal ideology play a significant role in the correlation of society and law. They influence the given ruling politics, and the organization and operation of state as well as the making and application of law. This influence means that the social structure, the leadership of society, the activity of state organs and the political and juridical decisions of course are justified with arguments which have been formulated in the ruling philosophical, social, political and legal ideology.

With respect to legal ideology, it should be emphasized that the legal ideology has to be differentiated according to class distinctions. At the same time that the ruling class shapes its own peculiar legal ideology, the demands of the oppressed classes in connection with the changing of law can be seen and can be formulated as a legal ideology of the oppressed classes (or opposition).

Legal ideology expresses social interests. The scholars of bourgeois legal science argued that its principal requirements served the general interest or all people. But on the contrary, we can see that these arguments are wrong because legal ideology serves first of all the interests of the given ruling class. This was true in capitalist development as well. The bourgeoisie expresses social progress in its political leadership and its juridical opposition to feudal despotism, lawlessness and obsolescence while overcoming feudal society and law. After its victorious revolutions, this legal ideology became a part of the general ideology of the bourgeoisie.

The struggle against the existing social structure resulted in the formation of a proletarian consciousness of law which was a significant mobilizing power in the struggle against capitalism. After victory of the socialist revolution in consequence of capturing power of the ruling role of working class in the society, proletarian legal consciousness became the ruling legal ideology. Socialist legal ideology is distinctive in this it claims to present scientifically based legal requirements in opposition to the one-sided character of defending legal norms and institutions. This means that socialist legal ideology serves by its justification not only the defense of given socialist legal institutions, but that it helps the development of socialist law in its task of meeting the socialist requirements and the withering away of law.

Therefore we may conclude that legal ideology together with its justification of society and law, conduces to defending and sustaining the social and legal system and strengthens the work of institutions and the norms of law with respect to the interests of the socialist development and of general human progress.

I should like to stress the fact that legal ideology and legal culture are not the same. We cannot identify them. Legal ideology is nearer to daily political-legal requirements than legal culture: the legal ideology is closely connected with the interests of the ruling class; while legal culture is also connected with the political leadership, it is more closely related to the level of the work of lawyers and to the general cultural level of the given society.

Marxist social philosophy emphasizes that in society there can be an unequal development and different lasting results, values in the culture. For instance, Hellenic culture gave rise to more results in the field of philosophy and the arts than Roman culture, though the latter was better in the field of jurisprudence and in building up the state apparatus of a realm. So we can see different results in the territory of the development of law. And we can differentiate which legal system represents a higher level of legal culture and which produces more legal values.

The different levels of legal culture depend on the results of legal science and on the erudition of lawyers, on the more perfect solutions in law-making and on the application of law. On a higher level, legal institutions are proper to help to solve the problems of changing social and individual life.

It should be pointed out that legal science and the erudition of lawyers constitute a special intellectual and institutionalized legal tradition in the development of law. So we can see essential difference between legal systems depending on the difference of level of legal culture and legal regulation, despite the existence of an essentially similar ruling class. The differences influence the arguments, conceptions and notions of legal ideology as well. Legal culture affects the field of practical work of lawyers and it reflects the cultural level of lawyers not only in law-making but in the application and enforcement of law as well. It goes without saying that a developed legal culture demands a higher level of legal ideology. And a higher level of legal ideology can efficiently influence the operation of law, and especially the normal correlation of society and law.

4. The correlation between society and law is strongly influenced by the role of the state and by the connection of state and law. The connection of state and law is often discussed and we can find extremist conclusions. The mutual connection had been acknowledged; but concerning its evaluation there were many deviations: the extreme solutions differed about which one is to be considered as determinant or predominant. One extreme opinion concerning the mutual connection claimed the state was dominant; on the other, the law took priority. Statism regarded the dominance of state, and other views declared the law as above the state in the conception of a legal state (Rechtsstaat) or of liberalism.

The conception of statism, as is shown in its support of absolutism, in its theories of violence, in the fascist viewpoint of state, claims that all phenomena of society should be submitted to the state, and that law is to be regarded as a tool of state. The state is praised as supreme in society. It considers there to be no limitation of ruling power by law; the ruler, the leaders of the state, is not confined by law: He is not obliged to observe the legal rules. The theory of statism may be mainly found within the theory and practice of fascist politics, since the general obligations of law are rejected, as are human rights. Only the despotic commands are considered valid (for instance: according the fascist legal ideology: the leader's will is law).

The conception of the dominance of law was in the past and it is to be found up to now in the bourgeois political and legal philosophy. This is chiefly due to the fact that social thinking was influenced by bourgeois juridical ideology. This tendency is reflected by KANT's conception, which considered the state as a union of human beings under the law. This approach is expressed in new Kantian ideas as well: the state is an order regulated by law. KELSEN has formulated the view in this way:

"the duality of state and law is in fact one of the cornerstones of modern political science and jurisprudence. However, this dualism is theoretically indefensible. The state as a legal community is not something apart from its legal order." (General Theory of State and Law, 1961, p. 182.)

One of the results of this approach is found in the conception of the legal state: the state is ruled by law, therefore the constitution, the division of the branches of state power results in the elimination of despotism, and it guarantees the implementation of the rights of citizens as stated in the constitution (or in other basic rules).

The priority of law with respect to the state must be regarded as an ideal requirement, because in the period of bourgeois development, the building of law, its application, and the realization of legality were subordinated to the interest of ruling politics and were confined by the development and interests of the given political system. This means that the ideal requirements depend upon the practical interests of the ruling classes.

Historical materialism, the political theory and marxist legal theory refuse the views of statism concerning the dominance and priority of the state in society, and at the same time reject the conception which accepted the theory of KANT, according to which the state is determined by law; law itself is the basis of the state and law constitutes the creator of state organs. Both approaches are extremes; they are untrue and one-sided in their consideration of the mutual connection of state and law. The theoretical requirement is to express the real manifold correlation between them.

Marxist political and legal theory considers the correlation of state and law as a social necessity: both of them are regarded as social factors in the framework of whole society on the ground of economic life. They are based on the economy as parts of superstructure, and at the same time they have their own separate places, roles, tasks and destinations in the superstructure.

We can sum up the chief thesis of marxist social philosophy: the state and law are two different social phenomena; they are ultimately determined by economic relations; they are closely connected, and their mutual effect can be found. Bearing in mind the previous statements, the marxist approach rejects unscientifically based conclusions: the law cannot be determined by the state, and the state is not determined by the law. We speak about two separate phenomena of society. Since they are in mutual connection, they cannot be opposite to each other. At the same time, they cannot be regarded as identical.

In investigating the mutual effects of state and law, we are immediately faced with the fact that the enactment of rules is often made by the organs of the state, and they operate in the application and enforcement of law. Regarding these facts, there are many scholars in Marxist political and legal theory who explain this concern that the law is utterly subordinated to the state. This viewpoint was accepted especially at the beginning of socialist development. However, we have to reject this conclusion because first of all these arguments disregarded the fact that legal rules are not made only by the activity of state organs. We have to consider the state organs which operate in law-making, application and enforcement of law, and these can be regarded as organs of the law, the duty of which is to serve the aim of law and to make valid the destination of law. (There are some organs of the state that do their best to support the reaching of economic goals as well as political, cultural, and social aims.) This means that some state organs are regarded as a factor of law. It is part of their work to support the implementation of the law. But besides the work done by the state organs, there are different social factors, such as customary law, voluntary law-abiding, moral rules, religious norms, etc. which help the realization of law.

When the law regulates the social relations, it also rules the operation of state organs. Law regulates the activity of state organs and its connections with citizens. Therefore it is obvious that law affects the field of the state as well.

In addition, the end of the law is realized in such a way that the staff of the
state is forced to take into consideration and to observe legal norms. But all
of this is not enough to infer that the law itself is the base of the state, because
the activity of the state's staff is not only regulated by law but by morals,
political, administrative, and technical norms as well.

The end of the state and law is expressed in common tasks as well. Their roles
are first of all to protest the social order and the social relations of people;
and to support the economic, political and cultural life; and to serve the social
power within the society with regard to the interests of the ruling class. This
is the salient point in which we can see the close connection between state and
law. The two phenomena serve the economy, the social power, the interests of
the ruling classes, and they serve the given special order of the whole society
as well. This close connection is upheld by the given power system in a
society. But the close connection does not dissolve the qualitative differences
between the two phenomena.

Summing up we can emphasize that the state and law are coherent and cor-
relative phenomena of society: on the one hand the organs of state help the
development and implementation of law, while on the other hand the law itself
supports the organized activity of the state. Yet they cannot be identified. The
mutual connection between state and law is based upon their ultimate determination by the economy. The economic base ultimately determines the correlation
between state and law, and they can serve the given social system by their own
activity.

5. On the basis of the Marxist viewpoint we should emphasize that the correlation between society and law is determined by the given formation of society.
In historical development the problem of the correlation between society and
law can be found in class societies, and this context has different content and
form depending on the different formation of society. Though the correlations
between society and law are determined ultimately by the given economic conditions, there can be found other influencing factors. On the basis of the
economy, intermediary factors influence the role of law in the given society.
Of the different intermediary factors we can note as considerably influencing
factors politics, legal politics, legal ideology, legal culture and the state. These
factors reflect the fact that the correlation between society and law is very complicated and we must not simplify it.

Regarding the correlation of society and law we can investigate the law as a
separate phenomenon in society which has its own distinction; it has a special
peculiarity called its relative independence. And considered as separate activity, we can grasp the internal traits of law. The correlation between society and
law is influenced by other social factors as well. Thus the morality and the other
normasystems, different religions and churches, different subjective and intellectual factors, the development of sciences and so on, all influence the role
and activity of law in society. With the deliniation of the previous context the
complex and involved character of the correlation between society and law

should be clear. The investigation of the latter questions should also underline the main thesis from the marxist viewpoint: while law is determined by the economy and influenced by other social factors, it has its own significant role in society.

It should be stressed that we have to reject such <u>simplifications</u> which deem the essence of law to be the simple reflex of the economy, of the political order, or of the command of state, and so on. Marxist legal theory endeavors to grasp the problems of law in society from the viewpoint of reality. So in the Marxist legal theory there can be found more investigations from the new aspects and approaches of different social sciences, first of all from the side of philosophy, sociology, ethics, psychology, legal history and so on. Reality is very complex and we have to reflect it comprehensively in our notions and in the formulation of the correlation between society and law.

Finally I should like to stress that the notion of law must be investigated from the side of its inner peculiarity, but without knowing the social context of law, without researching the correlation between society and law we can't grasp and formulate the essence, the notion of law.

BENIAMINO SCUCCES MUCCIO

Le droit et la réalité sociale

Speech: "Some points of view on juridical certainty in comparison with
social evolution"

Let me bring to your attention, dear friends, the point, of view of two great
Sicilian as regards the relationships between Law and social Reality, which are
recognized, respectively, as a standing still phenomenon in comparison with
an unceasing evolving one.

Giuseppe MAZZARELLA, who taught Ethnology during many years in Catania
University, throught this very learned research in the ancient Laws (especially on Indian Law) reached that, notwithstanding any historical change in facts
happens, the following elements stay always unalterable:

-   the aggregation forms

-   marriage

-   homely juirisdiction

-   obligations

-   successions

-   political, penal and proceedings institutions.

He calls the above "Gli elementi irriduttibili del diritto", in order to mean-as
it where, in my opinion - the long lasting immanence in social reality of "sub-
stancial certainty of Law".

Francesco ORESTANO, illustrious philosopher from Palermo, Academician of
Italy, presupposing that Law must constitute itself as "sistema protettivo di
valori", in his work, "Filosofia del diritto", conceives as basic elements of the
"juridical constant" the "rule of aggregation" and the "rule of variation": the

first guarantees an invariable relation between a premise - which goes from the fact to the order - and a consequence - which goes from the order to the fact -, the second puts some limits of invariability, for example that marriage cannot become a company, while it is possible to change the rule of marital power, of patrimonial regime of married couple, etc.

I believe both MAZZARELLA's and ORESTANO's ideas can help to meet the requirements of social evolution, without removing the ordering function of Law, which must base itself on general free people's assent, emphasizing a formal and substantial "certainty", as synonym of justice.

Thèmes complémentaires - Overlapping Themes -
            Uebergreifende Themen

        Groupe 3 - Group 3 - Gruppe 3

Normes supérieures du droit: morale, justice,
            droit de l´homme   ·
Standards Preceding the Law: Moral, Justice, Human Rights
Ueberpositive Massstäbe: Moral, Gerechtigkeit,
            Menschenrechte

        Praesidium: ENRICO DI ROBILANT

PH.- I. ANDRE-VINCENT

Les droits de l'homme au regard de la loi

Le droit naturel dans la problématique des droits de l'homme   (résumé)

Le concept de droit de l'homme est en crise. Malgré les vigoureux diagnostics
des sociologues (COMTE, Le PLAY, MARX, PROUDHON) le volontarisme du
"Contrat Social" imprègne la conception de 1948 comme celle de 1789 - Même
si les droits de l'homme sont conçus dans une relation dialectique entre la
personne et le pouvoir (MOURGEON). Cette relation est totalisante: elle oppose
2 absolus: le droit subjectif du sujet, la norme légale. Et cette dialectique
aboutit à la "collectivisation" des droits individuels (MOURGEON) et au règne
de l'Etat, tout-puissant débiteur de ses services dans le face à face personne-
pouvoir.

Pour corriger les conséquences pratiques de l'individualisme originel, la Déclaration de 1948 a ajouté aux "droits civils et politiques", une liste de "droits
économiques et sociaux": les premiers découlant immédiatement de la nature,
les seconds requerrant une ·ganisation sociale à la charge de l'Etat (RIVE-
RO). Cette distinction, devenue classique, se heurte à la réalité: pas de droit
individuel sans dimension sociale. Voir la jurisprudence de la Cour européenne
analysée par BOSSUYT (notes 11 et 16).

Le concept actuel de "droits de l'homme" est celui d'un "homme qui n'existe
pas" (VASAK citant GRIEVE (note 24)).

Pour remédier à cet irréalisme foncier, il ne suffira pas d'ajouter quelques
articles aux deux listes actuelles des "droits de l'homme". Une révision radicale s'impose à partir des fondements (Imré SZABO).

Le point de départ de la recherche est une critique serrée de l'absolutisme
du droit subjectif (M. VILLEY). Il n'y a pas de droit subjectif sans relation
interpersonnelle à travers une chose mesurable et exigible. Cette relation
objective fonde le droit subjectif. Or elle est antérieure à la loi. Législateur
ou juge, le diseur du droit devra le chercher à travers ces relations de justice

qui existent au devant de lui comme fait et comme valeur; de là nait la norme concrète (M. REALE) qui détermine le droit objectif (le "quod justum") (ARISTOTE et S. THOMAS). La loi, norme abstraite, est au service de la norme concrète; un instrument de la recherche du droit (Michel VILLEY).

Les droits de l'homme dans cette perspective apparaissent comme les valeurs inhérentes aux relations de justice fondamentales dans la société. Tout être humain existe en dépendance de ses parents. Sur cette première relation naturelle se fonde le premier droit fondamental (à la vie et aux moyens nécessaires à la vie); les autres droits fondamentaux (à l'éducation, à la culture) s'élèvent à partir de cette première relation et en se composant avec les autres. Le droit fondamental à la religion et à la liberté religieuse se fonde sur la relation métaphysique, primordiale de tout être créé à l'Etre Absolu.

Sur la base de leur fondement relationnel les droits de l'homme (inséparables de ses devoirs) ne sont pas conçus comme droits subjectif, mais comme valeurs fondamentales inhérentes aux sources du droit. C'est comme "principes généraux du droit" qu'ils entrent dans la vie juridique. C'est ainsi qu'ils font autorité dans la récente jurisprudence du Conseil d'Etat et du Conseil Constitutionnel français.

===

La notion volontariste de droit et de loi

Tels qu'ils se présentent à l'histoire contemporaine les droits de l'homme s'inscrivent dans la relation Personne-Pouvoir. Et cette relation dévore toutes les autres en construisant pour la gestion des droits de l'homme le Léviathan totalitaire. Apparaît ici une dialectique d'absorption des personnes par l'Etat qui se nourrit des conceptions volontaristes du droit et de la loi. Ces conceptions ayant dominé la théorie et la pratique à notre époque nous devons nous placer dans la perspective volontariste pour comprendre les manipulations de la notion de "droits de l'homme". Dans une perspective différente (qui est celle de l'objectivité du droit naturel classique) nous tenterons de dégager une autre notion de "droits de l'homme" et une autre voie.

Dans le cadre de "l'Ecole du droit de la nature et des gens" où furent conçus les modernes "droits de l'homme" les relations sociales tendent à se réduire à la relation Personne-Pouvoir. Le Pouvoir résulte du Contrat Social. Il réside essentiellement dans la Volonté Générale fruit du Contrat Social et donc, dans la Loi qui est "l'expression de la Volonté Générale". A ce titre la Loi est créatrice du droit.

Il n'y a pas de relation politique antérieure au Contrat Social (1): Mais il y a des personnes; et ces personnes ont des droits qu'elles tiennent de leur nature, des droits naturels. Telle est la conception courante de l'"Ecole" transmise à la Déclaration de 89. Toutefois, dans la pure et dure logique du Contrat Social, celle de ROUSSEAU comme de HOBBES, les personnes doivent faire "aliénation totale" de leurs droits comme de leur volonté pour créer la Volonté Générale ...

Pour son interprétation la Déclaration des droits de l'homme de 1789 renvoie-t-elle à ROUSSEAU ou à MONTESQUIEU? - Une question semblable se poserait pour l'interprétation des bills of rights de 1688 et 1787 (en dépendance de HOBBES ou de LOCKE?). Une autre question se pose et domine la réponse: celle de la notion de loi en fonction de laquelle les droits seront conçus et seront pratiqués. Or dans la déclaration de 1789 la loi est définie comme dans le Contrat Social de ROUSSEAU: "l'expression de la Volonté Générale".

Cependant la déclaration de 1789 ne peut se réduire à un corollaire du Contrat Social. Et l'intention des constituants français, affirmée par les deux premiers articles de la Déclaration est bien de proclamer et de mettre hors de toute atteinte des droits préexistant au Pouvoir: les "droits naturels et imprescriptibles de l'homme" ... "Naturels et imprescriptibles", "naturels et inaliénables" (dans le bill of rights) sont des formules qui contredisent "l'aliénation totale" exigée par le Contrat Social. Elles se réfèrent à la tradition scolastique reçue dans l'"Ecole": ces droits naturels sont conçus comme les attributs nécessaires de tout être humain; ils appartiennent à tout homme en vertu de sa nature de laquelle ils procèdent par déduction immédiate (2). La préexistence de ces droits au Pouvoir est donc dans leur nature. Ils sont même élevés au-dessus du Pouvoir dont le but réside principalement dans la "conservation" de ces droits (a.2). Mais les buts de la loi sont déterminés par elle dans la perspective volontariste qui la définit "l'expression de la Volonté Générale" (a. 6). Les droits de l'homme seront donc déterminés par la Loi; et cela, souverainement.

Les notions de droit et de loi sont solidaires. Le volontarisme exclut le primat de l'objet: le bien commun, but de la loi, n'a plus sur elle qu'une antériorité idéale: il n'a plus d'objectivité réelle si ce n'est celle qui lui est donnée par la décision du Pouvoir en légiférant. Ce volontarisme se combine avec la rationalisme pour faire de l'objet une création du sujet. Les droits naturels comme le bien commun constituent seulement un idéal, une catégorie morale qui laisse à la volonté souveraine du Législateur la decision de le faire exister dans l'ordre juridique.

Le positivisme juridique coïncide avec cette notion volontariste de la Loi pour dénier toute préexistence et toute efficience à ces droits naturels (3). S'il n'est de droit que positif, il n'est de droit que déterminé par la loi; et cette détermination sera création absolue si la loi n'est pas elle-même déterminée par un donné objectif. Or cette objectivité du donné est exclue, non seulement par le volontarisme de la loi mais par le subjectivisme des droits naturels.

En formulant ce qui est dû à l'homme en tant qu'homme comme un faisceau de

droits individuels la déclaration de 1789 laissait à Loi la tâche de construire
ces droits subjectifs et, du même coup, les relations de justice qui les fonde
et l'objet qui les constitue. - Le législateur se trouvait dans l'obligation ou
d'une création absolue de droit ou d'une abdication devant l'absolu d'un droit
préexistant. A cette seconde alternative correspond la reconnaissance du droit
de propriété somme celui de "disposer ... de la manière la plus absolué (4);
à la première, la tentative de construire un ordre social sur la seule relation
Personne-Pouvoir et l'unique autorité du Souverain Collectif. L'article 3 de la
Déclaration de 1789 pose le principe de cette révolution (5); toute la législation
libérale, en dissolvant les communautés, en supprimant les "communaux", tend
à réaliser le schéma juridique du Contrat Social: le face à face Individu-Etat.

La logique du Contrat Social, sous-jacente à la Déclaration de 1789 est percep-
tible à travers les législations, libérales et socialisantes, qui construisent la
société nouvelle sur la relation dialectique Personne-Pouvoir. Le positivisme
juridique est l'outil conceptuel de cette construction qui donne la vie aux
"droits de l'homme".

A partir de l'axiome que la Loi crée le droit, la reconnaissance des droits de
l'homme par le Pouvoir n'est pas l'exécution d'une obligation juridique. De
fait les déclarations des "droits de l'homme" même ratifiées par les Etats ne
sont que déclarations d'intention: elles n'obligent que moralement ... (Le
"fondement moral" invoqué par   Robespierre serait-il absent de la vie du
droit?)

Dans la relation Individu-Pouvoir

Par la reconnaissance qu'il en fait, le Pouvoir donne donc naissance juridique
aux "droits de l'homme". La loi prend possession de ces droits individuels
pour leur donner consistance et les implanter dans l'ordre juridique. Cependant ce qui est dû à l'homme en vertu de sa nature est toute autre chose que
l'attribution d'une corbeille de droits subjectifs abstraits. D'Auguste COMTE
à Karl MARX, de BONALD à PROUDHON les divers courants de la pensée
sociale ont fait le procès de la "liberté formelle" proclamée par les Déclarations de Droits, de "l'égalité formelle" réalisée par la Loi. Pour que les
droits de l'homme deviennent une réalité il fallait donc que fussent reconnues
leurs conditions d'existence: cette reconnaissance elle aussi sera une création du Pouvoir: elle réalisera l'organisation sociale des droits de l'homme à
travers une dialectique de la relation Personne-Pouvoir qui sera créatrice
des relations sociales.

Au XXème siècle le Pouvoir, s'est attelé à la tâche qu'il avait oubliée au
XIXème, celle d'organiser socialement des droits de l'homme. Libérale et
socialisante, la démocratie moderne devient ce grand mécanisme à assurer
socialement les droits individuels en multipliant la relation individu-Etat -
La dialectique de la démocratie se prête à cette étatisation en groupant les

individus, soustraits à leurs relations sociales, sous l'angle de leur relation au Pouvoir. L'homme devenu citoyen est essentiellement une fraction du
tout social (6). Il n'exerce sa fraction de souveraineté selon la Loi du Nombre
qu'à travers le jeu des partis collecteurs de votes individuels.

Dans la démocratie moderne les partis constituent le premier organisme de
socialisation des droits de l'homme; ils concrétisent la relation des personnes
au Pouvoir soit pour le conquérir, soit pour en conserver la conquête. Cette
relation fondamentale pénétrera souverainement toutes les structures créés
par le Pouvoir ou par les personnes. C'est ainsi que les droits de l'homme
trouveront leurs dimensions sociales.

La relation mutuelle des personnes envers le Pouvoir, du Pouvoir envers les
personnes, dans la dialectique de la démocratie moderne, tend à s'emparer de
toutes les structures; elle agit d'abord comme dissolvant des structures traditionnelles; elle opère ensuite la nouvelle organisation sociale en collectivisant.
Le droit d'association timidement réadmis dans la loi française de 1884 fonc-
tionnera comme une collection de droits individuels; le syndicalisme professionnel ne sera pas centré sur "les prétendus intérêts communs" (7) des membres du corps professionnel mais sur une somme d'intérêts individuels que
traverse la relation Personne-Pouvoir: les syndicats sont politisés. Les institutions de Sécurité Sociale, même si elles naissent de l'autogestion des intérêts
communs seront absorbées par la collectivisation étatique. En assurant la
nécessaire gestion des droits de l'homme, l'Etat, libéral-socialiste, assure la
collectivisation des droits individuels (8).

La dimension sociale: l'éclatement des categories

Face à ce phénomène de socialisation le langage juridique évolue lentement.
Demeurant dans la perspective idéologique de 1789 cette réinterprétation sociale des droits de l'homme a été perçue dans l'optique de la relation Personne-
Pouvoir comme une nouvelle série de droits individuels ajoutés aux originels
droits de l'homme: on leur donne le nom de droits sociaux. La Déclaration de
1948 et les pactés d'application de 1966 énoncent deux catégories de droits: les
droits civils et politiques, les droits économiques et sociaux.

La Doctrine s'est efforcée de conceptualiser cette distinction en déterminant
les notes spécifiques de ces deux catégories. Les droits civils et politiques,
inhérents à la personne, d'application immédiate, ne demanderaient au Pouvoir que le respect dû, une abstention; les droits sociaux et économiques re-
quièrent au contraire essentiellement du Pouvoir une organisation, une prestation. En conséquence la mise en oeuvre des droits sociaux n'est pas immédiate;
à la différence de celle des droits civils; la garantie judiciaire n'est donnée à
ces droits que dans la mesure où ils sont organisés juridiquement. Qui aurait
compétence pour décider de la violation d'un droit social par un Etat qui se
refuserait à l'effort financier nécessaire à l'organisation requise, effort qui
est souvent héroïque, parfois absolument impossible, toujours dépendant d'une

appréciation souveraine du bien commun. Bref l'individu ne peut prétendre à l'existence d'un droit social que dans la mesure où la législation en vigueur lui en fournit les conditions d'existence et lui en permet l'exercice (9).

La distinction opérée entre droits civils et politiques d'une part, droits sociaux et économiques de l'autre, si commode qu'elle soit pour une optique positiviste, correspond mal à la réalité et ne résiste pas à la pratique.

Tout droit individuel suppose une relation interpersonnelle et un dû objectif déterminé ou déterminable. Un droit de l'homme n'échappe pas à cette nécessité. Les droits civils, pour inhérents qu'ils soient à la personne, n'existent que socialement. Qu'est-ce que le droit à la vie pour l'enfant à sa naissance s'il ne se concrétise dans des moyens de subsistence dûs par sa famille ou, à défaut, par la société? Pour un prolétaire sans travail le même droit à la vie prendra la forme de l'indemnité de chômage ou des secours moralement dus (et généralement donnés dans les milieux sociaux les moins développés). Ainsi la continuité est claire entre droits civils et droits sociaux: l'un n'existe pas sans l'autre, - les seconds ne seraient - ils pas la dimension sociale des droits humaines et au fond, la réalité même des premiers?

La continuité des deux catégories est mise en relief par la jurisprudence des droits de l'homme... Le droit à la culture qui commence dans la famille et les relations familiales continue à l'école. La continuité nécessaire à toute éducation est assurée par le droit prioritaire des parents à diriger le développement humain de l'enfant dans une école animée par les mêmes valeurs éthiques, inspirée des mêmes principes moraux, dotée du même coutumier, de la même langue (10). La question linguistique a fait l'objet d'un procès devant la Cour Européenne: les parents de langue flamende avaient-ils droit à une école autre que celle, francophone, existant dans leur localité? C'était un droit social qui était en question: le problème de la création d'une école de langue flamande dans la localité mettait en jeu le budget de la province et toute la politique linguistique de l'Etat. Le principe de non-intervention et le respect de la compétence du gouvernement national opposaient une fin de non-recevoir à la compétence de la Cour. Cependant appréciant le fait et le droit avec réalisme la Cour retint et trancha la cause dont on l'avait saisie, interprétant le droit de l'homme en question comme un tout dont elle devait connaître sans distinction des droits civils et des droits sociaux (11).

Tout droit de l'homme n'est-il pas nécessairement individuel et social à la fois? La Cour n'avait pas à prononcer sur la distinction doctrinale des droits civils et des droits sociaux. C'est à la Doctrine qu'il appartenait de réfléchir sur la crise des concepts fondamentaux. Dans la tradition juridique des grandes Déclarations les droits de l'homme sont considérés comme "inhérents à l'essence de l'homme" (RIVERO). Une telle conception ne dépasse pas les limites des droits civils les plus généraux et indéterminés (droit à la vie, à la liberté, à la culture ...): elle n'a pas la portée juridique. Ces entités abstraites se perdent dans le lyrisme des discours d'assemblée - à moins de donner naissance "more deductive", à des législations orgueilleuses englobant les inégalités réelles dans le trompe l'oeil de leur "égalité formelle". Ces droits abstraits d'un sujet absolu relèvent de la méthode proclamée par ROUSSEAU: "Commençons par écarter touts les faits."

Au XXème siècle devant la "révolte des faits contre le Code" le législateur et le juge ont élaboré empiriquement un système de protection des hommes réels que l'on a qualifié de droit social. La base du système n'est pas le sujet absolu de l'idéologie individualiste mais l'être implanté dans les relations qui sous-tendent son existence et constituent sa situation dans la société: l'enfant dans sa relation à ses parents, l'ouvrier dans sa relation avec son employeur, telle ou telle catégorie de salariés, telle ou telle catégorie de producteur. Le droit social est celui de l'homme situé. Les droits de l'homme apparaissent débités en tranches minces dans ces "droits catégoriels". Mais, au fait, sont-ils bien les droits de l'homme? Le droit individuel des grandes Déclarations disparaît dans la création du droit nouveau. Le droit de l'homme n'est plus "préexistant"; il est déterminé par le droit social au sein duquel il existe (12). En réalité le droit individuel n'a-t-il pas disparu en prenant corps? Il a changé de nature juridique totalement. Alors qu'il s'opposait au Pouvoir en exigeant seulement de lui son abstention, voilà qu'il s'impose à lui en déterminant une prestation (13): l'individu est devenu le créancier de la société; mais de cette créance socialisée l'Etat est l'administrateur et le juge. Le Pouvoir gouverne les services qui administrent sa dette. En conséquences "le premier bénéficiaire des droits nouveaux c'est l'Etat" (14).

Le relation Personne-Pouvoir englobe toujours les relations sociales: elle les domine; mais elle ne parvient pas à les supprimer. Sous les structures de l'étatisation les droits sociaux font sentir les exigences des relations spécifiques qui les déterminent. Ils constituent la concrétisation juridique des droits de l'homme. Ici commence toute réflexion sur la nature et le développement de ces droits.

Réflexion/Philosophique

D'emblée une certitude nous est donnée: la vie du droit repose sur des relations intersubjectives et non sur des entités isolées. Les droits de l'homme doivent être pensés à neuf sur la base d'une philosophie du droit qui les libère de leur subjectivisme natif (15). L'absolutisme de la relation Personne-Pouvoir (si avantageux à celui-ci) est une création des légistes du XIVème siècle et de HOBBES: il ne règne dans la législation européenne que depuis la Révolution française. Toute la vie du droit dans le siècle actuel réagit contre cet absolutisme en le soumettant au critère des relations sociales. Les droits de l'homme ne se concrétisent juridiquement que sur la base de ces relations. Et ce n'est pas un fait nouveau. L'état social de l'Europe, au temps de la Déclaration de 1789 est un tissu de relations humaines développé sur la trame fondamentale de la famille et des communautés naturelles. La législation qui a rongé ce tissu social a produit le prolétariat. La réaction vitale du "droit social" tend à s'affranchir de l'absolutisme de la relation Personne-

Pouvoir. Et du même coup elle rejette l'idéologie volontariste qui imprègne les droits de l'homme.

Une réflexion objective sur les droits sociaux libère les droits de l'homme des catégories individualistes et nominalistes dans lesquelles ils furent formulés. - Elle recherche à travers l'exigence de justice proclamée, un fondement sur lequel s'appuiera la loi ou la jurisprudence, pour déterminer un droit objectif.

La réflexion actuelle sur les droits de l'homme est une recherche du fondement. A partir de la distinction des droits civils et des droits sociaux on s'est efforcé de dégager un ordre parmi les droits de l'homme; une hiérarchie entre eux se construirait à partir de ce qui les fonde, "l'essence même de la personne". Ainsi parmi les droits de l'homme certains se détacheraient comme plus proches du fondement: ils seraient dits fondamentaux (16). Tels seraient le droit à la vie et les deux autres droits qui l'accompagnent dans l'article 3 de la Déclaration de 1948: droit à la liberté et à la sécurité. Ces droits ne seraient susceptibles d'aucune restriction; ils ne nécessiteraient aucune détermination légale, s'imposant par eux-mêmes.

En réalité il n'y a pas de droits subjectifs qui ne soit déterminés par la loi. Il n'est pas de droits de l'homme qui n'ait besoin de cette détermination (17). On remarque que la jurisprudence ne se saisit de ces droits individuels qu'en les traitant comme droits sociaux. Encore la formulation individualiste des droits sociaux doit-elle être dépassée pour affronter la réalité des cas (18). A la figure du conflit des droits subjectifs issue du Contrat Social se substitue celle des relations intersubjectives au sein desquelles se détermine ce qui est dû au sujet de droit: sur ce droit objectif se fondent les droits subjectifs.

La notion concrète des droits de l'homme que suscitent les efforts de la jurisprudence dépasse la distinction des droits civils et des droits sociaux. Les droits sociaux eux-mêmes doivent être libérés du moule individualiste dans lequel ils ont été coulés. En manifestant les exigences sociales des droits de l'homme ils accusent l'indigence de leur propre conceptualisation, en même temps que de celle des droits civils. La tâche qui s'impose à la Doctrine n'est pas, en relisant les Déclarations de droits, d'ajouter quelques droits nouveaux aux droits enciens: allonger la liste des droits de l'homme ne répond pas à la nécessité de les concevoir: il s'agit de retrouver le sein maternel, de dégager, sous la formulation d'un pseudo droit subjectif, l'exigence de justice, enracinée dans les relations humaines fondamentales, qui déterminent un droit objectif. Donc, reformuler les droits de l'homme? - Davantage, les penser à neuf.

Pour une révision radicale

Cette nécessité d'une révision radicale est soulignée par le phénomène de
rejet, de plus en plus net, qui se manifeste à travers les nations du Tiers-
Monde. Généralement toutes les cultures autres qu'européennes se déclarent
pour le moins allergiques au droit de l'Occident européen. Simple réaction
de défense? Mais observons qu'elle prend forme de critique raisonnée; et
chez les esprits les plus fidèles à héritage culturel de l'Europe elle résonne
comme un cri d'alarme (20). Pourrions-nous rester enfermés dans le petit
monde des institutions européennes modernes? - Au reste le jeu même de
ces institutions nous oblige à cet effort de révision radicale des concepts.

La jurisprudence française la plus récente nous invite à considérer les droits
de l'homme non comme des droits subjectifs mais comme des principes.
Situés dans le domaine des sources du droit, les droits de l'homme y sont
conçus comme des "principes généraux du droit". Cette jurisprudence coïncide avec la réflexion qui met en cause l'absolutisme de la loi. Si la loi était
créatrice du droit elle serait conextensive à la totalité juridique: il n'y
aurait pas de "lacunes"; or il y a des lacunes; et pour les combler la jurisprudence fait appel, à côté des lois, à travers les lois, aux "principes généraux du
droit". Les principes généraux, une fois reconnus, éclairent d'une lumière
supérieure non les seules lacunes mais tout le domaine d'application des lois.
Elevés à ce niveau des sources de droit les droits de l'homme mettent en
question la loi.

Dans une perspective volontariste de la loi les principes généraux ne sont qu'un
appendice destiné à combler les lacunes du Code: leur domaine doit être réduit
au minimum. Dans une perspective réaliste les mêmes principes sont au coeur
de la réalité perçue par la raison; ils expriment l'impératif de justice inscrit
dans les relations sociales sous l'angle des rapports de droit. Ils constituent
le but même de la loi, la substance juridique du bien commun. Dans la perspective réaliste objective qui est celle du droit naturel classique la loi se définit,
faut-il le rappeler: "ordre de la raison au bien commun" (21). Cette définition
est classique: elle a traversé un obscurcissement de trois siècles: elle reparaît aujourd'hui, mais, dans un clair obscur plein d'équivoques.

La notion de bien commun dans la pensée juridique moderne s'est perdue, dissi-
pée au ciel des théories léguées par un droit sophistique (22). Utilisée aujourd'hui
par les Sciences politiques elle reste dans les milieux juridiques à l'état
nébuleux. Pour en sortir il faut se libérer de l'idéalisme philosophique dont
est chargé le droit naturel moderne. Dans une optique idéaliste le bien commun, idée pure et pure création de l'homme, n'est plus qu'un futurible qui sera
porté à l'existence par la loi (23). Dans cette perspective les droits de l'homme
ne sont qu'un idéal lointain, non une réalité présente: ils ne sont pas fondés
dans l'être humain, mais dans l'activité créatrice de l'homme: ils tombent sous
la nécessité du Pouvoir.

Une anthropologie relationelle

La réalité des droits de l'homme, la réalité du bien commun sont solidaires
d'une anthropologie. La mise en question des droits de l'homme est celle du
sujet absolu qui se voit doté de droits avant toute relation sociale. Cet homme
n'existe pas (24). Que son image domine les Déclarations de droits et les
travaux de mainte assemblée, accroit notre obligation de nous libérer de la
fiction du Contrat Social et de nous attacher au réel. L'homme qui existe est
celui qui naît de père et mère. L'être humain, par son corps, par tout son
être, n'existe qu'en relation avec l'autre; et rien ne lui est dû que par un
autre: il n'a de droit qu'en relation avec cet autre et fondé sur cette relation.
La relation à l'autre est le point de départ d'une anthropologie du droit.

Il y a "des relations de justice entre les hommes avant qu'il y ait des lois
faites" (25). C'est au présent et non au passé que nous transcrivons cette cita-
tion de MONTESQUIEU. Au présent doit s'entendre la préexistence de ces
relations sociales et des droits naturels qu'elles fondent. Ce présent qui pré-
existe à l'action du législateur est ce tissu social qui naît spontanément de la
vie humaine: la famille d'abord, ensuite tous les liens noués par les actes
juridiques entre les sujets de droit qui exercent leur pouvoir dans la société,
à travers les biens et les services qui se trouvent dans la nature et les déve-
loppements de la culture. Ce tissu de relations est nature et culture à la fois,
inséparablement, chose et personne: il est "naturel", au sens de "physis"
dans l'Ethique d'ARISTOTE (26).

Ce sens concret de la "nature des choses" est inhérent à la dialectique du droit
naturel classique retrouvé par les analyses pénétrantes de Michel VILLEY (27).
La recherche de la réalité des droits de l'homme passe par cette dialectique
qui est spontanément celle du juge, encore qu'elle se combine avec les procé-
dés de la déduction et de la subsumption à partir du texte légal et qu'elle se
dissimule sous ce jeu du droit positif. Sous l'apparente rigueur scientifique
du jeu, le droit naturel moderne, de WOLF à DABIN a substitué à la dialectique
aristotelicienne la méthode déductive fondée sur un principe clair et précis, tel
que celui de la sociabilité ou de l'individualité. Il en est sorti le sujet de droit
absolu doté de tous les droits naturels avant toute relation sociale par déduction de la pure idée de nature humaine (28): un homme qui n'existe pas.

Les hommes qui existent sont des êtres en relation - et cela fondamentalement,
du sein maternel à la tombe. Relation ontologique d'abord, mais qui devient immédiatement relation de justice, dès qu'elle est pensée en fonction de la chose
dûe par l'un à l'autre (29): relation interpersonnelle à travers les choses susceptibles d'être mesurées et exigées: relation qui se multiplie avec les nécessités et les conventions de la vie sociale, tissant un réseau qui s'ordonne,
même s'il s'embrouille dans maintes difficultés et conflits, sur la base du
fondement naturel.

Les premières relations fondamentales d'un être humain sont celles qui le
rattachent à son père et sa mère: ce qui lui est dû pour vivre sera déterminé sur
cette base en fonction de toutes les relations environnantes que manifestent la
biologie, l'écologie ou simplement le sens commun, qui n'est pas exclu de la
paidiatrie. Ce foisonnement de relations humaines est ordonné à l'enfant à
travers la relation fondamentale qui fonde son droit à la vie. Dans le cas où
le père ou la mère viennent à manquer, cette dette fondamentale passe spontanément à ceux qui les remplace en vertu de la nature des choses, la tribu, le
clan, la société politique qui peut déléguer ses obligations et ses pouvoirs à
une communauté ou à une famille adoptive. A travers la relation fondamentale
à la mère qui ne va pas sans l'environnement cosmique ("à la mère et au
soleil" disait ARISTOTE) on perçoit dans l'être humain la relation fondamentale qui constitue son être, en dépendance du Cosmos entier et en puissance
de la faire sienne par la connaissance (30).

Cette relation fondamentale est "constitutve de l'être". En devenant relation
de justice par la considération de ce qui est dû à l'enfant ("quod debitum"
droit objectif) elle est constitutive d'un droit fondamental (droit à la vie
dirons-nous) qui requiert un ensemble de prestations moralement dûes qui
pourront être organisées juridiquement par l'attribution à l'enfant ou à ses
représentants des droits subjectifs correspondant. En réalisant cette attribution juridique la loi de toute évidence ne part pas de rien: l'ordination qu'elle
impose, si elle est juste, était inscrite dans l'ordre des choses. Tout l'art des
législateurs est de revêtir cet ordre (donné par la nature des choses dans tel
ou tel moment historique) des instruments juridiques qui lui soient ajustés.

Les droits fondamentaux comme principes

Tous les droits de l'homme formulés pourraient être analysés à partir de ces
relations de justice "préexistantes". Sur la relation fondamentale aux père et
mère se fondera l'ensemble des droits subjectifs que recouvre le droit à la
vie: embrassant les nécessités de la subsistance d'abord et bientôt de l'éducation, de la culture, dans la mesure des moyens de développement offerts par le
tout social. Dans une géométrie des droits de l'homme tous les droits sociaux
apparaîtraient dans un ordre de déduction rigoureuse à partir du droit à la vie,
non sans préciser une qualité fondamentale de cette vie (la spiritualité, donc,
la liberté) et une condition fondamentale de la vie sociale (la sécurité des relations). Ainsi serait formulée par l'article 3 de la Déclaration de 1948 la trinité
fondamentale des droits de l'homme: "Tout être humain a droit à la vie, à la
liberté, à la sécurité). Mais l'ordre juridique n'est pas géométrique: il ne se
construit pas comme la pyramide de KELSEN. Les droits fondamentaux sont
autre chose que des droits subjectifs et davantage -, des principes de discerne-
ment pour le législateur et le juge, des principes fondamentaux (31).

Les droits fondamentaux ont force de principes dans la recherche de la jurisprudence: ils guident l'analyse vers les relations fondamentales qui les déter-

minent. Les personnes qui les invoquent ne sont pas sujets de droits indépendamment de ces relations qui constituent la communauté familiale et les diverses communautés naturelles (cité, province, profession) qui composent le tout social. Toutes ces relations de justice préexistent à la loi comme à la décision du juge. Elles constituent ce tout social, cet ordre de justice où le législateur et le juge puisent leurs ordinations. Elles sont le lieu des sources du droit.

Les droits de l'homme sont au centre de ce lieu des sources qui éclaire ensemble toutes les relations sociales selon leur ordre juste. Car cet ordre est celui des personnes en relation; des personnes qui assument l'exigence de justice contenue dans les relations sociales et sont donc des sujets de droits qui préexistent aux lois sur la base de ces relations. L'ensemble des personnes ainsi réunies constitue un tout dynamique, un tout d'ordre constitué par les relations de justice et d'amour qui font une communauté; le bien qui est le but et la raison d'être de cette communauté, le bien commun, est la cause finale de toute l'activité communautaire et donc de toutes les lois: il les domine. Or le bien commun est le lieu des droits fondamentaux des personnes. Aussi les droits fondamentaux sont préexistant aux lois: ils les dominent, comme le bien commun dont ils font partie, fondamentalement, en vertu des relations fondamentales de justice qui unissent les personnes. Cet ordre fondamental est aussi appelé naturel puisqu'il découle de la nature des choses; quelle que soit dans son élaboration la part de la volonté cet ordre manifeste des relations permanentes données à travers les mouvances de la nature des choses. Les lois humaines peuvent bien s'opposer à cet ordre; elles ne le détruisent que partiellement et pour un temps. L'ordre naturel toujours subsiste, les droits fondamentaux peuvent être violés: mais non anéantis: ils subsistent en cet ordre comme dans les personnes et les choses qui le composent (32).

Avons-nous réduit les personnes à l'état de simples parties du tout social en fondant leurs droits naturels sur leurs relations? En effet les personnes sont totalement immanentes au tout social dans une analyse relationnelle qui ne dépasse pas la relation sociale; mais cette analyse est insuffisante. Elle oublie une relation capitale pour l'intégration de la personne à la société, la relation religieuse.

Le droit fondamental à la liberté religieuse

Sous la relation biologique qui attache l'être humain fondamentalement à sa mère et au Cosmos se cache la relation métaphysique qui se développera et qui apparaîtra avec les premiers actes de connaissance intellectuelle. Dans le premier pourquoi de l'enfant sur l'être des choses est sensible la relation spirituelle de l'être humain au tout de l'être; et ce sera la première révélation de son appartenance à un tout plus grand que celui du monde des corps où se meuvent les relations sociales. La dépendance de l'enfant à l'égard de son père et sa mère se double d'une relation qui la transcende: relation ontologique de tout l'être au Père de tout être: relation de justice de tout être humain à Celui à qui il doit d'exister et dont il reconnaît le don souverain dans les actes du culte: relation fondamentale de la créature spirituelle à son Créateur.

Cette relation métaphysique est constitutive de l'être des personnes et donc de leurs relations dans les mouvances de la nature et de l'histoire. Cette relation fondamentale d'existence est l'expression de l'Acte Créateur qui intègre les personnes au Cosmos; elle les intègre aussi au tout social en évolution pour autant qu'elles existent socialement; elle les intègre en sauvegardant leur transcendance: elle est la relation fondamentale d'une créature spirituelle appelée à la Vie Divine par union personnelle, par union de connaissance et d'amour.

Cette relation fondamentale de l'esprit créé à l'Esprit. Absolu est commune à tous les hommes, tous participant de la même nature spirituelle. Elle est perçue de quelque manière par toutes les grandes religions. Et ce n'est pas un hasard si les droits de l'homme ont été conçus et formulés dans l'orbite de la Révélation chrétienne. Le piétisme de LOCKE, le jusnaturalisme de GROTIUS et de la seconde SCOLASTIQUE, imprègnent les Déclarations américaines. Et c'est "en présence de l'Etre Suprême" qu'est proclamée la Déclaration de 1789.

L'importance primordiale de la liberté religieuse apparaît surtout dans les textes nord-américains. Premier des droits naturels donné à l'homme par le Créateur, le droit de la liberté religieuse est formulé en tête de l'article ler du "bill of rights", qui deviendra le premier amendement à la Constitution. Il faut remarquer le caractère concret de cette formulation: la liberté religieuse n'y est pas définie comme une liberté individuelle (à la manière française) mais comme la liberté d'un culte, d'une "religion établie". La relation fondamentale de la personne à Dieu n'est pas formellement désignée par le texte, c'est qu'elle transcende l'activité du législateur: elle n'accède à l'ordre juridique qu'en se concrétisant dans les relations sociales qui constituent la structure sociale d'une religion.

La Déclaration française fait une toute petite place à la liberté religieuse, simple "liberté d'opiner" (article 10). Mais par son préambule, "en présence de l'Etre Suprême", elle subordonnait tous les droits de l'homme au droit de Dieu. Et nous voilà obligés de dépasser l'article 10 qui réduit la liberté religieuse à une liberté d'opinion: on ne se met pas en présence d'une idée.

Les hommes de 89 étaient convaincus que les droits de l'homme avaient un fondement divin. Pour ROUSSEAU la religion était la première nécessité de l'ordre social. Mais la relation personnelle à Dieu n'était que l'élan de la volonté individuelle. Or toutes les volontés individuelles devaient se fondre dans la Volonté générale constituée par le Contrat Social et exprimée par la Loi. La religion naturelle devenait religion civique: le culte de la Loi était le culte suprême; il garantissait la liberté de tous les autres cultes en les subordonnant à la Volonté Générale.

Les auteurs de la Déclaration prétendaient mettre hors de toute atteinte les droits de l'homme. Comme les auteurs du "bill of rights" ils posaient une limite fondamentale au Pouvoir législatif (33). Cette intention apparaît sous les affirmations primordiales des deux premiers articles; mais elle s'effondre à l'article 6 qui fait de la loi "l'expression" de la Volonté Générale. Aux impératifs de cette Volonté nul droit n'échappe. "Hors des lois tout est mort", dira SAINT JUST sous "la Terreur".

Le volontarisme du Contrat Social exclut toute limite autre que celle que la volonté s'impose à elle-même. Sous le couvert du mythe de la Liberté deux absolutismes se sont affrontés: celui de la volonté individuelle, celui de la Volonté Générale; et le second a mis le premier à son service, même si, sous une stratégie libérale (et socialisante), le Pouvoir prétend ne multiplier ses pouvoirs que pour servir les droits de l'homme. Et LEVIATHAN s'avance.

Conclusion

Une réflexion fondamentale sur les droits de l'homme nous a conduit au-delà de l'absolutisme volontariste de la personne et du Pouvoir. Nous avons reconnu un ordre des relations humaines antérieur à tout acte de volonté humaine, un ordre des êtres, une "nature des choses". Les hommes font partie du tout social en vertu de cet ordre naturel et tout en étant ordonnés par leur capacité de connaître et d'aimer au Principe divin de cet ordre. En vertu de leur ordination naturelle au Principe les êtres humains transcendent le tout social mais non sans lui être ordonné par la vertu de cette ordination. Par sa capacité de communion au Principe la personne est intégrée au plus profond de l'ordre divin des choses tout en le transcendant: elle est capable d'une intense communion sociale en même temps que d'une liberté fondamentale à l'égard de la société. Car elle possède au-dedans d'elle-même la loi de cet ordre divin qui la fait dépendante et libre en la dirigeant vers cette autre communion, toute spirituelle qui est sa fin et la fin ultime de tout l'ordre des êtres. La "Loi naturelle" est le nom donné par la philosophie morale à cette connaissance de l'ordre des êtres et des fins qui est la règle de l'agir humain.

Fondés sur cet ordre fondamental des êtres et des fins que la loi naturelle exprime, les droits de l'homme ne sont plus à la merci des lois humaines qui les déterminent. Ces lois sont subordonnées à l'ordre universel comme à l'ordre particulier de la société politique dont toutes les parties sont ajustées selon la justice; et ces parties ne sont pas seulement des fractions du tout, mais des personnes, des fins pour le tout. Fins ordonnées, les personnes sont ajustées entre elles selon cette loi naturelle de justice qui leur est immanente et qui règle leurs relations sur la base des devoirs et des droits fondamentaux nés de leurs relations fondamentales. A cette base les lois humaines sont assujetties par leur nature même: les droits et devoirs fondamentaux sont au centre du bien commun; et le bien commun domine les lois puisqu'il est leur fin spécifique.

Le statut des droits de l'homme étant sous la dépendance de la notion de loi, la réflexion sur les droits de l'homme débouche sur la notion de bien commun. Ici se propose un nouveau point de recherche. Synthèse dynamique des valeurs qui régissent le tout social, le bien commun sera correctement précisé par une philosophie sociale attentive aux exigences distinctes de l'éthique et du droit sur la base d'une ontologie consciente du dynamisme de l'être. Les droits et devoirs fondamentaux sont l'éclosion de ce dynamisme dans des personnes qui se les voit attribuer par leur nature même en vertu des relations fondamentales constitutives du tout social et de l'ordre universel comme de la personne elle-même. La relation fondamentale au Principe montre en tout homme le fondement transcendant de ses devoirs et de ses droits. Cette relation fondamentale étant présente au bien commun, les droits et les devoirs de l'homme définis par la loi naturelle s'imposent à la loi humaine (34).

Footnotes

1) Distinguons relation politique de relation sociale. Dans la tradition scolastique du Contrat Social suivie par LOCKE et par GROTIUS, le Contrat Social est créateur du Pouvoir mais non de la société et du droit; au contraire chez HOBBES, chez ROUSSEAU, la relation sociale comme la Souveraineté politique découle du Contrat Social.

2) Idée présente dans la scolastique espagnole du XVIème siècle et qui passe de SUAREZ à GROTIUS puis à PUFENDORF et à WOLF.

3) Conception enregistrée parfaitement par MOURGEON dans "Les droits de l'homme" (P.UF. 1978). Voir aussi MATHIOT: "Les droits de l'homme", Paris 1976.

4) Code Civil art. 414. Et, dans la Déclaration de 1789, l'article 17: "La propriété étant un droit inviolable et sacré ..."

5) "Toute souveraineté appartient à la Nation. Il n'est aucune autorité d'aucun corps, d'aucun individu qui n'en émane expressément."

6) Selon l'analyse de ROUSSEAU dans le Contrat Social reprise dans ce passage de l'EMILE: "L'homme naturel est tout pour lui: il est l'unité numérique ... L'homme civil n'est qu'une unité fractionnaire qui tient au dénominateur et dont la valeur est dans son rapport avec l'entier qui est le corps social. Les bonnes institutions sociales sont celles qui savent le mieux dénaturer l'homme en sorte que chaque particulier ne se voie plus un mais partie de l'unité et ne soit plus sensible que dans le tout ...". EMILE, tome 4, p. 249 (édition La Pléiade).

7) La loi Le Chapelier (17 juin 1791) en détruisant les corporations en avait proscrit le principe sous quelque forme que ce soit, interdisant "aux ouvriers et compagnons d'un art quelconque, de se réunir, de délibérer,

de tenir registre, de prendre des décisions sous le prétexte de leurs prétendus intérêts communs".

8) Sur la "collectivisation des droits de l'homme" voir M. MOURGEON: "Les droits de l'homme", p. 41-51.

9) Les droits sociaux sont donc des "droits à contenu variable"= sous la dépendance "des ressources de l'Etat". (Et, comme on le sait, il y a d'énormes différences entre les Etats à ce sujet) - RIVERO: Les libertés publiques, p. 105.

10) L'article 26(2) de la Déclaration de 1948. Cet article qui déclare le droit prioritaire des parents dans l'éducation des enfants est le complément nécessaire de l'article sur le droit à la culture.

11) Le juge Wold se sépara de ses collègues de la Cour, fondant sa dissidence sur la nature du droit social qui impliquait une intervention financière et un choix politique de l'Etat, dont la Cour n'était pas juge. Son argumentation supposait la distinction des droits civils et des sociaux - Voir Marc BOSSUYT - Revue des droits de l'homme 1976.

12) BURDEAU: Traité du Droit public. VII, p. 593. Sur le nouveau droit de "l'homme situé", voir p. 591, 593.

13) A travers ce changement RIVERO voit une contradiction de principe "dans l'ordre des moyens": qui passent de l'abstention à la prestation - RIVERO. Droit Social Mai 1947 - Allons plus loin: les droits de l'homme opposaient à l'Etat une limite; le nouveau droit en renversant la situation du Pouvoir, renverse les limites qui lui étaient opposées.

14) BURDEAU: Traité, tome VII, p. 595.

15) Les droits de l'homme sont nés au siècle des lumières sur le fond de nominalisme et de subjectivisme hérité de GUILLAUME d'Occam à travers HOBBES et LOCKE - Voir Michel VILLEY: Philosophie du droit (ler volume, p. 153 etc.) et Seize Essais de philosophie du droit (p. 140-201).

16) Voir BOSSUYT. Revue des droits de l'homme, 1976. Pour le droit à la vie, le rapport de A.C. KIN et J.B. MARU, 1975.

17) Les pactes d'application de la Déclaration de 1948 font application de ce principe. Ainsi pour le droit à la vie l'article 3 déclare "Le droit à la vie est inhérent à la personne humaine; ce droit doit être protégé par la loi".

18) La sentence de la Cour européenne citée plus haut est révélatrice de ce traitement. En droit français, parmi les sentences les plus significatives, retenons la décision du Conseil Constitutionnel rejetant le recours de 65 sénateurs contre la loi Guermeur (23 novembre 1977) en invoquant la laïcité et la liberté de conscience contre le principe du "respect dû au caractère propre de l'établissement". Or ce principe affirmé par l'article ler de la loi Guermeur ne découle pas, par déduction, d'un droit de l'homme, en l'espèce la liberté de conscience, mais, d'une observation objective des relations fondamentales qui conditionnent l'existence de cette

liberté chez l'enfant: relation avec ses parents d'abord, ses maîtres ensuite dans l'ensemble éducatif qui fonde la liberté d'enseignement. Hors de cet ensemble et des relations qui le constituent les droits de l'enfant n'existent pas - ni ceux de ses éducateurs.

19) Sur cette nécessité d'une révision radicale on lira (d'un point de vue marxiste) l'article de Imré SZABO dans "La Revue des droits de l'homme", 1975, p. 588.

20) Ainsi le président Keba M'BAYE, de la Cour Suprême de Dakar, prophétisant à Genève "la déroute du Droit" - (Congrès de Genève 1970). Le même reconnaissait l'échec de l'implantation en Afrique noire du modèle européen. Revue des droits de l'homme 1973.

21) La définition complète est: "ordre de la raison au bien commun, prononcé par celui qui a la charge de la multitude et promulgué" ("ordo rationis ab eo qui curam multitudinis habet et promulgata").

22) Il s'agit ici du droit naturel de l'Ecole du droit de la nature et des gens (de GROTIUS à KANT), ce droit naturel moderne que Michel VILLEY nous a appris à contredistinguer du droit naturel classique (d'ARISTOTE à St. THOMAS). Voir Michel VILLEY: "Seize Essais du philosophie du droit", et Philosophie du droit (ler volume, p. 51 etc.) (2ème volume, p. 94-100, p. 124 etc.).

23) Ainsi Georges BURDEAU dans sa libre reconstitution de la notion de bien commun n'échappe pas à l'écueil de l'idéalisme philosophique comme le montre sa définition du bien commun, "l'idée d'un ordre juste et désirable". L'idée et même la soif de justice sont essentielles au bien commun: elles ne sont pas le tout du bien commun: elles ne le définissent pas. Georges BURDEAU le sait bien et le montre par ailleurs, en dépit d'une certaine ambiguïté. Traité de Science Politique (volumes 1 et 2).

24) "L'homme pris en considération par les instruments nationaux et internationaux n'existe pas" 'Rapport Griève à l'Assemblée consultative du Conseil de l'Europe' - cité par Karel VASAK. Revue des Droits de l'homme 1976, p. 208.

25) MONTESQUIEU dit "Il y avait des relations ..." etc. ... Cet imparfait pourrait se référer au mythique "état de nature" du Contrat Social.

26) Et dans la "Politique". Sur la notion de nature en droit naturel, voir VILLEY: "Philosophie du droit" (les 2 volumes) spécialement 2ème volume (p. 127-143).

27) M. VILLEY: Philosophie du droit, 2ème volume, p. 140-143. Voir aussi "Seize Essais ...", "Critique de la pensée juridique", p. 85-105.

28) Voir "El metodo juridice de PUFENDORF" par BRUFAU PRATS.

29) La chose dûe, ce qui est dû, "quod justum" est l'objet de la vertu de justice; tel est le premier sens du mot droit. Voir St. THOMAS: Somme Théologique, IIa. IIse q. 47 a. 1, c. et ad 3.

30) VALLET de GOYTYSOLO ("Autour du droit naturel") cite sur ce point Marcel

de CORTE dénonçant "la rupture de la relation fondamentale de l'homme avec le prochain, avec l'Univers, avec le Principe de l'être, ... caractéristique de l'ère moderne ... Notre être est doncièrement en relation avec l'être universel; et la connaissance, y compris celle que chacun a de lui-même n'est dans le fond que la découverte de cette relation. Il est essentiel à l'homme d'être avec tous les autres êtres in Al torno del Derecho natural, p. 88.

31) Il est remarquable que les droits de l'homme soient entrés dans la jurisprudence française par la porte des "principes généraux du droit". Conseil d'Etat 22 juin 1959 (Syndicat général des ingénieurs). L'arrêt se fonde sur "les principes généraux du droit, tels qu'ils résultent notamment du Préambule de la Constitution de 1946".

32) Un exemple éclatant en est donné par la subsistance et la résurgence du droit d'association corporative, juridiquement anéanti par la loi Le CHAPELIER et subsistant fondamentalement: il reparaît sur la scène juridique après un siècle de résistance avec la loi de 1884. Un autre exemple de cette force de la nature des choses est fourni par la résistance des structures traditionnelles de la famille à l'encontre des premières législations marxistes (en U.R.S.S.). Voir Ph.-I. ANDRE-VINCENT; les révolutions et le droit. (Ed. L.G.D.J.).

33) La volonté de limiter le législatif apparaît plus nettement il est vrai, dans le "bill of rights" qui commence en proclamant à l'encontre des Congrès une interdiction de légiférer "The Congress shall not make law ...". Article 1.

34) Voir Ph.-I. ANDRE-VINCENT: La liberté religieuse, droit fondamental (ed. Tequi 1976).

JOHN H. CRABB

Le droit occidental comme justice mondiale

I. Le Droit et la Justice

L'analyse de la justice qui se trouve ici ne cherche pas à entrer dans la discussion pérenne de la nature du droit. Elle ne demande pas aux opposants des
écoles de pensée réunies d'habitude sous la rubrique de "droit naturel" de ceder
leurs principes. Le foyer visé est celui de la conception ou de la valeur de la
justice en tant qu'idéal universellement présent et en honneur. Il n'est pas d'importance aux fins de cette discussion comment on pourrait être persuadé quant à
la question, par exemple, de si la justice est de l'essentiel du droit (le droit qui
"est") ou est une fin à laquelle le droit aspire encore qu'il en soit distingué (le
droit qui "devrait être").

Cette appréciation de la justice se présente en sus comme une qualité universelle de la nature humaine. Comme telle, en sus d'unifier l'humanité, elle est
un élément de l'égalité essentielle de tous les êtres humains, sans faire cas de
temps, de lieu ou de circonstance. On peut dire que cette faculté d'apprécier la
justice, suivant les circonstances de l'individu, met sur pied d'égalité humaine,
par exemple, le mendiant affamé de Calcutta de nos jours et le pharaon sacro-
saint de l'Egypte de l'Antiquité. Si l'on pouvrait invoquer en appui de cette proposition la tradition aristotélienne-thomiste, qui projette la rationalité essentielle de l'homme, ce n'est pas le seul moyen d'établir la justice en tant qu'idéal
universel ou facette de la nature humaine elle-même.

Et dans le cadre de cette discussion le "droit occidental" comprend le droit, ou
le système juridique, de tous les pays dont la civilisation actuelle montre des
traces significatives ayant ses racines dans l'héritage romain, y compris sa
branche byzantine. Cela veut dire, comme point de départ historique, les pays
européens dont les territoires furent compris dans les empires romain et
byzantin. Ensuite l'héritage d'origine romaine fut transmis au reste de l'Europe,
en grande partie comme conséquence de sa christianisation pendant le Moyen
Age. Quand l'Europe colonisait la plus grande partie du monde, elle installa sa
civilisation, et surtout son droit, dans tous les territoires dont elle s'empara

de la souveraineté. Seulement quelques pays importants de l'Extrème Orient et du Moyen Orient n'ont jamais connu l'impreinte de la souveraineté européenne et l'enracinement du droit européen en résultant. Mais, avec l'exception principale de l'Arabie Séoudite, tous ces pays résistants finalement adoptèrent volontiers le droit européen comme base de leurs systèmes juridiques nationaux dans leurs programmes d'européenisation ou de modernisation. Ainsi, la Turquie copia practiquement le code civil suisse, et le Japon se fia beaucoup aux codifications allemandes en choisissant parmi divers modèles européens - à titre de deux exemples.

Ce qui précède ne veut pas suggérer que les Japonais, par exemple, sont au fond des Romains de nos jours ou que leur système juridique figure comme un genre de droit romain mis à jour. Mais si tenu et affaibli que soit l'actuel contenu romain, cette référence historique pourvoit une unité convenable d'identification pour cette discussion. Elle sert en sus de souligner qu'il était les Romains qui furent les premiers d'institutionaliser la justice indépendamment dans la structure de système juridique, et de donner l'impulsion principale et continue à cet aspect unificateur du droit, pris en charge et amplifié par leurs successeurs.

La référence au "droit occidental" ne se soucit pas de la classification du droit en des grandes familles juridiques que les juristes comparatistes identifient à juste titre dans leurs buts. Mais le noyau de notre analyse est la justice abstraite, universelle et indépendante, et elle se trouve pareillement dans le droit civil et le droit anglo-américain. Malgré les différences de dessein, cela n'est pas dissemblable à la logique des juristes marxistes qui également mettent les deux ensemble dans leur phénomène de "droit bourgeois". En allant même plus loin, nous mettons, d'emblée et provisoirement, le droit marxiste dans notre catégorie de droit occidental, pour des raisons à expliquer tout à l'heure.

II. Le Droit en tant que Cadeau des Romains

Il n'existe pas de phrase plus noble jamais prononcée sur le tombeau de Rome antique. Le droit, étant aussi vieux que la société humaine, ne fut point inventé par les Romains. Mais ils furent les premiers qui l'érigea en institution fondamentale et indépendante de la société humaine. Les Douze Tables du Droit d'environ 450 avant Christ sont considérées comme le début de l'édifice juridique romain. Il en suivit les siècles pendant lesquels les Romains enrichirent et firent mûrir leur droit, moyennant surtout leur maintien systématique des archives de leurs lois et de leurs procédures juridiques. Ainsi fut possible une science du droit qui se prêta à une littérature juridique et à des compilations aboutissant en l'oeuvre la plus célèbre de toutes, le Code de Justinien. Muni de ces institutions toujours croissant, le droit romain arriva à poursuivre sa propre teneur indépendamment d'autres vicissitudes de la société et de l'empire romains.

Ce legs du droit romain qui entra dans les conceptions européennes et mondiales fut unique en ce qu'il dota le droit de l'indépendance comme une institution fondamentale de la société. Il fut l'indépendance et de l'administration gouvernementale et de la réligion. Tous les autres systèmes juridiques, soit dans l'histoire, soit de nos jours, ont été sujets ou à l'administration gouvernementale ou à la réligion ou bien en ont été facettes. Ce concept du séparatisme et de l'indépendance du droit réflète la conviction que la justice est la fin primaire du droit et une valeur commune à l'humanité entière. Alors le droit, comme l'institution pour la réalisation de la justice, doit être essentiellement indépendant, sans entraves de subordination aux autres valeurs tenues par la société, et capable de projeter la justice sous n'importe quelles circonstances sociales et leurs mutations. Les autres valeurs dominantes d'une société pourvoient le contenu substantif sur lequel la justice abstraite agit mais sans pour autant étant régie par lui.

Il n'est pas de supposer que les Romains possedèrent consciement une théorie philosophique organisée comme base de leur développement de structures juridiques. Les Romains présentent l'image d'hommes d'action et d'administrateurs pratiques au lieu d'auteurs de théories abstraites. Leur participation dans les discussions suscitées par les Grecs à propos de la philosophie du droit ne démarra pas d'une manière significative avant la dernière période de la République quand le développement du droit romain fut déjà bien avancé. S'il en est ainsi, l'indépendance du droit romain évolua d'une manière instinctive, pour ainsi dire, évoquée par la justice (ou son appréciation) en sa qualité de trait inné de la nature humaine. Cette indépendance institutionnelle du droit peut être aussi universelle que l'idéal de la justice dans la nature humaine et servir partout comme instrument pour réaliser la justice. C'est l'essentiel du cadeau des Romains. Au fur et à mesure que des doctrines juridiques existantes remontent historiquement aux solutions formulées par les Romains, il s'agit d'accident au lieu de quelquechose nécessaire en appui de la thèse précédente.

Il est évident que la justice comme idéal abstrait ne se manifeste matériellement que moyennant les faits et les circonstances dans leur totalité qui entourent une question. Ceux-ci comprennent les particuliers systèmes gouvernementaux, idéologiques ou réligieux régissant la société en question. Mais si son droit est conçu et fonctionne seulement en qualité de servant de ces systèmes, la justice qu'il promulgue sera limitée par ces concepts. Le droit ainsi dépendant n'offre pas la virtualité de servir l'humanité entière et disparaîtra avec le système social dont il fait partie. Ces situations donnent lieu aux références génériques au droit qui fait partie de l'administration gouvernementale et au droit qui fait partie de la réligion.

Le droit coutumier africain fournit un exemple du droit faisant partie de l'administration gouvernementale. Là le droit a le but de concilier les contentieux et de préserver ou de rétablir l'harmonie dans la société tribale. Il s'agit d'arranger un compromis plutôt ad hoc entre les partis en dispute dans l'esprit des institutions sociales en vigueur dans la communauté. C'est le bénéfice ultime de la société qui figure comme idéal au lieu de la justice conséquente aux partis individuels. Il serait alors logiquement impossible de concevoir tout droit coutumier africain opérant en dehors des milieus sociaux où se situent leurs gouvernements tribuaux. Le droit islamique est l'exemple par excellence du droit qui ne se distingue pas de la réligion. Il est inconcevable que le droit islamique, par sa nature, pourrait jamais fonctionner comme le système juridique de toute société qui ne serait pas entièrement impreignée par les réligion et civilization islamiques. Ses notions de la justice sont circonscrites par le Coran et les extrapolations autoritaires qui en découlent.

III. La Présence Mondiale du Droit Occidental

Dans notre esquisse sommaire de la géographie du droit occidental, nous avons constaté qu'il se trouve installé partout dans le monde sauf exceptions peu importantes. Cette affirmation ne fait pas ignorer l'existence concourante d'autres droits de caractère localisé ou traditionnel, dont les plus importants le droit coutumier africain, le droit islamique et le droit hindou. Mais ils fonctionnent à l'intérieur de systèmes juridiques dualistes et en subordination au droit occidental qui fournit leurs cadres.

Selon le marxisme classique, l'arrivée millénaire de la vraie société socialiste entrainera logiquement la disparition de l'état avec son bagage, le droit. Il se peut qu'il n'est pas indiqué d'en faire une interprétation trop littérale. Mais quoi qu'il en soit, il est de plus de poids pour notre discussion que, en attendant l'achèvement de cette perfection pour laquelle il n'existe aucune date cible, les Marxistes considèrent qu'on doit continuer de se servir du droit et, en effect, que celui-ci est hautement utile comme instrument dans la lutte difficile pour atteindre le but ultime. Cette utilisation continue du droit comme expédient justifié s'appelle "la légalité socialiste". Mais dans l'optique des Marxistes le droit n'existe que pour servir aux intérêts de ceux qui détiennent le pouvoir dans la société au nom de laquelle le droit est promulgué et appliqué. Alors sous eux le droit doit opérer dans le but d'avancer la venue de la société socialiste, et devient par conséquent du droit qui n'est pas distinct de l'administration gouvernementale et qui perd la qualité d'indépendance dont dispose le droit occidental.

Tous les états maintenant sous des régimes politiques qui avouent le marxisme eurent des systèmes juridiques qui étaient du droit occidental. Le marxisme lui-même est un phénomène très européen en ses origines, même s'il figure comme dissentiment des concepts sociaux dominants que le monde européen eut évolués. Il est difficile à généraliser parmi les états ayant des régimes marxistes quant à l'étendue de la marxisation effective de leur droit. De toute façon il faut un délai de durée indéterminée et un dégré de stabilité politique et économique pour convertir toute une société à une organisation de caractère essentiellement marxiste. L'influence de la légalité socialiste ou de difficultés pratiques empêchant l'emplacement d'un vrai marxisme peut signifier que le marxisme d'un régime est surtout une coloration politique avec encore peu d'incidence effective sur les institutions de la société telles qu'elles existaient antérieurement, y compris son droit occidental. Il est clair que la théorie marxiste est antithétique à la notion occidentale du droit comme une institution in-

dépendante qui applique d'une manière concrète une justice abstraite et universelle. Néanmoins, les incertitudes et les variétés concernant la mesure dans
laquelle les Marxistes ont de fait aboli le droit occidental pré-existant veut
dire que l'adhésion formelle au marxisme d'un régime ne nie pas en soi l'existence continue du droit occidental chez eux. D'ailleurs, le marxisme est un
phénomène récent, surtout en ses applications comme système social, et il
pourrait se montrer dans une perspective historique postérieure de n'être
qu'un feu de paille.

Le droit occidental témoigne son universalité humaine par sa présence dans
les sociétés les plus disparates - orientales, musulmanes, africaines, ainsi de
suite, aussi bien qu'européennes et occidentales. L'impulsion originale de son
épanouissement fut le colonialisme et l'impérialisme européens presque en
entier du monde. Mais avec le recul de la souveraineté coloniale les états nou-
vellement indépendants ont retenu volontiers et sans exception les systèmes
juridiques installés par leurs anciens patrons. Pouvant alors modifier à leur
gré le contenu de leur droit, ils ne manifestèrent le moindre désir de se débar-
rasser de l'héritage colonial de système juridique ou de faire marche en
arrière vers le droit indigène pré-colonial. Le droit occidental fut un bénéfice
bienvenu du colonialisme, de la même façon que les avantages technologiques
tels que l'électricité, dont la retention ne traduit aucune suggestion d'une domination étrangère continue.

Les systèmes juridiques de l'Afrique noire après l'indépendance fournissent
un excellent exemple de cette réussite du droit occidental. Les puissances
coloniales qui installèrent leur propre droit comme le droit général de leurs
colonies autrement laissèrent largement intacts les systèmes de droit coutumier pour régir les affaires communautaires internes des populations autoch-
tones. Quand les colonies devinrent des nouveaux états ils héritièrent ces
dualistes systèmes juridiques. Le droit unifié est toujours préférable à défaut
d'autres exigeances contraignantes. Les nouveaux gouvernements africains
furent beaucoup plus impatients que l'eurent été les régimes coloniaux face à
la continuation du droit coutumier, quelques uns de ceux-là allant jusqu'à
prétendre à l'abolir par décret afin qu'il y ait seul le droit occidental (ou "moderne" ou "écrit") dans un système juridique unifié. Mais ces mesures dra-
coniennes ne se sont pas montrées bien avisées ou efficaces quand de fait la
population en grande partie continuait de mener la vie quotidienne à la manière
tribuale traditionnelle. Une approche plus douce vers l'unification permet le
droit coutumier de continuer jusqu'à ce que la vie traditionelle sera largement absorbée par l'évolution des programmes de développement après quoi
le droit coutumier disparaîtrait naturellement par désuétude.

Mais de pair avec les programmes de développement a surgi la notion du "recours à l'authenticité". Cela veut dire que le zèle pour la modernisation et le
développement ne devrait pas forcément extirper certaines valeurs particulièrement africaines dont la rétention serait souhaitable et qui ne sont pas incom-
patibles avec le développement. Ceci a motivé des programmes d'unification
de systèmes juridiques visant une codification unique dans les techniques de
traditions juridiques européennes qui doit comprendre du contenu substantif

des droits coutumiers aussi bien que les dispositions habituelles du droit pour
les sociétés modernes. Ceci a entraîné la recherche aussi complète que possible et un examen du contenu de tous les droits coutumiers d'un pays afin de
dégager ce qui est souhaitable d'être retenu et compris dans la codification. Il
paraît que le Zaïre a le projet le plus poussé de ce genre.

Mais c'est le droit occidental qui sort de cette opération. Le contenu substantif
du droit coutumier devient moulé dans ces formes occidentales à appliquer selon
les concepts occidentaux de la justice. Ainsi quand l'institution particulièrement
africaine de la famille étendue est comprise dans ces codifications elle cesse
d'être du droit coutumier et fait partie du contenu du droit occidental. Le cadeau
des Romains permet tout choix du contenu du droit et ainsi projette l'universalité de son concept de la justice et de l'indépendance du droit qui l'administre.

IV. Conclusion

On espère que cette thèse de la proche universalité du droit occidental ne
suggère pas la trompette perçante de chauvinisme. Le qualicatif "occidental"
reflète seulement une partie des réalités historiques de son évolution. Comme
l'émanation d'une virtu commune à l'humanité toute entière, il ne s'agit que
d'un accident que ce droit, au lieu d'un autre, a éprouvé ce développement historique particulier. Si son application est devenue presque universelle et si sa
solidification continuera, on pourrait se passer du qualificatif "occidental" et
parler du "droit mondial" ou bien du "droit" tout court. A revenir à l'analogie
de l'électricité, toute l'humanité en despose de la propriété à cause de son
utilité universelle pour les besoins humains. En fait historique elle, aussi,
développa par le déploiement de la civilisation occidentale, mais on ne trouve
pas de nécessité de la qualifier d'"occidentale" ou par toute autre description
localisatrice.

Le monde d'aujourd'hui s'occupe beaucoup des droits de l'homme sur le plan
international. Les problèmes practiques et politiques qui les entourent tendent
à les revêtir d'un caractère utopique et à les rendre plus importants pour
leurs possibilités futures que pour leurs réalisations jusqu'au présent. Néanmoins, ils représentent un idéal universel et unificateur auquel personne ne
s'oppose en principe. Mais ils ne pourraient pas exister même dans l'utopie
si ce n'était d'une conception du droit comme indépendant et capable de mesu-
rer une justice universelle à travers des diversités et variations innombrables
de sociétés humaines. Ces qualités ne se trouvent que chez le droit occidental,
qui, en effet, fournit de concrets précédents historiques pour les idées actuelles des droits universels de l'homme.

En ce siècle l'occident s'est répenti des aspects indignes de sa carrière im-
périaliste et a cherché à les rectifier. Mais la diffusion de son droit est parmi
les aspects de son impérialisme dont l'occident peut être satisfait, ou même
orgueilleux dans des limites légitimes. Il y a de l'analogie à l'observation de
Napoléon dans un contexte beaucoup plus limité quand la retraite forcée lui

permettait quelque perspective sur sa carrière de conquérant, et il dit: "Ma vraie gloire ne consiste pas en avoir gagné quarante batailles; Waterloo effacera la memoire de tant de victoires. Ma vraie gloire, celle que n'effacera rien et qui restera éternellement, c'est mon code civil." On peut facilement en composer une paraphrase qui conviendrait l'impérialisme occidental et le droit occidental.

RENÉ FOQUE

Preliminary Remarks on the Possibility of Defining the Concept of Legitimation

The analysis of the concept of legitimation in political theory is of recent date. It only becomes a central problem in theoretical thinking, when natural law looses its monopoly in founding political and juridical structures. If a political order is seen as made by man and if man are responsible for the organisation of their society, the question raises where the criteria to found and validate this political order can be find?

This means that the very concept of "legitimacy" rather refers to an open place in the theory, founding policy, law and state, than to a clear definition of the concept. This problem, the absence of a clear definition of the concept of legitimacy, is of central importance in the work of different authors (von KIELMANNSEGG, LUHMANN, HABERMAS, BASTIDE, d'ENTREVES, DONNER and others.

None of them can give a definite answer to the given question. This phenomenon should be taken seriously and the question why it seems to be very difficult, if not impossible to formulate a clear and operational definition of concepts as "legitimacy" and "legitimation" has to be seen as an indicator towards a possible way of reposing the problem.

In his contribution to the conference on "Legitimation" in 1974 in Rotterdam, the Dutch judge in the European Court, DONNER, formulated the problem in this way:

> "In contemporary considerations on the concepts 'legitimacy' and 'legitimation', these concepts play about the same role as classic- al expressions as 'the nature of things' and 'the normative force of the factual' in more traditional philosophies. They are 'samplers'." (1)

The social sciences and political theories try to search for more objectivating methods in overcoming this gap. In which way a political order can be verified according to objective criteria of validity? In formulating the problem in this way, new problems arise: the fallacy of objectivism in the social sciences are transplanted into political and legal theory. "Legitimacy" and "legitimation" are concepts common both to the social sciences and to political and legal theory. Both theories or theory-formations hope to find a clear definition of the terms in the other discipline. DONNER concludes: "Confusion is the only result of this kind of interdisciplinarity." This confusion leads to a growing misuse of the terms.

Contemporary political and legal thought becomes very conscious about this threat of misuse and focuses its analysis very clearly on the normative component. At the German conference on legal and political theory in Duisburg 1975, both Wilhelm HENNIS and Jürgen HABERMAS agreed in saying that the problem of legitimation can not be seen as a problem of empirical social science, but belongs to practical philosophy. If it belongs to empirical social science, legitimation means nothing more than stability of a given order. HABERMAS: "empiristische Vertauschung der Legitimität mit dem, was man dafür hält" (2). In this perspective, it is of great importance to develop a distinctive method of exploring the frontier area between science and practical philosophy in an attempt to find arguments for a distinction between legitimate and illegitimate orders and decisions. This means that the analysis of terms as "legitimate" and "illegitimate" refers to the conflict between a pure analytical approach and a normative and reconstructive approach.

For Niklas LUHMANN, the problem of legitimation is closely connected with the "structures of mutual expectancy", in which man are living with each other in modern societies. The necessary process of learning how to handle these structures ask for a reduction of the complexity of social structures and processes. This reduction leads to many forms of institutionalisation. Procedures and game - rules are playing this role. The principle of institutionalisation is an economic principle, necessary for a reasonable comprehension of society by the individual. The process of legitimation of decisions is therefor closely connected with the efficacy of the learning process via institutionalisation in the social system.

> "Demnach geht es bei der Legitimation von Entscheidungen im Grunde um ein effektives, möglichst störungsfreies Lernen im sozialen System. (...) Uns interessiert daher primär der Beitrag zur Legitimation der Entscheidungen, den das entscheidende System selbst erbringen kann. (...) Vielmehr geht es um die Umstrukturierung des Erwartens durch den faktischen Kommunikationsprozess, der nach Massgabe rechtlicher Regelungen abläuft, also um wirkliches Geschehen und nicht um eine normative Sinnbeziehung."

This means that the problem of legitimation is part of an internal analysis of the social, c.q. the legal system. Along these lines, this analysis should find a basis in a description of the necessary institutions, which make this system intelligible and thus acceptable and viable for the individual. This implies that social and legal institutions and procedures are characterised by a presumption of reasonableness.

Two remarks should be made on LUHMANN's theses:

1. Possible solutions to the problem of legitimation in LUHMANN's view can be formulated via methods of sociological analysis. In the tradition of WEBER and PARSONS, this sociological analysis has a descriptive character. The normative component is "resolved" by the presumption of reasonableness. This way of legitimation by applying the existing procedures, formulated in a sociological description of these institutionalised procedures, doesn't bring a solution for the problem. It means on the contrary an identification of legitimation with the stabilisation of the existing norms, values and expectations.

2. This process of fixation of norms, values and expectations in the case of the legal system, means an insertion or even an annexation of sociological description in legal dogmatics. This means that the presumption of reasonableness, which had in a sociological context the character of a presumption "iuris tantum", has to obtain the character of a presumption "iuris et de iure" in the context of legal dogmatics. In applying the methodology of a descriptive sociology, with all its presuppositions of objectivity and validity, to legal processes must necessarily neglect the role of legal dogmatics in legal decision-making and leads also necessarily to a legal-dogmatic character of the concept of legitimation. This is a perfect example of what DONNER called "confusion as the only result of this kind of interdisciplinarity" (o.c.); confusion also in the internal organisation of legal dogmatics, as the Dutch professor van HAERSOLTE formulated: "legitimation of legal decisions means a successfull motivation of the decision" (3). So a dogmatic concept of legitimation fades away into the existing dogmatic principle of motivation. As far as LUHMANN is concerned, DONNER concludes: "This presumption of reasonableness and objectivity gives to legal procedures and institutions the character of a 'trap'" (o.c.).

The critique of HABERMAS on LUHMANN deals mainly with the first of our two objections. For HABERMAS, the question of legitimation cannot be replaced by efficacy or by mechanisms with an a-normative character. What LUHMANN does in HABERMAS view is an attempt to find a substitute for a lack of legitimation in some kind of functional equivalent. But, grounds for legitimation and social institutionalisations (which are always institutionalisation of power), as a so called functional equivalent, have to be distinguished from each other. Focused on this distinction HABERMAS wants to formulate the legitimation-problem as a process of reflexion, by which the formal conditions for validity and acceptability of decisions and political structures can be find. This process of reflexion belongs to what HABERMAS indicates with the term "discourse". A discourse has two main characteristics:

1. It deals always with the "contra-factual" component in speech, thought, reality and action: the norm of the ideal community.

2. Therefor a discourse can never be seen as "institution" or as the con-

firmation of the factual institutional framework, but on the contrary as counter-institution (als Gegeninstitution schlechthin).

In this perspective, HABERMAS view on the process of legitimation must be seen as a way of discursive reconstruction, in which contra-factual norms and values can be made explicit as grounds for political and legal decisions and patterns.

As far as the political relevance of this approach is concerned HABERMAS formulates his thesis as follows:

> "Legitimitätsanspruch bezieht sich auf die sozialintegrative Wahrung einer normativ bestimmten Identität der Gesellschaft. Legitimationen dienen dazu, diesen Anspruch einzulösen, d.h. zu zeigen, wie und warum bestehende (oder empfohlene) Institutionen geeignet sind, legitime Macht einzusetzen, dass die für die Identität der Gesellschaft konstitutiven Werte verwirklicht werden. Ob Legitimationen überzeugen, ob sie geglaubt werden, hängt gewiss von empirischen Motiven ab; aber diese Motive bilden sich nicht unabhängig von der formal zu analysierenden Rechtfertigungskraft der Legitimationen selber, wir können auch sagen: von Legitimationspotential oder von den Gründen, die mobilisiert werden können." (4)

The mobilisation of grounds for legitimation can only be made explicit in a discoursive reconstruction, focused on the contra-factual components of the given process. Thus, HABERMAS concludes his contribution to the Duisburg-conference:

> "Wenn aber philosophische Ethik und politische Theorie nichts anderes wissen können als das, was das alltägliche Normbewusstsein beliebiger Populationen ohnehin enthält, und wenn sie dies nicht einmal auf eine andere Weise wissen können, können sie auch eine legitime Herrschaft von einer illegitimen nicht begründet unterscheiden." (5)

We said that HABERMAS' critique deals mainly with the first of our two objections on LUHMANN's theory. This means that, in our opinion, HABERMAS' critique remains unable to falsify the way in which LUHMANN's theory neglects the structural role of legal dogmatics in the decision-making process, by which the transformation from a presumption 'iuris tantum' into a presumption 'iuris et de iure' is produced. This is the case because HABERMAS' concept of legitimation as discursive reconstruction and of discourse as reflexion confirms the presupposition of an autonomous and central reflecting subject. HABERMAS' idea of a discoursive reconstruction by a subject is very analogous to the psychotherapeutic model of relation-training, in which blocking bias and fixated norms at the surface of social interaction can be made explicit and overcomed by individual attempt.

We are convinced that the fixating role of legal dogmatics is not the product, nor the responsability of subjective intervention by the decisionmaker or by any other participant in the legal system. This role of legal dogmatics belongs to the very specific organisation of the legal way of speaking, thinking and acting ("the order of discourse" in the sense of Michel FOUCAULT). According to a more structural approach of the legal discourse (6), which has an other meaning as the HABERMAS' concept of reflexive discourse, the problem of legitimation cannot belong to legal dogmatics as a central part of that discourse, but refers on the contrary to the limits of dogmatic thinking as such. The legitimation problem is not an internal problem of the legal discourse but a problem of legal theory as the external theory of the legal discourse, dealing with the limits, the internal organisation and the transformational character of the legal discourse in relation to everyday discourse(s). Only the concept of legitimation as a problem of legal theory can overcome "the confusion of interdisciplinarity", which DONNER mentionned, and can avoid that the concept of legitimation fades away in the vagueness of classical dogmatic principles, such as the principle of motivation.

Footnotes

1) DONNER: a.a.O., Legitimatie, Rotterdam 1974.

2) HABERMAS: Legitimationsprobleme politischer Systeme, in: Politische Vierteljahresschrift, Sonderheft 7, 1976.

3) DONNER: a.a.O., o.c.

4) HABERMAS: a.a.O., o.c.

5) HABERMAS: a.a.O., o.c.

6) J.M. BROEKMAN: Recht und Anthropologie, Reihe Rechtstheorie, Freiburg 1979, and his contribution to this Congress.

MARK FRANCIS

Disobedience and Democratic Theory

Much of the literature on civil disobedience drags it into the area of democratic theory. That is, it considers civil disobedience as an expression of opinion very similar to the activity of voting. This consideration is often advanced by American writers who had some connection with protest movements during the 1960s, or who admired Martin Luther KING's Ghandi-like approach to politics. However, it is the claim of this paper that democratic theorists have little understanding of, or respect for, the actions of civil disobedients and those which cannot be assimilated as parts of democracy are dropped in disgust, as logically inconsistent with democracy. This dismissal is too hasty because it is possible to view civil disobedience as a body of thought which incorporates useful notions of justice and freedom quite independent from democracy, and, possibly, antagonistic to it. In other words, democratic theory has been over-stretched by writers who wish to use it to explain and justify all individual and government actions. This may account for a tendency among such writers to discuss democracy as if it were "civil government" because many of their comments concerning the necessity for order or of acting responsibly would obviously apply in other forms of government. With such confusion, it seems likely that the values carried in statements defending civil disobedience, or even in those defending democracy, will be weakened. This paper, therefore, attempts to show that civil disobedience should not be absorbed into democratic theory. It will also be demonstrated that often democratic literature does not help explain or justify civil disobedience, and that the dissenting individual in a democracy is often in the same irreconcilable position he would occupy in any other law-ordered community.

Democratic literature comes in two qualities, "soft" and "hard". "Soft" material seems to be generated for some pedagogic or political purpose and contains few arguments worth critical attention. Under this category are included recent works by April CARTER, Carl COHEN, Leslie MACFARLANE, E.V. ROSTOW, and Michael WALZER (1). "Hard" material is that which either displays an aura of rigour, which develops extreme consequences, or which is exhaustive. This category contains work by John RAWLS, Peter SINGER, and others, and will be dealt with in this paper.

The most interesting questions arising from an act of civil disobedience concern its justification and the nature of the conscience which professedly underlies such action. However, before discussing these, one must decide on the mundane definitional matter of what civil disobedience is, and is not. First, it is clear that civil disobedience is not protest (2) or advice. Even autocratic governments allow this sort of social interaction, either to let off steam in the lower classes or because they genuinely want advice. Less autocratic régimes, called democracies, encourage, or even organise, official or loyal opposition. Second, civil disobedience is not revolution. A revolutionary is one who attempts to overturn the basic structure of a society, and who possesses a view on its "correct" social order. This broad view of society does not profess to rest upon his individual conscience, but on views he shares with others as a member of a group. He also will demand that everyone must behave in accordance with his views after and/or during the revolution. The usual statement about violence distinguishing a revolutionary from a civil disobedient has been ignored, because it seems that both revolutionaries and civil disobedients may or may not resort to violent behaviour. Third, a civil disobedient is not a criminal. Typically, a criminal is one who breaks the law to gain an unfair advantage. He does this secretly to avoid suffering penalties. At times, one wishes to call people criminals who break the law unwittingly, or when they are enraged, drunk, etc. This sort of criminal often will not conceal his act, but one can assume that he did not wish to do it, or that if he had thought more carefully he would not have done it. The civil disobedient does not want an unfair advantage and is public or open in breaking a law, the terms of which he is quite conscious, and which he has willingly broken. To summarise, the civil disobedient is not simply expressing an opinion, because that is often quite legal, he is not overthrowing society, because that requires a general critique not a specific intention to break a law, and he is not committing a crime in the typical sense. What he is doing is knowingly and publicly breaking a specific law, because it conflicts with his strongly held opinion. This is a minimum definition and one which will be defended in this paper. Some additions that are commonly made to this definition are trivial and can be easily dismissed. For instance, contrary to a claim sometimes made in the United States, it is not an act of civil disobedience to appeal to the supreme court, or to enrol voters in Alabama. These are lawful actions (3). Some additions, however, are of interest. It is claimed (i.e. by John RAWLS and Marshall COHEN) that a civil disobedient must not merely break the law in a public manner, but must give reasons to others when he does so. This poses a problem. Suppose your civil disobedient was a Jehovah Witness and he refused to salute the flag, or send his children to school, or insisted on illegally distributing his literature. He had publicly and knowingly broken the law because it conflicted with his strongly held opinion but the reasons he offered in his defence did not seem sensible to anyone else other than another Jehovah Witness. "Reasons" will be dealt with at greater length later, but it should be noted at this point that "public" may mean a loud "No" or "Yes" or an explicit known action, not a series of justifications of a logical and convincing kind.

It would be useful to introduce a series of examples of illegal actions of real and symbolic kinds to illustrate what might be civil disobedience. It might be refusing to pay all or part of a tax (e.g. THOREAU or Joan BAEZ), refusing to be drafted, burning a draft card, burning a flag, throwing a custard pie at a prominent politician, blowing up property (i.e. a military installation), or assassinating the Head of State. Now by the definition offered earlier any of these acts could constitute civil disobedience. In other words, these acts could be public ones directed against a specific law by a person acting on the basis of strongly held convictions. Some of these acts are peaceful ones, in the sense that burning a document or a national symbol is unlikely to cause another person bodily harm. Other acts, such as the custard pie throwing are ambiguous, but we will classify them as violent because they often cause psychological harm, and they are directed at others, not at oneself. There seems to be nothing about the type of act, where it sits on a scale of violence, that seems either to justify or to disallow it. However, some civil disobedients, such as GHANDI and members of the CND, would not use violence because of religious scruples or because they were specifically protesting against stateorganised violence, and this particular protest would naturally be weakened by individual violence.

When democratic theorists argue that civil disobedience is an activity exclusive to a democracy, and that this activity is limited in certain ways, they seem to offer justifications in four general areas. These are:

I) the public nature of disobedience;

II) disobedience and violence;

III) the character of democratic decisions; and

IV) punishment.

I) Public Disobedience

John RAWLS states that in a reasonably just democratic régime civil disobedience, when it is justified, is normally to be understood as a political action which addresses the sense of justice of the majority in order to urge reconsideration of the measures protested, and to warn that, in the firm opinion of the dissenters, the conditions of social co-operation are not being honoured (4). It is not clear why RAWLS supposes civil disobedience to be a political action, rather than simply a public or openly done action. Does the disobedient really have to have the intention of urging reconsideration? Often, surely, he will have exhausted the appeals of a democracy, and he acts because he refuses to be immoral. At this point he would not care whether others act morally or not; it is every man for himself. Further, does the disobedience have to be based on the contractarian notion, warning that some feel that the conditions of social co-operation are not being honoured? Surely, the disobedience characteristically arises in a situation not covered by the contract. You enter the contract to gain some good; you become a civil disobedient, not because you desire some other good but because that good is no longer important. Unlike RAWLS' normal political actions, civil disobedience is neither an attempt to rectify nor the expression of general will, it is simply an action based on individual conscience.

At this point it would seem sensible to discuss a notion of conscience that seems consonant with RAWLS' notion of civil disobedience. A. Campbell GARNETT offers a description of the creation of critical conscience (which he contrasts with traditional "gut-feelings" conscience).

> "If moral injunctions are accepted as such on mere authority it is because it is implicitly believed that the authority has good reasons for issuing them, or else that the demand or example of this authority is in itself a sufficient reason for obedience or conformity, as with kings and deities. Apart from authority, reasons for moral rules have to be found in their relevance to the needs and security and peace of the community and the well-being of the person himself. But always, it is a distinguishing mark of a moral rule that it is one for which it is believed that reasons can be given." (5)

Three criticisms need to be made about this statement. First, a number of the points which relate to authority do not support the "moral" nature of injunctions they issue. It is not particularly moral to obey on mere authority. Nor is it sensible to obey when a social reason, such as peace of the community, is offered, when it is authority and social reason that is being questioned. Second, GARNETT should not concern himself with the welfare or well-being of the individual, since moral questioning of which civil disobedience is an extreme type, is usually already accompanied by suffering on the part of the questioner. Even his internal well-being is already at risk when he realises he is at odds with the community. For instance, THOREAU's realisation of the dark under-pinnings of his village, and his discontent with nature. Third, to whom are the reasons being given? Are they given to oneself or to others? That is, if giving reasons is the distinguishing mark of a moral rule, then one must be very careful not to think reasons are part of the usual social/utilitarian discourse in which reasons must be satisfying to others. Now reasons cannot be satisfying if they invoke authority or social well-being because the civil disobedient must have already rejected these. He is beyond this social argument because he believes that justice must be done come what may. To use THOREAU's analogy, "If I unjustly wrested a plank from a drowning man, I must restore it to him though I drown myself". He is ready to lose his life. In this extreme position, the disobedient could offer the reason that his action would eventually bring happiness to others, but if this sacrifice could be understood, then it would be unnecessary. He could, of course, offer reasons of the following kind: "Given my moral sense and my knowledge of specific data about this subject, I refuse to obey the law", but this would not function as an appeal to others in the way RAWLS wants. He would be no happier with this reason than he would with the ones offered by the Jehovah Witness. RAWLS and GARNETT would both be satisfied with reasons which weighed up or measured the effect of our actions upon the weal or woe of human beings. But this will not do. It is only of intent that we have some knowledge. For example, perhaps the partial conquest of Mexico by the Americans was a good action in effect, perhaps not, but THOREAU wanted to judge it by intent.

It is possible to reject THOREAU's position and to refuse to judge actions by intent, in which case one would probably have to offer reasons which predicted the consequences. One could then object to governments excusing from military service only those who had no rational politically articulate basis for objecting to becoming soldiers. One could also suggest that a man should pick his wars by anticipating the range of consequences, and that this is somehow better or more responsible than judging by a priori ethics or intent. However, if you do argue like this, it is likely that you are not talking about civil disobedience, but about some conventional form of political action. For example, Christian BAY, whose argument resembles the one just given (6) advocates rebellion, not civil disobedience. The rebel does not appeal to conscience, but offers a political solution after weighing up the probable consequences of his action for others. The rebel in taking up the burden of the well-being of others is taking on one of the duties of civil government, and it is arguable that an existing government has better means of judging this well-being. The civil disobedient is not so presumptuous as the rebel.

Civil disobedience rests upon an appeal to conscience. This appeal and conse-quent questions about the nature and operation of conscience only arise in cases of conflict. It does not seem possible to ask what is conscience in a state of rest or in normal times. Instead, one asks what happens when conscience conflicts with the more rational self-interest (7) or when bad morality conflicts with good feelings (8). The extraordinary situations in which questions of conscience arise are perhaps the reason why statements about the nature of conscience seem impenetrable. Leaving aside appeals to God, conscience is said to be a moral sense; an inner voice; or, in the words of Hannah ARENDT, men having inter-course with themselves (9). This procedure resembles an ancient parlour game in which the players would choose a word and search through a dictionary. The alternate meanings of a word would be searched and the first player to discover one which referred back to the original word would win. However, despite this circular tendency it is necessary to defend inner voices or conscience lest this important facet of human thought be ignored. It is a great temptation, in modern states, to assume the conscience has only an antiquated religious foundation and to dismiss any other as negligible because it cannot be stated. However, as Raymond WILLIAMS' account of language shows, such things can be stated and one should find a place for inner language.

WILLIAMS attempts to justify language as something that must be an inter-nalized activity and a social one at the same time. Internalized activity, which consists of "inner signs", thoughts, etc., must be accounted for. Any theory of language which excludes this experience, or which seeks to limit it to some residue of manifest social activity is reductionist. The sign is social, but it must be capable of being internalized – indeed it has to be internalized if it is to be a sign for communicative relation between actual persons. It also must be capable of being continually available, in social and material ways and in manifest communication (10). John RAWLS and other democratic theorists are as crudely reductionist as some of the early Marxists whom WILLIAMS critic-izes. RAWLS views civil disobedience and its language of conscience as a residue, a by-product, or rehearsal of manifest social language activity in a formal institutionalized setting. He finds incomprehensible any expression of inner language or conscience which is not specifically directed at reform. In other words, the only sensible language is a narrowly defined political one in which the individual's aims are always identical with those of the whole community. However, this fails completely to account for the role and meaning of the dissenter. The language the dissenter is using is potentially available to the social process and may enter it, but its primary use is to express the conscience. The conscience is not some innate feeling or faculty through which a man can grasp a natural law, but one part of an ordinary creative language process. The civil disobedient's actions as well as his writings are the result of an internalized language of conscience deliberately reacting with other members of the community. This reaction is the reason that the action is a public one which differs from conventional political action in being outside a formal institutionalized setting which no longer responds to the individual's conscience, and is in conflict with it.

II) Disobedience and Violence

The second area of discussion is the connection between disobedience and violence. John RAWLS and Marshall COHEN have argued that civil disobedience and violence are not compatible because violent actions will be understood as threats, not appeals (11). However, as has just been argued, civil disobedience is not purposive in the sense of being a reasoned appeal to others. In any case, it is not clear that violent actions will be understood as threats. Christian BAY, whose arguments resemble those of RAWLS and COHEN in finding an approved social role for civil disobedience, allows violence to the extent that he tolerates a calculable risk of casualties (12). He believes that this will not prevent claims from appearing morally legitimate to onlookers and to the public. It could also be argued that violence by the civil disobedient is different from violent direct action which might threaten others. People engaged in a direct action, such as blocking a building, overturning an automobile, setting a fire, or throwing rocks at the police, could expect some social change as an immediate consequence of their action. The civil disobedient's action is not direct; he is not striking at the system or rioting; his is the symbolic action aimed at a specific grievance.

Another mistake often made about civil disobedience is to confuse it with revolutionary activity. This confusion seems common to commentators of widely different political views. Tom C. CLARK, a conservative American lawyer, argues that civil disobedience is not democratic, and warns that it will only cause chaos, mob rule, the overthrow of the government and the very constitution (13). On the other side, Kai NIELSEN argues that violence is justified in civil disobedience if it brings improvement in the quality of life to a degree which is not otherwise obtainable (14). Though NIELSEN professes to be thinking of civil disobedience he uses the Cuban revolution as his example and argues that the Cubans would have had a poorer quality life but for their revolution. This argument may very well be true, but it misses the point: individual civil disobedients do not intend revolution, which is the violent overthrow of a government; they are making personal acts of resistance. Revolutionaries have a wider basis than individual conscience; they have a group intention to replace an institution with another institution, or, in the case of anarchists, with social direction (15).

It is possible, however, to justify violent civil disobedience without defending revolutions and without co-opting civil disobedience into democratic theory by defending a calculable degree of violence. This line of argument was unintentionally suggested by some comments made by Edward KENT in a recent essay called "Respect for Persons and Social Protest" (16). KENT's person is anyone who articulates claims and demands or anyone (i.e. a foetus, a mental defective, or a member of the future generation) whose claims are voiced by other agents. The ultimate or most extreme statement of this position is that the psychopath remains a person. KENT disagrees with John RAWLS' elaboration of the primary good of self-respect, central to justice as fairness. RAWLS identifies self-respect with self-esteem, and the latter term is clearly a valuational one referring to one's sense of self-worth. However, to respect has another meaning – to regard, consider, take into account, pay attention to, observe carefully – which does not grade as to worth. This is like legal due process, which insists on certain safeguards for defendants such as written charges, counsel and the cross-examination of witnesses. The ideal of respect for persons insists that the claims of persons, regardless of their status, be granted a fair hearing, be considered, taken into account, etc., and that these claims are not contingent upon the claimant's sense of his own value, his secure conviction that his conception of the good, his life plan, is worth carrying out. KENT feels that RAWLS is too closely associated with a perfectionist ethic, a rational life plan, and that there are other life styles which would be debatably rational in this sense, e.g. homosexuality, monkish asceticism, a life of military glory, saintliness, and heroism. Respect for persons focusses not on esteem, but on our claims and demands being attended to when they are granted public consideration. Black protest literature in the United States demands respect, but does not expect self esteem, nor anticipate satisfaction of the demands. Up to this point KENT's arguments have been followed with some faithfulness, but from here on they will be continued in a direction he does not want to go.

The respect argument justifies the use of violence in making a demand. If the ideal of social behaviour is one which consists of responding to demands of all persons, some of whom are not capable or willing to make these demands in the form of a reasoned plea to the majority, then some violence is justified because it represents a demand for consideration, a demand to be taken into account. The civil disobedient typically commits a symbolic action, like the two GRUHLS' burning of a government vehicle in an obscure place, in BOELL's The End of a Mission, which neither threatens anyone, nor appeals to the formel institutional procedures. Instead, it is an action aimed at a specific grievance. It demands respect, and asks for the support of true men. The GRUHLS like THOREAU were elitist to the extent that they did not want all men to agree with their views, but only the selfless moral ones who were not corrupted by social institutions. The action was designed to show disrespect for authority, property, or self-survival, and to be extraordinary. Thus, it gives a rallying point for true men.

III) The Character of Democratic Decisions

The third general area of discussion is disobedience and democracy. It is
possible to hold an extreme position here and to say that civil disobedience is
never justified in a democracy. This is the position often held by American
jurists, for example, Tom C. CLARK (17). It is difficult to know how such a
position differs from a similar one that disobedience is never justified against
a civil government, because both statements usually rest upon the same im-
plausible argument that civil disobedience leads to anarchy. That is, both statements rest on a rhetorical question, "What if everyone did that?" (18). It is
difficult to imagine arguments that would force American jurists to accept civil
disobedience, but such imaginative feats have been attempted. Burton ZWIE -
BACH has argued that disobedience is part of democracy because it has been
consistent with democracy in the past, and at times "the very condition of its
growth and development" (19). This statement is supported by historically weak
and wrong examples such as democratic Puritans plotting against King CHAR-
LES, but even if the examples had been apposite, they would hardly form part of
a convincing argument in a world that has non-repeating histories. Elliot M.
ZASHIN has argued that civil disobedience should be accepted because civil disobedience involves important self-limitations such as willingness to accept
punishment and the public nature of the crime (20). It is difficult to believe that
any judge or lawyer would accept this argument just because the limitations are
self-imposed and therefore do not add to the legality of the act. Fortunately,
civil disobedience does not depend for its justification upon these two arguments
for it can claim the same justification as democracy does. That is, it can claim
that every man has a freedom and responsibility to govern his own affairs (21).

A less extreme position on disobedience and democracy than that held by jurists,
and one more common among philosophers, is to hold that civil disobedience is
less justified in a democracy than in more autocratic forms of government. For
example, Peter SINGER suggests that living in a democracy is not in itself a
reason for obeying the law, it simply means that the argument for 'benefits
received' is more likely to apply than in a non-democracy, because democracy
is supposed to make laws in the interests of all. SINGER quotes THOREAU to
the effect that, "The only obligation which I have a right to assume is to do at
any time what I think right" (22). SINGER accepts this passage providing that he
can insert the premise that the conscience acts on the critical consideration of
all relevant moral factors including the moral factor of obeying the law. This
results in the peculiar Singerian proposition that disobedience is only justified
if one wants to change the system or law. THOREAU's statement would now
read, "Anyone ⁄not 1⁊ may break a law as long as it is subsequently right for
everyone", and the reference is not to conscience but to social good. This statement is peculiar because it seems clear that the only point at which civil disobedience is clearly illegitimate in a democracy, rather than in another type of
government, is when it attempts privately to change the system. The other
point one must reject here is SINGER's proposition that to obey the law is a
relevant moral consideration for the disobedient. The argument seems to rest
on a consent theory which THOREAU and many other disobedients do not

possess. From their point of view it is obedience, not disobedience, that needs justification, for obedience is the surrender of one's will or conscience, and represents a loss or sacrifice which must be justified.

It may be maligning SINGER to suggest that his argument rests on a consent theory. He himself does not think he uses one, and rejects consent as a basis for obedience because it rests on a free association with others which does not resemble the involuntary citizenship most of us possess (23). He also feels that consent does not adequately distinguish between disobedience in a democracy and disobedience in other forms of polity. He believes that his arguments against disobedience are on the basis of, first, equality/fairness and, second, fairness/ compromise, and that these arguments are more worth consideration than consent argument which he overtly ignores. Before examining these two arguments it would be useful to crudely sketch a piece of machinery SINGER uses. His argument is built upon a model, or simple analogy, of a democratic community (24). This model is an Oxford Junior Common Room. The J.C.R. subscribes to a newspaper, The News, which one member, the Dissenter, feels is racist and will harm the membership. He attempts to persuade others to vote against this, he appeals to senior members of the college, he calls extra meetings, and so forth. Failing to persuade the majority, and becoming convinced that the paper is having a harmful effect, he removes the paper himself. It should be known that he cannot withdraw from the J.C.R., and that it was founded before any present member arrived in the College.

When he discusses equality and fairness, SINGER notes that he cannot use an argument based on equality by itself. This would not be a satisfactory basis for explaining why we ought to obey the law in a democracy for the assumption that equal men should govern themselves can be turned against democracy. It can be taken as showing, not that there is a special obligation to obey democratic authority, but that there can be no obligation to obey any authority except one-self. Further, equal rights to a cake would not be satisfied if the majority walk-ed off with the whole cake. So even if it were accepted that all men have equal rights to govern themselves, more argument is needed before it can be conclud-ed that a system of government like the J.R.C. model has a valid claim to be obeyed.

SINGER then argues that the decision-procedure of the democratic model is fairer than that of a non-democratic model. It is a generally accepted pro-position that fairness requires an equal division, unless there is a sufficient reason for allotting more to some than to others. Since only the decision-proce-dure of the democratic machinery divides power equally, in that every member has one vote, then there is a prima facie case for saying that only the democratic association is fair. However, we cannot make the prima facie case absolute. All SINGER does say is that the democracy "has a better claim to allegiance", than do decision-procedures of other kinds of associations (25).

SINGER's arguments for democracy's better claim to allegiance seem flawed on two counts. First, SINGER uses a division of cake as analogous with division of power to show that power divided equally is a fairer distribution. But surely fairness is only relevant when divisible products such as cakes or tax dollars are being divided. The analogy is flawed because division of power is not a sharing out process in the same way. Power is like the eighteenth century "faculty". It is an ability. The power in question is people's ability to govern themselves, and cannot be shared out because it is already possessed. Of course, you can dispute whether or not people possess such ability, but not whether it should be given to them because that would suggest it was held some-where else.

Second, SINGER's use of prima facie in his prima facie case for obligation to a democracy does not seem to be correct. He claims that the notion of prima facie obligation is familiar to most people and his argument runs like this: a prima facie obligation to obey the law is not an absolute one, but rather an obliga-tion to which some weight is given.

> "When I promise to meet someone at a particular time I put myself under an obligation, but it is not an absolute obligation. The obliga-tion would be over-ridden if, for instance, a neighbour asked me to drive his expectant wife to hospital. On the other hand, the obliga-tion is not negligible, and it would be wrong for me to break it because at the time I preferred browsing in a bookshop." (26)

SINGER uses his prima facie case for democracy as equivalent to saying demo-cracy has a "better claim" to allegiance (27). As W.D. ROSS pointed out in his original coining of prima facie obligation, this notion differs from the notion of claim in two respects: one, the claim is appropriate for the recipient of a moral action, but not for the agent; two, the claim tends to suggest that two persons are involved one of whom may make a claim on the other, and while this covers the ground of social duty, "it is inappropriate in the case of that important kind of duty which is the duty of cultivating a certain kind of character" (28). In neglecting these two distinctions between prima facie and claim SINGER has not properly discussed the legitimacy of the dissenter's action. On the one hand, he has only discussed prima facie as if he were concerned with recipients and not with agents, yet his initial argument is concerned with the agent. On the other hand, he has restricted his use of prima facie obligation so as to cover only certain duties, those already covered by claims, and to exclude others. The term prima facie was used by ROSS to invoke a non-absolute list of duties that would contain a complete though conflicting account of them. SINGER's account of prima facie is neither complete nor conflicting. It appears that he has been writing in a concealed utilitarian language (29) and that this language has ruled out certain types of duty. In other words, it has restricted duties to the social language of others being beneficiaries only. Like G.E. MOORE, SINGER has simplified unduly our relations with our fellows. They are con-sidered only as possible beneficiaries of our action. It is obvious, however, that they may stand in other relations with us. The Dissenter may stand to other members of the J.C.R. as a friend, and that relation is the foundation of a prima facie duty as well as the beneficiary relation.

Further, in addition to social duties there is also, as ROSS observes, that important part of duty which is the duty of cultivating a certain kind of character in oneself. This duty, in some circumstances, may be more incumbent than a social duty. Finally, in adopting a utilitarian slant SINGER has ignored a duty which is of great importance when one considers the legitimacy of a dissident's action. ROSS notes that there are duties that may be summed up under the title of 'not injuring others'.

> "No doubt to injure others is incidently to fail to do them good;
> but it seems to me clear that non-maleficence is apprehended
> as a duty distinct from that of beneficence, and as a duty of a
> more stringent character ... and as prima facie more binding.
> We should not in general consider it justifiable to kill one person
> in order to keep another alive, or to steal from one in order to
> give alms to another." (30)

The duty of non-maleficence is worth considering in conjunction with SINGER's criticisms of THOREAU and of the Dissenter in the J.C.R. In both cases, disobedience was caused by a man refusing to acquiesce to the harming of others. The agent had a prima facie obligation to refuse to harm others through the propagation of racial hatred or through the institution of slavery and war.

Non-maleficence is a negative duty, and negative duties are apparently beyond SINGER's scope. His arguments are all constructed around notions of positive duties and gains. He warns the Dissenter that in removing the racist newspaper he

> "must bear in mind the chances of his act inspiring someone else
> to remove a magazine, say Peace News, which the Dissenter thinks
> excellent, but others consider a dangerous subversive influence ...
> the loss of Peace News might in itself counterbalance the gains
> from the removal of The News." (31)

It is quite possible that the Dissenter and THOREAU would not see this equivalence of gains and losses. The negative duty of not harming others does not entail a corresponding duty to reform them by ensuring the distribution of literature which will direct them to be beneficial.

SINGER's other argument for the unique strength of democratic allegiance is under the heading, "Fairness and Compromise". Unlike his "Equality and Fairness" argument, this does not concern morals, but is political. SINGER assumes that his Dissenter is making "an attempt to assume complete power" (32) in respect of whether members of the association should read the paper.

> "In claiming that his own judgement entitles him to a greater say
> in the matter than the others, the Dissenter is making a claim
> which the others could make, and which, if many of them did make,
> would be incompatible with the continued existence of a peaceful
> decision procedure." (33)

Only in the democratic association does the Dissenter have a valid reason, arising from the nature of the decision-procedure, for refraining from acting on his own judgement. He will see that it is possible to refrain on particular issues which it is essential for everyone to give up in order to achieve the benefits of a peaceful solution to disputes (34). As evidence for this, SINGER paraphrases the Italian anarchist MALATESTA to the effect that each of a hundred partizans of dictatorship believes himself capable of being a dictator, or assisting very materially in dictatorial government. This, SINGER believes, counts strongly towards everyone having an equal voice in a decision since they will not want to risk having no voice at all.

SINGER's arguments here rest on a number of assumptions about the nature of man which are not in his original model of a Dissenter, and, arguably, not in real dissenters such as THOREAU. SINGER has interpolated into the account factual assertions that Dissenters are power-grabbing, that their existence leads to violence, and that they really desire peace. The Dissenter's hunger for power will only be appeased by the rational compromise of democratic power sharing. These assumptions about man's desire for power conflicting with his desire for peace before being mediated by reason have a certain traditional charm which evokes memories of AUGUSTINE and HOBBES, but they carry little conviction on the subject of a Dissenter's disobedience. Even if SINGER had mustered together some factual support on the psychology of dissent, it would not demonstrate whether or not a particular action was justified, but simply what caused it.

To summarize this criticism of SINGER, it is necessary to return to his original argument in which he holds that in his model "benefits received" have some weight. However, as has been shown this weight rests on a narrow construction of prima facie and is consequently a bit feeble. A broader and more realistic construction of prima facie duty would demonstrate that the civil disobedient has a duty to his own character and a duty of non-malificence. Putting the matter in the language of rights rather than of duties, the disobedient is disobedient because on a specific issue he has put his sense of right ahead of social harmony, the need for law and order, and benefits received. Right in this case, or on this level, must be traced to a sense of right which does not depend upon society, to a sense of natural right (natural in the sense that it owes nothing to the model of society). Of course, mere intuition by a man that something is not right has to be rejected. This would not provide THOREAU's accretion of true men - others rallying to the cause. The intuition must at least be duplicable in others, though this duplication does not necessarily result from a reasoned appeal to equal treatment, fairness or respect for persons. It may result from a symbolic or exemplary action such as self-immolation.

There is another question that arises in the area of democracy and disobedience, which asks whether civil disobedience should be restricted to some areas of society. John RAWLS thinks this is the case, and divides the social system into two parts. One incorporates the fundamental equal liberties (including equality of opportunities) and another which embodies social and economic policies properly aimed at promoting the advantage of everyone (this may include inequalities). Civil disobedience is best aimed at the former where the appeal of justice is more precise and definite, and where it might correct injustice in the latter. The examples are first, citizenship, which must be equal, and second, taxation, which can be unequal.

> "Thus unless the laws of taxation are clearly designed to attack
> a basic equal liberty, they should not be protested by civil dis-
> obedience; the appeal to justice is not sufficiently clear and its
> resolution is best left to the political process." (35)

This distinction of RAWLS is curious and does not seem to stand examination. Let us suppose that a salt tax was applied equally to everyone. No one was allow- ed to manufacture his own salt, but all must buy a set quantity from the govern- ment. The revenue raised was applied for the advantage of everyone in the usual way - repairing roads and bulding harbours. Since the tax was arbitrary in amount, and depended upon how much revenue the government needed, it would occasionally go up. If you were a member of a poor minority you might resist the tax by manufacturing your own salt, by refusing to buy the government's, or by burning the salt warehouse on the grounds that others could better afford to pay, and, though the tax was an efficient and equal way of collecting revenue, it was not to be borne because you could manufacture your own salt. It would not matter whether the government which imposed the tax was democratic or not, since the protestors would be a minority. One could speculate on the dubious justice of a number of taxes, i.e. on whisky which everyone could manufacture except for a law prohibiting it, or on entertainment - pop music fans being taxed by a government which subsidised ballet. It is doubtful if normal political practices would resolve any of these cases to the satisfaction of an aggrieved taxpayer. Normal political practices could work on a combination of tradition, imitation of other polities, and on the social tastes of people who enter politics, and if you believed that such was the case when you were offended by a specific law, civil disobedience would be justified, even if the law did not infringe a fundamental equal liberty.

IV) Punishment

It is obvious that most writers on the subject of civil disobedience disapprove of it, and spend most of their energy demonstrating why it is unjustified or in restricting its scope, or in proving it does not exist and should be viewed as part of democratic appeal process. Disapproval also leads them to take up the question of the remedy of civil disobedience. That is, how should society treat its civil disobedients and what punishment should they receive? Since this question is often a consequence of the activity being unjustified, its considera- tion will be the concluding section of the paper.

Two cases have been made for the punishment of civil disobedients. The first, by C.D. BROAD during the 1930s, was thorough and quite savage. The second, by democratic theorists in the time of the Vietnam War, was ambivalent, weakly argued, and kindly in comparison with BROAD's suggestions.

BROAD framed his arguments in such a way as to apply them not simply to democracy, but to any civil society. His conclusions were that civil disobedients should be executed, and if they wished to avoid this punishment the alternative was suicide. He began by assuming a war in which there is a real uncertainty as to whether England shall lose or win, and that the loss would entail the disastrous consequences visited upon defeated nations after the war of 1914 to 1918. He also assumed that a conscription law was in force, and that the only question is whether persons in such circumstances ought to obey this law or to refuse to obey it (36). A person cannot hold that he has a direct obligation not to kill no matter what the consequences, nor that he has a direct obligation to obey the law and that this overrides all other obligations; this would be absurd. The only case which interests BROAD is that of a man who holds that war in general, or this war in particular, is wrong, and who does not hold that there is an overwhelming obligation either to refrain from taking human life or to obey the laws of his country. BROAD then asserts this surprizing principle,

> "If one believes that war in general, or a certain particular war,
> is wrong, this may be a conclusive reason for trying to get one's
> country out of it if it has entered upon it. But except on the uni-
> versalistic form of the teleological theory of obligation, it is not
> a conclusive reason for refusing to fight for your country when
> in spite of your efforts it is engaged in war." (37)

This argument rests upon the statement that the teleological theory of obligation means that people have a duty to secure the greatest amount of good, and all other obligations such as keeping promises or obeying laws are derivative from this (38). The universalistic form of this theory means that a person has no special obligation to produce good in a particular community, but must treat all men, including those in unrelated communities, equally. On this basis a greater good in a foreign community is to be preferred to a lesser good in your own (39).

BROAD's principle, then, states that you must fight in a war which you believe to be wrong, and which you have opposed. This, he claims, is not difficult to accept. By analogy, if you are a member of an ordinary partnership or committee, it is often your duty to help loyally in carrying out a policy which you believe to be wrong, and which you have conscientiously opposed while it was still under discussion. If the conflict becomes too strong it then becomes your duty to resign from the committee. But, BROAD observes, it is just at this point the analogy breaks down for you cannot resign from your country. If you go on living in England during the war you will be dependent for your food and for such protection as you enjoy from the armed forces,

> "i.e. on the fact that there is a majority of persons of military
> age whose consciences are less sensitive than yours or work in
> a different way. Plainly there is a prima facie obligation (40)
> not to put yourself in this situation of one-sided dependence on
> what you must regard as the wrong actions of people who are

less virtuous or less inlightened than yourself.
This complication would be avoided if the conscription law
imposed the death penalty for refusal to undertake military
or other war service." (41)

BROAD thinks that this penalty ought to be imposed and that truly conscientious
objectors to military service should welcome it.

This is an argument against being a free-loader. The conscientious objector
will quite likely be part of a tiny minority and his action will have no appreci-
able effect on the outcome of the war. Unless he confines his attention to the
probable effects on himself and his circle of friends and relations when considering the utility of his action, he will have to consider that he is getting a free
benefit or an unfair advantage over others. His honour will be rooted in the dishonour of his contemporaries, and to avoid dishonour BROAD recommends
suicide.

"And the gas in your oven is no less deadly and far more merciful
than that which you will encounter on the battlefield or in the
streets of your own town if it should be bombed." (42)

Crucial to BROAD's arguments on this subject is a utilitarian statement about
good or beneficence, which places all the emphasis of ethical decision-making
in the social realm. Great good for society or great evil for society are the
only two criteria for decision-making. The problem with this argument is that
it rests on the assumption that dependence creates obligation. Once this is
admitted then there is no faulting BROAD's conclusions and their monstrous
and extreme nature is only a consequence of his rigour in applying this assumption (43). There is, of course, no reason for admitting this assumption into the
world of ethical discourse since it immediately rules out such discourse, and
replaces it with simple recognition of power. It answers the question, "Ought
we to fight for our country in the next war?", by saying we have no choice in
such matters because we have an inescapable obligation to the political power.
He does not, as he claims, dismiss the case of the man who holds that he has
an overriding obligation not to take human life because overriding obligations
are absurd. He dismisses the case because this man does not recognize the
greatest good or evil to society as the only rational basis for a decision. Since
only utilitarian language is allowed, BROAD's universalistic and teleological
principle is directed only against utilitarian pacifists – those who see their
mission to produce good in the greatest number. This is not a substantial
argument because there is no reason why the restriction of obligation to one's
nation should not be further restricted to obligation to a family or a friend.
Presumably if the restriction is good when it excludes foreigners it is good
when it excludes your countrymen.

BROAD's other argument concerns the dishonour of onesided dependence. He
appears to have had a curious belief that dependence creates obligation in an
equal ratio. He invokes the real world to demonstrate that you cannot withdraw
from society as you can from other contractual relationships. From this it

follows that you were always dependent, and, therefore, always obligated. After this momentary lapse into the real world, he returns to philosophy, and puts his argument in a logical rather than in an ethical form. His general conclusion is that those who believe killing to be immoral will themselves be immoral because of their dependence on immoral people who do kill, and that the only way to bring back the equivalence between dependence and obligation is to kill the conscientious objector. When BROAD recommends executions or suicide it is almost as if he wants the conscientious objector to disappear because he is logically meaningless in having his life based on a contradiction.

As was noted above, many recent democratic writers display ambivalence on the subject of civil disobedience, and even those without a stated theory of obligation or sovereignty are hesitant in allowing it to be justified. At times they fall back on a barrier which is psychological rather than philosophical in nature. That is, they advocate pain or suffering on the part of the disobedient in order to assure themselves that his case is genuine. Marshall COHEN suggests that a true civil disobedient is one whose public breaking of the law shows him willing to take the penalty (44). If he is not willing to take the penalty, it has been suggested that he subject himself to some other pain test instead. This suggestion has been made by NIELSEN on the grounds that the civil disobedient might be objecting to the punishment (e.g. twenty years imprisonment for smoking marijuana) (45). In other words, if the disobedient cannot accept the legal punishment then he must find an alternative to show his seriousness. Apparently, there is a scale of seriousness from accepting death like SOCRATES to light forms of punishment, such as community service for draft dodgers, the loss of one's income, going into exile, fighting expensive and predictably unsuccessful law cases, which apparently justify disobedience. This is mystifying because however strong the propaganda might be from evincing such seriousness or pain, it is unclear how this justifies disobedience, and how it is good in itself. Advocacy of pain is only proper if it is accepted that you are attempting to appeal for the support of the majority, and if the will of this majority is right. However, such an acceptance cannot be given since you start with majority will against you and it is the expression of an opinion you believe to be wrong. More sensibly, it seems that you are obliged to appeal to a government, democratic or not, before breaking a law only if you believe that an injustice was caused by the perpetrators of the law overlooking something, being confused, or lacking data. But if you were convinced that the law-makers were clear-headed and in possession of the facts, then disobedience is justified, and does not necessitate morally that you should suffer from this disobedience, though this will often happen because your action is a public one.

In conclusion, it should be observed that there seem to be no statements in democratic literature in the four areas discussed that convincingly demonstrate that civil disobedience is less justified in a democracy than in a non-democratic régime. The central problems of disobedience, such as whether it is public or violent, are not absorbed by democratic theory. Further, democratic decision-making seems to have no special characteristic that makes disobedience more or less permissible. Finally, the arguments that disobedients should accept their punishment have little merit. On the first area it is an essential feature of a civil disobedient's action that it is a public one in the sense that it is done openly, but not in the sense that it is a constructive or positive step to improve the general welfare. The action is a negative one in that it offers no alternative solution to political problems, and, while it may have political implications, these are not intended. From the point of view of a democratic statesman or a revolutionary, this negative attitude may be a trivial or troublesome one for a person to possess, but it is one which should indicate to him that some individuals are not involved in the politics of the community and do not see themselves as citizens. On the second area, violence, there is no reason for believing that violence is less justified in a democracy than in another type of polity. Nor is there any reason to believe that the actions of civil disobedients are usually violent ones. Democratic theorists focus on violence when discussing civil disobedience because they mistakenly believe that it is an appeal to the majority. However, civil disobedience usually takes place after such appeals have been exhausted. Also, to claim that civil disobedients must restrict themselves to peaceful appeals would limit the use of this type of action to politically articulate and well-informed individuals who already have a preponderant say in how governments affect them. On the third area, the character of democratic decisions may be more attractive than that of decisions in autocratic countries, but this does not provide a convincing answer to the problem of a civil disobedient who has decided that the principles of fairness and equity have not produced the right decision in a particular case. Further, these two principles do not adequately describe some duties which a civil disobedient has to himself and to others. On the fourth area, punishment, there seem to be no good arguments why a civil disobedient should agree to accept punishment because he lives in a democracy, or in the type of polity described by C.D. BROAD. The arguments that support the acceptance of punishment focus on the benefits the civil disobedient receives from society, and on the possible propaganda value of accepting punishment. These sorts of arguments would not be accepted in any other area of moral discourse and they should not be accepted here.

Democratic theorists have made no more progress in resolving the problem of disobedience than had the fiercely anti-democratic legal thinker, John AUSTIN, in the early nineteenth century.

> "In case I commit an act which is innocuous or positively useful, but to which the sovereign legislature has annexed a capital punishment, the tribunal which tries me enforces the law, in spite of its mischievous tendency. If I object to the indictment, 'that the law is adverse to utility'; 'that by necessary consequence, it conflicts with the law of God'; and 'that by equally necessary consequence, it is not binding or valid'; the tribunal demonstrates the unsoundness of my objection, by hanging me up in pursuance of the law which I impugn." (46)

For both democratic theorists and AUSTIN the problem of disobedience remains outside the scope of their central concern, which is the question how can one justify authority. Disobedience, however, does not seem to be resolvable into such a justification, and it could be more profitable to discuss it as an essen-

386

tially moral rather than political question. Even though disobedience might have political consequences it should not be explained or justified in political terms. Instead, it should be subjected to the same kinds of moral explanations and justifications that people use in their private relationships with each other. In other words, statements about authority are not useful in discussions about disobedience. That is, democratic statements about how political systems should work on the basis of equity and fairness and Austinian statements concerning the power of the sovereign do not seem to generate sensible or coherent statements about the nature and justification of disobedience. Authority and the individual seem to operate in separate worlds and with separate justifications.

Footnotes

1) April CARTER: Direct Action and Liberal Democracy, London, RKP, 1973; Carl COHEN: Civil Disobedience, New York, Columbia U.P., 1971; Leslie MACFARLANE: Political Disobedience, London, Macmillan, 1971; E.V. ROSTOW: "The Rightful Limits of Freedom in a Liberal Democratic State: Of Civil Disobedience", in: Is Law Dead?, New York, Simon and Schuster, 1971; Michael WALZER: Obligations: Essays on Disobedience, War and Citizenship, Harvard University Press, 1970. Not everyone agrees that the authors on this list should be dismissed. One of them, Carl COHEN, has received the signal honour of being criticized in an article titled "The Orthodox Theory of Civil Disobedience" /G.G. JAMES/, in: Social Theory and Practice 2 (1973), p. 475-498.

2) J.G. MURPHY: Civil Disobedience and Violence, Belmont, California, Wadsworth, 1971, p. 2, n. 3, mars an otherwise excellent definition of civil disobedience, by including protest as a necessary condition. Thus, he claims that an individual driving over the speed limit in order to get a critically injured child to the hospital would be civilly disobedient unless we include protest as part of the definition. However, this inclusion is un-necessary as the speeding motorist does not have as his intention the break-ing of a law, that is merely a by-product. One has only to say that the civil disobedient intended to break a law in order to distinguish him from the motorist.

3) By an extension of this statement it is possible to define civil disobedience out of existence. Ronald DWORKIN (Taking Rights Seriously, London, Duck-worth, 1977, p. 215) argues that it is quite lawful to test the law, and that if civil disobedients were not unsophisticated they would "test" the law instead of breaking it. They lack awareness that a law is invalid; they have not yet reached that further conclusion. However, despite their lack of awareness, DWORKIN states that one must treat civil disobedients as if they are test-ing the validity of the law. This ingenious argument is excessively patern-alistic. It refuses to grant the citizen the ability to break laws by constru-ing any action as legal. Further, it places in the hands of judges and lawyers, rather than in those of the individual, the ability to judge the meaning of an action.

4) John RAWLS: "The Justification of Civil Disobedience", in: Ethics and Public Policy, ed. T.L. BEAUCHAMP, Englewood Cliffs, New Jersey, Prentice-Hall, 1975, p. 132.

5) A. Campbell GARNETT: "Conscience and Conscientiousness", in: Moral Concepts, ed. Joel FEINBERG, Oxford University Press, 1969, p. 83. Campbell GARNETT's description of conscience is of interest not only to RAWLS. Peter SINGER borrows it in: Democracy and Disobedience, p. 93.

6) Christian BAY: "Civil Disobedience: Prerequisite for Democracy in Mass Society", in: Civil Disobedience and Violence, ed. J.G. MURPHY, p. 88/89.

7) Edmund LEITES: "A Problem in Joseph Butler's Ethics", in: South West Journal of Philosophy 6, Summer 1975, p. 43-57.

8) Jonathan BENNETT: "The Conscience of Huckleberry Finn", in: Philosophy, Vol. 49, No. 188, April 1974, p. 123-135.

9) Hannah ARENDT: "Civil Disobedience", in: Is Law Dead?, op.cit., p. 216-217. It may be that ARENDT does not hold to this definition. She later describes conscience as that which "acts in the name and for the sake of a group" (p. 226).

10) Raymond WILLIAMS: Marxism and Literature, Oxford University Press, 1977, p. 41. The author is aware that some points in the above paragraph come close to raising the lengthy debate on public and private language that began with WITTGENSTEIN. However, this is not the place to continue this debate, which, in any case, has been well discussed elsewhere. For example, see C.H. WHITLEY's: Mind In Action, Oxford University Press, 1973.

11) RAWLS: op.cit., p. 138; and Marshall COHEN: "Civil Disobedience in a Constitutional Democracy", in: Ethics and Public Policy, p. 150. Rather irrationally, COHEN adds to RAWLS' suggestion by saying it is persuasive when it prohibits violence against other persons, but less so when property is in question. This addition does not fit with RAWLS because it is doubtful if people are more threatened by violent actions against people.

12) BAY: op.cit., p. 78.

13) T.C. CLARK: "Philosophy, Law and Civil Disobedience", in: Ethics and Social Justice, Albany: State University of New York Press, 1970, p. 249.

14) Kai NIELSEN: "Remarks on Violence and Paying the Penalty", in: Ethics and Public Policy, p. 167.

15) The author is, of course, aware that revolutionaries might use civil disobedience as a tactic.

16) Edward KENT: "Respect for Persons and Social Protest", in: Social Ends and Political Means, ed. Ted HONDERICH, London, R.K.P., 1976, p. 35-36.

17) See note 13. Comment on other American jurists can be found in Elliott M. ZASHIN: Civil Disobedience and Democracy, New York, Free Press, 1972, p. 107-109; and in Burton ZWIEBACH: Civility and Disobedience, Cambridge University Press, 1975, p. 206-210.

18) The rhetorical content of this question has been thoroughly analyzed by R.A. WASSERSTROM: "Disobeying the Law", in: The Journal of Philosophy, Vol. 58, 1961, p. 649/650.

19) ZWIEBACH: p. 168.

20) ZWIEBACH: p. 108.

21) This formulae was borrowed from WOLFF's: In Defence of Anarchism, p. 13-21.

22) Peter SINGER: Democracy and Disobedience, Oxford: Clarendon Press, p. 94. My emphasis.

23) SINGER: p. 25/26.

24) SINGER: p. 13-17.

25) SINGER: p. 28-30.

26) SINGER: p. 7.

27) SINGER: p. 30.

28) W.D. ROSS: The Right and the Good, Oxford: Clarendon Press, 1930, p. 20.

29) SINGER is under the misapprehension that his arguments about fairness will satisfy non-utilitarians (op.cit., p. 37).

30) ROSS: p. 21/22.

31) SINGER: p. 39/40.

32) SINGER: p. 30.

33) SINGER: p. 31.

34) SINGER: p. 31/32 and 103/104.

35) RAWLS: op.cit., p. 140.

36) C.D. BROAD: "Ought We To Fight For Our Country In The Next War?", in: The Hibbert Journal, Vol. XXXIV, No. 3, April 1936, p. 364.

37) BROAD: p. 365.

38) BROAD: p. 359.

39) BROAD: p. 359.

40) BROAD used prima facie obligation at this point in his argument to signify a first-order, immediate, primary, or absolute obligation. Yet, he criticized as absurd people who held absolute obligations to obey the law or not to kill.

41) BROAD: p. 365.

42) BROAD: p. 367.

43) BROAD had no great dislike of genuine civil disobedients; on the contrary,

he rather admired them. In an earlier form of his paper he explained two of his reasons for punishment. The first was the conventional one that it would separate "the few conscientious sheep from the many unconscientious goats". The second reason was more novel. The punishment of a few good conscientious objectors would be a humbling experience for the nation and remind it that its claims were not always paramount. This punishment was to be an occasional sacrifice which would benefit the nation's conscience by increasing its sensitivity! BROAD's reasons are apparently given without any conscious attempt at humour. (C.D. BROAD: "War Thoughts in Peace Time", in: Religion, Philosophy and Psychical Research, London: R.K.P., 1953. This article was originally published in 1931.)

44) COHEN: op.cit., p. 147/148.

45) NIELSEN: op.cit., p. 163.

46) John AUSTIN: The Province Of Jurisprudence Determined, Second Edition, London: John Murray, 1861, p. 234, n. 1.

OTFRIED HÖFFE

Naturrecht ohne naturalistischen Fehlschluss: ein rechtsphilosophisches Programm

Die weltweite Renaissance, die das Naturrechtsdenken nach dem Zweiten Weltkrieg erfahren hat (1), ist seit Jahren wieder abgeebbt. Neben hermeneutischen
und topischen Ansätzen sind es vor allem Impulse aus dem Umkreis der Rechtslogik und Rechtsinformatik, der Systemtheorie und der Entscheidungstheorie,
der analytischen Rechtstheorie und den Sozialwissenschaften, die das rechtsphilosophische oder allgemeiner: das rechtstheoretische Denken heute prägen (2).
Das Zurücktreten naturrechtlicher Beiträge im Konzert rechtsphilosophischer
Ansätze und Methoden verdankt sich - unter anderem - gewichtigen Bedenken
gegenüber einem solchen Denken. Von seiten der Juristen wurden etwa die man-
gelnde Eindeutigkeit und die fehlende Einheitlichkeit, die ungeschichtliche, daher lebensferne Abstraktheit und die Einschränkung der Rechtssicherheit be-
klagt, von seiten der Rechtsphilosophie die Unfähigkeit, Moral und Recht voneinander begrifflich zu trennen (3). Noch grundlegender und daher auch gewich-
tiger als diese Einwürfe ist das etwa von Hans KELSEN formulierte Gegenar-
gument, im Naturrechtsdenken würden normative Verbindlichkeiten allein aus
Aussagen über natürliche Eigenschaften der Dinge und des Menschen abgeleitet (4). Eine solche Ableitung sei aber schon aus rein formalen: aus logischen
oder semantischen Gründen nicht möglich (5). In der Tat: Ob man es als Sein-
Sollen-Metabasis oder als naturalistischen Fehlschluss bezeichnet - eine Argumentationsstruktur von der Art, wie sie dem Naturrechtsdenken unterstellt
wird, ist unhaltbar. In Konsequenz muss man entweder auf das Naturrechtsdenken ganz verzichten oder aber zeigen, dass ein Naturrechtsdenken auch ohne
den naturalistischen Fehlschluss möglich ist.

Der folgende Beitrag will zunächst gegen einen leichtfertigen Verzicht auf das
Naturrechtsdenken votieren (Abschnitt I.), dann die Bedrohung des Naturrechtsdenkens durch das Argument des naturalistischen Fehlschlusses diskutieren
(Abschnitt II.), um darauf die Struktur eines Naturrechtsdenkens zu skizzieren,
das eben dieser naturalistischen Bedrohung entgeht (Abschnitt III.); der Ausblick schliesslich weist auf eine naturrechtliche Argumentationsstruktur hin, mit
deren Hilfe das Naturrechtsdenken auch dem Vorwurf ungeschichtlicher Abstraktheit entgeht (Abschnitt IV.).

I. Zu Begriff und Bedeutung des Naturrechtsdenkens

Will man das Naturrechtsdenken nicht von vornherein auf eine bestimmte philosophische Tradition, etwa auf die aristotelisch-thomistische, die stoische oder
die neuzeitliche Tradition festlegen und damit auch einschränken, so kann man
es etwa folgendermassen definieren (wobei ich vom Naturrechtsdenken in einem engeren Sinn ausgehe, bei dem es nur um die Begründung von Recht, nicht
auch um die der persönlichen Sittlichkeit geht): Das Naturrechtsdenken basiert
auf einem normativ-kritischen Impuls. Es wendet sich gegen die Vorstellung,
der Verfassungs- und Gesetzgeber dürfe jede beliebige Bestimmung in den
Rang geltenden Rechts erheben. Mag der jeweilige Verfassungs- und Gesetzgeber auch die entsprechende Macht haben; das "Recht" dazu hat er jedenfalls
nicht. Das Naturrechtsdenken geht davon aus, dass es überpositive Rechtsgrundsätze gibt, die - vorgängig zu jeder geltenden Rechtsordnung - für diese einen
allgemeingültigen und unbedingt verpflichtenden Massstab darstellen. Dieser
Massstab wird insgesamt Naturrecht (bei THOMAS von AQUIN Naturgesetz:
S Th I-II q. 94, II-II q. 57 a.1 ad 2) genannt. Man kann auch von (sittlich) richtigem Recht oder von der Idee (politisch-sozialer) Gerechtigkeit sprechen.

Dieser überpositive Rechtsmassstab heisst Naturrecht in einem mehrfachen
Verständnis. Zum ersten ist es die Natur als Erkenntnisquelle, die Natur im
Sinne der natürlichen Vernunft im Gegensatz zu einer besonderen Offenbarung,
mit deren Hilfe der höchste Rechtsmassstab erkannt wird. Weiterhin ist es die
Natur (im Sinne von Begriff und Wesen) des Rechts samt seinem Anspruch auf
sittliche Richtigkeit, der - im Unterschied zu den tatsächlichen Rechtsverhältnissen (Rechtshistorismus) oder der Rechtssetzungskompetenz des positiven Gesetzgebers (Rechts- bzw. Gesetzespositivismus) - unter der Perspektive der
Gerechtigkeit die letzte normsetzende Autorität zukommt. Schliesslich ist es
die Natur als das Wesen des Menschen und der zu regelnden Sachverhalte, von
denen das Naturrecht abhängt. Die Natur gilt also als Erkenntnisquelle und als
normativer Massstab für sittliches Recht zugleich. Die Idee des Naturrechts
oder der politischen Gerechtigkeit wird an die Rechtswirklichkeit nicht von
aussen herangetragen, ist ihr vielmehr in einem gewissen Sinn immanent. Denn
gegenüber jedem Recht - gleich ob es sich naturwüchsiger Sitte, ausdrückli-
cher Vereinbarung oder willkürlichem Erlass verdankt - gegenüber Richter-
sprüchen, Gesetzen, selbst Verfassungen werfen wir die Frage auf, ob das so
Gegebene auch sittlich richtig, ob es gerecht ist. Die Frage: "Was ist Rechtens, was ist gerecht?" lässt sich nicht abweisen. Gegenüber einer positiven
Rechtsordnung stellt sie sich in dreifacher Hinsicht:

Erstens stellt sich die Frage, ob es überhaupt richtig ist, dass zwischen den
Menschen nicht Rechtslosigkeit, vielmehr eine Rechtsordnung herrscht: ein System von Verbindlichkeiten (Geboten und Verboten), das nicht in allen seinen
Teilen und Aspekten, das jedoch insgesamt zwingenden Charakter hat. Selbst
wenn man der Meinung ist, dass alle einzelnen Rechtsnormen (Verfassungsar-
tikel, Gesetze und Erlasse) ausschliesslich positiver Natur sind, so kann doch
die Berechtigung von Rechtsordnungen überhaupt, so kann das prinzipielle Recht
der Staaten, Gesetze zu erlassen, sich nicht wiederum positivrechtlichen

Ueberlegungen oder dem Tatbestand verdanken, dass die Staaten de facto Rechtsgebungskompetenz beanspruchen und praktizieren. Denn hier steht die Legitimität positivrechtlicher Ueberlegungen und Praktiken zur Diskussion. Die Legitimität - im Sinne von normativer Berechtigung einer Sache - kann aber nicht durch den blossen Hinweis auf die Wirklichkeit, sondern nur durch Gründe, und sie kann unter normativer Perspektive nur durch Rekurs auf normative Gründe, also auf ein Sollen, erwiesen werden. Andernfalls macht man sich gerade dessen schuldig, was man dem Naturrechtsdenken vorwirft, nämlich des naturalistischen Fehlschlusses.

Zweitens ist an eine positive Rechtsordnung die Frage zu stellen, ob sie - sowohl unter prozeduralen wie unter substantiellen Gesichtspunkten betrachtet - fundamentalen Massstäben richtigen Rechts genügt. Diese Frage erhebt sich wenigstens auf der Ebene der Verfassungs- und der Gesetzgebung und dokumentiert sich in den immer wieder neuen Rechts-, auch Verfassungsreformen, die nicht nur im Namen von Effizienz, Stabilität, sondern auch in dem der politisch-sozialen Gerechtigkeit erhoben werden.

Drittens stellt sich gegenüber einer positiven Rechtsordnung die Frage, ob sie die richtigen Lebensbereiche (straf-)rechtlichen Verbindlichkeiten unterwirft, um andere Bereiche der rechtlichen Regelung zu entziehen. Auch diese Abgrenzung von Lebensbereichen und Sachverhalten, die legitimerweise Gegenstand von Rechtsbestimmungen sind, von solchen, die von rechtlicher Regelung frei zu bleiben haben, lässt sich nicht mit positivrechtlichen Argumenten begründen, da sie den legitimen Anwendungsbereich positiven Rechts allererst definieren.

Die dreifache Frage nach der Gerechtigkeit hat nicht bloss akademische, sondern auch und zunächst eminent praktische (sittlich-politische) Bedeutung. Wir alle kennen die Situation, dass (a) durch persönlich erlebten politisch-sozialen Wandel, (b) durch interne Wertkonflikte innerhalb von pluralistischen Gesellschaften oder (c) durch die Herausbildung offensichtlicher Unrechtsstaaten die vorhandene politisch-soziale Grundordnung ihre selbstverständliche Geltung verliert und unterschiedliche Rechts- und Staatsvorstellungen in Konkurrenz zueinander treten. Eine solche Situation ruft das Naturrechtsdenken auf den Plan.

Das Naturrechtsdenken geht davon aus, dass erstens die Konkurrenz - im Unterschied zum ethischen Relativismus und Nihilismus - überhaupt zu entscheiden, dass sie zweitens - im Gegensatz zum ethischen Dezisionismus, Empirismus oder Subjektivismus - nicht beliebig bzw. nach Massgabe der bestehenden Verhältnisse politischer Macht, gesellschaftlicher Ueberzeugung oder persönlicher Wertempfindungen, dass sie vielmehr mit Bezug auf sittliche Grundsätze zu entscheiden ist. Dabei vertritt das Naturrechtsdenken drittens - im Gegensatz zu einem ethischen Skeptizismus und metaethischen Kognitivismus - die These, solche sittlichen Grundsätze seien für den Bereich des Rechts tatsächlich begründbar.

Nach dem Naturrechtsdenken soll die Grundordnung einer politisch-sozialen Gemeinschaft weder der Willkür der Herrschenden noch dem Zufall geschicht-

licher Entwicklungen überlassen werden. Ebensowenig sollen die grundlegenden politisch-rechtlichen Handlungslegitimationen einfach übernommen, sie sollen vielmehr allererst kritisch geprüft und aufgrund der kritischen Prüfung anerkannt oder aber verworfen werden. Diese kritische Einstellung, die Haltung
einsichtigen Argumentierens gegenüber der politisch-sozialen Welt und gegenüber den sie bestimmenden normativen Leitkriterien sowie der Versuch, für die
einsichtige Argumentation sittliche Massstäbe aufzustellen, begründet das Naturrechtsdenken.

Insofern sich das Naturrechtsdenken zuerst auf allgemeine Grundsätze der politisch-sozialen Gerechtigkeit richtet, bedarf es noch der Spezifizierung und Konkretisierung. So bezeichnet das Naturrecht nicht nur die der Willkür und Hybris
der herrschenden Individuen, Gruppen und Gesellschaften entzogene Unbeliebigkeit politisch-rechtlicher Ordnungen und Gesetze. Zum Naturrechtsdenken gehören auch Massstäbe, die als solche für die von den verschiedenen Verhältnissen und Bedingungen des menschlichen Handelns abhängige geschichtliche Konkretion offen sind.

Es ist unverkennbar, dass die Haltung des Naturrechtsdenkens, kraft natürlicher
Vernunft und normativ-kritischer Argumentation sittliche Massstäbe für Recht
und Staat zu begründen, nicht schon den naturalistischen Fehlschluss einschliesst. Auch der Umstand, dass das Naturrechtsdenken dabei vom Begriff
und Wesen des Rechts ausgeht, begründet nicht den Verdacht auf den naturalistischen Fehlschluss. Es ist allenfalls der Rückgriff auf die Natur des Menschen
oder der Dinge, der den Fehlschluss mit sich bringt.

II. Der naturalistische Fehlschluss

1. HUME und der Sein-Sollen-Fehlschluss

Das Argument des naturalistischen Fehlschlusses stammt aus G.E. MOOREs
Principia Ethica (1903), Abschnitt 10, 24-25 u.v.a. Die Sache selbst ist allerdings weit älter. So hat schon D. HUME in einer geradezu klassischen Stelle
des Treatise on Human Nature (1739-40) darauf aufmerksam gemacht, dass in
allen Moralsystemen, denen er bislang begegnet sei, ein zwar unmerklicher,
aber höchst bedeutsamer Wechsel von "ist/ist nicht"-Aussagen zu "soll/soll
nicht"-Aussagen stattfinde. Da die Sollensaussagen eine neue Beziehung oder
Behauptung ausdrückten, sei es notwendig, diesen Wechsel zu bemerken, zu erklären und zu begründen. Dass die neue, die Sollensbeziehung, eine Ableitung
der ganz anderen, der Seinsbeziehung, sein könne, sei aber völlig undenkbar
(Buch III, Teil I, Abschnitt 1).

Die Auslegung dieses Textes ist unter den HUME-Interpreten lebhaft umstritten (6). Kontrovers ist nicht nur die Frage, ob HUME beim Problem des argumentativen Uebergangs von Seins- zu Sollensaussagen bloss an eine strikte Ableitung nach den formalen Regeln der deduktiven Logik dachte oder aber einen

weiteren Begriff von Ableitung vor Augen hatte. Strittig ist ebenso, ob der Uebergang schlechthin illegitim sei oder ob er nur nicht unbemerkt und unbegründet vollzogen werden dürfe; ferner ob HUME in seiner Ethik nicht selbst moralische Urteile mit faktischen Urteilen über gewisse menschliche Gefühle gleichgestellt habe (metaethischer Emotivismus), was entweder für die Begründungspflicht beim Sein-Sollen-Uebergang oder aber für eine Inkonsistenz in HUMEs Ethik sprechen würde.

Der Schlussteil des erwähnten Textes spricht jedoch für die Auslegung, dass HUME nicht bloss den Uebergang von Seins- zu Sollensaussagen zu begründen fordert, sondern dass er auch eine Sollensaussage gegenüber der Seinsaussage für eine neuartige Behauptung hielt, die aufgrund ihrer Neuartigkeit aus der Seinsaussage nicht ableitbar sei. Ueberdies ist - von der Richtigkeit der HUME-Exegese abgesehen - die Sachbehauptung selbst offensichtlich: Wenn man die Voraussetzung macht, dass die Sollensaussage gegenüber der Seinsaussage ein neues Behauptungselement enthält, so ist - gemäss der bekannten Argumentationsregel "man kann in der Konklusion eines Arguments nicht mehr erwarten, als schon in den Prämissen enthalten ist" oder auch gemäss der Bestimmung der formalen Logik als der "Wissenschaft von den Implikationen der Aussageformen" (7) - die Tatsache eines Fehlschlusses eindeutig gegeben. Da das Sollensmoment gemäss Voraussetzung nicht schon in den Prämissen enthalten ist, kann es aus ihnen auch nicht formal abgeleitet werden. Falls man aber die Voraussetzungen nicht macht und davon ausgeht, dass das Sollensmoment schon in den Ausgangsprämissen enthalten ist, die Seinsaussagen, von denen die Sollensaussagen abgeleitet werden, also selbst ein Sollensmoment enthalten (wenn auch in einer nicht gleich ins Auge springenden Form), so entfällt das ganze Problem. Denn dass aus krypto-normativen Aussagen offen-normative Aussagen ableitbar sind, ist nie bestritten worden und auch logisch unbestreitbar richtig.

Dafür ergibt sich ein anderer Hinweis zur Problematik des Naturrechtsdenkens ohne naturalistischen Fehlschluss. Da die indikativische Form eines Satzes keine Gewähr dafür bietet, dass es sich wirklich um eine blosse Seinsaussage und nicht etwa um eine krypto-normative Aussage handelt, muss man mit dem Vorwurf des naturalistischen Fehlschlusses bzw. der Sein-Sollen-Metabasis vorsichtig sein. Vor einer zu raschen Kritik des Naturrechtsdenkens, überhaupt der klassischen Moral- und Rechtsphilosophie, ist sowohl zu prüfen, ob die Prämissen tatsächlich nur deskriptiver Natur sind, wie auch, ob die Konklusion überhaupt einen genuin normativen Anspruch erhebt. Vor allem dort, wo man - wie etwa in der aristotelischen, auch der hegelschen Tradition - das Sein in Begriffen optimaler Wesensverwirklichung denkt, sind weder die Prämissen bloss deskriptiver Natur, noch hat die Konklusion den Status eines reinen Sollens. Eher wird die ontologische Voraussetzung des logischen Problems eines Sein-Sollen-Uebergangs, die zeitgenössische Trennung von (naturalen) Tatsachen und (idealen) Normen als sachunangemessen abstrakt unterlaufen. Dieses Unterlaufen trifft gleichermassen für die Prämissen wie für die Konklusion der naturrechtlichen Argumentation zu, so dass auch hier das formallogische Problem eines Sein-Sollen-Fehlschlusses entfällt. Jedoch sind noch andere als formallogische Kritikpunkte denkbar (8).

2. MOOREs Argument des naturalistischen Fehlschlusses

Mit HUMEs (formallogischen) Problem eines Sein-Sollen-Uebergangs verwandt,
aber nicht mit ihm identisch, ist MOOREs Theorie des naturalistischen Fehlschlusses, wie sie in den <u>Principia Ethica</u> entwickelt wird. MOORE wirft dort
drei Hauptfragen auf: (1) Was ist das Wesen der Aussage "Dies ist gut an sich"?
Oder auch: Was ist '(an sich) gut' für ein Prädikat? - (2) Welche Dinge sind gut
an sich? - (3) Welches Verhalten ist ein Mittel zu an sich guten Ergebnissen?
Das Problem des naturalistischen Fehlschlusses gehört zur ersten Hauptfrage.
So handelt es sich im Unterschied zu HUMEs formallogischen um ein semanti-
sches Problem.

Die Antwort auf das semantische Problem ist eine dreifache These. Als erstes
behauptet MOORE, dass 'gut' kein komplexer, sondern ein schlechthin einfacher
und daher undefinierbarer Gegenstand sei (Abschnitt 6-10). Nach der zweiten
These ist 'gut' bislang sehr häufig mit anderen Gegenständen identifiziert worden (so bei BENTHAM: Abschnitt 14, SPENCER: Abschnitt 29.34, J.S. MILL:
Abschnitt 39-44, indirekt auch KANT: Abschnitt 75-85). Schliesslich behauptet
MOORE, dass die Identifikation von 'gut' mit anderen Gegenständen ein Irrtum
sei, und diesen Irrtum nennt er naturalistischen Fehlschluss (Abschnitt 10.
24 f. u.a.). MOORE spricht nun deshalb von einem <u>naturalistischen</u> Fehlschluss, weil die erste von ihm diskutierte Gruppe von Fehlidentifikationen des
Prädikats 'gut' naturalistischer Natur ist. Im metaethischen Naturalismus werde der Begriff des an sich Guten oder sittlich Guten vollständig mit Hilfe von
rein natürlichen Eigenschaften definiert. Zum Beispiel werde 'an sich gut'
gleichgesetzt mit 'nützlich', 'lustvoll', 'lebensdienlich' oder aber 'begehrt'. In
Konsequenz liessen sich sittliche Urteile allesamt und vollständig aus empirischen Aussagen über den Menschen und die Welt ableiten. Die Suche nach dem
guten und gerechten Leben werde zur Angelegenheit empirischer Wissenschaften; die Ethik reihe sich ebenso wie die normative Rechts- und Staatsphilosophie als integraler Teil in jene Wissensart ein, die in der Neuzeit unbestritten
anerkannt ist, eben die empirischen Wissenschaften. Die "ewigen" Legitimationsprobleme der philosophischen Ethik seien endlich gelöst.

Einen analogen Fehlschluss konstruiert MOORE dort, wo man 'an sich gut'
nicht mit empirischen, sondern mit metaphysischen oder religiös-theologi-
schen Aussagen gleichsetzt und zum Beispiel behauptet, 'an sich gut' sei ein
Leben gemäss der Natur, oder behauptet, es sei etwas, das gewisse übersinnliche Eigenschaften besitze (Kapitel IV). MOOREs Rede vom naturalistischen
Fehlschluss ist also irreführend, weil sie sich nicht nur auf naturalistische, sondern auch auf metaphysische Definitionen des Begriffes des Guten bezieht. Genauer müsste MOORE vom naturalistischen und vom <u>metaphysi(zisti)schen Fehl-
schluss</u> sprechen. Das Gemeinsame beider Fehlschlüsse liegt darin, dass ein
sittlich-normativer Begriff, der des an sich Guten, mit Hilfe deskriptiver Termini definiert wird. Insofern könnte man präziser von einem deskriptiven Fehlschluss sprechen, zu dem der naturalistische Fehlschluss nur eine Unterart
darstellt. Da sich aber der Begriff des naturalistischen Fehlschlusses seit
MOORE eingebürgert hat, bleibe ich bei dieser Bezeichnung als gemeinsamem

Oberbegriff für beide Unterarten des Fehlschlusses.

Das Argument des naturalistischen Fehlschlusses richtet sich nicht gegen ir-
gendwelche Versuche, Sollenssätze aus Seinssätzen abzuleiten. Das Argument
richtet sich auf die Fundamentalebene der sittlichen Normativität, nämlich darauf, den Elementarbegriff sittlicher Sollenssätze, den Begriff des sittlich Guten
(verstanden als den des an sich Guten), in deskriptiven Begriffen zu definieren.
Da es dem Naturrechtsdenken auch um die Bestimmung elementarer Begriffe
und Prinzipien geht: um die Bestimmung des an sich guten Rechts bzw. der politisch-sozialen Gerechtigkeit, ist es in argumentationstheoretischer Hinsicht
genau die Theorie des naturalistischen Fehlschlusses, mit dem sich das Naturrechtsdenken in erster Linie auseinandersetzen muss.

MOORE begründet die These vom naturalistischen Fehlschluss mit der keineswegs unbestrittenen Behauptung, das Prädikat 'an sich gut' sei ein einfaches
und daher undefinierbares Prädikat. Diese Behauptung wird ihrerseits mit dem
Argument der offenen Frage (open-question argument) begründet: Wenn man das
an sich Gute mit dem Nützlichen (Lustvollen ...) gleichsetze, könne man immer
noch die Frage aufwerfen: "Ist das Nützliche (Lustvolle ...) unter allen Umständen an sich gut?" Bei dieser Frage handele es sich keineswegs um eine sinnlose Frage vom Typ: "Ist das Nützliche auch unter allen Umständen nützlich?"
Wenn aber die naturalistische oder auch die metaphysische Definition vom an
sich Guten zutreffe, dann müsse die Frage, ob das Nützliche unter allen Umständen an sich gut sei, überflüssig und sinnlos sein. Weil aber die Sinnlosigkeit
nicht zutrifft, lasse sich e contrario sagen, dass die naturalistische bzw. metaphysische Definition vom an sich Guten unzutreffend sei. Anders formuliert:
Da es nicht semantisch widersprüchlich sei, etwas als nützlich (lustvoll ...) zu
bezeichnen, gleichwohl aber sein Gutsein in Frage zu stellen, könne 'nützlich'
... mit 'an sich gut' nicht semantisch identisch sein.

3. Kritikversuche gegenüber der Sein-Sollen-Metabasis und dem naturalisti-
schen Fehlschluss

3.1. Weder MOOREs Kritik am metaethischen Naturalismus und einer mety-
physischen Ethik noch die Sache selbst, das Verdikt gegen eine naturalistische
oder metaphysische Definition der fundamentalen ethischen und damit auch naturrechtlichen Begriffe ist auf uneingeschränkte Zustimmung gestossen. Selbst
gegen HUMEs These, Sollenssätze liessen sich nicht allein aus Seinssätzen ableiten, hat man Kritik erhoben. Im folgenden können nur einige der wichtigsten
Gegenargumente genannt und kritisch diskutiert werden:

Vor allem FRANKENA hat MOOREs Theorie des naturalistischen Fehlschlusses einer scharfsinnigen Kritik unterzogen (9). FRANKENAs berühmt gewordene Analyse aus dem Jahre 1939 läuft auf die These hinaus, dass MOORE weit
über das Ziel hinausgeschossen sei. Gegen MOOREs Argumente der offenen
Frage macht FRANKENA auf das Phänomen der versteckten Synonymität, nämlich darauf aufmerksam, dass die Synonymität zweier Ausdrücke A und B nicht

immer so offensichtlich sein müsse, dass die Frage: "Dieses ist A; ist es auch B?" unsinnig werde. Ferner weist FRANKENA darauf hin, dass MOOREs Annahme, 'an sich gut' sei undefinierbar, nur an einigen Beispielen, nicht aber prinzipiell begründet sei; denn MOORE habe seine These nicht aus spezifischen Merkmalen der (sittlich-)normativen Sprache hergeleitet.

Mit diesen beiden Kritikpunkten will FRANKENA nicht die ganze Theorie des naturalistischen Fehlschlusses erledigen, wohl aber MOOREs tatsächlich vorgebrachte Argumente entkräften. Nun kann man die Theorie des naturalistischen Fehlschlusses so umformulieren, dass sie rehabilitiert wird. Ansätze zu dieser Umformulierung stammen von FRANKENA selbst:

In einem ersten Argument kann man sich darauf berufen, dass der Naturalismus dem tatsächlichen Sprachgebrauch von 'an sich gut' widerspricht. Worauf in der zeitgenössischen Diskussion vor allem HARE (10) aufmerksam gemacht hat: Für die Sprache der Moral ist unter anderem ein Moment des Präskriptiven: des Bewertens und Empfehlens, charakteristisch; Bewerten und Empfehlen stellen aber eine vom Beschreiben und Erklären verschiedene Sprachfunktion dar. Wer bloss eine Tatsachenbehauptung (Deskription) aufstellt, verbindet damit nicht schon eine Bewertung und Empfehlung der behaupteten Tatsache. Genau dieses andere Moment, das der Bewertung und Empfehlung, steckt aber in jeder Präskription. Da die Sprache der Moral in den Bereich der Präskriptionen gehört, kann sie nicht eine Unterklasse von Deskriptionen über die sinnliche oder übersinnliche Welt sein.

Weiterhin gilt, dass sich hinter der Definition das Problem des Prinzips und Kriteriums für das an sich oder sittlich Gute verbirgt. Wer sich zur Stützung des Prinzips und Kriteriums für das sittlich Gute lediglich auf eine Definition beruft, verschiebt nur das Rechtfertigungsproblem. Denn an die Definition können wir selbst dann, wenn sie den herrschenden Sprachgebrauch trifft, immer noch die Frage stellen, wie sie sich rechtfertigen lasse bzw. warum wir gerade diesen Sprachgebrauch in bezug auf Sittlichkeit akzeptieren sollten (11). Diese Rechtfertigungsfrage lässt sich aber nicht mehr durch eine blosse Definition oder Analyse des tatsächlichen Sprachgebrauchs zureichend beantworten. Es bedarf vielmehr einer Analyse des moralischen Standpunktes (moral point of view) oder einer anderen genuin ethischen Argumentation und Legitimation. Insofern der Bereich der Moral ohne eine Analyse des moralischen Standpunktes nicht zureichend untersucht werden kann, der moralische Standpunkt aber ein vom Bereich des Deskriptiven verschiedener Gegenstand sui generis ist, muss die philosophische Ethik in ihrem grundlegenden Teil eine vom Bereich der theoretischen Philosophie und der empirischen Wissenschaften verschiedene autonome Disziplin sein (methodologische Autonomie der philosophischen Ethik).

Folglich müssen wir die Vorstellung aufgeben, unsere grundlegenden Prinzipien des sittlich Guten liessen sich allein aus deskriptiv wahren Sätzen über den Menschen, die Welt sowie aus deskriptiven Sätzen über unseren Sprachgebrauch in bezug auf den Menschen und die Welt logisch ableiten.

Das Argument des naturalistischen Fehlschlusses hat MOORE vor allem in bezug auf die normative Ethik im engeren Sinn, nämlich in bezug auf die Moralphilosophie als Philosophie subjektiver, nicht auch objektiver Sittlichkeit, formuliert. Sinngemäss ist es aber auch auf den Bereich übertragbar, in den das
Naturrechtsdenken gehört, auf den Bereich der normativen Rechts- und Staatsphilosophie als der Theorie objektiver Sittlichkeit: Insofern zu Aussagen über
das sittlich richtige oder gerechte Recht ein Moment des Präskriptiven gehört,
dieses Moment aber eine von der deskriptiven Sprache verschiedene Sprachfunktion ausübt, lassen sich unsere grundlegenden Prinzipien der politischen
Gerechtigkeit nicht allein aus wahren Sätzen über den Menschen, die Welt und
den entsprechenden Sprachgebrauch logisch ableiten. Weiterhin gilt auch in bezug auf das Naturrechtsdenken, dass die Legitimationsfrage nicht durch Definitionen allein zureichend gelöst werden kann. So enthält auch die Sprache des
sittlich richtigen Rechts, die Sprache der politisch-sozialen Gerechtigkeit, ein
Moment sui generis. Dann aber muss auch die philosophische Theorie der Gerechtigkeit ein Stück autonomer normativer Philosophie enthalten. Allein auf
der Basis von deskriptiven: anthropologischen oder seinsmetaphysischen. Aussagen über den Menschen und die Welt sowie auf der Grundlage des entsprechenden Sprachgebrauchs ist das Naturrechtsdenken nicht möglich.

3.2. Andere Autoren haben den angeblichen Sein-Sollen-Fehlschluss durch Ge-
genbeispiele zu widerlegen versucht. Der einfachste Versuch zu zeigen, dass
es logisch korrekt sein könne, Sollenssätze aus blossen Seinssätzen abzuleiten,
arbeitet mit Hilfe einer Definition. Als Beispiel dafür, wie man aus einer offensichtlich deskriptiven Prämisse einen normativen Satz ableiten könne,
führt HOERSTER (12) an:

(1) "Handlung x ist unsere Pflicht" bedeutet nichts anderes als

     "Handlung x ist uns von Gott befohlen".

Aus (1) folge:

(1a) "Handlung x ist uns von Gott befohlen" bedeutet unter anderem

     "Handlung x ist unsere Pflicht".

Aus (1a) folge:

(1b) Alle Handlungen, die uns von Gott befohlen sind, sind unsere Pflicht.

Zusammen mit der weiteren Prämisse:

(2) Handlung a ist uns von Gott befohlen,

folge aus (1b) die Konklusion:

(3) Handlung a ist unsere Pflicht.

Gegen diese Ableitung spricht nicht bloss das im Anschluss an MOORE refor-
mulierte Argument des naturalistischen Fehlschlusses, nach dem die erste
Prämisse unzulässig ist - vorausgesetzt, dass in (1) eine sittliche Pflicht gemeint und 'sittlich Pflicht' gleichbedeutend mit 'an sich gut' ist. Gegen die

Ableitung spricht auch die logisch nicht korrekte Eliminierung von "bedeutet" in (1). Ferner ist noch die Bedeutung von "bedeuten" zu präzisieren. Die Prämisse (1) erhebt <u>entweder</u> den Anspruch, den herrschenden Sprachgebrauch wiederzugeben, so dass die Prämisse (1) genauer heisst:

(1') "Handlung x ist unsere Pflicht" bedeutet im herrschenden Sprachgebrauch nichts anderes als "Handlung x ist uns von Gott befohlen".

<u>Oder</u> aber die Definition (1) will eine vom herrschenden Sprachgebrauch abweichende Bedeutung empfehlen. Dann hat die Prämisse (1) normative Bedeutung und das Problem der Ableitung eines Sollens aus einem Sein stellt sich gar nicht. So bleibt nur die erste Möglichkeit, nach der die Prämisse (1) den herrschenden Sprachgebrauch wiedergeben soll, was im Satz (1') formuliert ist. Aus (1') folgt aber nicht (1a), sondern:

(1a') "Handlung x ist uns von Gott befohlen" bedeutet im herrschenden Sprachgebrauch unter anderem "Handlung x ist unsere Pflicht".

Aus diesem Satz lässt sich nicht (1b) ableiten, denn in (1b) wird "... im herrschenden Sprachgebrauch ..." unterschlagen. Wohl aber lässt sich ableiten:

(1b') Jede Handlung, die uns von Gott befohlen ist, bedeutet im herrschenden Sprachgebrauch, dass sie unsere Pflicht ist.

Aus (1b') folgt zusammen mit (2):

(3') Handlung a ist nach dem herrschenden Sprachgebrauch unsere Pflicht.

Die Konklusion (3') ist aber ebenso wie die Prämisse (1) ein deskriptiver Satz, so dass auch hier das Problem der Ableitung eines Sollens aus einem Sein entfällt.

3.3. Ein weiterer Versuch, das HUME-MOORE sche Verdikt gegen Sein-Sollens-Ableitungen aus den Angeln zu heben, stammt von BLACK. Nach BLACK (13) ist es möglich aus:

(1) A will das Ziel x erreichen.

und

(2) y ist das einzige Mittel zur Erreichung des Zieles x.

den normativen Satz abzuleiten:

(3) A sollte y ausführen.

Gegen diesen Versuch lässt sich entweder einwenden, dass die Konklusion (3) nur aufgrund einer verschwiegenen normativen Prämisse schlüssig ist, nämlich aufgrund von:

(0) A sollte die zur Erreichung der gewollten Ziele notwendigen Mittel

auch ergreifen.

Oder man könnte sagen, dass jeder, der ein Ziel x erreichen will, auch die zur Erreichung des Zieles notwendigen Mittel ergreifen will. Dann aber lautet die Konklusion genaugenommen:

(3') A will y ausführen.

In beiden Fällen entfällt das Problem der Ableitung eines Sollens aus einem Sein.

3.4. Einflussreicher als BLACKs Beitrag ist SEARLEs Behauptung geworden, ein Gegenbeispiel gegen die These der Nichtableitbarkeit gefunden zu haben. Am Beispiel eines tatsächlich abgegebenen Versprechens glaubt SEARLE (14) zeigen zu können, wie aus der performativ-deskriptiven Aussage "A gibt das Versprechen x ab" die normative Aussage folgt: "A soll x tun". Die sprach-philosophische Bedeutung seines Beispiels sieht SEARLE in der Unterscheidung zweier Arten von deskriptiven Sätzen, von Sätzen über nackte Tatsachen ("ich beabsichtige, x zu tun") und von Urteilen über institutionelle Tatsachen ("ich verspreche, x zu tun"). Institutionelle Tatsachen bezeichneten konstitutive Regeln, durch die bestimmte Formen menschlichen Handelns nicht bloss geregelt, sondern auch geschaffen würden.

So plausibel SEARLEs Gegenbeispiel zunächst erscheint, man kann doch ihm gegenüber auf eine verschwiegene normative Prämisse aufmerksam machen. Man kann nämlich die Frage aufwerfen, warum man nicht ein Versprechen abgeben könne, ohne sich als daran gebunden zu betrachten. So könnte man zum Beispiel deshalb glauben, an das Versprechen nicht gebunden zu sein, weil man die mit der Institution "Versprechen" verbundenen Vorteile geniessen will, ohne auch die "Kosten" dafür zu zahlen, nämlich das Versprechen auch einzuhalten. Gegenüber der Möglichkeit einer solchen "Trittbrettfahrer"-Einstellung muss man die bisher noch verschwiegene normative Prämisse aussprechen, nämlich dass man Versprechen halten soll. Diese Verpflichtung mag damit begründet werden, dass es sittlich verwerflich sei, das Funktionieren der Institution Verspre-chen auf Kosten der anderen Teilnehmer an der Institution parasitär auszunut-zen, oder damit, dass derjenige, der ein Versprechen abgibt, ohne es halten zu wollen, lügt, dass Lügen aber sittlich verwerflich ist. Auch mag man noch an-dere Gründe angeben oder behaupten, dass die von SEARLE so genannten insti-tutionellen Tatsachen keine blossen Tatsachen seien, sondern von vornherein ein präskriptives Element enthielten. In jedem Fall lässt sich nicht schon aus der blossen Deskription einer Institution eine normative Verbindlichkeit ablei-ten (15). Die Ableitung wird erst unter Voraussetzung eines weiteren Elements, nämlich eines präskriptiven Elements, möglich.

Auch die nähere Analyse anderer Einwände gegen den Sein-Sollen-Fehlschluss
bestätigt nur die These, dass sich Sollenssätze aus Seinssätzen allein nicht ableiten lassen. Für ein Naturrechtsdenken, das dem zeitgenössischen metaethischen Methodenbewusstsein gerecht werden will, folgt daraus die Aufgabe, zwischen Seinssätzen und Sollenssätzen zu unterscheiden, die Unterscheidung zu-
verlässig zu ziehen und sich bei der Begründung von Gerechtigkeitsprinzipien
auf eine genuin sittliche Komponente und eine autonome ethische Argumentation
zu stützen. Das bedeutet allerdings nicht, dass es unter der Perspektive des
naturalistischen Fehlschlusses notwendig sei, dass sich das Naturrechtsdenken
insgesamt und vollständig von deskriptiven: von empirischen oder seinsmetaphysischen, Aussagen über den Menschen und die Welt unabhängig machen müsse. Vom Argument der Sein-Sollen-Metabasis und des naturalistischen Fehlschlusses her ist es nur erforderlich, dass das Naturrechtsdenken auf solchen
Aussagen nicht allein basiert.

III. Grundstruktur eines Naturrechts ohne naturalistischen Fehlschluss

1. Die Vermittlung eines normativen und eines deskriptiven Elements

Prinzipien der politisch-sozialen Gerechtigkeit lassen sich nicht aus theoretischen Sätzen allein ableiten. Zu einem methodisch einwandfreien Naturrechtsdenken gehört eine autonome ethische Argumentation, in der die Idee des sittlich Guten bzw. der moralische Standpunkt (moral point of view) aufgegriffen,
geklärt und soweit möglich in ein höchstes Prinzip und Kriterium der Sittlichkeit präzisiert wird.

Das Resultat dieser autonomen ethischen Ueberlegung ist noch in einem bestimmten Sinn abstrakt. Durch das gesuchte Prinzip und Kriterium des sittlich
Guten wird zwar der Standpunkt der Moral überhaupt geklärt. Es wird aber
noch nicht die spezifische Bedeutung des moralischen Standpunktes angesichts
objektiver Sittlichkeit im Unterschied zur subjektiven Sittlichkeit bestimmt.
So stützt sich das Naturrechtsdenken auf eine allgemeine ethische Argumentation, die für den gesamten Bereich einer normativen praktischen Philosophie
gültig ist: ebenso für die Moralphilosophie im engeren Sinn wie für die normative Rechts- und Staatsphilosophie. Es fehlt noch das Besondere des Naturrechtsdenkens: die Begründung eines Prinzips der politisch-sozialen Gerechtigkeit als Kriterium der Sittlichkeit für institutionelle Beziehungen zwischen
den Menschen (objektive Sittlichkeit) im Unterschied zur Moralität als der Sittlichkeit einer Person (subjektive Sittlichkeit); es fehlt die Spezifizierung der
allgemeinen Idee der Sittlichkeit für den Bereich des Rechts.

Um das spezifische Prinzip der objektiven Sittlichkeit herauszuarbeiten, bedarf es weiterer Argumentationsstücke. Zunächst geht es darum, den Gegen-
standsbereich des Rechts näher zu bestimmen und zu klären, auf welche Sache
das Sittlichkeitsprinzip anzuwenden ist. Zu beantworten ist also die Frage, für
welchen Lebensbereich es überhaupt Rechts- und Gerechtigkeitsprinzipien

braucht ("circumstances of justice"). Dann kommt es darauf an, das allgemeine Sittlichkeitsprinzip auf diesen besonderen Lebensbereich "anzuwenden". Erst damit lässt sich - wenn überhaupt - das Interesse des Naturrechtsdenkens erfüllen, ein Prinzip des sittlich richtigen Rechts, ein Kriterium der politischen Gerechtigkeit, zu begründen.

So ist ein Naturrechtsdenken ohne naturalistischen Fehlschluss seiner Argumentationsstruktur nach mindestens dreiteilig. In einem ersten Schritt ist das genuin sittliche Element zu begründen, ein Prinzip und Kriterium des sittlich Guten überhaupt. Durch diesen Schritt wird der naturalistische Fehlschluss ausdrücklich zurückgewiesen: Der Ursprung und letzte Grund der sittlichen Verbindlichkeit von Naturrechtssätzen liegt nicht in theoretischen Aussagen, in empirischen oder metaphysischen Behauptungen über den Menschen und die Welt. Er liegt vielmehr im sittlich Guten, im Standpunkt der Moral.

Der Standpunkt der Moral allein begründet jedoch keine Verbindlichkeiten für die Rechtsordnung. Deshalb braucht das Naturrechtsdenken als zweites Element Ueberlegungen zu den "circumstances of justice", zu den Bedingungen also, unter denen sich überhaupt Rechtsprobleme stellen und die Idee der sittlichen Verbindlichkeit ihr Anwendung als politische Gerechtigkeit findet. Diese Ueberlegungen gehen von der Natur des Menschen oder allgemeiner: von der Natur endlicher Vernunftwesen aus; sie sind also nicht normativer, sondern in einem weiteren Sinne theoretischer oder deskriptiver Natur.

Durch die methodisch eigenständige Begründung des sittlich Guten wird das Naturrechtsdenken zugleich frei, in dem zweiten, dem deskriptiven Schritt empirische Daten in der ganzen Fülle humanwissenschaftlicher Forschung (etwa von Biologie, Ethnologie, Psychologie, Soziologie, Oekonomie und Geschichtswissenschaft) zu berücksichtigen. Genauer: Das Naturrechtsdenken wird für die Berücksichtigung empirischer Tatsachen nicht bloss frei. Es fordert sie direkt heraus. Denn erst aus der Verbindung des normativen Elements mit dem deskriptiven Element, den Anwendungsbedingungen, lassen sich Naturrechtssätze, spezifische Prinzipien der Gerechtigkeit, begründen. Diese Verbindung, die Vermittlung des Prinzips der Sittlichkeit mit den Anwendungsbedingungen des Rechts, stellt den dritten Schritt eines Naturrechtsdenkens ohne naturalistischen Fehlschluss dar.

Das entscheidende Element im Programm eines Naturrechtsdenkens ohne naturalistischen Fehlschluss liegt in der methodischen Unterscheidung eines sittlichen (normativen) von einem nichtnormativen Element sowie in der Einsicht, dass sich nur aus der Vermittlung beider Elemente Prinzipien politischer Gerechtigkeit gewinnen lassen. Ein Naturrechtsdenken ohne naturalistischen Fehlschluss entspricht in seiner Grundstruktur einem praktischen Syllogismus: Aus einer normativen Prämisse, dem Prinzip der Sittlichkeit, und einer deskriptiven Prämisse, den Anwendungsbedingungen von Gerechtigkeit, wird die normative Konklusion gezogen, das Prinzip der Gerechtigkeit. Da es hier vornehmlich um die grundlegende Argumentationsstruktur eines Naturrechtsdenkens ohne naturalistischen Fehlschluss geht, können die einzelnen Elemente für sich nur thetisch und ganz grob skizziert werden (einige nähere Ausführungen in Verf. 1979, Kap. 3-6 und 15 sowie Verf. 1979 a, b, c, d und Verf. 1984).

2. Das Prinzip der Sittlichkeit (der Standpunkt der Moral)

Um die angemessene Klärung des Prinzips und Kriteriums der Sittlichkeit streiten sich die verschiedenen philosophischen Richtungen. In der neuzeitlichen und zeitgenössischen Philosophie werden vor allem drei Kriterien vertreten:

(1) der etwa von HOBBES mitvertretene, bei ihm aber nicht allein entscheidende individualpragmatische Massstab des Selbstinteresses oder des eigenen Wohlergehens;

(2) das sozialpragmatische oder utilitaristische Kriterium des Wohlergehens aller Betroffenen; eine Variante dazu ist die normative Grundprämisse des Naturrechtsdenkens von HART, der im Anschluss an HOBBES und HUME vom Generalinteresse des Menschen am gemeinsamen (kollektiven) Ueberleben ausgeht (HART, 182 ff.);

(3) das etwa von KANT begründete, neuerdings in der englischsprachigen Moralphilosophie, in RAWLS' Gerechtigkeitstheorie und in der Diskurstheorie von APEL und HABERMAS aufgegriffene Kriterium der strikten Universalisierbarkeit der Handlungsprinzipien.

Um die Frage nach dem richtigen Kriterium zu lösen, muss man sich in diese Kontroverse zwischen den verschiedenen Ansätzen einlassen. Dazu nur wenige Hinweise: Das sittlich Gute bzw. der Standpunkt der Moral bezeichnet den schlechthin höchsten Anspruch, den wir an menschliche Praxis stellen können. Insofern verstehen wir unter Sittlichkeit die Idee eines schlechthin oder ohne Einschränkung Guten, die Idee von etwas, das nicht erst zu oder für etwas anderes, das vielmehr an und für sich selbst gut, das daher unbedingt verbindlich ist. Uneingeschränkt oder unbedingt verbindlich ist aber eine Praxis, die weder bloss für diesen oder jenen Menschen oder Menschentyp, noch bloss für diesen oder jenen Umstand oder Lebensbereich richtig, kurz: die in keiner Weise partikular, die vielmehr universal gültig ist. Positiv formuliert: Die strikte Universalisierbarkeit einer Praxis ist zugleich ein Merkmal ihrer sittlichen Verbindlichkeit. Insofern lässt sich die oben angedeutete Konkurrenz zugunsten KANTs entscheiden. Das höchste Kriterium des sittlich Guten liegt nicht im individuellen oder kollektiven Wohlergehen, sondern in der strikten Universalisierbarkeit der Handlungsprinzipien. Das schliesst allerdings nicht aus, dass sich mit Hilfe des Prinzips der Universalisierbarkeit die utilitaristische Maxime oder das Kriterium der Selbsterhaltung als eine nähere Formulierung sittlicher Verbindlichkeit für einen gewissen Lebensbereich legitimieren oder aber disqualifizieren lassen. Jedenfalls sind es nicht das individuelle oder kollektive Wohlergehen, die das schlechthin letzte Merkmal und Kriterium der Sittlichkeit abgeben.

Aufgrund dieser Ueberlegung ist auch der HARTsche Naturrechtsansatz zu

kritisieren. Selbst wenn es unter den gegenwärtigen Bedingungen pluralisti-
scher Gesellschaften als sinnvoll erscheint, nach einem Minimalkonsens zu
suchen und mindestens ein wesentliches Element dieses Minimalkonsenses im
Generalinteresse der Menschheit am Ueberleben liegt, so fehlt doch – unter
philosophischer Perspektive betrachtet – bei HART eine wirkliche Begründung
– und auch Relativierung seiner entscheidenden normativen Basis. Methodisch
gesehen enthält HARTs Naturrechtsansatz einen dogmatischen Rest, ein Vorwurf, der auch gegenüber HOBBES und dem Utilitarismus zu machen ist.

3. Die Anwendungsbedingungen der Gerechtigkeit

Die Sache des Rechts und zugleich das Problem der Gerechtigkeit (die "circumstances of justice") entstehen aus dem Zusammenspiel von drei Momenten,
die mit der Natur des Menschen verbunden sind. Recht und Gerechtigkeit
braucht es erstens, weil und insoweit die Menschen denselben Lebensraum mit
ihresgleichen teilen und es deshalb nicht verhindern können, mindestens gelegentlich in wechselseitigen Einfluss miteinander zu geraten. Recht und Gerechtigkeit betreffen die Personen nicht je für sich, sondern in ihrer wechselseitigen Beeinflussung, in ihrem Miteinanderleben.

Recht und Gerechtigkeit braucht es zweitens, weil die Menschen in dem Sinn
frei sind, dass sie sich selbst Zwecke für ihr Tun und Lassen setzen und geeignete Mittel und Wege ihrer Realisierung bestimmen können, ohne von vornherein ausschliesslich vernünftige Zwecke zu setzen; die Menschen sind – in der
Sprache der Tradition – bedürftige Freiheitswesen (Vernunftwesen) bzw. freie
(vernünftige) Bedürfniswesen.

Drittens braucht es Recht und Gerechtigkeit, weil das Miteinanderleben der
Menschen als endlicher Freiheitswesen tendenziell bedroht ist. Denn endliche
Freiheitswesen befinden sich beim Setzen und Verfolgen ihrer Zwecke weder
– wie reine Vernunftwesen – notwendig in Harmonie mit ihresgleichen, noch
sind ihre Beziehungen – wie bei reinen Naturwesen, etwa aufgrund angeborener
artspezifischer Verhaltensmuster (Instinkte) – von festen Naturgesetzmässig-
keiten bestimmt. Die Menschen leben daher nicht notwendig in friedlicher Koexistenz miteinander. Die gegenseitigen Beeinflussungen können vielmehr zu
wechselseitigen Bedrohungen der menschlichen Handlungsfreiheit führen, Bedrohungen, die sich eventuell bis zur gegenseitigen Vernichtung verschärfen.
Zwar ist diese Verschärfung keineswegs notwendig; doch ist sie möglich und
viel zu häufig auch wirklich. Da das Miteinanderleben nicht naturgesetzlich
durchdeterminiert noch notwendig durch reine Vernunft bestimmt ist, kann es
so, aber auch anders gestaltet werden. Es ist die Aufgabe des Rechts, die
Grundstruktur des Zusammenlebens zu bestimmen, und die Aufgabe der Gerechtigkeit, die Grundstruktur so zu bestimmen, dass sie dem Prinzip und Kriterium der Sittlichkeit genügt.

4. Ein Gerechtigkeitsprinzip

Die Vermittlung des Prinzips der Sittlichkeit mit den Anwendungsbedingungen
der Gerechtigkeit fordert, das Miteinanderleben nach Grundsätzen zu gestalten,
denen die Qualität des sittlich Guten gebührt. Nun hatte sich als Merkmal des
Sittlichen die Universalisierbarkeit der Handlungsprinzipien ergeben. Durch
die Verbindung dieses normativen Merkmals der strikten Universalisierbarkeit
mit der Rechtsaufgabe, die Struktur des Zusammenlebens zu gestalten, ergibt
sich ein grundlegendes Rechtsprinzip.

Dem Anspruch des sittlich Guten auf strikte Universalisierbarkeit genügt eine
politische Grundordnung (Rechts- und Staatsordnung), die die gegenseitige ten-
denzielle Bedrohung menschlicher Handlungsfreiheit aufhebt, und zwar so aufhebt, dass die Handlungsfreiheit weder nur für bestimmte Personenkreise (die
Mächtigen) noch bloss vorübergehend, nämlich unter Voraussetzung einer
Gleichgewichtskonstellation der Macht aller Betroffenen, gesichert wird. Eine
strikt universale Aufhebung der wechselseitigen Freiheitsbedrohung geschieht
aber dort, wo die unbegrenzte Handlungsfreiheit eines jeden nach Massgabe
der Vereinbarkeit mit der Handlungsfreiheit eines jeden anderen gemäss allgemeiner und somit für alle Personen und Situationen streng gleicher Grundsätze
eingeschränkt und zugleich gesichert wird. Mit diesem Prinzip wechselseitiger
Einschränkung und Sicherung von Freiheit ist der sittliche Massstab jedes Zusammenlebens freier Bedürfniswesen benannt. Es ist das erste Naturrechts-
prinzip, das höchste normativ-kritische Prinzip zur Beurteilung der Gerechtigkeit, nicht der positiven Geltung des objektiven Rechts. Zugleich begründet dieser Massstab objektiven Rechts auch ein höchstes subjektives Recht, nämlich
den Anspruch jedes frei handelnden Wesens gegenüber jedem anderen, mit ihm
in einer Beziehung gemäss dem objektiven Rechtsprinzip zu leben.

IV. Ausblick: Naturrecht ohne ungeschichtliche Abstraktheit

Die Vermittlung des Prinzips der Sittlichkeit mit den Anwendungsbedingungen
von Recht und Gerechtigkeit ist eine zureichende Bedingung für ein Naturrechtsdenken, das sich nicht des naturalistischen Fehlschlusses schuldig machen will.
Das Naturrechtsdenken steht aber nicht nur unter der Aufgabe, den naturalistischen Fehlschluss zu vermeiden. Es kommt ihm auch darauf an, möglichst präzise und konkrete Kriterien für ein gerechtes Zusammenleben zu begründen.
Nun folgt aus den bisherigen Ueberlegungen erst ein allgemeines Gerechtigkeitsprinzip. So bleibt noch die Aufgabe, das allgemeine Gerechtigkeitsprinzip gemäss den verschiedenen Grundaspekten der politisch-sozialen Welt in besondere Bestimmungen aufzufächern. Eine solche Auffächerung führt etwa zur Legitimation von Menschenrechten als Grundrechten (von persönlichen Freiheitsrechten, politischen Mitwirkungsrechten, dann auch sozialen Grundrechten) bzw.
von fundamentalen Staatszielbestimmungen (so der Prinzipien der Rechts- und
Verfassungsstaatlichkeit, der Demokratie und der Sozialstaatlichkeit). Diese
Grundrechte oder fundamentalen Staatszielbestimmungen gebieten für sich ge-

nommen nur zum geringen Teil unmittelbar ein Tun oder Lassen. Weit mehr stellen sie normative Leitprinzipien (Normen zweiter Ordnung) dar, auf die das öffentliche Handeln verpflichtet ist, das heisst: nach deren Massgabe die politisch-sozialen Verhältnisse wahrgenommen, beurteilt und entworfen werden sollen, ohne dass schon genau gesagt ist, was daraus für die verschiedenen Bereiche öffentlichen Handelns genau folgt und wie das hier und jetzt Gerechte aussieht. Zur geschichtlichen Konkretion der Gerechtigkeit gehören noch weitere normative Kriterien sowie empirische Kenntnisse der Wirtschafts- und Sozialwelt. Daher kommt es darauf an, die naturrechtlich begründeten Prinzipien der politisch-sozialen Gerechtigkeit mit den Funktionsanforderungen hochkomplexer Industriegesellschaften und ihrer jeweiligen gesellschaftlich-geschichtlichen Situation methodisch zu vermitteln. In dieser Aufgabe, die ich andernorts als "Strategien politischer Gerechtigkeit" bezeichnet und exemplarisch zu lösen gesucht habe (16), vollendet sich das Naturrechtsdenken ohne naturalistischen Fehlschluss.

Fussnoten

1) Vgl. für viele: D'ENTREVES, KELSEN 1959, MESSNER, STRAUSS sowie den von MAIHOFER herausgegebenen Sammelband, dann auch ELLSCHEID und HOEFFE 1979b.

2) Vgl. KAUFMANN-HASSEMER.

3) Gegen diesen Vorwurf vgl. aus kantischer Perspektive HOEFFE 1979d. - Zur neueren Diskussion um das Naturrecht siehe auch den Sammelband von BOECKLE-BOECKENFOERDE.

4) Vgl. auch ROTH, p. 269: "Die Ueberzeugung, dass die Sein-Sollen-Metabasis zulässig sei, ist wesentlich für jede Form der Naturrechtslehre." - Naturrechtliche Zitate zur Sein-Sollen-Ableitung bei ACHERMANN, p. 14-22.

5) KELSEN, 1953, p. 37 f.; 1960, p. 404 ff.; eine frühere Kritik in KELSEN 1928.

6) Vgl. zum Beispiel die Diskussion zwischen MacINTYRE, ATKINSON, HUNTER, FLEW und HUDSON, wiederabgedruckt in: HUDSON, Teil 1; siehe auch BECK.

7) Für viele: LORENZEN, p. 5.

8) Eine knappe Skizze zu ARISTOTELES' Naturrechtsdenken in: HOEFFE 1979a, Abschnitt 1.2 und 3.1; dort auch weitere Literatur.

9) Zur MOORE-Kritik vgl. FRANKENA 1939 und 1973 sowie EDEL, PATON, STEVENSON und MOORE selbst (MOORE 1942), schliesslich auch GUPTA.

10) HARE 1964 und 1965, auch schon AUSTIN, lect. XII.

11) FRANKENA 1973, p. 100.

408

12) HOERSTER, p. 15.

13) HUDSON, p. 99-113.

14) SEARLE 1964 und 1970, chap. 8.

15) Zur Diskussion um SEARLE vgl. FLEW, HARE, McCLELLAN/KOMISAR, THOMSON und HUDSON in: HUDSON, Teil III; auch GENOVA, MORSCHER/ ZECHA und ROHATYN. Zur Sein-Sollen-Problematik siehe auch etwa CASTANEDA, DUNCAN, MONTAGUE, MORSCHER, NAKHNIKIAN, NIEL- SEN und SINGER.

16) Verf. 1979, Kap. 15; vgl. auch Verf. 1975.

Quellen

ACHERMANN, F.: Das Verhältnis von Sein und Sollen als ein Grundproblem des Rechts, Diss. Winterthur 1955

AUSTIN, J.L.: How to do Things with Words, Oxford 1962

BAUMRIN, B.H.: Is There a Naturalistic Fallacy?, in: The American Philosophical Quarter- ly 5 (1968), 79-89

BECK, L.W.: 'Was-Must Be' and 'Is-Ought' in Hume, in: Philosophical Studies 26 (1974), 219-228

BOECKLE, F./ BOECKENFOERDE, E.-W. (Hg.): Naturrecht in der Kritik, Mainz 1973

CASTANEDA, H.-N.: On the Conceptual Autonomy of Morality, in: Noùs VII (1973), 67-77

DUNCAN, E.H.: Has Anyone Committed The Natural- istic Fallacy?, in: Southern Journal of Philosophy 8 (1970), 49-55

EDEL, A.: The Logical Structure of G.E. Moore's Ethical Theory, in: SCHILPP, P.A. (ed.): The Philosophy of G.E. Moore, Evanston/Chicago 1942, p. 135-176

ELLSCHEID, G.: Das Naturrechtsproblem in der neue- ren Philosophie, in: KAUFMANN, A./ HASSEMER, W. (Hg.): Einführung in die Rechtsphilosophie und Rechtstheo- rie der Gegenwart, Heidelberg-Karls- ruhe 1977, p. 23-71

D'ENTREVES, A.P.: Natural Law, London ²1970

FRANKENA, W.K.: The Naturalistic Fallacy, in: Mind 48 (1939), 464-477 (dt.: Der naturalistische Fehlschluss, in: Seminar: Sprache und Ethik, Frankfurt a.M. 1974, p. 83-99)

FRANKENA, W.K.: Ethics, Englewood Cliffs, N.J. ²1973 (dt.: Analytische Ethik, München ²1975)

GENOVA, A.C.: Searle's Use of 'Ought', in: Philosophical Studies 24 (1973), 183-191

GUPTA, R.K.: Does Kant Commit the Naturalistic Fallacy?, in: Akten des 4. Internationalen Kant-Kongress Mainz ... 1974, II, 1., Berlin/New York 1974, p. 101-108

HARDIE, W.F.R.: Naturalistic Ethics, in: Proceedings of the British Academy 33 (1947), 29-59

HARE, R.M.: The Language of Morals, Oxford ³1964 (dt.: Die Sprache der Moral, Frankfurt a.M. 1972)

HARE, R.M.: Freedom and Reason, Oxford ²1965 (dt.: Freiheit und Vernunft, Düsseldorf 1973)

HART, H.L.A.: The Concept Of Law, New York/London 1961 (dt.: Der Begriff des Rechts, Frankfurt a.M. 1973)

HOEFFE, O.: Strategien der Humanität. Zur Ethik öffentlicher Entscheidungsprozesse, Freiburg/München 1975

HOEFFE, O.: Ethik und Politik. Grundmodelle und -probleme der praktischen Philosophie, Frankfurt a.M. 1979

HOEFFE, O.: Politische Gerechtigkeit - Grundzüge einer naturrechtlichen Theorie, in: Studia Philosophica 38 (1979a), 107-134

HOEFFE, O.: Menschenrechte als Legitimation und Massstab demokratischer Politik, in: Freiburger Zeitschrift für Philosophie und Theologie 26 (1979b), 3-24

HOEFFE, O.: Recht und Moral: ein kantischer Problemaufriss, in: Neue Hefte für Philosophie, Göttingen 1979c, 1-36

410

HOEFFE, O.: Transzendentale Ethik und transzendentale Politik: ein philosophisches Programm, in: BAUMGARTNER, H.M. (Hg.): Prinzip Freiheit, Freiburg/München 1979d, 141-171

HOEFFE, O.: Freiheit und politische Gerechtigkeit, Frankfurt a.M. 1984

HOERSTER, N.: Zum Problem der Ableitung eines Sollen aus einem Sein in der analytischen Moralphilosophie, in: Archiv für Rechts- und Sozialphilosophie 55 (1969), 11-37

HUDSON, W.D. (ed.): The Is-Ought Question, London 1969

HUME, D.: A Treatise of Human Nature (= The Philosophical Works, vol. 1+2), Reprint ... London 1886, Aalen 1964 (dt.: Ein Traktat über die menschliche Natur, Hamburg 1973)

KAUFMANN, A./ HASSEMER, W. (Hg.): Einführung in die Rechtsphilosophie und Rechtstheorie der Gegenwart, Heidelberg/Karlsruhe 1977

KELSEN, H.: Die philosophischen Grundlagen der Naturrechtslehre und des Rechtspositivismus, Berlin 1928

KELSEN, H. Was ist Gerechtigkeit?, Wien 1953

KELSEN, H. (et autres): Le droit naturel, Paris 1959

KELSEN, H.: Das Problem der Gerechtigkeit, in: KELSEN, H.: Reine Rechtslehre, Wien [2]1960, p. 355-444

KERNER, G.C.: The Revolution in Ethical Theory, Oxford 1966

LORENZEN, P.: Formale Logik, Berlin [3]1967

MAIHOFER, W. (Hg.): Naturrecht oder Rechtspositivismus?, Darmstadt 1972

MESSNER, J.: Das Naturrecht. Handbuch der Gesellschaftsethik, Staatsethik und Wirtschaftsethik, Innsbruck/Wien/München [3]1958

MONTAGUE, R.: 'Is' to 'Ought', in: Analysis 26 (1965-1966), 104-110

MOORE, G.E.:
A Reply to my Critics, in: SCHILPP, P.A. (ed.): The Philosophy of G.E. Moore, Evanston/Chicago 1942, p. 533-677

MOORE, G.E.:
Principia Ethica, Cambridge 1968 (dt.: Stuttgart 1970)

MORSCHER, E.:
From 'Is' to 'Ought' via 'Knowing', in: Ethics 83 (1972), 84-86

MORSCHER, E./ ZECHA, G.:
Searle's Invitation Accepted, in: The Personalist 55 (1974), 224-243

NAKHNIKIAN, G.:
On the Naturalistic Fallacy, in: CASTANEDA, H.-N./NAKHNIKIAN, G. (eds.): Morality And The Language Of Conduct, Detroit 1965, p. 145-158

NIELSEN, K.:
Ethical Naturalism Once Again, in: The Australasian Journal of Psychology and Philosophy 40 (1962), 313-317

PATON, H.J.:
The Alleged Independence of Goodness, in: SCHILPP, P.A. (ed.): The Philosophy of G.E. Moore, Evanston/Chicago 1942, p. 111-134

RAWLS, J.:
A Theory of Justice, Cambridge, Mass. [6]1973 (dt.: Eine Theorie der Gerechtigkeit, Frankfurt a.M. 1975)

ROED, W.:
Rationalistisches Naturrecht und praktische Philosophie der Neuzeit, in: RIEDEL, M.: Rehabilitierung der praktischen Philosophie, Bd. I, Freiburg 1972, p. 269-295

ROHATYN, D.A.:
Searle's Derivation of 'Ought' from 'Is', in: Philosophical Studies/Ireland XXII, 1977, 121-138

SEARLE, J.R.:
How to derive 'Ought' from 'Is', in: The Philosophical Review 73 (1964), 43-58 (wiederabgedruckt in: HUDSON, p. 120-134)

SEARLE, J.R.:
Speech Acts. An Essay In The Philosophy Of Language, Cambridge [2]1970

SINGER, P.:
The Triviality of the Debate over 'Is-Ought' and the Definition of 'Moral', in: The American Philosophical Quarterly 10 (1973), 51-56

STEVENSON, Ch. L.:

Moore's Arguments against Certain Forms of Ethical Naturalism, in: SCHILPP, P.A. (ed.): The Philosophy of G.E. Moore, Evanston/Chicago 1942, p. 69-90

STRAUSS, L.:

Naturrecht und Geschichte, Frankfurt a.M. 1977

PETER PAUL MÜLLER-SCHMID

Transzendentalphilosophie, marxistische Rechtstheorie und
Naturrecht.
Grundsätzliche Bemerkungen aus der Sicht des Naturrechts.

1) Transzendentalphilosophische Rechtsbegründung und das Problem der
    Empirie

Die transzendentalphilosophische Rechtsauffassung ist trotz ihres "Formalismus" wie Naturrecht und marxistische Rechtstheorie eine am Wesen des Menschen orientierte "Begründungsphilosophie" des Rechts. Dies im Gegensatz
zum Rechtspositivismus, dessen Formalismus nichts anderes bedeutet als
Abstraktion von allen Wesensfragen. KANTs auf die Wesensbestimmung des
Menschen (im Sinne der moralischen Selbstbestimmung) bezogener Freiheitsbegriff bildet für ihn den Grund, Geschichte als Freiheitsgeschichte ge-
schichtsphilosophisch, also teleologisch zu begründen (1). Wenn KANT
auch schliesslich zu einer positivismusähnlichen "Formalisierung" der
Freiheit in der rechtlichen Normenordnung gelangt, so ist dies – anders
als im Positivismus – doch nur eine weitere Formalisierung einer in der
Wesensordnung gründenden "formalen" Freiheitsidee. Obwohl bei KANT
der Begriff "formal" zugleich einen Widerspruch gegen das an onto-
logischer Bestimmung des Wesens orientierte traditionelle Naturrecht bedeutet, so ist somit dennoch die zunächst einmal vorhandene Uebereinstimmung in der grundsätzlich wesensphilosophischen Orientierung nicht zu übersehen. KANT versteht als "formale" Freiheit im prinzipiellen Sinne ein nicht
empirischen Bedingungen, sondern der Wesensbestimmung im Sinne der moralischen Selbstbestimmung des Menschen entsprechendes Prinzip (2). Wie dem
Naturrecht und wie dem Marxismus geht es KANT mit seinem "formalen"
Freiheitsbegriff zunächst um die wahre Freiheit des Menschen (3). Freiheit im eigentlichen Sinne ist Vernunftbestimmung des Menschen (4). Die Einordnung in die moralische Vernunftbestimmung selbst, beziehungsweise die
Effektivität dieser Vernunftbestimmung, gilt, wie im Naturrecht und im
Marxismus, so auch bei KANT, nicht als Zwang, sondern als Freiheit (5).
Freiheit im prinzipiellen Sinne als Wesenselement der Geschichte meint
somit mehr als nur die empirische Kausalität menschlichen Handelns.
Denn Freiheit ist für KANT etwas anderes als Willkür, beziehungsweise die

Möglichkeit dazu. Sie ist eine teleologisch bestimmte, d. h. im Vernunftwesen des Menschen begründete Kausalität.

Nun kommt aber KANT trotz seinem an der Vernunft orientierten Freiheitsbegriff für die Uebersetzung desselben in die Rechtsordnung doch zu einer
dem Positivismus ähnlichen Formalisierung des Rechts im Sinne einer nur
das äussere Handeln normierenden Freiheitsordnung. Doch hat diese Formalisierung des Rechts bei KANT einzig den Sinn, die Bestimmung der
Freiheit von der Utilität der Gesellschaft her zu verhindern; denn eine
utilitaristisch bestimmte Freiheitsordnung widerspricht bei KANT dem
transzendentalphilosophischen Begriff der Freiheit (6). Nach KANT
kommt das Bemühen, die Gesellschaftsordnung utilitaristisch zu bestimmen, nichts anderem gleich, als den Egoismus der Menschen zur Norm
des Handelns zu setzen (7). Dass die Utilität der Gesellschaft selber
allerdings nicht als eine der intelligiblen Natur der Freiheit entsprechende
Norm interpretiert zu werden vermag, ist in KANTs Auffassung begründet, Utilität nicht in einer der Moral adäquaten Weise definieren zu können (8).
Den eigentlichen Grund der Formalisierung des Rechts als Freiheitsordnung
bei KANT bildet somit die Erkenntnistheorie, nämlich die bei KANT aus
der Ablehnung der Abstraktion hervorgehende absolute Verselbständigung
des phänomenalen und des intelligiblen Objektbereichs. Nach KANT gehört
der intelligible Objektbereich, in den er Freiheit als Vernunftbestimmung
einzig einzuordnen vermag, nicht zum Gegenstand der theoretischen, sondern einzig der praktischen Vernunft (9). KANT muss daher die Bestimmung der Freiheit von der Absolutheit der von aller - der theoretischen
Vernunft zugehörenden - Seinsorientierung freien praktischen Vernunft
d. h. von der formalen universalen Gesetzlichkeit der praktischen Vernunft,
her suchen. Es ist somit unmöglich, dass die Utilität der Gesellschaft als
Norm den einzelnen bestimme. Gemäss der KANT'schen Auffassung ist
es nicht Aufgabe des Staates, Rechtsnormen gegenüber dem einzelnen zu
postulieren, die dessen inneres Handeln bestimmen. Das Rechtsgesetz ist
vielmehr ein die Gesellschaft nach einem "allgemeinen Gesetz der Freiheit"
bestimmendes Ordnungsprinzip des äusseren Handelns.

KANTs an "formaler" Rechtsordnung um der Freiheit des Menschen willen
orientierter Staat der "bürgerlichen Verfassung" (10) bildet in gewisser
Hinsicht den Anfang der modernen Auffassung des Staates als "Rechtsstaat". Dies allerdings, wie gesagt, auf der Grundlage einer Rechtsbegründung, die mit der formalen Freiheitsauffassung des Rechtspositivismus, der den Rechtsstaatsgedanken - nicht selten unter Berufung auf KANT
- ebenso für sich in Anspruch nimmt, nichts zu tun hat. Rechtliche Freiheit ist bei KANT nämlich überhaupt nur denkbar auf der Grundlage der
Selbstbestimmung des Menschen (11). Rechtliche "Objektivität" ist hier
der "Subjektivität" des Menschen adäquat. Im prinzipiellen Bereich kann
der Gegensatz zwischen Positivismus und transzendentalphilosophischer
Rechtsbegründung nicht grösser sein. Hinsichtlich der Verwirklichung der
Rechtsidee freilich ergeben sich für die Transzendentalphilosophie Schwierigkeiten sachlogischer Natur, die sie entweder doch fast zu einem rechts-
positivistischen "Formalismus" oder aber entgegen dem transzendental-

philosophischen Ansatz zur Anerkennung materieller Kriterien einer Wesensphilosophie führt. Wer, wie KANT, rechtliche Freiheit grundsätzlich von der an Wesensbestimmung orientierten Freiheit der Menschen her zu bestimmen sucht, wird von der Sachlogik her gezwungen sein, in der Frage der Realisierung des Rechts sich an einer seinsorientierten Norm zu orientieren, um Recht als wahre, nämlich in Relation zur Wesensbestimmung des Menschen stehende Freiheitsordnung gegenüber einer nur fälschlicherweise freiheitlich genannten Ordnung abgrenzen zu können. Die Ontologie der menschlichen Wesensnatur selber muss bestimmend sein für die Normativität einer freiheitlichen Rechtsordnung. Von dieser Wirklichkeit her ist erst die Autonomie des Menschen, die KANTs erstes Interesse bildet, und in der Folge alles, was dieser entgegengesetzt ist, bestimmbar (12).

KANTs Philosophie befindet sich somit vor einem Sachverhalt, dem sie nicht gerecht zu werden vermag: in der Wirklichkeit sind der empirisch-kausale und der teleologische Aspekt der Freiheit sich zugeordnet, da sich das Teleologische immer im Empirischen, wenn auch nicht aus Gründen des Empirischen, verwirklicht. In seiner "Idee zu einer allgemeinen Geschichte in weltbürgerlicher Absicht" hat KANT im wesentlichen nichts anderes als diesen Sachverhalt reflektiert. KANTs "Idee zu einer allgemeinen Geschichte" ist nicht nur ein Beweis für die Notwendigkeit einer Philosophie der Geschichte (Geschichte verstanden als Geschichte der Freiheit) (13), d.h. einer - im Gegensatz etwa zur formalistischen Geschichtsauffassung des Rechtspositivismus - "teleologisch" orientierten Freiheitsphilosophie als Voraussetzung jeder Rede von Freiheit, sondern zugleich der Beweis dafür, dass Freiheit überhaupt nur aufgrund eines ontologisch orientierten Wesensbegriffs des Menschen erfassbar ist. Dieser aufgrund seiner "Idee zu einer allgemeinen Geschichte" implizit anerkannten Notwendigkeit, auf einen materiellen Wesensbegriff des Menschen zurückzugehen, vermag jedoch KANT mit seinem transzendentalphilosophischen Freiheitsbegriff nicht zu genügen. Die KANT'sche Transzendentalphilosophie wird der von KANT selber in seinen geschichtsphilosophischen Interpretationen konstatierten Ontologie der Wesensnatur des Menschen nicht gerecht, deren freie Entfaltungsmöglichkeit nach KANTs Meinung doch gerade die rechtlich verfasste Gesellschaft, von der her er die Geschichte beurteilt, auszeichnen sollte. Die Wirklichkeit des Wesens des Menschen ist in einem ethisch relevanten Sinne nur erfassbar, wenn man im Empirischen ein ontologisch bestimmtes Universale erkennt, welches die im Empirischen gegebenen Handlungen des Menschen im Sinne der Absolutheitsforderung der Ethik zu begründen vermag. Sowohl die Naturrechtsphilosophie als auch die marxistische Rechtstheorie gründen auf diesem notwendigen Aufweis eines im Empirischen sich realisierenden ontologisch bestimmten Universale.

2)   Die marxistische Rechtstheorie

Sowohl die marxistisch-staatssozialistische Rechtstheorie als auch die sich
im Gegensatz zu dieser als "undoktrinär" bezeichnende und auf einer dialektisch interpretierten Hermeneutik gründende "kritische Rechtstheorie"
des Neomarxismus verstehen sich als grundsätzlichen Gegensatz zur "bürgerlichen" Rechtsauffassung. Zu dieser zählen sie nicht nur den Formalismus des Rechtspositivismus und die Kant'sche Transzendentalphilosophie,
sondern auch das wegen seiner abstraktionstheoretischen Voraussetzungen
ebenfalls als "formalistisch" interpretierte Naturrecht. Nach marxistischer Meinung ermangelt bürgerlichen Rechtstheorien - und darin liegt
der eigentliche Widersprich des Marxismus zur "bürgerlichen" Auffassung des Rechts - das Prinzip der "Kritik". Sie vermögen folglich nach
dieser Auffassung nicht wirklich über den Gesetzespositivismus hinauszu-
weisen. Trotz aller Berufung auf dem positiven Gesetz vorgeordnete Gegebenheiten gilt dies nach marxistischer Meinung auch für das Naturrecht.
"Abstrakten" Vorgegebenheiten als Kriterium des Rechts, auf die sich das
Naturrecht gründet, kommt im Sinne des Marxismus keine praktische Relevanz zu. Auf der Grundlage der "formalen" Rationalität des Naturrechts
vermag deshalb nach marxistischem Verständnis Recht seiner kritischen
Bedeutung nicht gerecht zu werden. Wenn Naturrecht dennoch als Freiheitsphilosophie erscheint, so gemäss marxistischer Logik nur noch im Sinne
"ideologischer" Freiheitsprinzipien (14). Eine der marxistischen "Kritik"
entsprechende Bedeutung wird Recht nach marxistischer Meinung erst erhalten können auf der Grundlage einer Normenordnung, die ihre Geltung aus der
Verwirklichung der "konkreten" Freiheit des in die Gesellschaftsdialektik
integrierten Menschen erhält. Denn nur diese Freiheit kann im marxistischen
Sinne als wirkliche Freiheit gelten.

Was der Marxismus an den "bürgerlichen" Rechtsauffassungen vor allem
kritisiert, ist, dass hier die teleologischen und die kausalen Prinzipien der
Freiheit verselbständigt werden: das Teleologische werde von einem ideellen,
d.h. geschichtsunabhängigen Bereich her begriffen und nur das Kausale im
Bereich der Geschichte selbst verstanden. Dies gilt naturgemäss für jedes
undialektische Verständnis der geschichtlichen Verwirklichung des menschlichen Wesens - es sei denn, man verstehe wie in der metaphysisch-transzendent orientierten Naturrechtslehre die praktische Vernunft als geschichtliche Partizipation an einer absoluten, transzendenten Vernunft, womit ebenso wie in der dialektischen Philosophie das teleologische und das kausale
Prinzip der Freiheit von einer wesentlichen geschichtlichen Zuordnung her
begriffen würden, wenn auch nicht im Sinne der Geschichtsdialektik. Für den
Marxismus freilich bliebe, wie bereits angedeutet, diese metaphysische
Orientierung der praktischen Vernunft mit dem ihr entsprechenden metaphysischen Rechtsverständnis genauso wie die anderen undialektischen Vernunft-
und Freiheitsphilosophien "formalistisch" beziehungsweise "idealistisch"
(15), d.h. sie entspräche nicht der gesellschaftlich orientierten Freiheits-
begründung-

Gegen die "formalistische" beziehungsweise "idealistische", d. h. undialektische Geschichtsinterpretation setzt nun der Marxismus sein im Sinne
des "Materialismus" "realistisches" Geschichtsverständnis. Indem er
den Menschen bereits von der Basis, nämlich vom Prozess der Arbeit her,
sein Wesen durch die Vergesellschaftung der Produktionsmittel realisieren
lässt, bringt er das kausale und das teleologische Prinzip der Freiheit in
eine Wesensrelation, interpretiert er somit Geschichte im Sinne des Materialismus als den Gesamtzusammenhang, innerhalb dessen die Individuen
als Individuen ihr menschliches Wesen verwirklichen. Der Marxismus ist
mit seiner materialistischen Weltanschauung in der Lage, die Freiheits-
verwirklichung im Sinne der wesensentsprechenden Selbstbestimmung des
Menschen deshalb vollkommen geschichtlich vorzunehmen, weil er als
Selbstbestimmung des Menschen dessen Vergesellschaftung im Sinne der
Einordnung in die sinngebende "konkrete Totalität" des dialektischen Geschichtsprozesses versteht. Erst von dieser Totalität her ist das "Tatsächliche" des Geschichtsprozesses "kritisch" verstehbar und ist damit tatsächliche Geschichte zugleich als sinnvolle Geschichte zu verstehen - im
Gegensatz zu den undialektischen Geschichtsinterpretationen, die nach Meinung des Marxismus nur einen Bereich der Realität, nämlich die Schein-
haftigkeit des Tatsächlichen erfassen (16). Für den Marxismus besteht
der "ideologische" Charakter des "bürgerlichen" Wissenschafts- und Ge-
schichtsverständnisses im allgemeinen und der Rechtswissenschaft (selbst
wenn sie sich "historisch" gibt) im besonderen darin, Einzelbereiche
nicht in ihrer ganzheitlichen Bedeutung zu erkennen und damit ihre formale
Verselbständigung zu bedingen.

Wie für den Marxismus für jeden Einzelbereich der Gesellschaft, so gilt es
auch für den Rechtsbereich, jede Verselbständigung zu vermeiden, nämlich
die nur relative Selbständigkeit des Rechts anzuerkennen. Der "ideologie-
freie" Charakter des Rechts ergibt sich für den Marxismus nur dann, wenn
man das Recht entsprechend dem Materialismus als Phänomen des gesamtgesellschaftlichen Prozesses, als dessen reflexives Moment versteht (17), beziehungsweise, wenn es gegenüber diesem Prozess verselbständigt ist, kritisiert. Nur so vermag Recht, wie der Marxismus argumentiert, in realis-
tischer Weise als menschliches Recht verstanden zu werden, als ein Recht
nämlich, das die "konkrete" Freiheit verwirklicht. Das Recht wie im
"bürgerlichen" Verständnis oder wie im Verständnis der sich selber als
"historisch" verstehenden Rechtslehren als autonome Geschichte zu interpretieren, würde dieser Grunderkenntnis des Marxismus widersprechen (18).
Es besässe, da nur als "Tatsache" anerkannt, keine eigentliche Normativität. Diese Frage nach der Normativität des Rechts suchte MARX durch die
Integration des Rechts in den Sinnzusammenhang der Geschichte zu beantworten (19). Erst aufgrund dieses vom Marxismus als "konkrete Totalität"
der Gesellschaft interpretierten Sinnzusammenhangs kann der marxistischen
Rechtsphilosophie gemäss Recht nicht nur einfach "dogmatisch", sondern
"kritisch" verstanden werden (20). Recht "kritisch" begreifen will besagen: konkretes Recht in seiner Entsprechung beziehungsweise Nicht-Ent-

sprechung zum sinngebenden Zusammenhang der Geschichte erkennen. Nur
solche Rechtsnormen gelten im Marxismus als der Geschichte (im eigentlichen, nämlich freiheitlichen Sinne) adäquat, die sich als Normen der "konkreten" Totalität der Gesellschaft manifestieren. HEGEL definierte auf
dieser Grundlage den Staat als die Wirklichkeit der Freiheit, weil durch ihn,
wie er argumentierte, die Subjektivität als vernünftige zu ihrem Recht komme.

Folgerichtig im Sinne der marxistischen Geschichtsphilosophie ist die "Formalisierung" des Rechts, wie sie der "Bürgerliche" unternimmt, vom
marxistischen Rechtsbegriff her nicht denkbar: Für den Marxisten gehören
der formelle und der materielle Aspekt des Rechts unabdingbar zusammen.
Denn nur so vermag Recht überhaupt seinem Begriff, "wirkliche Vermittlung
von Rationalität und Geschichte" zu sein (21), zu entsprechen. Dies deshalb,
weil für den Marxisten der Gegenstand des vom Recht zu Ordnenden, die die
"wirkliche Vermittlung von Rationalität und Geschichte" leistende Freiheit
des Menschen selber nicht formalisierbar ist. Um der Freiheit des Menschen willen Recht zu formalisieren, wie dies der "Bürgerliche" versteht,
kann für den Marxisten nur bedeuten, Recht als Ordnung von Scheinfreiheiten
und damit als ideologische Ordnung zu institutionalisieren (22). Demgegenüber ist für den Marxisten die Schaffung der gesellschaftlichen Bedingungen
einer freiheitlichen Rechtsordnung gleichbedeutend mit dem Versuch, Freiheit als begriffene Notwendigkeit dialektischer Sachzwänge herrschen zu
lassen (23). Freiheit ist als "konkrete" Freiheit also erst dann Rechts-
ordnungsobjekt, wenn die Gesellschaft von ihrer Basis her so organisiert ist,
dass in ihr unabhängig von geschichtsdialektisch nicht legitimierten Zwängen
entsprechend der dialektisch interpretierten Wesensordnung des Menschen
gehandelt werden kann, dann nämlich, wenn die Menschen auf der Basis des
gesellschaftlichen Gesamtwillens dieser Wesensordnung gemäss Geschichte
gestalten. Voraussetzung dafür, dass mit der "Herrschaft" der geschichtsdialektischen Sachzwänge die menschliche Wesensnatur selber zum Gesetz
der Geschichte wird, ist der marxistischen Logik gemäss die Befreiung des
Menschen von den durch die Verselbständigung der Individuen gegenüber der
Gesellschaft entstandenen Widersprüchen. Demzufolge wird die Aufgabe des
Rechts im Marxismus verstanden als Durchsetzung des in der Vernunft der
Geschichte begründeten Sollens (24).

3) Das naturrechtliche Rechtsverständnis

Transzendentalphilosophie und Marxismus haben von der Voraussetzung
eines am Wesen des Menschen orientierten Rechts her zwei diametral entgegengesetzte Möglichkeiten der rechtsphilosophischen Problemorientierung
aufgezeigt. Ist es bei KANT nicht möglich, das der praktischen Vernunft
entsprechende Universale vom Empirischen her zu finden, soll die Persönlichkeit des Menschen gewahrt werden, so ist umgekehrt im Marxismus
das Universale der praktischen Vernunft derart im Empirischen integriert,
dass es nicht möglich ist, das "Allgemeininteresse" im Sinne der Personali-

tät des Menschen zu bestimmen. MARX glaubte freilich, gerade durch
seine dialektische Interpretation des Geschichtsprozesses, menschliche
Freiheit im wahren Sinne, nämlich vom "Allgemeininteresse" her, bestimmen zu können. Er kam also aus dem gleichen Grunde - dem allgemeinen Interesse als dem Bestimmungsgrund der Freiheit nämlich - zu
seiner geschichtsdialektischen Begründung der rechtlichen Freiheitsordnung,
die KANT bewog, das Absolute des Menschen zu formalisieren und streng
vom Empirischen zu sondern und in der Folge dann rechtliche Freiheitsordnung nur als Ordnung formaler Freiheiten zu bestimmen.

Sollte es aber nur die Alternative geben zwischen formalem und gesellschafts-
dialektisch bestimmtem Recht? Der Naturrechtler ist der Meinung, die einzelnen Phänomene des in Freiheit ethisch handelnden Menschen besser syste-
matisieren zu können. Auch der Naturrechtler geht wie KANT von der Personalität des Menschen aus. Im Gegensatz aber zu KANT und gemeinsam
mit MARX glaubt er an die Möglichkeit der theoretischen Vernunft zur Erkenntnis des die Empirie transzendierenden Intelligiblen. Er glaubt daher
die als Bestimmungsgrund der Selbstbestimmung des Menschen wesentliche
"Allgemeinheit" des Interesses in einem seinsentsprechenden Sinne erfassen und daher die Rechtsordnung der Gesellschaft als die Interessengegeben-
heit zugleich einschliessende und transzendierende Gemeinwohlordnung bestimmen zu können. Im Gegensatz zu MARX verbietet sich dem Naturrechtler
freilich, das "Allgemeininteresse" absolut geschichtlich zu bestimmen. Obwohl wegen seines seinsbestimmten teleologischen Naturbegriffes (als Norm
der Freiheit) im Gegensatz zu KANT ontologisch orientiert (und damit die
Utilität der Gesellschaft implizierend), müsste der Naturrechtler ein solches
absolut geschichtliches Verständnis mit KANT als "utilitaristische", nämlich als eine dem intelligiblen Charakter der menschlichen Personalität nicht
entsprechende "Allgemeinheit" und mithin als "Ideologie" ablehnen. Um
der personalen Selbstbestimmung des Menschen willen wird der Naturrechtler schliesslich, ähnlich wie KANT und überhaupt die "bürgerlichen" Rechtstheoretiker, nur in einer weitgehend formalisierten und damit verobjektivier-
ten Rechtsordnung die Bedingungen einer freiheitlichen Ordnung der Gesellschaft erkennen. Auch im Naturrecht ist somit eine, wenn auch nicht absolut
verstandene, formale, d. h. im wesentlichen undefiniert bleibende Freiheit wie
in KANT's Philosophie so auch im Naturrecht im Dienst der prinzipiellen, an
Wesensverwirklichung orientierten Freiheit (25). Die "Formalisierung"
des Rechts im Naturrecht dient somit wie auch in KANT's Philosophie demselben Zweck, den seinerseits der Marxismus aufgrund seiner materialistischen
Weltanschauung mit der vollkommen geschichtlichen Integration des Rechts
anstrebt: der der Wesensordnung des Menschen entsprechenden Selbstbestimmung des Menschen. Da die Wesensordnung, auf die die formalisierte Rechtsordnung grundsätzlich bezogen bleibt, jedoch im Naturrecht im Gegensatz zu
KANT's "transzendentalem Idealismus" materiell, wenn auch nur "abstrakt"
bestimmbar ist, bedeuten naturrechtliche und transzendentalphilosophische
Formalisierung des Rechts jeweils etwas anderes, sind sie doch auf die recht-

liche Ordnung eines jeweils anderen Freiheits- und Wesensbegriffs hin orientiert (26).

Das Wesen der Freiheit ist für das Naturrecht nicht anders als für den Marxismus nur vom seinsbestimmten Telos der Freiheit her bestimmbar. Diese Orientierung bleibt die gleiche auch für die Frage nach den geschichtlichen Bedingungen der Verwirklichung der Freiheit aufgrund einer freiheitlichen Rechtsordnung. Die zur teleologisch-normenlogischen Frage nach der Begründung des Rechts als solchem neu hinzukommende Frage nach den geschichtlichen Bedingungen des Rechts besteht einzig darin, den einzelnen als nach Sinnrealisierung suchender freier Kausalursache der Gesellschaft zu berücksichtigen. Ob und wie sich die freie Kausalursächlichkeit des einzelnen in der Gesellschaft verwirkliche, ist somit, da immer der Sinnfrage zugeordnet, nicht, wie der Rechtspositivismus meint, von einem wertneutralen-formalen Freiheitsbegriff her, also einzig aufgrund der kausalen Geschichtsbetrachtung beurteilbar. Die Frage nach den geschichtlichen Bedingungen der menschlichen Freiheit ist wesentlich der Frage nach der Verwirklichung der Wesensnatur des Menschen zugeordnet. Im Naturrecht wird die geschichtliche Verwirklichung des Rechts im Sinne der "Natur der Sache" bestimmt. Die Normativität der "Natur der Sache" ist nicht etwa in der Situation als solcher, sondern in der Wesensnatur des Menschen begründet. Um aber Norm sein zu können, muss der Begriff der Wesensnatur universalen Charakter haben. Setzt man nun, wie das Naturrecht, einerseits eine materiell bestimmte gesellschaftliche Integration, andererseits aber die personale Selbstbestimmung des Menschen als notwendige Postulate voraus, dann kommt für die Universalität der Wesensnatur weder die "formale" Universalität der Kant'schen Transzendentalphilosophie noch die im Sinne der Geschichtsdialektik seinsbestimmte Universalität in Frage. Den genannten Bedingungen kann nur eine "abstrakt" bestimmte Wesensnatur des Menschen genügen (27).

Nur die "abstrakt" bestimmte Wesensnatur vermag Grundlage eines naturrechtlich verstandenen "Naturgesetzes" zu sein (28). Unter "Abstraktion" ist im Naturrecht im Gegensatz zu den empiristischen Abstraktionsauffassungen eine Wesensabstraktion zu verstehen, die ihrerseits universal-realen Charakter besitzt. Die naturrechtliche Bestimmung des menschlichen Wesens setzt voraus, dass man die reale Gültigkeit einer dem konkreten Handeln des Menschen vorgegebenen und diesem als materielles Kriterium dienenden Wesensnatur anerkennt (29). Wenn man eine solche Wesensart ablehnt, negiert man das Naturrecht überhaupt. Anerkennt man dagegen mit dem Naturrecht eine "abstrakte" Wesensnatur, dann bedeutet dies, dass man naturrechtlich nicht von "konkreter", also im Rahmen der Gesellschaft absolut schöpferischer Freiheit des Menschen im Sinne des Marxismus sprechen kann: Als sich selbstbestimmendem Subjekt sind dem Menschen bereits objektive Normen vorgegeben, objektiv nicht im Sinne der Dialektik des Konkreten, sondern einer diese transzendierenden Objektivität. Den normativen Bedingungen kann der Mensch daher nach dem Naturrechtsdenken nur unter Beachtung dieser seiner Subjektivität bereits vorgegebenen Wesensbestimmung gerecht werden. Es gehört allerdings zu den Aufgaben des Menschen, die Wesensnormen zu konkretisieren, d.h. in Relation zur gegebenen geschichtlichen Situation zu bestimmen und durchzusetzen. In diesem Sinne kann man dann mit dem Marxismus das Wesen des Menschen als etwas nicht Gegebenes, sondern als durch menschliche Praxis Bestimmtes bezeichnen. Die abstrakte Natur der naturrechtlichen Wesensbestimmung des Menschen bedingt freilich ein dem Marxismus entgegengesetztes Verständnis dessen, wie das für eine sinnvolle Rechtsordnung konstitutive "universale" Interesse zu finden und zu realisieren sei. Die geschichtsdialektisch-gesellschaftliche Auffassung des universalen Interesses kann das Naturrecht nicht übernehmen, weil eine solche Interessenbestimmung rechtlich prinzipiell als Missachtung der der Gesellschaft objektiv vorgegebenen personalen Wesensnormen gedeutet werden müsste, besonders aber auch aus erkenntnistheoretischen Gründen, weil die abstrakte Bestimmung der menschlichen Wesensnatur es verbietet, die geschichtsdialektische Identität von Erkenntnis und Interesse zu postulieren. Menschliche Selbstbestimmung ist nur in einigen Prinzipien in ihrer "Universalität" bestimmbar. Und auch dies meistens nur in analoger Weise.

Die Verwirklichung einer freiheitlichen Rechtsordnung fällt daher in Naturrecht und Marxismus in entgegengesetzter Weise aus. Während sie im Marxismus in der rechtlichmoralischen Integration des einzelnen in der Gesellschaft als "konkreter Totalität" besteht, sucht der Naturrechtler durch einen Kompromiss, Recht und Moral in der Gesellschaft zu verselbständigen, sozusagen "positivistisch" zu werden. Im Naturrecht ist freilich eine absolute Verselbständigung von Recht und Moral nicht möglich: Recht darf für den Naturrechtler genauso wie für den Marxisten nicht grundsätzlich von der Sinnorientierung an der Wesensordnung abstrahieren, denn die Freiheit, die es ordnet, gilt prinzipiell als sinnbestimmt. Andererseits aber bedarf es nach naturrechtlicher Meinung zur Wahrung der Personenwürde einer gegenüber der Gesellschaft autonomen individuellen Freiheitssphäre. Das Recht hat diesen pluralistischen Freiheitsbereich zu beachten, weshalb eine teilweise Formalisierung des Rechts notwendig wird. Den Ausgleich zwischen diesen Forderungen nach grundsätzlicher Sinnbestimmung der individuellen Freiheit einerseits, nach einem autonomen individuellen Freiheitsbereich andererseits im Recht zu finden, macht das Bemühen des Naturrechtlers um ein "ideologiefreies" Recht aus. "Ideologie" im Sinne einer Rechtsanmassung gegenüber der Freiheit des Menschen kann im Naturrecht also nicht schon im prinzipiellen Anspruch des moralisch begründeten Rechts als solchen gesehen werden. Im Naturrecht ist unter "Ideologie" einzig ein der normzugeordneten Gewissensfreiheit grundsätzlich widersprechender universaler Anspruch des Rechts gegenüber dem einzelnen zu verstehen.

4) Zusammenfassung

Sowohl bei KANT als auch im Marxismus und im Naturrecht wird die Rechtsordnung als eine Freiheitsordnung begriffen, die den Gesetzlichkeiten

der gegenüber sachlich unbegründeten Zwängen autonomen Wesensnatur des
Menschen selbst entspricht. Prinzipieller Grund für die Verwirklichung
einer dem Wesen des Menschen adäquaten Rechtsordnung ist für KANT und
für das Naturrecht das Wesen des Menschen als Person, für den Marxismus
dagegen die sich dialektisch bildende "konkrete Totalität" der Gesellschaft,
der gegenüber der einzelne nur Teilhabe-Status besitzt. Den Menschen als
Person anerkennen bedeutet, seine Autonomie und die mit ihr gegebene
Verantwortung in einem die Gesellschaft transzendierenden geistigen Sinne
anzuerkennen. Die personalistische Interpretation der Geschichte besagt
freilich nicht, dass auf jede universalistische Sinngebung der Geschichte zu
verzichten sei. Sie besagt einzig die Ablehnung der dialektischen "konkreten Totalität" der Gesellschaft als bestimmenden Grundes der Geschichte.
Für KANT ist die Totalität in der universalen formalen Gesetzlichkeit der
praktischen Vernunft, für das Naturrecht in der "abstrakten" Wesensnatur
des Menschen begründet. Von einer Totalitätsauffassung her, die - sei es
in der transzendentalphilosophischen, sei es in der naturrechtlichen Form
- den Menschen in seinem Person-Sein zu integrieren sucht, wird man vom
Telos der Geschichte nur in einer dem Marxismus prinzipiell entgegengesetz-
ten Weise sprechen können. Mit KANT etwa das Telos der Geschichte in
einer in der Menschheit sich verwirklichenden freiheitlich-vernünftigen
Rechtsverfassung zu erkennen, kann daher nicht bedeuten, was man im Marxismus darunter verstehen würde: Die Menschheit als "konkrete Totalität" zum
autonomen Rechtssubjekt der Geschichte zu machen. Da im personalistischen
Geschichtsverständnis nicht die Menschheit als "konkrete Totalität", sondern
der Mensch als Person das autonome Rechtssubjekt ist, kann hier das Telos
der Geschichte nur im Sinne der Selbstbestimmung des Menschen als Person
verstanden werden: erst aufgrund einer solchen Selbstbestimmung kann dem
transzendentalphilosophischen und dem naturrechtlichen Denken gemäss so
etwas wie eine vernünftige Menschheit verwirklicht werden.

Fussnoten

1) Zum Verständnis der Geschichte als Freiheitsgeschichte vgl. KANT,
   Akademie-Ausgabe VIII, 17; zur Notwendigkeit einer Philosophie der
   Geschichte vgl. KANT, a.a.O. VIII, S. 29 ff.

2) Zur Freiheit als Prinzip der Moral vgl. KANT, a.a.O. V, S. 4.

3) Zur moralisch bestimmten Freiheit als dem Prinzip aller Rechte und
   Pflichten vgl. KANT, a.a.O. VI, S. 239.

4) Vgl. KANT, a.a.O. VI, S. 214.

5) Zur Freiheit als Aeusserung der Realität des moralischen Gesetzes
   vgl. KANT, a.a.O. V, S. 30; VI, S. 239.

6) Vgl. KANT, a.a.O. V, S. 47.

7) Vgl. KANT, a.a.O. XIX, S. 121 ff.

8) Vgl. KANT, a.a.O. XIX, S. 187 ff.

9) Vgl. KANT, a.a.O. V S. 49.

10) KANT, a.a.O. VIII, S. 117.

11) Vgl. KANT, a.a.O. VII, S. 350.

12) Vgl. A.F. UTZ: Sozialethik. II: Rechtsphilosophie, Heidelberg 1963, S. 163 f.

13) Vgl. KANT, a.a.O. VIII, S. 30; S. 17.

14) Vgl. D. BÖHLER: Zu einer historisch-dialektischen Rekonstruktion des bürgerlichen Rechts, in: Probleme der marxistischen Rechtstheorie (hrsg. von H. ROTTLEUTHNER), Frankfurt a.M. 1975, S. 121, 136, 140 ff.

15) Zur Ablehnung der metaphysischen Rechtsauffassung durch den Marxismus vgl. K.A. MOLLNAU: Recht, in: Philosophisches Wörterbuch (hrsg. von G. KLAUS und M. BUHR), Bd. 2 (1974), 1018.

16) Zur Bedeutung der gesellschaftlichen Totalität als der prinzipiellen Kategorie der marxistischen "kritischen Theorie" als solcher vgl. etwa M. HORKHEIMER: Kritische Theorie (hrsg. von A. SCHMIDT), Frankfurt a.M. 1968, Bd. I, S. 3; Bd. II, S. 144 f.

17) D. BÖHLER: a.a.O., S. 112.

18) Zur Ablehnung einer autonomen Geschichte des Rechts vgl. K. MARX: Die Frühschriften (hrsg. von S. LANDSHUT), Stuttgart 1971, S. 349; vgl. auch D. BÖHLER: a.a.O. S. 126.

19) Vgl. E. BLOCH: Naturrecht und menschliche Würde. Frankfurt a.M. 1961, S. 104 ff.

20) Zur rechtlichen Relevanz der gesellschaftlichen Totalität vgl. D. BÖHLER: a.a.O., S. 92, 133, 137.

21) U. CERRONI: Marx und das moderne Recht. Frankfurt a.M. 1974, S. 82.

22) Vgl. D. BÖHLER: a.a.O., S. 140 ff.

23) Zu diesem im Prinzip die Hegelsche Philosophie voraussetzenden
     Freiheitsbegriff vgl. F. ENGELS: MEW Bd. 20, S. 106; zur
     materialistischen Freiheitsbegründung des Rechts vgl. auch
     D.A. KERIMOV: Freiheit, Recht und Gesetzlichkeit in der sozialis-
     tischen Gesellschaftsordnung, Berlin 1962.

24) In dieser die Normen aus der Geschichte deduzierenden Normenlehre
     stimmen die einzelnen marxistischen Rechtstheorien, auch die mehr
     "normativistisch" orientierte staatssozialistische Theorie des Rechts
     überein. Vgl. etwa K.A. MOLLNAU: a.a.O.; ders.: Rechtsphiloso-
     phie, in: Philosophisches Wörterbuch (hrsg. von G. KLAUS und
     M. BUHR), Bd. 2 (1974), 1020 ff,   - Zur absolut geschichtlichen
     Rechtsnormenlehre des Marxismus, sei es nun im staatssozialis-
     tischen Sinne oder im Sinne "hermeneutisch-kritischer" Rechtstheorie
     vgl. H. ROTTLEUTHNER: Marxistische und analytische Rechtstheo-
     rie, in: Ders. (Hrsg.): Probleme der marxistischen Rechtstheorie,
     Frankfurt 1975, vor allem S. 281 ff. ROTTLEUTHNER intendiert in
     diesem Aufsatz eine analytisch-philosophische Interpretation der die
     marxistische Rechtsphilosophie als solche beherrschenden Probleme.

25) Vgl. A.F. UTZ: Ethik und Politik, Stuttgart 1970, S. 127 ff.

26) Zum Unterschied zwischen Naturrecht und KANTs Rechtsbegründung
     vgl. A.F. UTZ: Sozialethik, II, S. 5 ff.

27) Vgl. A.F. UTZ: Sozialethik, I: Die Prinzipien der Gesellschaftslehre,
     Heidelberg 1958, S. 154 ff.; ders.: Sozialethik, II, S. 84 - 87.

28) Zum Begriff des Naturgesetzes vgl. A.F. UTZ: Sozialethik, II,
     S. 76.

29) Vgl. A.F. UTZ: Sozialethik, I, S. 64 ff.

WOLFGANG SCHILD

Versteckte Naturrechtslehren

Die Zeit des klassischen, durch die Scholastik ausgearbeiteten Naturrechts, durch welche Lehre das Recht - so wie jedes Seiende - in den Rahmen des Ordo der Welt hineingestellt wurde und seine Inhalte deshalb als vorgeordnet angesehen wurden, ist wohl endgültig vorbei: Die heutige Rechtsphilosophie (vor allem der jüngeren Generation) hat sich auf Rechtstheorie und Rechtsmethodologie eingeschworen, die anglo-amerikanische Rechtsauffassung gewinnt immer mehr an Boden. Auf diese Entwicklung ist hier nicht einzugehen. Sondern in diesem Zusammenhang soll etwas anderes einer kurzen Untersuchung unterzogen werden. Ich meine, dass durch viele dieser modernen Theorien das alte Naturrechtsdenken nicht wirklich überwunden, was heisst: in seinen Voraussetzungen und Mängeln erkannt und aufgehoben wird. Vieles an Kritik daran ist oberflächlich, deshalb zwar rhetorisch überzeugend, häufig auch von naiver Unmittelbarkeit und manchmal deshalb von emotionaler Schärfe, aber die Kritik geht nicht an die Wurzeln und erkennt deshalb nicht, dass das alte scholastische, in der katholischen Lehre lange weiter gedachte Naturrecht nur eine bestimmte Form von Naturrechtsdenken überhaupt ist. So genügt vielen die Distanzierung von den Inhalten dieser alten Naturrechtslehre, um eine neue und moderne Theorie aufstellen und durchhalten zu können; in Wahrheit hat man die Voraussetzungen und auch die Mängel dieser Auffassung im Rücken und merkt nicht mehr, dass man zwar inhaltlich, aber nicht methodisch die Argumentation der Naturrechtslehre verlassen hat und dass man deshalb eine versteckte Naturrechtslehre vertritt.

Ein solches verstecktes Naturrechtsdenken könnte an vielen Beispielen aufgezeigt werden, zwei davon sollen - und können in dieser Zeit auch nur - in Umrissen vorgestellt werden. Die Reine Rechtslehre KELSENs steht dabei stellvertretend für viele moderne, eher methodologisch orientierte Richtungen der Rechtstheorie. Das zweite Beispiel ist ein geschichtliches: Es soll gezeigt werden, dass die nationalsozialistische Auffassung von Staat und Recht gleichfalls auf bestimmten, als naturrechtliche zu bezeichnenden Voraussetzungen beruhte, die zwar nicht im Inhaltlichen, aber doch in einigen Strukturen der Argumentation dem klassischen Naturrecht gleichkamen. Um jedes Missverständnis von vornherein auszuschliessen, sei ausdrücklich betont, dass die Darstellung der nationalsozialistischen Auffassung als einer versteckten Naturrechtslehre keinerlei Aehnlichkeit oder Vergleichbarkeit im Inhaltlichen etwa mit der katholischen Naturrechtslehre behaupten will; trotzdem lassen sich im Aufbau der Argumentation Aehnlichkeiten aufzeigen.

Selbstverständlich handelt es sich dabei immer um meine Interpretation bestimmter Texte; und damit um ein Ausdenken dieser Ausführungen in meinem Sinne, von meiner eigenen philosophischen Ueberzeugung aus, weshalb es meine Interpretation ist, die zugleich den Anspruch stellt, das dort eigentlich und wesentlich Angesprochene herauszuarbeiten, weshalb es meine Interpretation fremder Gedanken ist. Diese Spannung hat zur Konsequenz, dass stets mit der blossen Darstellung eine implizite Kritik vorgelegt wird, da die innere Konsequenz freigelegt, vielleicht sogar überbetont wird. Zugleich werden auf diese Weise die Grundlagen für eine äussere Kritik geschaffen, die fundamental sein kann, weil sie wegen der konsequenten Durcharbeitung auf die herausgestellten Grundlagen gehen kann. Letzteres wird hier nicht angestrebt, sondern nur mit hier nicht vermittelten, nur hingesetzten Thesen angedeutet, die aber doch - wie ich hoffe - die Konturen einer nicht-naturrechtlichen Rechtsauffassung hervortreten lassen sollen, die ich für die richtige, dem positiven Recht angemessene halte.

Zuvor soll noch kurz das mir wesentlich Erscheinende der klassischen scholastischen Naturrechtslehre herausgestellt werden, wobei mir bewusst ist, dass auf diese Weise das imponierende System etwa von THOMAS von AQUIN in all seinen Bestimmungen nicht erfasst werden kann. Doch meine ich - im Anschluss an die Arbeiten von Erich HEINTEL (vgl. zuletzt: "Die naturrechtliche Fundierung des Ordogedankens in der Tradition" und: "Zum grundsätzlich naturrechtlichen Ansatz des Ordo-Gedankens" (1)) -, dass für unsere Fragestellung die von der Scholastik entwickelte Formel entscheidende Bedeutung auch in der Geschichte des Rechtsdenkens gewonnen hat: "ens et bonum et verum et pulchrum et unum convertuntur". Das Sein und das Gute und das Wahre und das Schöne und das Eine (die Einheit) sind austauschbar, in gleicher Weise im Ganzen der Schöpfung vermittelt. Das, was eigentlich und als Einheit ist, ist auch notwendig gut (weil von Gott gewollt und deshalb überhaupt erst auch seiend) und schön (weil von der Pracht Gottes erfüllt) und wahr. Unmittelbar verbunden ist damit die Kehrseite: Das Böse, das Hässliche, das Unwahre hat kein eigentliches Sein, es ist nur die Destruktion und das Zerstörende, es ist nur zugelassen und damit in letztem Grunde nicht. Auch der Mensch und sein Wille werden in diesem Ordo gesehen: Wahr und eigentlich (wesentlich) ist nur der gute Wille, nur dadurch kommt der Mensch zu seinem Wesen und ist in eigentlichem Sinne. Ebenso steht das Recht im Ganzen dieser Ordnung: Es ist nur wesentlich und eigentlich als Gerechtigkeit und als vorgegebener Bestandteil der Schöpfung. (Weitere Inhalte dieser Auffassung werden im folgenden noch herausgestellt werden.)

1. Die nationalsozialistische Auffassung

Als erstes Beispiel sei die nationalsozialistische Auffassung von Staat und Recht genannt. Bei vielen wird dieser Versuch von vornherein (im besten Fall) Kopfschütteln hervorrufen: War denn der Nationalsozialismus nicht überhaupt das Gegenteil einer Rechtsauffassung, die Verhöhung des Rechts, Unrecht, weshalb die Möglichkeit einer nationalsozialistischen Rechtslehre problematisch bleibt; waren die damals vertretenen Thesen nicht irrationale, mehr das Gefühl ansprechende Schlagworte, die jeder wissenschaftlichen Begründung entbehrten und jedem philosophischen Begreifen spotten müssen? Ich meine - und kann dies wirklich hier nur als Meinung hinsetzen, ohne es in diesem Vortrag begründen zu können -, dass es eine nationalsozialistische Rechtsauffassung gegeben hat, die in naiver unmittelbarer Form sogar den Schriften der Politiker entnommen werden kann, darüber hinaus aber von vielen Theoretikern in Philosophie, Theologie und Rechtswissenschaft durchdacht, systematisiert und ausgeführt wurde, und dass es durchaus möglich ist, ein einheitliches System dieser Ideologie als einer "Weltanschauung" (und damit auch einer Anschauung von Staat und Recht) herauszuarbeiten, was hier skizzenhaft geschehen soll. (Angemerkt darf noch werden, dass m.E. eine wirkliche Auseinandersetzung mit dem Nationalsozialismus nur dadurch möglich ist, dass man ihn theoretisch ernstnimmt: Hinweise auf Auschwitz sind in ihrer Brutalität und Sprachlosigkeit überwältigend, aber nicht überzeugend, eben weil sie in ihrer Schockierung das Denken verhindern und Emotionen wachrufen. Nur wenn wir Auschwitz als notwendige Konsequenz der nationalsozialistischen Theorie aufweisen können, wäre Auschwitz trotz seiner Sprachlosigkeit ein Argument gegen den Nationalsozialismus; aber dann eben theoretisch vermittelt. Oder anders gesagt: Ich meine, dass die echte Auseinandersetzung mit dem Nationalsozialismus bedeutet, ihn so vernünftig und "menschlich" zu interpretieren, dass er uns anspricht, dass er in unseren Motivationshorizont gerät und als Möglichkeit unseres Lebens zumindest gedanklich erscheint. Dann wird die Auseinandersetzung relevant und notwendig, denn dann müssen wir ihn widerlegen: und zwar theoretisch.)

Einer der Inhalte dieser Weltanschauung in bezug auf Staat und Recht war die Ablehnung des traditionellen scholastischen Naturrechts. Der Wille des Führers war unangreifbar Recht, nur in ihm konnten die Kriterien für Recht gesucht und gefunden werden. Damit war aber nicht ein Rechtspositivismus gemeint: Denn weder war der Wille des Führers bestimmend, weil er die Macht hatte oder weil man annahm, es sei nicht möglich, inhaltliche Kriterien der Gerechtigkeit zu vermitteln - um zwei verschiedene Spielarten des Rechtspositivismus zu nennen -, sondern ganz im Gegenteil: er war deshalb unangreifbar Recht, weil er mit Notwendigkeit die Gerechtigkeit formulierte. Denn im Führer war die Garantie der Gerechtigkeit, ihre wesentliche Bestimmung - das reinrassige Deutschtum - Mensch geworden.

Der entscheidende Begriff der nationalsozialistischen Auffassung ist dieses reinrassige Deutschtum. Man griff dabei zwar auf eine wissenschaftliche Rassenlehre zurück, aber letztlich nur aus dem Grunde, um eine Untermauerung einer bestimmten Hochbewertung des Deutschtums zu erhalten. Der Nationalsozialismus war - wie sein Name schon sagt - an der deutschen Nation interessiert. Deshalb ist es zu einfach, diesen zugrundegelegten Rassebegriff von naturwissenschaftlichen (biologischen) Kriterien aus zu kritisieren: Die Rassenlehre wollte von vornherein nicht Naturwissenschaft sein. Sondern sie dachte "Rasse" (in gleicher Weise auch das "Blut") immer in Einheit mit "Seele", auch mit "Boden" und "Schicksalsgemeinschaft", d.h. immer als nationale Kategorie. Deshalb konnten damit auch normative Kriterien verbunden werden: Die "reine Rasse" oder "Lichtträgerrasse", selbst die Bezeichnung als "arische Rasse" sollten keine empirisch aufzufindenden Qualitäten zum Ausdruck bringen, sondern die Werthaftigkeit der deutschen (germanischen, nordischen) Rasse herausheben. (Aus diesem Grunde wird im folgenden von der "deutschen Rasse" gesprochen.)

Gleiches gilt für den Gegenbegriff einer "un-reinen Rasse": Auch hier wurde nicht mit biologischen Kategorien argumentiert, sondern nur das schlechthin Andere des reinrassigen Deutschtums angesprochen. Es war das nicht-reinrassige Volkstum, die nicht-germanische Rasse, ja nicht einmal eine Rasse überhaupt, sondern ein Rassengemisch, ja die Zerstörung jeder Rassenreinheit als solche, schliesslich die Zerstörung als Prinzip des Bösen. Zugespitzt wurde dieser Gegenbegriff auf die Juden, die gar keine eigene Rasse waren, sondern durch ihren religiösen Glauben (und den der Väter) bestimmt wurden, schliesslich ohne Individualität gesehen wurden - denn jeder hat seinen guten Juden - als das böse Prinzip des "ewigen Juden" oder des Judentums schlechthin.

Jedenfalls war damit ein Ergebnis erreicht: Alles Böse, Schändliche, Ungerechte folgte aus der Störung des reinrassigen Deutschtums, etwa durch Vermischung mit anderem Blut oder durch Abtrennung des rassischen Bezugs zum Boden oder durch Sprengung der rassischen Schicksalsgemeinschaft. Die Reinheit der deutschen Rasse (in der Einheit von Blut, Boden und Schicksal) dagegen war der Grund des Guten und Gerechten. Sie war - wenn man diese Terminologie gestattet - die Basis für einen Ueberbau menschlichen Willens, der mit Notwendigkeit gut und gerecht ist. Dass dies nicht nur Theorie war, zeigte die historische Gestalt des Führers, in dem die reine Rasse Mensch geworden war und in dem das Gute und die Gerechtigkeit personifiziert waren. Der Wille der Führers war das Gute und die Gerechtigkeit; und zugleich war er das praktische Vorbild für alle Menschen, die in der Bewegung (der Partei) sich zusammenfanden und in der Einheit ihrer Willen versuchten, ihm nachzufolgen und so gleichfalls das Gute zu repräsentieren (d.h. zu sein, darzustellen und zu verwirklichen). Deshalb war durch den Führer der Wendepunkt der Geschichte gekommen, die Geburtsstunde des Tausendjährigen, d.h. des ewigen Reiches, in dem der gute Mensch und die Gerechtigkeit Wirklichkeit sind und immer sein werden.

Dieser Gedankengang wurde durch eine Betrachtung der Geschichte und durch ihr theoretisches Begreifen untermauert. Man griff auf die alten Deutschen - die Germanen - zurück und sah in ihnen (ebenfalls) Repräsentanten der reinen Rasse. Sie lebten in dem Paradies einer Urgemeinschaft in Gerechtigkeit, freilich nur unmittelbar an-sich, d.h. ohne zu wissen, dass sie wesentlich reinrassig waren. Diese Unwissenheit konnte dazu führen, dass die anderen, schlech-

ten, uneigentlichen Rassen oder kurz: die zerstörenden und zersetzenden Kräfte
eindrangen, vor allem durch die nicht-geistigen Einflüsse wie sexuelle Begier-
den, materielles Streben, Faulheit, aber auch durch abstraktes Gewinnstreben,
Technik, kapitalistische Produktionsweise, zusammen: durch alle die Momente,
die den reinen Germanen wesensfremd waren. Jedenfalls kam es durch den ver-
derblichen Einfluss der minderwertigen Elemente zum historischen Verlassen
der Urgemeinschaft, und hinter dem Rücken der Beteiligten traten - mit Verlust
der Reinrassigkeit - das Böse, Ungerechte in die Welt und mit ihm das Elend
und die Entfremdung (freilich nur für diejenigen, die noch Reste der reinen Rasse in sich hatten, wie eben die lebenden deutschen Männer und Frauen). Angemerkt sei, dass in diesem Zusammenhang viele Punkte der marxistischen Interpretation der Wirtschaftsverhältnisse aufgenommen wurden, dabei aber stets
mehr der Verlust der Bodenständigkeit und des bäuerlichen Lebens durch den
Kapitalismus in den Vordergrund gerückt wurde. Als Gründe der Entfremdung
wurden nicht nur der (jüdische) Kapitalismus genannt, sondern die damit zusam-
menhängenden Denkhaltungen eines Liberalismus, eines Materialismus und -
vor allem und zutiefst - eines Rationalismus, der nicht mehr konkret, sondern
abstrakt, nicht mehr qualitativ, sondern bloss noch quantitativ zu denken imstande ist. Als typische Form dieser Anschauung wurde der Marxismus selbst
angesehen (war er doch auch von einem Juden geschaffen worden).

Der Zustand der Entfremdung des deutschen Menschen schien sogar hoffnungslos: Die endgültige Vernichtung und Ausmerzung der letzten Elemente der Reinrassigkeit und der Triumph der minderwertigen Kräfte stand unmittelbar bevor,
der letzte Rest von Reinrassigkeit drohte für immer vernichtet zu werden. In
dieser Not geschah die Rettung: der Führer trat auf und mit und in ihm die
menschgewordene Reinrassigkeit, die durch die Erkenntnis der Geschichte in
der angegebenen Weise auch nicht mehr bloss an-sich (unmittelbar) war, sondern sich selbst erkannt hatte und damit auch für-sich geworden war. Zugleich
waren damit die Ursachen des bestehenden Elends und der Entfremdung erkannt: Der deutsche Mensch war entfremdet, weil er sich selbst entfremdet war,
weil er nicht so leben konnte, wie es seinem Wesen (dem reinrassigen Deutschtum) entsprach. Diese Erkenntnis machte eine Rettung möglich: Denn die Geschichte hatte ihre Macht durch dieses Bewusstwerden verloren, sie hatte sich
als dieser Kampf des reinrassigen Deutschtums mit minderwertigen Kräften
(mit dem Bösen) herausgestellt; dadurch geriet sie in die Macht des Menschen.
Nicht mehr bewusstlos geschah sie: sondern die Menschen hatten in der Ras-
sentheorie das Mittel gefunden, die Geschichte zu beherrschen und durch Ras-
senzüchtung (und Ausmerzung der minderwertigen Elemente) das Endziel der
Geschichte herbeizuführen: das Reich, in dem - wie in der Urgemeinschaft -
wiederum die reine deutsche Rasse in Einheit lebt, aber diesmal bewusst und
damit für ewig.

Es liegt auf der Hand, dass der Ausgangspunkt dieser Geschichtsbetrachtung
- die reinen Germanen - gleichfalls nicht das Ergebnis historischer Untersuchung war, auch wenn man versuchte, aus den vorhandenen Quellen stützende
Argumente zu finden. Sondern dieses Germanenverständnis sollte an einem
Beispiel aus der Vergangenheit (der guten alten Zeit) verdeutlichen, wie ein
menschliches Zusammenleben ohne Elend, Entfremdung und Ungerechtigkeit

zu denken ist, welche Bestimmungen als "germanisch" bezeichnet wurden. Deshalb - so meinte man - lebten die Germanen ohne abstrakten Individualismus und Egoismus, sie waren in aufrichtiger Männlichkeit (gegenüber dem Gefolgschaftsführer und den Gefährten) und in fürsorglicher Mütterlichkeit treu bis in den Tod, sie waren kameradschaftlich und freundschaftlich in ihrem Wesenskern ohne emotionale Uebersteigerung, daher auch verlässlich, bieder und von einer ernsten Nüchternheit, zugleich auch von einer warmen Tiefe des Gemüts und vertrauensvoller, selbstloser Hingabe an die Welt, ohne in überstiegener Rationalität ihre Subjektivität zum Prinzip und zum Mass der Dinge zu nehmen. Sie achteten den zersetzenden Verstand und die Theorie gering, dafür lebten sie in der vernünftigen, konkreten, anschaulichen Ordnung der Welt, offen für den geheimnisvollen Urgrund alles Seins, dem sie in ernster und selbstloser treuer Hingabe zugewandt waren. Wirtschaftlich-kapitalistisches Denken war ihnen fremd, die Produktionsmittel standen im Gemeineigentum, wodurch jede Ausbeutung, Ungleichheit und Entfremdung verhindert wurden. Dazu waren sie von einer männlichen und fraulichen Schönheit, die nicht bloss äusserlich glitzerte und Schein war, sondern ihren tiefen Grund in der Seele hatte und deshalb wahre Schönheit bedeutete, usw.

Dasselbe wollte man in dem Ewigen Reich erreichen; und hatte es bereits in dem Führer (und in der sich von ihm her und in seiner Nachfolge bestimmenden Bewegung der Partei) gefunden: Die Einheit von verschiedenen Menschen in kameradschaftlichen Gruppen, Bünden, Vereinigungen, Gefolgschaften, zuletzt: die Einheit der völkischen Gemeinschaft, die deshalb (und nur deshalb) Einheit sein konnte, weil (bzw. wenn) sie dasselbe Prinzip realisierte: die reine Rasse. Es konnte unter dieser, als geschichtliche Aufgabe zu begreifenden, teilweise schon in die Tat (nämlich in die Bewegung der Partei) umgesetzten Voraussetzung keine echten, unauflösbaren Widersprüche geben, sondern (wenn überhaupt) blosse Missverständnisse, die nur scheinbare Gegensätze darstellen und leicht behoben werden konnten. Eigentlich bestanden im Reich keine Gegensätze mehr: Der Wille des Führers - als der menschgewordenen Reinrassigkeit - war notwendig der gute und der gerechte (zusammen: der sittliche) Wille, war notwendig das wahre Gewissen; und zwar auch das Gewissen des Volkes als der reinrassigen Menschen. Eine Differenz von Einzelnem und Gesamtheit konnte es nicht geben: Denn die gemeinsame Reinrassigkeit führte auch zur Gemeinschaft, zu einem Volk und nicht zu einer Masse von Individuen, die abstrakt (z.B. als "Bürger" oder "Rechtspersonen") bloss nebeneinander standen, sondern jeder war Volks-Genosse, damit Glied auch in einer Gesinnungsgemeinschaft und zugeordnet dem Platz, wohin er gehörte, was bedeutet: wohin der Führer ihn stellte, weil er eigentlich selbst dahingestellt sein wollte. Der Wille des Führers war autoritär, zugleich aber die Verwirklichung der höchsten Demokratie: Denn der wahre Wille des Volkes (und damit jedes einzelnen) fand seine Formulierung in ihm, der gleichfalls nicht Subjekt oder einzelner war, sondern die Reinrassigkeit als solche (und als Allgemeines) repräsentierte, weshalb sein individueller Wille konkret-allgemein war. Die konkrete Ordnung der völkischen Gemeinschaft bedeutete zugleich die höchste Entfaltung der Persönlichkeit des einzelnen, der zu seiner Wesentlichkeit in der Einordnung gelangte. Eine an der deutschen Nation (dem reinrassigen Deutschtum) orientierte Weltanschauung konnte somit nur eine sozialistische (in diesem dargelegten Verständnis)

sein, zusammen also: eine nationalsozialistische sein. Die eigentliche und wahre
Freiheit war darin die Gebundenheit, das Hineingebundensein in die konkrete
Ordnung als die Konkretisierung der Reinrassigkeit und damit zugleich die eigentliche Menschlichkeit: Im Repräsentieren der Reinrassigkeit gewann jeder
das Heil, das derzeit dem Führer zukam, und dadurch die höchste Form von Existenz, die Menschen zukommen kann.

Mit dem Wegfallen der Widersprüche müssen auch der Staat und die Rechtsordnung als Zwangsformen wegfallen: Sie werden absterben zugunsten der gelebten
völkischen konkreten Ordnung, in der jedes Recht zugleich Pflicht ist und ein-
heitlich auch so empfunden wird, die total ist (weil sie jede menschliche Regung
umfasst) und die als ewiges Reich in kultischem Lebensvollzug gefeiert sein
wird, da das Heil der Menschheit verwirklicht ist.

Diese Interpretation der nationalsozialistischen Weltanschauung lässt Aehnlichkeiten in der Argumentationsstruktur (freilich und selbstverständlich nicht im
Inhalt) mit dem oben charakterisierten scholastischen Naturrecht hervortreten:
Ens et bonum et verum et unum convertuntur; die wahre Menschlichkeit ist das
reinrassige Deutschtum und zugleich der gute Wille, der auch die Einheit der
Menschen im deutschen Volk (den Sozialismus) begründet. Auch das pulchrum
wurde hineingenommen, wenn man die nationalsozialistische Theorie über entar-
tete und wahre, nämlich: deutsche Kunst berücksichtigt. Die notwendige Kehrseite wurde im Nationalsozialismus gleichfalls ausformuliert, nämlich für die Anderen, für das negative Prinzip: für das Judentum, und auch in die Praxis für
die Juden umgesetzt: Der Jude war hässlich, er war falsch, er war nicht einmal
die Einheit einer Rasse, sondern ein Rassengemisch von zersetzender Kraft;
er war schädlich und böse; und zuletzt sogar das "ens" betreffend: er war ontologisch überhaupt kein Mensch, kein Individuum, keine Persönlichkeit, er war
die Repräsentation bloss des schlechthin Anderen. Ihn auszurotten war nur das-
jenige, was notwendig war und was ihm auch von vornherein zustand : Suum
cuique.

Bevor man emotional wird (und die Gefahr besteht bei diesem Thema immer),
soll abgebrochen werden und in einer angestrebten Distanz die Frage gestellt
werden, worin diese nationalsozialistische Auffassung "naturrechtlich" ist und
dem klassischen Naturrecht (nochmals: strukturell, nicht inhaltlich) gleich-
kommt. Ich meine, dass das Gemeinsame in dem Versuch liegt, Inhalte der Gerechtigkeit (des Rechts) aus dem Wesen des Menschen zu gewinnen und dabei
dieses Wesen des Menschen selbst inhaltlich zu fassen: Sei es, wie das klassische Naturrecht, ihn eingebunden in die Schöpfungsordnung zu sehen, oder -
wie die nationalsozialistische Auffassung - ihn wesentlich von seiner Rasse
(dem reinrassigen Deutschtum) her zu bestimmen. Selbstverständlich kann -
vom philosophischen Argumentationsniveau her - die nationalsozialistische
Auffassung mit ihrer so offensichtlichen Unterbestimmung des Menschen auf
ein in biologischen Kategorien formuliertes Wesensmerkmal mit der scholastischen Theorie nicht auf eine Stufe gestellt werden; aber eines ist doch vergleichbar: Der Mensch wird in bestimmten Inhalten ontologisch fixiert; mit der
Konsequenz, dass die Verfehlung dieses Inhalts - sei es als böser Wille, sei es
als nicht reinrassig - notwendig die Un-Menschlichkeit bedeutet. Man kann

432

dies auf die verschiedenste Weise dann zum Ausdruck bringen, was am Verbrecher auch stets geschah und immer weiter geschieht: Er ist die Bestie, der vom
Teufel besessene Böse, der Werwolf, jedenfalls: Er ist kein Mensch (mehr),
weshalb man ihn auch beseitigen muss.

Der Fehler liegt m.E. nicht in dem ontologischen Ansatz als solchem: Ich halte
es durchaus für richtig, das Recht (die Gerechtigkeit) vom "Wesen" des Menschen her in den Begriff zu bringen. Aber seit KANT scheint mir unverlierbar
die Einsicht, dass dieses Wesen des Menschen die Freiheit ist, in seinen Worten: Dass das Gute formal ist und dass deshalb kein Inhalt von sich aus dafür
Gewähr bietet, dass man in seiner Verwirklichung gut und menschlich gehandelt
hat. Freiheit ist niemals gesichert, sie kann sich nicht auf Inhalte verlassen.
Sie bleibt immer Aufgabe, immer Sollen. Aber auch die Verfehlung des Sollens
ist eine Möglichkeit des Menschen und - wenn man will: ontologisch - menschlich. Der schwerste Verbrecher ist und bleibt Mensch. Sein und Sollen sind
nicht identisch.

Freilich ist damit nicht viel gesagt, es sind mehr Fragen aufgeworfen worden.
Anhand des zweiten Beispiels einer versteckten Naturrechtslehre - die gerade
diesen letztgenannten Satz von der Differenz von Sein und Sollen zum Leitspruch
hat - kann vielleicht noch einiges der eigenen zugrunde liegenden Auffassung
verdeutlicht werden.

2. Die Reine Rechtslehre

Die Reine Rechtslehre, die von Hans KELSEN begründet und von vielen anderen
Vertretern der "Wiener Schule" (bis hinauf zu Robert WALTER) weitergeführt
wurde und - wie es zum Teil scheint - auch in der Bundesrepublik neue Vertreter gewinnt, lehnt das Naturrecht der Scholastik und der katholischen Lehre in
scharfer Distanzierung ab. Dabei stützt sie sich gerne auf die logische Unmöglichkeit, aus einem Sein (der Natur der Dinge oder des Menschen) auf ein Sollen
(nämlich der Rechtsordnung) zu schliessen. Darin ist ihr völlig zuzustimmen.

Die Reine Rechtslehre geht aber einen Schritt weiter. Sein und Sollen sind nicht
nur Probleme des logischen Schlussverfahrens, sondern haben erkenntnistheoretische und sogar ontologische Bedeutung. Auf die bei KELSEN aufzuzeigende
Aufeinanderfolge von neukantianischem und positivistischem System kann ich
hier nicht näher eingehen, ich darf auf eigene Arbeiten (zuletzt einen Aufsatz
in: Rechtstheorie 1979 (2)) verweisen. Beiden Systemansätzen ist eines gemeinsam: Sein und Sollen sind nicht so verschieden, dass sie nicht doch noch eine
Gemeinsamkeit hätten. Sie sind strukturell sogar identisch: Einmal im Neukan-
tianismus in jeweils gleicher Weise Kategorien des erkennenden Bewusstseins
(und - daraus folgend - in gleicher Weise die dadurch erzeugten Gegenstände),
dann im Positivismus von vornherein "zwei getrennte Welten", "zwei Reiche".
Das Sollen ist damit ein Gegenstand, der in derselben Weise behandelt werden
kann wie das Sein (bei KELSEN: die Natur). KELSEN kann deshalb die wissenschaftstheoretischen Postulate der Naturwissenschaft in derselben Weise für

die Wissenschaft vom Sollen (also z.B. der Rechtswissenschaft) zugrunde legen: Der jeweilige Gegenstand wird als vorgegeben beschrieben, er wird analytisch behandelt und in Elemente und Strukturen zerlegt und - vor allem - ohne jede wertende Stellungnahme dargestellt. Auch das Sollen wird somit wertfrei (d.h. ohne ein Sollen auszusagen) von der Wissenschaft beschrieben: Diese interessiert nur das Sein des Sollens, nämlich die Geltung des (rechtlichen) Sinnes, und nicht seine Verbindlichkeit (als das Sollen des Sollens).

An dieser formal-strukturellen Gleichheit von Sein und Sollen als eines vorgegebenen Gegenstandes - die von KELSEN bis in einzelne Begriffe weitergeführt wird (z.B. entsprechen einander in den jeweiligen Wissenschaften Person, Seele und Kraft) - ändert auch die Theorie der Grundnorm nichts: Zwar stellt KELSEN klar, dass das Sollen nicht sinnlich wahrgenommen werden kann wie das Sein (wobei die "natürliche Zurechnung" noch ein zusätzliches Problem stellt), weshalb es vorausgesetzt werden muss und seine Existenz als Sollen nur der Annahme in der und als die Grundnorm (die das Sein des Sollens = die Geltung begründet) verdankt. Aber das für unser Thema Entscheidende bleibt: Wenn man ein Sollen annehmen will, dann muss man es als einen in der Struktur dem Sein gleichgearteten Gegenstand voraussetzen.

Ueber den näheren Inhalt dieses Gegenstandes Sollen ist hier nicht zu handeln (angemerkt sei nur, dass KELSEN im Grunde den herkömmlichen Sprachsinn und auch den von der Rechtswissenschaft in der Regel zugrundgelegten Sinn von Sollen - das eben immer auch das Sollen des Sollens, das verbindliche Sollen, meint - aufgibt zugunsten des Sollens im weiteren Sinne, das auch, und zwar bei genauerer Betrachtung, vor allem wegen der Lehre von fehlerhaftem Rechtsakt zuletzt nur mehr das rechtliche "Können" erfasst). Sondern das mir wesentlich Erscheinende ist damit bereits gesagt: Mit dieser Charakterisierung des Sollens als eines dem Sein gleichgearteten Gegenstandes ist die Parallelität zur klassischen scholastischen Naturrechtslehre gegeben. Denn in beiden Fällen liegt der Schwerpunkt, ja sogar der einzig mögliche Ansatzpunkt bei der Theorie und der theoretischen Beschreibung des Rechts als eines Gegenstandes, beide sind theoretische Systeme, die Freiheit (Praxis) nicht zulassen.

Im klassischen Naturrecht wird die gesamte Schöpfung von der Engelshierarchie bis zu den Höllenfeuern durchrationalisiert, jedes Seiende hat seinen angemessenen Platz, alles ist vorgegeben und im Wesentlichen inhaltlich vorgezeichnet. Auch das menschliche Handeln ist von vornherein fixiert: Es ist der Nachvollzug der Schöpfungsordnung. Nur als Willkür kommt Praxis in Sicht und wird sofort als böse, als Vermessenheit erfasst und als unwesentlich aufgehoben. Der wahre Wille ist das Wissen der Ordnung und die Verwirklichung dieses Wissens ohne eigene Subjektivität. Eigentliches und wesentliches Handeln ist die theoretische Erfassung der Wirklichkeit und die Verwirklichung der ohnehin in der Schöpfung vorgelegten Ordnung. Praxis gibt es - als von Theorie unterschieden - eigentlich nicht.

Bei KELSENs Reiner Rechtslehre wird diese Voraussetzung in gleicher Weise zugrundegelegt; aber eben nur als Voraussetzung, die nicht selbst methodisch reflektiert wird, sondern sich nur in einer von KELSEN gezogenen Konsequenz

implizit niederschlägt: Nämlich in der notwendigen Beschränkung der rechts-
wissenschaftlichen Aussagen auf Formales. Diese von KELSEN in bewunderns-
werter Gedankenschärfe abgeleitete, von vielen Vertretern der Reinen Rechtslehre freilich nicht akzeptierte These ist nämlich nur von der genannten Voraussetzung her zu verstehen: Praxis gibt es als solche nicht, es gibt nur Sein (die
natürlichen Erscheinungsformen und Umstände der Handlungen) und einen vom
Sein getragenen "geistigen Inhalt". "Das eine ist ein in Zeit und Raum vor sich
gehender, sinnlich wahrnehmbarer Akt, ein äusserer Vorgang, zumeist menschlichen Verhaltens; das andere ist ein diesem Akt oder Vorgang gleichsam inne-
wohnender oder anhaftender Sinn, eine spezifische Bedeutung." Das zuerst genannte Element ist nicht Praxis, sondern ein äusseres Geschehen wie jeder
natürliche Vorgang; das zweite Element ist überhaupt nichts, es gewinnt - zumindest für die Wissenschaft - nur ein Sein, wenn man es als solches voraussetzt: nämlich als geltenden Sinn. Diese Voraussetzung der Grundnorm, die von
KELSEN auch als "Annahme" umschrieben wird, ist nun selbst keine Theorie,
sondern Praxis, die zwar bestimmten Postulaten einer Wissenschaftsethik folgt
(z.B. Wahrhaftigkeit, Betonung der Effektivität) - d.h. ebenfalls eines Sollens,
über dessen Geltung (oder Verbindlichkeit?) freilich kein Wort gesagt wird -,
aber trotzdem Entscheidung des einzelnen und damit selbst nicht mehr Wissenschaft ist. Die Wissenschaft vom Recht verdankt ihre Existenz einer nicht-
wissenschaftlichen Praxis, die freilich aus dem System der Wissenschaft her-
ausgenommen, eben in die Voraussetzung hineingestellt werden muss. Die Wissenschaft selbst kann - da alle Praxis in dieser, ihr zugrunde liegenden Voraussetzung konzentriert ist - nur mehr theoretisch sein: Sie muss aber auch jede
Praxis von sich ausschliessen und umformen. Die Rechtswissenschaft als die
Wissenschaft gerade von einer Praxis (nämlich vom positivierten Recht) stellt
dieses notwendige Erfordernis vor grosse Schwierigkeiten: Wie soll eine reine
(im Sinne von: von Praxis gereinigte) Theorie eine Theorie der Praxis sein?
KELSENs Antwort ist die Beschränkung auf formale Aussagen: Die Rechtswissenschaft kann keine Inhalte formulieren, ohne den Wissenschaftscharakter aufzugeben; nur als Rechtspolitik sind inhaltliche Aussagen möglich. Die eigentliche Wissenschaft vom Recht kommt über den Aufweis bestimmter Strukturzu-
sammenhänge (z.B. des notwendigen Stufenbaues der Konkretisierung) nicht
hinaus.

Der Grund für diese Wissenschaftsauffassung liegt - wie nochmals gesagt werden soll - in der Charakterisierung des Rechts als eines Gegenstandes, der in
reiner, von Praxis gereinigter Theorie beschrieben wird. Die klassische Naturrechtslehre hat diesen Ansatz zu einem überwältigenden inhaltlichen System
der Schöpfungsordnung ausgeführt, die Reine Rechtslehre hat in der Erkenntnis
des Scheiterns dieses Versuches auf alle Inhalte verzichtet, ohne freilich die
zugrunde liegenden Voraussetzungen in Frage zu stellen. Deshalb ist auch sie
- von der Methode her gesehen - eine versteckte Naturrechtslehre. Es ist aus
diesem Grunde nur verständlich, dass die formalen Ergebnisse der Reinen
Rechtslehre von jeder Naturrechtslehre unmittelbar übernommen werden können: René MARCIC hat dies sehr schön gezeigt. Man braucht die Grundnorm
bloss mit einigen inhaltlichen Werten zu füllen, alles andere ergibt sich dann
im Rahmen der Begrifflichkeit der Reinen Rechtslehre von selbst.

In beiden Auffassungen kann das Recht als Problem der menschlichen Freiheit nicht erfasst werden: Im klassischen Naturrecht ist diese nur wissender Nachvollzug der göttlichen vorgegebenen Ordnung, in der Reinen Rechtslehre wird sie zur blossen Willkür und zum politischen (im Sinne von: kriterienlosen, unwissenschaftlichen, persönlichen) Engagement. Der Fehler liegt m.E. in dem Verständnis des Rechts als eines Gegenstandes, der von aussen beschrieben werden kann und der dem sich mit ihm wissenschaftlich Befassenden eigentlich fremd ist, der ihn nicht anspricht und der in keinerlei Bezug zu ihm steht (ausser Objekt der Beschreibung zu sein), sondern einfach vorgegeben ist oder zumindest wegen der Grundnorm als solcher behandelt werden kann. Demgegenüber meine ich - ohne hier über Meinung hinauskommen zu können -, dass das Recht gerade als Sollen ein Problem ist, das notwendig den Wissenschaftler herausfordert: Er muss sich dem Anspruch auf Verbindlichkeit, den die Rechtsvorschriften erheben, stellen und sich damit in Bezug zu ihnen setzen. Sie müssen auch für ihn Recht sein, er muss in ihnen seine Freiheit verwirklicht sehen können. Sie müssen immer auch sein Recht sein können: Andernfalls muss er versuchen, rechtspolitisch tätig zu werden und ihre Aenderung herbeizuführen.

Mit anderen Worten und zugleich als Ausblick gesagt: Das Recht ist - entgegen allen offenen und versteckten Naturrechtslehren - nicht ein vorgegebener Gegenstand, sondern Wille, der den Anspruch stellt, allgemein (verbindlich, gerecht) zu sein. Freilich ist dieser Wille auch gegenständlich geworden und ist in Rechtstexten aufzufinden: Aber eben als gegenständlicher Anspruch und damit in der Spannung von Vorhandenem und Aufgegebenem, von Sein und Sollen. Diese Spannung muss der Rechtswissenschaftler aufnehmen und weiterführen, er kann weder in vorgegebene Inhalte noch in blosse Form flüchten. Wie er diese Spannung bewahren kann, kann hier nicht ausgeführt werden. (Angedeutet sei aber, dass m.E. die Kantische Philosophie mit der Verbindung und Unterscheidung, d.h. der Vermittlung von kategorischem Imperativ der praktischen Vernunft und Typus der praktischen Urteilskraft - als dessen jeweiliger Konkretisierung - einen methodischen Weg gezeigt hat, selbst verstecktes Naturrechtsdenken zu vermeiden und trotzdem eine inhaltliche Rechtswissenschaft zu ermöglichen.)

Fussnoten

1) Erich HEINTEL: "Die naturrechtliche Fundierung des Ordogedankens in der Tradition", in: J. SCHWARTLAENDER: Menschenrechte, 1978, p. 19 ff.; Ders.: "Zum grundsätzlich naturrechtlichen Ansatz des Ordo-Gedankens", in: E. HEINTEL: Philosophische Elemente der Tradition des politischen Denkens, 1979, p. 34 ff.

2) Wolfgang SCHILD: Rechtstheorie, 1979, p. 199 ff.

ERICH ZALTEN

Naturrecht, Recht und Herrschaft
Eine Auseinandersetzung mit Wolfgang Schild

Die folgenden Ueberlegungen wurden provoziert durch den am Kongress verlese-
nen Aufsatz von Wolfgang SCHILD: "Versteckte Naturrechtslehren". Ich beabsichtige zu diesem Thema der "ewigen Wiederkehr des Naturrechts" aus dem
Fundus der philosophischen Erkenntnistheorie und der Soziologie Stellung zu nehmen, indem ich auf die allen Naturrechtslehren zugrunde liegenden Denkstruktu-
ren und überpositiven ("übergeschichtlichen") Massstäbe hinweise. Anspruch und
Hinnahme der Naturrechtstheorien scheinen vertraute Modelle zu wiederholen.
Das Thema "Naturrecht" bleibt also auch jenseits unseres Erkenntnisinteresses
akut. Nicht nur ist Naturrecht im Okzident bis in die Neuzeit in den philosophischen Köpfen ein Rechts i d e a l und als solches eine empirisch erhältliche
sprudelnde Quelle von Rechtsnormen bis hin zum Postulat von ursprünglichen
Rechten. Naturrecht ist und war ein Instrument des gesamtgesellschaftlichen
Herrschaftswandels.

Es versteht sich von selbst, dass man im Kontext der Naturrechtstheorien die
Frage der Manipulierbarkeit des Naturrechts stellt. SCHILD wählt ein Beispiel:
Die nationalsozialistische Rechtsauffassung. Seine provokativen Sätze können
selbst bei unbefangenen Lesern nur Kopfschütteln hervorrufen: "Es lässt sich
zeigen, dass die nationalsozialistische Auffassung an die Stelle des klassischen
Naturrechts ein inhaltlich anderes Naturrecht setzte. Deshalb ist es völlig verkehrt, den Nationalsozialismus als Rechtspositivismus zu bezeichnen. Zwar war
der Wille des Führers unangreifbar Recht: aber nicht, weil er die Macht hatte
und weil man annahm, es sei nicht möglich, inhaltliche Kriterien der Gerechtigkeit zu vermitteln - um zwei verschiedene Spielarten des Rechtspositivismus zu
nennen -, sondern ganz im Gegenteil: Der Wille des Führers war deshalb unangreifbar Recht, weil er mit Notwendigkeit die Gerechtigkeit formulierte." (1)
Hier ist noch die Begründung interessant: "Denn im Führer war die Garantie der
Gerechtigkeit, ihre wesentliche Bestimmung - die reine Rasse - Mensch geworden." (2) Wer wird bei solchen Ausführungen nicht betroffen den Kopf schütteln,
wenn anschliessend die "Reinheit der Rasse" als normatives Kriterium implizit
gleichfalls langer Ausführungen über das Geschichtsverständnis des "Dritten
Reiches" mit dem Ziel folgen darzustellen, dass und wie der Nationalsozialismus eine "versteckte Naturrechtslehre" darstellt. Diese Hochstilisierung darf

nicht unwidersprochen hingenommen werden. Ist der Vergleich doch nur ein Vergleich, der etwas zu weit getrieben ist?

Das Beispiel von SCHILD, das Mittel, mit dem er die Analogie jeweils im einzelnen begründen und staffeln möchte, beruht auf einer Fehldeutung des Naturrechtsgedankens (3).

Das Verhalten des alle Menschenrechte verachtenden "Führers" werden wir als wahnhaftes Handeln bedenken müssen. Das ist die gemeinsame Voraussetzung mit Prof. SCHILD. Sein Juden-Beispiel ist ein bemerkenswerter Versuch, Argumente und Gewaltkriminalität der Hitler-Zeit zu bedenken. Aber worin sollte die nationalsozialistische Auffassung naturrechtlich sein? Und welche strukturellen Merkmale sollten da anzutreffen sein? SCHILD: "Ich meine, dass das Gemeinsame in dem Versuch liegt, Inhalte der Gerechtigkeit (des Rechts) aus dem Wesen des Menschen zu gewinnen und dabei dieses Wesen des Menschen selbst inhaltlich zu fassen: Sei es, wie das klassische Naturrecht, ihn eingebunden in die Schöpfungsordnung zu sehen, oder - wie die nationalsozialistische Auffassung - ihn wesentlich von seiner Rasse her zu bestimmen." (4) SCHILD versucht Unvergleichbares miteinander zu verkoppeln und zu vergleichen. Dem Vergleich wollen wir mit dem Einwand begegnen: Nicht die Anthropologie mit ihrem Wie der Konsequenzen, sondern das Dass der sachlichen Inhalte und ihrer logischen Verknüpfung entscheidet. Das gilt für alle Normgebiete, also auch für das des sozial Gerechten. Für wen wurde der Mensch zum Teufel, den man "beseitigen muss"? - Die Antwort ist ebenso einfach wie die Frage. Legitim erschien diese Konstruktion nur den Nazis selbst. Aber nicht schlicht in dem Sinne, dass jeder vor dem Forum der Vernunft an eine solche Möglichkeit glaubte. Die Barbarei im Zeichen des Hakenkreuzes vollzog sich vielmehr nach dem H e r r s c h a f t s p r i n z i p in einem Z u s t i m m u n g s - p r o z e s s der Partei- und Staatsträger. Das ist entscheidend.

Nun aber tauchen die grossen Schwierigkeiten auf: SCHILD will das Recht (die Gerechtigkeit anthropologisch bestimmen - "Vom 'Wesen' des Menschen her in den Begriff ... bringen" -, scheitert aber am Freiheitsbegriff. SCHILD: "Aber seit KANT scheint mir unverlierbar die Einsicht, dass dieses Wesen des Menschen die Freiheit ist, in seinen Worten: Dass das Gute formal ist und dass deshalb kein Inhalt von sich aus dafür Gewähr bietet, dass man in seiner Verwirklichung gut und menschlich gehandelt hat. Freiheit ist niemals gesichert, sie kann sich nicht auf Inhalte verlassen." (5) SCHILD traut sich nicht so recht heran an die Bejahung des Freiheitsgedankens. Er übt Zurückhaltung und weiss: hier ist nur eine Frage aufgeworfen. Aber, rechtsphilosophisch gewendet: die Geltung der Norm der Gerechtigkeit hängt an der richtigen Beantwortung der Freiheitsfrage.

Die Missdeutung des Freiheitsgedankens: Der tiefste Grund für jene halbe Verbindlichkeit, Fatalität und Abweisung des Freiheitsgedankens liegt in einem Missverstehen dieser Idee, in der irrigen negativistischen Deutung (auch im Kantschen Formalismus, einer Leerformel). Die verkehrte Meinung hat sich nun einmal eingebürgert, unter Freiheit sei ein von jeder Gesetzlichkeit (Norm) entblösster, jeder notwendigen Form und Formung barer Vorgang zu verstehen.

In Wahrheit sind aber die Gegner, Leugner und Agnostiker der Freiheitsidee die Opfer eines erschreckend weitverbreiteten Irrtums über den Sinn dieser Idee. Obwohl sogar SPINOZA den Stab über den Freiheitsgedanken brechen zu müssen glaubt und ihn als ein Vorurteil belächelt und verurteilt, bleibt er mit Recht noch immer ein Problem der Ethik, des Rechts und der Philosophie. Freiheit meint die Chance menschlichen Handelns. Zu ihr gehört auch die Freiheit des Erkennens und der Zukunftsaspekt im Kontext der Gesellschaft. Der Komplex gehört selbst bei einer Aufteilung in Teilprobleme zur Rechtsphilosophie, weil die existentielle Autonomie des Menschen im Zusammenhang des Rechts und der Gerechtigkeit - kurz: im Zusammenhang zwischen Mensch und Rechtsschöpfung - in einem politischen Prozess zum Ausdruck kommt. Der Mensch hat - um SCHILD in diesem Punkt zu ergänzen - bestimmte Normen oder Gesetze zu erfüllen. Doch kann er das nur aus der gestaltlichen Ordnung der Werte tun. Der Mensch als politischer Verbrecher (6) ist die Antithese der Freiheit. Sie bleibt aktuell.

SCHILD und die Idee des Gesetzes (positive und präpositive Rechtsnorm): Um eine Beseitigung derjenigen Missdeutungen anzubahnen, denen die Idee der Freiheit immer wieder ausgesetzt ist, bedarf es einer Klärung der Idee des Gesetzes und einer Mahnung zur Ueberlegung und Vorsicht bei dem Gebrauch dieser Idee.

Ueber die grundsätzliche, über die apriorische Notwendigkeit dieser Idee besteht kein Zweifel. Denn sie ergibt sich mit logischer Notwendigkeit aus der Rolle und aus der Tätigkeit der Vernunft, die KANT im erkenntnistheoretischen Hauptsatz über den rational arbeitenden Verstand setzte. Halten wir uns an den grossen Königsberger Philosophen. Wir können uns hier ruhig auf seine Autorität berufen und sagen: Die Vernunft im Menschen produziert apriorische Gesetze. Das Apriori ist der Hauptakzent bei KANT, und hier handelt es sich um den Schlüssel und um das Verständnis für die Idee des Gesetzes, um ein Verständnis, das gleichbedeutend ist mit der Einsicht in die Unmöglichkeit, diese Idee und die apriorischen Gesetze, das heisst: die Gesetzlichkeit aus der Wahrnehmung und aus Erfahrungen flickenartig zusammenzusetzen. Hier versagt jeder Sensualismus und Empirismus und jeglicher Positivismus. Vernunftakte sind nach PLATON und vor allem KANT differenziert und dialektisch und führen zum Verständnis der Naturrechtslehren und zur Setzung von Normen. Es geht jede Rechtstheorie - einerlei ob nun kritisch-naturrechtlich oder rein positivistisch oder gar kritisch-positivistisch - nach diesem Verfahren vor. Die Normsetzung ist gleichsam der Fortschritt selbst, nicht bloss als formales Geltungsprinzip, sondern als inhaltliche, materiale Bestimmungen im Rahmen eines mehr oder weniger umfassenden Rechtsverständnisses. Johannes MESSNER kann hier als ein Beispiel angeführt werden (7). Hier hat die Grundnorm und das positive Recht nicht nur einen formal-normativen Geltungszusammenhang, sondern auch einen inhaltlich-materialen Bedingungszusammenhang. Die Mobilität der moralischen Richter ist der Fortschritt im Reich des Positivismus - selbst gegen die herrschende Kritik.

Der Bielefelder Rechtswissenschaftler Wolfgang SCHILD koppelt das "klassische" scholastische Naturrecht derart eng an das Phänomen des "Nationalsozialismus", dass wir die Frage stellen, w o z u wir überhaupt das Naturrechtsdenken benötigen. Polemik und Diskreditierung des Naturrechts stehen hinter seinen Thesen (8). Man mag dieser Kennzeichnung recht geben, wenn man darauf blickt, welchen wechselvollen Beanspruchungen diese Naturrechtsdogmen ausgesetzt waren, wie leicht sie sich an konkrete machtpolitische Ziele binden liessen und in welchem Masse sie dazu dienten, zeitgebundene Mächte aufzunehmen (9).

Aber darin allein, dass die Naturrechtsvorstellung in der Auseinandersetzung zwischen universalen und partikularen Normen und im innerstaatlichen Kampf um die höchste Gewalt polemisch den eigenen Standort unterstrich, erschöpft sich dieses Dogma nicht. Ein klassisches Vernunftsrecht wird in ihm eröffnet. Im Werke des THOMAS von AQUIN liegt es weit ausgebreitet.

Dass man in diesem Werke vor allem die These von der E i n h e i t der rechtlichen Normen unterstrichen sieht (S.d.Th. I/2 qu.94 a.2), darf nicht darüber hinwegtäuschen, dass THOMAS zwei Kategorien des Naturrechts (praecepta prima und secunda) unterscheidet. Ergebnis: Viel eher muss THOMAS der Verfechter der Lehre eines d o p p e l t e n Naturrechtsgedankens genannt werden. Seine universale Konzeption fusst auf statischen und dynamischen Elementen. Sollte man sie nicht "klassisch" nennen?

Ich will hier keine Prolegomena zum Begriff "Klassik" ausbreiten. Die Liebhaber des Altertums werden viel eher das stoische Naturrechtsdenken als klassisch bezeichnen, weil PLATON und ARISTOTELES in die Stoa eingegangen und in ihr verarbeitet wurden. Ich selbst würde es vorziehen, THOMAS u n d John LOCKE trotz unterschiedlicher Lehrpunkte die "klassischen Naturrechtsdenker" zu nennen, weil sie den privaten Innenraum zur Oeffentlichkeit und zum Gemeinwohl ausweiten. Der Begriff "klassisches Naturrecht" scheint ein Werturteil einzuschliessen, - und eine retrospektive Sicht zu eröffnen. Was ist vorbildlich und klassisch? Muss man sich jetzt nicht entscheiden? Mit solchen Fragen werden ganze Philosophien entmachtet. Kein Wunder, dass Rechtswissenschaftlern, Philosophen und Soziologen der Atem ausgeht und dass sie schwindelig werden. Denn zwischen dem Primitiven auf der einen und dem Zustand virtuoser Ueberreife auf der anderen Seite, die als geschichtliche Tatsachen sehr wohl fassbar sind, muss an einer bestimmten Stelle der Punkt durchschritten worden sein, der sich in beiden Richtungen als der vollkommenere darstellt - vorwärts gesehen als reif und voll gekonnt im Sinne der Nachahmungsabsicht, - rückwärts gesehen als schlicht und höchst gehaltvoll, als eine Kunst und als Relationskriterium.

Wolfgang SCHILD lässt ein solches Relationskriterium trotz der hermeneutisch-phänomenalistischen Bezugnahme auf das "klassische scholastische Naturrecht" in der Schwebe. Sein erstes Beispiel nimmt er sehr wichtig. Er kreist immer wieder um psychische Zwänge im rechtlich determinierten Gesellschaftsprozess - um Rechtsnormen und um Sittennormen und fragt nach der "versteckten" Rechtsschöpfung aufgrund des Naturrechts. Wir meinen: Der Nationalsozialismus war viel zu ungeistig, um in naturrechtlichen Kanälen zu denken. Ernst BLOCH hat im "Prinzip Hoffnung" einmal davon gesprochen, dass Karl MARX jederzeit die Möglichkeit gehabt hätte, seine revolutionären Forderungen in die Kanäle des Naturrechts zu giessen. Warum hat er es nicht getan? BLOCH meint, dass

MARX auf den vielverschlungenen Wegen des Naturrechts viel eher und viel wirksamer zur Geltung gekommen wäre. Es ist interessant und lehrreich, dass MARX dies nicht getan hat. Das Naturrecht als ius divinum im Sinne der Stoiker? Das Naturrecht in der Interpretation der Kirchenväter oder LOCKEs? Das ist für den antibürgerlichen Propheten des Sozialismus einfach "nicht drin gewesen".

Im Grunde ist für SCHILD das Naturrecht nur noch Ideologie. Aber er sagt nicht offen, dass es sich hier um ein "falsches Bewusstsein" handelt. So gewinnt man den Eindruck einer grossen Krise des Naturrechts. Ist SCHILD selbst seinen eigenen Konstrukten erlegen? Wenn ja, - was kann der Bezug auf das "klassische scholastische Naturrecht" im Kontext des hitlerischen Totalitarismus bedeuten?

Es gibt Komplexe von Krisenverdrängung, welche o h n e eine rational vereinbarte Krisenbeschwörung dennoch 1. im Effekt so ablaufen, als ob eine solche stattgefunden hätte, und bei welchen 2. dieser spezifische Effekt durch die Art der Sinngebung der Phänomene mitbestimmt ist. - Jede unkritische Deutung des Nationalsozialismus enthält so eine falsche intentionale Bezogenheit, so dass die Vindizierung eines vermeintlichen Naturrechts als eines "Rechts des Stärkeren" - man denke an PLATON: Kallikles und Trasymachos im Gegensatz zu der Entstehung des wahren Naturrechts - nur zu Missverständnissen, konkreten Aergernissen und falschen Hypothesenbildung führt. Eine Kritik des SCHILD-Themas ergibt: Die versteckten Naturrechtslehren beruhen immer auf einer retrospektiven Deutung eines historischen Ablaufs und stellen den Anspruch auf exklusive und sinnvolle Deutung: diese Kulturbedeutung hat der Nationalsozialismus nicht. SCHILDs Nazi-Beispiel kann irreführen, wenn man nach der Entstehung des Naturrechts, nach den tragenden Prinzipien dieses Prozesses fragt.

Auf dem Feld des Naturrechts des THOMAS von AQUIN gibt es esoterische und kritische Elemente, die bei G. MANSER, Michael WITTMANN und FLUECKIGER (10) anschaulich-rational dargestellt sind. Für die Interessen der Kirche hat THOMAS geschrieben und dabei selbst zunächst drei Prämissen formuliert, die er später wieder durch andere Naturrechtssätze korrigiert hat. Denn diese Sätze standen im Widerspruch zur christlichen Ethik und dem Geist der Kirchenväter (11).Das Schema "Naturordnung gleich materiale Gerechtigkeit" (S.d.Th. II/2 qu. 152 a.4) wurde ergänzt, und wir sehen nun die Korrektur und die faktische Angleichung an die ekklesiologische Sittennorm (Verbindlichkeit des Dekalogs, Lumen Christi als "revolutionäres Prinzip"). Diese wichtige Korrektur steht freilich nicht am Anfang, sondern am Schluss des normativen Bauwerks. Ungerechte Gesetze sind - nach dieser Korrektur des THOMAS - nicht verbindlich für die Gewissen, und als ungerecht gelten alle Gesetze, insofern sie die Gerechtigkeit als universale Rechtsnorm verfehlen.

Die neue Ortsbestimmung des Naturrechtlers THOMAS impliziert eine neue Legitimitätsgeltung, die neben der alten Vertikale zu einer neuen sozialen Horizontale führt, als überpositiver Massstab über die Gültigkeit der Ordnung klar entscheidet. THOMAS: "Alio modo leges possunt esse iniustae per contrarietatem ad bonum divinum, sicut leges tyrannorum inducentes ad idolatriam,

vel ad quocumque aliud quod sit contra legem divinam, et tales leges nullo
modo licet observare." (S.d.T. I/2 qu. 96 a.4) Zu deutsch: "In anderer Weise
können Gesetze ungerecht sein durch Gegensatz zum göttlichen Gut: so wie
Gesetze von Tyrannen, welche zur Idolatrie führen oder zu irgend etwas
anderem, was gegen das göttliche Gesetz ist. Und solchen Gesetzen darf man
auf keine Weise Folge leisten." - Weil der Tyrann mich nicht anerkennt, wie
ich ihn nicht anerkenne, und ich ihn durch Nichtbefolgung seiner Rechtsnormen
ungeachtet der mich treffenden Sanktion bekämpfe - bis hin zur "Revolution" -,
sind unsere Ansprüche in u n s e r e m natürlichen Recht begründet. Rechtsnormen werden hier also unter die Frage nach dem Sinn des Rechtsinhalts
gestellt. Klingt das nicht ganz modern? Die Modernität liegt im Prinzip der
Anerkennung. Wie gross auch immer der Abstraktionsprozess im Denken der
Naturrechtler gewesen sein mag, die allgemeine Norm der Machtbegrenzung
ist damit wie in altehrwürdigen Zeiten schlicht statuiert und erneuert. Die Frage
der Teilhabe an dieser überpositiven Norm ist ein Sonderproblem, weil die
Gesellschaft geschichtet und differenziert ist. Aber "im Prinzip" hat jeder die
Chance der Teilnahme am Thomistischen Austauschprozess der Privilegierten.
F r e i h e i t : Ich erkenne nicht nur meinen Anspruch an, sondern auch den
Anspruch des anderen, der meinen anerkennt. Weil ich den anderen anerkenne
bin ich im Recht. Recht als natürliches Recht ist eine Frage der Kommunikation.
SCHILD muss man jetzt fragen, ob er das "klassische" Naturrecht nicht allzu
eng versteht, wenn er sagt: "Im klassischen Naturrecht ist diese (Freiheit) nur
ein Nachvollzug der göttlich vorgegebenen Ordnung" (Paper p. 13). Sein "nur"
weist auf ein externes Moment im Verstehen des Rechts, auf das Problem der
Verdinglichung. Recht ist ein innerer Vorgang ...

D a s   z w e i t e   B e i s p i e l . Der Ursprung der Ungleichheit unter den
Menschen kann auch die Konflikte unter den Rechtsgelehrten erklären. Ich sehe
vor mir Hans KELSEN, die Wiener Schule und Robert WALTER und hinter ihnen
ein flaches Feld, Stacheldrahtzäune, ohne philosophisches Gebirge. "The Divine
Law the Measure of Sin and Duty" des Herrn LOCKE? Was fällt Ihnen ein?
Höchstens "The Civil Law the Measure of Crime and Innocence". Moral? Ja,
es ist das positive Gesetz, das produktiv vermehrt wird. Kommen Sie mir ja
nicht wieder mit dem alten Zopf: "The Philosophical Law the Measure of Virtue
and Vice." Die Geschichte hat sich in Wien freilich so nicht ereignet. Sie wurde
mir aber vor Jahren in wenig veränderter Form berichtet. Diese Geschichte
führt zu einem   P r o b l e m , über dem wir die Geduld zu verlieren drohen,
noch bevor wir es hinreichend reflektiert, wirklich angepackt, geschweige denn
gelöst haben. - Beginnen wir zunächst mit dem Gegenbild von SCHILD: Für die
letzten grossen Deuter des alten Naturrechts blieb der überzeitliche Rechtsgedanke der letzte Quell der Ordnung. Später wurde durch die vielen Naturrechtslehren und nicht durch sie allein der Hauptgedanke entwertet. Die sichtbare
Zerbrechlichkeit und die Ohnmacht des Naturrechts gegenüber dem positiven
Recht als politisches Machtprinzip haben zu dieser Entwertung   b e i g e t r a -
g e n . Hinzu kam die   i n n e r e   Unmöglichkeit der Teilhabe an den ewigen
Werten des Rechts und der Philosophie. Hinzu kommt die Wandlung des Natur-
begriffs, bis die Bürger die Antwort im Materialismus fanden, so dass - wie
DUX in seiner Rechtssoziologie schreibt -: "Das Verständnis des Rechts unwider-
ruflich auf ein materialistisches Wirklichkeitsverständnis festgelegt" wurde (12).

Hier muss man an MARX denken. Schon im Kommunistischen Manifest wies er
darauf hin, dass das aufsteigende Bürgertum (aufsteigend durch die industrielle
Technik und Revolution) sozusagen klassendesertierende, abtrünnige Adelige zu
seinen Führern zählte und sprach wohl von sich und Friedrich ENGELS in
folgender Bemerkung:

"Wie früher ein Teil des Adels zur Bourgeoisie überging, so geht jetzt ein Teil
der Bourgeoisie zum Proletariat über und namentlich ein Teil der Bourgeois-
Ideologen, welche zum theoretischen Verständnis der ganzen geschichtlichen
Bewegung sich hinaufgearbeitet haben." (13)

Dass solche Schichtabwanderung und durch "theoretisches Verständnis"
motivierte Mobilität den soziologischen Determinismus von "Sein, das das
Bewusstsein bestimmt" zumindest kompliziert, wenn nicht auflockert, kann
verstanden werden.

Ich möchte auf den Verschleiss von Ideologien und Idealen hinweisen und soziologisch die Denkformen skizzieren (wissenssoziologisch argumentieren), um
den Kampf gegen die Naturrechtslehre und deren ontologische Voraussetzung -
als Ergänzung zu SCHILD - zu beleuchten.

Ganz und gar nicht darf man, nach allem Gesagten, in der Weise von SCHILD,
Rechtspositivismus und Naturrecht nur mit der Vorstellung eines rein philosophischen Freiheitsproblems konfrontieren (SCHILD, Paper p. 10 bis 12). Ich
anerkenne und respektiere seine Bemühungen um das philosophische Problem
der Freiheit und erkläre: Das Freiheitsproblem angesichts der KELSEN-
Problematik hat auch eine soziologische Dimension, denn KELSEN und seine
gruppenspezifische "Reine Rechtstheorie" enthüllt Denkmotive, die rein
philosophisch unlösbar sind. Er hat Gruppenidentifikationen, Zukunftserwar-
tungen, Dispositionen zum Skeptizismus, Hoffnungen und eigentümliche Grund-
erfahrungen: Sie schlagen sich in der Strukturform seines Denkens nieder,
insbesondere in der Schrift, die uns im Hinblick auf den Anspruch des Naturrechts und seinen Massstab der Gerechtigkeit sehr interessiert. Der Fall
KELSEN bietet prinzipiell einen "reinen Typus" der Widerlegung der erwähnten
ontologischen Voraussetzung des Naturrechts. KELSEN fällt das Todesurteil
über eine seit der Antike trotz aller Anfeindungen immer noch lebendige Denkform:

"Die Natur, als ein System von Tatsachen, die miteinander nach dem Kausal-
prinzip verbunden sind, hat keinen Willen und kann daher kein bestimmtes
menschliches Verhalten vorschreiben. Von Tatsachen, das ist von dem, was
ist oder tatsächlich geschieht, kann kein Schluss gezogen werden auf das, was
sein oder geschehen soll. Soweit die rationalistische Naturrechtslehre versucht,
aus der Natur Normen für menschliches Verhalten abzuleiten, beruht sie auf
einem Trugschluss. Das trifft auch auf den Versuch zu, solche Normen aus der
menschlichen Vernunft zu deduzieren. Normen, die menschliches Verhalten
vorschreiben, können nur vom Willen ausgehen ... Die menschliche Vernunft
kann verstehen und beschreiben, sie kann nicht vorschreiben. Normen für
menschliches Verhalten in der Vernunft zu finden, ist die gleiche Illusion wie

die, solche Normen aus der Natur zu gewinnen." (14)

Von hier aus kann KELSENs Rechtslehre gedeutet werden. Begriffe steuern den Denkprozess: der Naturbegriff ist derjenige der Naturwissenschaft, nicht derjenige der europäischen Aufklärung (VOLTAIRE, MONTESQUIEU), der Vernunftbegriff ist nicht derjenige von KANT (wie bereits erwähnt), der Wille als Begriff soll mit absurder Selbstverständlichkeit die Entstehungsstätte aller Normen sein, selbst der Erkenntnisnormen. Seine neukantianische Erkenntnis- kritik eliminierte KANTs grenzbegriffliches Noumenon und tilgte auf diesem Wege die ontologische Frage nach der Realitätsstruktur des Rechts. Aufgrund dieses Ansatzes müssen nun alle Sozialphänomene eine Einheitsstruktur haben, sonst wären sie nicht erkennbar. Nun tritt die These auf, dass der Staat allein alle Rechtsnormen setzt. Sein Ansatz ist so gefasst, dass keine Bezüge auf die Empirie und die Vernunft zulässig sind. Wer wird KELSENs Konstrukt nicht willkürlich nennen? Rein staatliche Sicherung nach aussen haben wir alle nötig, aber wir leben in der Spannung von "Staat" und "Gesellschaft". KELSEN hat die Benefizien MONTESQUIEUs im modernen Vergesellschaftungsprozess nicht gesehen. KELSEN: "Vollends sinnlos ist die Behauptung, dass in der Despotie keine Rechtsordnung bestehe, sondern Willkür des Despoten herrsche ... stellt doch auch der despotisch regierte Staat irgendeine Ordnung menschlichen Ver- haltens dar ... Diese Ordnung ist eben die Rechtsordnung. Ihr den Charakter des Rechts abzusprechen ist nur eine naturrechtliche Naivität oder Ueberhebung ..."(15) Wir kommentieren: Vom Kräftespiel partikularer und universaler Ordnung und vom Gesellschaftshandeln oder von der Rolle der Gruppen ist hier nichts zu hören. Der Mensch ist ein vereinnahmtes Wesen. Umverteilungssy- steme gibt es nicht und die Sinnfrage wird gar nicht gestellt. Die von KELSEN antizipierte Ordnung ist ein planvolles System der Machtakkumulation. Schon hier kann an PUFENDORF gedacht werden, der keine Rebellion gegen den Machthaber duldete. Ein Machthaber oder Tyrann kann von keinem Bürger zur Rechenschaft gezogen werden (PUFENDORF: De Jure Naturae et Gentium, Lib. VIII, Chap. I, Sect. 5). Das Recht wird in der politischen Welt PUFENDORFs o h n e R e c h t s k a m p f in der bürgerlichen Gesellschaft gedacht, wenn ungerechtes Verwaltungshandeln etwa einen Prozess gegen den Staat erforder- lich macht. Der Bürger hat einfach keine Mittel, das Recht gegenüber dem Staat zu erzwingen. GROTIUS gab wenigstens eine solche Möglichkeit zu und verlangte freilich von den Bürgern eine Moral des Erleidens, der Leidensbereit- schaft. Ich sehe, dass auch GROTIUS ein wesentliches Moment des reinen ursprünglichen Naturrechts verfälscht hat. Denn was er mit der einen Hand aus Vernunftsgründen gibt, das nimmt er mit der anderen. Die Diskreditierung bei KELSEN geht nun weiter und hat Konsequenzen negativer Art: "Was als Willkür gedeutet wird, ist nur die rechtliche Möglichkeit des Autokraten, jede Entschei- dung an sich zu ziehen, die Tätigkeit der untergeordneten Organe bedingungslos zu bestimmen und einmal gesetzte Normen jederzeit mit allgemeiner oder nur besonderer Geltung aufzuheben oder abzuändern." (16) Dies ist für KELSEN ein Rechtszustand mit der Chance der Diktatur für diktatorisch begabte Männer. Wenn wir der Kelsenschen Rechts- und Sozialphilosophie folgen, dann können wir nur in allen Dingen von sekundärer Bedeutung weise und gerecht sein. Selbst die Unkenntnis kann uns diktiert werden. Dies ist ausdrücklich festzustellen, wenn wir im Kontext unseres Themas eine klare begriffliche Arbeit leisten wollen.

KELSENs Willensbegriff mit dem Pathos der Verkündigung des Heils ist ein
amorpher Begriff. SCHILD ist jedenfalls in diesem Punkt zuzustimmen, wenn
er das für ihn so entscheidende Moment hervorhebt: "Wenn man ein Sollen
annehmen will, dann muss man es als einen in der Struktur dem Sein gleichgearteten Gegenstand voraussetzen." (Paper, p. 10) Seine Konsequenz in schola-
stischer Absicht kann ich aufgrund meiner langjährigen Beschäftigung mit der
Ideengeschichte n i c h t gutheissen. Meine Analyse ergibt andere Resultate.
Die theologische Schau des Universums und der Gottesbegriff des THOMAS
zwingen den Menschen nicht, gegen sein Gewissen zu handeln. Der Mensch hat
hier zwei Sozialpotenzen: Verstand und Wille. Er muss dem Verstand als
Lichtträger folgen. Insofern er dem Verstand folgt, kann er das gesamtgesell-
schaftliche Gute anstreben und im rechtschöpferischen Prozess die positiven
Gesetze verändern.

Die V e r ä n d e r l i c h k e i t der positiven Gesetze nach der Veränderlichkeit der besonderen Situationen haben so strenge Naturrechtslehrer wie THOMAS
und DANTE (De monarchie I, XIV) im Glauben an den transzendenten Rechtsgedanken durchaus für zulässig gehalten. Unwiderlegbare Grundsätze (um die
SCHILD ringt) gibt es vielmehr in den Sittennormen und in den Rechtsnormen
genau so wie in der Erkenntnistheorie. Niemand wird bestreiten können, dass
dem Erkenntnisakt ein Subjekt-Objekt-Verhältnis zugrunde liegt. Ebenso wenig
kann aber bestritten werden, dass ein Subjekt gegenüber der G e s e l l -
s c h a f t seine eigenen Bestimmungen sich selbst zuzuschreiben habe, und
dass er den anderen dieselbe Subjekteigenschaft zuerkennen soll. Dies aber
bedeutet einen Hinweis auf den Vergesellschaftungsprozess, der innerhalb des
natürlichen Rechtsdenkens auf einer i d e a l e n Ebene liegt. Der überempi-
rische Aspekt des Menschen zeichnet sich hier deutlich ab als eine absolute
Forderung des Bewusstseins. Dadurch ist Naturrecht p r o d u k t i v v e r -
m i t t e l t . Wenn aber KELSEN die Idee der Grundnorm aus der gesellschaftlichen Realität in den "Geist des Systems" verlegt und n i c h t in eine
inhaltlich höchste Norm als Teil dieser Rechtsrealität, so ist damit zwar die
Logik mit der Trennung von Sein und Sollen angesprochen, aber kein Naturrecht.
Mit anderen Worten: Selbst ein "Verstecktes" Naturrecht müsste immer noch
Naturrecht sein.

Es ist hier zu bestreiten, dass KELSENs "Reine Rechtslehre" - wie SCHILD
behauptet - "von jeder Naturrechtslehre unmittelbar übernommen werden" kann.
Die Grundnorm darf ja in jedem materialen Naturrecht keinen nur formalen und
keinen willkürlichen Inhalt haben. SCHILD verfehlt hier das Naturrecht. Auch
MARCIC will der Grundnorm alles zurechnen. Einwand: Der Delegationszusam-
menhang hat im Rechtsakt Systemgrenzen. Ein kurzer Hinweis auf Hans-Helmut
DIETZEs Buch über das "Naturrecht in der Gegenwart" (1936) und auf die in
der Literatur nachzulesende Kritik kann genügen, SCHILDs Thesen und Denk-
grundlagen als unhaltbar zu erweisen. DIETZEs "dynamische Rechtsauffassung"
rekurriert auf den Soziologen Ferdinand TOENNIES mit den Kategorien
"Gemeinschaft" und "Gesellschaft". DIETZE möchte den alten Universalismus
des Naturrechts abschaffen und das "Wesensgesetz" als Bewegung "in jeder
konkreten Situation" (17) erarbeiten. DIETZE verfolgt mit seinem "Naturrecht"
die Absicht, "die Gemeinschaft beständig in Bewegung zu halten und sie zu

beunruhigen" (18). DIETZE lehnt die historische Rechtsschule ebenso ab wie die wesentlichen Inhalte des Naturrechts. Aber im Unterschied zu SCHILDs Hitler-Beispiel und KELSEN w i l l DIETZE eine Naturrechtslehre "von der Methode her" bieten. Das allein ist in Wahrheit eine "versteckte Naturrechtslehre". Sie beruht auf der Rechtskonzeption im ontologischen Begriffsfeld. Sie ist rudimentär ontisch und erscheint dadurch als ein durch die Imperative der damaligen Zeit verschnittenes Rechtsbewusstsein, das nur einen Brocken aus der Naturrechtslehre herausgreift. DIETZEs Rechtsphilosophie ist in ihren erkenntnistheoretischen Prämissen hier nicht zu behandeln.

Unsere begriffskritische Arbeit im Fall der SCHILD-Thesen über "versteckte Naturrechtslehren" hat zum Hauptergebnis den Hinweis auf DIETZE. Hier richtet das Naturrecht sich nach der "veränderlichen Sache des S a m - f u n d s ". Dieser esoterische und romantische Ausdruck ist bei DIETZE der allgemeinste Oberbegriff für die Formen des sozialen Zusammenlebens. Mit der Aenderung des "Samfunds" ändert sich bloss in der Dunkelheit DIETZEs die Naturrechtstheorie. Der Bezug auf die Rechtsidee ist hier aporetisch, eine aus dem Zerfall der Wahrheit im Dritten Reich und aus der Krise der Rechtstheorie entstandene Wunschvorstellung. Bei DIETZE ging es um das Verstehen der geschichtlichen Situationen. Er glaubte, zu Prinzipien gelangen zu können, die ebenso objektiv sind wie es jene der naturrechtlichen Philosophie zu sein beanspruchten. Was DIETZE letztlich erreicht hatte, war die Diskreditierung universaler Normen.

Wir fassen das Ergebnis der vorliegenden Ueberlegungen zusammen: KELSEN und HITLER sind aus den aufgewiesenen Gründen keine tauglichen Beispiele für "versteckte Naturrechtslehren". Niemand wird in beiden Fällen behaupten können, dass das Prinzip der Gerechtigkeit im Rückbezug auf das Recht hier von zentraler Bedeutung ist. Es ist nicht möglich, die Grundnorm KELSENs als Universalitätsthese zu proklamieren, weil die ontologische Frage nach der Rechtsstruktur hier relevant wird. Man muss freilich zugeben, dass Missverständnisse gerade in der Grundnorm-Frage vor vielen Jahren diskutiert worden sind und vielleicht weiter diskutiert werden. Aber es ist offensichtlich, dass KELSENs Grundnorm nicht eine inhaltlich höchste Norm im Sinne des Naturrechts und der materialen Gerechtigkeit ist. Der Normsetzer kann die Rechtsordnung nicht transzendieren, und er verschwindet im System. KELSENs Konstruktion stört das sittliche Naturrecht.

Viel relevanter ist die erhebliche Störung des Naturrechtsdenkens durch den Historismus. - Ich sehe mit POPPER und Karl MANNHEIM die Notwendigkeit einer Strukturbetrachtung der Geschichte als Soziologie der Geschichte und als Kritik der Geschichte, um den Naturrechtsgedanken gegen die bloss partikularen Rechtskonzeptionen zu sichern. Die Geschichte verlangt eine Auseinandersetzung mit der Idee eines bleibenden Systems der Werte, das doch gerade von dem reissenden Strom unterwaschen und zerfetzt zu werden schien. Die Repräsentanten der bloss formalen Werte schaffen die Krisis. - Die vom Historismus (Historizismus im Sinne POPPERs) gestellten epistemologischen und axiologischen Probleme können im Hinblick auf das Naturrecht und das Thema von SCHILD gelöst werden. Aus ihr entsteht das verpflichtende Bild des konstitutionellen Staates, durch diesen normativen Bezug ist das politische Bewusstsein unserer Zeit im letzten geprägt. - Die Rechtskonzeption KELSENs ist das Gegenbild, die kühne Antithese. Der extreme Rechtspositivismus ist die eine Aussage. Der Mensch ist von Natur aus frei, es ist ihm eine unentziehbare Würde eigen, er ist Träger vorstaatlicher Rechte - das ist die andere Aussage.

SCHILDs Ueberlegungen zur Lösung der Problematik des Sollens in der Rechtstheorie mit Hilfe von Immanuel KANT kann ich im Prinzip zustimmen. - "Im Prinzip" ... Ja, aber ... KANT leitet aus dem Naturrecht den Satz ab, dass der Machthaber im Staat gegenüber dem Bürger nur Rechte und k e i n e Pflichten - als einklagbare Pflichten oder Zwangspflichten - hat. Hier gibt es keinen Widerstand gegenüber der Staatsgewalt. Wir sehen KANTs Begrenzung in der uns hier interessierenden Thematik.

Da ich das Naturrecht im Problemgefüge des ebenfalls notwendigen Rechtspositivismus sehe und beide für unaufgebbar halte, weil sonst die Freiheit nicht gesichert ist, möchte ich auf MONTESQUIEU hinweisen. Im g e f ü g t e n M i t e i n a n d e r von Naturrecht und Rechtspositivität liegt das Prinzip konstitutionellen Ordnens.

Fussnoten

1) Wolfgang SCHILD: Versteckte Naturrechtslehren, IVR World Congress Basel 1979, Paper No 141, Topic II / 3, p. 3.

2) SCHILD: a.a.O., p. 3.

3) Es gibt natürlich zahlreiche Naturrechtsdefinitionen. Gemeinsam ist allen Vorschlägen, soweit ich sehe, dass sie sich in einem Spannungsverhältnis zum positiven Recht befinden. Besondere Varianten sind in der Ethik und in der Moraltheologie aufgetaucht. Der Terminus "Naturrecht" wird in unserem Zusammenhang einerseits eingeschränkter, andererseits allgemeiner gebraucht. "Naturrecht" bezeichnet hier den Inbegriff jener Normen der Gerechtigkeit, von denen behauptet wird, dass sie als Basis allen Rechtes vorgängig zum Handeln des Gesetzgebers und unabhängig von ihm gelten. Mit dem Begriff des "Naturrechts" bewegen wir uns seit der Stoa im Kontext eines schöpferischen, werdenden (nicht abschliessbaren) "Nomos"-bestimmten Begriffs, der vom Ursprung griechischer Gerechtigkeitsphilosophie von einem sozialen Ordnungswillen getragen ist. Zur Genesis vgl. F. HEINIMANN: Nomos und Physis, Darmstadt 1965. - "Naturrecht" als Thema meint hier, wie der Vergleich bereits nahelegt, nicht etwas Unlebendiges, sondern den Bezug auf ein nicht kodifiziertes vernünftiges Recht. PLATON verstand unter den "ungeschriebenen Gesetzen" das nicht staatlich fixierte Gewohnheitsrecht (Nom. 793 A/B). Etwas schwieriger ist das Verständnis des Begriffs bei ARISTOTELES (in Rhetorik I 10 p. 1368, 7 und 13 p. 1373 und in der Nikomachischen Ethik X, 1180 a. 35). Und selbstverständlich: Im Dike-Gedanken hat die Zeusreligion ihren reinsten Ausdruck gefunden. "Gerecht" ist, was einem Menschen (oder sozialen Gruppen) zukommt

gemäss diviner Weisung, dann gemäss dem Gesetz, dann gemäss der "Natur" (von "natum esse").

Ist damit die Intention einer allgemeinen naturrechtlichen Theorie ausreichend charakterisiert? Die Formulierung der Naturrechtstheorie zielt auch darauf ab, sich abzugrenzen: a) gegenüber einem Moralskeptizismus als Ausdrucksform eines prinzipiellen Wertrelativismus und b) gegenüber einem orthodoxen Rechtspositivismus. - Das Recht soll nach dem Naturrechtsgedanken nicht völlig der Willkür des Gesetzgebers ausgeliefert werden. So gesehen zielt das Naturrecht in seiner Anwendung nach vorwärts, nicht nach rückwärts. "Naturrecht" ist von der Idee des Masses getragen. Hier ist auch der Punkt, an dem mit einem Worte daran erinnert werden kann, dass die Stoa die eigentliche Schöpferin des später sogenannten Naturrechts gewesen ist. Fasst man die Gemeinschaft der mit dem Logos begabten Menschheit als einen "Staat" auf, so würde in diesem ein Recht gelten, das auf den Normen der allgemeingültigen Vernunft beruht. Dieses Vernunftrecht (man denke auch an KANTs "Metaphysik der Sitten") wäre das wahre Naturrecht, es würde sich zu den positiven Rechtsordnungen der Gesetzbücher und Staaten verhalten wie jener ideelle Vernunftzusammenhang aller Kinder des Logos zu den einzelnen empirischen Staatsgebilden. "Richtiges" Recht und richtiger Staat sind die konkreten Fälle nur, insofern sie mit jener "Naturform" übereinstimmen. Die Abweichungen in den Rechtssätzen verschiedener Völker beweisen nach dieser Theorie nichts anderes als die Abweichung von der wahren Norm.

4) SCHILD: a.a.O., p. 3-4.

Gegen SCHILDs Erkenntnismodell ist folgender Einwand zu erheben: Die Einsicht in die Relativität kulturbedingter Werte darf nicht zu der Behauptung führen, dass sie der Kritik durch Hinweise "auf das Gemeinsame" entzogen werden. Rassenanthropologie und Naturrecht stehen auf zutiefst verschiedenen Wertebenen. "Rasse" steht nicht auf dem gleichen Niveau der Werte wie "Schöpfung", selbst dann nicht, wenn aus beiden mit Zwang durchsetzbare gesellschaftliche Normen werden. Wenn eine Norm deshalb, weil der Normsetzer (Gesetzgeber) es so will, in positivrechtliche oder "weltanschauliche" Geltung gesetzt ist, steht nur in seinem eigensten Sinne, das heisst keineswegs unter dem Aspekt der philosophischen Wahrheit fest. In radikaler Kritik könnte sich letztlich eine Norm als willkürlich gesetzte Norm erweisen und damit gerade als das, was vom Standort des Naturrechts und der Wahrheit nicht sein sollte.

5) SCHILD: a.a.O., p. 7 f.

6) SCHILD: a.a.O., p. 8 f.

7) Johannes MESSNER: Das Naturrecht, Handbuch der Gesellschaftsethik, Staatsethik und Wirtschaftsethik, 6. Aufl., Innsbruck-Wien-München 1966, p. 262 ff.

8) Die Kühnheit des Schildschen Modells liegt ganz einfach in der Grundidee, das Recht als Problem der menschlichen Freiheit zu behandeln, und zwar "voraussetzungslos", d.h. mit Distanzierungen vom Naturrecht und von der

Willkür der Reinen Rechtslehre. Vgl. hierzu SCHILD: a.a.O., p. 13.

9) Vgl. Heinrich ROMMEN: Die ewige Wiederkehr des Naturrechts, Leipzig 1936, Kapitel 3. Ferner: Joseph HOEFFNER: Christentum und Menschenwürde. Das Anliegen der spanischen Kolonialethik im Goldenen Zeitalter, Trier 1947. Wie sehr zeitgebundene Mächte in das Naturrecht eingegangen sind, zeigt ganz anschaulich Ernst REIBSTEIN: Die Anfänge des neueren Natur- und Völkerrechts. Studien zu den Controversiae illustres des Fernandes Vasquius (1559), Bern 1919, und Otto von GIERKE: Johannes Althusius und die Entwicklung der naturrechtlichen Staatstheorien, 4. Aufl., Breslau 1929, Kapitel 4.

10) Felix FLUECKIGER: Geschichte des Naturrechts, Erster Band: Altertum und Frühmittelalter, Zollikon-Zürich 1954, p. 436 bis 447. FLUECKIGER schreibt dann auf p. 452: "Wie im stoischen Naturrecht, so ist die naturalis ratio also auch bei THOMAS ontisch mit der ratio divina verbunden, allerdings nicht mehr als identisch, sondern nur mehr im Sinn der Analogie." Vgl. auch zum Ganzen: Gallus M. MANSER: Das Naturrecht in thomistischer Beleuchtung, Freiburg in der Schweiz 1944, und vom gleichen Verfasser das überzeugend klar dargestellte Doppelsystem aus Philosophie und Theologie unter dem Titel: "Das Wesen des Thomismus", 3. Aufl., Freiburg in der Schweiz 1949, und: Arthur-Fridolin UTZ: Sozialethik mit internationaler Bibliographie, Heidelberg-Löwen 1963.

11) FLUECKIGER: a.a.O., p. 454 f.

THOMAS' Zusammenhang mit dem stoischen Naturrecht scheint bisher meist übersehen worden zu sein. FLUECKIGER, p. 454 f.: "Der seit den Kirchenvätern immer wieder unternommene Versuch, dem Naturrecht eine materiale Wertethik zugrunde zu legen - diejenige des mosaischen Gesetzes und des christlichen Liebesgebotes, gemäss der Formel: ius naturale est, quod in lege et Evangelio continetur -, ist mit Thomas grundsätzlich aufgegeben, insofern nicht mehr die Offenbarung der ursprünglichen Natur in Christus, sondern die natürliche Vernunft Prinzip des Naturrechts ist. Das will selbstverständlich nicht besagen, dass Thomas die biblischen Gebote abgelehnt hätte. Er anerkannte neben der Vernunft auch die Offenbarung."

Diesen Feststellungen eines Theologen, dem insbesondere das Interesse des Sozialethikers am Naturrecht und der materialen Rechtsethik nahegeht, ist entgegenzuhalten: Es müssten Stellung und Funktion dieser Elemente im Gesamtsystem der jeweiligen Denker verglichen werden, was wiederum nicht ohne Blick auf die gesellschaftliche Funktion des Systems selbst geschehen könnte. Erst daraufhin liessen sich sinnvolle Aussagen über eine inhaltlich bestimmte Diskontinuität bzw. Kontinuität machen. Sofern man dies, wie in den gängigen ideengeschichtlichen Darstellungen des Naturrechts, nicht versucht, bleiben die neuen Ansätze für eine Naturrechtstheorie an der Oberfläche und häufig recht zufällig. Widersprüche sollten eigentlich nicht harmonisiert werden. Wenn es aber dennoch geschieht, so entsteht allzu leicht das Bild einer bruchlosen Entwicklung.

12) Günter DUX: Rechtssoziologie, Stuttgart-Berlin-Köln-Mainz 1978, p. 25. Ich leugne nicht, dass es dergleichen gibt. Im ganzen gesehen ist das

Verständnis des Rechts in Bewegung geraten. Mit dieser Aussage möchte ich mich bescheiden. Wenn gegenwärtig im Mittelpunkt der neuen Ansätze für eine Naturrechtstheorie die Begriffe des Humanum und der Menschenrechte stehen - oder wie H. WELZEL meint: ein "daseinstranszendentes verpflichtendes Sollen als Möglichkeitsvoraussetzung sinnvoller menschlicher Existenz" -, so ist mit dieser heilsamen Reduktion zugleich ein Zugang zu den modernen Gesellschaften eröffnet.

Inzwischen hat die Entwicklung der Rechtswissenschaften selbst gezeigt, dass die Leugnung des Naturrechts unvermeidlich zu einem haltlos relativistischen Rechtspositivismus führen muss, für den es jenseits der lex lata nur noch das sic volo sic jubeo des jeweiligen Gesetzgebers oder der ihn bestimmenden Interessen gibt. Der romantische Vorwurf wegen des unhistorischen oder gar antihistorischen Wesens des Naturrechts sollte doch endlich verstummen. Sogar Geschichte selbst ist letzten Endes nicht möglich o h n e übergeschichtliche Begriffe und Massstäbe.

13) Karl MARX: Die Frühschriften, hg. von Siegfried LANDSHUT, Stuttgart 1953.

14) Hans KELSEN: Was ist Gerechtigkeit?, Wien 1953, p. 38.

15) Hans KELSEN: Allgemeine Staatslehre, Berlin 1925, p. 335 bis 336.

Die Kritik an KELSEN hat just an diesem Punkt angesetzt und reklamiert, dass der Zustand der Rechtsordnung als Herrschaftsordnung, der es primär um Machterhaltung geht, in diesem theoretischen Zugriff dem einzelnen Handelnden zu wenig Raum lasse, beispielsweise für eine Innovation der jeweiligen Sozialordnung. KELSENs Konzept des Rechts, das sich methodisch auf die Cohensche KANT-Interpretation beruft, ruht tatsächlich, wie seine "Reine Rechtslehre" bezeugt, auf einem Zurückdrängen und Negieren der naturrechtlichen Perspektive zugunsten der unumschränkten Herrschaft des Rechtspositivismus. Dem Idealisten freilich muss jede eingehende Analyse der Formen, in denen KELSEN sich entfaltet, Gefühle der Enttäuschung und Entmutigung auslösen.

KELSEN erklärt: "Eine Rechtswissenschaft - als Erkenntnis eines besonderen Objektes - ist nämlich überhaupt nur möglich, wenn man von der Anschauung einer Souveränität des Rechts (oder, was dasselbe ist, des Staates) ausgeht, d.h. wenn man die Rechtsordnung als ein selbständiges und daher von keiner höheren Ordnung abgeleitetes Normsystem erkennt." (KELSEN: Allgemeine Staatslehre, a.a.O., p. 47. In der Formulierung ist die Divinisierung des Staates erkennbar, wie sie sich in der Tradition der Hegelschen Rechtsphilosophie unter Juristen während des Dritten Reiches entfaltet hat. KELSEN ist eben kein KANTIANER und kein Anhänger der europäischen Aufklärung.

Uebrigens findet sich schon bei MONTESQUIEU in aller Ausdrücklichkeit und Schärfe die entscheidende Argumentation gegen den Rechtspositivismus: "Dire qu'il n'a rien de juste ni d'injuste que ce qu'ordonnent ou défendent les lois positives, c'est dire qu'avant eût tracé de cercle tous les rayons n'étaient pas égaux" (Esprit des Lois, livre I, chapitre I).

16) KELSEN: a.a.O., p. 336. - Es ist interessant zu sehen, dass solche von

dem Schöpfer der "Reinen Rechtslehre" und von BERGBOHM angegebenen
Argumente für die Rationalität sozialer Normen identisch sind mit philosophischen Positionen, die im Laufe der philosophischen Entwicklung längst
eingehend diskutiert und als unhaltbar nachgewiesen worden sind. Wir erin-
nern an die Rolle der Sophisten und an PLATONs Rechtsbegriff in seinem
"Staat" (Buch IV, Kapitel 10), der von ARISTOTELES weiterentwickelt wurde (Nik. Eth. V 6, 1134 a 35, Politik 1270 b 28 ff., 1272 a 38, 1281 a 35,
1282 b 2 ff., 1286 a 21 ff., 1286 a 36, 1287 b 15, 1289 a 19, 1292 a 33, 1315
b 15, 1322 a 4, Rhetorik 1354 a 31 ff., 1366 a 1). Zum Thema der Entwicklung als Rechtsfortbildung ist der folgende Ausgangspunkt wichtig: der Ge-
rechtigkeitsbegriff PLATONs ist nicht rein formal wie die Formel "suum
cuique", sondern sachhaltig, da "das Seine" durch die N a t u r a n l a -
g e n bestimmt wird. Vgl. hierzu auch Leo STRAUSS: Natural Right and
History, Eighth Impression Chicago & London 1974, p. 120-164. Von grundsätzlicher Bedeutung sind in unserem Zusammenhang die von Arthur Fridolin UTZ vermittelten Erkenntnisse. Vgl. hierzu Arthur Fridolin UTZ: Sozialethik, a.a.O., II. Teil: Rechtsphilosophie, p. 33-58, p. 103-115. Hier
wird die Bedeutung der Gerechtigkeit als sittliche Qualität im Kontext der
Entwicklung des Rechts deutlich gemacht. Ebenso in dem Kommentar von
UTZ in: Deutsche Thomasausgabe, Bd. 18, Recht und Gerechtigkeit, Heidelberg 1953, p. 594 ff. - Vgl. ferner: J. RAWLS: A Theory of Justice, Oxford
1972 und dazu: Ronald Harri WETTSTEIN: Ueber die Ausbaufähigkeit von
Rawls' Theorie der Gerechtigkeit. Vorüberlegungen zu einer möglichen Re-
konstruktion, Basel 1979, p. 24-42, Reihe: Social Strategies, Monographien
zur Soziologie und Gesellschaftspolitik, Editor: Prof. Dr. Paul TRAPPE.
Das, was im Sinne der hier gestellten und umgrenzten Frage "Recht" ist,
kann nur von einer spezifischen Moralität oder allgemeiner: von einem
"Verhalten" ausgehen. R e c h t   i s t   e i n   m e n s c h l i c h e s
V e r h a l t e n   i n   i n t e r s u b j e k t i v e r   I n t e r f e r e n z .
Diese meine These umgreift die Wirklichkeit geschichtlichen Lebens. In
ihr sind intersubjektive Sichten und Normen und ontologische Strukturen
als die entscheidenden Grundfragen der menschlichen Existenz unvermeidlich vorgegeben.

Vorgegeben ist die o n t o l o g i s c h e   B a s i s des Sozialen. Sie
muss im Erkenntnisprogress "greifbar" werden. Ins Sozialphilosophische
gewendet: Nicht ein Mensch oder Menschen herrschen durch die Theorie
des Faktischen (durch subjektiv-willkürliche Ueberformungen), sondern gemäss MONTESQUIEU der objektive erkennbare Sinn der Norm herrscht.
Wer dies positivistisch ignorierend in Frage stellt, muss den u n i v e r -
s a l e n Bezug des Rechts verfehlen. Dem Positivismus muss die aristotelische Philosophie entgegengehalten werden. ARISTOTELES lehrte, dass
das von Natur Rechte erst in der Polis sichtbar werde, weil erst im Zusammenleben freier Bürger das, was der Mensch von Natur sein kann, zur Entwicklung kommt. Diese These setzt den ontologischen Begriff eines gerichteten "Seinkönnens" voraus, also: Teleologie. Unter dieser Prämisse be-
trachte ich die Grundfragen der Rechtssetzung. Hierzu ist unter der ver-
dienstvollen Regie von Paul TRAPPE ein umfangreicher Band in der Reihe
"Social Strategies" erschienen: Kurt EICHENBERGER, Walter BUSER,

Alexandre METRAUX, Paul TRAPPE (Hg.): Grundfragen der Rechtssetzung, Basel 1978. Vgl. hierzu: Arthur Fridolin UTZ: Ethik und Politik.
Grundfragen der Gesellschafts-, Wirtschafts- und Rechtsphilosophie. Gesammelte Aufsätze, hg. von Dr. Heinrich B. STREITHOFEN, Stuttgart-
Degerloch 1970. Und: Werner MAIHOFER (Hg.): Naturrecht oder Rechtspositivismus?, 1. Aufl., Darmstadt 1962. - Regulative Probleme behandeln: Heinrich POPITZ: Soziale Normen, in: Europäisches Archiv für Soziologie, 1961/2. Und: Gerd SPITTLER: Probleme bei der Durchsetzung
sozialer Normen, in: Die Funktion des Rechts in der modernen Gesellschaft.
Jahrbuch für Rechtssoziologie und Rechtstheorie, Bd. 1, Bielefeld 1970. -
Das regulative Prinzip der Gerechtigkeit lässt sich sinnvoll mit der Frei-
heitsproblematik verbinden. Vgl. dazu den exzellenten Beitrag von Robert
REICHARDT: "Manipulation und Gewalt. Die Bedrohung des Menschen durch
den Menschen, in: Ueberleben wir den technischen Fortschritt. Analysen
und Fakten zum Thema Qualität des Lebens", Freiburg i.Br. 1973, p. 109
ff.

17) Vgl. das ganz entsprechende Urteil von Hans RYFFEL über das Naturrecht
Hans-Helmut DIETZEs, in: Hans RYFFEL: Das Naturrecht. Ein Beitrag zu
seiner Kritik und Rechtfertigung, Bern 1944, p. 86 f.

18) Hans RYFFEL: a.a.O., p. 87-95. Ferner: O. von NELL-BREUNING: Geschichtlichkeit der Rechtsprinzipien, in: Theol. und Phil., 52. Jg., 1977,
p. 72-79.

Thèmes complémentaires - Overlapping Themes
Uebergreifende Themen

Groupe 4 - Group 4 - Gruppe 4

Fondements du droit
The Fundamental Principles pf Law
Grundlagen des Rechts

Praesidium: ALFRED DUFOUR

EUGENE KAMENKA

Three Marxist Theories of Law

I.

Karl MARX was the son of a lawyer. He began his intellectual career as a law
student - and as a student of such great figures as SAVIGNY, Eduard GANS, at
that. He had worked - student-fashion, at least - through FEUERBACH and
GROLMANN on Criminal Law, WENNING-INGENHEIM and MUEHLENBRUCH
on the Pandects, LAUTERBACH on Civil Law and Ecclesiastical Law and through
the Capitularies of the Frankish Kings and the Pope's letters to those Kings. He
had attended lectures 'industriously' and even 'with exemplary industry', on the
Encyclopedia of the Legal Sciences, JUSTINIAN's Institutes, the history of
Roman law, the history of German law, European legal systems and natural law
in Bonn, and on the Pandects, criminal law, ecclesiastical law, common German
civil procedure, Prussian civil procedure, the Prussian civil code and succession in Berlin. In February, 1849, charged before the Assizes in Cologne with
insulting officials and inciting to rebellion, MARX spoke in his own defence and
won acquittal from the jury and the plaudits of the crowd outside.

Nevertheless, of all of MARX's legal education there is only minimal trace in
his work. ENGELS liked to parade his (patently layman's) legal knowledge;
MARX, who knew far more, dit not. In his mature period, he wrote nothing
extended or systematic about law: a collection of his mature writings on law is
a collection of general statements about economic base and ideological superstructure and some comments on the development of private property, together
with historical and political comments on the social effects or motives behind
specific laws, such as the English Poor Laws and Factory Acts and NAPOLEON
III's legislative interventions.

In his earliest work, MARX did sketch a few more general positions not proclaimed in his later life: the need for the law-maker to see himself as a scientist who
discovers the 'rational' law that applies to any human activity by considering the
'true' nature of man and of that activity and who must therefore reject coercion
and the alien intrusions of religion and sectional privilege. At that time, he
proclaimed the indissolubility of marriage (at least according to 'its principle'

if not quite in fact) and directed some well-chosen (Hegelian) words against the moral relativism and consequent immorality of the Historical School of Jurisprudence as represented by HUGO even more than SAVIGNY.

In recent years, there has been something of a revival of the young MARX and Soviet legal ideologists have taken to quoting the earliest MARX on the law of marriage and divorce in support of their own (theoretical) conventionalism in these matters. The young MARX's concern with freedom and his rejection of all coercion as seeking to determine men as though they were animals is not as popular a subject in those circles. Among genuine scholars, in both East and West, there is now a better and deeper appreciation of MARX's intellectual development and of three intellectually and chronologically distinct approaches that he had to law.

In the earliest stage (1841-42), MARX saw true law as consisting of the universal and the universalisable rules laid down by man's species essence and by the proper, untrammelled development of truly human activities - a form of freedom, of self-determination and not of coercion or external determination, of universality and not of particularity, of the volonté general and not of private or sectional wills, of 'harmony' and lack of 'contradiction'

In the second stage (1843-44), MARX saw law as a form of human alienation, which tears man as juridical subject out of his human and social context, which separates legal man from moral and economic man, civil society from the political state, man as man from man as citizen.

In the third and ultimate state (1845-46), MARX saw law as the 'reflection' and protector of specific modes of production, forms of economic organisation and of class domination. Law on this view is simply the will of the ruling class - though MARX insists that that will is itself the product of forms and modes of production.

The three lines of approach that MARX elevated at different stages of his development represent changes of emphasis and a movement from the abstractly philosophical to the concretely social. They do not stand in flat contradiction with each other - each stage, indeed, is subsumed in the next and thus never fully repudiated in respect of content. All three stages, on somewhat different grounds, lead to the conclusion that law will retreat (or 'wither away', as ENGELS puts it) before man's life as a life of freedom: first, because freedom is self-determination by an intrinsically cooperative, social, universal human essence; second, because freedom involves the overcoming of alienation and therefore of law as a from of alienation; and third, because the free society of communism rests on the abolition of private property, the division of labour and the existence of classes, of all those things, in short, that have created and sustained law.

LENIN's State and Revolution, with its vision of a society in which spontaneous community feeling and self-administration by rational discussion had replaced state and law, gave the (fundamentally false) impression that LENIN expected

all this to happen very quickly, but it was not a misreading or falsification of
an abiding theme in MARX's work. A surprising number of early nineteenth-
century thinkers, of whom SAINT-SIMON was the most influential, believed
that both politics and law were part of the 'old world', that the application of
science and reason to social affairs would end in the government of men being
replaced by the administration of things and in public discussion replacing the
politics of interest. That belief, alas, facilitated the suppression of politics and
the brutal destruction of all sectional and particular interests as independent
and valuable aspects of social life in all communist-governed societies.

II.

Illuminating and intellectually important as the writings of MARX can be, they
do not deserve great respect or command great attention from serious thinkers
about law. Even the most general trends of legal history are not well explained
by a straightforward use of MARX's method of the materialist interpretation of
history. The two best legal thinkers in the history of Marxism - E.B.
PASHUKANIS and Karl RENNER - saw law very differently. Both emphasised
something totally neglected by MARX, the systematic character of law and its
role in shaping and transforming society. Both recognised that it was not
possible to give a coherent or correct account of legal development by classify-
ing legal institutions as such as slave-owning, feudal or capitalist law. But
PASHUKANIS was also quite clear that law was not a passive tool suitable for
use by any ruling class; the bourgeois revolution, for him, was above all a legal
revolution, a historically new and pervasive judicialisation of human affairs and
social relationships. RENNER, like PASHUKANIS, saw law as not merely a
system of commands, but of concepts with definitional and organisational as well
as normative functions. He distinguished sharply between legal norms and
institutions, which had shown remarkable persistence in the West since Roman
times, and their social function in the economic and political ordering of
society, which had seen great changes. Both men, in short, recognised that law
was neither merely epiphenomenal nor simply of a stage - 'feudal', 'bourgeois',
etc. They are still the only serious Marxist contributors to the higher and
more general levels of the theory of law.

Marxism as an intellectual system, then, confronts us with three significant
approaches to the theory of law. The first, that of the classical mature Marxism
of MARX and ENGELS, sees law and the state as organs representing the will of
the ruling class, whose function is simply to secure the mode of production and
social organisation favourable to the ruling class and guaranteeing its own
position. The dictatorship of the proletariat is still a ruling class and law and
state continue to serve the same general function, though in a different interest.
When classes disappear, law and the state are excised from social life. This
view of law engenders respect neither for the moral content of law nor for its
intellectual content and function; it has no theory of justice (MARX disliked the
word) and sees 'rights' as belonging to the bourgeois conception of law. It makes
it possible to treat martial law and arbitrary and repressive 'administrative

measures' as just another form of law. It is ambiguous and unclear about the
resolution of conflicts, the settlements of claims, the maintenance of social
order in the conditions of the classless society; in the period of class struggle
and of proletarian class supremacy it sees laws cynically, as LENIN and MAO
did, as means of propaganda, not actually to be carried out in every case, or
as sledgehammers to crush the enemy. Policy and revolutionary consciousness
of justice take the place of law. It has no conception of law as a carrier of
values and ideologies internal to the law and representing an independent social
tradition, with a bias toward universality, fairness, equality and intellectual
resolution of conflict.

E.B. PASHUKANIS - denounced, imprisoned and killed for his pains - shifted
the classical Marxist and Leninist conception of law to a much deeper intellectual level, linking it with a perceptive understanding of MARX's conception of
alienation and with the underlying importance of that concept for MARX's
mature, 'materialist', work. The 'essence' of law, for PASHUKANIS, was the
Western systematised and idealised version of private law, resting on the
formal equality and equivalence of parties to a suit, presupposing their in-
dividuality, rationality and freedom of will, concerned with adjudicating claims
and vindicating rights, taking as the model of all law the commercial contract.
Legal relations were horizontal relations between supposedly or formally equal
legal subjects; they made no formal provision for status, wider public policy or
interest, for subordination and sub-subordination. They treated the state and
the individual as equally private and particular, having rights and duties vis-à-
vis each other. They dissolved marriage into a contract and the family into a
network of reciprocal individual rights and duties; they made the wrongdoer
'pay' for his crime according to a fixed scale of penalties that amount to
charges. Law, in short, represented the commercial view of the world; it
forced social affairs into an abstract and alienated legal mould in the same way
as political economy in commodity-producing societies forced human activities
into the abstract and alienated economic mould composed of such categories as
'labour', 'capital', 'rent'. The socialist revolution would signify the end of both
systems of alienation; it would mark the end of the juridical category in human
affairs just as it would mark the end of money and of such categories as labour,
capital, profit, rent. Public policy and the elevation of socio-technical norms -
in short, a vertical system of administration - would replace law and its
abstract and alienating categories. The fact that PASHUKANIS' theory depended on limiting the use of the word 'law' to a specific view of the nature and
function of law, based on the developing ideals and practices of the private
branch of Roman Law, Common Law and Civil Law should not blind us to the
extent to which he, more than any other Marxist, has grasped the central ideals
and presuppositions of the Western legal tradition as an intellectual system and
practical ideology and seen the necessary conflict between it and the ideals of
public law and of the rationally administered society. His critique of that
Western legal tradition is right in pointing to its serious limitations and has
been taken up, in a host of ways, in contemporary Western attempts to supple-
ment what we call the Gesellschaft conception of law with both Gemeinschaft
and bureaucratic-administrative procedures and ideals meant to deal with whole
people and whole situations in their concrete social context. But PASHUKANIS'

perceptiveness in seeing the limitations of the Western legal tradition should not blind us to the horror of the substitute he envisaged, in which the concept of social danger would replace the concepts of guilt and <u>mens rea</u>, the concept of social harm those of fault and negligence, in which the criminal would become not an offender but a patient, detained at society's pleasure until he was pronounced cured, and in which administrative status would once more replace legal equality.

Karl RENNER is ritualistically denounced by Communist Party ideologists as a Social Democratic opportunist because he emphasised social evolution rather than revolution, continuity and the changing composition of social forces and institutions rather than dialectical leaps, social problems rather than battle-cries. Yet, he was the most sensible, if not the most imaginative of the Marxist writers on law. He recognised that law could not be treated epiphenomenally as part of the ideological superstructure; legal institutions were part of the very description and working of the mode of production, of the economic base. MARX's <u>Capital</u> was a systematic study, in conditions of commodity production, of the social and economic function of two such legal institutions that lay at the foundation of capitalism – the institution of property and the contract of service. The change from one economic mode of production to another did not produce radical changes in the fundamental norms and concepts of law – the legal property-norm, which incorporated and gave legal force to the infra-jural recognition that someone in the end must be responsible for a thing, would survive into the period of socialist or nationalised property, as indeed it has. Legal norms and concepts, legal institutions, were like bricks from which one could build a manor house or <u>Gut</u> in one age, a factory in another, a bank and a Stock Exchange in a third. In the process, unimportant legal institutions (like the mortgage in Roman times) became central and important and combined with other institutions in previously unexpected ways to lay the material foundations for new forms of economic production, new distribution of goods, orders of labour and political and administrative arrangements. The laws of a socialist world would not wither away or represent a lawless leap out of this historical process – they could be deduced from the present. The key to that deduction, RENNER believed, lay in the extent to which capitalism had separated ownership from private and individual control and social, charitable, religious and political responsibility from the responsibility of ownership. Property was becoming public instead of private – the railway station and the garage positively invited all to enter.

III.

The three theories of law presented here are not contradictory in the sense that one must accept one and reject the others. Each of them tells part of a complex story and draws our attention to some aspects of law while neglecting others. PASHUKANIS' is, as I have said, the most illuminating even if it makes us come down on the opposite side to the one PASHUKANIS espoused. RENNER's gives us a fuller and more interesting approach to the history of legal development in its broadest sense than MARX's class theory and resolves at least some of MARX's inconsistent vacillation between primarily economic and primarily political accounts of law. RENNER, too, leads us to the correct and necessary recognition that there is no 'essence' of law, no single factor that brings it into being and determines its working, no single or primary function that law performs. Above all, he foreshadowed correctly – much more correctly than others – the fundamental changes now taking place in Western law and the curious and fundamentally un-Marxist development of law in Soviet socialist societies.

The Soviet Union is no nearer being a <u>Rechtsstaat,</u> though it is more orderly and more pervasively and less arbitrarily administered than it was under LENIN. But it has learnt from experience. In particular, professionalisation, the impossibility of continuing to concentrate on the 'one thing needful' and the consequent growth of sophistication and recognition of complexity, have led to much less crude views of the function of state and law. There is, in all Marxist socialist countries, a growing stress on the importance and complexity of state organisation and law.

The growing emphasis in Marxist-socialist countries on the importance and complexity of state organisation and law as a means of 'steering society' is well known. It has involved the rejection of the earlier view that state and law are by their essence coercive organs of class rule which lose their <u>raison d'être</u> once the division of society into antagonistic classes has been overcome. It has led, irresistibly, to the recognition that neither state nor law has a single unitary essence, or serves just one function. It has also led to ever-increasing emphasis on the necessary technicality of law and administration, on the importance of knowledge and training, the impossibility of totally overcoming the division of labor, and on the specialization of functions in this field. There is now clear, if guarded, recognition of the existence of concepts, techniques and principles, and of objective problems, that must form part of any serious concern with law and administration in modern societies, whether those of socialism or those of the 'bourgeois' and developing world. There is also increasing concern with the mechanism of legal regulation, with the legal and extra-legal dimensions of the translation of legal rules into social realities. Soviet bloc writers, especially in Poland, have turned to the sociology of law in a non-classical-Marxist sense. (They are also tending in their enthusiasm for 'steering society' to exaggerate the social power of legal regulation and to identify law with management, with administration by the state.) Others, however, are concerned with the specifically legal – not just with norms, but with legal relationships, even if their concern is expressed in decidedly cautious and muted terms.

Of course, there are still countervailing trends in contemporary Marxist-Leninist theory: the continued insistence on the class interest of the bourgeoisie as ruling and shaping western societies and seeking, through imperialism and neocolonialism, to dominate the world; the attack on the abstract and formal character of 'bourgeois' law as concealing and facilitating economic subjugation and inequality; the rejection of 'idealist' and 'natural law' elevation of justice as an abstract, formal, or moral concept true for all time: the refusal, in the

Soviet Union especially, to see or respect law and legal theory as an independent, critical social tradition, with an in-built bias toward freedom, equality, and the clear determination of rights. Nevertheless, Soviet and East European theoreticians of state and law are now anxious to appear at world congresses and do appear there as professional colleagues of western lawyers, rejecting the 'juristic nihilism' which they treat as a slanderous distortion of Marxism. Nor, as we all know, do they all any longer put forward the same views - there are differences of substance, as well as of emphasis, on such questions as the extent and importance of non-class-based elements in the ethics and legal systems of class societies; the relation between form and content in law, and character and status of the formal; the correct interpretation, in the light of modern developments, of the classical doctrine of the withering away of state and law as society moves from socialism to the final stage of communism.

Behind all this, despite the vacillation and ambiguity, and the differences between individual Marxist-Leninist thinkers in the Soviet and East European fold, lies a recognition of administrative imperatives, of general social problems and needs, that cannot be reduced to the classical Marxist analysis of society in terms of class conflict, class morality, and class interests. It is a recognition forced upon revolutionaries who can no longer live off focusing attention on the evils of the past or urging great leaps forward into an uncharted future, but who must pay real and serious attention to the needs of the present as a significant, complex, and continuing social reality.

Western students of contemporary China have always been too ready to see developments in the People's Republic of China as intensely local or national, as sui generis. They have underrated the extent to which Maoist ideology has drawn on Soviet ideology of a different period, and the extent to which the logic of Marxism and the logic of revolutions, with their internal tensions and contradictions, operate in China as they did and do in the Soviet Union. Those who argued some years ago, as we did, that the mix and tensions of what we call Gemeinschaft, Gesellschaft, and bureaucratic-administrative conceptions of law were to be found in China as in the Soviet Union, and that the greater Chinese elevation of Gemeinschaft procedures, though traditionally based, was inherently unstable and likely to give way to increasingly bureaucratic-administrative arrangements, have been proved right. The position, of course, is still not stable; the tensions have not been resolved. The geopolitical hostility between China and the USSR is not dead, but the retreat from the 'mass line' since the overthrow of the Gang of Four and the renewed emphasis on competent, complex, and regularised administration is leading to a certain convergence of Soviet and Chinese perceptions of the role of state and law under socialism. There is perhaps no better index of serious progress in Marxist-Leninist philosophy of law, and of the increasing recognition of the complexity and (limited) integrity of law, than the willingness of theoreticians in communist countries in the last few years to discuss as a theoretical problem the heritability of law.

In its early stages, or in mobilizational revivals, revolutionary ideology tends to emphasize the negation of law, and thus social and legal discontinuity between social formations, and especially between 'pre-socialist' and 'socialist' stages.

It sees the revolution, or each revolution, as a new beginning, a total over-throw, a purging of the old world. But this mood lasts only in the period of revolutionary enthusiasm, while the revolution is still fundamentally pre-occupied with distinguishing itself from the past. Already in the 1920s, one of the early communist chairmen of the Soviet Supreme Court, P.I. STUCHKA, noted, very perceptively, that every revolutionary government begins by enacting laws that are retroactive for all time - but when it has become stable, when it has come to be concerned with the future development of the post-revolutionary society, with stability and orderliness, it accepts the practice that laws should come into operation from a specific period. The increasingly critical attitude to the rule of law taken by a western intelligentsia deprived of responsibility or social power, and taking public affluence and technological competence for granted, though perhaps sparked off by the Great Proletarian Cultural Revolution as well as by Vietnam, is now proceeding in inverse pro-portion to the stabilization, to the growing acceptance of the importance of state and law, in communist countries. There, those classical Marxist doctrines that amount to 'juristic nihilism' (as communist theoreticians now call it) are being more and more flatly rejected as vulgar pseudo-Marxism, infantile left-wing communism, anarchistic Maoism (in China, corrupt Gang-of-Fourism) or as bourgeois misrepresentations of Marxist doctrine, invented for the purpose of discrediting it. The importance of law, let alone of the state, as a social category, as a means of regularising social life, steering society, safe-guard-ing production and development and protecting the individual is now proclaimed - at least in theory - in every communist capital from Berlin through Moscow to Peking. Law may have been, according to Marxists indeed it was, an instrument of class domination in past and present societies of class conflict, including early Soviet society. But it is now seen as not only or entirely that. In developed Marxist-Leninist societies in the stage of socialism, however, where class conflict has been overcome and the state is allegedly the State of All the People, law is now presented as an administrative imperative. It safe-guards and secures the socialist system, and the life and values of citizens; it requires technical knowledge and scientific study - i.e. specialisation and expertise - as well as devotion to the practice of socialist legality, and to the task of the creative development of socialist law. In China, it is now also seen as an integral part of the four modernisations.

In the USSR, many of the most liberal trends of the KHRUSHCHEV era - the elevation of general 'human' values, such as kindness, against Stalinist ruthless-ness in a cause, the elevation of law as protecting the individual against the state - did not survive into the renewed bureaucratisation and growing repression of the BREZHNEV period. (In China, they are currently prominent in officially-sanctioned literature showing the evils of the Gang of Four.) In the USSR, the view that state and law express certain general social interests and general requirements has, however, been steadily strengthened. So has the professional-isation of Soviet philosophy, and political and legal theory. The emphasis now is on complexity, on recognising continuity as well as discontinuity in historical stages and between socialist and non-socialist forms of society, and the relative independence and integrity of legal institutions, concepts, and problems. Pre-cisely because these are comparatively new waters for the Marxist theoretician of law, not charted by the classics, there is considerable disagreement and discussion among communist legal philosophers on the precise implications of this - the extent to which pre-socialist and socialist law display continuity, heritability, or common problems; whether the state and law will wither away in a very distant future or in any real sense not at all; whether the future of law is to some extent a separate question from the future of the state.

The so-called contradictions of Western Law - the growing tension in Western societies between the classical <u>Gesellschaft</u> legal framework and the increasing intrusion of <u>Gemeinschaft</u> and bureaucratic-administrative conceptions and procedures are fully parallelled by similar contradictions in the law and legal theory of Marxist socialist societies. But there the framework has become more frankly and arrogantly bureaucratic-administrative and the vertical relations of subordination and sub-subordination, as PASHUKANIS foresaw, have become infinitely more powerful than the horizontal legal relations between individuals seen as right- and duty-bearing subjects. At the same time as Marxist theorists recognise the need for a more sophisticated theory of law, they undermine, through their emphasis on law as 'steering society', the possibility of developing a genuine appreciation of the distinction between law and administration and of the importance of the Western idea of law in universalising, throughout the world, the ideals of liberty, universality and equality. The concept of rights is recognised in the Soviet legal system, but in so far as it has become a (limited and restricted) part of Soviet legal theory it stands in contradiction with and acts as a limitation upon the concept of law as state-dependent and state-inspired and as having the primary or over-riding social function of 'steering society'. In the end, in their system as in ours, the conflict of interests and the clash of ideologies remain part of social life, but they (at official level, and through repression) still seek to deny this.

HERMANN KLENNER

Verschiedenheit, Gegensätzlichkeit und Vereinbarkeit
von Rechtsphilosophien

> Die Widersprüche sind
> die Hoffnungen.
>
> b.b. (1)

Das plurale Erscheinungsbild rechtsphilosophischer Ideenproduktion in Vergangenheit und Gegenwart hat zu zahlreichen Illusionen Anlass gegeben, von denen
zu den heutzutage gängigsten wohl diejenige zählt, die Pluralität der Gedanken-
systeme als Beleg ausgeübter Freiheit und als Beweis vorhandener Wissenschaftlichkeit zu verbuchen. Freiheit als Gleichgültigkeit gegenüber dem Wis-
sensinhalt? Und zeigt sich die Wissenschaftlichkeit der Mathematik darin, dass
gleichberechtigt die dritte Potenz von drei mit 27 oder 72 angegeben werden
kann? Aber nicht davon soll im folgenden die Rede sein.

Vielmehr soll uns das in der Geschichte der Rechtsphilosophie, einschliesslich
ihres zeitgenössischen Panoramas, faszinierende Phänomen aufgetretener Kon-
zeptionsübereinstimmungen und -unterscheidungen, Koinzidenzen und Kontroversen, Gleichheiten und Gegensätze unter einem ganz anderen Gesichtspunkt be-
schäftigen. Zwar gibt es, vereinzelt, die Auffassung, dass alle grossen Denker
dasselbe meinen (2), dass Rechtsphilosophie im besonderen wie Philosophie im
allgemeinen nicht fortschreite, sondern auf der Stelle trete, also keinen Verdienst der Originalität mehr zulasse; zwar gibt es, geläufiger schon, die These
vom einheitlichen Ideenstrom, der sich aus fernster Vergangenheit bis in die
noch nicht einmal futurologisch erforschte Zukunft ergiesst - bei nüchterner
Betrachtung aber zeigt sich ein anderes Bild:

Weder die Gleichzeitigkeit noch die Gleichsprachigkeit von Rechtsphilosophien
war je eine hinreichende Voraussetzung ihrer Uebereinstimmung. Und der Fortschritt in Rechtswissenschaft und Rechtspraxis hängt qua definitione mit der
Andersartigkeit der von der jeweiligen juristischen Grundlagenforschung erzielten Ergebnisse zusammen. Das Neue beginnt mit dem Infragestellen des Alten.
Oder, um es radikal zu formulieren, es hat noch nie eine konsensfähige oder je-

denfalls keine konsensfähig bleibende Rechtsphilosophie gegeben.

Bevor dieser dialektische Imperativ der Wissenschaftsgeschichte auf seine methodologischen Implikationen und seine zeitgenössischen Konsequenzen untersucht wird, sei einiges Beispielmaterial angeboten, das für den weiteren Verlauf der Ueberlegungen als Fallreservoir verwendet werden kann.

In den innerhalb einer Generation in einem Land von Angehörigen einer Nation in ein und derselben Sprache geschriebenen bedeutenden rechtsphilosophischen Konzeptionen von MILTON (The Tenure of Kings, 1649), HOBBES (Leviathan, 1651), WINSTANLEY (The Law of Freedom, 1652), HARRINGTON (Oceana, 1656), FILMER (Patriarcha, 1680) und LOCKE (Two Treatises of Government, 1689) finden sich (u.a.) folgende Behauptungen:

a)   nur die absolute Monarchie sei legitim;

b)   die absolute Monarchie sei keinesfalls legitim;

c)   es gebe ein Widerstandsrecht des Volkes gegen eine illegitime Staatsgewalt, notfalls einschliesslich der Befugnis, den angestammten König hinzurichten;

d)   es gebe überhaupt kein Widerstandsrecht gegen eine präsente Staatsgewalt;

e)   im Naturzustand gebe es keinerlei Eigentumsrecht;

f)   das Eigentumsrecht sei im unveränderbaren Wesen des Menschen begründet, also auch schon im Naturzustand vorhanden;

g)   der Endzweck der bürgerlichen Gesellschaft wie des Staates und des Rechts sei die Erhaltung des Eigentums;

h)   das Eigentum sei nebst allen es regulierenden Gesetzen mit des Königs Kopf abzuschneiden.

Man wird zugeben, dass es keiner Wahrheitsmatrix bedarf, um festzustellen, dass eine konjunktive Verknüpfung obiger als Aussagenplateau interpretierter Behauptungen jedenfalls falsch ist: nicht eine einzige ist mit allen übrigen vereinbar.

Nun mag gegen diesen Test eingewandt werden, dass es kein Wunder sei, wenn in den Hoch-Zeiten revolutionärer Jahrzehnte die zentralen Gedanken, und um solche handelte es sich, produzierter Theorien nicht miteinander harmonieren. Andererseits verdankt gerade die Rechtsphilosophie der Vorbereitung und Auswertung von Revolutionen die allergrössten Zäsuren und den eigentlichen Progress. Was geeigneteres gäbe es also zur Widerlegung jener quietistischen Auffassung von der Geschichte des rechtsphilosophischen Denkens als einer bewegungslosen Tautologie, als einer Ungeschichte also, als Kontradiktionen im rechtsphilosophischen Gedankenhaushalt einer revolutionären Epoche nachzuweisen? Uebrigens zeigt sich in solchen Perioden das "Ungleichwerden des Gleichen" auch häufiger als sonst beim einzelnen Denker selbst: LOCKE etwa liefert, wenn man seine Two Tracts mit seinen Two Treatises, also seine Apologie

der "Restaurations"monarchie von 1660 mit seiner Apologie der "Revolutions"-
monarchie von 1689 vergleicht, ein extremes Beispiel dafür, wie jemand, ich
bediene mich HEGELs Terminologie (3), sich von sich selbst zu unterscheiden
beginnt, indem er sich von sich selbst abstösst.

Von diesem höchst gesunden Vorgang ist das eher anrüchige Vorkommnis wohl
zu unterscheiden, wenn nämlich eine als systematisch angebotene, also der Absicht ihres Autors nach geschlossene Rechtstheorie nicht in sich konsistent ist.
Wiederum möge LOCKE als Beispiel dienen, in dessen endgültigem rechtsphilo-
sophischem System Axiome, Theoreme und Normative gelegentlich in einem
verblüffend unlogischen Verhältnis zueinander stehen: LOCKE anerkennt keine
angeborenen Prinzipien und lässt doch auf einem dem Menschen von Gott im-
plantierten Prinzip mit dem Eigentum seine ganze Gesellschaftsphilosophie basieren (4); er plädierte für die Freiheit der Andersdenkenden - wenn sie nicht
gerade Atheisten waren; er begründete das Recht eines jeden, sich die Früchte
seiner Arbeit anzueignen - wenn er nicht gerade Arbeiter war; er bekannte sich
zur gleichen Freiheit aller - wenn sie nicht gerade Sklaven waren.

Nun gilt aber zumindest für die von LOCKE kontradiktorisch beantwortete Frage nach der genetischen Gewissensausrüstung des Menschen die seit ARISTO-
TELES als sicherste aller Meinungen bezeichnete These (5), dass entgegengesetzte Behauptungen nicht gleichzeitig wahr sein können. Es ist ein Haupterfor-
dernis der wissenschaftlichen Architektonik, dass die erzielten Ergebnisse
nicht gegeneinander verwendbar sind. Die Logiker sind ohnehin gewohnt (6),
mit logischen Widersprüchen behaftete Aussagensysteme als unbrauchbar zu
betrachten, weil aus ihnen jede beliebige Aussage ableitbar ist.

Was jedoch dem Logiker als unbrauchbar, bzw. nur als Beispiel für "Unlogik"
verwendbar erscheint, kann aber gesellschaftlich durchaus wirksam, und daher
als Forschungsobjekt der Rechtswissenschaft und Rechtsphilosophie unverzicht-
bar sein!

Logisches und soziologisches Erkenntnisinteresse decken sich mitnichten. Und
sie dürfen sich auch nicht decken: der Hinweis, schon SPINOZA habe doch auf
die überzeugendste Weise im Theologisch-politischen Traktat mit seiner immanenten Bibelkritik Philosophie und Wissenschaft von Religion und Theologie radikal abgekoppelt, besagt wenig oder gar nichts über die bis in die Gegenwart
und nicht erfolglos betriebenen Versuche, die Legalität klerikal zu legitimieren.
Dass der konsequenteste Rechtspositivismus, die Reine Rechtslehre, nicht in
sich rational, also inkonsequent ist, dürfte die geringste Ursache dafür sein,
dass seine Anhängerschar gegenwärtig abnimmt. Im Gegenteil: wir können seit
geraumer Zeit die Bedeutungszunahme bewusst nicht- oder unsystematischer,
zum Beispiel aporetischer oder integrativer Denkweisen in der Rechtsphilosophie feststellen; die Topiker empfinden es nicht einmal als Vorwurf, wenn sie
als Eklektiker bezeichnet werden, sie betrachten Konsistenz als keine notwendige Bedingung von Kohärenz, und dass systematisch orientierte Denker sich dem
Verdacht aussetzen, ihnen fehle der Wille zur Wahrheit, sie seien plebejische
Propagandisten, wissen wir seit NIETZSCHE und KIERKEGAARD. Es sei hier
übrigens die Vermutung geäussert, dass es überhaupt kein ausgearbeitetes

rechtsphilosophisches System gibt, dem nicht Kontradiktionen nachgewiesen werden können, das also vom logischen Standpunkt ein nullum ist.

Wie aber sind die Kontradiktionen zu bewerten, die nicht innerhalb einer Rechtsphilosophie, sondern zwischen (zeitgleichen) Rechtsphilosophien auftreten? Es ist der hintergründige Sinn meiner methodologisch gemeinten Bemerkungen darauf zu verweisen, dass die Widersprüchlichkeit von Rechtsphilosophien ihrer Vereinbarkeit nicht unbedingt im Wege steht. Auch hier ist erst das Ganze die Wahrheit, insofern die verschiedenen koexistierenden Rechtsphilosophien real existierende Interessen widerspiegeln. Sie sind also einschliesslich ihrer Verschiedenheit historisch notwendig. Logische und soziologische Vereinbarkeit bedeuten nicht dasselbe. So vereinigen die Rechtsphilosophien der bürgerlichen Aufklärung ihrer Anlage und Absicht nach materialistische und idealistische Konzeptionen (HOBBES/HEGEL), metaphysische und dialektische Theorien (LOCKE/FICHTE), reformistische und revolutionäre Handlungsprogramme (MONTESQUIEU/ROUSSEAU). Vom Erkenntnistheoretischen, von der Denkweise und von der Strategie und Taktik her haben damals sich einander ausschliessende Auffassungen dem, alles in allem, gleichen Ziel gedient.

Wenn man ein neuerlich aufgestelltes Strömungstableau der zeitgenössischen Rechtsphilosophie (7) auf die Gegensätzlichkeit und Vereinbarkeit der verschiedenen Richtungen testet, wird sich sehr bald herausstellen, dass vierzehn von den fünfzehn vorgewiesenen Rechtsphilosophien in entscheidenden Fragen keine Alternativen, sondern Identisches anzubieten haben. So widersprechen sich zwar die positivistischen Theorien, die das Recht als Produkt gesetzgeberischer Willkür ausgebend es jeder Hinterfragung entziehen wollen, und diejenigen, die es von der Schöpfungsordnung einer überirdischen Instanz herleiten, beide Richtungen erweisen sich aber als Antivarianten einer materialistischen, das Recht als Produkt herrschender, ökonomisch bedingter Klasseninteressen nachweisenden Konzeption. Ob aber, wie von Positivisten, ein bestimmtes Rechtssystem als völlig eigengesetzliche Ordnung geltender Zwangsnormen einer kausalen Analyse für überhaupt unzugänglich erklärt wird, oder aber, wie von der Hermeneutik, in einem subjektiven Akt zwischenmenschlichen Verstehens das konkrete Recht konstituiert wird, in beiden (sich widersprechenden) Fällen werden die wirklichen Entstehungs- und Veränderungsbedingungen des Rechts weniger aufgedeckt als vielmehr verschleiert. Genausowenig absolut ist der Gegensatz zwischen denen, die in den parlamentarisch verabschiedeten Rechtsnormen und denjenigen, die in dem innerhalb eines Lebensraumes vorherrschenden Wertvorstellungen das höchste Orientierungsmass anerkennen.

Für die plurale bürgerliche Rechtsphilosophie der Gegenwart ist es kennzeichnend, dass sie sich aus verschwisterten, aufeinander angewiesenen Komplementärtheorien zusammensetzt, deren Kontroversen ständig in Konvergenzen umschlagen. Wir können eine objektiv bedingte Arbeitsteilung und zuweilen auch eine heimliche Allianz ihrer Autoren beobachten. So erklären sich die wechselseitigen Vereinbarkeitsbeteuerungen der strukturalen mit der kritischen Rechtstheorie, der juristischen Topik mit dem juristischen Systemdenken, der existentialen mit der klerikalen Rechtsphilosophie. Das grosse Vorbild hierfür hat bekanntlich der Salzburger Symposiumsdialog zwischen Positivisten und Naturrechtlern, zwischen KELSEN und Thomisten geliefert, als dessen summa sich die angeblich Unversöhnlichen für einigungsfähig erklärten (8). Und dazu nur scheinbar entgegengesetzt ist der fatalistisch anmutende Lösungsvorschlag, mit dem eine historische Darstellung der europäischen Rechtsphilosophie endet (9): der einzelne Jurist müsse als Denker und als Praktiker rein dezisiv Position beziehen, indem er am Scheideweg zwischen Naturrechtslehre einerseits und Positivismus andererseits der einen oder der anderen Richtung den Vorrang gibt. So wird die Willkür zur Mutter der Wissenschaft. Wer freilich seiner Rechtsphilosophie die kognitiven Grundlagen wegleugnet, muss sich gefallen lassen, dass die Wahrheitsfähigkeit seiner Ergebnisse bestritten wird. Aber vielleicht beansprucht er diese gar nicht.

Damit sollen nicht etwa die theoretischen Auseinandersetzungen von DWORKIN (im sechsten Kapitel seines Taking Rights Seriously) mit RAWLS, von RAWLS mit HART, von HART mit FULLER, von FULLER mit KELSEN, von KELSEN mit THOMAS von AQUIN als Scheingefechte verharmlost werden. Aber es handelt sich bei ihnen (nicht im logischen, aber im funktionalen Sinn) um vereinbare Entgegensetzungen, die sich oft genug wechselseitig rechtfertigen, die ergänzungsfähig, aber auch ergänzungsbedürftig sind. Damit soll der Pluralismus bürgerlicher Gegenwarts-Rechtsphilosophie keineswegs als Sammelsurium eines verantwortungslosen Nebeneinanders von gleich gültigen und damit gleichgültigen Konzeptionen missdeutet werden. Das zuweilen vorhandene Unvermögen, innerhalb der bürgerlichen Rechtsphilosophie zu differenzieren und auch dem dialogischen Miteinander der anderen die Zwischentöne abzugewinnen, war noch immer ein Kennzeichen des Dogmatismus, wie andererseits die Bereitschaft, alles grammatikalisch korrekt Angebotene zu akzeptieren, Eklektizismus produziert hat, eines letztlich so impotent wie das andere.

Entgegen der naiven Auffassung, dass die bürgerliche Gesellschaft zwar plurale Rechtsideologie, aber kein plurales Recht produziere, sei übrigens auf den Parallelvorgang zur vereinbaren Widersprüchlichkeit juristischer Theorien im Bereich höchstrichterlicher Entscheidungtätigkeit verwiesen: zum Abtreibungsproblem hat dem jeweiligen Gesetzgeber der Oberste Gerichtshof der USA 1973 ein Bestrafungsverbot, der Verfassungsgerichtshof von Oesterreich 1974 eine Bestrafungsfreistellung, und das Bundesverfassungsgericht der BRD 1975 eine Bestrafungsverpflichtung auferlegt (10). Bei dieser Divergenz handelt es sich nicht etwa um ein Kuriosum. Wenn man die von der bürgerlichen Gesellschaft hervorgebrachten grossen Rechtssysteme vergleicht (11), stellt man ganz allgemein zwischen den verschiedenen Rechtsordnungen erhebliche Unterschiede in methodischer, struktureller, aber auch inhaltlicher Hinsicht fest, was die gesetzgeberischen und justizförmigen Resultate anlangt. Das trifft selbst auf die vermögensrechtliche Regelung kapitalistischer Eigentums- und Austauschverhältnisse zu, wo man am ehesten Uniformität oder wenigstens Eindimensionalität erwarten dürfte (12). Jedenfalls finden sich in Ländern, deren ökonomisches, politisches und kulturelles Entwicklungsniveau durchaus vergleichbar ist, inhaltlich entgegengesetzte Rechtsnormen und Rechtsinstitute: absolute Testierfreiheit in dem einen, nur relative Testierfreiheit in dem anderen Lande; Verfassungs- und Verwaltungsgerichte gibt es keineswegs überall, und während hier die Verfassungsgerichte die Verfassungsmässigkeit der parlamentarischen

Gesetze überprüfen, haben sie dort dieses Recht nicht; Verursachungsprinzip hier, Verschuldensprinzip dort; Vollendung der Willenserklärung an Abwesende bei Absendung, bei Empfang oder bei Kenntnisnahme; Eigentumsübergang beim Abschluss des Kaufvertrages oder bei Besitznahme der gekauften Sache usw. usf.

Diese alternative Rechtsbildung trifft nicht nur auf die Verschiedenartigkeit von substanziell vergleichbaren Regelungen verschiedener Gesellschaften zu, sondern ist auch in der Rechtsordnung ein und derselben Gesellschaft angelegt: Da kein reales Rechtssystem den strengen Anforderungen formaler Normativsysteme (Vollständigkeit, Unabhängigkeit und Widerspruchsfreiheit seiner Elemente) entspricht (13), sind innerhalb gewisser (und nicht einmal exakt definierter) Grenzen unterschiedliche generalisierte und individuelle Entscheidungen geradezu unausbleiblich. Von den als Grundwerten einer bestimmten Verfassung fixierten Normen hat man jüngst an einem neuralgischen Beispiel ("Die Würde des Menschen ist unantastbar") im Ergebnis subtiler Erörterungen gar behauptet (14), dass es sinnlos sei, aus ihnen andere Sätze mit Rechtsgeltung nach logischen Regeln abzuleiten. Regelungslücken sind ein notwendiges Merkmal jedes Rechtssystems. Seine Elemente, die Rechtsnormen, sind nämlich nicht einmal gezählt, viel weniger im Detail aufeinander abgestimmt; seine "Endprodukte", die Gerichtsurteile, gefällt von Juristen, die sich weniger als "Mund des Gesetzes" denn als unverzichtbares Organ der finalen Regelung verstehen, sind nur zu vielleicht 2 % veröffentlicht. Das Stabilitätserfordernis des Rechts ist dauerhaft mit einer instabilen sozialen Umwelt konfrontiert. Unter solchen Voraussetzungen ist die Unvollständigkeit, Inkonsistenz und Redundanz des Rechtssystems geradezu eine notwendige Bedingung seiner Wirksamkeit.

Es ist nicht etwa das Rechtssystem eine unversiegbare Quelle neuen Stoffes. Nicht das Recht produziert aus sich neue Regelungsvarianten. Vielmehr ermöglicht die Tatsache, dass es in sich selbst einer systematischen Darstellung nicht fähig ist (15), dass es also entgegen der Hoffnung von Perfektionisten auch kein in sich geschlossenes Rechtssystem gibt, seine Anpassungsfähigkeit an veränderte Interessenkonstellationen in der Gesellschaft. Die innerhalb einer bestimmten Bandbreite gegebene Möglichkeit, an ein und demselben Ort zu ein und derselben Zeit diesen oder aber jenen Regelungsinhalt verbindlich werden zu lassen, ohne dass sich an der Gesellschaftsqualität etwas ändert, zeigt zugleich die Chance des Gesetzgebers, durch experimentelle Gesetzgebung die jeweils optimale Lösungsvariante herauszukristallisieren. Denn zweifellos decken sich nicht die jeweiligen Entscheidungsnotwendigkeiten des Staates mit seinen jeweiligen Erkenntnismöglichkeiten. Schliesslich ist die Zukunft nicht total durch die Vergangenheit determiniert. Insofern gilt des sophokleischen Oedipus Dilemma: man muss doch herrschen, auch wenn man nicht weiss.

Die hier bewusst vorgeführte Simultaneität zwischen inkonsistenten Systemen in Rechtsphilosophie und Rechtsordnung, deren Unterschiede hier nicht weiter abgehandelt werden sollen, wirft die Frage auf, wieso es eigentlich zur dauerhaften Koexistenz sich widersprechender Rechtsphilosophien kommt, von denen doch höchstens eine wahr sein kann? In den verschiedenen theoretischen Konzeptionen zeigen sich Besonderheiten, die nur aus einer Gesamtheit von sozia-

len, nationalen, historischen, weltanschaulichen, psychologischen, innen- und
aussenpolitischen Faktoren zu erklären sind. Freilich sind die Gründe eines
Denkers so wenig mit den Ursachen seiner Gedanken identisch wie deren (logische) Konsequenzen nicht mit ihrer (soziologischen) Wirkung gleichzusetzen
sind. Denn Rechtsphilosophien, ob ihre Produzenten es wissen oder bestreiten,
widerspiegeln nicht gesellschaftsneutrale Wahrheitsbedürfnisse irgend einer
Vereinigung von Vernünftigen, sondern direkt oder indirekt materielle Interessen herrschender oder beherrschter Gesellschaftsklassen. Das Textbuch der
Rechtsphilosophen wird letztendlich nicht von ihnen geschrieben. Die Geschichte der Rechtsphilosophie ist nämlich kein Chaos zufälliger Einfälle einschlägig
begabter Individuen. Deren Kopfinhalt ist primär gesellschaftlich geprägt. Gerade die epochenmachenden Werke - denn auch die Geschichte der Rechtsphilosophie besteht nicht aus der Geschichte ihrer Irrtümer! - haben dazu beigetragen, die Bedürfnisse der Zeit zu indizieren und zu realisieren. Sie haben
zugleich Fragen aufgeworfen, die bis zum heutigen Tag ihre Berechtigung erwiesen haben; nicht vom Erledigten ist also die Rede, wenn vom Vergangenen
gesprochen wird.

Daher sind aber auch die Entgegensetzungen zwischen den verschiedenen Rechtsphilosophien nur insoweit absolut, als in den in ihnen enthaltenen theoretischen
Kontravalenzen sich praktische Kontraexistenzen reflektieren. So erwies sich
der Gegensatz zwischen dem spätscholastischen und dem aufklärerischen Naturrecht im Europa des 17. und 18. Jahrhunderts schliesslich als absolut, während
heutzutage der Gegensatz zwischen der Naturrechtslehre und dem Rechtspositivismus relativ, der Gegensatz aber zwischen der naturrechtlichen und der rechtspo-
sitivistischen Rechtsphilosophie auf der einen und der marxistischen Rechtsphilosophie auf der anderen Seite absolut ist. Und zwar so absolut wie der Interessen-
gegensatz einst zwischen Feudalismus und Kapitalismus, jetzt aber zwischen Bourgeoisie und Proletariat. Sicher gibt es zwischen Kapitalismus und Sozialismus
Vereinbarungsmöglichkeiten (und -notwendigkeiten!) zu bestimmtem Ziel und
Zweck, aber die beiderseitigen gesellschaftlichen (und daher auch rechtlichen)
Grundkonzeptionen sind voneinander sich ausschliessender Entgegengesetztheit.

Wiewohl nicht etwa die resignative Schlussfolgerung unterstützt werden soll,
dass alle intersystemare Ideologiekritik töricht sei (denn es wird eben nicht jeder nur von seiner eigenen Auffassung überzeugt), jedenfalls ist eine widerlegte
nicht schon deshalb auch eine wirkungslose Rechtsphilosophie: Nachdem
SUAREZ von HOBBES, FILMER von LOCKE, HALLER von HEGEL, HEGEL
von MARX der Falschheit ihrer Auffassungen überführt worden waren, haben
diese nicht deshalb ihre Funktion eingebüsst, sie haben sogar damals neue Anhänger gefunden und sind munter bis zum heutigen Tag weiterentwickelt worden.

Der Kampf zwischen Fortschritt und Reaktion endet nicht schon, wenn die Eule
der Minerva ihr Nest verlässt. Ueber den Wahrheits- und Fortschrittlichkeits-
anspruch von Rechtsphilosophien entscheiden nicht Rechtsphilosophen. Die endgültige Lösung rechtstheoretischer Gegensätze vollzieht sich in der Gesell-
schaftspraxis. Der Rassismus findet heute nicht weniger erfolgreiche Förderer
als vor fünfzig Jahren. Also wird wohl das Interesse der antirassistischen

Wahrheit mit der Wahrheit prorassistischer Interessen kollidieren. Selbst wo neben der Zurückweisung des kognitiven Wahrheitsanspruches von Rechts- und Sozialphilosophien auch deren Verwobenheit in die Interessenkonstellation ihrer Zeit nachgewiesen worden ist, hat darunter nur selten auch nur das gute Gewissen ihrer Autoren gelitten. Es möge nicht verdächtigt werden. Auch die sich in der bürgerlichen Gesellschaft als freischwebende Intelligenz verstehenden Rechtsphilosophen sind, mit MARX zu sprechen (16), längst von der Bourgeoisie als Fleisch von ihrem Fleisch erkannt und in ihre Funktionäre umgewandelt worden. Mag ihre Rechtsphilosophie subjektiv aus der Neugier der Wissenwollenden entstanden sein, ihre objektive Funktion ist in die Machtgier der Herrschenwollenden integriert. Schliesslich ist ihr Forschungsobjekt, das Recht, ein Mass der Macht.

Auch Rechtsphilosophie entgeht weder den Eigentumsverhältnissen noch den politischen Strukturen noch den Meinungsmachern ihrer Gesellschaft. Sie kann natürlich an allen wesentlichen Problemen ihrer Zeit vorbeiphilosophieren. Das allerdings wäre die sichere Garantie ihrer Bedeutungslosigkeit.

Fussnoten

1) Bertolt BRECHT: Versuche, H. 1-4, Berlin 1963, p. 243.

2) So: M. HEIDEGGER: Ueber den Humanismus, Frankfurt a.M. 1968, p. 23.

3) G.W.F. HEGEL: Phänomenologie, Leipzig 1949, p. 128.

4) J. LOCKE: An Essay concerning Human Understanding, I/2, sowie sein First Treatise of Government, 86.

5) ARISTOTELES: Metaphysik, 1011b (Berlin 1960, p. 98).

6) So: O. WEINBERGER, in: Gesetzgebungstheorie (Gedächtnisschrift für J. Rödig), Heidelberg 1978, p. 182. - Zum Prinzip der Widerspruchsfreiheit in der deontischen Logik vgl. J. BECKMANN, in: H. LENK (Hg.): Normenlogik, München 1974, p. 166.

7) Vgl. A. KAUFMANN: Einführung in Rechtsphilosophie und Rechtstheorie der Gegenwart, Heidelberg 1977, p. 282.

8) Vgl. F.-M. SCHMOELZ (Hg.): Das Naturrecht in der politischen Theorie, Wien 1963, p. 156. - Vgl. H. KLENNER: Rechtsphilosophie in der Krise, Berlin 1976, p. 15, 52.

9) K. RODE: Geschichte der europäischen Rechtsphilosophie, Düsseldorf 1974, p. 177.

10) Diskussion dieser Urteile von W. ROSENZWEIG, in: Festschrift für Christian Broda, Wien 1976, p. 231.

11) Vgl. M. LOSANO: I grandi sistemi giuridici, Torino 1978.

12) Vgl. P. NOLL: Gesetzgebungslehre, Reinbek b. Hamburg 1973, p. 270, allerdings nicht reflektiert.

13) Vgl. F. LACHMAYER/L. REISINGER: Legistische Analyse der Struktur von Gesetzen, Wien 1976, p. 58.

14) W. SCHRECKENBERGER: Rhetorische Semiotik, Freiburg/München 1978, p. 87.

15) K. MARX/F. ENGELS: Werke, Bd. 21, Berlin 1962, p. 302; dazu: J. KUCZYNSKI: Studien zu einer Geschichte der Gesellschaftswissenschaften, Bd. 9, Berlin 1978, p. 234.

16) MARX/ENGELS: Gesamtausgabe (MEGA), 2. Abteilung, Bd. 3, Berlin 1977, p. 617.

HANS RYFFEL

Rechtsphilosophie als Philosophie des Politischen: Ein Desiderat der zeitgenössischen Lage

In den nachstehenden Bemerkungen möchte ich auf ein Desiderat aufmerksam machen, das sich, wie mir scheint, gerade heute aufdrängt: die Ausarbeitung der Rechtsphilosophie als umfassender Philosophie des Politischen, die das Recht nicht für sich allein betrachtet, sondern sich den grundlegenden Problemen von Recht, Staat und Politik als einer Einheit zuwendet. Nur eine in diesem weiteren Rahmen ausgearbeitete Rechtskonzeption ist den heutigen Anforderungen gewachsen.

Zunächst sei ein Blick auf die heutige Lage geworfen, die in den vorherrschenden Bestrebungen dadurch gekennzeichnet ist, dass sich die philosophische Betrachtung im Bereich von Recht, Staat und Politik tendenziell auf Rechtsphilosophie beschränkt, dass sich im übrigen die Einzelwissenschaften ausbreiten und dass dabei vor allem analytische und empirische Ausrichtungen zum Zuge kommen (Ziff. 1). Sodann soll gezeigt werden, dass diese Situation in auffallendem Gegensatz zur klassischen Tradition steht. Diese kann jedoch, so lehrreich sie sein mag, nicht repristiniert werden (Ziff. 2). Weiterhin ist darzulegen, dass die entschwundene Einheit von Recht, Staat und Politik in philosophischer Sicht auf eine neue, unseren heutigen Erfordernissen entsprechenden Weise wiedergewonnen werden sollte (Ziff. 3). Schliesslich soll die theoretische und praktische Tragweite der geforderten Philosophie des Politischen in einigen Punkten beleuchtet werden (Ziff. 4).

1. Ein erster Zug der gegenwärtigen Lage scheint mir darin zu bestehen, dass sich die philosophische Untersuchung im Bereich von Recht, Staat und Politik - dem politischen Bereich, wie wir sagen wollen - vor allem dem Recht zuwendet, zuweilen gewiss auch dem Staat, wiewohl nicht mit dem gleichen Gewicht, jedenfalls aber nicht der Politik. Von Staatsphilosophie ist heute selten die Rede, der Staat ist vornehmlich Gegenstand der Staatslehre, einer übrigens nur schwer abzugrenzenden Disziplin, ferner der politischen Soziologie und der Politikwissenschaft, die sich weiterhin vorwiegend mit der Politik befassen. Philosophische Grundlagenprobleme von Staat und Politik, insbesondere auch in ihrer Ver-

knüpfung mit den Problemen des Rechts, geraten an den Rand, finden jedenfalls
bei weitem nicht die Beachtung wie die philosophischen Fragen des Rechts.

Diese ungleichmässige Akzentuierung des philosophischen Interesses im politischen Bereich muss im Verein mit einem allgemeineren Phänomen unserer Zeit,
dem noch anhaltenden Rückgang der Philosophie im ganzen, gesehen werden. Dieser Zeittendenz fallen eher die Grundlagenprobleme von Staat und Politik als diejenigen des Rechts zum Opfer. Zwar ist auch das Recht Gegenstand von Einzelwissenschaften, doch kann jedenfalls die Jurisprudenz (Rechtsdogmatik) die philosophischen Probleme nicht so leicht beiseite lassen wie die übrigen Disziplinen
in unserem Bereich. Weil sie sich mit Normen befasst, die schon nach dem
Selbstverständnis des Rechtslebens selbst und auch des Juristen Sinnhaftes darstellen und Anspruch auf Richtigkeit erheben, wird sie durch diese ihre Sache
selbst zur philosophischen Reflexion über das Verstehen von Sinn und im besonderen über Richtigkeit gezwungen. Juristen müssen insofern in einem gewissen
Ausmass stets Philosophie treiben, sobald sie sich über die juristische Handlan-
gerei und die Naivität des Dorfrichters erheben.

Doch beschränkt sich die Rechtsphilosophie in aller Regel auf die Grundlagenprobleme der normativen Ordnung, ohne die Wirklichkeit in deren vielfältigen Dimensionen und im besonderen die Politik, in der die Rechtsordnung geschaffen
wird und inmitten derselben sie andauernd steht, mit zu berücksichtigen. Oft
steht zudem nur die Rechtsanwendung im Blick. Die Methodenlehre, die richtigerweise in philosophische Dimensionen führt, lässt die Rechtspolitik und Rechtssetzung meist ausser acht. In den Vordergrund rückt so eine normativ orientierte Hermeneutik, die dazu neigt, den Verstehensvorgang als ein selbstgenügsames
Geschehen aufzufassen und die Rechtsordnung wie ein Kunstwerk oder heiliges
Buch aus den Wirklichkeitszusammenhängen herauszulösen. Solches Vorgehen
sieht sich durch die Trivialphilosophie des sog. Trialismus legitimiert, der von
den drei angenommenen Dimensionen des Rechts die Werte (d.h. den Richtig-
keitsanspruch) der Rechtsphilosophie, die Norm der Rechtswissenschaft und die
Wirklichkeit der Rechtssoziologie zuweist, als ob man alles dergestalt abteilen
und isoliert behandeln könnte.

Als zweites Charakteristikum unserer Lage ist die grosse und immer noch zunehmende Zahl von Einzeldisziplinen und speziellen Fragestellungen zu nennen,
die neben der positiven normativen Ordnung namentlich die Normstrukturen, die
Wirklichkeitsaspekte des Rechts sowie den Staat und die Politik betreffen. Ausser der Rechtswissenschaft mit ihren Sondergebieten, die sich ihrerseits unab-
lässig differenzieren, gibt es schon seit einiger Zeit Rechtssoziologie, Staatslehre, Staatssoziologie, Politikwissenschaft, politische Soziologie, Kommunal-
wissenschaft und anderes mehr. Dazu kommen neuerdings Wissenschaften, die
bisherige Betrachtungsweisen unter bestimmten gemeinsamen Gesichtspunkten
verbinden, wie die Verwaltungswissenschaft, die Rechtsinformatik und Rechts-
kybernetik, sowie zahlreiche Anwendungen verschiedener moderner Disziplinen
und Fragestellungen auf unseren Gegenstand, z.B. der modernen Logik, insbesondere der Normenlogik, der Kommunikationstheorie und der Linguistik. Werden diese Probleme, deren Berechtigung nicht bezweifelt werden soll, für sich
allein bearbeitet, wie das meist der Fall ist, gerät der Zusammenhang von

Recht, Staat und Politik, in dem sie stehen, ausser Sicht, und der weitere Schritt
in Grundlagenprobleme wird erst recht nicht nahegelegt. Die Verbindung zwischen den Disziplinen und den Fragestellungen, die in einem früheren Stadium
noch gegenwärtig war, lockert sich. Vielfach führt dies zu einer gegenseitigen
Entfremdung der Wissenschaften, die voneinander nicht mehr Notiz nehmen und
keine ausreichende Vorstellung von den Aufgaben, Aspekten und Verfahren der
mit ihnen im Bezug auf den einheitlichen politischen Bereich verschwisterten
Disziplinen haben. Es entstehen die immer noch andauernden Kontroversen, z.B.
zwischen der Rechtswissenschaft einerseits und Disziplinen wie Rechtssoziologie, politischer Soziologie und Politikwissenschaft andererseits.

In Verbindung mit der Auffächerung der Disziplinen und Fragestellungen kommt
als dritter Zug eine gewisse Dominanz analytischer und empirischer Betrachtungsweisen zur Geltung. Dies entspricht einer breiten Strömung im Gesamtbe-
reich der Human- und Sozialwissenschaften. Der Typ der empirisch-analytischen
Wissenschaft, die auf Regelmässigkeiten und gar Gesetzmässigkeiten abzielt, um
so Prognosen zu ermöglichen, sich zu diesem Zweck vorwiegend an äussere Be-
obachtungsdaten hält und nach Möglichkeit eine Quantifizierung ihrer Aussagen
anstrebt, beherrscht weithin die Szene. Zweifellos bedürfen heute gerade die Probleme, die sich im politischen Bereich stellen, der analytischen und der empirischen Bearbeitung, und auch der empirisch-analytische Wissenschaftstyp im besonderen, in dessen Gefolge Sozialtechnologien möglich werden, ist an sich legitim. Doch bleiben der Stellenwert dieser Betrachtungsweise und der Zusammenhang mit der normativen Problematik ungeklärt. In einer Zuspitzung der angeführten Verhältnisse wird zuweilen die Rechtsphilosophie ausdrücklich ausgeschaltet; an ihre Stelle treten eine auf formale Strukturen beschränkte Rechtstheorie und eine der Wirklichkeit des Rechts zugewandte Rechtssoziologie.

Mit dieser vereinfachenden Kennzeichnung der heutigen Lage soll nicht behauptet werden, dass es keine Positionen gebe, die eine umfassendere philosophische
Konzeption aufweisen, sondern nur, dass solche Positionen der heutigen Lage
nicht das Gepräge geben (1). Manche werden in diesem Zusammenhang vielleicht
auf die Fortführung der klassischen Naturrechtslehre, gewisse Varianten analytischer Rechtsphilosophie oder den Marxismus verweisen. Auf die Frage, ob
man in diesen Fällen von einer Philosophie des Politischen sprechen könne, die
dem heutigen Desiderat voll Rechnung trägt, ist weiter unten zurückzukommen.

2. Die angeführten vorherrschenden Bestrebungen der zeitgenössischen Lage
stehen im Gegensatz zur klassischen Konzeption der Philosophie des Politischen,
wie sie vor allem in der Antike und im Mittelalter zur Geltung kam, jedoch in
einzelnen Gestalten, so bei HEGEL, bis ins 19. Jahrhundert nachwirkte. Die klassische Auffassung wendet sich dem Wesen des Politischen als eines Grundzugs
der menschlichen Daseinsverfassung zu, das (modern formuliert) in Recht, Staat
und Politik in Erscheinung tritt. Sie verbindet Norm und Wirklichkeit, sieht das
Politische im Rahmen des Ganzen des menschlichen Daseins und unterstellt es
deshalb obersten, letztlich sittlichen, in der Ethik (praktischen Philosophie) zu
klärenden Massstäben. Wie Eduard GANS im Vorwort zur zweiten Ausgabe der
HEGELschen "Rechtsphilosophie" formulierte, hatte diese Konzeption "nur mit

e i n e r Allgemeinheit zu tun, und die Republik des Plato, wie die Politik des
Aristoteles, sind Naturrecht und Politik, Prinzipien und lebensvolle Ausführung
derselben zugleich". Dagegen bringen die in der Gegenwart dominierenden
Strömungen dieses Ganze nicht mehr zur Geltung. Das Normative und das Wirkliche sind dissoziert, das Politische wird isoliert, und oberste Massstäbe, die
das Ganze des Daseins und den politischen Bereich zusammenschlössen, werden
zumeist verworfen.

Angesichts der imponierenden Kohärenz der klassischen Konzeption, die die Zer-
splitterung heutiger Bemühungen um Recht, Staat und Politik in schmerzlicher
Weise zum Bewusstsein bringt, könnte man versucht sein, darauf zurückzugrei-
fen oder sie als vermeintliche philosophia perennis unverändert forzuführen. In
heutigen Positionen der Naturrechtslehre ist dies denn auch der Fall. Doch geht
die klassische Auffassung von metaphysischen Letztdeutungen aus, die sich als
fragwürdig erweisen. Diese Fragwürdigkeit äussert sich vornehmlich in der Annahme von überpositiven Normen, die in ihrem wesentlichen Bestand als ein für
alle Mal vorgegeben und unwandelbar gelten. Solche vorgegebene Normativität
lässt sich aber nicht halten. Zwar übersteigt das Normative stets das Wirkliche
– wir können alles Wirkliche stets in Frage stellen –, doch können wir keine absolut gültigen und zugleich inhaltlich erfüllten Normen formulieren. Denn dies
würde voraussetzen, dass wir in der Lage sind, das normative Potential des
Entwerfens und die sich ständig ändernde Wirklichkeit ein für alle Mal vorweg-
zunehmen. So etwas vermöchte aber nur ein göttliches Wesen.

Andererseits heisst dies nicht, dass es nicht oberste Massstäbe gebe, doch sind
diese wandelbar, sie vermitteln höchstens Konstanten, nicht aber Invarianten.
Ihre Inhalte sind zwar heute um die für alle Menschen zu konkretisierende Freiheit und eine entsprechende rechtsstaatlich-demokratische Ordnung zentriert.
Doch erlaubt dieser Kerngehalt keine absolute inhaltliche Formulierung. Vieles
in der näheren Bestimmung und hinsichtlich der Modalitäten der Verwirklichung
bleibt kontrovers. Alle Normen, nach denen sich menschliches Dasein richtet,
sind immer neu auszuarbeiten, sind revisionsfähig und -bedürftig. Sie haben,
wie wir in der Abhebung von der klassischen Auffassung formulieren können,
aufgegebenen, nicht mehr vorgegebenen Charakter (2).

Die Fragwürdigkeit vorgegebener Normativität, die mit dem in der Neuzeit ein-
setzenden schnelleren Rhythmus der kulturellen und sozialen Wandlungen immer
deutlicher bewusst wurde, hat freilich vielfach zu unangemessenen Reaktionen
geführt, die über das Ziel hinausschiessen. Das Normative wurde weithin seiner
Eigenständigkeit entkleidet und auf Wirkliches zurückgeführt, etwa auf individuelle Interessen und Strebungen. In Entsprechung dazu wurde die menschliche und im besonderen die gesellschaftlich-politische Wirklichkeit in zunehmendem Masse der empirischen Betrachtung unterworfen, mit dem Ziel, sie auf
Gesetzmässigkeiten zurückzuführen und Prognosen zu ermöglichen. Soweit das
Normative seine Eigenständigkeit noch behauptet, wird es vom Wirklichen abge-
trennt. Es ergibt sich so das Schisma, das in der heutigen Zweiheit von blosser,
auf die Rechtsnorm beschränkter Rechtsphilosophie und einzelwissenschaftli-
cher, vornehmlich analytisch und empirisch ausgerichteter Bearbeitung des politischen Bereichs seine Fortsetzung findet.

Die heutige Lage, wie ich sie zu skizzieren versucht habe, ist das Ergebnis jener in der Neuzeit aufkommenden und sie weithin bestimmenden irrtümlichen, bloss vermeintlichen Berichtigung der klassischen Konzeption. Richtigerweise müssten die klassische Einheit von Recht, Staat und Politik und deren Unterstellung unter oberste Massstäbe des Daseins wieder gewonnen werden, so jedoch, dass auf metaphysische Letztdeutungen, vornehmlich in der Form vorgegebener Normativität, verzichtet wird.

3. Versuchen wir im folgenden zu zeigen, wie eine solche neue Einheit von Recht, Staat und Politik unter obersten Massstäben zu denken ist, indem wir von der Rechtswissenschaft ausgehen und uns davon Rechenschaft geben, dass sie nicht nur zur Rechtsphilosophie im heute vorherrschenden Sinn, sondern zu einer Philosophie des Politischen fortgehen muss. In dieser Philosophie des Politischen haben aber nicht nur die grundlegenden Probleme der Rechtswissenschaft, sondern aller Wissenschaften des politischen Bereichs ihren angestammten Ort.

Zunächst ist festzuhalten, dass sich die Rechtsphilosophie begründeterweise mit dem Anspruch auf Richtigkeit befasst, den die Rechtsnormen erheben. Denn der Jurist geht in der Anwendung der Rechtsnorm davon aus, dass solche Anwendung in einer für Dritte grundsätzlich nachvollziehbaren Weise möglich sei. Auftauchende Meinungsverschiedenheiten geben Anlass, über das Verstehen von Normen nachzudenken, d.h. Grundfragen der Hermeneutik aufzuwerfen, und zwar ausgerichtet an der zentralen Frage nach der praktischen Richtigkeit.

Stets setzt der Jurist voraus, dass die Rechtsnorm keine beliebige sei, sondern dass sie als eine bestimmte unter andern an sich möglichen mit Grund ausgewählt und festgehalten und so als richtige qualifiziert wird. Dies gilt nicht nur für die zu setzenden, sondern auch für die positiven Normen, die im Hinblick auf ihre Richtigkeit ausgelegt, ergänzt und fortgebildet werden; ganz abgesehen davon, dass eine stehende normative Ordnung ein allgemeines Gebot der Richtigkeit ist. Richtigkeit setzt aber Massstäbe des Richtigen voraus. Dabei muss man zu obersten Massstäben des Daseins, d.h. aber zu sittlichen Massstäben fortschreiten. Insofern ist der klassischen Auffassung beizupflichten, nur dass (wie oben ausgeführt) vorgegebene Normativität nicht aufrecht zu erhalten ist. Doch bevor wir auf diese zentrale Problematik mit ein paar Bemerkungen zurückkommen, ist auf eine Reihe weiterer Voraussetzungen aufmerksam zu machen, von denen der Jurist ausgeht, derer er sich aber, jedenfalls in der Rechtsanwendung, nicht so leicht bewusst wird wie des ihm allgegenwärtigen Anspruchs auf Richtigkeit.

Der Jurist setzt nämlich weiterhin voraus, dass die Rechtsnorm wirksam sei, in gewissem Ausmass befolgt und durchgesetzt werde. Zu dieser Wirklichkeit gehören Rechtsorgane, Behörden und Rechtsgenossen, jedoch nicht als abstrakte Rechtssetzer, Rechtsanwender und Rechtssubjekte, sondern als konkrete Menschen in ihrer Besonderheit und mit all ihrem Tun und Lassen, ferner die Auswirkungen des wirklichen, befolgten und gehandhabten Rechts auf das Ganze des gemeinschaftlichen Daseins sowie die kulturell-gesellschaftliche Wirklichkeit und die von ihr überformte Natur. Diese Sachverhalte sind zwar Gegenstand einiger der oben angeführten und für die heutige Lage charakteristischen Einzelwissenschaften (wie Rechtssoziologie, politische Soziologie, Politikwissenschaft). Doch stellen sich Fragen ein, die zwar jene Wissenschaften unbeantwortet lassen können, nicht aber die Rechtswissenschaft und die politische Praxis. Es sind dies Fragen, wie die nach dem Rechtscharakter und der Verbindlichkeit von Rechtsnormen, die nicht befolgt und nicht durchgesetzt werden, von Normen, die auf irrigen Annahmen über die Wirklichkeit beruhen, oder von solchen Normen, die den tatsächlichen Richtigkeitsvorstellungen der Rechtsgenossen zuwiderlaufen, ferner Fragen nach der Gewinnung der Massstäbe und Kriterien des Richtigen im Hinblick auf die Wirklichkeit, sowie Fragen nach der Verzerrung, die die Rechtssetzung und die Rechtsanwendung durch mannigfache Einflüsse der Wirklichkeit erfahren. Schliesslich ist zu fragen, wie Richtigkeit und Wirklichkeit zu vereinigen sind, weil das Recht sowohl richtig als auch wirklich sein soll.

Alle diese Grundfragen betreffen nun aber nicht nur das Wesen oder die Natur des Rechts, sondern zielen zugleich auf alles weitere ab, das damit zusammenhängt. Dazu gehören auch der Staat und die Politik. Recht und Staat sind, zumal heute, aufs engste verbunden. Mit beiden ist weiterhin die Politik verknüpft, als der Inbegriff der Tätigkeiten, die auf die Schaffung, Wahrung und Aenderung oder gar den Umsturz der stehenden Ordnung gerichtet sind, mit den zugehörigen Einrichtungen, Gruppierungen, Prozessen und Konstellationen. Bei näherem Zusehen zeigt sich, dass ein einheitlicher Sachverhalt vorliegt, der als die für das gemeinschaftliche Dasein konstitutive politische Gestaltungsaufgabe zu bestimmen ist. Stets bedarf nämlich das gemeinschaftliche Dasein wirklich massgeblicher Gestaltung in dem Sinne, dass bestimmte als richtig erachtete Verhaltensweisen und durch solche herbeizuführende Zustände Wirklichkeit werden sollen und deshalb nötigenfalls auch erzwungen werden. Es ist dies eine Aufgabe, die stets sowohl in ihren Wirklichkeitsbezügen als auch in ihrem normativen Kontext zu sehen ist.

Wie ersichtlich, ist das skizzierte Wesen des Politischen, verstanden als die politische Gestaltungsaufgabe, auch der weitere Rahmen, in dem sich die Einzelwissenschaften mit dem politischen Bereich befassen, im besonderen auch diejenigen, die analytisch und empirisch verfahren. Auch sie führen letztlich in die Philosophie des Politischen, wenn sie ihre einzelwissenschaftlichen Probleme bis zu den Grundlagen verfolgen. Die gemeinsame Grundlage für alle Wissenschaften von Recht, Staat und Politik ist ein und dieselbe, nämlich das Wesen des Politischen als die an obersten Massstäben orientierte politische Gestaltungsaufgabe, die für das gemeinschaftliche Dasein konstitutiv ist.

In der näheren Bestimmung der politischen Gestaltungsaufgabe müssen wir uns - und dies gerade heute, da weltweite Regelungen dringlich sind - metaphysischer Letztdeutungen enthalten. Die obersten Massstäbe, zu denen wir fortschreiten müssen, dürfen nicht mehr als vorgegebene aufgefasst werden. Dies sei mit einigen Hinweisen weiter erläutert. Wir benötigen zwar universale Massstäbe, dürfen sie aber begründeten Wandlungen nicht entziehen. Die Konkretisierung der obersten Massstäbe ist gewiss bestimmten Akzentuierungen, z.B.

liberalen und sozialistischen, vielleicht auch christlichen oder islamischen, zugänglich, muss aber stets überprüft werden können. Solche Ueberprüfung bedarf eines letzten Massstabes. Dieser bekundet sich darin, dass wir von Richtigem zu Richtigerem fortgehen sollen, und zwar im Rückgang auf ein nie vollkommen formulierbares, aber vorauszusetzendes Gemeinsames, wie es vor allem in der heutigen Konzeption der Menschenrechte zum Ausdruck kommt. Die neue Einheit des Politischen ist kein Vorgegebenes und Festgelegtes, sondern beweglich und offen, stets auf dem Weg zum Richtigen, aber auch nicht zu denken als etwas, das je vollkommen sein oder gar als Vollkommenes von Menschen gemacht werden könnte.

Die hier postulierte Philosophie des Politischen ist keineswegs nur von Philosophen zu entwickeln; die Rechtsphilosophie wird heute meist von Juristen betrieben. Vielmehr wäre es von Vorteil, wenn sie von beiden Seiten her, der Philosophie und den Einzelwissenschaften des politischen Bereichs, in Angriff genommen würde. Alle Disziplinen müssten in der Weiterverfolgung ihrer Probleme bis zu den Grundlagen das Ihre zur Ausarbeitung des gemeinsamen Rahmens beitragen. Dies wäre auch in der Weise zu bewerkstelligen, dass die von den beteiligten Wissenschaftlern entwickelten regionalen Wissenschaftstheorien, wie sie z.B. Soziologen und Politikwissenschaftler heute ausarbeiten, zu einer Wissenschaftsphilosophie vertieft werden, die das Wesen des Politischen und dessen Ort im Ganzen des menschlichen Daseins sichtbar machte.

Manche werden vielleicht, wie schon oben angedeutet, geltend machen wollen, dass einzelne Positionen, etwa die Naturrechtslehre, bestimmte Ausformungen analytischer Rechtsphilosophie und der Marxismus, unserem Desiderat einer Philosophie des Politischen weitgehend entsprechen. Mir scheint dies nicht zuzutreffen. Dass die Naturrechtslehre unzulässigerweise an vorgegebener Normativität festhält, wurde schon oben bemerkt. Soweit die analytische Rechtsphilosophie in der für sie kennzeichnenden Weise versucht, das Recht als ein fest umrissenes soziales Phänomen, als einen besonderen sozialen Regelungsmechanismus, zu bestimmen, trägt sie dem besonderen Charakter der politischen Gestaltungsaufgabe nicht Rechnung. Denn diese kann aus dem normativen Zusammenhang des Daseins nicht herausgelöst, sondern nur in deren Kontext angemessen erfasst werden, weshalb die scharfe Trennung von Recht und Sittlichkeit nicht gegeben ist. Ferner nimmt die analytische Rechtsphilosophie auf die politische Gestaltungsaufgabe auch dann nicht Bezug, wenn sie die Struktur der Rechtsordnung beschreibt und z.B. zwischen primären und sekundären Normen unterscheidet (3). Es könnte den Anschein haben, dass der Marxismus noch am ehesten der Forderung nach einer umfassenden Philosophie des Politischen nachkomme. Denn er zielt von vornherein auf das Ganze des Politischen im weiteren Rahmen des gemeinschaftlichen Daseins, ist an obersten Prinzipien orientiert und versucht, Wirkliches und Richtiges miteinander zu verbinden und in ihrer Verbindung zur Geltung zu bringen. Doch lässt er sich nach meinem Dafürhalten ganz erhebliche Verkürzungen zuschulden kommen, indem er die angeblich letztlich determinierenden ökonomischen Strukturen und Prozesse einseitig betont, das Normative, genau besehen, nicht als etwas Eigenständiges anerkennt, sondern es aus der Wirklichkeit ableitet und dogmatisiert, weil er dessen vollkommene Formulierung und Verwirklichung und gar Machbarkeit in endlicher Zeit behauptet.

4. Die theoretische und praktische Tragweite der postulierten Philosophie des
Politischen zeigt sich darin, dass wir ihrer heute dringend bedürfen, um sowohl
die politische Theorie als auch die politische Praxis philosophisch aufzuklären.
Solche politisch-philosophische Aufklärung ist notwendig wegen der Verwissen-
schaftlichung der politischen Praxis sowie wegen des Schwindens fraglos akzep-
tierter Normen vorgegebenen Charakters und des daraus entstehenden Erfordernisses, Normen und im besonderen Rechtsnormen nunmehr zu rechtfertigen.
Früher hatten die in den jetzt verselbständigten Wissenschaften und den isolier-
ten Bezirken der Praxis behandelten Fragestellungen ihren festen und selbstver-
ständlichen Ort in weitergreifenden normativen Zusammenhängen vorgegebenen
Charakters. In der veränderten Lage der Gegenwart, in der jene normativen Zusammenhänge ihre Ueberzeugungskraft eingebüsst haben, muss die Philosophie
den Wissenschaften und der Praxis behilflich sein, ihre Ziele und Konzepte im
Ganzen des Daseins zu bestimmen. Dabei kann es sich nicht darum handeln, den
Wissenschaften und der Praxis gleichsam Vorschriften zu machen und sie zu
gängeln. Die Philosophie des Politischen, die die erforderliche philosophische
Aufklärung ermöglicht, ist, wie unsere früheren Ueberlegungen verdeutlicht haben dürften, der politischen Theorie und Praxis nicht äusserlich. Befasst sie
sich doch mit dem Wesen des Politischen, das Theorie und Praxis immer schon
voraussetzen und an dem sie orientiert sein müssen, auch wenn sie es ihrerseits nicht zum Thema machen.

Alle Wissenschaften von Recht, Staat und Politik sind für die politische Gestaltung des gemeinschaftlichen Daseins unmittelbar oder mittelbar stets von Bedeutung, selbst wenn sie in "rein theoretischer" Ausrichtung darauf nicht abzielen
oder sich dessen nicht bewusst sind. Deshalb müssen ihre Konzepte so angelegt
sein, dass der Fortgang in das politisch gestaltete und weiter zu gestaltende gemeinschaftliche Dasein zur Bewältigung seiner Probleme grundsätzlich möglich
ist, ohne dass sich Verkürzungen und Verzerrungen ergeben. Unsere Wissenschaften sind demgemäss zwar keine politisierenden, jedoch in wohl zu verste-
hendem und noch näher zu bestimmendem Sinn politische Wissenschaften. Sie
sind in je verschiedener Ausrichtung an der politischen Gestaltungsaufgabe be-
teiligt, indem sie das Politische unter je verschiedenen Aspekten untersuchen.

Die Rechtswissenschaft befasst sich, bildlich gesprochen, mit dem Politischen
im gleichsam festen Aggregatzustand, mit der in der rechtlich-staatlichen Ordnung auf Zeit festgemachten Politik (4). Daraus sind die Konsequenzen zu ziehen. Die Rechtswissenschaft hat es mit einer besonders markanten Station im
politischen Gestaltungsprozess zu tun. Sie betreibt ihrerseits - in dem ihr eigenen Medium, das durch die Notwendigkeit der politischen Stabilisierung und
Konturierung des gemeinschaftlichen Daseins bestimmt ist - Politik, indem sie
die stehende Ordnung als eine bestimmte fest gewordene Variante der Politik
zur Geltung bringt. Sie setzt diese Politik auch in der Anwendung fort, insofern
sie die Ordnung auslegen, ergänzen und fortbilden muss, um dem unabdingbaren
Anspruch auf Richtigkeit Genüge zu leisten. Dies ist aber ein Sachverhalt, der
es unerlässlich macht, die Einbettung der Rechtsordnung in die weitergreifenden

Zusammenhänge des Wirklichen und der normativen Vorstellungen voll in Rechnung zu stellen. Diesem Erfordernis genügt die geläufige Hermeneutik nicht.

Von besonderer Bedeutung ist, dass der Anspruch der Rechtsnorm auf Richtigkeit heute in einer bisher unbekannten Weise problematisch geworden ist. Dieser Anspruch bedarf der Kritik und Rechtfertigung in der oben angedeuteten Weise. Weder die Zuflucht zu vorgegebener Normativität, was heute Dogmatismus bedeutet, noch zu kompasslosem und selbstzerstörerischem Relativismus sind gangbare Wege. Dies ist höchst folgenreich. Denn nicht nur der praktische Jurist, sondern auch der der Rechtspraxis dienende Rechtsdogmatiker ist wie kaum ein anderer Wissenschaftler in das Ganze des Daseins einbezogen. Einer bestimmten Rechtsordnung unter dem Anspruch der Richtigkeit zur Geltung verhelfen, ist keine selbstverständliche "wertfreie" Tätigkeit. Wer im Dienst einer positiven Ordnung steht, ist - wenn ein drastischer Vergleich erlaubt ist - nicht etwa z.B. dem Atomforscher, aber auch nicht dem Ingenieur und Techniker vergleichbar, der die Bombe herstellt, sondern dem, der sie wirft (und vielleicht beginnen auch die Bürger Bomben zu werfen).

Auf das Politische und die normative Einheit des Daseins im ganzen sind auch alle spezialistischen rechtstheoretischen und methodologischen Ansätze zu beziehen, die heute so sehr in den Vordergrund rücken. So hat etwa die sozialwissenschaftliche Untersuchung der in der auslegungsbedürftigen Rechtsnorm implizierten alternativen Konsequenzen in der Wirklichkeit nur Berechtigung im Rahmen der umfassenderen normativen Deutungszusammenhänge und kann nicht zu einer selbstgenügsamen Rechtstechnologie ausgebaut werden, die das Erbe der Hermeneutik antreten könnte.

In grundsätzlich gleicher Weise müssen die vornehmlich der Wirklichkeit zugewandten Disziplinen von Recht, Staat und Politik auf das Wesen des Politischen bezogen werden. Sie befassen sich mit der politischen Gestaltungsaufgabe in ihrem Prozesscharakter, haben es, im Sinne des früher verwendeten Bildes, mit dem gleichsam flüssigen Aggregatzustand des Politischen zu tun. Dabei sind zwei Gesichtspunkte zu berücksichtigen.

Einerseits kann die Tragweite empirischer Untersuchungen in unserer durch Technik und Industrie bestimmten Situation kaum überschätzt werden. In den Zeiten vorgegebener Normativitäten war die Wirklichkeit verstellt, mit einem Erkenntnisbann belegt. Erkannt wurde nur, was sich in die vorgegebenen Ordnungsvorstellungen fügte, und entsprechend auch nur hergestellt und geschaffen, was die Ordnung erlaubte; ein besonders prägnanter Sachverhalt, wenn die vorgegebene Ordnung in der Variante göttlicher Schöpfungsordnung in Erscheinung tritt. Mit dem Schwinden vorgegebener Normativitäten wurden grundsätzlich unbeschränkte Erkenntnisperspektiven eröffnet. Das Wirkliche stand nunmehr für unbeschränktes Erkennen von allen denkbaren Gesichtspunkten aus offen. Es wird so in den verschiedensten Aspekten für die Ausarbeitung von Normen und Ordnungen wesentlich. Darauf ist eigens Bedacht zu nehmen, vor allem wenn die naturwüchsigen Ordnungen geändert werden sollen, wie das seit der Neuzeit in zunehmendem Masse der Fall ist. Es ist ein (schon oben berührtes) Missverständnis, dass das aus den normativen Zusammenhängen herausgelöste Wirkliche etwas Eigenständiges sei und für sich aufgefasst werden könne oder gar an die Stelle der Normativität trete. In Wahrheit sind es stets normative Entwürfe, die das Wirkliche in seinen jeweiligen Aspekten in den Blick rücken. Ein solcher Entwurf ist auch die im empirisch-analytischen Wissenschaftstyp zur Geltung kommende Sicht auf das Identische und Reproduzierbare, das dann als "neutraler" Baustein verwendet und quantifiziert werden kann, und so Gesetzmässigkeiten und Prognosen ermöglicht. Umgekehrt geben die Aenderungen der Wirklichkeit, auch diejenigen, die der Mensch in der politischen Gestaltung selber herbeiführt, andauernd Anlass zu neuen normativen Entwürfen. Es ist, wie deutlich wird, gerade die neue Form von Normativität aufgegebenen Charakters, die das Wirkliche in einem bisher unbekannten Ausmass ins Spiel bringt und legitimiert.

Andererseits muss bei aller Berücksichtigung des Wirklichen der neue, nunmehr bewegliche und offene normative Zusammenhang des Politischen und des gemeinschaftlichen Daseins im ganzen gewahrt bleiben. Die politische Wirklichkeit ist als eine solche anzusetzen, in der Richtiges in Anspruch genommen und andern zugemutet wird, auch wenn die in Frage stehende Wissenschaft nicht die Richtigkeit, sondern empirische Tatbestände zu ihrem Gegenstand macht. So müssen Gesetzmässigkeiten des politischen Bereichs auf die politische Gestaltungsaufgabe bezogen werden können. Andernfalls sind sie mit der Natur des Politischen unvereinbar. Die heute verbreiteten und in mancher Hinsicht zuweilen hilfreichen mechanistischen und mechanoiden Begriffe empirisch-analytischer Betrachtungsweise (input-output, Gleichgewicht, Fluss, Anpassung, Kohäsion, Steuerung, Schwelle und dergleichen mehr) müssen deshalb als Hilfsmittel von bloss beschränkter Tragweite kritisch verwendet werden. Dies gilt auch für die heute so beliebten und zugestandenermassen ebenfalls nützlichen systemtheoretischen oder auch kybernetischen Konzeptionen. Mit dem Systembegriff als einem fast unbeschränkt differenzierbaren Gesamtmuster von Variablen kann man eine Fülle von Daten aus den verschiedensten Disziplinen verbinden, auch tatsächlich gehegte oder in bestimmter Weise umrissene Richtigkeitsvorstellungen. Genuine Normativität im Sinne eines grundsätzlichen Ueberschusses über das Wirkliche sprengt dagegen von vornherein jede Systemkonzeption. Das Normative, das für das menschliche Dasein im ganzen und im besonderen für das Politische konstitutiv ist, kann nicht als blosses Moment z.B. des "politisch-administrativen Systems" behandelt werden. Es kann deshalb niemals auf das reibungslose Funktionieren eines Systems ankommen, für das die Beweggründe der Bürger und Rechtsgenossen, die sich in Freiheit an das ihnen zugemutete Richtige zu binden haben, irrelevant oder gar Störfaktoren wären.

Es wäre sonderbar, wenn die Politik, in der Recht erzeugt wird, der konstitutiven normativen Bestimmung entbehrte, während das in diesem vermeintlich normativ blinden Prozess entstandene Recht in seinem normativen Anspruch von der Rechtswissenschaft ernst zu nehmen wäre. Und doch stellen wir fest, dass z.B. die Politikwissenschaft vielfach so verfährt und das Recht auf blosse Macht, auch verdeckte in Gestalt von Ideologie, zurückführt, während umgekehrt für den Juristen das Erzeugnis der Macht ernst zu nehmenden normativen Charakter besitzt (wie wenn sich Wasser in Wein verwandelt hätte).

Besonderer Beachtung bedarf der empirisch-analytische Wissenschaftstyp, weil er vor allem zur Verkürzung und Ausschaltung der normativen Fragen führen kann. Denn er trägt dem "Innenaspekt" und der normativen Orientierung menschlichen Seins von vornherein nicht Rechnung. Dazu kommt, dass die Ergebnisse solcher Wissenschaft als quasi-objektive, "neutrale", jedoch (wie oben ausgeführt) einer einseitigen Sicht des Wirklichen entsprechende Mittel zur beliebigen Einwirkung auf die menschliche Wirklichkeit verwendet werden können. Die empirisch-analytische Wissenschaft ist, unabhängig von der Zielsetzung der Wissenschaftler, ihrer Struktur nach instrumental und damit potentiell manipulativ; sie erzeugt (mit Max SCHELER zu reden) "Herrschafts- oder Leistungswissen".

Bei dieser Sachlage müssten die empirisch-analytischen Wissenschaften immer auch kritische Wissenschaften sein, unbeschadet ihres sonstigen wertfreien Charakters im engeren methodischen Bereich. Sie sollten sich auch nicht auf die Erforschung der Effektivität und der Effizienz der rechtlich-staatlichen Ordnung beschränken, sondern die Rechtsverzerrungen mit einbeziehen, die die Rechtssetzung und die Rechtsanwendung wegen der mannigfachen Einwirkungen der Wirklichkeit erfahren. Wenn wir die empirisch-analytische Wissenschaft im Gesamtzusammenhang des menschlichen Daseins sehen, was unerlässlich ist, kann ihre Aufgabe nur darin bestehen, die Bedingungen des Wirksamwerdens und der unverzerrten Wahrung sinnhafter Gehalte und Tätigkeiten, die die Substanz des Lebens ausmachen, abzuklären und zur Verwirklichung menschenwürdiger Lebensgestaltung im individuellen und sozialen Bereich beizutragen.

Sollten die Wissenschaften von Recht, Staat und Politik - ob sie sich dem positiven Recht, formalen Strukturen oder empirischen Tatbeständen zuwenden - kein eigenes normatives Konzept besitzen, so werden die normativen Voraussetzungen von aussen angedient. Es sind dies diejenigen Voraussetzungen, die die gegebene Ordnung immer schon macht, mitsamt ihren Verzerrungen. Von daher wird dann die Auswahl der Forschungsprojekte gesteuert, werden Deutungsmöglichkeiten nahe gelegt und andere ausgeschaltet, und wissenschaftliche Ergebnisse werden von den staatlichen Stellen und denjenigen privaten Instanzen genutzt, die im Rahmen der gegebenen Ordnung Einfluss haben. Da die stehende Ordnung festgemachte bestimmte Politik ist, steht die unbeschränkt sog. wertfreie Wissenschaft im Dienst solcher Politik, obwohl diese vielleicht zu kritisieren wäre. Sie überlässt dann die Kritik der politischen Praxis, auch unbelehrbaren Dogmatikern und illusionären Utopisten. Es scheint aber, dass die politische Praxis in noch stärkerem Masse der philosophischen Aufklärung bedarf. Dazu seien abschliessend einige Bemerkungen gemacht.

Zu fordern ist nicht nur die philosophische Aufklärung der Politiker und der mit der Setzung, Wahrung und Handhabung der rechtlich-staatlichen Ordnung betrauten Organe, sondern grundsätzlich aller Bürger und Rechtsgenossen. Alle Beteiligten müssten sich insbesondere davon Rechenschaft geben, dass vorgegebene Normativitäten, die früheren Zeiten angemessen sein mochten, heute unwiederbringlich dahin sind, dass aber die Normativitäten aufgegebenen Charakters der Verbindlichkeit keineswegs entbehren und an einem unverfügbaren obersten, wenn auch inhaltlich nicht formulierbaren Massstab ausgerichtet sind. Nur diese

Einsicht, die in einer Grundhaltung ihren Niederschlag finden sollte, bewahrt uns einerseits vor dem Dogmatismus, der auch an Regierungsspitzen anzutreffen ist und in den Parlamenten sowie der Bevölkerung über grossen Anhang verfügt, und hält uns andererseits zurück vor Agnostizismus und Relativismus, die zu Windbeutelei und Zynismus sowie - seltener, aber ehrenvoller - zu Verzweiflung und Resignation führen.

Die geforderte Grundhaltung ist freilich eine sehr anspruchsvolle. Davon aber, dass sie in einer nicht allzu dünnen Schicht der Völker weltweit zur Geltung kommt, hängt der künftige Bestand eines menschenwürdigen Daseins ab.

Fussnoten

1) In den vorliegenden programmatischen Ausführungen darf ich davon absehen, solche Positionen namhaft zu machen, abgesehen davon, dass die Auswahl zufällig wäre. Dagegen mag es angebracht sein, meinen Versuch einer Ausführung des Programms anzuführen: Grundprobleme der Rechts- und Staatsphilosophie. Philosophische Anthropologie des Politischen, Neuwied und Berlin 1969.

2) Zur Problematik vorgegebener und aufgegebener Normativität Näheres in meinen "Grundproblemen" (Anm. 1) sowie in meinem Beitrag: Zur Begründung der Menschenrechte, in: Johannes SCHWARTLAENDER (Hg.): Menschenrechte. Aspekte ihrer Begründung und Verwirklichung, Tübingen 1978, S. 55 ff. (mit weiteren Nachweisen S. 56, Anm. 4).

3) Es ergibt sich aus der politischen Gestaltungsaufgabe, dass es stets (sekundäre) Kompetenznormen geben muss, mit denen die zum Erlass der (primären) Gebots- und Verbotsnormen zuständigen Instanzen und die dabei zu beobachtenden Verfahren bestimmt werden. Und wenn den Rechtsgenossen die Möglichkeit eingeräumt werden soll, einen gewissen Bereich ihres Tuns und Lassens selber in wirklich-massgeblicher, durch das Recht geschützten Weise mittels sog. Rechtsgeschäfte auszugestalten, bedarf es entsprechender (sekundärer) Kompetenz- und Gestaltungsnormen.

4) Die rechtlich-staatliche Ordnung tritt in entwickelten Verhältnissen in Erscheinung, wenn die wirklich-massgebliche Ordnung, die politische Ordnung, von andern Normierungen unterschieden und aus dem Fluss des aktuellen Verhaltens herausgestellt wird und sich so Rechtsnormen und besondere als Staat anzusprechende sachliche und persönliche Einrichtungen ausbilden.

TERCIO SAMPAIO FERRAZ Jr.

Das aporetische Denken als rechtsphilosophisches Denkverfahren

1. Die Aporie

Es ist eigentlich schwierig, über ein philosophisches Thema zu schreiben. Denn schreiben heisst ausser Frage stellen, und philosophieren bedeutet gerade in Frage stellen. Das philosophische Denken ist in diesem Sinne stets reflexiv: jede Fragestellung stellt eine neue Frage nach der Fragestellung selbst usw. Philosophisch denken heisst also ohne Grenzen denken. Die Grenzen unserer Schrift sind danach nicht philosophisch, sondern zeitlich, räumlich, usw. Wir wollen aber ein philosophisches Thema untersuchen. Wie können wir es tun?

Ueberlegen wir uns ein Thema: die philosophischen Voraussetzungen der Rechtsauslegung. Was ist damit gemeint? Vielleicht, dass die Auslegung (im juristischen Sinne) philosophische Voraussetzungen _hat_. Was heisst aber "hat"? Damit meinen wir etwas, das im voraus gesetzt wird, zeitlich oder logisch? Voraussetzungen im Sinne der Kantschen Bedingungen der Möglichkeit? Oder empirische Voraussetzungen? Meinen wir ausserdem etwas, das der Interpret voraussetzen soll oder muss? Und zwar absichtlich oder unabsichtlich? Sollen wir hier von "Intentio" reden?

Dieselben Fragen können wir für jedes Wort des Themas stellen. Räumliche und zeitliche Begrenzungen verbieten uns aber weiter zu fragen. Ausserdem merken wir plötzlich, dass wir schon mitten in der Untersuchung sind. In der Tat scheint es uns, dass wir den Schwierigkeiten des Philosophierens schon begegnet sind. Wir wollen über die philosophischen Voraussetzungen der Rechtsauslegung schreiben und merken, dass die Themaaufstellung selbst eine Auslegung verlangt. Ueber Auslegung reden heisst also auslegen. Da stehen wir nun vor der Aporie. Wie können wir uns mit ihr messen? Eine Aporie stellt uns vor keinen Ausweg. Wir bedürfen also philosophischer List.

Eine Aporie müssen wir umgehen. Wenn kein Ausweg gefunden werden kann, müssen wir einen erfinden. Der Ausweg liegt nicht im theoretischen, sondern im praktischen Niveau. Wir wollen über das Thema reden und wir entschliessen uns dazu. Wir verpflichten uns, darüber zu reden und brauchen unsere Entschliessung nicht zu rechtfertigen oder zu begründen. Das bedeutet, es muss einen Anfang geben, der aber doch in Frage gestellt werden kann, wenn wir es wollen.

Nun entschliessen wir uns zu diesem Anfang: wir wollen die Entstehung der Aporie verfolgen, und zwar geschichtlich verfolgen. Die Geschichte wird damit nicht absolut vorausgesetzt. Sie wird bloss als der Entstehungsort der Aporie gestellt. Wir behaupten nicht, dass sie die Aporie erzeugt oder gar löst. Sie zeigt sie uns schlechthin auf.

2. Der geschichtliche "Ausweg"

JUSTINIAN, wie bekannt, hat die Auslegung seiner Normen verboten. Johannes STROUX zeigt uns aber in seiner ausgezeichneten Abhandlung über die römische Jurisprudenz in bezug auf die griechische Rhetorik nicht nur, dass die Auslegung stets ein bedeutender Teil der juristischen Tätigkeit gewesen ist, sondern auch, dass sich das Verbot JUSTINIANs bloss auf die normative Beschaffenheit der Auslegung bezieht; das heisst, nur die Auslegung des Kaisers sollte verbindlich sein. Lassen wir aber vorläufig diese Frage unerörtert, und wenden wir uns der Beziehung zwischen Philosophie und Rechtsauslegung zu.

Es ist für uns schwierig zu bestimmen, wann geschichtlich betrachtet die Rechtsauslegung zu einem philosophischen Problem geworden ist. Und zwar deswegen, weil ein solches Problem - wie wir es verstehen - entsteht, wenn weder nach der Methode der Auslegung gefragt wird, noch wenn die Notwendigkeit des Auslegens selbst in Frage gestellt wird, sondern erst wenn wir schlechthin danach fragen, ob die Auslegung überhaupt ein Problem ist, so dass wir in diesem Augenblick der Aporie begegnen: das heisst, um diese Frage zu beantworten, müssen wir die Frage selbst auslegen.

Nach diesem Gesichtspunkt ist das Problem geschichtlich neu. Obwohl manchmal von der Rechtsauslegung als philosophischem Problem schon in der Antike gesprochen wird - und die Aristotelische Rhetorik ist ja ein gutes Beispiel dafür -, obwohl auch beim römischen Recht die Beziehung zwischen der fortschreitenden Entstehung einer jurisprudentia und dem theoretischen Modell der Rhetorik als philosophisches Problem angesehen werden kann, obwohl dasselbe von der Technik der disputationes bezüglich des Glosatorenrechts ausgesagt werden kann, obwohl das Verhältnis zwischen Systemauffassung und Rechtsauslegung beim Vernunftrecht aufgezeigt werden kann, werden wir doch behaupten, dass, erst wenn der systematische Aufbau selbst des rechtsphilosophischen Wissens zu einem Problem geworden ist, die Auslegung als aporetische Frage gestellt wird.

Das Vernunftrecht insbesondere des 17. und 18. Jahrhunderts bildet für die Rechtswissenschaft ihren Systembegriff. Um diese Zeit spricht der Mathematiker LAMBERT vom System als dem "Zusammenschluss eines Vielfältigen zu

einem gegliederten, in sich geschlossenen Ganzen, in dem das Einzelne im Verhältnis zum Ganzen wie auch im Verhältnis zu den anderen Teilen seinen sowohl genau bestimmten wie auch bestimmten Ort einnimmt" (1). Auch WOLFF
spricht vom System in ähnlichem Sinne als nexus veritatum, dem die formale
Korrektheit und Vollkommenheit der Deduktion zugrunde liegt. In diesem Sinne
ist das System in seinem Ausgangspunkt zwar willkürlich entworfen, aber in einer Weise, dass es hinterher nicht mehr geändert werden kann. Das heisst, seine Prinzipien werden immer als absolute Grundsätze angenommen. Im juristischen Bereich bedeutet das, dass ein Rechtssystem auf einem uneingeschränk-
ten Glauben an die menschliche Vernunft beruht, und dass jede Rechtsnorm aus
dem System abzuleiten ist. Das Auslegungsproblem wird ja dann als die Frage
nach der Einordnung einer Norm in das System.

Das Ende des 18. und der Anfang des 19. Jahrhunderts bringen zu unserer Frage wichtige Aenderungen. Der allgemeine Raum des Wissens ist nicht mehr das
System von Identitäten, sondern ein durch die Innenverhältnisse der Elemente
im Sinne des Funktionsbegriffs bildendes System. Hier tritt das Prinzip der
Diskontinuierlichkeit der Verhältnisse anstatt des der kontinuierlichen simulta-
nen Identitäten auf. Das heisst, es wird nicht mehr von Identität, sondern von
Analogie und Folge geredet. Darauf hin wird die Kategorie der Zeitlichkeit
durch die der Geschichtlichkeit ersetzt. Während beim Vernunftrecht die zeitlichen Veränderungen durch einen vorbestimmten Raum von Identitäten durchge-
hen, wobei also die Ordnung die Vorherrschaft hat, wird im 19. Jahrhundert
die Ordnung durch die Geschichte ersetzt. Und die Geschichte soll im Sinne einer begriffenen Geschichte analogische Systeme erzeugen. Sie wird dadurch zu
der allgemeinen Basis der Erkenntnis überhaupt und alles wird durch sie relativiert.

Im juristischen Bereich haben solche Aenderungen ihre Bewirkungen. So z.B.
bei SAVIGNY. Zwar ist noch in seiner Kollegschrift (1802-1803) die Auslegungs-
frage bloss ein methodologisches Problem. SAVIGNY beschäftigt sich mit ihrer
Methode und ihrer Definition. Auslegen bedeutet "Rekonstruktion des Gedankens,
der im Gesetz ausgesprochen wird, insofern er aus dem Gesetz erkennbar ist" (2).
Von dem Standpunkt des Gesetzgebers aus müsse der Interpret das Gesetz auslegen und es dazu logisch, grammatisch und historisch betrachten. Wir stehen
noch vor keiner Aporie. Aber ab 1814 (Der Beruf unserer Zeit zur Gesetzgebung) und 1840 (System des heutigen römischen Rechts) merken wir eine kleine
Aenderung in der Fragestellung. SAVIGNY fragt nicht nur nach der Auslegungs-
methode, sondern betrachtet auch die Methode selbst als Problem. Es geht also
nicht nur um eine technische Frage, um System, Grammatik, Logik, Geschichte,
sondern darüber hinaus um die Voraussetzungen der Methode, um ihre Bedingungen. Die Erörterung SAVIGNYs ist allerdings noch voraporetisch. Zwar behauptet er, dass die im Gesetz enthaltenen Regeln nicht mehr lediglich aus sich
selbst verstanden werden können, sondern nur aus der "Anschauung des Rechts-
instituts", von der sich auch der Gesetzgeber bei der Formulierung der Regel
hat leiten lassen (LARENZ). Aber er wird der dadurch fraglich gewordenen Methode nicht bewusst. Denn das Rechtsdenken bewegt sich danach zwischen Begriff und Anschauung und der Auslegungsgegenstand zwischen dem Gesetz und
seinem Geist oder Sinn.

Die Nachfolger SAVIGNYs bleiben aber noch ausserhalb der Aporie. PUCHTA z.B. operationalisiert das Problem, wählt den Weg zu einer "Begriffsjurispru-denz" und verwandelt die philosophische (aporetische) wieder in eine bloss me-thodologische Frage. Er akzeptiert ein Anschauungsmoment in der juristischen Erkenntnis bei der Bestimmung des Hauptprinzips des Rechtssystems und redu-ziert die Auslegung auf ein mechanisches Ableitungsverfahren.

Das 19. Jahrhundert ist zwar durch diesen Konzeptualismus im Sinne des Pan-dectismus und der Ecole d'Exegèse beherrscht, hat uns aber trotzdem dank zwei entstandener Probleme die Aporie aufgezeigt. Das erste bezieht sich auf die Definition des Gesetzes, das zweite auf den Lückenbegriff. Wir dürfen sa-gen, dass, obwohl die Pyramide PUCHTAs die genetische Frage als zweitrangig betrachtet, ihre Erörterung das Rechtsdenken zu einer weiter aufgefassten Pro-blematik des Willens des Gesetzgebers oder des Gesetzes führt. Seinerseits stellt der Lückenbegriff den systematischen Sinn des Rechts und den seiner Aus-legung in Frage.

Die subjektiven Auslegungstheorien, die vom Willen des Gesetzgebers ausgehen, bemerken allmählich das Problem der empirischen Bedingtheiten der Gesetzge-bung. Die Auslegung stellt sich dann aporetisch als ein zweifaches Problem dar: einerseits heisst Auslegen den Willen des Gesetzgebers verstehen; andererseits, indem der Wille des Gesetzgebers selbst als eine Art des Verstehens der ge-setzten Norm bzw. als Auslegungsmassstab erscheint, soll die Auslegung eigent-lich als Interpretation einer anderen Auslegung begriffen werden.

So versteht sich die Aporie bei WINDSCHEID. Auslegen ist nach ihm, den Gedan-ken des Gesetzgebers verstehen (erster Teil der Aporie). Wie können wir aber wissen, ob wir diesen Gedanken richtig erfasst haben? Wir bedürfen dazu eines Interpretationskriteriums: der Wille des Gesetzgebers wird nicht nur empirisch, sondern auch vernünftig bestimmt (zweiter Teil der Aporie). Hierin greifen die genannten objektiven Theorien ein. Bei BINDING z.B. bemerken wir die Entste-hung eines dritten Teils der Aporie, die dann noch reicher wird. Wir unterschei-den drei Dimensionen:

1. Rechtsauslegung bedeutet Normauslegung;

2. da diese Norm nicht nur durch einen geltungsgebenden, sondern auch durch einen sinngebenden Akt erzeugt wird, interpretieren wir eigentlich, wenn wir die Norm auslegen, die Interpretation, die der Gesetzgeber der Norm verliehen hat;

3. diese letzte Interpretation hängt ihrerseits von Kriterien ab (siehe z.B. KOHLER), die über den Willen des interpretierenden Gesetzgebers hinaus-gehen: es geht um eine durch einen objektiven Willen erzeugte Ordnung, die den Willen des Gesetzgebers interpretiert und auf diese Weise die Ermitt-lung des "echten" Willens des Gesetzgebers ermöglicht.

Nun bemerken wir das Anwachsen der Aporie und dadurch die Entstehung des philosophischen Problems der Rechtsauslegung. Hiermit entsteht auch die Mög-

lichkeit, die gesuchten philosophischen Voraussetzungen aufzuzeigen. Der aporetische Sinn der philosophischen Frage führt uns also zu neuen Dimensionen
des Reflexionsverfahrens. Die Postulierung einer objektiv vernünftigen Ordnung stellt neue Probleme auf. Einerseits denken wir an die "Aktualisierung"
des Gesetzes, die den Interpreten in einen Teilnehmer an den objektiven Willen
verwandelt; andererseits müssen wir Gesetzgeber und Interpret doch auseinander setzen oder mindestens zwischen einer sicher verbindlichen Interpretation
und einer erst durch die vordere ermächtigte Auslegung unterscheiden. Das
Rechtsauslegungsproblem wird zur Frage nach der Bedingung der Möglichkeit
des Auslegens.

3. Die aporetisch gesuchten Voraussetzungen

Das aporetische Verfahren führt uns zwar zu immer neuen und abstrakter begriffenen Fragen. Das bedeutet aber nicht, dass wir in eine Art von unschöpfe-
rischem "regressus ad infinitum" oder in ein "non-sense" eingeleitet sind. Im
Gegensatz dazu ist die Aporie die positive Uebung des Philosophierens und nicht
seine unsinnige Grenze. Durch sie wollen wir die philosophischen Voraussetzungen der Rechtsauslegung aufzeigen.

Wenn also Rechtsauslegung die Auslegung eines Auslegens ist, dann stellt sich
die Frage nach dem Ausgangspunkt des Auslegungsverfahrens. Das früher erwähnte Auslegungsverbot JUSTINIANs nimmt hier seinen Platz ein. Wenn wir
sagen, dass beim Auslegen ein anderes vorgegebenes Auslegen interpretiert
wird, dann unterscheiden wir zwei Handlungen: eine in Frage stellende und eine
ausser Frage stellende Handlung. Damit meinen wir, dass beim Auslegen stets
mindestens eine auslegende Handlung notwendig ausser Frage gestellt werden
muss. In diesem Sinne merken wir, dass eine der philosophischen Voraussetzungen der Rechtsauslegung in der dogmatischen Natur ihres Ausgangspunktes besteht. Und das gilt, selbst wenn dieser Ausgangspunkt auf verschiedenen, beliebig rückbildenden Dimensionen gestellt werden kann. Obwohl also die ausser
Frage gestellte Auslegung doch in Frage gestellt werden kann, müssen wir einmal mit diesem Verfahren aufhören. Wir können z.B. die positive Norm als
Ausgangspunkt betrachten. Dann haben wir ein stricto sensu "dogmatisches"
Auslegungsverfahren. Wir können aber die positive Norm im Sinne der Gerechtigkeit ihres Grundes in Frage stellen. Dann haben wir die Gerechtigkeitsvorstellung als unseren Ausgangspunkt. Darüber hinaus können wir aber auch die
gerechte Norm in bezug auf ihre Effektivität interpretieren. Dann ist die tatsächliche Leistung der Norm der Ausgangspunkt der Interpretation. Mit VIEH-
WEG sprechen wir dann von einem "zetetischen" Auslegungsverfahren.

Ist Rechtsauslegung die Auslegung einer Auslegung, dann können wir weiter zwischen den subjektiven Bedingungen (Auslegung ist stets eine Handlung, sie hat
immer einen Autor) und den objektiven Bedingungen (die auszulegende Auslegung soll erkennbar sein) unterscheiden. Wie sollen aber solche Bedingungen
bestimmt werden? Wir können die Bedingungen subjektivieren (wie die Frei-
rechtslehre es tut) und die Vorherrschaft des ersten Interpreten behaupten.

Oder wir können die Bedingungen objektivieren und die Vorherrschaft der zweiten oder der dritten Interpretation feststellen. Die zweite Interpretation entspricht der des vernünftigen Gesetzgebers. Die dritte entspricht der des objektiven Willens, die als Massstab für die Auslegung des ersten Interpreten fungiert. Die letzte Bestimmung führt uns allerdings zur Frage nach der Natur (axiologisch, logisch, soziologisch) der dritten Interpretation (die uns in die Aporie des letzten Grundes einleitet). Wenn also einerseits objektiv betrachtet jede Auslegung durch einen dogmatischen Ausgangspunkt bedingt ist, hat andererseits subjektiv betrachtet jeder Auslegungsakt selbst einen problematischen Sinn, der auf die Freiheit des Interpreten als Bedingung der Möglichkeit der Auslegung hinweist. Das Verhältnis zwischen der objektiven und der subjektiven Bedingung führt uns darüber hinaus zu neuen Problemen und auf diese Weise zu neuen Voraussetzungen. Das Verhältnis Dogma-Freiheit stellt z.B. die Frage nach der Beziehung zwischen immer wieder ausgesuchten Massstäben und Willkür; solche Fragestellung leitet uns in die deontische Natur der Rechtsauslegung als eine weitere Voraussetzung ein. Das führt uns dann zu Wertaporien, die wir nicht weiter verfolgen wollen.

4. Zusammenfassung

Zusammenfassend möchten wir folgende Punkte erwähnen, die unsere Untersuchung geleitet haben:

1. Die Schwierigkeiten in der Begrenzung eines philosophischen Aufsatzes haben uns zum pragmatischen Niveau und darüber hinaus zur Geschichte geführt.

2. Wir haben aber keine bloss geschichtliche Untersuchung durchgeführt, sondern eine Reflexionsarbeit versucht, indem wir die folgende These vorgeschlagen haben: ein philosophisches Problem ist grundsätzlich aporetischer Natur.

3. Infolgedessen haben wir die Geschichte hindurch nach der Entstehung des aporetischen Sinnes der Rechtsauslegung gefragt.

4. Es wurde dann gezeigt, dass die Aporie keine sinnlose, sondern eine fruchtbare Fragestellung ist; nicht nur wegen ihrer Unerschöpfbarkeit, sondern auch deswegen, weil dadurch die philosophischen Voraussetzungen aufgezeigt werden konnten.

5. Ohne eine systematische und vollständige Aufzählung zu erzielen, haben wir doch auf folgende Voraussetzungen hingewiesen: Rechtsauslegung ist durch ein dogmatisches Moment bedingt; das dogmatische Moment hat auch seine (logischen, axiologischen, faktischen usw.) Bedingungen; das dogmatische Moment ist eine objektive Voraussetzung; die Auslegung ist aber stets ein Akt, der einen Autor voraussetzt; es gibt also subjektive Voraussetzungen, die die Frage nach der Freiheit des Interpreten stellen; das Verhältnis

Interpret-Auslegungsgegenstand führt uns allerdings wieder zur ersten Aporie: Gegenstand der Auslegung ist eine andere von jemandem dogmatisierte Auslegung; das ist eben keine These im üblichen Sinne, sondern wieder eine Aporie: über Auslegung reden heisst stets auslegen.

Fussnoten

1) Fragmente einer Systematologie, in: System und Klassifikation in Wissenschaft und Dokumentation, A. DIEMER (Hg.), Meisenheim am Glan 1968.

2) Zitiert nach: LARENZ: Methodenlehre der Rechtswissenschaft, Berlin-Göttingen-Heidelberg 1960.

GUIDO SOAJE RAMOS

Sur le droit et le droit naturel.
Quelques observations épistémo-méthodologiques

1. Au cours de cette communication on essaie de signaler certaines bases pour la réélaboration du thème de la notion du droit et, en même temps, pour l'inclusion du concept de droit naturel dans une systématisation de la philosophie du droit. Ces bases sont, entre autres, celles qu'adopte l'auteur de cette communication dans ses leçons de Philosophie du Droit à l'Université de Buenos Aires.

On insiste sur le fait qu'il s'agit seulement de quelques bases, car un développement plus complet serait impropre pour une simple communication.

2. Avant tout, dans le point de départ de la Philosophie du Droit, on rejette tout recours à une présumée idée innée ou à priori du droit, car on n'admet aucune idée innée ou à priori de quelque objet que ce soit.

Au surplus, on rejette l'attitude, de nature empiriste ou positiviste, qui consiste à nier que la Philosophie du Droit thématise le droit même et à prétendre que celle-ci se limite à une réflexion sur la science du droit, ou sur la logique du raisonnement juridique ou sur le langage juridique (ou bien non-technique, ou bien technique, ou encore les deux à la fois). Ce rejet est solidaire de l'affirmation d'un champ objectif propre - le champ juridique comme appartenant à la Philosophie du Droit, à laquelle il incombe de le thématiser philosophiquement. On accède à ce champ par la voie originaire de l'expérience juridique dans un sens fondamentalement aristotélicien.

Enfin, si l'on soutient que la Philosophie du Droit est constitutivement philosophie, il importe de s'opposer à toute réduction de celle-là à l'une quelconque des ainsi appelées sciences juridiques (dogmatique juridique, théorie générale du Droit, sociologie juridique, ethnologie juridique, histoire du Droit, etc.).

3. Dans le recours à l'expérience juridique, il convient de se valoir d'une analyse linguistique de quelques termes juridiques, singulièrement des termes: "droit", "juridique" et "juste".

3.1. Un examen de "droit" qui concerne ses aspects éthymologiques et son usage donne les résultats suivants:

3.1.1. L'opposition qui apparaît entre "droit" et "tors" passe au champ juridique se transformant en opposition entre "le droit" et "le tort", dont le premier membre n'est synonime ni de "norme juridique" ni de "pouvoir juridique" (Sur ce dernier mot vid. infre 3.1.3. in fine).

3.1.2. Etant donné que "tort" signale un type de conduite humaine, à savoir la conduite antijuridique, son contraire "droit" doit nommer un autre type de conduite humaine, à savoir la conduite juridique. On sait que les contraires appartiennent au même genre (dans ce cas le "genre" est la conduite humaine).

3.1.3. Ce qu'on vient d'exposer permet de comprendre que ce qui est nommé par le substantif "droit" dans le sens indiqué mérite d'être appelé objectif en toute propriété, ce qui n'arrive pas en rigueur avec la norme juridique, appelée aussi, bien qu'improprement, droit objectif dans sa distinction de l'ainsi appelé droit subjectif (appelé dans la systématique que l'on expose, pouvoir juridique).

3.1.4. La récupération de ce droit proprement objectif se relie, tout au moins dans la tradition occidentale, avec le sens du latin "ius" en tant que synonyme de "iustum" et avec celui du grec "to díkaion", contraire de "to ádikon". Ceci requiert, en fait, une précision (cf. 3.3.4.).

3.1.5. Comme il arrive que dans l'actualité on nomme aussi, même de préférence, comme droit tant la norme juridique que le droit subjectif (sur celui-ci vid. supra 3.1.3. in fine), il convient "prima facie" de considérer comme injustifié méthodologiquement (surtout dans le cas des empiristes et des positivistes) le fait de privilégier de mode exclusif ce qui est nommé dans l'une ou l'autre acception dès le point de départ même de la recherche sur la nature du droit. Ceci arrive de facon obvie quand on pose comme prémisse d'une valeur incontestable que droit est norme. Pour ne pas tomber en des préjugés de cette espèce il devient nécessaire en terrain méthodique de procéder à un examen de ce qui est signalé en chaque cas par le mot "droit" en chacune de ses trois acceptions déjà indiquées, examen qui devra s'accomplir pour le moins au cours d'une première approximation.

3.1.6. S'il existe "prima facie" trois acceptions de "droit", le problème de "droit naturel et droit positif" devra se poser par rapport à ce que l'on nomme "droit" dans chacune des ces acceptions et non seulement dans l'une d'elles. Il arrive fréquemment que l'on pose le problème par rapport aux normes ou bien par rapport aux ainsi appelés droits subjectifs. Que l'on omette de le poser par rapport aux conduites produit des conséquences décisives.

3.1.7. Sauf en vertu d'un préjugé, on ne peut décider dès le point de départ de la recherche que le droit qui est affaire de la Philosophie du Droit est exclusivement le droit positif, qu'on le considère en ce que dénomme le mot "droit" en une des acceptions, ou en deux, ou même dans les trois déjà mentionnées. Une telle décision ne s'accorde pas avec l'intégralité de l'expérience juridique et apparaît "prima facie" comme arbitraire.

3.1.8. Tous les résultats mentionnés dans ce paragraphe 3.1. ont une importance manifeste pour la tâche de définition du droit. En particulier, ce qui est exposé dans le 3.1.5. induit à ne pas présupposer qu'une seule notion de droit puisse correspondre aux trois significations du mot "droit". En conséquence, la "chasse à la définition" ne doit pas tendre nécessairement à une seule définition.

3.2. A leur tour, d'autres résultats importants surgissent de l'examen des sens du mot "juridique" quand on utilise le cadre conceptuel de la doctrine thomiste de l'analogie des termes. De cet examen on indiquera seulement quelques résultats.

3.2.1. Avant tout, une première distinction apparaît entre ledit mot en tant qu'il s'oppose à "a-juridique" (= "non-juridique"). Dans cette acception, l'adjectif qualifie le champ ou domaine juridique même et aussi tout ce qui en lui se trouve ou peut se trouver. Cela permet d'entendre que dans ce sens on puisse dire même du délit ou du non accomplissement injustifié d'un contrat qu'ils sont juridiques. Nous nous trouvons ici au sens I.

3.2.2. La seconde distinction se donne entre "juridique" (cette fois au sens II) et "antijuridique". Ce qui est qualifié par l'un ou l'autre des deux adjectifs est principalement une conduite humaine (individuelle ou collective) et se trouve évidemment dans le champ juridique (Vid. 3.2.1.).

3.2.3. Dans ce champ, nous trouvons des objets très différents, à l'égard desquels le sens I de "juridique" ne se dit pas de la même manière (πολλαχῶς λέγεσθαι) Tout d'abord, il ne se dit pas de la même manière s'il a trait à des conduites humaines que s'il qualifie ce qui n'est pas conduite humaine (p. ex. choses juridiques, faits naturels juridiques, normes juridiques non consuétudinaires, signes juridiques, etc.) (1). Dans ce contour significatif délimité par le mentionné sens I, il paraît "prima facie" que ce sont les conduites humaines (de fait juridiques au sens II ou bien antijuridiques) le principal analogué, car c'est en elles que se vérifie au sens formel et propre (2) la juridicité (le mot qui nomme celle-ci a aussi les sens I et II: ici, évidemment, on l'utilise au sens I, puisque les deux sens sont parallèles des sens de "juridique") (3).

3.2.4. A leur tour, les deux sens de "juridique" (et de "juridicité") désignés comme I et comme II doivent s'ordonner avec le sens de "droit" dans la mesure où il désigne la conduite juridique (contraire de tort). Cette conduite opposée au tort est juridique dans les deux sens (I et II) et elle l'est surtout dans le sens II. Je soutiens que ces précisions assument un relief décisif pour la tâche ultérieure de définition de ce que soit le droit.

3.3. Enfin, il convient de se référer à deux sens du mot "juste".

3.3.1. D'une part, il qualifie une personne signifiant dans ce cas qu'elle possède la _vertu_ de justice, quelque soit d'autre part la définition précise d'une telle perfection éthique (ou perfection de l'_ethos_). D'autre part, il qualifie une _conduite_ humaine déterminée de laquelle on dit qu'elle est juste en dehors du fait que celui qui doive la réaliser ou de fait la réalise, soit juste ou non, ou du fait que, en la réalisant, il le fasse avec ou sans l'intention vertueuse propre de la vertu de justice. Ce sont naturellement deux sens distincts qui peuvent se désigner comme I et II, respectivement.

3.3.2. Cette distinction est "prima facie" très importante. Le sens II dans la systématique de cette doctrine correspond à la notion du _juste objectif_. Celui-ci qui appartient évidemment au thème plus ample de la justice, doit être thématisé _principalement_ par une philosophie du droit, qui ne cède pas au préjugé d'exclure d'abord cette affaire de son contour.

3.3.3. Une nouvelle coordination s'impose comme indispensable, compte tenu des discriminations exposées en 3.1. et en 3.2., et comme fruit d'une autre analyse. Pour ce qui a trait à son extension (ou dénotation) respective, "juste" au sens II ne coïncide pas avec "juridique" au sens II, en ce qu'ils se réfèrent à un comportement humain (= conduite humaine), car toute conduite juridique (c'est-à-dire, contraire à la conduite antijuridique) n'est pas nécessairement juste, ce qui, bien entendu, ne veut pas dire que pour cela elle soit injuste. Ce qui a lieu c'est que "juste" au sens II inclut dans sa signification totale la signification "_dû_" (c'est-à-dire que la conduite juste est, entre autres choses, _due_) et il arrive également qu'en plus des conduites juridiques (au sens II) dues, il y a les conduites juridiques (également au sens II) _non dues_ (qui, dans la systématique mentionnée, sont nommées _facultatives_). Elles peuvent se désigner respectivement avec les sigles C.J.D. et C.J.F.

Finalement, le "tort" (vid. 3.1.2.) paraît alors comme contraire tant de "C.J.D." que de "C.J.F.", ou ce qui revient au même, "droit" en ce qu'il nomme le contraire de ce qu'il nomme le mot "tort" peut se dire autant de C.J.D. que de C.J.F.

3.3.4. Au terme de ces références à "juste" dans le sens qui intéresse principalement cette philosophie du droit, il faut insérer une précision qui se rattache à l'exposé en 3.1.4. et en conséquence à ce qui a été indiqué en 3.3.3. Dans la présente systématique, "droit" en ce qu'il définit la conduite juridique (vid. 3.3.3.) assume une dénotation (ou extension) plus ample que "ius" comme synonime de "iustum" et aussi que "díkaion" (= juste). Malgré cela, tous ces termes (le français, le latin et le grec) coïncident en se référant directement à _conduite humaine_ et non à norme juridique ni à pouvoir juridique.

4. Une fois posé l'examen des termes "droit", "juridique" et "juste" et les résultats obtenus grâce à lui, la philosophie du droit, en thématisant sa sphère objective propre, n'abandonnera jamais sa relation étroite avec l'expérience juridique intégrale et, conséquemment, ne cessera pas de recourir à des analyses particulières des sens des termes juridiques de moindre extension (ou dénotation).

5. Antérieurement, en 3.1.5. et en 3.1.6. on a indiqué pour la thématisation du droit et pour celle du problème de droit naturel et de droit positif, certaines exigences qui dérivent des résultats auxquels arrive l'analyse des acceptions de "droit". Il convient maintenant de signaler de semblables exigences qui se détachent des analyses de "juridique" et "juste" (et par conséquent de "juridicité" et de "justice") par rapport à ces deux thématisations.

6. Il n'est pas possible évidemment d'inclure dans cette communication un développement de conceptions sur le droit, la juridicité et la justice objective et en même temps sur droit naturel et droit positif. On désire seulement formuler maintenant quelques brèves observations sur le thème du droit naturel dans ce contexte.

6.1. Avant tout, il convient de se reporter à ce qui a été dit en 3.1.7. (4).

6.2. Conformément à ce qui a été soutenu en 3.1.7., on soutient que le thème mentionné s'inscrit systématiquement dans la division du droit, conjointement par exemple à la distinction entre droit public et droit privé ou celle qui court entre droit interne et droit international.

6.3. Pour le problème de savoir s'il y a droit naturel, j'estime que dans l'examen, indispensable certainement, de ce qu'on appelle respectivement droit dans les trois acceptions du mot, il convient pour le moins, s'il n'est pas peut-être strictement nécessaire, d'un point de vue méthodologique de le commencer en examinant les conduites juridiques.

6.3.1. Par rapport à ce secteur du domaine juridique, c'est-à-dire, des conduites, les thèses capitales du "jusnaturalisme" et du positivisme juridique s'offrent d'entrée comme contradictoirement opposées (5).

6.3.2. Dans le fond de cette opposition on trouve la divergence par rapport au fait s'il existe quelques conduites humaines juridiquement dues ou obligatoires (ou s'il y a quelques conduites humaines antijuridiques) qui le soient par elles-mêmes (c'est-à-dire, par leur "nature" même) faisant abstraction d'une détermination normative humaine positive.

6.3.3. C'est précisément en ce point que gît la divergence centrale et il importe de façon décisive d'en tenir compte pour que la dispute ne sorte pas du point crucial en litige.

6.3.4. L'examen de la "nature juridique" de quelques conduites humaines requiert que celles-ci soient analysées dans leur structure intégrale dans laquelle certains aspects ou dimensions dérivent de l'agent, et d'autres, par contre, sont des références constitutives à des valeurs (ou des biens) - éventuellement à des antivaleurs (ou des maux) -, et à des fins et aussi évidemment à des normes. Celles-ci, sauf préjugé, ne peuvent être considérées en principe comme humano-positives. Cet examen est biaisé, en général, par le positivisme juridique qui présuppose, d'une part, un nominalisme axiologique, éthique et juridique intégral et, d'autre part, quant aux normes juridiques, un volontarisme strict, comme positions de base de validité indiscutable. Il y a aussi d'autres présuppositions gratuites tenues comme incontestables.

6.3.5. Un examen de cette "nature juridique" (cf. supra 6.3.4.) est particulièrement fécond à condition de se rappeler que la connaissance du juste et de l'injuste requiert une sagesse profonde (ARISTOTE, Eth. Nic., V, 1137, a 10).

6.3.6. Dans la discussion du problème de savoir s'il y a droit naturel dans chacune des acceptions du mot "droit" déjà indiquées, on doit remarquer qu'il est question, d'une part et principalement, de la juridicité du droit naturel et, d'autre part et secondairement, de celle du droit positif injuste. L'auteur de cette communication croit que l'examen préalable des sens du mot "juridicité" devant cette double question, surtout dans la seconde partie, peut apporter quelques éclaircissements nécessaires.

Cette remarque a de l'importance, parce que quelques participants à la discussion recourent à l'expédient de reporter le droit naturel (soit au sens de norme juridique, soit au sens de droit subjectif) au domaine de la seule moralité, avec quoi la question serait dilucidée, non sans élégance méthodique. Vers cette apparente solution convergent quelques représentants du positivisme juridique soi-disant méthodologique et quelques auteurs qui refuseraient d'être appelés positivistes juridiques, mais qui font le même transfert du droit naturel à "la morale".

Mais, d'une part, on doit déterminer quel est précisément le domaine moral quelle est la moralité même, qu'est-ce que sont les normes morales ou bien comment celles-ci doivent être entendues quant à leur sens, à leur origine, à leur caractère obligatoire, etc., et, d'autre part, les auteurs qui préconisent l'existence du droit naturel ne peuvent mettre de côté la juridicité de celui-ci, car c'est ce qu'ils semblent soutenir quand ils parlent précisement de droit naturel. On voit ainsi qu'au fond le sens de "juridicité" doit être dilucidé préalablement avec une extrême rigueur et sans préjugé aucun.

Footnotes

1) On peut ajouter que compte tenu de cette distinction le sens I de l'adjectif "juridique" en tant que celui-ci qualifie des conduites humaines, peut se dénommer comme sens I.A., et en tant qu'il s'applique à tout ce qui, en étant juridique, n'est pas conduite humaine, peut se désigner comme sens I.B.

D'autre part, on exclut ici "prima facie" des normes juridiques consuétudinaires, parce que celles-ci impliquent des conduites collectives, c'est-à-dire, les moeurs ou les usages (consuetudines), bien que toute consuetudo ne soit pas eo ipso une norme juridique. De plus la normativité des

normes juridiques consuétudinaires demanderait une analyse approfondie.
Quant aux <u>signes</u> juridiques, quelques-uns d'entre eux peuvent être sans
doute également des conduites humaines (les exemples abondent), mais
quelques autres ne le sont pas. Ce sont ceux-ci qui sont mentionnés dans
le texte.

2) On dit "au sens <u>formel</u> et <u>propre</u>" de la même manière que nous disons que
le sens <u>formel</u> et <u>propre</u> du mot "sain" s'applique au sujet vivant qui jouit
de bonne santé. Celle-ci est conçue comme une <u>forme</u> du genre des <u>dispo-</u>
<u>sitions</u> qui affectent ce sujet; par contre, il n'y a pas une telle forme au cas
d'un climat ou d'une ambiance, etc., lesquels, cependant, sont parfois qua-
lifiés comme "sains", mais parce qu'ils influent favorablement sur l'être
vivant en tant que tendant à conserver ou à récuperer sa santé. Derechef,
on comprend ainsi que "sain" dit de l'être vivant soit dit <u>proprement</u>,
tandis que dit du climat ou de l'ambiance il le soit seulement en vertu de
leur relation ou de leur rapport à la santé de celui-là (<u>per attributionem</u>).
Si on demande où précisément se donne la santé, la réponse semble obvie:
dans l'être vivant même. A son tour, si on pose una question analogue au
sujet de la <u>juridicité</u>, la réponse saute presque aux yeux: dans la vie humaine, c'est-à-dire, dans la vie des hommes comme agents personnels, et
plus rigoureusement dans leurs conduites humaines en tant que réglées par
des normes juridiques.

3) La même suddivision du sens I signalée au cas de "juridique" (vid. remarque 1) vaut pour le mot "<u>juridicité</u>".

4) Dans le lieu auquel on ramène ici, on invoque l'<u>intégralité</u> de l'<u>expérience</u>
<u>juridique</u>. En effet, si on considère, sans restrictions non "prima facie"
nécessaires, le contenu de cette expérience, on peut enregistrer, comme
<u>données</u> très importantes, quelques-unes qu'une analyse ultérieure permet de
déterminer comme non <u>positives</u> quant à leur matière même, quoiqu'elles
puissent être positives par leur <u>forme</u>. Certaines conduites humaines,
p. ex. la prestation alimentaire à la charge du père à l'égard de ses enfants
non adultes, surtout de ceux qui ont moins de dix ans, peuvent être déter-
minées comme juridiquement <u>dues</u> par une norme humaine positive (p. ex.
une loi ou un code), mais elles étaient déjà C.J.D., en dehors du fait que
celle-là les établisse comme telles. Ce cas n'est pas le même que celui
du sens de la rue par lequel on doit conduire un véhicule. Cette différence
est déjà présente, quoique de manière non nécessairement précise, dans
le contenu de l'expérience juridique intégralement considérée. Ce contenu
est celui qui permet et fonde la distinction entre la positivité <u>ex vi materiae</u>
(c'est le second cas) et la positivité <u>ex vi formae tantum</u> (c'est le premier
cas), ou bien, également, entre la positivité <u>materielle</u> et la positivité
<u>seulement formelle</u>.

5) Dans 6.3.2. on signale où gît le noeud de la controverse. On peut voir là
pourquoi on vient de caractériser l'opposition comme contradictoire et non
pas comme entre contraires. L'opposition est en termes logiques entre une
proposition universelle négative (c'est la thèse du positivisme juridique) et
une autre qui est particulière et positive (c'est celle du "jusnaturalisme").
C'est-à-dire entre "il <u>n</u>'y a <u>aucune</u> ..." et "il y a <u>quelque</u> ...". On emploie

ici évidemment le lexique de la logique classique.

D'autre part, conformément à la nature de l'opposition contradictoire, les opposés ne peuvent être tous deux vrais ou faux en même temps; si l'un est vrai, l'autre est nécessairement faux, et inversement.

Finalement, le positivisme juridique, étant supposée sa négation universelle, ne peut pas admettre qu'il y ait quelque conduite humaine qui soit juridique (au sens II) ou antijuridique, abstraction faite d'une détermination normative humaine positive qui la qualifie ainsi. S'il l'admettait, il pécherait par incohérence. Par contre, la position opposée peut, sans incohérence, admettre qu'il y ait des conduites humaines qui exigent une telle détermination pour être juridiques (au sens II) ou antijuridiques.

Thèmes complémentaires - Overlapping Themes
Uebergreifende Themen

Groupe 5 - Group 5 - Gruppe 5

Les courants contemporains et théories particulières
du droit
Present Trends and Individual Points of View
Gegenwartsströmungen und einzelne Positionen

Praesidium: ALEJO de CERVERA

MIECZYSLAW MANELI

Toward Positivist Realism - Juridical Positivism at the
End of Our Century

Juridical Positivism is not today's most favored philosophy. It is often called
the "philosophy of Creon". It is even accused of being one of the sources of
authoritarianism and totalitarianism. The most important intellectual forces
of our time appear to have united to criticise Juridical Positivism: Thomists
and Marxists, liberals and conservatives, existentialists and phenomenologists.

It is the purpose of this paper to show that Juridical Positivism deserves a
better fate. Juridical Positivism was a progressive theory in the 19th century
and has begun to exercise a new important function in the development of legality and democracy in our time.

We believe that the development of Juridical Positivism will gradually be
determined by three factors:

- The new theory of argumentation ("The New Rhetoric" as it was called by
  Chaim PERELMAN);

- American jurisprudence and the realist and sociological schools;

- The recent evolution of international and municipal law concerning human
  rights.

It is our understanding that the modern importance of Juridical Positivism is
a natural development based upon its original premises. These historical
elements, which are often either forgotten or misinterpreted, will be reviewed
briefly in order to set the record straight. Stress will be put in this presentation on the concepts which are relevant to our further considerations.

1. Foundations of 19th Century Juridical Positivism

a. Jeremy BENTHAM

Jeremy BENTHAM is the author of the definition that law is the will of the sovereign in a state, that every law is a command or a prohibition, and every law in one way or another is bound up with coercion.

The scope of this definition is limited, but BENTHAM's theory of law is magnificently elaborated. BENTHAM admitted that a sovereign who has real power can promulgate any rule. But, and this is even more important, the people will not really obey capricious ordinances. If the legislator is unreasonable and exceeds the limits of necessity (like prohibiting alcoholic beverages) not even torture will enforce his will.

If passion or prejudice inspire a legislator (as happened in the laws of LOUIS XV against heretics) hatred and disobedience will result. Persisting in such a policy the legislator will finally defeat himself and stultifly his own goals.

The purpose of any code or particular law should be the greatest happiness of the greatest number. Every law should seek to maximize universal security and economic sufficiency, and to minimize inequality.

BENTHAM harbored such a deep distrust of the good will of the "ruling few", that he believed that it was the public rather than the establishment that needed protection in the form of special legislation. Therefore, laws should secure the freedom of the press; there should not be any restrictions upon freedom of speech. Even more, it is the critic who should enjoy legal privileges, whereas it should be the burden of the government to prove that he was wrong. BENTHAM criticized the libel laws of his day as a protection of the government's "sinister interests".

It was BENTHAM's opinion that the laws which existed in England and in other countries did not secure certainty because they "bristled" with inexactitude and obscurity. The monumental work of codification can be accomplished only by a sovereign legislator. This is an additional, usually underestimated, aspect of Juridical Positivism: a reaction against the complexity and "sheer absurdity" of obsolete legislation that constitutes juridical disorder and disgrace.

The doctrine of Juridical Positivism of Jeremy BENTHAM might be summed up in the following way:

- Law should secure order, security, and certainty as preconditions of individual happiness and serve as an instrument for modernization;

- In order to achieve these ends, law should protect the individual against the abuses and encroachments of the governmental authorities;

- Law should protect individual liberties; the legislator does not have more right to curtail the freedom of speech than to diminish freedom of eating; this, according to BENTHAM, is the meaning of the First Amendment to the American Constitution.

- The power of the legislator is limited by his own laws, by the rights which he has created, by common sense, morality, and by the greatest happiness principle.

If the sovereign legislator does not act according to these requirements, he will sooner or later feel the consequences, including - BENTHAM stresses - resistance against his oppression. Such opposition will be justified, not by "inalienable rights", but by the utility principle and by acquired positive rights.

b. John AUSTIN

John AUSTIN systemized utilitarianism in the sphere of jurisprudence. Every law, this concept is well known, is a general command given by a political superior in a state; legality consists in strict observance of the law; justice cannot be separated from it.

These ideas of AUSTIN drew all manner of denunciation, an analysis of the context of AUSTIN's definitions will show how unfairly he was often treated. Let us observe, first of all, that AUSTIN introduced into his philosophy the terms "unconstitutional" and "illegal" as applied to law. In every non-despotic society, he wrote, there exists a set of principles or maxims which are accepted at least tacitly by the society and by the sovereign; the laws issued in conflict with those principles and maxims, are "unconstitutional, but not illegal" (1). An example would be a government's attempt to legislate contrary to the common custom and expectation of its society. AUSTIN, like Jeremy BENTHAM, did not live by legal norms alone. He understood that law operates within a given social and political environment. It is effective in one political situation, but fails in another.

The sovereign cannot be legally constrained or responsible, but the situation changes dramatically when we consider the activities of the individual members of the sovereign collective. These individuals, according to AUSTIN, are legally bound by laws of which the sovereign body is the author. When they violate a law "enforced by judicial procedure", they are acting illegally. Any command allegedly in "legal" form, opposed to the constitution, will not be "binding". Those who are commissioned to execute an unconstitutional command should not obey it, because otherwise, they would be liable and "amenable to positive law", (AUSTIN's term). What AUSTIN recommended is civil disobedience. Instead of calling on his countrymen to quote the natural law, he simply advised them: Don't carry out illegal orders because the sovereign will be forced to back down and will eventually have to ingratiate himself to regain political confidence. AUSTIN's theory of rights should be understood in this context.

According to him, every right is the creature of positive law; there are three parties to every right: the one bearing the right, the one burdened with a duty, and the sovereign who is the author and enforcer of the right. Their ends are moral and political: the greatest happiness of the community.

If the government violates these rights, then it must expect the angry people to resort to active resistance, even to the point of tyrannicide. AUSTIN qualified that extreme measure as a mischevious act unless "guided by perfectly sound judgment". Sound judgment, according to AUSTIN, is a justification but not a juridical legalization. One might ask whether AUSTIN here went beyond Juridical Positivism. He justifies disobedience by recourse to the law and rights themselves. Concerning AUSTIN's philosophy, we may conclude that although a sovereign legislator cannot be legally restricted, he is limited by the powerful, reasonable, almost "divine" principle of utility and individual happiness.

c. Rudolf von IHERING

In his philosophy, IHERING combined the traditions of Roman law with the positive philosophy of COMTE, the utilitarianism and liberalism of BENTHAM and MILL, and the juridical theory of John AUSTIN. According to IHERING, law is the totality of norms created and enforced by the state to secure the interests of society and of every person, individually. Law cannot exist without the coercive power of the state. But all the organs of the state must act in the direction prescribed by the legislator. This thesis is also the point of departure of IHERING's theory by which the state binds itself when it promulgates laws.

It is a paradox that every law that the state passes, restricts the sovereign power of the state at the same time. IHERING also wrote that it is the nature of law that it should refrain from pushing its own power too far. Law is a self-restraining power. As force develops it ultimately arrives at law. Law is a force which sets limits to itself. Thus we arrive at the thesis usually overlooked by the critics of Juridical Positivism: Law is not just a product of force, it is force which sets limits to itself. Law which sets no limits to force and itself is not law, it defies the idea of law and legality. This construction helped him to introduce his idea that uprising is a form of "self help" which the people are required to use when they must take the defense of their rights "into their own hands".

IHERING wanted to make it as clear as possible that his understanding of legal positivism was not a carte blanche for despots. He even found a kind word for revolution, which to him was very distinct from anarchy. Revolution denies the existing order, seeking a new and different order. IHERING precisely expressed the essential attitude of the Juridical Positivists toward revolution; Positivists are not revolutionaries, but they are prepared to accept a new political reality, because every revolution, according to IHERING, after a short period of bloody orgies, must return to a juridical order, must issue laws, and become orderly.

In his pamphlet, <u>Der Kampf ums Recht</u>, IHERING tried to prove, with amazing consistency, that although the purpose of the law is peace, the means by which the law operates is struggle. Law and rights are forces in perpetual tension, in constant struggle for their existence. It is the duty of every individual therefore, to fight for his rights. To fight and sue in the courts even for trivial damages is a legal, moral, social duty, a noble act benefitting all mankind. Whenever an individual is unable to pursue his rights, it is the state that should help him.

When liberalism with its concept of the state as watchman was slowly pushed aside, positivism entered as the new champion of private rights.

d. The Positivist Theory of Legal Interpretation

The positivist principles of interpretation constitute an essential part of the whole positivist theory. They all tend to achieve: the preservation of legality and of the legal order, the strengthening of social certainty and predictability, and respect for individual rights.

Positivists realized that MONTESQUIEU's recommendation about interpretation was utopian, but on the other hand they wanted to avoid accidents. They were determined to elaborate scientifically a uniform system of interpretation and application of law. When at the end of the 19th century West European jurists first sought to relax the strict rules of legal interpretation of laws, there emerged a new group of gifted Russian and Polish authors, who were carrying on the positivist heritage, the most eminent among them being Eugene WASKOWSKI.

The point of departure of the positivist authors was the old observation that in order to know the laws it is not sufficient to learn the legal text by heart. Not only is ignorance of the law inexcusable, but a wrong interpretation is equally culpable. It would be superfluous to present all these general and specific rules. Let us only remember that they tried to interpret the problem of gaps in the law as restrictively as possible. The presumption was that the legislature did not intend any gaps. It is important to note, for further reference, that the emerging schools of the <u>Freie Rechtslehre</u> started their career with the extensive interpretation of the concepts of gaps in the law. The tendency was to find more gaps than legal regulations.

In this short review we have sought to prove that the classics of Juridical Positivism were very far from the narrow dogmatism and very far from the apologetic glorification of any existing legal order. They never subscribed to the maxim: My country, right or wrong. On the contrary, they were deeply suspicious of the good will of the governmental authorities, therefore they wanted to bind them by legal constraints and reduce as much as possible their opportunities to act outside or against the law.

2. The New Theory of Argumentation and Positivist Realism (1)

After the Second World War, the rhetorical tradition was revived by Professor Chaim PERELMAN. He himself called his approach "The New Rhetoric" or "The New Theory of Argumentation". Within a relatively short time, the New Rhetoric made substantial inroads into the fields of philosophy, sociology, and jurisprudence.

A renaissance is never simply a rebirth of the past. It has new elements and operates in a new manner under new circumstances. The New Rhetoric was born as a result of the practical and theoretical needs posed by the social and intellectual development of our century. Traditional empiricism, positivism, rationalism, and all their new forms were unable to answer the topical questions of our day. The new requirements of life were pressing: people had to make decisions, they wanted to make them in a reasonable way. In the 20th century especially we have seen successive waves of irrationalism by right- and left-wing totalitarianisms, not only in the emerging nations, but also in all well-established western democracies. From the very beginning, The New Rhetoric has served as a tool for analyses of the spheres of life which go beyond the ambit of formal logic, thereby being relegated to methods usually far from the conscious application of reason.

The New Rhetoric has three basic elements which establish its methodological basis for a philosophy of consistent rationalism:

- a new solution for the relationship between the reasonable and the rational;
- the role of the audience;
- the method of the dialogue.

There have always been a number of intellectuals who believed that when one presents a clear argument, logically substantiated, the mere power of the syllogism and the truth should be sufficient to make a definitive impact on the minds of everyone able to think.

The New Rhetoric disagrees with these premises. It asserts, that many parties to a dispute may have sound, reasonable opinions because human, practical, political, and moral problems cannot be reduced to the antimony, true or false. They cannot even be presented in the categories of formal logic. Diverse opinions can be reasonable at the same time because there is a difference between what is rational and what is reasonable. If the rational is narrowly defined, then nearly the entire sphere which is concerned with action, including politics, law, and morality, "is turned over to the irrational" (2). Such rationalism can lead to either irrational pluralism, or to monism of values. The monism of values often has been used for the purposes of the authoritarian regimes, especially those which pretend to be based on rationality ("crackpot realism").

The New Rhetoric does not eliminate formal logic, but reserves a proper place for it in the totality of human reasoning. The concept of reasonable is inherently pluralistic; it is incompatible with all the pretensions of monism or total-itarianism. The rational may be described as what "corresponds to mathematic-al reason" (3). The rational imposes its outlook on all reasoning beings because "it owes nothing to experience, or to dialogue, and depends neither on education, nor on the culture of a milieu or an epoch" (4).

The New Rhetoric agrees with Bertrand RUSSELL that consistently, the rational man would be only an inhuman monster, since he separates reasoning from his other human faculties. The reasonable man, on the other hand, is influenced by "common sense", or "good sense", and endeavors to do what is accepted by his own milieu, and if possible, by all. He takes into account changing circumstances, the evolution of mankind, its sensitivity, the development of morality, the chang-ing criteria of decency. Without such a broad concept of the reasonable, reason would be converted into a conservative fortress, into an instrument of ossifica-tion, rather than a means by which the obsolete is repudiated. A reasonable individual at any time can live within a variety of groups, with many ideals and philosophies. He is prepared to live in a pluralistic world.

In law, the idea of "the reasonable corresponds to an equitable solution" (5). In this way, the New Rhetoric promotes the humanization of positivist jurisprudence and does so in a manner which is faithful to its own spirit. Modern rationalism can be employed to promote uniformity, Gleichschaltung, whereas the reasonable opposes uniformity, undermines any form of absolute order, and recommends pluralism in every sphere of life, in the material and the spiritual, the economic and the political.

The New Rhetoric, as applied to morality, politics, and jurisprudence, represents the view that one can and should find a reasonable basis for justifying the norms of behavior, politics, law, and its interpretation. Many philosophers since HUME have argued that it is impossible to demonstrate that one set of moral rules is to be preferred over another. The New Rhetoric asserts that if logicians dismiss the mere possibility of preferences based on reason in the sphere of the "ought" (Sollen), then we should complete formal logic through the study of what since the time of SOCRATES has been called dialectics. "I prefer to qualify it as argumentation and contrast it with formal logic conceived as the theory of de-monstrative proof."

One should never overlook the fact that, after all, the moral principles are formulated because there are reasons for formulating them. In this case one can argue whether they should be adopted at all, and if so, how they should be applied to given situations and controversies.

The New Rhetoric is not a theory of pure contemplation; it is a theory of argumentation for practical purposes in order to find a way to make the most reasonable, efficient, and just decisions which might gain the maximum support of a public divided by various controversies. It is a theory which consciously helps to make practical but reasonable decision, directly aiming at action.

The basic instrument of this theory and methodology is <u>dialogue</u>. Dialogue is the form and the soul of the process of argumentation. From the rhetorical viewpoint, discourses in the courts are a form of dialogue which is also one of the philosophical bases of American juridical theory and practice.

The first precondition for the existence of dialogue is freedom for the participants. The interlocuter should not be afraid to raise questions and use counter-arguments. One cannot gain the adherence of minds of those who fear or hesitate actively to participate in the dialogue.

When argumentation fails to achieve its desired effect, that still does not mean its premises were completely wrong, unjust, or unfounded. Arguments can be rejected by an audience for various reasons, but in a free exchange of arguments lies can sooner be brought to light than under many other circumstances.

Formal logic does not question its premises, while the New Rhetoric, on the other hand, is critical of everything. It does not take anything for granted, it does not accept without question anything that was established in the past; it rejects all explicit or implicit assumptions, premises, and propositions, compelling people to cut the roots of common-sense itself, to the facts, and truths themselves.

These general methodological and philosophical considerations have their direct impact on the philosophy of law. There is one common point of departure between the New Rhetoric and American jurisprudence as characterized, particularly, by the three titans: HOLMES, POUND, and CARDOZO:

> "The reconciliation of the irreconciliable, the merger of anti-thesis, the synthesis of opposites, these are the problems of the law." (6)

The New Rhetoric represents the idea, as American jurisprudence does, that incompatibilities in the sphere of law, its interpretation, and applications, are inevitable because they result from the development of life. Every resolution of incompatibilities creates a new change of opposites, and a new demand for a new compromise. From the intellectual viewpoint a compromise is not an easy result to achieve, on the contrary, it is compromise which calls for the greatest intellectual effort. It is less difficult to fight than to find a reasonable, "peaceful", solution.

HOLMES once observed, as we have already mentioned, that the training of lawyers is a "training in logic"; on the other hand he argued that the life of the law has not been logic, it has been experience:

> "The felt necessities of the time, the prevalent moral and political theories; intentions of public policy avowed or un-conscious, even the prejudices which judges share with their fellow men, have had a good deal more to do than syllogisms

in determining the rules by which men should be governed."
(7)

Are these two statements made HOLMES concerning the place of logic and experience in the sphere of law incompatible? Not from the point of view of the
New Rhetoric. It is The New Rhetoric which shows a way to reconcile logic and
experience in the endless process of argumentation. There is no use of the logical syllogism "proving" that the given meanings of the legal provisions are the
only ones which are logical and should be respected. If the people do not want to
abide by them, then only terror can impose and enforce them. Such an imposition
will not be reasonable. Taking into account the persuasions and the feelings of
the people, this theory of argumentation serves as an instrument proving that
alleged logical interpretations can indeed be unreasonable, that formal logic
pushed to its extremes, becomes a monstrosity.

Since World War II, the judge's power over the interpretation and application of
law has steadily been growing in Western European countries. In this way a
rapprochement between the Continental and the Anglo-Saxon judicial systems
has begun, and is still in progress. I would like to propose a general conclusion,
that the methodological basis for the rapprochement between the Anglo-Saxon
and the Continental jurisprudence and the practice of law is the wide acceptance
of the theory of argumentation and its pluralistic attitude. Jurists use this
methodology and theory, although, like MOLIERE's hero, M. JOURDAIN, they
do not know that they are using it.

In this respect the remarks made by Roscoe POUND are important: "Perhaps
the most significant advance in the modern science of law is the change from
the analytical to the functional attitude." The emphasis has changed from "the
concept of the precept in action and the availability and efficiency of the remedy
to attain the ends for which the precept was devised" (8). CARDOZO makes
this idea even more specific in his comments:

> "Courts know today that statutes are to be viewed, not in isolation
> or in vacuums, as pronouncements of abstract principles for the
> guidance of an ideal community, but in the setting and the frame-
> work of present-day conditions, as revealed by the labors of
> economists and students of the social sciences in our own country
> and abroad." (9)

What does he mean by "present-day conditions"? They are not definitively
described; they consist of various contradictory social relations and ideas.
They can include various concepts of morality, justice, and even equality and
fairness. The differences spring from the variety of the social and moral conditions in which people live, from the variety of their educational, ethical, and
religious backgrounds, from the variety of their understanding and emotions.
Dissenters should not be condemned as unreasonable.

These problems were assessed by John DEWEY more than by anyone else in a
general philosophical form. In his essay, "Nature and Reason in Law", DEWEY

writes that there is no foundation for adherence to a kind of epistemological realism in politics and jurisprudence by which human reason is "confined to discovering what antecedently exists" (10). One is denied the right to use the creativity of one's own intelligence when one must restrict one's thinking to the discovery of the "Order of Nature" or "Higher Reason", instead of acting for the sake of good consequences.

> "... we find that the chief working difference between moral philosophies in their application to law is that some of them seek for an antecedent principle by which to decide; while others recommend the consideration of the specific consequences that flow from treating a specific situation this way or that, using the antecedent material and rules as guides of intellectual analysis but not as norms of decision." (11)

In this way DEWEY approached the threshhold of the theory of argumentation and pluralism as applied to jurisprudence in particular.

The philosophy of HOLMES - DEWEY, taken together with The New Rhetoric, forms this long sought after methodological foundation of the concept of human rights, as understood and interpreted without reference to the metaphysical concepts of "natural" or "inalienable" rights.

3. Toward Positivist Realism

We live in a period when a new concept of law is evolving, although it has not been theoretically assessed. One may call it positivist realism.

Positivist realism can be described as a philosophical amalgam of Juridical Positivism with American jurisprudence, international and municipal documents on human rights, and the philosophy and methodology of the New Rhetoric.

Positivist realism emerges as a theory of law adjusted to the new social conditions and political realities of the end of the 20th century. It encompasses the traditions of the western philosophy of law and the experience of all kinds of modern societies. It is a theory of law that explains the nature of law and can aid the perennial struggle for democracy and peace, social order and human rights, international cooperation and sovereignty. This notion, like the Hegelian essence, tries to penetrate into the depth of important relationships hidden under the surface; positivist realism is not just a study of phenomena, whether they take the form of juridical norms or the behavior of lawyers. It studies phenomena as a first step toward understanding the substantial relationship between laws, morality, and behavior on the one hand, and social, economic, and political relationships on the other.

All states today (there are a couple of temporary exceptions) are members of the international community symbolized by the United Nations. They have all

accepted the Charter of the United Nations as a valid legal document. A majority of them also signed the Universal Declaration of Human Rights. All of them
voted for the Declaration on Principles of International Law (1970). Almost half
of the world's nations joined the International Covenants on Human Rights (1966).
The provisions concerning human rights, as expressed in the Charter of the
United Nations and in other documents are binding in various ways on the authorities of all countries. It does not matter what the given government thinks about
the relationship between international law and internal law. Whether a government considers that international law becomes part of internal law by its own
authority or through some domestic legislative transformation, is irrelevant.
The norms of international law as well as the general and specific provisions
even of the Constitution and other general legal acts of dictatorship are a source
of immunities, liberties, and subjective rights which cannot be legally denied or
ignored. Nobody today may claim that he adheres to the principles of due process
of law while regarding democratic freedoms and subjective rights as empty and
void. Rights and duties can, of course, be more or less specific. General legal
provisions which are embodied in constitutions create very broad notions of
rights which can be specified in legal acts of lower ("higher" in KELSEN's
terminology) rank. They can be made more or less real, they can be expanded
or abridged, but they cannot be cancelled, liquidated, or interpreted as being
empty, rendered null and void. Whenever authorities try to nullify democratic
liberties and subjective rights on the basis of real or fictitious lower acts in
order to curtail or nullify democratic liberties and it should be pointed out that
this approach is illegal because it violates the provisions of higher, basic,
fundamental, legal acts and guarantees. No recurrence to "natural law" is
necessary anymore.

In non-democratic states particularly in the totalitarian ones, the facade of
relatively democratic and progressive legal norms are all that exist as a last
hope, the last life preserver that the oppressed citizens may look to. In totalitarian countries, constitutional and juridical pronouncements can almost act
like propaganda. The security police can violate all these safeguards, liberties,
and rights without fear of immediate retribution. But the virtue of a legal
positivistic attitude is evident here: the victim knows his rights and can claim
them; the oppressor knows that he has violated the law; he must hide his
violations, must consider public opinion, the weakness of his political regime
and the possibility of future punishment, which has not been evaded by much
more powerful violators than he.

It is a modern paradox that the citizens of non-democratic countries can afford
to ignore the law in books even less than the citizens of traditional democracies
can. They must stick to the traditional interpretation and application of positive
law (including constitutional law), because any deviation from the letter of the
law will be held against them and not against the powerful authorities.

Positivist realism is the theoretical foundation of the famous legalism of the
19th century, of the true <u>Rechtsordnung</u> and <u>Rechtsstaat</u> in the best meaning of
the terms. We have made no effort here to analyze all aspects of American
realism. There are specialized studies devoted to this subject. Our contention

is that being basically positivistic, American juridical realism introduced new dimensions in legal theory, which influenced the way of thinking of all philosophers of law in the 20th century.

From the sociological viewpoint, American legal realism is a product of a society which contains more legal and political safeguards to protect the rights of the individual than any other society, although still too few. It would be difficult to imagine that this "liberalism" could be transformed, under normal American circumstances, into license and a disregard of the Constitution, and of the basic principles of common and statutory law.

By no means could American methods and experience be transplanted to another soil, especially. From the very beginning, apart from specific concepts of the individual authors, legal realism was meant to be a theoretical corrective of the exigencies of traditional, narrowly interpreted, Juridical Positivism. Legal realism tried to direct Juridical Positivism toward a concept of justice which could finally be free from the danger expressed in the words, summum ius - summa iniuria.

But it is the New Rhetoric that enables one to reach this end. The New Rhetoric bridges the two doctrines, realism and positivism, which have until now been intellectually separated.

Let us consider at least one example. In Brown vs. Board of Education, the Supreme Court struck down the principle, "separate but equal" when an important part of the nation was sufficiently mature intellectually and psychologically to ask for and to accept the principle of integration. The Judges mature with their society, they are influenced by the new attitudes, postures, feelings, and ideas of their society. Thus, the maxim "law is what the Courts decide" can have a deep social, moral, and political meaning when one understands the two-way mechanism of determinism and freedom, of objectivity and subjectivity, of necessity and chance.

The feelings, emotions, perceptions, and individual understanding are also determined by the existing social solidarity and antagonisms, by the moral climate, and by countervailing passions, ideology, and mythology.

The more free and independent the Court is, the more predictable its decisions will be. When freedom of thought and the depth of the juridical reflections are even better secured, the decisions of the justices will be less arbitrary, less capricious, more deeply and clearly formed.

All these considerations and conclusions are applicable only to the jurists (Courts) in a democratic country where the system of justice really is free and not subject to hidden and open administrative pressures, prejudgements, invisible springs, and visible corruption. A system of justice based on law can exist only in a country in which freedom of interpretation and application exists. Whenever and wherever the courts are denied the right freely to interpret and apply the law, the result is more arbitrariness, more capriciousness, more

unpredictability (or perhaps more predictability based on overwhelming immorality and terror), more violations of reason, logic, and justice, and more
cases when the victims wonder whether the court is ashamed of what it is
doing.

Positivist realism, thanks to its link with the theory of argumentation, is the
theory of law which can finally overcome the recurrent mythology of natural
law theories. As for the relation between positivist legal theories and natural
law theories, we must say that these two basic theories of law survived because
of the weaknesses of their rival. Every step forward of one theory would inevitably be followed by a new development of the other, and vice versa.

Although juridical positivism represented a tremendous step forward in the
development of the juridical sciences, it was too limited by its own program.

The concept that legality depends on the will of the legislator could only dismay
decent people familiar with government-sponsored terror and massive repression and unfamiliar with the true traditions of juridical positivism. If an
obvious act of injustice is legal, then, down with such legality. If the violation
of human dignity is legal, according to the jurists of the establishment, then
reasonable people would look for a philosophy of law that would not fly in the
face of elementary human feelings.

What could that other philosophy be? It would be simple to answer: let us return
to the philosophy of natural law! But an unscientific answer cannot be an effective medicine to cure political and social deficiencies.

The weakness of a narrowly interpreted Juridical Positivism has been decisively
overcome only recently by combining Juridical Positivism with the positive expression of human rights in international and municipal law and by combining
both these elements with the new theory of argumentation.

Positivist realism is not a timeless theory of law. It presents the latest legal
developments in their most general form. It is a philosophy of law for a period
when state-enforced law "pervades" the life of nations to a degree incomparably
greater than in the 19th century. It is a period when international law is becoming more and more influential, more and more multifarious, permeating deeper
and deeper into everyday life. It is a philosophy of law for a period when states
of various political and social structures coexist on this globe and cooperate
with one another despite their basic differences and even antagonisms, and it
supplies instruments for cooperation.

The last but not the least aspect of the philosophy of positive realism is that it
is a theory of the period when more and more educated jurists realize that legal
norms do not constitute a solid body and are not a fluid in a jar either; they do
not have a fixed consistency, but are being "expounded", are something "living",
and can be enriched or impoverished by the requirements of life under various
social and political systems. What is being expounded, however, is law, a
genuine positive law; the law which one expounds must be as real as the

518

American Constitution about which John MARSHALL made the immortal observation that "it is a Constitution we are expounding ...".

Footnotes

1) The reader can find the elaborated philosophy of positivist realism and the relationship between it and The New Rhetoric in my book: Juridical Positivism and Human Rights (New York 1979).

2) Chaim PERELMAN: "The New Rhetoric: A Theory of Practical Reasoning", in: The Great Ideas Today (Chicago: Encyclopedia Britannica, 1970), p. 302.

3) Chaim PERELMAN: "The Rational and the Reasonable", presented in October 1977 at the Ottawa Conference on Rationality Today.

4) Ibid.

5) Ibid.

6) Benjamin N. CARDOZO: The Paradoxes of Legal Science (New York: Columbia University Press, 1928), p. 4.

7) Oliver Wendell HOLMES: "The Common Law", 1881, in: The Holmes Reader, p. 209.

8) Roscoe POUND: "Administrative Application of Legal Standards", in: Proceedings American Bar Association, 1919, p. 441-449.

9) Benjamin N. CARDOZO: The Nature of Judicial Process (New Haven: Yale University Press), p. 81.

10) John DEWEY: Philosophy and Civilization (New York: Minton, Balch, and Co., 1931), p. 168.

11) Ibid., p. 172.

ANNA MICHALSKA

The Positivistic Element in the Marxist Definition of Law and its Evaluation

1. The problem of links between the State and law draws invariably the attention of representatives of various trends in philosophy of law and theory of law. The acceptance of a certain concept as to the relation between the State and law is the initial point for constructing various theories of law. This problem has not been infrequently the object of consideration of purely speculative character.

The controversies between the doctrine of natural law and positivistic concepts belong today, however, to the past. At present the discussions are being carried on between adherents to various versions of the positivistic doctrines as to the definition of law. In the definition of law accepted in the socialist science there is included an element, this being the establishment of law by the State, which puts it among the definitions based on positivistic concepts.

Any analysis of the Marxist definition of law on the background of other concepts standing on the ground of positivism in juridical sciences would surpass the framework of the present paper. Therefore, the object of our considerations is going to be the positivistic element in the socialist definition of law, and the concept of classification of extra-legal, social norms of conduct, linked with the definition in question.

2. According to the Marxist theory, there exists an indissoluble link, both historical and functional, between the State and law. The notion of law is defined by a reference to the notion of the State. Hence, before starting on analyzing the definition of law, it is necessary to devote some attention to the notion of State.

In the socialist theory a number of State definitions have been formulated. This does not mean, however, that there are any differences in opinions within the doctrine itself as to fundamental problems. On the contrary, the agreement of this kind is today stabilized, and the sources of deviations are twofold: First, the definitions formulated during the period of sharp class struggles put the stress, first of all, on the class and forcible character of any State, somewhat neglecting its general ⁻social character. Such was, for instance, the definition formulated by Vladimir Ilyich

LENIN who wrote that "the State is a special organization of force, organization of constraint in order to subdue some class". Already Charles MARX and Frederic ENGELS drew attention to the general-social character of the State. They were also the first to make a thorough analysis of a community organized into a State, underlining in it the principal role of classes. In consequence, the character of class element has been included into the definition of the State and appears in every version of the definition.

Second, in particular definitions formulated on the ground of the Marxist theory, the stresses emphasizing such or other features of State organization are arranged in a different manner. This is, besides, linked with the first reason indicated above.

A full definition of the State, that is to say, one that takes into consideration the previous achievements of science in this scope; in other words, all those features the rightness of which has been verified by observations on the reality, is: "The State is an organization of the following features: political, forcible, embracing all the community, territorial, class, supplied with a specific apparatus, fulfilling definite functions, sovereign." The above definition is accepted in the Polish theory, and it constitutes an initial point for detailed considerations on particular features of the State. In the literature it is possible to encounter some other definitions of the State, but these are questions rather of various stylistic formulations, but not any deviations as to the essential features of the State.

The above definition does not contain explicitly the normative character of the State. Nevertheless, this feature in implicite contained in some of its elements. Thus, the forcible character of the State signifies, inter alia, that it establishes the norms of conduct that are universally valid and it enforces, in case of need physically, their observance. The internal function of the State which consists in maintenance of a certain internal order, convenient for the ruling class, is achieved, first of all by establishing norms of conduct. The internal order must be determined normatively, it cannot be shaped spontaneously by the interplay of various social forces. Finally, the activity of the State apparatus consists, inter alia, in establishing some norms. The characteristic features of the State mentioned above and formulated by the socialist theory, are closely linked with establishment of norms of conduct which, in this theory, are designated by the name of legal norms.

The initial point for formulation of definition of law, as accepted by the socialist science, was the thesis by C. MARX and F. ENGELS contained in the Communist Manifesto. There they, addressing the bourgeoisie stated: "... your law is the will of your class elevated to the significance of a statute; its content is determined by the material conditions of existence of your class." In the pronouncement cited three features of the law have been stressed: its content is dependent on social and economic conditions, it expresses the strivings and interests of the ruling class, finally, these strivings and interests are formulated by the intermediary of the State and in a definite mode.

Today in the socialist theory of law it is admitted that law is a set of general, social norms of conduct which are either established or acknowledged by the State organs or, taking it more precisely, by the State acting by the intermediary of organs empowered to do so. The law expresses the will and interests of the ruling class and its is to strengthen the social relations advantageous for this class. Its observance is secured by the State enforcement. For the present considerations most interesting is particularly that part of the above definition which states that the law consists of general norms established by the State organs. Hence, to the scope of notion "law" do not belong, according to the above accepted definition those individual norms that are the result of application of law by the State organs (Courts of Justice, administration). Neither do belong here all the general norms of conduct which function within the society, but do not derive from the State organs.

In the socialist States the establishment is almost exclusively the way of creation of legal norms. Extremely rare are the cases of law formation by way of acknowledgment. There is no common (customary) law. The object of acknowledgment are sometimes norms issued by social organizations. In Poland, for instance, some norms established by the central organs of the Trade Unions were acknowledged by the State by means of an explicit decision of a competent organ, as legal norms. For the problem under consideration here the differentiation between establishment and acknowledgment of law (if its object are general norms of conduct, as is the case with norms of social organizations) is of no importance. In both cases we are to deal with a decision made by a State organ.

The socialist theory has the standpoint that there cannot be either any State without law, nor any law without State. Between the State and law there exists a link consisting in the following: law is an expression of the will of the State. The State and the Law are formed simultaneously and are subject to activities of the majority of the same phenomena and laws of history. The consequences of the above standpoint are also visible in the characteristics of these two social phenomena. Thus, the notion of law is defined by references to the notion of State. On the other hand, one of the elements of the definition of the State is, in turn, the notion of law.

The standpoint of the socialist theory that to law belong only general norms established by the State is a reference to the positivistic concepts. This is, however, not the classical positivistic definition, this being in virtue of its further elements: class character of law and the dependence of its content on the social and economic relations. These two features are also the basis for distinguishing and evaluation of two types of law. While distinguishing types of law the Marxist doctrine takes into consideration all the legal systems created on the ground of production relations of the same kind, expressing the interest and tendencies of the same ruling class. Since four types of State can be distinguished, so consequently we can speak about four types of law: slavery, feudal, bourgeois and socialist.

3. The concept that laws are only general norms established by the State organs is the initial point for classification and characteristics of the other social norms of conduct. At the same time an analysis of relations between law and other social

norms constitutes an indispensable supplementation of characteristics of the law itself.

In the Polish theory of law the following groups of extra -legal norms of conduct are distinguished: relating to customs, moral and those of social organizations. A similar classification has been accepted in the science of other socialist countries.

To the norms relating to customs belong those which have been shaped in the consciousness of people in result of a habit, in result of numerous repetitions under definite circumstances of the same behaviours, in result of formation of a conviction that this is the right way of behaviour. The justification of this obligation is tradition.

Morality is a historically shaped set of norms of conduct according to which the behaviour of people in regard to one another, in regard to community, to the State and other organizations is evaluated: either as a good one or as a bad one. Hence, at the fundament of these norms lies a moral evaluation the subject of which is the people's conduct. In every society there are some binding, elementary moral norms that are common for all its members. The remaining moral norms, in a society divided into antagonistic classes, have a class character. The observance of moral norms is induced by the conviction of their righteousness. Moreover, their observance is often safeguarded by the opinion of the environment.

The norms established by the organs of social organizations formulate the aims and tasks of these organizations, the principles of membership, rights and duties of their members, organizational structure, and so forth. Hence, they are addressed to the members of the organizations, and their observance is safeguarded by the organizations themselves.

In the socialist theory of law it is accepted that the norms of social organizations cannot be contradictory with the Law in force in the given country. This is an incomplete concept, as it neglects the feasibility of functioning of illegal organizations whose norms are not only contradictory to the law in force established by the State organs, but not infrequently they mainly aim at abolition of this State and law.

It seems that the concept of law accepted in the socialist science, and the classification of the remaining social norms of conduct joined with it, have some weak points. First, these are social norms that have a number of the same features as those established by the State, but are not embraced by the scope of the notion "law". Second, these norms cannot belong, in turn, to any of enumerated above types of extra-legal social norms of conduct. Consequently, they are simply not mentioned at all.

4. If we assume that law was created at the moment of the State organization having been shaped, then a question arises how to qualify those norms, or at least some of them that regulated the social relations in the period of primitive family-tribal community, that is to say, prior to shaping any State organization.

In the family-tribal system there functioned norms related to customs, moral norms and norms based on religious beliefs. But there were also in force norms established by the organs of the family or of the tribe, these organs having been provided with attributes of a public authority. A perfect illustration of norms of this type may be the development of the penal law. Some of its forms were already formulated in the primitive communities, this being particularly obvious in the institution of pater familias. His authority and power had not only a private character, but also public. Also in later times some forms of administration of justice are shaped within the families as, the so-called - "disciplinary responsibility", the basis of which are rules established by the chiefs of families, council of the family or mass meetings.

To characterize these norms, it is not enough to state that the so-called disciplinary penal law of the period of primitive community is not law in the literal meaning of this word, as it had not been established by the State organs. Such a statement would be grounded on an implicite accepted assumption that the subject establishing the penal law is exclusivety the State, while this thesis ought to be demonstrated in the cource of reasoning.

The established norms are developed particularly in the period of a growing importance of tribal chiefs. A number of factors contributed to this state of affairs, and its examples may be found in the history of Slavonic tribes. The economic and social transformations on these territories taking place toward the end of the old era and beginning of the new, that is to say: rise in metallurgical production, development of some handicrafts, a development of exchange with the Celts and, in turn, with the Roman Empire, the increasing stratification in regard to property, and finally the conditions of impendency on the part of Germanic tribes, accelerated the process of emancipation of tribal chiefs from under the power of mass meetings. Without any efficient organization there could not occur the wanderings of Slavonic peoples towards well populated regions over the Danube and further, to the Balkan peninsula, up to the Alps in the South-West, and up to the Elbe in the West. Such an efficient organization could not be shaped without having established respective rules of conduct.

These transformations, according to the Marxist theory, gradually contributed to the process of shaping the State organization. But in the period under study here, that is to say from the 2nd till the 7th Century the Slavonic tribes did not yet know of such an organization. In the period of Great Migrations of Nations, there was a lack of territorial linking. The deciding significance for the belonging to a given social group had the blood bonds. Every now and then some other tribe rose to the paramount importance on a given territory. This was a situation characteristic of formation of tribal statelets, sometimes ephemereal, coming into agreements with one another in view of necessity of carrying on of common war actions. In this manner they formed unstable tribal links. All this long lasting process occurred on the ground of war democracy, under the conditions of temporary shrinking or expansion of the role of mass meetings, as dependent on the individual features of the chiefs. But even grasping by the latter of a strong position within their tribe did not mean any transformation to feudalism until the material basis was formed required for this formation, i.e. of a stabilized agriculture producing the additional product. As long as prestations of public character paid by the population were small or were coming sporadically in case of need, they did not give any basis for keeping a stable and comparatively strong retinue. As long as the main source of riches of the tribal chiefs were war booty, so long their power over the tribe was unstable.

This was not yet a State power, it did not have the class character: hence, the norms established by it cannot be reckoned, according to the standpoint of socialist doctrine, as the legal norms.

On the background of the above examples there arises a question what is the relation of norms established within the period of primitive community and within the period of shaping the State organization to the legal norms. If we deprive them of the attribute of law because they are not derived from the State organs, then another question arises: what is their place among other norms of conduct? There is no doubt that they are not comprised in any group of social norms mentioned above. The socialist concept of law does not answer the above questions, and the thesis that law is formed simultaneously with the State may suggest that previously there were no norms established by the organs furnished with attributes of public power and possessing in some scope the sovereign power. The thesis so formulated seems to be erroneous in view of historical facts.

5. One of characteristic features of the State of feudal type is a far fetched particularism of law. Beginning in the 12th century there is going on a gradual emancipation of urban centres from under the power of liege lords. There are beginnings of formation of self-ruling town system. In the South of Europe the leading role was played, in addition to the merchant element, also the knights who were numerous in settling in towns. In the North the burden of struggle for self-ruling community was taken by the merchant and artisan organizations. The statutes of these organizations, the so-called corporation law, played an important role in shaping the town law.

The corporation norms had a somewhat different relation to the norms established by the State organs from that of norms of the present-day social organizations. The town law did not aim at regulating the internal relations, only, according to the norms established by the State, but regulating both internal relations and relations with other subjects (liege lords, public authorities, other towns). It had to be a regulation performed instead of norms of the State organs.

The town communities had the right to issue their own decisions, in this way the town self-government was developed. The aim of the mediaeval towns was to achieve the greatest possible independence of public authority. The norms established by them were not confined to the classical territorial self-government that acts within the framework of rules established by the supreme State organs, but were not infrequently directed against this authority. Hence, they were norms established, at least within a certain scope, in a sovereign manner. Let us take, for example norms established by the town organs of those towns which joined the unions of towns (e.g. Hansa) or norms established by the organs of these unions. These norms had, in a sense, a class character; they served to protect interests of a certain social group, i.e. of townfolk, like norms established by organs of merchant guilds or artisan corporations.

6. The particularism of law of the feudal epoch is also to by seen in the huge role of norms issued by the religious organizations, particularly those of canonical law. The problem of characterizing canonical law and its relations to norms established by the State has been, indeed, current up to this day. Taking as the initial point the socialist definition of law and the classification of other norms of conduct based on it, the canonical law should be placed among norms of social organizations. But this concept may arouse essential reservations.

The canonical law is established by the organs of the Church (the Pope, plenary decisions of diocesal synods, bishops). The Code of Canonical law was formulated in 1917 by the Papal Edict of the Pope Benedict XV. To the norms of social organizations one might reckon norms established, e.g. by the bishops, and those being in force for units of church organization throughout a country. It is rather impossible to qualify in the same manner the norms of the Canonical Code mentioned above, because of the international-legal situation of the Holy See.

The Holy See has been recognized by the States as a subject of international law. It embraces the central management of the Roman-Catholic Church, that is to say, the whole apparatus of the Roman Curia with the Pope at its head. The subjectivity in the international law of the Roman Catholic Church has been shaped in the course of history, and its final confirmation is to be found in the Lateran Pacts. The canonical law, therefore, cannot be treated as norms of a social organization in the meaning that is granted to this expression in the socialist doctrine. The norms of social organizations are created by organizations acting over the territory of some country, and their content must be in agreement with norms established by the State organs. Neither can the canonical law be treated as norms established by organs of an international organization (an organization grouping the faithful adherents of the Roman Catholic Church), because the Holy See has not got such a status.

The canonical law is established, therefore, by a subject possessing the attribute of an international sovereignty, this feature being recognized by all the countries. This is, therefore, a specific system of norms, in some sense supranational, in that meaning that they are binding for the Church hierarchy and the faithful in particular countries, without fulfilling the requirement of agreement of organs of these countries. Consequently, it is not law in the meaning which is ascribed to this term by the socialist doctrine, but it also cannot be contained in any category of social norms of conduct distinguished by this doctrine.

7. The definition of law accepted in the socialist science may refer only to those norms that are established by the State organs and which involve the internal relations. It cannot be used in reference to the international law. Though, in the Soviet science, there was expressed, at some period, the opinion that the norms of the

international law "... regulate the relations among countries and express the will of the ruling classes of these countries ...". Nevertheless, it seems that the compromise which is a prerequisite condition for formulating norms of the international law goes so far that it is rather difficult to say that it expresses the will of ruling classes, at least in that meaning in which we speak about the class character of the internal law.

There would be no use considering here the sources of the international law, because the problem is commonly known. It also seems to be unnecessary to demonstrate the distinct features of this system of norms in comparison with systems of internal law of particular countries. On the other hand, it is worth noticing some specific source of international law arising in the latest years, this being the law-creating decisions of some international organizations.

In the science of international law various views are uttered as to the decisions of organs of international organizations are a separate source of the international law. Up to now the thesis has prevailed, at least in the socialist doctrine, that they do not represent any separate source of the international law, but are a derivative source, entailed by that international agreement in result of which the countries form the given international organ. But it seems that the more and more expanding practice of issuing law-creating decisions by organs of at least some international organizations has begun to contradict this view. The organs, as a result of an international agreement, are furnished with certain competences. Within this framework they act independently, without any need of soliciting the agreement of the member-States every time. Here are involved, first of all the organizations of technical character, as the International Union of Telecommunication, the World Organization of Civil Aviation, and so on. Such competences are possessed in a certain scope also by some organs of the Common Market. In some problems they may issue decisions binding economical units of the member-States without any need of soliciting the agreement of the countries in every case. It is also worth adding that they are organs in which sit persons who are not representatives of the member-States of the organization in question.

The law-creating decisions of the international organizations are passed by organs that are sovereign within a certain scope of affairs; they are also furnished with attributes of a public authority.

8. The scope of the notion "law", according to the definition of the term, as formulated in the Marxist science, does not include any norms based on law-creative precedences. The object of acknowledgment as legal norms may be, according to the concept accepted, only general norms. This is a problem in a sense marginal for our considerations, because in those countries, where the law-creative role of customs is respected, a different concept of law is, as a role, professed.

9. The concept of legal positivism has had various versions. They have one element in common, namely that the law is regarded as a set of norms established

in one or other form by a sovereign State organization. One of the fundamental postulates in this doctrine is guaranteeing the so-called reliability of the legally established state of affairs, that is to say, an adequate stability, clearness, completeness and trustworthiness of law. The problem whether or not the established norms, regarded as legal norms, correspond to some systems of moral, religious or customs norms is treated as an accidental or secondary one.

In the doctrine it is assumed that the Marxist definition of law has the character of a real definition. As the genus of the definition it is given that law is a definite set of general norms of conduct, while as differentia specifica it is given that they are norms: a) established or acknowledged by the State, that is to say by appropriate organs of State organization, b) whose realization is secured by the State threat of using constraint, c) that are manifestations of the aims of the ruling class to create and retain such social and economic relations that are advantageous for this very class. The element putting the Marxist definition of law among the positivistic definitions is contained in the genus of this definition.

In our opinion, however, the Marxist definition of law ought not to be treated as a real definition. Neither is it a nominal definition. According to our view the features of both these definitions are contained in it. The formulation that "law it is: general norms established or acknowledged by the State organs" is not a feature of these norms that have been determined by the science by way of investigation, observations or like. This part of the definition is the result of some terminological convention. In other words, it is an information about the significance which is granted to the expression "law" in the socialist science. Hence, it is a nominal definition. Only by assuming such a concept we can avoid verbal, consequently seeming, contentions involving the scope of the notion "law" and the relation of law to other social norms of conduct.

On the other hand, the features of law in the above mentioned significance of the word, are determined as a result of observation of the social life, scientific studies and inquiries. The determination of these features is the merit of the Marxist doctrine. On the other hand, on methodological grounds the theses concerning the unbreakable juncture between the State and law seem to be unsound. The same holds for the thesis on simultaneous formation of law with that of the State, and so forth. If we assume that law consists of general norms derived from the State, then the thesis of mutual links between these two pehnomena is implicite contained in the above assumption. The determination of links between the State and law cannot be the object of scientific inquiries. They are entailed by the assumed definition of law, by the assumed terminological convention. The object of scientific inquiries may be, on the other hand, and are the features of law comprehended in this way. Within the scope of characteristic of these features the Marxist definition of law has the character of a real definition.

10. The groups of social norms of conduct, discussed above to exemplify the problem, do not belong to legal norms according to the Marxist definition of law. At the same time they are not to be classified to any category of social norms of conduct distinguished by the socialist concept. The feature of all these norms is

the fact that: they are established by the organs furnished with some attributes of authority, but not of the State authority. They are in some degree (at least some of them) independent of the State and of the norms established by the State.

To distinguish legal norms, customs, moral norms and norms of social organizations does not constitute any classification, but is a typology of social norms of conduct. Particular groups of these norms have been distinguished on the basis of different criteria. It seems, however, that the above typology is not much serviceable. There are only two kinds of established norms distinguished: legal norms and norms of social organizations. Within the framework of these two groups it is impossible to place all the wide variety of established norms, or if placed, then with a difficulty. Taking for granted that the role of norms relating to customs in regulation of social relations is meagre, it is worth considering whether or not they are worth distinguishing, so more so that the limitation between them and the moral norms is fairly unsettled.

*

In the socialist theory of law, in our opinion, it is worth while developing researches on two problems: 1) on features of law and the directions of its development, 2) on other established social norms.

In the definition of law we have, really, only one element, that is of class character and which distinguishes it from among other definitions formulated on the ground of the positivistic doctrine. In agreement with the Marxist concept, with liquidation of social classes in socialist countries the State organization ought to decay. In consequence that group of norms that is now treated as legal norms will have to disappear. It must be connected with some development of other social and established norms of conduct. This is why studies on directions of evolution of these norms seem to be purposeful.

Footnotes

1) Il caratterre giuridico delle norme techniche, Rivista Internationale di Filosofia del Diritto, Milano, No. 2-3/1969, p. 234-246.

2) Workers' Self-Management in Poland, Polish Western Affairs, vol. 2/1971, p. 385-402.

3) Les Pactes des Droits de l'Homme et les droits des citoyens en République Populaire de Pologne, Polish Yearbook of International Law, vol. VI, 1974, p. 75-95.

4) Universalisme et régionalisme dans la protection internationale des Droits de l'Homme, Polish Yearbook of International Law, vol. VII, 1975, p. 169-208.

5) Die sozialen Grundrechte in der Volksrepublik Polen, in: Staatsangehörig-
keit, Soziale Grundrechte. Berlin-Heidelberg-New York, Springer-Verlag
- Instytut Śląski at Opole, 1976, p. 159-188 (together with Z. KĘDZIĄ).

6) L'application des pactes internationaux relatifs aux droits de l'homme,
Polish Yearbook of International Law, vol. VIII, 1976, p. 183-200.

7) Les droits et les devoirs fondamentaux des citoyens polonais et les pactes
des droits de l'Homme, Droit Polonais Contemporain, 4/1977, p. 5-25.

J.S. BRITO

Hart´s Criticism of Bentham *

1. HART and BENTHAM: Where Lies the Difference?

In his inaugural lecture on <u>Definition and Theory in Jurisprudence</u> in 1953, as
a professor of jurisprudence of the university of Oxford, HART places prospectively his own philosophy of law under the sign of BENTHAM. With respect to
BENTHAM's theory of paraphrase, HART says that "he enunciated a principle
that is the beginning of wisdom in this matter though it is not the end" (p. 8).
In accordance with this principle we must never take the words we have to
elucidate in jurisprudence, alone, to define them, "but consider whole sentences
in which they play their characteristic role" (p. 8). Note that HART refers to
the beginning of wisdom "in this matter", but not to the beginning of HART's
wisdom, having in mind the genisis or the biography of his own philosophy. That
was learned by HART with his friends and contemporaries of Oxford, men like
J.L. AUSTIN and H.P. GRICE. He acknowledges it plainly at the close of the
same lecture: "it is only since the beneficial turn of philosophical attention
towards language that the general features have emerged of that whole style of
human thought and discourse which is concerned with rules and their application
to human conduct. I at least could not see how much of this was visible in the
works of our predecessors until I was taught how to look by my contemporaries"
(p. 28). Coming back to the principle already spoken of, which BENTHAM had
expressed by requiring the performance of the operation he later called
"phraseoplerosis", as the first step of paraphrase, it is only since Frege that
we fully understand the import of the following insight of BENTHAM in his
papers on <u>Language</u>: "every word to be made intelligible, must be represented
as part of some assertion or proposition" (1). This is indeed BENTHAM's
thesis and only this thesis explains philosophically the relevance of phraseoplerosis as the first step of paraphrase: nevertheless BENTHAM did not explicitly establish such a connection in the published work and only eyes educated by Frege are able to reconstruct it rationally without any difficulty.

HART's inaugural lecture suggests a particular interpretation of the relations
between his own and BENTHAM's philosophy. HART would share with
BENTHAM the essentials of the method, diverging as to the application. This

oversimplifies our problem as we shall see, but it is to some extent illuminating. HART recognizes BENTHAM as the grand master of analytical jurisprudence, a methodological direction to which AUSTIN, HOHFELD and KELSEN also belong, to mention only the authors he discussed more intensively. All these authors believe in a descriptive theory of the fundamental structures of positive law as a possible and philosophically interesting task, which is neutral between controversial political and ideological options and alternative moral systems. BENTHAM's greater originality and philosophical strength explain the preference that HART prospectively marked in his inaugural lecture and stressed more and more later. While The Concept of Law appears still as a discussion of John AUSTIN, BENTHAM's more direct disciple - so to say a discussion of the benthamite legal scholastic -, HART's theory on rights will be expounded to us in the form of a discussion of BENTHAM's corresponding views, in spite of being mainly the fruit of extended work on HOHFELD, revealed in various lectures on "Legal Rights and Duties" in the earlier 60s (2). But we are told that "Bentham is a more thought-provoking guide than Hohfeld, and indeed than any other writer on the subject" (3). The essay on rights does not merely illustrate how HART stands today to BENTHAM, it seems also to be a natural continuation and confirmation of the relations between both philosophers as I have indicated. The subject of rights is precisely a field in which BENTHAM fully applies the method of paraphrase. BENTHAM tried to demonstrate that the legal provisions in which words like "right" and "power" are characteristically used can be substituted by, reduced to or "translated into the form and the language of a mandate" (4), i.e., a provision imposing duties or obligations. In BENTHAM's words: "C'est en imposant des obligations, or en s'abstenant d'en imposer, qu'on établit, qu'on accorde des droits ... Les droits résultant d'obligations imposées par la loi ont pour base des lois coercitives: les droits résultant de l'absence d'obligation ont pour base des lois permissives" (5). HART not only considers the normative language of BENTHAM, composed only of commands (or coercive laws) and its negation (non-commands or permissive laws) to be insufficient, because there are other types of rules indispensable for the analysis of legal powers: he presumes it also to be indispensable to resort to other notions, besides those of "interest" and "benefit" - already used by BENTHAM -, if we want to understand what is meant in the law by rights. Such are, in different contexts, the notions of individual choice and of basic or fundamental individual needs. It seems also that it suffices to refine and to complete BENTHAM's analysis to reach one's analytical goall. Hence unity of methods and differences on application would stand as a general interpretation of the relations between BENTHAM's and HART's philosophies of law.

This interpretation however besides oversimplifying, may induce errors. I am even tempted to say that the difference lies more in method than in the application. To clear up this point, the core of HART's analytical doctrines in The Concept of Law has to be compared with BENTHAM's alternative answers. This is what I will try to do in this paper.

2. The Criticism of BENTHAM's Imperative Theory

In The Concept of Law HART claims that the law can be best understood as the combination of primary rules and secondary rules: "there lies what Austin wrongly claimed to have found in the notion of coercive orders, namely, 'the key to the science of jurisprudence'" (p. 79). He employs for this a genealogic method (6), not far from BENTHAM's method of paraphrase: the concept of law, in the sense of legal order, is explained with help of simpler notions of rule. The starting-point is the model, which may be called benthamite, of primary rules, i.e., of rules imposing duties. But a legal order constituted merely by primary rules must suffer from various defects, corresponding to as many different functions of law, which must remain unfulfilled. Such a legal order would be uncertain, static and inefficient.

To eliminate the defect of uncertainty we need secondary rules of recognition (one of them ultimate, and so providing for their possible conflict), which would specify features possession of which by a suggested rule is taken as conclusive to the effect that it is a rule of the group to be supported by the social pressure it exerts. To remedy the defect of being static we have to introduce secondary rules of change, which confer powers of changing the primary rules, i.e., legislative powers, or confer on individuals power to vary their initial positions under the primary rules, i.e., private power of legal change (the power of making a will or a contract). To erradicate the defect of inefficiency other secondary rules of adjudication must be supplemented, empowering individuals to identify the cases of violation of primary rules, and eventually to direct the application of the corresponding sanctions (7).

Of course the rules of recognition integrate the content of the rules which define the powers and duties of the law applying officials. And the same thing may be said about the rules of adjudication, which guide the conduct of such officials when they apply sanctions. If they should nevertheless rank as separate rules, or if they are better undestood as parts of the rules which confer powers and impose duties on those officials, it is a problem that need not be considered here (8). But these observations allow us to recognise the central importance of the rules which guide the exercise of public and private normative powers within the structure of the legal system, and also the novelty of these rules which confer such powers, compared with the rules of obligation which constitute the benthamite model of a legal order.

The criticism and supplementation of the model of legal order as a set of rules on duties or primary rules, is in my opinion the strongest attack of HART against BENTHAM's legal theory.

It is true that HART directs other criticisms against the imperative theory. Much of this criticism is related to the simplified and scholastic version of AUSTIN, and is avoided by BENTHAM's subtle qualifications and distinctions. In this way BENTHAM's complex theory of sanctions, and specially his thesis that a law - in case of laws in pricipem, laws limitting the supreme powers

within a State - may rely only upon moral and religious sanctions, can avoid
many difficulties of the austinian notion of an order backed by threats. The
alternative analysis of obligation by BENTHAM as an act or mandate of the
sovereign and not as a prediction of a sanction (9), contributes to make the
definition of an individual law even more independent of an individual sanction
and to connect the system of sanctions with the notion of sovereignty.

On the other hand BENTHAM stresses that the state or aspect of the will of the
legislator with relation to an act does not depend upon the actual existence of
some particular state of mind in some particular persons: "the use of a mandate
is determined by the nature of the act or mode of conduct which is the object of
it: and where there can be no difference in the conduct of the subject, it is to no
purpose to mark out any difference in the mind of the legislator" (10). This
suggests a reinterpretation of the theory which makes it independent of
BENTHAM's psychologism and immune against the corresponding objections.

Finally BENTHAM observes with finesse that sovereignty being a power of imperation over persons, relies on the disposition of these persons to obey, and
therefore can be divided: and it can, as often a case may be separated from another case. The people may be disposed to obey in one case one man, in another
case another man and in a third case nobody (11). In this way we can explain
the instances of limitation of sovereignty and of divided sovereignty between
different officials recorded by constitutional comparative law, and already mentioned by BENTHAM, all of them opposable to AUSTIN's notion of unlimited and
indivisible sovereignty (12).

On these lines the analysis of the notion of rule by HART may be viewed as a
further step in BENTHAM's incipient surpass of a psychological notion of command and of a predictive analysis of obligation. And the idea that political
obedience is as diversified as the acts in which it manifests itself, may be
taken like a bridge between the monolytic concept of sovereignty and the analysis of different forms of recognition.

3. The "Imperative Powers" in BENTHAM

If HART's criticism of BENTHAM's imperative model concentrates on its incapacity to explain the secondary rules which confer normative powers and
guide their exercise, let us see now what BENTHAM has to say about these
powers. To save BENTHAM's theory from HART's criticism, it must demonstrate how to constitute public or private normative powers out of laws
imposing duties. In other words, secondary rules on powers must be reduced
to primary rules of obligation or, in BENTHAM's language, to commands and
prohibitions, or to the negation of both, to permissions.

BENTHAM uses indifferently the phrases "right of dominion" and "power of
imperation" (or "imperative power"). This is the power over the will of
another person, which is exercised through commands or prohibitions; it is

distinct from the "power of action" (or of "contrectation"), which is exercised over things, the body and the passive faculties of the mind, namely the power "of the executioner and other inferior ministers of justice over persons and properties". The powers of imperation presuppose a relation of subordination between the commander and those who come within the sphere of his command, which rests upon the power of action, the so called force of the State, for instance. "In an established commonwealth - writes Bentham - of the power of all subordinate power-holders the ultimate efficient cause is the command or allowance of the sovereign: of the power of the sovereign himself the constituent cause is the submission and the obedience of the people" (13).

BENTHAM distinguishes two different ways of constituting imperative powers through commands and prohibitions. Firstly the imperative powers may result from imperfect commands, i.e., imperfectly determined in its expression. So are constituted derived powers of legislation by adoption. BENTHAM says that a given mandate may be the mandate of a given person in either of two ways: in the way of original conception or in the way of adoption. In the latter case "all the concern which to whom it belongs by adoption has in the matter is the being known to entertain a will that in case such or such another person should have expressed or should come to have expressed a will concerning the act or sort of act in question, such will should be observed and looked upon as his" (14). BENTHAM gives an example: "you are giving orders to your servant: this it is plain you may do in either of two ways: by saying to him, 'Go and do so and so' mentioning what: or by saying to him, 'Go and do what M.-such-an-one bids you'" (ib.). Subordinate power-holders in the way of adoption are to BENTHAM the master, the father, the husband, the guardian, the general, not less than the members of government and of administration. This is specially the case of the authors of contracts, conveyances and covenants which are the law between the parties by adoption of the legislator (15). In all these cases a mandate of the sovereign may be said "adressed immediatly to those whom it is meant to subject to his power, a mandate commanding them to obey such and such mandates whensoever, if at all, he shall have thought fit to issue them" (16). In all these cases there is also a permission "adressed in the first instance to the power-holder; a permission to issue the mandates which it is proposed to adopt". BENTHAM says here that the mandate and the permission come to exactly the same thing, but in fact we have here two different laws with different objects and different corroborative laws providing for sanctions. They could only have sanctions in common, if permission would mean here more than the mere negation of a mandate, if it would mean the adoption itself.

Secondly, imperative powers may result from commands and prohibitions which are perfect but general. It is characteristic of general mandates to have terms designating classes. Therefore by issuing the mandate the legislator must leave undetermined which are the individuals belonging to such a class. To whom belongs the power to decide whether such an individual is a member of such a class, has thereby a parcel of the imperative power. BENTHAM calls it "power of aggregation" (or "accensitive" or "investitive") and in its negative form "power of disaggregation" (or "disaccensitive" or "divestitive" or "desinvestitive"). Some instances of this are the powers to marry, to divorce, to nominate, to dismiss, etc. (17).

If we now compare both kinds of imperative powers, we see that they are both shares of sovereign power: "to form the complete power of imperation there needs the union of both these powers" (18). They are powers exercised by different acts. What is usually called "power of legislation" is the power of issuing general laws. But a law may be particular or general with relation to any of its elements. According to BENTHAM "it may be applied to persons, to things, to acts, to places or to times" (19). If any of these elements is a class, it needs supplementation by determining the individuals belonging to this class. But it happens that persons (20), things, places and times contribute to specify the actions or omissions commanded or permitted by law. As a result of this, ways of exercising aggregative power appear to be acts of determination of laws, specifying the acts commanded or permitted by the legislator conferring them, the legislator may also be said to adopt these specifications, i.e., the commands and permissions which the exercise of aggregative power helped to determine. What seems characteristic of aggregative powers is that the description of the act, which is the object of the mandate, was already given by the legislator and therefore there is no new (general) law resulting from the exercise of power. So the appointment of a judge determines every law in which the word "judge" designates either the active or the passive or an indirect subject of action: the laws defining the duties of judges, the duties to judges or in any other way in relation to judges (e.g., duties defined by judges or duties of legal substitutes of judges). In so far it changes immediatly - and it will change in future in combination with other circumstances - the class of the mandates actually applying (in other words, the whole of actual obligations), and hence as many particular mandates come into force, which are taken to be adopted by the legislator. But this does not imply new general laws: the existing general mandates and their exceptions are merely applied and as a result of this, new particular mandates come into force. BENTHAM gives the analogous example of giving a man a property in virtue of a power of conveyance. To aggregate an individual to the class of proprietors, giving ihm an exclusive property in a thing (in other words, giving ihm investive power and other powers over the thing) "there must be two provisions:

1. a mandate prohibiting persons at large from meddling with it:

2. a countermandate operating as an exception to the mandate, and permitting such meddling on the part of him who is made proprietor" (21).

To this countermandate the sovereign by his adoption gives the force of law. The adoption takes place "by means of the standing declaration made by the sovereign concerning the validity he gives to covenants and conveyances" (22).

Whenever subordinate powers of legislation are exercised, the description of the commanded or permitted act is only given by the subordinate power-holder. Hence the law which is supplemented by exercising the subordinate legislative power is an "imperfect mandate", a blank law. The description of a certain class of acts as obligatory or as permitted is given only in the new law which results from the exercise of power. In these cases, when the legislative power is conferred, the previous adoption of one or more future general laws takes place. In the cases of aggregative power, when the power is conferred, particular determinations of one or more previous general laws are adopted (23).

In both cases, the blank law giving subordinate powers of legislation and the declaration giving validity to the acts of aggregation are acts which are previous and really distinct from the mandates they help to constitute with the exercise of the powers they confer (24). The particular mandates and permissions, which according to BENTHAM allow for an exhaustive description of the effective legal order, are ideal objects or rather acts, "the logical, the ideal, the intellectual whole, not the physical one" (25), corresponding to the existing or non-existing legal duties. A complete description of these particular commands and prohibitions must take into account the content of all acts conferring imperative powers, which the sovereign adopts.

4. HART's Criticism of BENTHAM on Imperative Powers

If the foregoing exposition is correct, BENTHAM's theory of imperative powers can answer most of the objections based on the insufficiency of the imperative model. None of HART's secondary rules lacks a description within BENTHAM's system, which does not ignore its conceptual autonomy, as rules over powers, against those primary rules or "laws" they help to define.

In this manner we may be able to dispensate with some other objections which HART directs against weaker versions of the theory. Let us take the claimed "failure to disentangle the very different ideas of legal validity and invalidity on the one hand from legality (or what is legally permitted) on the other" (26). This objection is grounded on BENTHAM's already mentioned failure to distinguish between permission as non-prohibition and permission as adoption. BENTHAM says that the adoption may be performed in two different forms: "by a permission addressed in the first instance to the power-holder; a permission to issue the mandates it is proposed to adopt; or by a mandate addressed immediatly to those whom it is meant to subject to his power; a mandate commanding them to obey such and such mandates whatsoever, if at all, he shall have thought fit to issue them" (27). Here we are dealing with two equivalent forms of adoption: "whichever be the form it comes exactly to the same thing: and the difference lies rather in the manner in which we may conceive the inclination of the sovereign to be expressed, than in the inclination itself" (ib.). This passage is indicative of the distinction made by BENTHAM between the law as an "ideal whole" and its forms of expression and ways of coming into existence. The two forms of adoption are pointed out by BENTHAM, saying that in the first form of adoption, as a permission, "the mandate of the subordinate power-holder whenever it comes to be issued is a primordial one"; in the second form of adoption, as a mandate, "it is superventitious, the mandate of the sovereign being the primordial one, of which this which is superventitious is reiterative". By this BENTHAM means that the mandate of the subordinate power-holder applies to but a part of the acts which the primordial mandate of the sovereign, which expresses the second form of adoption, has taken for its object (28). But this interpretation seems to contradict BENTHAM's assertion in the same chapter of <u>Of Laws</u>, that the mandate of the legislator, because of the failing description of the commanded act, "is a sort of imperfect mandate which he leaves it to the subordinate power-holder to fill-up" (29); in other words, they "exist only <u>in potentia</u>", once, as BENTHAM explains, in this "way of pre-adoption", "whatever mandates there are emane from the subordinate power-holder <u>immediate</u>, and whenever they happen to be issued can only be said to emane <u>potestative</u> from the legislator" (ib.).

BENTHAM's exposition on adoption is not perfectly clear, but the conceptual framework upon which it is based allows us to reconstruct rationally the following theses:

1. The expression of the legislator's will "that in case such or such another person should have expressed or should come to have expressed a will concerning the act or sort of act in question, such will should be observed and looked upon as his" (Of Laws, p. 21) is certainly distinct from the "bare permission", which is "the not being made the subject of a law commanding him not to issue the subordinate mandate in question" (p. 27). In the latter case, BENTHAM says, "the part thus far taken by the sovereign is, we see, merely a negative one". And it is only proper "to notice him as taking any part at all", because of the part "which he actually does take in relation to the greater number of the other members of the community", to whom he prohibits such acts. Anyhow this permission can not be more than "the first step that the sovereign takes towards the <u>giving validity</u> to subordinate mandates" (ib.). This must presuppose that "bare permitting" and "giving validity" are not the same thing. The distinction is also implied by taking the adoption to be an act of investment with an imperative power: "where the sovereign holds himself thus in readiness to adopt the mandates of another person whensoever they shall happen to have been issued, he may thereby be said to invest that person with a certain species of power, which may be termed a <u>power of</u> imperation" (p. 21). This is confirmed in the case of the adoption of the mandates of former sovereigns: for to pre-adopt, and indeed barely to permit the mandates of former sovereigns would make no sense (cf. p. 21-22).

2. The "permission to issue the mandates which it is proposed to adopt" is an adequate, however equivocal, way of expressing both the former and the latter will.

3. If the description of the act which is the object of the mandate (of adoption) of the sovereign is taken to be complete, the mandate of the sovereign power-holder is in part ("<u>in specie</u>", "<u>pro tanto</u>") reiterative of the sovereign's mandate. If it is taken as purported to be completed by the subordinate power-holder, there is a mandate only whenever such power is exercised.

In the second place, HART says that "Bentham misrepresents as a mere legal permission to issue commands or prohibitions which it would be otherwise illegal to issue, something conceptually quite distinct from this and of great importance: namely the recognition by the law that certain acts of individuals in certain circumstances suffice to bring themselves or others within the scope of existing laws (or of exceptions to them) and so control their incidence" (30). In fact we have seen that BENTHAM speaks of the adoption as a kind of invest-ment, empowering the subordinate power-holder with a power of imperation, and also that that the mandates, and the exceptions to them, which result from the exercise of investitive powers can be said to be adopted by the sovereign. Nevertheless he also distinguishes clearly between power of legislation and aggregative or investitive power as conceptually distinct, indeed irriducible forms of the power of imperation. Surely, even admitting that BENTHAM is aware of the matter of HART's distinction, you may say that his description of both kinds of imperative powers "misrepresents" the facts of the law, meaning that there is a better alternative description of the same facts. But then we have another sort of objection, based on general non-stated arguments about the superiority of one theory over another.

In the third place, HART notes that according to BENTHAM "the sovereign's own powers to make law are not legal powers: but in many legal systems the supreme legislators powers are conferred by law and indeed limited by law and ... for the explanation of this feature of law the notion of a rule, not that of a command, is required" (31). BENTHAM would accept the existence of a law in all cases of divided or limited sovereignty, where we have laws in principem. In the other cases it has to be explained, what does it mean here the word "rule". If the sovereignty is not limited, at least as to procedure, there is no way of guiding the sovereign's behaviour (32).

Hence HART's criticism of BENTHAM is not grounded any more on the in-sufficiency of the imperative model, which would leave important aspects of a modern legal system unexplained, and turns to a new strategy. This is parti-cularly evident in the final section of the article on "Bentham on Legal Powers". The essential arguments turn out to be those which demonstrate the prefer-ability of HART's explanation to the benthamite explanation for general reasons of method.

It will be said for instance that outside the sphere of law, the performance of certain speech acts - promising to do something or giving a name in a christen-ing ceremony - has normative effects, in virtue of which, if certain acts are omitted or are performed, these acts are either "wrong" or "correct", either "in order" or "out of order". So "a later failure to do the promised act is evaluated as "wrong" or calling the baby by some other name is "incorrect", and various forms of censure or criticism are rendered "in order", or appro-priate" (33). But if the modern linguistic philosophy explains these informal non-legal cases of "operative" words (J.L. AUSTIN) or of "language-games" (WITTGENSTEIN), without resorting to the notion of command, but by means of the notion of rule, why not explain in the same manner the parallel cases of exercising legal powers?

Overriding considerations of method come also into play in the definition of criteria of preference between competing theories - BENTHAM wrote a lot on this (34) -: clearness, simplicity, completeness (of systematic relations), non redundance, etc. In name of principles of this kind it will be said that the "laws" (as "ideal" wholes) of BENTHAM are complex, overrepetitive, they obscure the distinctive normative character and the systematic relations between the different parts which are constitutive of a legal system (35). In the particular instance of the legal provisions which confer imperative powers, its representation as parts of mandates obscures the fact that they "are intended to guide those who exercise powers to bring about changes in the legal situation of themselves or others ... in ways strikingly different from the way in which rules imposing duties guide behaviour: they are more like <u>instructions</u> how to bring about certain results than mandatory impositions of duty" (36). Both HART and RAZ could perhaps add, I think, that in the case of BENTHAM's subordinate legislative powers such a result is described in a rule emanated by the subordinate power-holder; in the case of aggregative powers it is described in a sovereign's rule. In both cases "on any reasonable criterion of what constitutes separate laws as distinct from 'parts of a law'", they "should rank as separate laws" (ib.). Here again resounds an argument taken from the modern linguistic philosophy to which HART belongs: BENTHAM's reductivism obscures, "distorts", "misrepresents" the difference between various speech acts and their correct insertion within a theory of such acts: the secondary rules on normative powers have more resemblance to instructions than to primary rules of obligation.

I hope I have made it clear now why at the beginning of this paper I was tempted to say that the difference between BENTHAM and HART lies more in method than in the results of its application.

<u>5. A Final Prospect</u>

It is not possible to compare the philosophical methods of BENTHAM and HART within the compass of this paper. I will take it for granted that HART's philosophy of language is better, richer, more differentiated than BENTHAM's.

Nevertheless I would like to make an admonition. It is essential that the wealth of diversity does not close our eyes to relations which have been brought to light by BENTHAM's obsession with uniformity. Coming back to the rules on normative powers, we may admit their semantic autonomy, as different ways of guiding behaviour, as distinct norms. But I suspect that a more careful scrutiny of the semantic structures of these norms, will reveal its essential dependence on norms of obligation, on benthamite mandates. Although every norm, including those which confer powers, may be applied and therefore followed or not followed, observed or not observed, only mandates can be fulfilled. But for the commands and prohibitions connected with the exercise of normative powers, we can judge upon the efficacy of the latter. Only comparing the conduct of those obligated by the norms emanated from the subordinate power-holder with the content of these norms, can we know if the power was effectively conferred. And only by comparing the conduct of those obligated to the new proprietor with the general law of property, do we know if the property has been effectively transmitted. This may be perhaps a way of relating power-conferring norms with facts, which shows how they can be integrated in the semantic category of "fiats" or "volitions" (KENNY) and in their logic. Volitions, as opposed to assertions, do not show what the facts are, if they are true, but show what the facts are, if they are fulfilled (37). In this way BENTHAM can help us to regain the unity of the normative field, without loosing its variety, revealed to us by HART.

Saying this, I am no longer talking about BENTHAM's and HART's analytical philosophies, I am trying to state part of the task of the philosophy of law to come.

As a viaticum to such a task, I can only remind you of HART's example: look at our contemporary linguistic philosophers. If you do it with HART's ingenuity you may perhaps be able to find in BENTHAM a new harvest.

Footnotes

*)   I am indebted to Professor H.L.A. HART for helpful comments on an early draft of this essay.

1)   Works (Bowring), VIII, p. 333, 332. Cf. HART: "Bentham", in: Proceedings of the British Academy 68 (1962), p. 308.

2)   Reminded by MACCORMIK, in: Law, Morality and Society (Hart-Festschrift), 1977, p. 190. The increasing interest in BENTHAM will induce HART to edit the three most important works of BENTHAM on jurisprudence and to become chairman of the BENTHAM Comittee.

3)   "Bentham on Legal Rights", in: Oxford Essays in Jurisprudence, 2. ser., ed. SIMPSON, 1973, p. 171.

4)   Of Laws in General (C.W. ed. HART), p. 27.

5)   "Vue générale d'un corps complet de législation" (french orig.), Oeuvres (Dumont), 3th ed., 1840, I, p. 311-2-.

6)   HACKER: "Hart's Philosophy of Law", Hart-Festschrift cit., p. 11, calls it "the genetic-analytical method of exposition". A classic example in modern philosophy is CARNAP's Der logische Aufbau der Welt, 1928.

7)   The Concept of Law, 1962, p. 90 ff.

8)   HART discusses some criteria of individuation (in for example "Bentham on Legal Powers", in: Yale Law Journal 81 (1971), p. 821), but does not develop the matter; this was done under his tutorage by RAZ: The Concept of a Legal System, 1970, spec. p. 140-147.

9)   It is the predictive analysis which HART criticises in "Il concetto di

obbligo", in: Rivista di Filosofia 57 (1966), p. 125 ff.

10) Of Laws, p. 98.

11) Op.cit., p. 18-19 n., 64-71. Cf. HART: "Bentham on Sovereignty", in: The Irish Jurist II (1967), p. 327 ff.; BURNS: "Bentham on Sovereignty": An Exploration, in: Bentham and Legal Theory, ed. JAMES, 1973, p. 133.

12) As HART: loc.cit., observes.

13) Op.cit., p. 139 n.; cf. p. 18.

14) Op.cit., p. 21.

15) Op.cit., p. 22.

16) Op.cit., p. 28, 23-6, 78-9.

17) See: Of Laws, ch. IX, passim.

18) Op.cit., p. 82.

19) Op.cit., p. 83.

20) Leaving aside the persons which are the source of a law - the legislator - or are affected by it: the law does not apply to them in so far as they are not included in the description of the act which is commanded or permitted (cf. Of Laws, p. 44, 34, 38, 53).

21) Op.cit., p. 79.

22) Op.cit., p. 86, 268.

23) Both forms of adoption touch whenever the power to define the particular act or point of duty is given to a person. What has been said about the power of legislation applies also here mutatis mutandis. It is uncertain to me whether BENTHAM noticed it.

24) In this sense it is not entirely clear to say that "Bentham's solution is to treat legal powers as resting ... on certain parts of laws which impose duties": HART: "Bentham on Legal Powers" cit., p. 818.

25) An Introduction to the Principles of Morals and Legislation (C.W. ed. BURNS, HART), p. 301.

26) Bentham on Legal Powers cit., p. 816.

27) Of Laws, p. 27-28.

28) Op.cit., p. 100-101.

29) Op.cit., p. 26. EVERETT's edition: The Limits of Jurisprudence Defined (1945, the first ed. of Of Laws) reads here "issue" for "fill-up".

30) Loc.cit., p. 816.

31) Loc.cit., p. 821.

32) Cf. RAZ: "Voluntary Obligations and Normative Powers", in: Aristotelian Society Supplementary Volume, XLVI (1972), p. 84.

33) Loc.cit., p. 820.

34) See the expositions of BENTHAM on "points in which a discourse as such is capable of being deficient" (Of Laws, p. 102), on different accounts on which "a term is improper to express an idea" (The Limits, ed. EVERETT, p. 195), on "properties desirable - and indesirable - in a language" (Works - Bowring -, VIII, p. 303, 308-309, 310).

35) Cf. HART: loc.cit., p. 821-822; RAZ: The Concept cit., p. 141-147, "Voluntary Obligations and Normative Powers" cit., p. 88.

36) HART: loc.cit., p. 822.

37) Cf. KENNY: Action, Emotion and Will, 1963, ch. X, XI, Will, Freedom and Power, 1975, ch. III, and TUGENDHAT: Vorlesungen zur Einfünrung in die sprachanalytische Philosophie, 1976, p. 505 ff.

Thèmes complémentaires - Overlapping Themes
Uebergreifende Themen

Groupe 6 - Group 6 - Gruppe 6

Aspects philosophiques de différents problèmes
juridiques
Philosophical Aspects of Particular Problems of Law
Philosophische Aspekte einzelner Rechtsprobleme

Praesidium: GUENTER STRATENWERTH

MARYANN AYIM

Women s Rights - A Pragmatic Alternative to the Inflated Price of Social Justice

It is often said that economics would collapse, were it not for the crucial role played by women as consumers (1). If great pressure is exerted on women to consume, this may explain why we have become careless shoppers, happily paying for shoddy merchandise when we could least afford it. Many of us have even bought the fable of equal opportunity and its companion belief that social and legal machinery works equally hard to enforce and protect the rights of females and males.

There comes a time when we must take inventory of our purchases, assessing where we made a good deal and where we were had, and determining which warranties are worthy of our good faith and which are better interpreted as a hard-earned lesson against future naivety. Even a superficial examination of statistics shows us that in a society supposedly opposed to discrimination on the basis of sex (2), race, class, or religion, things are not as they ought to be.

The discrepant truth-values of one particular normative and its corresponding factual statement form the starting point of this paper. The normative claim is that women have equal rights with men and the factual claim is that these rights receive equal protection, social endorsement, and legal sanction. It is, I hope, hardly necessary to point out that it is the <u>first</u> statement which is true. Women's right to equality, in the abstract, has failed to translate itself into equal treatment and equal opportunity within the factual realm, and it is this descrepancy which my paper addresses. As a social/political measure to rectify this situation, compensatory action has been defended by many feminist thinkers. The analysis of different compensatory proposals and the debate about their moral justifiability comprise a large body of literature in social philosophy.

This paper will not add to that literature, but will ask a different sort of question - namely, what are the conditions under which compensatory justice would be a vehicle for women's achievement of equal treatment and equal opportunities and what would be the consequences of implementing such conditions? "Equal treatment" and "equal opportunity" are vague terms, however, and I will talk more specifically of the right to equal access to social goods, where social goods include job opportunities, access to education and training programs, and an acceptable (3) standard of living. In fact, the discussion will focus on job opportunities; talk about educational and training programs will be introduced only in terms of their paving the way for better job opportunities and standards of living will be discussed as corallaries of job opportunities.

Some may want to argue that jobs are not a social good but a social yoke, particularly for men burdened with the responsibility of supporting a family. But here one must point out that many women are also responsible for supporting families and that a sufficiently wide range of sufficiently well-paying jobs is a decided social good to someone in this situation, whether male or female.

Prefatory to my critique of compensatory justice as a viable means to equality for women, I shall offer statistical support for the claim that women do not at present have equal access to social goods, and examine the standard moves to undercut the feminist inference based on such statistical data. While the figures given are from Canada, there is no reason to assume that they are not representative of all industrialized nations. In Canada in 1974 women's labour constituted over 34 per cent of the total work force, yet their representation in highly paid work areas was much lower. In the same year, women made up only 3 per cent of general managers and senior officials, 13 per cent of accountants, auditors and financial officers, and 5 per cent of the foremen in various processing occupations (4).

A comparison of female to male salaries quickly reveals that the work of women in any given occupation receives a significantly lower monetary reward than the work of men in the same occupation. For example, in Canada in 1976, full-year female clerical workers earned only 62 per cent of the salary of male clerical workers and female service workers 45 per cent of what their male counterparts earned. In traditional male work areas, the corresponding salary discrepancies were in general even greater. The proportion of female to male salaries in managerial positions was 53 per cent, in professional posts 60 per cent, and in sales 44 per cent (5). Furthermore, most of these figures are <u>down</u> between 2 and 5 per cent from 1975.

The feminist inference from such data is that sex discrimination is a consistent and pervasive feature of the workplace. Other analyses would point to different explanations, however, and we must take account of these. First, one might claim (legitimately) that these figures are distorted by the fact that females comprise a higher proportion of part time workers than males. According to Pat ARMSTRONG, women make up to 70 per cent of all part time workers (6). However, we must remember that most of these women work part time because that is the only option open to them. Many have responsibilities in the home with which they receive little or no assistance from other members of the family (7) and for which they receive no monetary reward; in addition, many of the jobs available to women are part time, particularly clerical, trade, and service jobs. Many employers favour having large portions of their work done by part time employees, because this cuts down on expenses.

Another factor viewed by many critics as discrediting the feminist claim of sex discrimination is that women, in any employment area, typically have less work experience than men, thus accounting for some of the salary discrepancy. For the most part, however, women clock fewer years in the paid work force because of the years they spend in the unpaid work force, bearing and rearing children. Clearly this role is crucial to society's survival, yet on the job market women are penalized rather than rewarded for having engaged in it.

Also cited as helping to explain salary discrepancies is the fact that women change jobs more frequently than men, and so are less likely to build up seniority. Many women leave jobs not of their own free choice, however, and typically female employees are the first to be laid off or fired. Also, frequency of job turnover is correlated not directly to sex, but to the attractiveness (in terms of salary, benefits, security, working conditions, and status) of the job. Since females are concentrated in unattractive jobs, we would expect their turn-over to be higher.

Yet another factor to which our critic will make reference is that women bring to jobs fewer qualifications than men; again, however, we must ask why. Many females were discouraged by teachers and guidance counsellors in the schools from acquiring the necessary job qualifications. Many spend their "qualifying" years working at low-paying dead-end jobs, in anticipation of the years to be eventually devoted to child rearing.

Finally, people may cite as justification for these discrepant figures the fact that women do not want the more lucrative jobs, that women are perfectly happy and fulfilled doing the housework for free and earning a few dollars in their spare time. In response, this seems unlikely to be true of women upon whose salary a family depends. In addition, given that little girls are socialized into believing that their primary focus in life will lie in wifehood and motherhood, and that wage-earning will be a purely subsidiary concern, talk about women not "wanting" prestigious lucrative jobs becomes problematic. If the socialization process is thorough enough, their "wants" will be predetermined, not subject to free choice, and not easily amenable to change.

Thus none of these factors "explaining" the discrepancy in wages between the sexes actually justifies this salary gap. Furthermore, even if all the "mitigating" features are considered, there will still remain a significant disparity in the earnings of females and males that can only be accounted for by sex discrimination (8).

These statistics are depressing, partly because females seem to be regressing rather than catching up. By and large, the ratio of female to male salaries declined between 1975 and 1976 and, where we have statistics, between 1977 and 1978 as well (9). Nor are the hardships incurred by these unjust re-muneration trends limited to the female workers themselves; the families of these women are affected as well. Married women make up 60 per cent of the female work force, and it is estimated that 45 per cent of these, through the contribution of their wages, enable their families to live above the poverty

line (10). The children of female-headed single parent families are not so
fortunate. In 1973, 60 per cent of these families lived below the poverty line,
as opposed to 14 per cent of male-headed single parent families and 13 per cent
of two-parent families (11).

It is obvious that females (and their dependants) are seriously disadvantaged in
the job market. The question facing us is not whether sex discrimination exists
but how to deal with it. The mechanism most often credited with the potential
for redressing these grievances is a scheme of compensatory justice. I shall
proceed to argue that compensatory justice is an unrealizable ideal, on the
grounds that it will either reach only a small handful of women, and thus be of
insignificant benefit or if it does extend to the entire class of women, it will be
unaffordable.

Broadly, the mandate of a compensatory justice scheme is to make amends to
women for wrongs which through no fault of their own, they have endured, and
which have put them at a disadvantage in various respects. There is wide
variance among thinkers as to what constitutes equality of opportunity. The
central line of cleavage is that drawn by O'NEILL between formal and substantive
equality of opportunity (12). The formal equality of opportunity requirement is
satisfied if only there are no legal or quasi-legal impediments to equal treatment
being accorded members of any relevant group, such as women, native Canad-
ians, blacks, or the working class. The substantive equality of opportunity
requirement is more rigorous, however, and is only satisfied when members
of such groups are equally likely to be represented in proportion to their
numbers at all levels of the various employment categories, educational programs, and income-brackets. Thus formal and substantive equality of opportunity form the two extremes of a vast spectrum of possibilities ranging from the
status quo to widespread social and political measures of support. Comsensa-
tory justice will not be operant in institutions or societies which adopt a purely
formal notion of equality of opportunity. Proposals for compensatory justice
will vary widely in terms of how closely they approach the notion of substantive
equality. For example, a weak proposal for compensation would demand that
the ratio of women to men in any given job area be equal to the ratio of qualified women to qualified men in that area. This model is recommended as a
guide to hiring practices by Gertrude EZORSKY (13). According to it, if, in
any country, one-fifth of the persons holding doctorate degrees in philosophy
were women, we should expect one-fifth of all university teaching posts in
philosophy to be held by women. On this proposal, unqualified women, those
without doctorates in philosophy, would have no right to compensation. Consequently, this proposal is too weak to take account of women who failed to qualify, owing to wrongs which they suffered through no fault of their own.

A stronger proposal might demand that women be represented in philosophy
teaching posts in the same proportion as their representation in undergraduate
philosophy programs. This strengthened proposal is now able to account for
women interested in studying philosophy but who were eliminated, through no
fault of their own, somewhere on route to the doctorate degree. This model
still fails to take account of all those women who never even register in a

philosophy course, because, as young children, they were socialized to believe such endeavours to be suited only to males.

The strongest proposal, one which fully meets the conditions of substantive equality, is that women be represented in philosophy teaching posts in propor- tion to their representation in the population. This strong version is advocated by Jane ENGLISH for professional sports (14).

My criticism of such compensatory schemes is not that they are unjustified but that they are unworkable; more precisely, that the set of conditions required to fully implement such schemes lie beyond the budgetary capacity of our society. In a decade noted for its rampant inflation, not even justice has gone unscathed.

First, I argue that no compensatory scheme except the strongest - full sub- stantive equality of opportunity - will generate anything even approaching equal access to social goods. In our society, it is in the interest of the dominant class that women should "choose" to work in the low-status low-paying job areas such as the service industries and clerical positions; it is also in the interest of this class that women should "choose" to engage without monetary recompense in the labour intensive activities of rearing children and perform- ing the bulk of the household chores. Therefore, so long as our society is defin- ed by the interests of this dominant class, the proportion of women who qualify for, and even the proportion who show an interest in high-paying high-status job areas will continue to be dramatically lower than the proportion of working women. As an oppressed group, women will define their own interests and delimit their own aspirations to match the expectations of the dominant group. Within this context, only small handfuls of exceptional women will want to break with traditional bonds and enter male dominated employment areas; even a smaller handful will succeed in overcoming the overt and subtle pressures to secede along the way and thus manage to qualify themselves for such positions. Therefore only a demand for representation of women in proportion to their numbers in all employment categories will have any substantial effect; any lesser proposal will affect only relatively small numbers of women.

The adoption of this proposal would create a new problem of how to ensure such representation. The socialization patterns operant in this society portray an ideal woman as a person who is not at all aggressive, not at all independent, very emotional, very subjective, very excitable in a minor crisis, not at all competitive, very illogical, not at all ambitious, who dislikes math and science very much, and who almost never acts as a leader (15). It is difficult to imagine the requisite numbers of such women wanting and striving for highly respons- ible employment positions. I suggest that either of two conditions would have to be met in order to ensure sufficient numbers of female candidates. The first is to force them into job areas regardless of their wishes, and the second is to change their wants so as to accord with the equal representation scheme. Let us look more closely at the first suggestion. This would involve forcing the required number of the best qualified women into the positions in question and then providing them with on the job training. The problems with this suggestion are three-fold. First, to act on such a principle would be to invite unprecedented

levels of incompetence, given that many of the women would not even <u>approach</u>
the required qualification level; this phenomenon might well be used eventually to justify the rejection of qualified female applicants as well. Second, the
candidates themselves would resist being forced into employment areas against
their will, and their capacity to succeed might well not be reflected in their performance. Third, it is morally questionable whether we should advocate forcing
people into employment areas not of their choice, except in clearly extreme
circumstances. The force of this objection is mitigated, however, by the fact
that women's choices are currently shaped by socialization patterns over which
they have no control and which are clearly less in their interests than in the
interests of men in any case. Nevertheless, the first means to ensuring equal
representation of women in all employment levels, by forcing them against
their wishes into the required categories, is fraught with difficulties.

The second means is to alter their wants to accord with the equal representation scheme. There are two possible ways of accomplishing this objective. One
is to attempt to reverse the socialization process now operant in our society;
little optimism for the success of this plan seems justified, however, since
social agencies will continue to perpetuate the value scheme currently in vogue.
The most obvious social institution for bringing about such changes, the school
system, is also among the most conservative of these institutions, and is unlikely to welcome or encourage such radical shifts in values.

The second possible mechanism for altering women's wants is not reverse
socialization, but education for political awareness (16). Following this option,
young girls, while still at the stage of easily formulating certain life plans and
realistically preparing themselves accordingly, would be educated in a wide
variety of ways now absent from their schooling. Such education would consist
basically of three features. First, emphasis would be directed towards increasing their proficiency in precisely those areas popularly defined as masculine
territory - for example in the academic disciplines of mathematics, science,
and logic, as well as in the development of leadership and business skills.
Second, every effort would be made to augment their self-respect and their
self-confidence in their own abilities (17). Third, they would be exposed to
and forced to take cognizance of a wide variety of facts, including the following:
The current socialization program makes it extremely difficult, if not impossible, for a woman not to "want" to marry, raise a family, and assume
responsibility for the household chores. There is no monetary recompense for
duties incurred through the fulfilment of this want, nor are there standard working benefits such as time-and-a-half for overtime, sick leave, unemployment
insurance, or pension plans. Women assume almost all the responsibility for
household and child-rearing tasks, with little or no help from other members
of the family. At the same time, financial necessity will force large proportions of these women into the paid work force for several decades, where
they will be discriminated against for having spent a proportionately larger
amount of their time engaged in these traditional female endeavours rather
than in some area of paid work. Their time spent in the home or with children
will be given less recognition in terms of previous work experience than selling beer in a pub, and all this in spite of the fact that the child-rearing role is

crucial to the survival of society. They will also be exposed to the fact of female ghettos even in the paid work force - areas typically dominated by women are much lower in salary and status than traditional male areas involving analogous skill and training. Seamstresses and carpenters may be compared in this regard, as can secretaries and drafts-people. They will be exposed to divorce rate statistics and the dramatically poor record of social agencies in collecting alimony and child care payments from ex-husbands (18).

One practical difficulty militates against the success of education for political awareness occurring. This difficulty is the same as that urged against the reverse socialization proposal; the school, the only obvious social institution capable of putting such a program into effect, is too tightly constrained by conservative and traditional concerns. But even if the schools did comply and this type of educational program were successfully launched, we would be faced, as a consequence, with a problem of overwhelming proportions. We would now have equal representation of women in the well-paid, high-status job areas, but we would not have women filling secretarial schools or the service industry labour force. If women were fully cognizant of the above facts at a time in their lives when many options could be explored, who would choose the path with the least pay-off? One might claim here that many men work in low-paid areas, but again, <u>when compared to traditional woman's work</u>, these areas are relatively well paid. Few women would choose to stay at home and work an 87-1/2 hour week for no pay at all and very few benefits. Nor will females flock to the call of volunteer agencies. After that full day at the office or driving a transport, she will not have much energy left to campaign for a (male) political candidate or participate in a fund-raising drive for the handicapped. Women may even decide that they have no time to have children, for who would look after them?

It is equally clear that our society could not bear the financial burden of equal rights for women. In terms of the right to equal pay for equal work, the impact of compensatory measures would be immense. It has been estimated that if Canadian employers were to grant women as compensation the difference between their salary and the salary of a male doing the same work for one year, it would cost those employers 7 billion dollars (19) without even taking account of the concentration of female workers in ghetto areas. American statistics tell us that equal wages for equal work would have cost employers in the United States 96 billion dollars in 1970. If equal pay for equal work were coupled with equal female access to number of work hours, the cost of retribution would have more than tripled to 303 billion dollars (20). If husbands were to make monetary recompense to wives for their years of unpaid work in the house, only a handful of very rich men would not be pushed into bankruptcy. The economy of the country would be altered beyond all recognition, if this model for reform were to be instituted. Within the context of its male-oriented underpinnings, our society must regard equal rights for women as an unaffordable luxury.

By instituting the means for ensuring women equal access to social goods, we may be drawing the blueprint for the demise of society. One wonders if this fear did not lie behind much of the injustice suffered by women over the years

- that their role was <u>so</u> important to society that they were denied the freedom to choose other types of roles. No one role carried out by men even approached in magnitude the importance of the childbearing role, so it was quite safe to allow men considerable latitude in their selection of life-styles. Within the total social framework the choices of men would make few ripples, but analogous choices for women could revamp the whole face of society.

But while one understands the significance of women having the full freedom of choice that men do, the answer (at least the just answer) does not lie in restricting their freedom, but in ensuring that these important social roles traditionally performed by women are guaranteed by some other means than the subjugation of women.

To what means should we look then? Since the whole problem of women's rights is closely connected with our society's definition of sex roles, I shall seek clues for reform in a closer examination of these sex roles. In the remainder of the paper, I will carefully scrutinize the nature of the female and male sex role patterns, pointing out that the individual characteristics constituting these sex roles divide into separate logical categories. Only one of these categories, which includes all the female-valued and some of the male-valued characteristics, is clearly conducive to a smooth and happy society. I further suggest that this society seems to match, in crucial details, C.S. PEIRCE's pragmatic vision of the scientific community.

Les us begin by taking a closer look at the sex role patterns entrenched in this society. Psychological surveys reveal that many bipolar features differentiate between the popular conception of the ideal man and the ideal woman, at least in North American society. That is, for many different items, one extreme or pole is seen as characteristic of males and the other extreme or pole is taken as characteristic of females. Some examples of these bipolar items are very aggressive - not at all aggressive, very dominant - very submissive, very direct - very sneaky, very gentle - very rough. It is readily apparent which pole of these items is seen as characterizing females and which seen as characterizing males.

In this list of items it is possible to distinguish between those whose male pole is considered more socially valuable and those whose female pole is considered more socially valuable. The following are some typical male-valued characteristics: very dominant, almost always acts as a leader, not at all easily influenced, very aggressive, not at all uncomfortable about being aggressive, very independent, not at all emotional, very worldly, very adventurous, likes math and science very much, not at all excitable in a minor crisis, very skilled in business, very direct, can make decisions easily. The following are some typical female-valued characteristics: very gentle, very aware of feelings of others, doesn't use harsh language at all, easily expresses tender feelings, enjoys art and literature (21).

I shall explore what I take to be a difference in logic between the bulk of the male-valued characteristics and the female-valued characteristics. The first two male-valued characteristics in my list of examples - very dominant and almost always acts as a leader - could not obtain without presupposing that the opposite poles of these features were descriptive of other people. More specifically, dominant personalities require submissive people, whom they can dominate. And since dominance is valued only in males in this society, it follows logically that submissiveness will be seen as a valuable female characteristic. A similar logic holds for the leadership feature. The problem for females is that dominance and leadership are highly valued and liberally rewarded features in the realm of employment, whereas submissiveness and lack of leadership are serious handicaps. Logically, in order for males to possess these two male-valued features, females must develop the opposite characteristics which will seriously hamper their access to a wide variety of social goods. Thus maleness, as defined in this society, presupposes the oppression of females.

The next six male-valued characteristics in my list also exemplify this feature, but more weakly. While it is logically possible that the world should contain only individuals who were not at all easily influenced, very aggressive, not at all uncomfortable about being aggressive, very independent, not at all emotional, and very worldly, such a world would not be a very comfortable one in which to live. If no person were at all easily influenced, no one could hope to influence any one else without great difficulty, and much of the mutual trust and co-operative enterprise on which any social structure depends would be ruled out. Much the same point could be made concerning the other examples.

The last six male-valued features are of an entirely different type. Neither logic nor the concept of a cohesive society are jarred by the possibility that everyone be adventurous, like math and science very much, not be excitable in a minor crisis, be skilled in business, be very direct, and be capable of making decisions easily. For one set of people to like math and science very much does not presuppose that another group dislike these disciplines, unlike the dominance of one set of people, which does presuppose the submissivenes of another set. Although it may be unlikely that all individuals would develop these features, such an occurence would not threaten social cohesiveness in the sense in which universal aggression and worldliness would. In fact, higher levels of these features would mark a healthier society, so the more people who possessed them, the better.

It is important to note that the female-valued characteristics all fit under this third category. For one set of people to be very gentle, very aware of the feelings of others, not to use harsh language, to express tender feelings with ease, and to enjoy art and literature does not demand another set of people defined by the opposite poles of these features. Furthermore, the greater the number of people in any society to possess these features, the happier and healthier such a society would be.

Only the male-valued features contain items which either require another set of people to possess the opposite features or would undermine the foundations of society if they were universally possessed. In light of this fact, it is not surprising that male possession of female-valued characteristics is considered

much more socially acceptable than female possession of male-valued characteristics (22).

An important observation needs to be made about these value clusters. While
the female-valued characteristics receive a kind of sentimental recognition in
this society, only the male-valued ones receive monetary recognition and lead
to upward mobility in the work force. This is very problematic, given that many
of these features would, if widespread in their occurrence, be antithetical to the
smooth running of a happy society, while others of these features feed on the
oppression of women. Furthermore, it is only within the context of a male-
oriented value scheme which both rewards assertiveness, aggressiveness,
dominance, ambition, self-confidence, and leadership with easy access to social
goods, and at the same time socializes people to regard females possessed of
such characteristics with aversion that the necessity for some such scheme as
compensatory justice emerges.

It seems clear that a more just society, one more conducive to equality between
the sexes, would emphasize and reward qualities akin to the female value cluster
and the analogous features discussed in the third category of male-valued
characteristics. Such a society would value competence, affinity for the academic disciplines including both the sciences and arts, calmness, directness, ease
of making decisions, an adventurous spirit, gentleness, consideration for the
feelings of others, reluctance to use abusive language, and the expression of
tenderness. It would reward both the traditional nurturant values associated
with females and the traditional competence values associated with males, leaving out only those male-valued items which feed on the subjugation of females
or erode the foundations of a community. Furthermore, such a society would
reward these two value-clusters in similar coin. Both would receive attention
in educational institutions, both would form areas of paid employment, and both
would be equally valued in females and males. Only in such a society could we
achieve what Lorenne CLARK and other feminists refer to as the full recognition of reproductive labour, along with the traditional male connotation of
labour (23). Only in a society which ceases to reward dominance and aggressiveness and begins to reward gentleness and consideration for others can we hope
to avert the everpending energy crisis and the horrors of large-scale warfare.

The seeds of such a society may be found in C.S. PEIRCE's vision of a
scientific community. PEIRCE himself was by no means a feminist thinker,
yet the central principles of his pragmatic philosophy hold immense potential
for both clarifying and justifying many feminist issues. PEIRCE saw science
as an ediface resting not only upon an intellectual foundation, but on a moral
foundation as well. "The dry light of intelligence is manifestly not sufficient to
determine a great purpose" (7.186) (24). One of the moral features associated
with science was what PEIRCE called "the genuine love of truth and conviction
that nothing else could long endure" (7.87). As well, science depends for its
progress on the social factor of solidarity, of co-operative community endeavour.

"The scientific world is like a colony of insects, in that the individual strives to produce that which he himself /or she herself/ cannot hope to enjoy. One generation collects premises in order that a distant generation may discover what they mean. When a problem comes before the scientific world, a hundred men /and women/ immediately set all their energies to work upon it. One contributes this, another that. Another company, standing upon the shoulders of the first, strike a little higher, until at last the parapet is attained" (7.87).

In this scientific picture sketched by PEIRCE, there is little room for the traditional male virtues of dominance, aggressiveness, and competitiveness. Instead, supportiveness, co-operativeness and something akin to nurturance for the future generations are required. Nor may we restrict our concern for future generations to our own race. PEIRCE tells us that the community which we embrace "must not be limited, but must extent to all races of beings ... It must reach ... beyond this geological epoch, beyond all bounds" (2.654).

For PEIRCE, the social principle is firmly entrenched in both science and logic (2.654, 5.354). An individual could not reason well without identifying his or her interests with those of the broader community (5.356). The question of the relative weight to be attributed to the individual and the community is for PEIRCE, one of crucial importance (8.38). His answer is unequivocal. "Man's highest developments are social" (6.443), PEIRCE writes. This is because reality itself is socially defined by PEIRCE, as "the agreement that the whole community would eventually come to" (5.331). Furthermore, "Doubt and belief, nay, the very conceptions of truth and reality, involve social elements .... I am conscious that I could not help doubting as long as another man /or woman/ who knew all I know and could think as well as I could not overcome his /or her/ doubts" (Ms. 1147, n.p.) (25).

PEIRCE's account of the birth of scientific theories is highly suggestive of an intuitive insight traditionally associated with the female mind and traditionally ridiculed as anti-rational and anti-intellectual. PEIRCE claims that "the entire fabric of science has to be built up out of surmises at the truth" (7.87). These surmises are nothing more than inspired, intuitive leaps of faith. As for the cold, hard, masculine objectivity of science as exemplified in experiments, PEIRCE warns us that "All that experiment can do is to tell us when we have surmised wrong" (7.87). Working scientists must have faith that in the long run the overarching community, through reliance upon its intuitive surmises at theories, coupled with the check of experiment, will eventually unearth the true theory. Scientists must be driven by the desire to dedicate their individual capacities and efforts to the furtherance of this general goal. Thus PEIRCE writes that logic is incompatible with selfish goals. "He who would not sacrifice his own soul to save the whole world, is ... illogical in all his inferences, collectively" (2.654).

PEIRCE has supplied us with a few beginning brush strokes of a picture of a society more evenly balanced between what have traditionally been regarded as male strengths and female strengths. It remains for us to fill in the missing details and carry on the work that PEIRCE began in the kind of community context that he envisaged. The form that the finished picture would take is for the most part open to our imagination. However, it is clear that the society thus depicted would demand and reward many more of the traditional female strengths than does our present society. Such changes would entail that men, socialized to shun such female virtues in themselves, would be placed at a disadvantage in this respect. In the interests of a juster community, however, women would have to extend to these men the assistance of compensatory measures, enabling them to cope with this handicap. We will have to adopt a Peircean faith that government funding for this endeavour will be more easily accessible than it has been for meting out compensatory justice to women (26).

These suggestions for change run both wide and deep. They entail sweeping alterations in our life-styles, our expectations, our patterns of work, leisure, and parenting. But if the alternative is to deny to half the human beings on the face of the earth real freedom to exercise their rights, who among us would have the temerity to thwart this call for change?

Footnotes

1) Here and throughout the paper, I write from the perspective of a capitalist society. The central points of the paper are not restricted to the capitalist framework, however, and Marxism by no means ensures us of equality for women. For a penetrating account of the ways in which Marxist theories have failed to fully recognize the importance of reproductive labour in their scheme of things, and thus have failed to deal adequately with the whole issue of women's rights, see Lorenne M.G. CLARK: The Rights of Women: The Theory and Practice of the Ideology of Male Supremacy, p. 49-65, as well as Lynda LANGE: Reproduction in Democratic Theory, p. 131-146, both appearing in: Contemporary Issues in Political Philosophy, ed. William R. SHEA and John KING-FARLOW (Canadian Contemporary Philosophy Series; New York: Science History Publications, 1976.

2) The discussion of equal rights in this paper will be limited to the context of sex discrimination. While much of what is said will be applicable to racial, class, and religious contexts, there are subtle differences which militate against wholesale identification of women's situation with that of other oppressed groups. For a more detailed account of these differences, see my articles: What Price Socialization? From the Ledgers of Cultural Minorities and Women, presented to the Canadian Society for Studies in Education at Saskatoon, Saskatchewan, in June, 1979, and: A Comparison of Women's Rights and Minority Group Rights within the Framework of the Confederation Debate, presented at the: Philosophical Issues Relating to the Future of Confederation Debate, Canadian Philosophical Association at Montreal, Quebec, in March, 1979.

3) Of course, "acceptable" is a relative term; nevertheless there should be

no gross discrepancy between what is considered an acceptable standard of living for males and for females.

4) National Council of Welfare, one in a world of two's, A Report by the National Council of Welfare on One-Parent Families in Canada (Ottawa: National Council of Welfare, 1976), p. 10. The 3 per cent figure has been rounded off from 2.5 and the 5 per cent figure rounded of from 5.3.

5) The 1976 statistics are from Ontario Ministry of Labour: Women in the Labour Force - Fact Sheets, (1-6), No. 2 - Basic Facts. The 1975 statistics are from the Ontario Ministry of Labour's: Women in the Labour Force - 'Basic Facts' - Update. These figures are also rounded off to a full percentage. The 45 per cent figure is derived from 44.8, 53 from 53.1, 60 from 60.3, and 44 from 44.4.

6) Pat ARMSTRONG: Women and Unemployment, p. 5, a paper presented to Urban Seminar 6 of: Full Employment: Social Questions for Public Policy, at Toronto, Ontario in November, 1978.

7) A recent study of housework in Canada conducted by Penny KOME tells us that full time homemakers spend on the average 8-1/2 hours per day doing household chores, and 8-3/4 hours per day looking after children, making a total work week of 87-1/2 to 94-1/2 hours (p. 32). Obviously much of the time spent on household chores overlaps with child care; on the other hand, there is often great incompatibility between these two categories of work, as when the pudding is thickening and the baby crying to be fed at the same time. Part time homemakers spend an average of 6-1/2 hours per day doing household chores. According to Penny KOME's analysis, regardless of whether or not mothers work outside the home, Canadian fathers spend an average of 1-1/2 hours per day with the children (p. 32). Working mothers receive more help with household chores from their families (daughters in particular), but even here much is left to be desired. "Overall only 4 out of 10 homemakers indicated that their husbands do any specific chores around the house" (p. 36, my italics). Penny KOME: How Canadian Women Really Feel about Housework, in: Homemaker's Magazine (October, 1978), p. 26-60.

8) Pat ARMSTRONG: p. 6.

9) In the Ontario Public Service, the "gap between men's and women's average salaries has widened to 29.5 per cent from 27.27 per cent". Ontario Civil Service Commission, topical, 11/2 (Jan. 26, 1979), p. S-4.

10) Pat ARMSTRONG: p. 7, 8.

In 1976, Statistics Canada defined poverty for a two-member family living in Toronto as an annual income of $ 5,966 or less; for a two-member family living in a rural area, poverty was defined as an annual income of $ 4,500 or less.

11) These figures are rounded off from 59.6, 14.1, and 12.7 per cent respectively. one in a world of two's, p. 5.

12) Onora O'NEILL: How Do We Know when Opportunities are Equal?, Sex

Equality, ed. Jane ENGLISH (Englewood Cliffs, New Jersey: Prentice-Hall, Inc., 1977), p. 143-154.

13) Gertrude EZORSKY recommended that this model be used as a guide for hiring practices. Using our example, if one-fifth of all persons holding doctorate degrees in philosophy were women, EZORSKY would recommend that teaching institutions whose staff did not reflect this ratio, should hire at least one female faculty member for every four males hired, till the requisite balance be achieved. This would, of course, take several decades to accomplish. Gertrude EZORSKY: Hiring Women Faculty, in: Philosophy and Public Affairs, Vol. 7, No. 1 (Fall, 1977), p. 83.

14) Jane ENGLISH: Sex Equality in Sports, in: Philosophy and Public Affairs, Vol. 7, No. 3 (spring, 1978), p. 271, 273. ENGLISH advocates an even stronger model for sports for fun and personal development.

15) Inge K. BROVERMAN et al.: Sex-Role Stereotypes: A Current Appraisal, in: Journal of Social Issues, Vol. 28, No. 2 (1972), p. 63.

16) This possibility was pointed out to me by a colleague, Dr. Barbara HOUSTON.

17) This feature is of particular importance, given that self-respect is an accurate measure of the exercise of rights. This is because persons with low self-respect will tend to believe that they do not deserve many rights, and will thus not pursue those rights or challenge infringements upon them. In other words, people without self-respect may acquiesce in their own oppression, believing that they do not deserve to be treated better than they are. This problem is viciously circular, as persons whose rights are traditionally trampled upon will also tend to have low self-respect. Just social policies, which enforce disadvantaged people's freedom to exercise their rights, will be instrumental in raising their level of self-respect, and thus indirectly in encouraging them to defend and exercise their rights even farther. So socialization patterns that enhance women's self-respect should correlatively increase the likelihood that they will identify themselves with a full set of rights, protect those rights, and exercise them freely.

This same point was made by Kenneth A. STRIKE, in: Education, Justice, and Self-Respect; A School for Rodney Dangerfield. This paper was presented at the thirty-fifth annual meeting of the Philosophy of Education Society, hold at Toronto, Ontario in April, 1979.

18) According to Victor MALAREK: Men separated from their wives and children in Ontario probably will owe more than $ 38-million in back payments for child support by the end of the 1978-1979 fiscal year. It is predicted that during this fiscal year the deficit will increase by another 6 million dollars. In 1977-78, the average collection rate on child support payments was estimated at 43 per cent.

Victor MALAREK: Unpaid child support could reach $ 38 million, in: The Globe and Mail, Toronto, No. 40, 385 (Wednesday, May 16, 1979), p. 1.

19) Lynne McDONALD: Wages of Work: A Widening Gap between Women and Men, in: The Canadian Forum, Vol. 55, No. 650 (May, 1975), p. 6.

20) Zillah R. EISENSTEIN: Reform and/or Revolution: Understanding the Houston Conference, Keynote Address presented at the "Women and Power" Conference at Houston, Texas, in April, 1978, p. 6.

21) BROVERMAN et al.: p. 63.

22) BROVERMAN et al.: p. 68-69.

23) Lorenne CLARK: p. 49-65.

24) Charles Sanders PEIRCE: Collected Papers of Charles Sanders Peirce, ed. Charles HARTSHORNE, Paul WEISS, and Arthur BURKS (8 vols., Cambridge, Mass.: Harvard University Press, 1931-1958). References to the Collected Papers will be in conventional form - e.g., "7.186" shall refer to paragraph 186 of Volume 7. All future references to the Collected Papers will occur in the text.

25) Charles Sanders PEIRCE: The Charles S. Peirce Papers, Manuscript Collection in the Houghton Library, Harvard University, Cambridge, Mass.

This quotation is on the first page of a series of pages entitled "Proof", occurring 112 pages from the end of the manuscript.

References to the unpublished manuscripts are made in conventional form, by citing both the manuscript and page number.

26) Past experience does not justify much faith in the implementation of compensation measures for women. Using university teaching as an example, Elayn BERNAY reports that although affirmative action programs were set up by the American Office for Civil Rights in 1972, by 1978 "the status of women and minorities in higher education is relatively unchanged. Blacks represent only 5 per cent of all faculty members. The proportion of women on college faculties has hovered around 24 per cent since 1960 - a lower share than women held in 1930". Elayn BERNAY: Affirmative Inaction; and Other Facts, Trends, Tactics for Academic Life, Gazette: News from all over, Ms (November, 1978), p. 87.

According to Mary CRAWFORD,"The statistics on hiring, promotion, tenure, representation at prestige institutions, and incomes can be examined at any angle ... The conclusion is inescapable: 'reverse discrimination' is rarer than a woman mathematician at MIT". Mary CRAWFORD: Climbing the Ivy-Covered Walls, Ms (November, 1978), p. 91-92.

By 1978 only one university administrative post was well represented by both women and men, as well as minority group members - that post was affirmative action officer. Ironically, "even in this job, men were paid more than women" (Elayn BERNAY: p. 88).

562

Bibliography

ARMSTRONG, Pat:

Women and Unemployment, A paper presented to Urban Seminar 6 of "Full Employment: Social Questions for Public Policy", at Toronto, Ontario, in November, 1978

AYIM, Maryann:

A Comparison of Women's Rights and Minority Group Rights within the Framework of the Confederation Debate, A paper presented to the "Philosophical Issues Relating to the Fugure of Confederation Debate", Canadian Philosophical Association, at Montreal, Quebec, in March, 1979

AYIM, Maryann:

What Price Socialization? From the Ledgers of Cultural Minorities and Women, A paper presented to the Canadian Society for Studies in Education at Saskatoon, Saskatchewan, in June, 1979

BERNAY, Elayn:

Affirmative Inaction; and Other Facts, Trends, Tactics for Academic Life, Gazette: News from all over, Ms (November, 1978), p. 87-90

BROVERMAN, Inge K., Susan Raymond VOGEL, Donald M. BROVERMAN, Frank E. CLARKSON, and Paul S. ROSENKRANTZ:

Sex-Role Stereotypes: A Current Appraisal, in: Journal of Social Issues, Vol. 28, No. 2 (1972), p. 59-78

CLARK, Lorenne M.G.:

The Rights of Women: The Theory and Practice of the Ideology of Male Supremacy, Contemporary Issues in Political Philosophy. Ed. William R. SHEA and John KING-FARLOW, Canadian Contemporary Philosophy Series; New York: Science History Publications, 1976, p. 49-65

CRAWFORD, Mary:

Climbing the Ivy-Covered Walls, Ms (November, 1978), p. 61-63, 91-94

EISENSTEIN, Zillah R.:

Reform and/or Revolution: Understanding the Houston Conference, Keynote Address presented at the "Women and Power" Conference at Houston, Texas, in April, 1978

ENGLISH, Jane:

Sex Equality in Sports, in: Philosophy and Public Affairs, Vol. 7, No. 3 (Spring, 1978), p. 269-277

EZORSKY, Gertrude:

Hiring Women Faculty, in: Philosophy and Public Affairs, Vol. 7, No. 1 (Fall, 1977), p. 82-91

KOME, Penny:

How Canadian Women Really Feel about Housework, in: Homemaker's Magazine (October, 1978), p. 26-60

LANGE, Lynda:

Reproduction in Democratic Theory, Contemporary Issues in Political Philosophy. Ed. William R. SHEA and John KING-FARLOW, Canadian Contemporary Philosophy Series; New York: Science History Publications, 1976, p. 131-146

MALAREK, Victor:

Unpaid child support could reach $ 38 million, in: The Globe and Mail, Toronto, No. 40, 385 (Wednesday, May 16, 1979), p. 1, 2

McDONALD, Lynne:

Wages of Work: A Widening Gap between Women and Men, in: The Canadian Forum, Vol. 55, No. 650 (May, 1975), p. 4-7

National Council of Welfare:

one in a world of two's. A Report by the National Council of Welfare on One-Parent Families in Canada, Ottawa: National Council of Welfare, 1976

O'NEILL, Onora:

How Do We Know when Opportunities are Equal?, in: Sex Equality. Ed. Jane ENGLISH, Englewood Cliffs, New Jersey: Prentice-Hall, Inc., 1977, p. 143-154

Ontario Civil Service Commission:

topical, 11/2 (Jan. 26, 1979), p. S-4

Ontario Ministry of Labour:

Women in the Labour Force - 'Basic Facts' - Update

Ontario Ministry of Labour:

Women in the Labour Force - Fact Sheets, (1-6), No. 2 - "Basic Facts"

PEIRCE, Charles Sanders:

The Charles S. Peirce Papers. Manuscript Collection in the Houghton Library, Harvard University, Cambridge, Mass.

PEIRCE, Charles Sanders: Collected Papers of Charles Sanders
                            Peirce. Ed. Charles HARTSHORNE,
                            Paul WEISS, and Arthur BURKS,
                            8 vols.; Cambridge, Mass.: Harvard
                            University Press, 1931-1958

STRIKE, Kenneth E.:   Education, Justice, and Self-Respect;
                            A School for Rodney Dangerfield,
                            A paper presented at the thirty-fifth
                            annual meeting of the Philosophy of
                            Education Society at Toronto, Ontario,
                            in April, 1979

WAHE H. BALEKJIAN

On the Nature of European Community Law

The specific nature of European Community law as a new and complex legal concept is reflected in the position it occupies in relation to the two major categories of international and municipal law, and in the marginal treatment it gets in textbooks of international or municipal public law.

The legal instruments on which it is based, i.e., the three Treaties establishing respectively the European Coal and Steel Community (ECSC) (1951), the European Economic Community (EEC) (1957), and the European Atomic Energy Community (EAEC/EURATOM) (1957), fall in formal and many other respects within the category of international law, but the integrative objectives, structure and competences of the Community, which constitute the contents of these three Treaties, clearly transcend the conventional concepts of international regional organisations: the European Community is not an entity characterised by a narrowly circumscribed and relatively static scope of competences serving the limited purpose of inter-governmental cooperation and administration. As to the comparability of Community law with the category of municipal law, it can be said that not only the formal inception of Community law through inter-governmental treaties, but also Community objectives and the uniform cross-frontier effects of Community primary law or secondary legislation speak against its inclusion in the category of federal or non-federal municipal law.

Scholars dealing with the fundamental aspects of Community law have made a valuable contribution to the progressive clarification of the concept of European Community law; but the most significant contribution has in this respect come from the Court of Justice of the European Communities (ECJ), i.e., in its capacity as the compulsory judicial organ competent for the interpretation and application of law in disputes in a Community context. In Costa v. E.N.E.L. (Case 6/64) (1964), the ECJ made a clear distinction between other international agreements, on the one hand, and the three Treaties which had instituted the ECSC, EEC and EURATOM. The Court defined the legal order of the Community as being sui generis. The present paper will deal with some of the salient aspects of this qualification of Community law, and will refer to some of the innovative dimensions of Community law in direct comparison with international law. The law of the

ECSC and EURATOM being relatively simpler and more limited in scope, the main reference in what follows below will be to the EEC Treaty: the EEC Treaty is not only more comprehensive, but also with its dynamic and ambitious objectives, extending from the establishment of a customs union to implicit integration on the level of an economic union, is of greater significance with respect to the characteristic aspects of Community as a legal concept sui generis (1).

Community law as regional economic integration law

Reference to Community law as regional economic integration law points already to its dynamic and highly complex nature which is due to the magnitude of its objectives, institutional structure and evolutionary transfer of policy and decision making competences from member states to Community institutions. The term 'regional' does not raise definitional problems; the scope of the term 'economic' necessitates reference to the ambitious provisions of the EEC Treaty with its short-, medium- and long-term objectives. 'Integration' is the term which is most specific to Community law. Even a superficial reading of the EEC Treaty reveals that while 'integration' may teleologically stand for a level of development corresponding to an objective achieved with the full implementation of the EEC Treaty, it means no less a process of integration, i.e., a development which quantitatively and qualitatively transcends the initial and current state of affairs. Community law is thus, in contrast to the slow pace of development of international law, a legal system marked by an element of dynamic dimension.

In keeping with the complex and manifold processes which have to be regulated during integration, the technical language of the EEC Treaty is that of a framework treaty (French: traité-cadre; German: Rahmenvertrag). It is a good example as to how the comprehensive, evolutionary and projective (teleological) contents of a legal instrument may necessitate the use of terms and clauses which are not detailed in content and require subsequent elaboration through authoritative and binding interpretation and application. For example, the contents of the customs union (one of the short-term objectives of the Community, already implemented at the end of the transitional period in the 1960's) and the common agricultural policy are regulated in relatively greater detail, than, for example, various areas of Community policies and aspects relating to the protection of individuals under Community law. (The non-mediatised protection of individuals under Community law is an outstanding innovative dimension on the level of traditional international, intergovernmental or transnational (cross-frontier) law.) While the rule of law is explicit in the whole Community system (cf. in the first place Art. 164 of the EEC Treaty), the EEC Treaty is but implicit as to rules or general principles governing the protection of fundamental rights within the Community. The concretisation of rules and principles is left to (subsequent) secondary legislation, treaty amendment or completion, or to the practice of the ECJ. In fact, the protection of fundamental rights has been thus far elaborated in the first place by the ECJ.

The above remarks imply also conceptual problems which are considered in conjunction with the codification of legal rules in a system like the legal order of the

Community. The ultimate merits of a codification have to be weighted and weighed in the context of its temporal dimensions, the complexity of legal matters it intends to regulate, and the judicial remedies and enforcement system which it includes. In the case of Community law, it has been relatively easier to define the extent of short-term objectives like the contents of the four freedoms (of movement of respectively goods, persons, services and capital within the Community) in the EEC Treaty text, while the scope of coordination of policies (as a phase belonging to the sphere of medium- and long-term objectives) is formulated in vague terms, and still vaguer is the ultimate objective of an economic union to which the EEC more implicity than explicity refers. In the light of the historical realities and the complexity of the objectives envisaged, concrete reference to all details in the EEC Treaty would have had serious implications both for the dynamics and politics of integration. One may be critical of a positive evaluation of progress achieved thus far towards European integration, but it is difficult to deny that to some extent the general and broad framework of the language of the EEC Treaty text has been a positive factor in the process of integration. However, a greater share of recognition is to be given in this respect, in the context of Community law as a system sui generis, to the rules which provide for ensuring the uniform and binding interpretation of Community law by the ECJ. Such a contribution and achievement may not be uncommon with respect to supreme courts in federal and other municipal systems, (cf. for example, the historical role of the Supreme Court of the USA in elaborating and cementing the constitutional foundations of the Union,) it is a unique achievement on the part of the ECJ on the level of inter-governmental or cross-frontier dimensions. In accordance with Art. 164 of the EEC Treaty, the ECJ is the only judicial organ competent to ensure that 'in the interpretation and application of (the EEC) Treaty the law is observed' (2). On the level of the Community Council of Ministers, member states are competent in terms of legal and legislative policy to accelerate or decelerate the deployment and concretisation of Community law through the adoption or non-adoption of Community secondary legislation in accordance with EEC objectives laid down in the Treaty; but they are not competent, as parties to the EEC Treaty, in contrast to the situation under general international law, to deal with disputes relating to the interpretation and application of Community law through diplomatic or other negotiations, i.e., in exclusion of the ECJ in situations in which the interpretation and application of the EEC Treaty is to be ensured. A secondary but nonetheless vital result of the compulsory jurisdiction of the ECJ is that the uniform application and control of Community law within the member states is endowed with a quality of objectivity which is not dependent on a consensual approach on the part of the member states (3).

The interpretation of Community law

With reference to two basic methods of interpreting treaty texts (4), namely, literal and teleological interpretation, it is worthwhile to consider the question as to which method is dominantly applied by the ECJ for interpreting and giving flesh to the generally formulated and teleologically orientated constitutional provisions (in the three Treaties) of Community law. This point is relevant for casting additional light on the conceptual nature of Community law.

For the purpose of interpreting Community law, which (as already mentioned) is anchored in international treaties, the travaux préparatoires and documents related to the negotiations leading to the conclusion of the three Community Treaties are, for political reasons, not available; the ECJ may apply literary and other methods of interpretation, but in questions of fundamental importance affecting the scope and contents of Community law and Community competences, e.g., the evolutionary transfer of competences from the member states to the institutions of the Community, the ECJ has in the first place made use of a teleological and dynamic interpretation. For example, in the ERTA case, concerning the external competences of the Community, the ECJ declared in its judgment of March 31st, 1971, as follows:

> "Article 210 (of the EEC Treaty) provides that 'the Community shall have legal personality'. This provision, placed at the head of Part Six of the /EEC/ Treaty, devoted to 'General and Final Provisions', means that in its external relations the Community enjoys the capacity to establish contractual links with non-member States over the whole extent of the field of objectives defined in /.../ the Treaty /./" (5)

> "To determine in a particular case the Community's authority to enter into international agreements, one must have regard to the whole scheme of the Treaty no less than to its specific provisions. Such authority may arise not only from an explicit grant by the Treaty --- as is the case with Articles 113 and 114 for tariff and commercial agreements and with Article 238 for Association agreements --- but may equally flow from other provisions of the Treaty." (6)

With the above outlined teleological interpretation and practice, the ECJ has confirmed the view that the constitutive instruments of inter-governmental organisations (the Community is formally an inter-governmental organisation), teleological-functional methods of interpretation are the most suitable, because such constitutive instruments (treaties in this case) are drafted either on the level of the least common denominator in relation to the views of the contracting founder parties, or are framed with a teleological approach, i.e., they are projective, hence rather general if not vague in nature, thus necessitating progressive detailed concretisation through subsequent interpretation and implementation of their contents.

The supranational dimension of Community law

The concept of supranationality has had for decades an abstract significance on the level of theoretical considerations relating to the concrete dimension of the concept of sovereignty.

Sovereignty is a concept of key importance in the sphere of international as well as municipal public law with respect to the mutual delimitation and exclusive sphere of jurisdiction of municipal legal systems. Community law has added a novel aspect to it in the sense that it has a direct effect in the internal legal orders of the member states, and the centralised compulsory jurisdiction of the ECJ is directly binding for all subjects of Community law, i.e., for member states as well as individuals; the cross-frontier direct validity and applicability of Community Law leads to the impossibility of refuting that the Community legal system has a supranational character. This supranational dimension corresponds to the competences and functions of Community institutions. These competences have, however, so-to-say evolutionary aspects, i.e., their deployment and concretisation is dependent on the pace and various phases of the integration process. In coordination with the pace of progressive integration, the direct effect of Community law provisions may be supplemented or elaborated through secondary legislation (Regulations and Directives) or, in case of doubt or dispute, through the binding decisions of the ECJ. Thus, another main function of Community law is to provide for a normative framework for the process of progressive integration, and the function of the ECJ is to determine, whenever necessary, whether at a given phase of integration, certain competences have devolved or not devolved from the municipal institutions of the member states to the institutions of the Community. Obviously, one could look at this system purely from the angle of law and be critical of certain developments in the past; but it is essential, in the historical context of the Community, to be aware of manifold political factors which have greatly affected and will with great probability continue to affect the smooth implementation of the EEC Treaty provisions. There are good reasons to believe that the situation will not be fundamentally simpler in the foreseeable future than what it has been since the crisis of 1965 and compromises subsequent to it. Indeed, such an awareness is reflected in the attitude of the Commission as the guardian responsible for the proper application of Community law. On the basis of a purely legalistic approach, one could conclude that the Commission, as the watchdog of integration and Community law, should have in the past submitted to the ECJ a greater number of cases involving the standards of compliance of some member states with rules of Community law. While legal purists may both regret and strongly criticise such a state of affairs, the pioneering nature of Community law makes it essential to realise that slow but stable consolidation of progress towards integration is to be preferred to the possible disruption of the integration process through an idealistic and perfectionist zeal. These remarks concern above all the roots of the supranational nature of Community law, i.e., the most essential but also the most sensitive aspects of Community law. It may be rightly asserted that in the wake of compromise solutions adopted after the crisis in 1965, the pace of European integration has slowed down, and the situation has become rather worse in a time of economic recession and difficulties in the 1970's. For example, unanimity voting still prevails in the Council of Ministers with respect to matters considered by member states to be of vital interest to them, and does not belong, as provided by the EEC Treaty, to the realm of history yet. While regretting such a situation, it is to be remembered that Community law, with its many innovative aspects, is so-to-say involved in a fundamental dialectical process in which new light is being shed on traditional legal concepts hitherto accepted as being hardly questionable. For example, the development and application of Community law lends support to a monistic approach to the relationship between municipal law and inter-governmental law, at least as far as Community law is concerned.

In accordance with provisions of Art. 189 of the EEC Treaty, Community law enjoys priority in relation to municipal law in the sense of being 'binding' and 'directly applicable' in the member states. The monistic approach to Community and municipal law is consolidated by the development of the concept of 'direct applicability' of Community law within the municipal spheres of the member states. This concept is not only a fundamental one serving the purpose of economic integration law, but is also an adequate instrument for the equal treatment of all subjects of Community law within the Community system, i.e., for the uniform application of Community law and its uniform judicial control through the jurisdiction of the ECJ.

The above made remarks on the supranational nature and direct applicability of Community law imply a basic question as to the so-to-say conceptual status of the term 'sovereignty', as a term of key importance equally in public international as well as municipal law.

The concept of sovereignty in the context of Community law

The nature of Community law casts also some new light on the validity of 'sovereignty' as a traditionally absolute, i.e., indivisible term. International law has ascribed to 'sovereignty' a monolithic dimension. 'Sovereignty' is undoubtedly a key concept in the traditional system of international and municipal public law; around it revolve some of the most fundamental problems, if not anachronisms, of international law and its progressive development in the framework of increasingly dense international relations and interdependence between states in our times. While 'sovereignty' is a formally clear legal concept, it is far from having a clear conceptual quality when it is discussed in the light of political, economic and other realities which prevail in inter-governmental relations; for pragmatic considerations, its conceptual contents vary both externally and internally from state to state. Nevertheless, for the purpose of inter-governmental law, it is still used as if it were a constant, i.e., invariable and indivisible concept.

This situation may be in agreement with traditional international law and municipal public law, but it has proved to be incompatible with the logic of the developing legal order of the European Community. 'Sovereignty' cannot be coordinated and applied as an absolute concept in the sphere of relations between the Community and its member states with respect to the framework of objectives of Community law: the Community cannot assume and continue to assume increasingly supranational competences of the nature described above, i.e., in accordance with the objectives and provisions of the EEC Treaty, without leading to an inevitable necessity of questioning the validity of the traditional monolithic concept of sovereignty of the member states of the Community for the purpose of Community law. Such a questioning has been authoritatively undertaken by the ECJ:

In Costa v E.N.E.L. (Case 6/64), the ECJ had to consider the concept of sovereignty in the light of the developing Community legal order. As to be expected, the ECJ dealt with the question only in the context of Community law. It did not refer to sovereignty as an integrated and indivisible concept. The Court referred to 'sovereign rights' and concluded that the member states of the Community had (in application of their sovereign will) voluntarily undertaken to limit certain sovereign rights in favour of the Community; the Court stated that

> "by creating a Community of unlimited duration, having its own institutions, its own personality and its own capacity in law, apart from having international standing and more particularly, real powers resulting from a limitation of competence or a transfer of powers from the States to the Community, the member-States, albeit within limited spheres, have restricted their sovereign rights and created a body of law applicable both to their nationals and to themselves." (7)

> "The transfer by member-States, from their national order, in favour of the Community order of the rights and obligations arising from the Treaty, carries with it a clear limitation of their sovereign right upon which a subsequent unilateral law, incompatible with the aims of the Community, cannot prevail." (8)

Thus, in the opinion of the ECJ, the concept of sovereignty in a Community context can but have a divisible content (9).

The function of general principles of law in the Community legal system

The qualification of Community law as a system sui generis implies that the institutional and functional autonomy of the Community legal order with a dimension of supranationality is marked by a teleological orientation based on the peremptory principle of progressive integration: as such, Community law does not fit into the conventional categories of international and municipal law. This does not imply, however, that the system of Community law is ab initio complete in itself. Community law, like other systems, e.g., international law, involved in a process of continuous development, is dependent on the contribution of complementary sources of law; in this respect, general principles of law have a vital function to fulfil in the broad legal framework of the EEC Treaty (10).

The Community legal system is explicitly as well as implicitly based on the principle that the rule of law shall prevail. This point is of particular relevance for the protection of individuals as subjects of Community law. In this respect, the

ECJ has referred to the legal system of the member states as well as to the European Convention on Human Rights as sources wherefrom general principles may be derived and applied for the purpose of Community law.

The practice of the European Community, particularly the practice of the ECJ, is promoting the development of the function of general principles of law in a regional framework at a time when, in contrast, the position of general principles in general international law is weakening in the wake of the pluralistic and ideological differentiation within the international community of states. The development within the Community is also significant with respect to the correct view that only general principles and not their concrete aspects may be transferred from one legal system to another, in our instance, from the legal systems of the member states to the legal order of the European Community (11).

Conclusions

What has been summarily surveyed above shows that the conceptual characteristics of European Community law enable to distinguish it from the general category of international law as well as from the category of municipal law. Further characteristics of European Community law are: the institutional system which it provides for the settlement of legal disputes in the triangle between a member state and one or more other member states in the context of Community law, and between the Community and one or more member states; the increasing relevance of the individual as a subject of inter-governmental law, in contrast to the traditional mediatisation of individuals in the sphere of international (or inter-governmental) law; validity of fundamental or human rights on Community level; initiation of a democratic participation in the system of inter-governmental institutions, (through the participation of interest groups in the Community pre-legislative process and through the advisory and supervisory as well as budgetary powers of the Assembly (European Parliament)).

While opinions may vary as to an objective evaluation of the progressive and pioneering nature of Community law as an area of new conceptual developments, it cannot be denied that Community law constitutes a very valuable and successful testing ground for proving that a regional legal order, marked by integration dynamics and supranational objectives, can function and develop in the form of a constitutional foundation for a novel venture which the architects of the Treaties have aptly called a 'Community' and not a league, society, association or organisation. The term 'Community' refers to something which is organically, institutionally and teleologically more than the meaning commonly conveyed by the other relatively static terms. On a regional level, the Community stands for an integration which is unconditional and indivisible. In this respect, the ECJ with its centralised, exclusive and compulsory jurisdiction has an indispensable function to fulfil. While the positive legal order of the Community is closely linked with the best of European legal tradition, it is at the same time founded on a dynamic theory of integration law. As such it constitutes not only a valuable complement to the theory of general international law, but also to municipal public law, by pointing out where the functional limits of municipal economic law may lie in relation to the social and economic problems which a municipal legal system, with law as one of its components, is expected to solve.

Footnotes

1) Reference to European Community law as being *sui generis* should not be interpreted in a absolute sense. In the introductory part of the present paper, links of formal similarity between Community and international law have been mentioned. As to elements of Community law which suggest similarities with municipal law, reference may be made, as an example, to principles and rules applied in the administrative system and judicial control of the Community. They clearly reflect the influence of administrative and judicial procedures applied in the legal systems of some of the member states.

2) Art. 164 EEC Treaty reads: 'The Court of Justice shall ensure that in the interpretation and application of this Treaty the law is observed.' Significant in this text is the reference to the term 'law' and not, for example, to 'the provisions of the Treaty'.

3) A further useful instrument for promoting the uniform interpretation and application of Community law in member states is Art. 177 EEC Treaty, under which questions of Community law raised in municipal courts are governed by the system of preliminary rulings by the ECJ and corresponding system of practice.

4) On the interpretation of treaties in international law, see VERDROSS/ SIMMA: Universelles Völkerrecht (1976), p. 389 ff.; H. EEK: Folkrätten (2nd., ed., 1975), p. 259 ff.; DEGAN: L'interprétation des accords en droit international (1963).

5) Common Market Law Reports (CMLRep), 10 (1971), 335 ff., at 354.

6) Common Market Law Reports (CMLRep), 10 (1971), 335 ff., at 354.

7) Common Market Law Reports (CMLRep), 3 (1964), 425 ff., at 455 (emphasis added).

8) Common Market Law Reports (CMLRep), 3 (1964), 456 (emphasis added).

9) P. PESCATORE: 'Le droit communautaire table en effet sur la conception d'une *souveraineté* nationale *divisible*.' (Emphasis added.) In Cahiers de Droit Européen, 6 (1970), 501 ff., 507: L'apport du droit communautaire au droit international public.

10) The EEC Treaty includes a direct reference to such general principles 'common to the laws of Member States', in the context of non-contractual liability by the Community. See Art. 215 par. 2.

11) On general principles of law in international law, see VERDROSS/SIMMA: Universelles Völkerrecht (1976), p. 309 ff.; on general principles of law in the context of European Community law, see A. BLECKMANN: Europa-

recht (2nd ed., 1978), p. 74 ff.; M. MEESSEN: Zur Theorie allgemeiner Rechtsgrundsätze des internationalen Rechts: Der Nachweis allgemeiner Rechtsgrundsätze des Europäischen Gemeinschaftsrechts, in: Jahrbuch für Internationales Recht, 17 (1974), 283 ff.

BURTON M. LEISER

Rights, Duties, and the Sources of Law

I.

Almost from the beginning of American Constitutional history, but especially
since the adoption of the anti-slavery amendments to the Constitution of the
United States, a controversy respecting two major theories on the origin of law
has raged on the Supreme Court. Each of these theories has had its respected
advocates, and each of them has reigned supreme in American jurisprudence at
one time or another. The controversy has tended to focus principally upon the
words, "due process of law", which are found in the Fifth and Fourteenth
Amendments to the Constitution; and it has had to do with the question whether
the rights and duties of citizens and the powers of government (federal and
state) are derived only from express formulations in the text of the Constitution,
or are to be discovered in the shadows cast by such concepts as <u>justice</u>, <u>fairness</u>,
and <u>civilized conduct</u>. Or, to put the matter somewhat differently, whether it is
proper for the courts to appeal to doctrines of natural law or natural justice, or
whether they are bound to confine their inquiry to what is written in the Constitution, the statute books, and the decisions of their predecessors.

The debate has often focused upon the interpretation of the historical record.
Such an emphasis is important, of course, both for historians and for judges who
are concerned to establish the thread of continuity between their decisions and
those of earlier courts, and to demonstrate that their interpretations of fundamental legal texts conform to the intentions of the authors of those texts. We
are concerned here, not with the history of law, nor with American Constitutional law, but with legal philosophy. I propose, therefore, to explore some of the
arguments (other than those grounded upon history alone) employed by the pro-
ponents of the two theories on the United States Supreme Court, and to propose
a solution to the question, whether natural law or natural justice ought to be
regarded as a source of legal decision-making.

II.

In the earliest cases interpreting the 14th Amendment, the Supreme Court's
majority adopted a very narrow reading which has since been abandoned (1).
The Court assumed that the Amendment was intended (along with the 13th and
15th Amendments) to apply to former Negro slaves only, except that the 13th
Amendment abolished slavery for all persons. The Court rejected any suggestion that it was empowered, by the 14th Amendment, to become "a perpetual
censor upon all legislation of the States, on the civil rights of their own citizens,
with authority to nullify such as it did not approve as consistent with those
rights, as they existed at the time of the adoption of this amendment". The
Constitution imposed "very few express limitations" upon the states. The remainder, the "entire domain of the privileges and immunities of citizens of the
States, ... lay within the constitutional and legislative power of the States, and
without that of the Federal government". The only privileges and immunities
of citizens of the several states which were protected by the 14th Amendment
were those "which are fundamental, which belong of right to the citizens of all
free governments, and which have at all times been enjoyed by citizens of the
several States which compose this Union, from the time of their becoming free,
independent, and sovereign ... They may all ... be comprehended under the
following general heads: protection by the government, with the right to acquire
and possess property of every kind, and to pursue and obtain happiness and
safety, subject, nevertheless, to such restraints as the government may
prescribe for the general good of the whole". The Court went on to enumerate
others which had been explicitly formulated in the Constitution or been the
object of earlier cases. But Justice FIELD, in his dissenting opinion, laid the
groundwork for the doctrine that was ultimately to prevail: He argued that
"(t)he privileges and immunities designated are those which of right belong to
the citizens of all free governments", and went on to insist that the 14th Amendment extended them to the citizens of the States. That is, the restraints that
were imposed by the Federal Constitution upon the federal government, preventing the federal government from violating certain rights of American citizens,
were extended by the 14th Amendment to the States, imposing upon them the
same restraints as had earlier been understood to have been imposed upon the
federal government. Justice BRADLEY, also dissenting, cited BLACKSTONE's
enumeration of three fundamental rights as "the absolute rights of individuals",
and concluded that they could be taken from an individual only by due process
of law: "the right of personal security, the right of personal liberty, and the
right of private property." Any right that is necessary for any of these is itself
a fundamental right and thus deserving of similar protection - and actually protected (in his view) by the 14th Amendment.

In Twining v. New Jersey (2), Justice MOODY, discussing the due process
clause, cited a number of earlier comments upon it: "The words 'due process
of law' 'were intended to secure the individual from the arbitrary exercise of
the power of government, unrestrained by the established principles of private
rights and distributive justice'. ... 'It is sufficient to say that there are certain
immutable principles of justice which inhere in the very idea of free govern-

ment which no member of the Union may disregard.' ... 'The same words
refer to that law of the land in each state, which derives its authority from the
inherent and reserved powers of the state, exerted within the limits of those
fundamental principles of liberty and justice which lie at the base of all our
civil and political institutions.' ... 'The limit of the full control which the
state has in the proceedings of its courts, both in civil and criminal cases, is
subject only to the qualification that such procedure must not work a denial of
fundamental rights or conflict with specific and applicable provisions of the
Federal Constitution.'" The principal test, then, was whether a given right
"was so fundamental that there could be no due process without it".

Similarly, Justice CARDOZO, in Palko v. Connecticut (3), put his finger on
what he called a "rationalizing principle" that could be used to identify rights
protected under the Due Process clause. As applied to the issue in the case,
trial by jury and immunity from prosecution except as the result of an indict-
ment, he concluded that "(they) may have some importance. Even so, they are
not of the very essence of a scheme of ordered liberty. To abolish them is not
to violate a 'principle of justice so rooted in the traditions and conscience of
our people as to be ranked as fundamental'. ... If the Fourteenth Amendment
has absorbed (certain privileges and immunities from the Bill of Rights), the
process of absorption has had its source in the belief that neither liberty nor
justice would exist if they were sacrificed."

In Rochin v. California (4), a suspect was subjected to extraordinary treatment
at the hands of officers who burst in upon him and his wife in their home. On
information that the suspect was selling narcotics, they broke into his bedroom
and noticed two capsules on a table beside his bed. The suspect seized the
capsules and put them into his mouth, the officers jumped on him and attempted
to extract the capsules, but they failed to do so before he had swallowed them.
He was then handcuffed and taken to a hospital, where a doctor was directed to
force an emetic solution through a tube into Rochin's stomach against his will.
In the vomited matter were found two capsules that contained morphine, and
upon this evidence, Rochin was convicted.

Despite a lower court's finding that the officers were "guilty of unlawfully breaking into and entering defendant's room and were guilty of unlawfully assaulting
and battering defendant while in the room", and "were guilty of unlawfully
assaulting, battering, torturing and falsely imprisoning the defendant at the
alleged hospital", his conviction was upheld. One of the three district court
judges found that Rochin was subjected to "a shocking series of violations of
constitutional rights", but felt compelled to uphold the conviction because of
earlier decisions of the State supreme court. Two justices of the Supreme Court
of California dissented from that court's summary denial of Rochin's appeal,
saying:

> "A conviction which rests upon evidence of incriminating objects
> obtained from the body of the accused by physical abuse is as
> invalid as a conviction which rests upon a verbal confession
> extracted from him by such abuse ... Had the evidence forced

> from defendant's lips consisted of an oral confession that he
> illegally possessed a drug ... he would have the protection of
> the rule of law which excludes coerced confessions from evidence.
> But because the evidence forced from his lips consisted of real
> objects the People of this state are permitted to base a conviction
> upon it. (We) find no valid ground of distinction between a verbal
> confession extracted by physical abuse and a confession wrested
> from defendant's body by physical abuse." (5)

In considering the issue placed before it, the Supreme Court of the United States, in an opinion written by Justice FRANKFURTER, considered the meaning of "due process of law" and its application to the states. Justice FRANKFURTER wrote that the Court was obliged to determine whether these proceedings

> "'... offend those canons of decency and fairness which express
> the notions of justice of English-speaking peoples even toward
> those charged with the most heinous offenses'. ... These stand-
> ards of justice are not authoritatively formulated anywhere as
> though they were specifics. Due process of law is a summarized
> constitutional guarantee of respect for those personal immunities
> which ... are 'so rooted in the traditions and conscience of our
> people as to be ranked as fundamental', ... or are 'implicit in
> the concept of ordered liberty'."

Justice FRANKFURTER went on to explain that it did not follow that judges were to be left "at large" to draw upon their merely personal and private notions as they considered the cases brought before them. "These are considerations deep- ly rooted in reason", he said, "and in the compelling traditions of the legal pro- fession." Due process of law, he argued, was not "to be derided as resort to a revival of 'natural law'". The concept was not arbitrary, but in each case required "an evaluation based on a disinterested inquiry pursued in the spirit of science, on a balanced order of facts exactly and fairly stated, on the detached consideration of conflicting claims, ... on a judgment not _ad hoc_ and episodic but duly mindful of reconciling the needs both of continuity and of change in a progressive society".

As for Rochin, he concluded that the proceedings that led to his conviction "do more than offend some fastidious squeamishness or private sentimentalism about combatting crime too energetically. This is conduct that shocks the conscience. Illegally breaking into the privacy of the petitioner, the struggle to open his mouth and remove what was there, the forcible extraction of his stomach's contents - this course of proceeding by agents of government to ob- tain evidence is bound to offend even hardened sensibilities. They are methods too close to the rack and the screw to permit of constitutional differentiation".

Once again, he insisted that the particular applications of the concept, "due process of law", could not be clearly and precisely defined in advance; but the principle required that the states "respect certain decencies of civilized con- duct". The closest one could come to defining it, he said, was to say that a conviction could not be brought about by procedures that "offend 'a sense of justice'". To permit conduct such as that of the officers in this case would "offend the community's sense of fair play and decency" and would "afford brutality the cloak of law". Nothing, he said, "would be more calculated to discredit law and thereby to brutalize the temper of a society". He concluded, therefore, with the majority of the Court, that the conviction should be overturned.

Justice BLACK concurred, but on grounds that were completely different from those appealed to by Justice FRANKFURTER. Indeed, he vigorously disagreed with Justice FRANKFURTER, for he felt that FRANKFURTER had appealed to natural law, and that that was contrary to the constitutional system which he was pledged to uphold.

BLACK had maintained for some years that the Due Process clause of the 14th Amendment had "incorporated" the rights and guarantees of the first eight Amendments (the first 8 articles of the Bill of Rights) into the Constitution and applied them to the states, whereas they had previously been applicable only to the federal government. That is, the rights and immunities guaranteed to the people as against the federal government in the Bill of Rights were guaranteed as against the states once the 14th Amendment was adopted; and it was therefore unnecessary - and, in fact, dangerous - to appeal to such vague and ill-defined concepts as natural law and the sense of justice in rendering decisions regarding such rights.

The standards appealed to by FRANKFURTER, said BLACK, were "nebulous", and therefore had no permanency. He argued that for the Court to nullify a state law on the ground that its application "shocks the conscience", offends a "sense of justice", or runs counter to the "decencies of civilized conduct", or is not consonant with "those canons of decency and fairness which express the notions of justice of English-speaking peoples" is tantamount to its assuming "unlimited power to invalidate laws". Moreover, he had serious reservations about the suggestion that the notions of English-speaking peoples determine "immutable and fundamental principles of justice".

Such standards, he insisted, were "evanescent", and if carried to their logical conclusion could lead to the nullification of the Bill of Rights itself. "I long ago concluded", he said, "that the accordion-like qualities of this philosophy must inevitably imperil all the individual liberty safeguards specifically enumerated in the Bill of Rights."

The "accordion-like qualities" of the Court's standards may be illustrated by a decision it handed down a few years later. The defendant, who had been driving a pickup truck (6), was involved in a collision with a car, three of whose occupants were killed. As he lay unconscious on a hospital bed, a police officer, smelling alcohol on his breath, asked the attending physician to draw a sample of blood, which revealed that he had consumed enough liquor to be regarded as legally intoxicated. He was convicted of involuntary manslaughter, partly on the basis of the blood test. The Supreme Court concluded that such a test was <u>not</u> in violation of the defendant's right to Due Process of Law, since there was nothing "brutal" or "offensive" in the taking of the blood sample. As "measured by the yardstick of ... that whole community sense of 'decency and fairness' that has been woven by common experience into the fabric of acceptable conduct", the Court concluded that taking a blood sample was not "conduct that shocks the conscience", and that it did not offend a "sense of Justice".

In dissenting, Justices WARREN, BLACK, and DOUGLAS noted that the fact that the defendant in this case (BREITHAUPT) was unconscious seems to have played an important role in the Court's decision. This implied, they suggested, that the result might have been different if he had been conscious and voiced his objection to the physician's drawing the blood sample.

> "Since there clearly was no consent to the blood test, it is the nature of the invasion of the body that should be determinative of the due process question here presented. The Court's opinion suggests that an invasion is 'brutal' or 'offensive' only if the police use force to overcome a suspect's resistance ... I cannot accept an analysis that would make physical resistance by a prisoner a prerequisite to the existence of his constitutional rights."

Chief Justice WARREN, in concluding his dissenting remarks, observed that "(o)nly personal reaction to the stomach pump and the blood test can distinguish" the two cases. "To base the restriction which the Due Process Clause imposes on state criminal procedures upon such reactions is to build on shifting sands."

And Justice DOUGLAS, joined by Justice BLACK, argued that the sanctity of the person is equally violated when his body is assaulted, whether he is capable of offering resistance or not.

> "I would not draw a line between the use of force on the one hand and trickery, subterfuge, or any police technique which takes advantage of the inability of the prisoner to resist on the other. Nor would I draw a line between involuntary extraction of words from his lips, the involuntary extraction of the contents of his stomach, and the involuntary extraction of fluids of his body when the evidence obtained is used to convict him. Under our system of government, police cannot compel people to furnish the evidence necessary to send them to prison. Yet there is compulsion here, following the violation by the police of the sanctity of the body of an unconscious man.
>
> And if the decencies of a civilized state are the test, it is repulsive to me for the police to insert needles into an unconscious person in order to get the evidence necessary to convict him, whether they find the person unconscious, give him a pill which puts him to sleep, or use force to subdue him. The indignity to the individual is the same in one case as in the other,

for in each is his body invaded and assaulted by the police who
are supposed to be the citizen's protector."

One final example from the continuing debate, in another area of criminal jurisprudence, should be sufficient to set the scene. In 1968, the Supreme Court was
confronted with a case in which a defendant was convicted of simple battery, a
misdemeanor punishable by a maximum of two years' imprisonment and a $ 300
fine, but was denied the right to a trial by jury, in accordance with state law (7).
The Supreme Court's majority reversed his conviction on the ground that the Due
Process Clause of the 14th Amendment entitled him to a jury trial (as spelled out
in the 6th Amendment) in state courts. Justice WHITE, speaking for the Court,
argued that the right to trial by jury is designed to prevent oppression by the
Government. It is "a fundamental right, essential for preventing miscarriages
of justice and for assuring that fair trials are provided for all defendants ...".

Responding to a dissent by Justice HARLAN, Justice BLACK characterized
HARLAN's position as being that Due Process "is to be a phrase with no permanent meaning, but one which is found to shift from time to time in accordance
with judges' predilections and understandings of what is best for the country. (It)
is impossible for me to believe that such unconfined power is given to judges in
our Constitution that is a written one in order to limit governmental power."
And he then went on to reject the notion that "fundamental fairness" was a suitable test for determining what could and what could not be permitted to the
government - just as he rejected the test of "shocking the conscience of the
Court". "Each of such tests depends entirely on the particular judge's idea of
ethics and morals instead of requiring him to depend on the boundaries fixed by
the written words of the Constitution."

III.

Now, let us leave aside questions of American Constitutional law, which are not,
after all, our primary concerns. We needn't be concerned, that is, with the
question, whether the rights and immunities of the first eight Amendments are
applied to the states by the Due Process Clause of the 14th Amendment, for that
is a question to be resolved by jurists, not by philosophers - though one might
hope that what philosophers have to say about the issues surrounding the
question might be of some interest to the jurists who must ultimately make the
decision. What is of greater concern in the debate that has raged between the
incorporationists (such as Justice BLACK) and the absorptionists (such as
Justice HARLAN): that is, between those who believe that the only proper source
of judicial decisions is the written law, on the one hand; and on the other hand,
those who believe that judges may consult their consciences, their sense of
justice, their sense of that which is civilized as opposed to that which is brutal,
as well as the written law of the land. In short, this debate is very much like
the debate between those who support and those who are opposed to a doctrine
of natural law.

But it is not altogether like the natural-law debate. For all we know, Justice BLACK might have believed in the existence of a law of nature. He might have believed, too, that the law of nature ought to supply the ultimate criterion for the governance of man. But he vigorously, firmly, and consistently denied that natural law (if there is any such thing) ought to be permitted to play any part in the decisions of judges in their courtrooms. And he seems to have insisted, too, that the "sense of justice" should be left out of consideration as judges rendered their decisions. This is not to say that he believed that there was no such thing as a sense of justice. Merely (paradoxically) that it had no place in a court of law. What a strange doctrine for a Justice on the Supreme Court of the United States to advocate! His adversaries, on the other hand, urged the Court to accept the fact (assuming that it is a fact) that there is a natural law or some sense of natural justice which is not purely subjective and arbitrary, and (and this is what is most important for our purposes) that the principles derived from those sources ought to be permitted to be decisive in the decision of hard cases.

Thus, the dispute on which I wish to focus is not whether there is a law of nature or a sense of justice. Rather, assuming that there is such a thing, there is yet a further question: What role, if any, should it be permitted to play in the decision of cases brought before the courts? Justice BLACK's answer was clearly - none. Others felt that it should be decisive.

BLACK's approach seems clearly to have been founded upon his assumption that "natural law" was equivalent to "subjectivism", and that decisions based upon a sense of justice or conscience were bound to be arbitrary, variable, uncertain, and unpredictable. On the other hand, those who were less literal in their approach to law in general and the Constitution in particular were inclined to conclude that one of the judge's functions was precisely to weigh each case in the scales of justice, and that it was possible to distinguish between the forcible extraction of the contents of a defendant's stomach by pumping an emetic down his throat and drawing a few cubic centimeters of blood from the veins of an unconscious driver - even when the laws as written provided no clear guidance as to the making of such distinctions.

What difference does it make? There are at least two very important differences, one in a totalitarian society such as that of Nazi Germany, the other in a liberal, democratic society ruled by a generally reasonable set of laws.

If the laws themselves are, on the whole, unreasonable, unjust, and contrary to civilized standards, then it is quite appropriate for the judge to ignore them, to declare that they are of no effect, to hold that they are unconstitutional or that they are against the standards of civilized men, and to refuse to enforce them. If he is unable, in good conscience, to decide cases brought before him on the basis of the laws that prevail, he might be morally obliged to resign his post rather than to violate his deepest moral convictions. Such was surely the case in Nazi Germany, and it is very sad indeed that there were not more judges with the courage to declare the evil of the laws that passed before them.

But in a society that is on the whole liberal and democratic, whose laws are, on the whole, reasonable and just and civilized, it may be unreasonable for judges to declare, on the basis of their personal convictions, that some laws are just and others not. There is, after all, another way for the laws to be changed - the way of democratic legislation. Justice BLACK believed that it was inappropriate in a democratic society for the courts to serve as super-legislatures, unelected and unaccountable to the people; that it was improper for judges to impose their own views of morality and justice upon an entire population which had the capacity to determine for itself, through its freely elected legislators, what would and what would not be countenanced. Moreover, he felt that if judges were to assume the prerogative of determining which laws were just and which were not, one of the principal purposes of law would be subverted: namely, the ability of each person to plan his actions in advance, knowing what was permitted and what was forbidden. The stability, steadiness, and predictability of legal norms adds to the stability of society itself and thus to the sum total of human happiness. But in the view of a strict constructionist like Justice BLACK, every intrusion of a judge's personal views into his courtroom compromises the very stability he is sworn to uphold when he dons his judicial robes, for it introduces an element of personal opinion, arbitrariness, and subjectivity into what ought to be as objective and as free from personal bias as possible.

What might Justice BLACK have said if he were a judge on a high court in Nazi Germany? Would he then have argued against the intrusion of a judge's sense of justice into his judgments? It is hard to say, of course. But it is clear, from his steady dedication to the Constitution of the United States, his virtual reverence before it, that it was the inspiration of all his judicial decisions. It was the Constitution, the democratic and liberal principles that served as its underpinnings, that brought him to conclude that it ought not to be tinkered with by mere judges. In the absence of such a Constitution, it is hard to believe that he would have argued for the strict constructionist view which he advocated throughout his judicial career. Indeed, it is not difficult to imagine him taking up arms and advocating the overthrow of any system that offended the principles in which he so deeply believed.

Where, then, is justice to be found? Where does it enter the system, if not in the courts? If there is a natural law, an appeal to natural justice, to principles of civilized mankind and to the common principles of morality and decency that all of us share, at what point do they (or should they) become embodied in the system? The answer, it would appear, would be, not that they should enter at the last phase of the legal system - in the courtroom - but at the first: at the framing of a society's Constitution, at the free and open discussions in which its citizens debate the laws and policies of their government, and in the vigorous and open debate of a freely-elected legislature as it passes the laws that will govern the people who have chosen its members to serve as their representatives.

Principles of justice, natural law, and conscience, then, to the extent that they exist at all, must be brought to bear in the process of legislation and in the process of setting up a people's Constitution. If there is an element of subjectivity and arbitrariness in the legislative process, and in the process of debate among the members of the public as well as in the halls of the legislature, it will presumably give way before the critical eyes that are constantly fixed upon the proceedings of free and open governments. Moreover, since there is constant change in the give-and-take of the democratic process, whatever is arbitrary or unreasonable or capricious will sooner or later be found out and replaced with something more suitable to the temper of the people. Experiments may be tried, programs may be instituted and abandoned, and policies may shift and change. But all of this, according to the faith of the strict constructionist, ought to take place in the free market of ideas, among the people and their representatives - but never in the halls of justice. For there, unelected men and women sit in judgment over their fellow citizens. Justice is indeed to be done - but not in accordance with the principles of justice that the judge and his colleagues on the bench might have adopted for themselves. Rather, justice consists of the careful application of the laws as written by the legislature to those who have come before the bar of the court. And on rare occasions, it may consist of determining that a given law passed by the people's representatives violates the fundamental law of the land and therefore, inasmuch as it is unconstitutional, cannot be enforced by the court. But here again, the province of the judge is not to bring his own sense of justice to bear upon the handiwork of the legislature. Rather, it is to measure the legislature's product against the higher standard of the people's Constitution. Where there is a written Constitution, as in the United States, that standard ought to be applied carefully and strictly in accordance with the intentions of its framers. And where the Constitution is not written, though there may be greater leeway, it is to be applied in accordance with the rules and traditions laid down by the court's predecessors. In any event, it is not for the court to attempt to determine, on the basis of its own principles, what the rights and duties of citizens or of their government may be. For the only source of rights and duties that a court ought to recognize is the will of the people as expressed in its Constitution and through its legislature - but never the court's sense of justice or its opinion as to what is right or civilized.

Footnotes

1)   Slaughter-House Cases, 16 Wall. 36, 21 L.Ed. 394 (1873).

2)   211 U.S. 78, 29 S.Ct. 14 , 53 L.Ed. 91 (1908).

3)   302 U.S. 319, 58 S.Ct. 149, 82 L.Ed. 288 (1937).

4)   342 U.S. 165, 72 S.Ct. 205, 96 L.Ed. 183 (1952).

5)   101 Cal.App. 2d 143, 149-50, 225 P. 2d 913, 917-18, cited at 72 S.Ct. 205, 207.

6)   BREITHAUPT v. Abram, 352 U.S. 432, 77 S.Ct. 408, L.Ed. 2d 448 (1957).

7)   DUNCAN v. Louisiana, 391 U.S. 145, 88 S.Ct. 1444, 20 L.Ed. 2d 491 (1968).

SAMUEL MERMIN

Contemporary American Conceptions of Statutory Meaning

My title is somewhat misleading, because the concept of statutory meaning
doesn't fully cover my subject. I shall indeed be concerned with some kinds
of statutory meaning, namely

(1) the meaning "intended" by the legislature ("legislative intent");

(2) the meaning as apprehended by the addressee of the statute who meets
     certain requirements, e.g., meaning to the "typical" addressee, or to the
     "reasonable" addressee, or to the actual addressee who acted reasonably
     in the circumstances;

(3) that meaning which would strike the chosen addressee as a "plain" mean-
     ing.

But an additional concept I shall consider does not fit readily into a typology of
meanings. It is concerned, rather, with the motivating force that underlies the
intended meaning, namely the policy or consequences which the legislature was
trying to effectuate or accomplish - generally referred to as "legislative
purpose".

I shall begin with a consideration of (1) legislative intent, then move to (2)
legislative purpose, then to (3) meaning to the addressee, in its various forms.
Because of space limitations, I shall have to be unduly cryptic, leaving elaboration of these themes to a later time.

I. Legislative Intent

The conceptions of "legislative intent" are multifarious. But before exploring
them I want to deal with the argument that in the typical appellate case, legislative intent doesn't even exist; it is a mere legal fiction.

A. The allegedly fictional character of "legislative intent"; specific vs. general intent

A major reason for the fiction argument is the practical impossibility of a legislature's foreseeing, let alone mentioning in the statute, the variety of specific situations that are later presented to appellate courts. This was a large factor influencing the fiction argument by people like Max RADIN (1), Justice JACKSON (2) or Douglas PAYNE (3).

Another factor, stressed by RADIN, was the courts' apparent concern with the intent not of the whole legislature or even of the majority who voted for the law, but rather with some key actors in the legislative process, e.g. the relevant legislative committees, the sponsors of the bill, the draftsman; and as to the majority who voted for the bill, it was fictional to assume that all members of the whole group had the same thing in mind.

Two kinds of answers have been given to the fiction argument. One is that the legislature in effect delegates the initial intent formation to committees, individual sponsors, and draftsmen. And by its vote it may be seen as adopting the intent of its delegates (4) - except of course where the legislature may be thought to have repudiated rather than adopted the intent of a delegate ("Congress could not have intended ...").

Another kind of answer to the fiction argument is to say that these critics are improperly assuming that "legislative intent" refers to a specific intent - i.e. an intent with respect to the situation before the court - whereas it should be viewed as referring to a more general kind of intent (or, alternatively, as referring to legislative purpose or policy).

That the supporters of the fiction argument are using "legislative intent" in the sense of specific intent seems clear. Thus, those who argue that it is fictional to view all the members of the majority voting for the bill as intending the same thing, may be well aware that there is often agreement on a more general level, and particularly on the matter of purposes; but they are referring rather to an agreed intent regarding the same specific situation. And when people argue, as did Justice JACKSON, that "it is to indulge in a fiction to say that /Congress/ had a specific intention on a point that never occurred to it" (5), they too are talking about specific intent. They regard it, to use PAYNE's words, as a "strange use of language" to speak of intent in a case where no such specific intent existed (6).

And yet we know the truth is otherwise - that it would not be a "strange", though it may well be a less common, use of language to use "intent" when no specific intent exists. For examples of such a use of language, I refer you to the well-known passage in WITTGENSTEIN concerning the person who says, "Show the children a game" (7); the passage in Gerald MacCALLUM's discussion of legislative intent wherein the professor tells his assistant, "Bring me all the ashtrays you can find in the building" (8); and certain observations by Reed

thetical language for <u>clear language</u> (24a). Differently based was FRANKFUR-TER's criticism of the hypothetical approach. He thought purpose was to be preferred to intent as the focus, and especially to an hypothetical intent, since the latter made the inquiry more subjective and speculative (25).

C. Further Variants of "Intent"

There are still other ambiguities in the "legislative intent" concept.

Sometimes intent is loosely treated by courts as being synonymous with purpose, just as it often is in common parlance.

This usage is to be distinguished from that of FRANKFURTER and of HART and SACKS, who focussed on purpose to the <u>exclusion</u> of intent. They could probably accept DeSLOVEERE's standard, which was in terms of "the most satisfactory meaning that the words will honestly bear in view of the actual conditions and evils towards the elimination of which the statute was directed" (26). The difference is that DeSLOVEERE was here <u>defining legislative intent</u> whereas they would be invoking the same standard of interpretation without explicit reference to the intent concept. The kind of meaning referred to in DeSLOVEERE's standard <u>might</u> be viewed as <u>indirectly</u> and <u>probably</u> arriving at an intended meaning - that which would best effectuate purpose.

You have also doubtless encountered the phrases, "manifested intent", "express-ed intent" or "objective intent". Here again the reference is not to an actual (or "subjective") intent but solely to the intent which has been manifested in the so-called "objective" materials, particularly the statute. A court sometimes says it is effectuating "the legislative intent <u>as expressed in the statute</u>". Of course this expressed or manifested intent may or may not coincide with actual intent; it might less confusedly be described as manifested <u>meaning to others</u> rather than manifested intent, thus bringing it within the approach, to be dis-cussed later, in terms of meaning to the addressee.

This distinction between intended and received meaning was being invoked by MacCALLUM when he distinguished between the question, "Do these words mean precisely what /the legislator/ supposed them to mean?" and the question, "How did <u>he</u> intend these words to be understood?" (27). DICKERSON points out, what MacCALLUM also understands, that "the intent to enact these words as the legislator understands them /is/ coupled with the tacit assumption that his understanding is the same as that of a typical member of the legislative audience. To assume differently is to assume that his purpose is to deceive or confuse (which, fortunately, is the rare exception)." (27a) MacCALLUM reminds us, however, that the "tacit assumption" may be mistaken, thereby creating an interpreter's dilemma, to be discussed later (28).

Finally, you will sometimes find that a writer or judge is using "legislative intent" to describe the end result of the interpretation process even though the

DICKERSON in his recent book on statutes (9). Legislative intent can refer, as DICKERSON puts it, to classes of situations rather than specific situations; it can involve connotations rather than denotations.

B. The Concept of Hypothetical Specific Intent

Consider now how both these groups - those who think of legislative intent as specific and those who think of it as general - react to the concept of what I shall call "hypothetical specific intent", namely, what the legislature would have said about the specific situation if it had thought of it.

Anyone in the first group can be expected to embrace this concept as the court's guiding standard - being the best approximation to an actual specific intent (the latter, by assumption, being non-existent in the typical appellate case). In this group are some notable scholars, e.g. ARISTOTLE (10), PLOWDEN (11), John Chipman GRAY (12), Learned HAND (13). (This subjunctive, or "would have", way of talking has also been adopted in dealing with intent other than legislative, e.g., by drafters of the Property Restatement in dealing with a conveyor's intent (14), and by Scott on Trusts in dealing with a settlor's intent (15).)

Those in the second group - who give a more generalized meaning for "legislative intent" - might also be expected to talk in terms of a hypothetical specific intent. We do indeed find MacCALLUM saying, in effect, this: In order to properly say I had an intention to exclude the extremist ashtray-collecting activity of my assistant (in spite of my not h a v i n g any specific thought about excluding them), it would be enough that "if such a thought had occurred to me I would have" excluded those activities from the scope of the order (16). Here then is an explicit acceptance of an hypothetical specific intent as a technique for explaining or clarifying the more general intent.

On the other hand, DICKERSON, who also thinks in terms of general intent would make no such acceptance. One might argue that hypothetical specific intent could play a similarly clarifying role in his system (17); but he chooses to clarify in another way. He says the best approximation to an essentially unknowable, subjective general intent of the legislature is made by focussing on a quite different inquiry: the meaning of the words (in their "proper context") as interpreted by a typical member of the legislative audience. This abandons the direct quest for intended meaning and substitutes an inquiry into received meaning (18). I shall deal with this approach later on.

As for court opinions, they show some ambivalence about accepting the subjunctive or "would have" way of talking. One can cite opinions of HAND (19), of CARDOZO (20), of REED (21), of LEVENTHAL (22) as accepting it. But one can also cite opinions rejecting it - including one of JACKSON (23), and the recent opinion of Chief Justice BURGER in the famous case of the snail darter and the TVA dam (24). Decisions of the latter type, however, should probably be read as induced by judicial unwillingness to exchange speculative, hypo-

judge has decided the case as a <u>lawmaker</u>, having found <u>no</u> clear answer from the consideration of intent and purpose. This lack of judicial candor is what James LANDIS condemned as "meaningless", "barbaric", and "reminiscent of the medicine man" (29).

D. Is Legislative Intent the Goal of Interpretation?

More frequent than any other judicial observation on statutory interpretation is the proposition that the Court's <u>goal</u> is, as the U.S. Supreme Court recently put it, "to ascertain the congressional intent and give effect to the legislative will" (30). Yet a number of considerations undermine the accuracy of this observation.

1. Courts often invoke certain presumptions, principles, or rules of construction (e.g., the rule on penal statutes, or the "plain meaning rule"), which may <u>severely limit the force which would otherwise be given to evidence of intent</u>. Thus, in a 1959 U.S. Supreme Court case, a Committee Report, a Conference Committee Report, and a Treasury Regulation had embodied the Commissioner of Internal Revenue's interpretation of the tax law, yet the Court majority ruled against the interpretation. This rejection of very strong evidence of legislative intent was based on a natural inference that could be made from the <u>clear statutory words</u> plus the familiar maxim that where a <u>penalty</u> is involved, the statute should be construed strictly in the direction of penalty avoidance. The evidence of intent in the legislative history was not strong enough "to overcome the /statutory/ language" (31).

In this case, and in many others where courts have said that where the meaning is "plain" or clear "there is no room for construction" or for resort to extrinsic aids, the court seems t o a s s u m e that the plain meaning of the words (that legislators presumably read before voting) is stronger - perhaps the court assumes <u>always</u> stronger - evidence of intent than any evidence that extrinsic aids could reveal. Some courts arrive at the same result by saying that only in the case of ambiguity would inquiry into <u>intent</u> be <u>relevant</u> (32).

2. Strong evidence of intent may be outweighed (or sometimes ignored) not only because of doctrines like the plain meaning rule or the rule on penal statutes, and not only because of presumptions (e.g., the presumption of prospectivity), but even because of considerations of statutory <u>purpose</u>. MacCALLUM had this kind of conflict in mind when he pointed to a distinction between the legislator's "intended meaning" and what he "intended the enactment to achieve"; and argued that a court should not interpret statutory words in the light of purpose without inquiry into whether the meaning thus arrived at was the intended meaning. It might not be the intended meaning because parts of the statute may have been "poorly chosen instruments for the achievement of" a legislative purpose, hence to give those parts the intended meaning could create a conflict with purpose. The court may indeed choose to hide the legislator's "misjudgment" by choosing a meaning more harmonious with purpose, but as MacCALLUM says, the

problem should be faced squarely and won't be "so long as intent as meaning and intent as purpose are conflated" (33).

I think the conflation is not as serious as it used to be. Modern commentators are well aware of the distinction, and so are most courts – though it is true that judicial opinions are not as open in dealing with such conflicts of intent and purpose as they might be.

How do courts resolve such conflicts? The prevailing tendency is to think of legislative intent as the primary goal of interpretation, and ascertainment of legislative purpose as being instrumental in achieving that goal (34). Hence in case of conflict, intent would prevail – particularly if the court thinks it knows the specific intent. Harmonious with this analysis are Prof. Robert KEETON's first two guidelines for interpretation: As I read them, he is saying that when specific intent is clear, it takes precedence; when it is not clear, then policy or purpose becomes highly significant (35).

Yet we must note that courts don't always take this view. I have in mind the 1907 Abilene Cotton Oil case in the U.S. Supreme Court (36). Here a specific legislative intent to allow a railroad shipper to bring his complaint on rates "either" to the Interstate Commerce Commission or to a federal district court had to bow to the statutory purpose of promoting uniformity of rates – a purpose which would not be achieved unless such initial complaints were brought only to the Commission. The case illustrates the situation MacCALLUM described as one of legislative "misjudgment" as to whether a particular intended meaning (here the meaning of "either") was inconsistent with statutory purpose.

3. One situation where intent would play no role in the ultimate decision is where the evidence of intent is so inadequate, or so evenly matched, that there is no clear balance of evidence either way. The court would then be permitted to engage in a "creative" or lawmaking function (37). The court's final decision would be uncontrolled by considerations of legislative intent in that statute – though intent as expressed elsewhere in the legal order would be relevant.

4. Another type of situation illustrating the fact that intent is not always the overriding goal that courts say it is, is one wherein the legislature has downplayed its own intent by making a very large delegation of policy discretion to the courts (e.g., in the federal anti-trust laws) or to an administrative agency. To the extent that the pouring of content into the legislature's broad language has been left to the court or agency, legislative intent is not primary. Still, it is not completely irrelevant. Restrictions on the broadly granted administrative discretion may be implied (38); and so too with the broadly granted judicial discretion under the anti-trust laws (39).

Now to focus on some aspects of the purpose concept.

II. Legislative Purpose

As I've said, in the area of statutory interpretation intent nowadays is usually given a different meaning from purpose. This hasn't prevented some from using the terms synonymously, or from calling legislative purpose an "ulterior intent" (or identifying it with ulterior purpose) because it tells you why the statute was passed - in the sense of the policies or anticipated consequences motivating the legislators, as distinguished from what they were trying to say. Nor has it prevented others from calling intent a more "immediate" purpose (40).

A. The stress on purpose

An emphasis on purpose was a distinctive mark of 16th century jurisprudence, as exemplified in "the mischief rule" announced by Lord COKE's celebrated Heydon's Case, and also in PLOWDEN, and others (41). While the emphasis has since waned, it has never been eclipsed, and certainly scholars in modern times have almost uniformly put great stress on the key role of legislative purpose (42). Prof. KERNOCHAN of Columbia has called legislative purpose the "primary and most usual guide"; the "chief step in interpretation". He refers to "a swelling chorus of scholars and judges in favor of purpose interpretation" (43). The number of scholars that can be cited to document this proposition is indeed impressive (44) - and the Law Commissions of England and Scotland joined their ranks in 1969 by endorsing a new emphasis on the "general legislative purpose underlying" the provision being interpreted (45). Of course, eminent American judges of the past - like HOLMES (46), HAND (47), JACKSON (48) - can be quoted in similar vein.

But there are a number of problems associated with the concept of purpose. One is the frequent difficulty in discovering what, indeed, the purpose was.

B. Difficulties in discovering purpose

Difficulties arise from the frequent failure of the legislature to state its purpose or to state it unambiguously, and from ambiguities in other construction aids, both intrinsic and extrinsic. We have all run into cases where evidence of purpose points in more than one direction (49).

Is there, in addition, a logical difficulty of the following sort (which has bothered MacCALLUM): How can you interpret the words by means of a statutory purpose if the words themselves are needed to interpret purpose?

It is true that purpose might be ascertainable from other words in the statute (as Jeremy BENTHAM noted two centuries ago (50)) or indeed by other words in extrinsic sources. But to avoid circularity, there would have to be enough of those other words whose meaning could confidently be apprehended <u>not</u> by reference to statutory purpose - but rather because of "linguistic conventions", as MacCALLUM puts it (51). If there weren't enough of such other words ful-filling this requirement, then purposive interpretation would indeed be in trouble.

At any rate, some have urged, including MacCALLUM and DICKERSON, that it is not much easier, and may even be more difficult, to discover purpose than to discover intent (52). Prof. McDONNELL in his recent analysis of purpose inter-pretation under the Uniform Commercial Code disagrees (53). Perhaps both sides are right. <u>Sometimes</u> the statement of purpose is too abstract and ambiguous to be helpful; sometimes, too, the absence of a statement of purpose can leave the purpose in some obscurity. On the whole, it seems that the ascertainment of relevant legislative purpose as well as the decision on whether a particular interpretation will effectuate that purpose better than a competing one, involve uncertainties that are probably not drastically less than those involved in the search for intent.

Specific advice on the discovery of purpose has been rare. HART and SACKS do suggest (in addition to the usual presumptions and extrinsic aids) the follow-ing technique; thinking of the <u>clear</u> case applications of statutory purpose, then "reasoning by analogy to the disputed application in hand" (54). Of course this is no primrose path; reasoning by analogy has its own problems and ambiguities.

C. Limits on the use of purpose

1. HART and SACKS, who ignored intent and focussed on purpose, expressed two major limits on the use of purpose as the standard. The standard should not prevail where the statutory words would thereby be given a meaning that

(1) the words "will not bear" or

(2) "would violate any established policy of clear statement" (55).

By policies of clear statement they mean that in some situations there are established policies to the effect that the statute should speak with more than ordinary clarity before certain kinds of consequences are sanctioned by the purposive interpretation. An interpretation's subjecting a person to penal liability is one such situation. Other situations might include: those where the interpretation would raise serious constitutional doubts about the statute, or would significantly alter longstanding distributions of power between state and federal governments (a point stressed by FRANKFURTER (56)) or would run counter to, say, the presumption that procedural statutes are intended to operate retroactively, or counter to the presumption that the legislature intended (in spite of a non-reviewability clause) to allow judicial review of administrative decisions on constitutional issues. Dean WELLINGTON of Yale, writing by him-self and sometimes in joint articles, has amplified this thesis that there are "special situations where the Supreme Court for special institutional reasons, should decline in the absence of a clear Congressional statement to reach the results indicated by adherence to the rule of statutory purpose" (57).

HART and SACKS' second limit on the purpose standard - that the words are not to be given a meaning that the words "will not bear" - was also echoed by FRANKFURTER (58). It is a popular attitude, reflecting a concern for the integrity of language and protection of the reasonable reader (and it underlies the "meaning to the addressee" approach to interpretation, to be considered later). Very few scholars could be cited for the contrary attitude that purpose should generally be the central consideration in spite of contrary clear meaning of the words (59). But even those in the first group will recognize exceptions. I have in mind some FRANKFURTER opinions (60), and the many judicial opinions allowing legislative purpose to triumph over plain meaning when the latter would involve an absurd or unreasonable result. A more extreme triumph of purpose occurred in the Abilene Cotton Oil case, previously mentioned, because the triumph was not only over clear language but over specific language evidencing a specific intent (to allow suit "either" before the district court or the I.C.C.).

2. There are other limits on the purpose standard. There is the problem created when purposes are multiple and pointing toward different interpretations. Here, as Prof. McDONNELL's recent study of the Uniform Commercial Code shows, priorities of purpose have to be ascertained or guessed at, taking into account the purposes of the instant statute, of other statutes, and of the legal order as a whole (61).

Another limit stems from the fact that a court's doubts about the scope of the purpose or policy of a particular statute may be resolved against application to the instant case because legislative support for the policy was by a narrow margin. A 1970 U.S. Supreme Court opinion put it this way: "Care must be taken ... to respect the limits up to which Congress was prepared to enact a particular policy, especially when the boundaries of the statute are drawn as a compromise resulting from the countervailing pressures of other policies." (62) Surely quite a number of statutes would fall into this category.

D. Differing purpose-contexts as creating opposite meanings in the same statutory words, or creating opposite characterizations of the same statute

An important point for any theory of interpretation is this phenomenon: Because of different purposes of the provisions, the same words in provisions of different statutes, or even in different provisions of the same statute, may have opposite meanings. An analogous phenomenon occurs when the same statute is given a different characterization (e.g., substantive vs. procedural; penal vs. remedial) depending on the purpose-context. The U.S. Supreme Court has recognized the phenomenon (63).

When the California Supreme Court recognized it by calling a tort action survival statute "substantive" for purposes of the issue of statutory retro-activity, but "procedural" for purposes of the issue of tort conflict-of-laws, a dissenting judge denounced this as destroying consistency, uniformity and our ideal of a government of laws rather than of men (64). I replied to his argument in a paper presented to this Congress in 1971 (64a), and will only summarize my position here: If the dissenting judge's criticism rests on the logical "law of contradiction", or the theory of definition, the criticism overlooks the virtual identity of circumstances (including context) envisaged by the law of contradiction (65), and ignores the nature of legal definition. To the extent that the criticism rests on the allegedly unbridled exercise of discretion by the interpreter, it is countered by the fact that the discretion gets some guidance from the purpose standard.

Finally, to the extent that the criticism rests on the disappointment of the expectations of the unwary reader of statutes and cases:

(1)   Avoiding this disappointment may not be more important, in a particular case, than the harmonizing of meaning with statutory purpose;

(2)   the disappointment may be exaggerated in view of the fact that variability of word meanings in different contexts is a common phenomenon <u>outside</u> the law, as any unabridged dictionary shows;

(3)   the genuine case of <u>reasonable</u> expectation and <u>detrimental reliance</u> on assumed constancy of meaning might nonetheless be treated as an exception to the rule of effectuating purpose - analogous to the cases in which courts allow clear intent or clear meaning to triumph over contrary purpose.

III. Meaning to the Addressee (Herein of the Plain-Meaning Rule)

We have already considered one kind of "meaning" standard, namely <u>intended</u> meaning. That is the meaning on the <u>sending</u> end of the communication. We now consider meaning on the <u>receiving</u> end. One variation of this approach is embodied in the so-called "plain meaning rule".

A. The Plain Meaning Rule

The plain meaning rule has been formulated in a variety of ways. Perhaps the gist of it can be noted as follows: When the statutory language is "plain", the court does not look beyond the statute to legislative history or other extrinsic material for evidence of intent or purpose. But courts subscribing to the rule have often allowed a consideration of <u>internal context</u> (relation to other parts of the statute) and <u>some external context</u> (e.g., inconsistency of an interpretation

with obvious purpose not derived from legislative history; or consequences of
an interpretation that are absurd, or highly unreasonable, or, less frequently,
simply unreasonable or impracticable) (66).

Consistency, however, is conspicuously absent in these cases. To take the U.S.
Supreme Court as an example: In addition to those cases recognizing the rule
and its qualifications, there are (1) many in which the Court simply ignored the
rule and acted contrary to it (67), (2) other cases where the Court has neither
applied nor ignored the rule, but rather rejected it, by saying the Court may
always look at legislative history no matter how plain the meaning may be. This
was done notably in two 1940 cases (68), and then in the 1976 Colorado P.I.R.G.
case (69) which called it "error" for the Court of Appeals to refuse, on the
ground of plain meaning, to look at legislative history.

Nor is this all. Cases since the 1976 case show that the Supreme Court continues
its vacillating course. In a 1977 United Airlines case, neither the 1976 case nor
its 1940 predecessors were even mentioned when Chief Justice BURGER said
for the majority: "The dissent relies heavily upon the legislative history, which
by traditional canons of interpretation is irrelevant to an unambiguous statute."
(70) So too in the 1978 snail darter case, the Chief Justice said for the majority
that "where a statute ... is plain and unambiguous on its face we ordinarily do
not look to legislative history as a guide to its meaning" (71).

The Court's ambivalence suggests that an advocate wishing to make use of
legislative history (and, in the usual case, uncertain whether the Court will
regard the history as persuasive enough, and whether it will regard the statute
as ambiguous enough to permit looking at the history) should if possible make a
3-pronged argument:

(1) that the plain meaning favors the advocate's position;

(2) that if the court regards the words as ambiguous, then, traditionally, the
     legislative history is relevant;

(3) that even if the words seem to the Court plainly against the advocate,
     legislative history should still be relevant, under the principle of the
     Colorado P.I.R.G. case and its 1940 predecessors.

B. Meaning to the Typical or Reasonable Addressee

Like the plain meaning rule, the meaning-to-the-addressee approach is concerned with the receiving end of the communication, but is not focused on plainness
of meaning as the crucial element. It is an approach that may be found in the
writing of HOLMES, CURTIS, the SUTHERLAND 4th edition (including the treatment of JACKSON and FRANKFURTER in this respect), and DICKERSON.

The main reason for putting HOLMES in this category is his 1899 four-page
essay on "Theory of Legal Interpretation", expounding the following thought:

"We do not inquire what the legislature meant; we ask only what the statute means." (72) And a HOLMES letter quoted in a FRANKFURTER lecture on statutes says: "... I don't care what their intention was. I only want to know what the words mean." (73)

And yet, HOLMES as judge warned about sticking too closely to the words of a law where those words import a policy that goes beyond them (74); declared that the plain meaning rule is "an axiom of experience rather than a rule of law, and does not preclude consideration of persuasive evidence if it exists" (75); and said "it is not an adequate discharge of duty for courts to say: 'We see what you are driving at, but you have not said it, and therefore we shall go on as before. '" (76)

So the thesis in HOLMES' essay was uninfluential with himself, and so indeed it has been with most others. Charles CURTIS, eminent Boston practitioner, thought the thesis moved in the right direction (i.e., away from intent) but should be somewhat modified so as to adopt not the reading given by the typical or reasonable reader of the words, but rather the meaning given by the actual reader now in litigation, if his reading is deemed reasonable (77). This approach, too, has lacked influence.

More significant has been the fact that the most influential American treatise on statutory interpretation (SUTHERLAND) has been edited in its 1974 edition (SANDS) so as to portray the HOLMES essay approach as a growingly recogniz-ed alternative to the intent standard. SANDS recognizes that the two approaches are interrelated (the sender bears in mind how his message might be received; the receiver asks what may have been in the sender's mind), but observes that the two emphases make different things significant in the court's mind (e.g., the intent standard tending to focus on legislative history, and any likely mental images of situations, while the other standard tends to focus on normal or plain meanings, and on maxims concerning normal language use) (78). He does not express a clear preference for the meaning-of-the-statute criterion, though he did so in a separate 1969 article (79). He does believe that the many cases expressing preference for ordinary or dictionary meanings constitute an "implied endorsement" of the standard; he thinks the cases show "growing support for the 'meaning' criterion" as against the "intent" criterion (80); and he cites Justices JACKSON and FRANKFURTER as having "expressly endorsed" HOLMES' "preference for the meaning of the statute over legislative intent as a criterion of interpretation" (81).

My doubts about SANDS' position can be summarized this way:

(1) While there may indeed be "growing support" in the cases for the "mean-ing" criterion, many of the cases are referring to ordinary meanings as a way of arriving at legislative intent, rather than as supporting a conclusion in spite of a contrary legislative intent.

(2) While invoking HOLMES, SANDS seems to ignore the fact we have seen, that the views of HOLMES, the essayist, did not square with his later views

as Supreme Court justice.

(3)   While Justice JACKSON did express approval of the "meaning" criterion (82), he also wrote a number of opinions departing from what the statutory words seemed clearly to say (83), and wrote a much-quoted opinion stressing that "courts will construe the details of an act in conformity with its dominating general purpose, will read text in the light of context and will interpret the text so far as the meaning of the words fairly permits so as to carry out in particular cases the generally expressed legislative policy" (84).

(4)   While Justice FRANKFURTER did in his lecture on statutes approvingly refer to a meaning criterion like that in the HOLMES essay (85), he also wrote as a dissenting justice, in one case, "Our problem is not what do ordinary English words mean, but what did Congress mean them to mean" (86); and in another case, "The notion that because the words of a statute are plain, its meaning is also plain, is merely pernicious oversimplification" (87). Further, while he did try to avoid the intent concept, what he substituted for it (i.e., purpose) focuses, as does intent, on the sending rather than the receiving end of the communication.

Thus, SANDS has at best a mixed support in HOLMES, JACKSON and FRANK-FURTER for meaning-to-the-addressee as the primary standard. And as I've indicated, his view of this criterion as being increasingly accepted by the courts as an _alternative_ to intent and purpose, rather than a means of arriving at them, seems questionable.

What about DICKERSON? His position is somewhat different from the others. While he stresses the meaning of the words (in context) to the typical member of the legislative audience, and would adhere to that meaning even where there is contrary evidence of intent in the legislative history, this is not because of a lack of concern over intent, or because he thinks of his standard as legitimate without reference to intent. Rather he thinks it would be _constitutionally il-legitimate not to_ try to effectuate the _intent_ of the legislative communication (and that it would further be constitutionally illegitimate to regard as _part_ of that communication, legislative history material that wasn't clearly taken into account by the authors of the message or wasn't readily available to the receivers of the message). However, the actual subjective intent of the legislature, he says, is _unknowable_. Hence the "best working approximation of this actual intent is the intent that it is most plausible to infer from" the following: the meaning to a typical member of the legislative audience, reading the provisions in their "proper context" (88).

I am not fully persuaded by DICKERSON's analysis though I do agree that a theory of statutory interpretation must take into account the constitutional idea of legislative supremacy - namely, that the interpreting court is supposed to effectuate the will, purpose or intent of that body to which the constitution has given the legislative power. This in itself is not a new idea (89). It is not so common, however, to take this a step further and argue, as DICKERSON, and a

few others including HART and SACKS have done (90), that an <u>implied</u>
<u>constitutional condition</u> underlying the grant of legislative supremacy is that
the legislature express its will, and have its will <u>interpreted in accordance with</u>
<u>accepted standards of language use</u>.

It is also unusual to make two further constitutional assumptions that DICKER-
SON makes:

(1) Since legislative law can be created only by enacting a statute, something
     outside the statute (e.g., legislative history) doesn't have the force of law,
     and if it is to have weight in interpreting the statute's intended meaning it
     must be part of the statute's "proper context" - defined as "that part of the
     relevant shared environment of a statute that the typical member of the
     legislative audience to which it is addressed could reasonably assume the
     authors <u>took into account</u>" (91).

(2) "No material extrinsic to the statute can properly be treated as part of the
     total legislative communication unless it meets the minimum standards of
     <u>availability</u> to which the statute itself is constitutionally subject." (92)

My reservations about DICKERSON's position come to this: First, I would not
want to freeze the meaning-to-the-typical-reader approach into the Constitution,
so that it would have to apply even to a case where (a) there is strong extrinsic
evidence of contrary intent or purpose, <u>and</u> (b) there is no evidence of detrimental reliance on the typical or reasonable meaning. Second, DICKERSON's
constitutional objection to the use of legislative history is extreme. The Supreme
Court and many other courts now making liberal use of legislative history clearly
don't believe they are violating any implied constitutional prohibitions.

A different and milder kind of constitutional argument is made by SANDS: that
his "meaning of the statute" criterion receives some support from the due
process requirement that statutes be not unduly vague (92a). Some support,
perhaps. But the idea that a statute cannot constitutionally subject a person to
punishment or liability for having deviated from a statutory standard that had
not been clearly enough communicated is not the same as the point that the
constitution requires all statutes in all circumstances to be interpreted as the
typical reader would interpret them.

IV. Some Notes for a Future Theory

I here wish to note some tentative thoughts towards the improvement of existing
judicial approaches to statutory interpretation.

1. The firm adoption of either intent or purpose as the primary standard would
be consistent with the constitutional premise of legislative supremacy. Adoption
of the meaning to the typical or reasonable reader would be less clearly so. But
the latter meaning is clearly evidentiary of intent and purpose, just as purpose

is itself a significant guide to intent.

2. Judges ought to use a more precise terminology, so that general intent, specific intent, and hypothetical specific intent are clearly distinguished - perhaps in the manner I have suggested.

3. For ascertaining legislative intent, intrinsic and extrinsic aids should be relevant - including most kinds of legislative history and matters of which the Court can take judicial notice. The well-known criticisms by Justice JACKSON (e.g., in terms of costliness and difficulty of access to legislative history) (93) and DICKERSON's more recent attack (94) are cogent, but (a) they are less applicable on the state level; and also less applicable on both levels when a reliance principle is recognized, as my next point urges should be done.

4. The intent ascertained from extrinsic sources like legislative history will not necessary be applied to the litigant; it should not be applied to a litigant who reasonably relied to his detriment on a contrary meaning manifested on the face of the statute (95). That would not be a departure from the intent standard. For a statute ought always to be presumed to be, as HART and SACKS put it, "the work of reasonable men pursuing reasonable purposes reasonably" (96); and we can assume that it was no part of the intent of a reasonable legislature to treat the detrimental reliance case in the same way as other cases.

5. Such a recognition of the special status of the reasonable reliance case is not the same as recognition of a "plain meaning" rule - which mechanically approves a plain meaning regardless of reliance (usually with an exception for absurd, etc. consequences). The plain meaning rule ought to be abandoned as such. Among other reasons: it involves many uncertainties /the meaning of "plain", of "ambiguous", of "absurd", etc._/; it underestimates verbal ambiguity and the relevance of context; it involves, as soon as the judgment of plainness is made, a cutting off of the insights from legislative history into intent and purpose; and the reasonable reader who relies to his detriment on the face of the statute can be protected without the use of a plain meaning rule.

6. I would like to see more openness and realism in court opinions interpreting statutes.

(a) One area deserving such treatment is t h a t of maxims, or canons of construction. It is time to abandon the lingering pretense of some courts that a maxim (for which an opposite one can usually be found, and which therefore plays the ambivalent role of a folk-saying) (97) has the determinative force of a rule of law. Some maxims, it is true, may be weightier than others, and DICKERSON has made a start in the task of sorting them out (98).

(b) I would urge also a frank acceptance of an "hypothetical specific intent" approach which, as I've said, can be found in ARISTOTLE, PLOWDEN, GRAY, HAND, CARDOZO and others.

(c) An additional measure of judicial creativity was added to this approach by

Julius COHEN for the really vexing cases "beset with vagueness and ambiguity". For them he prescribed judicial "legisputation", i.e., trying to arrive at what the legislature "would have done had it the time and awareness of the problems that hindsight now permits", and if it was seeking to avoid absurdities, inequalities and policy oversights, and to promote consistence and harmony in the rest of the law. COHEN distinguished this search for the "probable" meaning of an idealized version of the enacting legislature from a process of "judicial lawmaking" in which the court consciously substitutes its own policy for a known legislative policy (99). DICKERSON does call COHEN's approach judicial lawmaking (100), though not in the latter sense, and indeed sees a role for it. One of the many virtues of the DICKERSON book is his highlighting of the distinction between (1) the court's "cognitive" function, for which his typical-member-of-the-legislative-audience standard is prescribed as a way of arriving at the closest approximation to legislative intent, and (2) the court's "creative" or "lawmaking" function to be performed when the conditions for cognitive decision are absent (i.e., the court has seen no clear balance favoring one meaning rather than another) (101). He puts "legisputation" in the latter category. I have no quarrel with this. But I assume that neither COHEN nor DICKERSON would advise that the court in these situations should continue to talk in simple terms of actual intent or meaning. So to talk would be a judicial indulgence in fictions, or the technique of the "medicine man", in LANDIS' phrase. It would hamper and conceal the exercise of the creative process, which should be exposed to all of us for critical evaluation.

7. The reasons for judges' reluctance to follow the path of "creation" are fairly clear. They doubtless realize that the situation where evidence of intent and/or purpose is completely absent or completely stalemated "is not by any means the usual pattern" and that their conclusion that such a situation does exist may be influenced by their "strongly held views on the substantive policy merits" (102). Judges' reluctance to give the impression they are exercising legislative power seems to exist even where a statute authorizes such an exercise: Witness the fact that the Swiss Code, Art. I, authorizes the judge, where "no rule can be drawn from the statute" or from customary law, to "decide ... according to the rule he would make as legislator" - yet the Bundesgericht's restrictive application has been recently described as "mechanical jurisprudence ... because of orthodox perception of its powers and proper role" (103).

Thus, whatever rough formula we may devise for the operation of judicial interpretation is likely to be modified, in application, by prevailing judicial attitudes and ideals. Not the least of these, of course, are judicial perceptions of what would constitute a just and a reasonable or sensible result for the type of situation presented. This is true even of the "cognitive" process. For LLE-WELLYN's "lee-ways" are present in the process of arriving at probabilistic conclusions concerning purpose and intent.

No realistic analysis of, or prescription for, the interpretive process can afford to neglect such factors.

Footnotes

1) RADIN: "Statutory Interpretation", 43 Harv. L. Rev. 863, 870 (1930).

2) JACKSON: J. in Western Union Telegraph Co. v. Lenroot, 323 U.S. 490, 508 (1945).

3) PAYNE: "The Intention of the Legislature in the Interpretation of Statutes", 9 Current Legal Problems 96, 101 (1956).

4) BREITEL: "The Courts In Lawmaking", in: PAULSEN (ed.): Legal Institutions Today and Tomorrow 27 (1959); DICKERSON: The Interpretation and Application of Statutes 71 (1975).

5) Supra note 2.

6) Supra note 3.

7) WITTGENSTEIN: Philosophical Investigations 33e (1958).

8) MacCALLUM: "Legislative Intent", 75 Yale L. J. 754, 771-2 (1966).

9) DICKERSON: supra note 4 at 31-2, 76-7, 285.

10) ARISTOTLE: Ethics, Book V, Chap. 10, fol. 1137, lines 12-28, quoted in: HAND: The Bill of Rights 18 (1964).

11) PLOWDEN, Vol. 2, p. 459, 467, quoted in: HAND: The Bill of Rights 20 (1964).

12) GRAY: The Nature and Sources of Law 165 (1909).

13) HAND: The Bill of Rights 18-22 (1964); HAND: J., in U.S. v. Klinger, 199 F. 2d 645, 648 (2 Cir. 1952), aff'd per curiam 345 U.S. 979 (1953). See also HAND: "How Far Is A Judge Free In Rendering A Decision", in: DILLIARD (ed.): The Spirit of Liberty 106 (2d ed. 1953); HAND: "Thomas Walter Swan", id., 217, reprinted from 57 Yale L. J. 167, 171 (1947).

14) American Law Institute, III Restatement of Property, Sec. 241, Comment (c) (1940).

15) 2 Scott on Trusts, Sec. 164.1, p. 1261 (1967).

16) MacCALLUM: supra note 8 at 771-2.

17) A judge who thought of legislative intent in terms of "connotations" and "classes" of situations would have to jump the gap between the class and the specific situation: was the specific situation intended to be part of the class; was it reasonably related to the legislature's "immediate purpose" in creating the class? These questions might be viewed as equivalent to asking whether the legislature would have agreed to include the specific situation if it had been confronted with it.

18) DICKERSON: supra note 4 at 70, 80-82; definition of "meaning" at 285-6. These references do make clear that he thinks of his criterion as the equivalent of asking whether a particular reading of the statute is one that the typical reader views as "most probably intended by the legislature"

(p. 27).

19) U.S. v. Klinger, 199 F.2d 645, 648 (2 Cir. 1952), aff'd per curiam 345 U.S. 979 (1953).

20) Burnet v. Guggenheim, 288 U.S. 280, 285 (1933).

21) Vermilya-Brown Co. v. Connell, 335 U.S. 377, 387-88 (1948).

22) International Harvester Co. v. Ruckelshaus, 478 F.2d 615, 648 (D.C. Cir. 1973).

23) Western Union Tel. Co. v. Lenroot, 323 U.S. 490, 501 (1945).

24) TVA v. Hill, 437 U.S. 153, 98 S. Ct. 2297 (1978).

24a) What muddies the waters somewhat is the fact that (1) probably all judges (including HAND, CARDOZO and the others in their group) recognize the presumptive force of clear language, and that, in general, words should not be given a meaning that they cannot reasonably bear - but judges react differently on when the language is that clear; (2) most judges including JACKSON, BURGER and others in their group) agree that even clear language can sometimes be departed from (e.g., to avoid an absurd or highly unreasonable result) - but they react differently on when the conditions for departure exist.

25) FRANKFURTER: "Some Reflections On the Reading of Statutes", 47 Colum. L. Rev. 527, 539 (1947).

26) DeSLOVEERE: "Extrinsic Aids In the Interpretation of Statutes", 88 U. of Pa. L. Rev. 527, 538 (1940).

27) MacCALLUM: supra note 8 at 756.

27a) DICKERSON: supra note 4 at 70.

28) MacCALLUM: supra note 8 at 763.

29) LANDIS: "A Note on 'Statutory Interpretation'", 43 Harv. L. Rev., 886, 893 (1930).

30) Philbrook v. Glodgett, 421 U.S. 707, 713 (1975).

31) Commissioner of Internal Revenue v. Acker, 361 U.S. 87, 93 (1959).

32) In re Hiliker, 9 F. Supp. 948, 950 (S.D. Calif. 1935) ("Courts cannot, however, depart from plainly expressed wording of a law, even though it is apparent that the intent was otherwise"); Miller v. Wadkins, 31 Wis.2d 281, 142 N.W.2d 855, 856-7 (1966) ("... this Court looks beyond the words of the statute to the legislative intent only when the statute is not plain and unambiguous").

33) MacCALLUM: supra note 8 at 757, 759.

34) See, e.g., 2A SUTHERLAND: Statutes and Statutory Construction (4th ed., SANDS, 1974), Sec. 45.09.

35) KEETON: Venturing To Do Justice 94 (1969).

36) Texas and Pacific Ry. Co. v. Abilene Cotton Oil Co., 204 U.S. 426 (1907).

37) See LANDIS: supra note 29 at 893; DICKERSON: supra note 4 at 18-21, 22-28, and Chap. 13.

38) See, e.g., Addison v. Holly Hill Fruit Products, 322 U.S. 607 (1944); Kent v. Dulles, 357 U.S. 116 (1958); N.Y. Central Securities v. United States, 287 U.S. 12 (1932); Amalgamated Meat Cutters and B.W. v. Connally, 337 F.Supp. 737, 754-9 (D. D.C. 1971).

39) Thus, in Nash v. United States, 229 U.S. 373 (1912), HOLMES suggested that the "restraint of trade" phrase had impliedly incorporated common-law notions of restraint of trade.

40) See DICKERSON: supra note 4 at 87-8.

41) Heydon's Case, 3 Co. Rep. 7a at 7b, 76 E.R. 637 at 638 (Ex. 1584); 2 Plowden 459, 467, quoted in HAND: The Bill of Rights 20 (1964); RADIN: "Early Statutory Interpretation in England", 38 Ill. L. Rev. 16, 39-40 (1943).

42) McDONNELL: "Purposive Interpretation of the Uniform Commercial Code: Some Implications for Jurisprudence", 126 U. of Pa. L. Rev. 795, 853-5 (1978); KERNOCHAN: "Statutory Interpretation: An Outline of Method", 3 Dalhousie L.J. 333, 336 (1976); BISHIN: "The Law-Finders: An Essay in Statutory Interpretation", 38 S. Cal. L. Rev. 1, 29 (1965); WITHERSPOON: "The Essential Focus of Statutory Interpretation", 36 Ind. L. J. 423, 428-9, 433-6, 441 (1961); Id.: "Administrative Discretion to Determine Statutory Meaning: 'The Middle Road'": I, 40 Tex. L. Rev. 751, 765, 785, 790-1 (1962); HART and SACKS: The Legal Process 1411, 1413-17 (1958, mimeo); FULLER: "Positivism and Fidelity to Law - A Reply to Prof. Hart", 71 Harv. L. Rev. 630, 661-9 (1958); EKELOEF: "Teleological Construction of Statutes", 2 Scandinavian Studies in Law 77 (1958); FRANKFURTER: "Some Reflections On the Reading of Statutes", 47 Colum. L. Rev. 527, 533, 543 (1947); CORRY: "Administrative Law and the Interpretation of Statutes", 1 U. of Toronto L. J. 286, 290, 293 (1947); JONES: "Statutory Doubts and Legislative Intention", 40 Colum. L. Rev. 957, 972-4 (1940); Id.: "Extrinsic Aids In the Federal Courts", 25 Iowa L. Rev. 737, 757-64 (1940); DeSLOVEERE: "Extrinsic Aids In the Interpretation of Statutes", 88 U. of Pa. L. Rev. 527, 538 (1940); DAVIES: "The Interpretation of Statutes in the Light of Their Policy By the English Courts", 35 Colum. L. Rev. 519 (1935); LANDIS: "A Note on 'Statutory Interpretation'", 43 Harv. L. Rev. 886, 891, 892 (1930).

43) KERNOCHAN: supra note 42 at 336.

44) See supra note 42.

45) The Law Commission and the Scottish Law Commission, Statutory Interpretation 48-49, par. 80(c), par. 81(b); 51, Sec. 2(a) (1969).

46) HOLMES: J. in U.S. v. Whitridge, 197 U.S. 135, 143 (1905), and as Circuit Judge in Johnson v. U.S., 163 F.2d 30, 32 (1 Cir. 1908).

47) HAND: J. in Cabell v. Markham, 148 F.2d 737, 739 (2 Cir. (1945)), and as lecturer in The Bill of Rights 19 (1964).

48) JACKSON: J. in SEC v. Joiner Leasing Corp., 320 U.S. 344, 350-1 (1943).

49) See, e.g., Milwaukee County v. D.I.L.H.R., 80 Wis.2d 445, 453-5, 259 N.W.2d 118 (1977).

50) BURNS and HART (eds.): Collected Works of Jeremy Bentham, A Comment on the Commentaries and A Fragment on Government 99 (1977).

51) His discussion is in MacCALLUM: supra note 8 at 757-9.

52) MacCALLUM: supra note 8 at 780; DICKERSON: supra note 4 at 91-2.

53) McDONNELL: supra note 42 at 841.

54) HART and SACKS: supra note 42 at 1415. See also EKELOEF: "Teleological Construction of Statutes", in 2 Scandinavian Studies in Law 77, 84 (1958).

55) HART and SACKS: supra note 42 at 1410-13.

56) FRANKFURTER: supra note 42 at 539-40.

57) WELLINGTON and ALBERT: "Statutory Interpretation and the Political Process: A Comment on Sinclair v. Atkinson", 72 Yale L.J. 1547, 1559 (1963). See also BICKEL and WELLINGTON: "Legislative Purpose and the Judicial Process: The Lincoln Mills Case", 71 Harv. L. Rev. 1 (1957); WELLINGTON: "Common Law Rules and Constitutional Double Standards: Some Notes On Adjudication", 83 Yale L.J. 221, 264 (1973).

58) FRANKFURTER: supra note 25 at 533, 543; FRANKFURTER: J. in Addison v. Holly Hill Fruit Products, Inc., 322 U.S. 607, 617 (1944).

59) One example is WITHERSPOON: "Administrative Discretion to Determine Statutory Meaning: 'The Middle Road'": I, 40 Tex. L. Rev. 751, 834 (1962).

60) U.S. v. Witkovich, 353 U.S. 194, 199 (1957); and his dissents in the following: U.S. v. Monia, 317 U.S. 424, 431 (1943); Mass. Bonding and Ins. Co. v. U.S., 352 U.S. 128, 138 (1956); Commissioner of Internal Revenue v. Acker, 361 U.S. 87, 95 (1959).

61) McDONNELL: supra note 42 at 847-51. See also DICKERSON: supra note 4 at 89.

62) U.S. v. Sisson, 399 U.S. 267, 297-8 (1970).

63) Atlantic Cleaners and Dyers v. U.S., 286 U.S. 427 (1932); C.A.B. v. Delta Air Lines, 367 U.S. 316 (1961).

64) Grant v. McAuliffe, 41 Cal.2d 859, 868, 264 P.2d 944, 950 (1953).

64a) MERMIN: "Functionalism, Definition and the Problem of Contextual Ambiguity", in: HUBIEN (ed.): Legal Reasoning 319-27 (Brussels 1971).

65) SCHILLER: Formal Logic 121-2 (1912).

66) U.S. v. Missouri Pacific Ry. Co., 278 U.S. 269, 278 (1929); Commissioner v. Brown, 380 U.S. 563, 571 (1965); Lake County v. Rollins, 130 U.S. 662,

670 (1889); River Wear Commissioners v. Adamson, 2 App. Cas. 743, 764-65 (House of Lords, 1877); DICKERSON: supra note 4 at 229-33; SUTHERLAND: supra note 34 at Sec. 46.02.

67) See cases cited in JONES: "The Plain Meaning Rule and Extrinsic Aids In the Interpretation of Federal Statutes", 25 Wash. U. L. Q. 2, 15-20 (1940).

68) U.S. v. American Trucking Assoc., 310 U.S. 534 (1940); U.S. v. Dickerson, 310 U.S. 554 (1940).

69) Train v. Colorado Public Interest Research Group, 426 U.S. 1 (1976).

70) United Air Lines v. McMann, 434 U.S. 192, 199 (1977).

71) TVA v. Hill, 437 U.S. 153, 184 n. 29 (1978).

72) HOLMES: "Theory of Legal Interpretation", 12 Harv. L. Rev. 417, 419 (1899), reprinted in HOLMES: Collected Legal Papers 203 (1920).

73) FRANKFURTER: supra note 25 at 538.

74) Olmstead v. U.S., 277 U.S. 438, 469 (1928) (dissenting opinion). See also U.S. v. Whitridge, 197 U.S. 135, 143 (1905).

75) Boston Sand and Gravel v. U.S., 278 U.S. 41, 48 (1928).

76) As Circuit Judge in Johnson v. U.S., 163 F.2d 30, 32 (1 Cir., 1908).

77) CURTIS: It's Your Law 62-66 (1954).

78) SUTHERLAND: supra note 34 at Sec. 45.08.

79) SANDS: "Statutory Construction and National Development", 18 Internat. and Comp. L.Q. 206 (1969).

80) SUTHERLAND: supra note 34 at Sec. 45.08.

81) Id., Sec. 45.07.

82) Schwegmann Bros. v. Calvert Distillers Corp., 341 U.S. 384, 395-97 (1951); JACKSON: "The Meaning of Statutes: What Congress Says or What the Court Says", 34 A.B.A. Jo. 535 (1948).

83) JACKSON, J. dissenting in the following cases: U.S. ex rel Marcus v. Hess, 317 U.S. 537, 556 (1943); Federal Crop Insurance Corp. v. Merrill, 332 U.S. 380, 386 (1947); Jewell Ridge Coal Corp. v. Local 6167, UMW, 325 U.S. 161, 177 (1945).

84) S.E.C. v. Joiner Leasing Corp., 320 U.S. 344, 350-51 (1943).

85) See supra note 73.

86) Commissioner of Internal Revenue v. Acker, 361 U.S. 87, 95 (1958) (dissenting opinion).

87) U.S. v. Monia, 317 U.S. 424, 431 (1943) (dissenting opinion).

88) DICKERSON: supra note 4 at 7-12, 36-38, 70, 85, 137-62. "Proper context" is defined (at 286) as "that part of the relevant shared environment of a

statute that the typical member of the legislative audience to which it is addressed could reasonably assume the authors took into account as completing the communication".

89) See BREITEL: supra note 4 at 26-27; HART and SACKS: supra note 42 at 1410; KERNOCHAN: supra note 42 at 345; JOHNSTONE: "An Evaluation of the Rules of Statutory Interpretation", 3 Kan. L. Rev. 1, 8 (1954); FRANK: Courts On Trial 292 (1950).

90) DICKERSON: supra note 4 at 10-11; BREITEL: supra note 4 at 28; HART and SACKS: supra note 4 at 1412-13; DeSLOVEERE: "Textual Interpretation of Statutes", 11 N.Y.U. L.Q. Rev. 538, 541 (1934).

91) DICKERSON: supra note 4 at 9-10 (Emphasis added).

92) Id., 11-12 (Emphasis added).

92a) SUTHERLAND: supra note 34, Sec. 45.08.

93) See supra note 82.

94) DICKERSON: supra note 4, in Chap. 10.

95) I find explicit support for this reliance principle in the views expressed by Prof. Harry JONES some 40 years ago. See JONES: supra note 67 at 23-24.

96) HART and SACKS: supra note 42 at 1240.

97) See MERMIN: Law and the Legal System 229-30 (1973).

98) DICKERSON: supra note 4 at 227-36.

99) COHEN: "Judicial 'Legisputation' and the Dimensions of Legislative Meaning", 36 Indiana L. J. 414-23 (1961) (Emphasis added).

100) DICKERSON: supra note 4 at 27-28; 238, n. 1; 247, n. 23; 249, n. 25.

101) Id., 15, 18-21, 22-24, 27; Chap. 13.

102) MISHKIN and MORRIS: On Law In Courts 445 (1965).

103) MAYDA: Francois Gény and Modern Jurisprudence 63 (1978). The text of the Swiss Code provision is given at 162.

Indices

Index

618

Liste des Contributeurs

List of Contributors

Liste der Beiträger

Aliprantis,Nikitas, Université de Strasbourg, 32, av. gal. de Gaule,
F-67000 Strasbourg

André-Vincent, Jean Philippe, Dr., 19, b. de Saint Louis, F-1310 Aix

Ayim, Maryann, Prof., Educational Policy Studies Dept., Faculty of Education, 1137 Western Road, London, Ontario N6G 1G7, Canada

Balekjian, Wahé H., Dr., University of Glasgow, Department of European
Law, Glasgow, G12 8QQ, Scotland

Brito, J.S., Dr., Avocado, Av. d. Republica 14, 7°, 1000 Lisboa, Portugal

de Cervera, Alejo, Prof., School of Law, University of Puerto Rico,
Rio Piedras, Puerto Rico, 00931, USA

Cotta, Sergio, Prof., Istituto di Filosofia del Diritto, Università di Roma,
I-Roma

Crabb, John, Prof., 38, chemin de la Planche Brûlée, 01210 Ferney-
Voltaire, France

Dufour, Alfred, Prof., Facultés de Droit de Genève et de Fribourg,
8 Av. Amozones, CH-1224 Chêne-Bougeries

Elrod, Norman, Dr., Institut für analytische Psychotherapie, Rieterstr. 6,
Postfach 6906, CH-8023 Zürich

Foqué, René, Dr., Zentrum für die Grundlagen des Rechts, Universität
Leuven, Sparrendreef 35, B-3030 Heverlee-Leuven

Francis, Marc, Prof., London School of Economics, Houghton Street,
London WC2AE, England

Gambitta, Richard A.L., Prof., The University of Texas at San Antonio,
College of Social and Behavioral Sciences, Devision of Social and
Policy Sciences, San Antonio, Texas 78285, USA

de George, Richard, T., Professor, University of Kansas, Lawrence,
Kansas 66045, USA

Gómez Robledo, Dr., Ambassadeur du Mexique, CH-3000 Berne

Haney, Gerhard, Prof., Beethovenstr. 36, 69 Jena, DDR

Heuer, Uwe-Jens, Prof., Akademie der Wissenschaften der DDR,
    Institut für Theorie des Staates und des Rechts, Otto-Nuschkestr. 10/11,
    DDR - 108 Berlin

Höffe, Otfried, Prof., Internationales Institut für Sozialwissenschaft
    und Politik, Universität Freiburg, CH-1700 Freiburg i. Ue.

Ionescu, Octavian, Professor, Bd. Alexander cel Bun 17, 6600 Jassy,
    Roumanie

Jørgensen, Stig, Prof., Fyrrevænget 5, 8541 Skødstrup, Danmark

Kamenka, Eugene, Prof., The Australian National University,
    The Resaerch School of Social Sciences, History of Ideas Unit,
    Post Office Box 4, Canberra ACT 2600, Australia

Klenner, Hermann, Prof., Akademie der Wissenschaften, Zentral-
    institut für Philosophie, Otto Nuschkestrasse 10, DDR 1080 Berlin

Legaz y Lacambra, Luis, Prof., University of Madrid,
    Ministerio Ibanez Martin 4, Madrid 15/Spain

Leiser, B. M., Prof., Pace University, 78 N. Broadway, White Plains,
    New York 10603, USA

Llompart, José, Prof., S. J. House, 7-1 Kioicho, Chiyoda-Ku,
    Tokyo, 102 Japan

Losano, Mario G., Prof., Via della Moscava, 30/E, 20121 Milano, Italia

Maneli Miescyslaw, Prof., Queens College, The City University of
    New York, Flushing - New York 11367, USA

Mermin Samuel, Prof., University of Wisconsin, School of Law,
    Madison, Wi. 53706, USA

Michalska, Anna, Prof., Polish Academy of Sciences, Institute of
    State and Law, Warsaw, Poland

Moffat, Robert, C. L., Prof., University of Florida, Gainesville, Fl., USA

Müller-Schmid, Peter Paul, PD, Adenauerplatz 2, D-4050 Mönchen-
    gladbach 1

Payne, Michael A., Prof., Department of Philosophy, University of
Dayton, Dayton, Ohio 45469, USA

Raphael, D. D., Prof., Imperial College of Science and Technology,
Department of Humanities, 53 Prince's Gate, London SW7 2 PG,
England

Reiner, Hans, Prof., Prinz-Eugen-Strasse 11, D-78 Freiburg i. Br.

di Robilant, Enrico, Prof., Piazza Carlo Felice 18, 10121 Torino, Italy

Rodriguez Molinero, Marcelino, Prof., Universidad de Salamanca,
Facultad de Derecho, Salamanca, Espana

Ryffel, Hans, Prof., Kräyigenweg 15, CH-3074 Muri b. Bern

Sampaio Ferraz, Tercio Jr., Prof., Faculdade de Direito da Universidade
de Sao Paulo, Av. Paulista 1313 - 13°and., 01311 Sao Paulo,
Brasilien

Samu, Mihaly, Prof., University of Budapest, V. egetem ter 1-3,
Budapest, Ungarn

Scucces Muccio, Benjamino, Defending before the Supremecourts,
Piazza Corrado Rizzone 31, 97015 Modica, Italy

Soaje Ramos, Guido, Director, Instituto de Filosofia Practica, Avenida
de Mayo 1437 1°, A., 1085 Buenos Aires, Argentina

Szabò,Imre, Prof., Institute of Legal Sciences, POB 25, 1250 Budapest,
Ungarn

Schefold, Christoph, Prof., Kaulbachstr. 92, D-8000 München 40

Schild Wolfgang, Prof., Universität Bielefeld, Fakultät für Rechtswissenschaft, Postfach 8640, D-4800 Bielefeld 1

Stratenwerth, Günter, Prof., Institut für Rechtswissenschaft, Münster-
platz 8, 4051 Basel

Utz, Arthur F., Prof., Union de Fribourg, CH-1783 Pensier

Wellman, Carl, Prof., Washington University, Saint Louis, Missouri 63130,
USA

Zalten, Erich, Dr.,Engelgasse 85, CH-4052 Basel

ARSP — ARCHIV FÜR RECHTS- UND SOZIALPHILOSOPHIE
ARCHIVES DE PHILOSOPHIE DU DROIT ET DE PHILOSOPHIE SOCIALE
ARCHIVES FOR PHILOSOPHY OF LAW AND SOCIAL PHILOSOPHY

SUPPLEMENTA, VOL. I, PART 1–4

CONCEPTIONS CONTEMPORAINES DU DROIT
CONTEMPORARY CONCEPTIONS OF LAW
ZEITGENÖSSISCHE RECHTSKONZEPTIONEN

IVR

9e CONGRÈS MONDIAL – 9th WORLD CONGRESS – 9. WELTKONGRESS
(BASEL 27/8/1979 – 1/9/1979)

ACTES – PROCEEDINGS – VERHANDLUNGEN. PAUL TRAPPE, EDITOR

Part 1. 1982. XIII, 702 pp. DM 88,–, *Part 2.* 1982. XIV, 570 pp. DM 78,–, *Part 3.* 1983. XV, 710 pp. DM 88,–,
Part 4. 1983. XIV, 625 pp. DM 82,–.

Contributeurs / Contributors / Beiträger:

Part. 1: A. Aarnio – G. Antalffy – G. Basiliade – J. Bjarup – M. Blegvad – M. Borucka-Arctowa – G. Dorsey – A. Edel – K. Fabian – J. L. Gardies – C. C. Gould – C. Gray – J. de Greef – K. Grimmer – W. S. Hamrick – E. M. H. Hirsch-Ballin – K. Kibwana – V. Kubes – K. L. Kunz – F. Lachmayer – W. Lang – J. Lenoble – B. H. Levy – R. van Liefland – V. Luizzi – N. MacCormick – Y.-M. Maloteau – R. Martin – T. Mautner – E. Mayers – A. Menne – J. Narain – J. I. Navarro-Aguilera – J. D. Newell – L. Novak – A. Ollero – K. Opalek – F. Ost – S. Panou – A. Peczenik – A. Sajo – H. Schwarz-Liebermann – C. F. da Silva Souto – W. Steinmüller – L. K. Stell – D. van Vlasselaere – O. Weinberger – R. Weyl – E. Wolgast – J. Wróblewski

Part 2: P. Atmosudirdjo – J. Broekman – E. Buss – L. Chipman – K. Dilger – S. Ehrlich – K. Fabian – A. Falaturi – H. Fenge – W. Grahn – J. Guéguen – H. R. Horn – M. Khadduri – J. Kowalski – T. Langer – D. N. MacCormick – J. Marantz – E. Matsubara – R. May – L. Mazor – A. Mizunami – K. A. Mollnau – W. Nersesjanz – S. A. Ozdowsky – D. Pasini – E. Pattaro – B. Peric – V. Petec – B. Ranchod – R. Regan – E. di Robilant – H. Rot – J. Ruedel – P. G. Sack – H. Scholler – H. von Senger – G. Sharma – B. Sitter – W. Steinmüller – R. S. Summers – J. P. van Twist – C. Varga – M. Villey – Zong-ling Shen

Part 3: V. Abril Castello – N. Achterberg – Balekjan – V. Black – J. Boguszak – P. D. Cameron – Th. J. Clijsters – E. E. Dais – J. F. Doyle – N. Elrod/H. Rostek – G. Haney – J. Hervada – D. H. N. Johnson – F. Jost – E. Kamenka – Kasimirtschuk – D. Kerimov – H. T. Klami – E. Krawietz – A. Lopatka – R. D. Lukic – M. A. Mahmoud – G. Malzew – G. Mamut – D. Manai – P. Moran – E. Pattaro – W. Paul – V. Peschka – S. Popescu – M. Reale – V. S. Rekhi – N. B. Rheynolds – M. T. Rooney – J. F. Ross – D. F. Scheltens – W. Schild – J. Schmidt – T. Schönrath – T. Schramm – H. Schwarz-Liebermann – R. A. Shiner – M. Szotacky – S. Tanaka – A. Tay Erh-Soon – B. Topornin – A. Troller – V. Toumanov – J. J. M. van der Ven – I. Wagner – G. Washington – W. Weichelt – C. Wellman – R. H. Wettstein – H. Yoshino – R. Zippelius

Part 4: N. Aliprantis – J. Ph. André-Vincent – M. Ayim – Balekjan – J. S. Brito – A. de Cervera – S. Cotta – J. H. Crabb – P. Delgado – H. van Eikemma-Hommes – N. Elrod – E. Foqué – M. Francis – R. A. L. Gambitta – R. T. de George – A. Gomez Robledo – H. Gonzales-Uribe – U. J. Heuer – O. Höffe – O. Ionescu – H. Klenner – B. M. Leiser – J. Llompart – M. G. Losana – A. M. Macleod – M. Manelli – K. M'Baye – S. Mermin – A. Michalska – R. Moffat – P. P. Müller-Schmid – M. A. Payne – D. D. Raphael – H. Reiner – M. Rodriguez Molinero – H. Ryffel – T. Sampaio Ferraz – M. Samu – B. Scucces Muccio – G. Soaje Ramos – A. Squella Narducci – Ch. Schefold – W. Schild – I. Szabo – A. F. Utz – E. Zalten

 Franz Steiner Verlag GmbH · Wiesbaden/BRD